Original en couleur
NF Z 43-120-8

DICTIONNAIRE
DE
LOCUTIONS
PROVERBIALES

TOME SECOND

TOULON
IMPRIMERIE RÉGIONALE
Romain LIAUTAUD & Cie
56, Boulevard de Strasbourg, 56.

1899

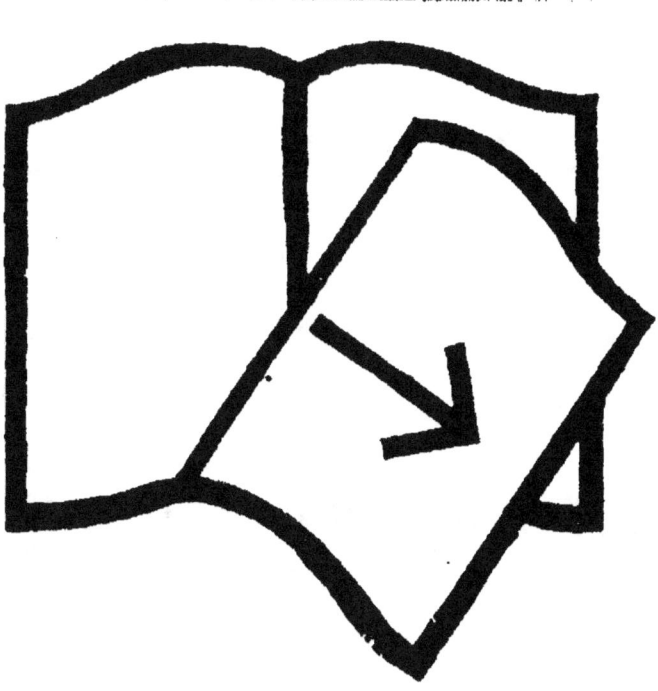

Couverture inférieure manquante

DICTIONNAIRE
DE
LOCUTIONS PROVERBIALES

IMPRIMERIE RÉGIONALE Romain LIAUTAUD et Cie
56, Boulevard de Strasbourg, 56

L.-M.-E. GRANDJEAN

DICTIONNAIRE
DE
LOCUTIONS
PROVERBIALES

Ouvrage publié par les soins de la Municipalité de la Ville de Toulon (Var)

TOME SECOND

TOULON
IMPRIMERIE RÉGIONALE
Romain LIAUTAUD & Cie
56, Boulevard de Strasbourg, 56

1899

ERRATA

Page 267, 4ᵉ ligne. — Lire *au haut de leur,* au lieu de *sa.*
— 270, 2ᵉ ligne. — Lire *prête,* au lieu de *prête.*
— 325, 20ᵉ ligne. — Lire *repas,* au lieu de *repos.*
— 349, 6ᵉ ligne. — Lire *par,* au lieu de *pour.*
— 371, 39ᵉ ligne. — Lire *possessions,* au lieu de *possession.*
— 382, 1ʳᵉ ligne. — Lire *Novare,* au lieu de *Navarre.*
— 400, 3ᵉ ligne. — Lire *tomber,* au lieu de *tomher.*
— 497, 35ᵉ ligne. — Lire *dignitaire,* au lieu de *dignité.*
— 497, 36ᵉ ligne. — Lire *patriarche,* au lieu de *patriarchat.*
— 527, 7ᵉ ligne. — Lire *clitellas,* au lieu de *citellas.*
— 564, 11ᵉ ligne. — Lire *tentés,* au lieu de *tentées.*

DICTIONNAIRE DE LOCUTIONS

M

Macabre (danse) ; anciennement danse *macabré*.
Variante du nom propre *Machabée*, peut-être le nom d'un peintre.
Suite d'images que l'on peignait, au Moyen-Age, sur les murs des églises et des cimetières. Elles représentaient la Mort entrainant à sa suite des personnages de toutes les conditions.

Macaire (Robert), origine littéraire.
Filou sinistre, escroc.
Héros de l'*Auberge des Adrets*, qui fut joué avec grand succès par Frédéric Lemaitre, vers 1830, et vulgarisé par Daumier dans une suite de caricatures : *Les cent et un Robert Macaire*.

Macaronique (style) ; de l'italien *macaronico*, dérivé plaisant de *macaroni*.
Poésie burlesque écrite en mots vulgaires latinisés. (Voy. *latin de cuisine*.)
Exemples : *Morto insecto*, poudre insecticide ; *dito*, ce qui a été dit ; *in globo*, en masse, sans examiner les détails.

Macédoine, nom géographique.
— Mets composé de différents légumes.
Par assimilation, ouvrage où plusieurs genres sont mêlés sans ordre.
Vient peut-être de ce que l'empire de Macédoine, ou d'Alexandre, était formé de nombreux morceaux.

Machiavélisme, origine historique.
Doctrine détestable du Florentin Machiavel, qui justifie le succès obtenu par les moyens les plus coupables. Elle se trouve développée

dans le *Prince*, qui enseigne aux tyrans les moyens de réussir, même au mépris de la justice et de l'humanité.

— *Machiavélisme* est devenu synonyme de *ruse* et d'*astuce*, et les théories du *Prince* ont été fort discutées. Il présente tout un système violent, mais vrai, allant droit au but, sans se soucier des moyens, mais au bout duquel le prince acquiert la gloire et le peuple le bien-être.

Pour juger sainement un livre, il faut se reporter à l'époque où il a été écrit ; c'est ce que n'ont pas fait la plupart des contemporains, et les ennemis posthumes de Machiavel.

La postérité a fini par rendre justice à cet écrivain honnête et convaincu, à ce grand homme d'État ; mais le nom de *machiavélisme*, donné à son système, par ses détracteurs, a pris place dans tous les dictionnaires avec le sens odieux de politique déloyale, d'art de régner despotiquement.

Machicoulis ou *mâchecoulis*, origine inconnue.

Galerie saillante et ajourée des anciennes fortifications, d'où l'on jetait sur les assaillants des projectiles et des liquides bouillants.

Littré donne l'étymologie *machicollamentum*, action de verser des liquides chauds ; ce qui explique *coulis*, en laissant inexpliquée la première partie du mot.

Mâchoire, dérivé de *mâcher* ; latin *masticare*.

Jouer de la mâchoire : manger.

> (Didon) dit son *benedicite*
> Puis on joua de la mâchoire.
> (Scarron, *Virgile travesti*.)

— Mâcher à vide : n'avoir rien à manger.

Madelonnettes. Filles de Madeleine, *Magdalena*.

Religieuses instituées au xiv° siècle, dont les maisons servaient de refuge aux pécheresses.

Mademoiselle, *ma* et *demoiselle*.

On donnait, avant la Révolution, le nom de *demoiselle*, aux femmes de la bourgeoisie, mariées ou non. Cet usage s'est conservé en Provence, où les femmes de la classe ouvrière sont appelées *misé*, qui est l'équivalent provençal de *mademoiselle*. Le titre de *madame* n'appartenait qu'aux femmes de la classe noble.

Encore aujourd'hui, dans l'usage, on distingue *femme* et *dame*.

Il a été publié à La Haye, en 1712, in-8°, un livret intitulé : *Satire contre les femmes bourgeoises qui se font appeler madame*.

Madras, étymologie historique.

Foulards de coton fabriqués primitivement à Madras, et dont la chaîne était en soie.

Coiffure formée d'un de ces foulards.

Madré, ancien français *madre*; origine germanique.
Mandre est le nom languedocien du renard.

> Un renard, jeune encor, quoique des plus madrés.
> (La Fontaine.)

Madrigal, d'origine italienne, *madrigale*.

Huet le fait venir des habitants des Martigues en Provence, très versés dans la gaie science, au Moyen-Age.

Le madrigal, au dire de Boileau (*Art poétique*),

> Respire la douceur, la tendresse et l'amour.

La concision et la grâce en sont les principaux mérites; la fadeur en est le défaut ordinaire.

On peut citer comme modèle les vers suivants de Lemierre, qui accompagnaient l'envoi d'un éventail:

> Dans le temps des chaleurs extrêmes,
> Heureux d'amuser vos loisirs,
> Je saurai près de vous appeler les zéphyrs:
> Les amours y viendront d'eux-mêmes.

(Voy. *éventail*, ces vers avec quelques variantes.)

Mage, ou mieux *maje*; du provençal *majé*: anciennement *majer*, qui est le latin *major*.

On disait autrefois la « place mage » pour la place principale, la grande place.

Il y avait à Carcassonne le « juge mage ».

La Châtre a sa « place Maget », comme Madrid la « place Major ».

...Et tomba comme une grenouille sur le ventre, en la place Mage de la dicte ville. (Rabelais, II, 29.)

Magie, du grec *mageia*, par le latin *magia*.

La magie *noire*, celle qui suppose l'intervention du diable. La magie *blanche* ne fait intervenir que l'adresse.

— La *divination* s'appelle de différents noms, selon les moyens qu'elle emploie:

Les *Aruspices* inspectent les entrailles des victimes.

La *Bibliomancie* se fait par le sort d'un passage de la Bible.

La *Céromancie*, par l'inspection de la cire fondue versée dans l'eau chaude.

La *Chiromancie*, par l'inspection des lignes de la main.
La *Nécromancie*, par l'évocation des morts.
L'*Ornithoscopie*, par le vol des oiseaux.
L'*Uranoscopie*, par l'inspection du ciel.
L'*Uroscopie*, par l'inspection des urines.

Magnan, de *magnus nens*, grand fileur ; ou plutôt du participe du verbe roman *magni*, dévorer, nom provençal du ver à soie. D'où *magnanerie*.

Magnificat, origine latine et religieuse.

C'est le premier mot du cantique d'actions de grâces de la Vierge, dans l'Évangile.

Dans ce cantique, qui se chante à la fin des vêpres, la Vierge, répondant aux félicitations de sa cousine Élisabeth, remercie Dieu de l'avoir choisie pour être la mère du Sauveur.

Magnifier s'est dit pour louer.

Nous avons encore *magnifique*.

— Il ne faut pas chanter *Magnificat* à Matines : se glorifier avant le temps.

— Corriger le *Magnificat* : corriger à tort et à travers.

Magot : 1° gros singe, *imago hominis*. (Huet.)

Peut-être *magog*, nom biblique (?), ou *maccus*, acteur bouffon, qui jouait les rôles de niais (?).

2° Tas d'argent, trésor caché.

On disait autrefois *mugot*. Il semble s'être modifié sous l'influence de *magaut*, poche, bourse.

— Il est difficile d'admettre qu'il soit une altération de *imago*, qui serait une allusion aux effigies ou têtes qui figurent sur les monnaies trouvées.

Mahomet ferme les yeux ! disent les mahométans quand ils boivent du vin, qui leur est interdit par le Coran.

— Dieu envoya sur la terre deux anges, Arot et Marot, pour enseigner aux hommes à s'abstenir de toute sorte d'excès. Mais ils s'enivrèrent, dans la compagnie d'une belle femme, qui apprit d'eux, pendant leur ivresse, le moyen de monter au ciel. Elle en usa aussitôt, et Dieu la changea en l'étoile du matin, qu'on nomme Lucifer ou Aurore. Les deux anges furent punis, et Dieu interdit aux hommes l'usage du vin. (Voy. *vérité*.)

— Le Commissaire des subsistances de la Marine, à Toulon, a remplacé, en 1860, les ouvriers libres du magasin des liquides, qui s'enivraient journellement, par des galériens arabes, qui observent rigoureusement la défense du Coran.

Mai, du latin *maium*, de *Maia* (mère de Mercure); ou de *majores*, mai étant consacré à la vieillesse, comme *juin* à la jeunesse.

C'est *floréal* dans le calendrier républicain.

— Mariage de mai : union formée sous de mauvais auspices.

> *Au mes de mai*
> *Si maride que leis ais.*
> (Proverbe provençal.)

Dans l'ouest de la France, le mois de mai passe pour être défavorable aux mariages; on croit qu'il leur porte malheur, comme s'il n'était composé que de vendredis.

Ce préjugé vient des Romains, qui célébraient en mai des cérémonies funèbres en l'honneur de Rémus.

> *Nec viduæ tædis eadem nec virginis apta*
> *Tempora; quæ nupsit, non diuturna fuit.*
> *Hac quoque de causa (si te proverbia tangunt),*
> *Mense malas Maio nubere vulgus ait.*
> (Ovide, *Fastes*.)

Maigre, du latin *macrum*.

— Maigre comme une arête,...un coucou,...un *ecce homo*,...un échalas,...un hareng,...une haridelle.

— Maigreur ostéologique (E. Sue); maigreur diaphane (T. Gautier); *monogrammi dii* (Cicéron) : des ombres de dieux (des dieux dont les contours seuls sont dessinés).

— Femme maigre. La célèbre danseuse Gaimard était très maigre; sa bonne amie Sophie Arnould l'avait surnommée « Squelette des Grâces ».

Maille, du latin *metalliam*, dérivé de *metallum*.

C'est une autre forme de *médaille*.

Ancienne petite monnaie de cuivre, valant un demi-denier. Elle était carrée et, selon quelques-uns, devait son nom à sa ressemblance avec une maille de filet (*macula*).

Selon d'autres, *maille* remonterait à *malleolus*, petit marteau, à cause de l'ancien procédé usité pour frapper les monnaies.

— N'avoir ni sou ni maille : être très pauvre, n'avoir rien.

· La maille étant carrée, le sou rond, l'expression signifie : n'avoir de monnaie d'aucune sorte.

— Avoir maille à partir avec quelqu'un : un différend.

Vu sa valeur infime, la maille était indivisible; aussi deux personnes qui en avaient une à partir (partager), pouvaient se quereller éternellement, le partage étant impossible.

> Et l'on vous voit sans cesse avoir maille à partir.
> (Molière, *Étourdi*.)

— Un pince-maille : un avare, un grippe-sou, qui recherche les petits profits.

Maillechort, nom d'inventeurs, de *Maillot* et *Chortier*, deux ouvriers de Lyon, qui ont inventé cet alliage très dur, nommé aussi *argentan*. Sa composition est : cuivre 55, nickel 23, zinc 17, fer 3, étain 2.

Main, du latin *manum*. Provençal *man*.

De là : maintenir, manche, manier, manille, manivelle.

Synonymes : Les quatre doigts et le pouce ; le peigne des Allemands (Rabelais) ; la fourchette du père Adam ; les cinq sardines ; la giroflée à cinq feuilles.

— Main-levée. Acte qui lève l'empêchement d'une saisie, d'une opposition, d'une inscription.

— Main-morte (biens de). Se dit des biens appartenant aux établissements, aux communautés... qui, n'étant pas soumis aux droits de mutation après décès, sont astreints à une taxe annuelle au profit du Trésor.

— On dit d'un homme qui a les extrémités grossièrement conformées, qu'il a les abatis canailles (trivial) ; par opposition à mains effilées, aristocratiques.

— Mains sales : gantées de crasse.

— Avoir une main de fer : traiter durement ses inférieurs.

On citait chez Laffitte le mot de Napoléon, que, pour gouverner les Français, il faut avoir des mains de fer gantées de velours. « C'est vrai, dit quelqu'un, mais il oubliait souvent ses gants. »

— Demander la main de... ; accorder sa main...

Cette locution très ancienne nous vient des bords du Gange. La jonction des mains a toujours été le signe de la consécration du mariage.

— Je m'en lave les mains. (Mathieu XXVII, 24.) Je n'en suis point responsable.

Chez les anciens, celui qui voulait prouver son innocence d'une faute dont on l'accusait, se lavait les mains devant témoins. C'est ce que fit Ponce-Pilate, quand le peuple le contraignit à condamner Jésus-Christ.

On dit aussi dans le même sens : avoir les mains nettes d'une chose.

— Autrefois, on ne se mettait pas à table sans se laver les mains : des trompettes sonnaient l'heure du dîner ; cela s'appelait *corner l'eau*. (Voy. *laver*.)

> Sur ce point on se lave, et chacun à son rang
> Se met dans une chaise ou s'assied sur un banc.
> (RÉGNIER, *Sat.* X.)

— J'en mettrais ma main au feu : j'en suis certain.

...Et les pauvres sots, quand en quelque compagnie parlent d'elles, jurent qu'ils mettraient leur doigt au feu sans brusler, pour soutenir qu'elles sont femmes de bien. (*Heptaméron*, Nouv. XX.)

— Je n'en mettrais pas la main au feu : je n'en voudrais pas jurer.

Je n'en vouldroys pas tenir ung fer chauld. (Rabelais.)

Allusion à l'ancienne coutume du Moyen-Age, qui soumettait les accusés aux épreuves de l'eau bouillante ou du feu ardent. On pensait que l'innocent serait préservé par Dieu.

La science moderne a prouvé que l'on pouvait impunément plonger la main dans l'eau ou l'huile bouillante et même dans des métaux en fusion, après l'avoir préalablement enduite d'eau, d'alcool, d'éther...

— Jeux de mains, jeux de vilains. Ce proverbe doit remonter à la Féodalité, où les jeux des nobles étaient les tournois, les chasses, les exercices militaires ; tandis que ceux des serfs consistaient dans l'adresse de la main et les exercices corporels.

Il n'y a plus de vilains, mais il y a encore des villageois qui ont conservé l'habitude de plaisanter en se donnant des *tapes*, ce qui amène souvent des disputes et des coups sérieux.

> Et dirent là une grand letaule
> De plaisants mots et jeux sans vilainie.
> (MAROT.)

— La bonne main. La main a été l'étalon primitif du calcul duodécimal, parce que, déployée, elle présente les douze phalanges des quatre doigts articulés à sa paume. D'où la locution : compter sur ses doigts.

Dans le commerce, on finit par faire remise du treizième, qui est l'appoint du quarteron, représenté par le pouce, ce qu'on donne par dessus le marché. D'où l'expression : il n'y en a pas treize à la douzaine, en parlant d'une chose de prix.

On appelle cet usage la *bonne main*, parce que la main y est tout entière.

Dans le langage du peuple, le *pouce* signifie toujours un surcroît, une augmentation : Il en a tiré trois cents francs... et le pouce. Y mettre les quatre doigts... et le pouce, c'est-à-dire la main entière. (C. Nodier, *linguistique*.)

— On appelle aussi *bonne main* une gratification donnée à un intérieur.

On dit également : donner des gants.

— Poignée de main. C'est un signe d'amitié et de bonne intelligence.

Deux mains jointes, en blason, signifient bonne foi.

— De marchand à marchand, il n'y a que la main ; c'est-à-dire entre gens de bonne foi, il suffit de se toucher dans la main pour engager sa parole.

— L'usage de se serrer la main en se rencontrant, est une importation anglaise, qui date de 1793.

La Rochefoucauld-Doudeauville raconte dans ses Mémoires qu'ayant émigré à Londres, il y rencontra un ami, qu'il voulut embrasser selon l'usage. « Que faites-vous, mon cher, s'écria celui-ci ; vous allez scandaliser tout Londres ! On ne s'embrasse plus, on se serre la main. » Et joignant l'exemple au précepte, il me prit la main, qu'il me serra à me faire crier, et me secoua le bras à me le démettre.

— Une main froide me gêne ; une main humide me répugne ; une main saccadée m'irrite ; une main qui me prend par le bout des doigts me fait peur ; mais une main souple et chaude, qui presse la mienne du contact de sa paume, m'inspire une confiance et une sympathie subites. (G. Sand.)

— Revers de main : soufflet.

> Pour châtier son insolence extrême,
> Il faut que je lui donne un revers de ma main.
> (Molière.)

— Les mains me démangent : *Pugni pruriunt*. (Plaute.)

— Une main lave l'autre, et les deux mains lavent le visage. *Manus manum lavat*. (Pétrone.)

Maintenant, adverbe ; de *main* et *tenant* (proposition absolue).

— On disait autrefois : à cette heure.

Cette locution, affectionnée et abrégée par Montaigne, valait mieux que *maintenant* qui l'a remplacée.

— Le pied remplace quelquefois la main, dans les locutions adverbiales :

De pied ferme ; au pied levé.

On a dit aussi : en un tenant.

> Trois fois me pasme en un tenant.
> (*Roman de la Rose.*)

— En provençal, on emploie *adés*.

Maison, du latin *mansionem*, de *manere*, rester.

Du même radical viennent : masure, manoir, manant.

Synonymes : un Louvre (une belle maison) ; Villa (maison de campagne) ; Arche de Noé (grande et très habitée) ; Bonbonnière (jolie) ; Baraque, bicoque, cassine (maison peu confortable, mal tenue).

J'ai là-bas une petite cassine, au bout de votre grand pré, qui est sur la rivière. (*Moyen de parvenir.*)

Bouge : habitation dont les murs sont faits d'un mortier mêlé de paille hachée, qu'on appelle *pisé*.

Taudis : petit logement malpropre.

Petites-maisons : hôpital des fous.

Maître, du latin *magistrum*, de *magis ter*.

Pasquier dit que le titre de *maître* qu'on donne aux officiers ministériels, vient de ce que, à la fin de leurs études, lorsque les écoliers de l'Université recevaient le bonnet de docteur, c'était pour montrer qu'ils avaient acquis toute liberté, et n'étaient plus sujets à la verge des supérieurs ; de même que les Romains donnaient le bonnet (de liberté) aux esclaves qu'ils affranchissaient.

— *Petits-maîtres*. Jeunes fats de toutes les époques : la fleur des pois des désœuvrés du grand monde. Espèce neutre : ni hommes, ni femmes, ni auvergnats.

Le prince de Condé avait une sorte de cour, qui, réunie à celles du prince de Conti et du duc de Longueville, forma contre le cardinal Mazarin le parti qu'on appela « des Petits-maîtres », parce qu'ils voulaient renverser le ministre et s'emparer du gouvernement. (Voltaire.)

Ce nom est resté aux jeunes fats, et s'est même étendu jusqu'aux femmes capricieuses et vaines, qu'on appelle « petites-maîtresses ».

— Il est curieux d'examiner la succession des noms exprimant la même idée depuis plusieurs siècles.

Du temps de la Chevalerie, il y avait les *preux*. Leur règne a duré aussi longtemps que l'honneur a dominé en France.

Sous François Ier, on voit les *muguets*; les *raffinés* et les *mignons* sous Charles IX et Henri III.

Sous Louis XIII, ils s'appellent *petits-maîtres*; la Fronde invente pour les désigner, le nom d'*importants*.

Le règne de Louis XIV amène les *marquis*, si moqués par Molière, et qui furent remplacés par les *courtisans*.

La Régence eut les *roués*; Louis XV, les *gens du bel air*; Louis XVI, les *freluquets*.

La Révolution créa les *incroyables*, les *muscadins*, la *jeunesse dorée*.

Le Consulat vit les *merveilleux*; l'Empire, les *fashionables*; la Restauration, les *dandys*, les *élégants*, les *gandins*.

Nous avons (1860) les *petits crevés*.

Les *lions* ont fort multiplié, et nous avons aussi des *lionnes* depuis que Musset a dit :

C'est ma maîtresse, ma lionne...

Les deux sexes se font fort remarquer par la recherche de leur toilette, et la singularité, pour ne pas dire le sans-gêne, de leurs habitudes. Les lions et les gandins sont donc les descendants des preux ! Vous en seriez-vous douté ?

La passion toute féminine des petits-maîtres pour les parfums et les pommades explique les noms de *marjolet*, de *mirliflor*, de *muguet*, de *muscadin*, de *narcisse*, qu'on leur applique.

De là aussi l'acception de vaniteux donné au mot *puant*.

— Maître d'études : pion, chien de cour.

— Maître-Jacques : domestique de campagne propre à tout faire. Tripoteur d'affaires.

— Jurer sur la parole du maître :

...Jurare in verba magistri.
(Horace.)

— Le commencement du talent est le respect des maîtres.
— Charbonnier est maître chez lui. (Voy. *charbonnier*.)
— Tel maître, tel valet. *Dignus domino servus.* (Plaute.)

Maîtresse, dérivé de *maître*.

Amante, ainsi dite de l'empire qu'elle exerce sur celui qui l'aime.

Libertas quoniam nulli jam restat amanti,
Nullus liber erit, si quis amare volet.
(Properce.)

Maîtrise, dérivé de *maître*.

Qualité de maître dans les anciennes corporations de métiers. On ne l'obtenait que par un concours. Les maîtres veillaient, dans chaque corporation, à l'exécution des règlements, jugeaient les différends, etc.

— Maîtrises et jurandes. Le maître, ou garde, était un officier chargé de réprimer les abus qui se commettaient dans les corporations de marchands ; le juré exerçait le même office à l'égard des corporations d'ouvriers.

Majesté, du latin *majestatem*, de *major*.

> Sanctissima diciliarum
> Majestas...
> (Juvénal, Satire I, 112.)

— Gondemar, roi des Visigoths, qui régnait en Espagne, vers 610, est le plus ancien souverain qui ait pris le nom de *Majesté*.

Il a été donné aux rois de France par ordonnance de Henri II, du 6 mai 1548. Auparavant, le titre usité était Altesse, Excellence.

Majolique, ou *maïolique*, de *majolica*, pour *majorica*, de *Majorque*.

Faïence imitée de celle qu'on fabriquait à Majorque, d'après les procédés arabes. Elle est à fond uniforme d'un émail stannifère blanc, dur, opaque, sur lequel sont peints des sujets.

Major de table d'hôte. Espèce de chevalier d'industrie, se donnant des allures militaires, portant un grade, des titres, des décorations qui ne lui ont jamais appartenu. (L. Larchey.)

Majorat, du latin *majoratum* ; de *major*, aîné.

Titre inaliénable de propriété immobilière, attaché à la possession d'un titre de noblesse, et qui passe avec lui à l'héritier mâle du titulaire.

Mal, du latin *malum* et *male*.

Malum signifie aussi pomme ; c'est de la pomme qu'est venu le malheur du genre humain.

En provençal *mau*, qui se retrouve dans : maudit, mauviette (*malam, avem*), oiseau malfaisant ; maussade.

Mal se dit quelquefois pour *maladie* : mal caduc ; tomber du haut mal (nom ancien de l'épilepsie). Rabelais (*Prol. liv.* II) l'appelle *mau de terre*, parce qu'il jette à terre.

— Mal de tête veut dormir ou paître. Ce proverbe, inventé sans doute par un gourmand, ne doit être accepté que sous réserve ;

car si l'abstinence peut quelquefois causer le mal de tête, il arrive plus souvent qu'il est dû à des embarras gastriques, et, dans ce cas, la diète est le seul remède efficace.

— Mal d'autrui ne nous touche qu'à demi. — On n'est pas insensible au malheur de ses amis, mais le mal qui nous arrive à nous-mêmes, nous affecte bien davantage.

— Le mal est presque toujours suivi de son correctif; c'est ainsi que la fatuité inspire la risée; l'impudence, le mépris; l'audace, le dégoût; le charlatanisme, la défiance et l'incrédulité.

Malade, du grec *malakos*, mou(?); ou bien plutôt de *male aptum*, mal disposé; jadis *malapte*.

> *O es malaptes, o altre pre lo tes.*
> (Poème de Boïce.)

(Ou il est malade, ou un autre le tient prisonnier.)
Provençal *malaout*.

> *Per son joi pot malautz guérir.*
> (Le comte de Poitiers.)

(Par sa grâce elle peut guérir les malades.)

> *Per guerir malautia de peccat.*
> (Vices et Vertus, f° 79.)

(Pour guérir la maladie du péché.)

— Bien malade qui en meurt. Quelqu'un dit à une paysanne, qu'il n'avait pas vue depuis longtemps : « Ah! mon Dieu, ma bonne femme! je vous croyais morte. — C'est ma sœur qui est morte, répondit-elle; mais c'est moi qui ai été la plus malade. »

Maladie, dérivé du précédent.

— Les maladies viennent à cheval et s'en retournent à pied.

Les maladies sont, en effet, très lentes à guérir; mais on est souvent prévenu de leur arrivée par des symptômes qui permettent de les combattre et de les écarter. Il en est de même de nos affections morales, auxquelles notre raison doit résister, pour les empêcher de nous subjuguer.

> *Principiis obsta : sero medicina paratur,*
> *Cum mala per longas incaluere moras.*
> (Ovide.)

(Combattez les premières atteintes; il est trop tard de remédier au mal, quand il s'est fortifié longtemps.)

Facilius cadimus quam resurgimus.

La vie n'a qu'une porte, et la mort en a mille.

Malgré, mot composé de *gratum*, gré. Provençal *grat*, *agradar* (plaire).

Équivaut à : de mauvais gré.

On a dit aussi *maugré*, qui se retrouve dans *maugréer*.

C'est Estrade, qui s'est fait connestable du roy Françoys maugré lui. (D'Aubigné.)

— *Maugrebieu*, pour : malgré Dieu. En provençal *maugrabiou*.

On disait aussi, dans le sens opposé : *au gré Dieu*, c'est-à-dire à la volonté de Dieu !

Malheur, du latin *malam horam* (?). Ou plutôt de *mal* et *heur* (*augurium*); anciennement *eür*, opposé à *bonheur*.

— Le malheur produit sur l'âme le même effet que le feu sur l'encens, dont on ne connaîtrait pas le parfum, si la flamme ne le dégageait.

La myrrhe ne coule que par les incisions faites à l'arbre qui la produit.

Du raisin écrasé sous le pressoir, jaillit la liqueur qui réjouit le cœur de l'homme.

La pluie, qui attriste la nature, féconde la terre et fait naître les fleurs et les fruits.

— A quelque chose malheur est bon.

Les livres saints ont appelé le malheur « un trésor de miséricorde céleste », parce qu'il ramène l'homme à la vertu : Misère humaine à Dieu ramène.

Heureux ceux qui pleurent. (Mathieu, V, 4.)

Res sacra miser. (Sénèque.)

Le malheur, loin de dégrader l'homme, l'élève, s'il n'est pas un lâche. (Silvio Pellico.)

Dans le malheur, l'âme égarée se retire en elle-même, s'assied toute pensive, et admet en silence la salubrité des réflexions. (Sterne.)

Pour un homme énergique, les grandes douleurs et les grandes joies sont comme de hautes montagnes, d'où il découvre le cours de la vie. (J.-P. Richter.)

La coupe de la vie serait douce jusqu'à la fadeur, s'il n'y tombait quelques larmes amères. (Pythagore.)

Ces idées, en apparence paradoxales, sur le malheur, ont été empruntées par le Christ à la morale de l'antiquité. Les dieux indulgents du paganisme étaient les dieux de l'homme heureux; pas un pli sur leur front, pas une ride de tristesse sur leur physionomie. Or, ceux qui souffrent veulent que leurs dieux souffrent avec eux ; tel est le secret du divin paradoxe de l'Évangile : « Heureux ceux qui pleurent ! » Mais les grands moralistes païens avaient préparé les voies du Christ bien avant sa venue. Socrate, Pythagore, Platon, avaient déjà disposé le champ qui devait recevoir la bonne semence ; et Virgile avait mis dans la bouche de Didon ce vers, qui est devenu la devise des âmes sensibles :

Haud ignara mali, miseris succurrere disco.
(Énéide, II, 144.)

Malheureuse, j'appris à plaindre le malheur.
(GILBERT.)

Delille a reproduit littéralement dans sa traduction :

connais le malheur, et j'y sais compatir.

Ah ! qui versa des pleurs tremble d'en voir couler,
Et, plus on a souffert, mieux on sait consoler.
(DU BELLOY.)

A raconter ses maux souvent on les soulage.
(CORNEILLE, *Polyeucte*, I, 3.)

Charles Nodier a dit : « Les malheureux aiment mieux » ; et Béranger : « Le plaisir rend l'âme si bonne ! »

Ce n'est pas le plaisir qui rend l'âme bonne, comme l'ont dit, après Béranger, les dévots de la matière ; ce qui rend l'âme bonne, c'est la douleur. On est bon, il est vrai, tant qu'on est sous le charme d'une joie nouvelle ; mais l'habitude du bonheur n'est pas l'école de la charité. Le malheur, au contraire, rend bon et compatissant, développe la vertu et l'intelligence.

Vexatio dat intellectum. (Isaïe, XXVIII, 19.)

Ingenium mala sæpe movent.
(OVIDE.)

Mathêmata, pathêmata. (Les malheurs sont des leçons.)

— Presque toutes les biographies des grands artistes commencent par ces mots : « Né de parents pauvres... » La gêne et les privations semblent nécessaires pour féconder le génie.

C'était du moins l'avis de Charles IX, qui disait : « Les artistes ressemblent aux chevaux, qui deviennent mous dans la trop grande abondance : il faut les nourrir, mais non les engraisser. »

Poussin dit à un gentilhomme qui lui montrait un tableau de sa composition : « Il ne vous manque, Monseigneur, pour devenir un grand artiste, qu'un peu de pauvreté. »

J'eus le malheur pour maître, il m'a beaucoup appris.
(*Traduit de* CONFUCIUS.)

— Les Égyptiens ont représenté Mercure (la raison) arrachant les nerfs à Typhon (le mal), pour en faire les cordes de sa lyre divine.

— Les uniformistes de Rome ont pris pour emblème un fer battu par un marteau, sur une enclume, avec ces mots :

...Et dant vulnera formam

pour signifier que le malheur fortifie l'âme, la façonne.

— Le malheur rend bon, dit l'Écriture ; mais la misère mène souvent à l'inconduite.

— Un malheur ne vient jamais seul.

Un malheur toujours traîne un malheur après soi.
(Pinon, *Gustave.*)

Aliud ex alio malum.
(Térence.)

— C'est un petit malheur : je ne le regrette pas beaucoup.
Malheur d'autrui ne déplaît qu'à demi.

Malheureux, dérivé du précédent.
Malheureux comme les pierres.
Mes maux suffiraient à faire plusieurs misérables ; comme mon malheur est sans remède, ma douleur est sans consolations.

— La consolation des malheureux, est d'avoir des semblables.

Le cœur humain est ainsi fait, qu'il se réjouit parfois moins d'un bonheur qui lui arrive, que de l'infortune qui frappe le voisin. Cette triste vérité porte à croire que l'espèce *humaine* a été appelée ainsi par antiphrase. Il est plus consolant de penser que c'est par un sentiment instinctif que nous applaudissons au malheur, comme servant de baume appliqué par la Providence sur les plaies de l'orgueil humain.

Quand La Rochefoucauld dit : « Nous avons tous assez de force pour supporter les maux d'autrui », il paraît supposer, en pessimiste qu'il est, que dans ce sentiment il y a d'abord le retour sur soi-même, et aussi l'attrait d'une curiosité malsaine...

Lenis est consolatio ex miseriis aliorum. (Cicéron.)

— Je suis le plus malheureux des hommes ! Location hyperbolique, si l'on veut bien regarder au-dessous de soi.

— Pour se consoler de tout ce qu'on souffre, il faut songer à tout ce qu'on ne souffre pas. (Clairon.)

— Toutes les fois que j'éprouve le besoin de me plaindre, je pense à la dure existence des cochers d'omnibus, dont la journée, promène entre ciel et terre, dure de sept heures à minuit, et je renfonce ma plainte.

Malitorne, du latin *male tornatum*.
Mal tourné, mal fait, mal bâti.
Horace a dit, en parlant de vers mal faits :

Et male tornatos incudi reddere versus.

Scarron se sert de *malplaisant* dans le sens de *malitorne* :

Il ne fut jamais créature
De plus malplaisante tournure.

C'est le plus grand malitorne et le plus sot dadais. (Molière.)

Malle, du bas-latin *mala*; germanique *mahala*.
Synonymes : mademoiselle Manette (Vidocq), jeu de mots sur *malle* et *manne* (corbeille); Savoyarde.

Malo (Saint-).
Il a été à Saint-Malo, les chiens lui ont mangé les mollets.
Vers le XIe siècle (?) les habitants de Saint-Servan, exposés aux attaques des pirates, se réfugièrent dans l'île d'Aaron, et y fondèrent une ville, qu'ils nommèrent Saint-Malo, du nom de leur évêque. Pour éviter d'être surpris la nuit, ils lâchaient autour des remparts une troupe de chiens, qui dévoraient les étrangers.

Albert le Grand, dominicain, dit : « La garde de Saint-Malo était commise toute la nuit à la fidélité de certains dogues, qui faisaient bonne et sûre patrouille. »

Chateaubriand (*Mémoires*, tome I), dit : « Ces chiens furent condamnés à la peine capitale, pour avoir eu le malheur de manger inconsidérément les jambes à un gentilhomme, ce qui donna lieu à la chanson :

Bon voyage, monsieur Dumollet...

On se moque de tout. »

— Le couplet final du vaudeville de Désaugiers : *le Départ pour Saint-Malo*, joué en 1809, au théâtre des Variétés, par Brunet, est resté très populaire :

Bon voyage,
Monsieur Dumollet,
A Saint-Malo, débarquez sans naufrage ;
Bon voyage,
Monsieur Dumollet,
Et revenez si le pays vous plaît.

Ce Dumollet est, dans la pièce de Désaugiers, une sorte de Pourceaugnac, de prétendant niais, que l'on éconduit après force mystifications. Ce type grotesque, ajouté à la galerie des Jocrisse et des Cadet-Roussel, eut le plus grand succès à cette époque.

— Ce quolibet s'applique, en plaisantant, aux personnes dépourvues de mollets ; mais il n'est plus guère en usage, aujourd'hui qu'on ne porte plus de culottes courtes, et que le port du pantalon dissimule le plus ou moins d'embonpoint de la jambe.

Malotru, du latin *male instructus*. (Ménage.) Ou plutôt de *mal* et de *astre*, comme l'indiquent l'ancienne forme *malastru*, et le provençal *malastre*, né sous une mauvaise étoile. (F. Génin.)

Astruc, en provençal, signifie qui a les astres favorables.

A l'origine, *malotru* n'emporte que l'idée de malheureux digne de compassion ; mais, dès le xiv° siècle, il est pris comme injure, par suite de la tendance déplorable que nous avons à passer de la pitié au mépris.

> Celle-ci fit un choix qu'on n'aurait jamais cru,
> Se trouvant à la fin tout aise et tout heureuse
> De rencontrer un malotru.
> (La Fontaine, *la Fille*.)

Maltôte, du latin barbare *mala tolta*, maudite taille. D'où *maltôtier*.

Mamamouchi, mot forgé plaisamment par Molière, dans le *Bourgeois gentilhomme*. Ce mot n'appartient à aucune langue ; mais on s'en est servi depuis pour désigner un homme bizarrement accoutré.

Mamelle, du latin *mamillam*. Diminutif de *mammam* ; d'où *maman* (?), roman *popa*.

Nulha autra bestia ha popas el pieys, sino home et éléphant. (*Elucidari de las proprietas*, f° 50.)

Nulle autre bête n'a les mamelles à la poitrine, sinon homme et éléphant.

Manant, du latin *manentem*, qui demeure. Anciennement *manent*, domicilié, riche (?).

Le sens premier s'est altéré, et le mot en est venu à signifier un campagnard, un vilain, un homme grossier.

Au même radical se rattachent : manoir, ménage, mesnie, mesnil.

> De petit l'a mis au grant,
> Et de povro l'a fait manant.
> (*Roman de la Rose*, vers 2,858.)

Même mésaventure est arrivée à *paysan* et à *vilain*, qui signifiaient habitant du pays ou de la métairie.

Manceau, dérivé du Mans, nom géographique.

Un Manceau vaut un Normand et demi. Cette locution, qui ressemble à une satire, s'est établie sur ce que les monnaies du Maine valaient moitié plus que celles de Normandie.

Manche, latin *manicam*, de *manus*, main.

1° Partie du vêtement qui enveloppe le bras.

2° Partie d'un instrument par laquelle on le saisit quand on veut s'en servir. S'appelle *hampe*, quand il s'agit d'une lance.

— Au temps où l'on se mouchait sur sa manche..., c'est-à-dire au temps jadis, quand on était très simple.

Il paraît qu'on portait autrefois un mouchoir sur la manche, pour se moucher ou pour s'essuyer le visage.

La pièce du costume ecclésiastique qu'on appelle *sudarium*, ou *manipulum*, *mappula*, en français *fanon*, *manipule*, en est une preuve. C'était un linge que les prêtres (à l'autel) portaient pour essuyer les larmes qu'ils versent pendant la consécration, en pensant aux péchés du peuple. Ils récitent, en revêtant cet *ornement*, la prière suivante : *Merear, Domine, portare manipulum fletus et doloris*.

— Se faire tirer la manche : se faire prier.

Les Latins disaient : *scindere pœnulam*. Déchirer le manteau, c'est-à-dire retenir quelqu'un par son manteau.

Horum vix ego attigi pœnulam. (Cicéron.) Je les ai à peine engagés à rester.

— Jeter le manche après la cognée : désespérer trop vite, abandonner une affaire. (Rabelais, *Prol.* liv. IV.)

Manchot, vieux français *manc*, du latin *mancum*.

Il n'est pas manchot : il a de l'adresse, de la force.

Non manci fuere milites. (Tite-Live, VIII, 31.)

Mandarin, du portugais *mandar*, corruption du sanscrit *mantrim*, conseiller.

Nom des lettrés de la Chine, parmi lesquels sont choisis les employés de l'État. Ce sont les fonctionnaires de l'ordre administratif et judiciaire. Ils forment dix-huit classes et sont plus de cent mille.

J.-J. Rousseau dit : « S'il suffisait, pour devenir le riche héritier d'un homme qu'on n'aurait jamais vu, dont on n'aurait jamais entendu parler, et qui habiterait le fin fond de la Chine, de presser sur un bouton pour le faire mourir, ...qui de nous presserait sur ce bouton ? »

Mangeoire, dérivé de *manger*.

Tourner le cul à la mangeoire : refuser les moyens de gagner sa vie.

Un charlatan, à la foire, annonçait qu'il faisait voir un cheval qui avait la tête où les autres avaient la queue. C'était un cheval qu'il avait attaché à la mangeoire par la queue.

Manger, anciennement *mangier*, du latin *manducare*.

Synonymes : jouer de la mâchoire, bouffer, boustifailler (trivial), gobichonner, branler le menton ; cotonner le moule de son pourpoint (Rabelais) ; s'en donner jusqu'à la garde, faire bombance, faire ripaille.

— Oh ! tu seras ainsi tenu pour un poltron.
— Soit, pourvu que toujours je branle le menton.
(Molière, *Dépit*, V, 1.)

— Manger avidement, bouffer, bâfrer, bauffrer : Après les premières bauffreures. (Rabelais.)

Manger comme un ogre.

— Manger peu : du bout des dents. *Dente superbo* (Horace) : d'une dent dédaigneuse, pour peindre le dédain avec lequel le rat de ville goûtait au repas du rat des champs.

— Manger comme un oiseau. L'oiseau ne mange qu'un grain à la fois ; mais ces grains se succèdent sans interruption toute la journée. Tout en mangeant peu à la fois, les oiseaux consomment plus que les mammifères.

— Le public se rue sur les buffets avec un empressement qui rappelle les navrants épisodes du naufrage de la *Méduse*.

Gula plures quam gladius perimit : l'intempérance tue plus de gens que l'épée.

— Depuis Milon de Crotone, qui assommait un bœuf d'un coup de poing et le mangeait tout entier, il n'y a point eu peut-être de plus gros mangeur qu'un Saxon, qui dévorait tout ce qu'on lui présentait : un mouton, un veau, un cochon, deux boisseaux de cerises avec leurs noyaux, etc. Il vint à bout, un jour, d'avaler une écritoire, les plumes, l'encre et le sable. Des témoins ont affirmé le fait devant le Sénat de Wirtemberg.

L'histoire de cet ogre a été publiée, au xviiie siècle, sous ce titre : *De polyphago Wirtembergensi dissertatio*.

— Les Grecs et les Romains ne mangeaient qu'une fois par jour ; ne faisaient qu'un grand repas.

Les Goths ont introduit l'usage de deux repas.

— Tout le monde mange, l'homme d'esprit seul sait manger. (Brillat-Savarin.)

— Il faut manger pour vivre, et non pas vivre pour manger. (Molière, *Avare*, III, 5.)

C'est la formule économique et hygiénique des Latins : *Ede ut vivas, ne vivas ut edas*, énoncée en abrégé sous cette forme : E. V. V. N. V. V. E., et qu'Harpagon trouve si belle qu'il la veut faire graver en lettres d'or sur la cheminée de sa salle à manger.

— Bourdaloue disait à son médecin qu'il ne faisait qu'un repas par jour. « Ne le dites pas, reprit le docteur, vous nous ôteriez toutes nos pratiques. »

Vivitur parvo bene.
(Horace.)

(On vit bien de peu.)

...Me pascunt olivæ,
Me cichorea, levesque malvæ.
(Horace, *Odes*, I, 31.)

(Des olives, de la chicorée, des herbes tendres, voilà ma nourriture.)

— Qui veut vivre sain, dîne peu et soupe moins.

— Les Touaregs, habitants du Ghat (désert du Sahara), géants très robustes, ne mangent ordinairement que de deux jours l'un.

— Manger à la même écuelle. Dans les festins du Moyen-Age, chaque homme se trouvait placé à côté d'une dame. Un seul couvert était destiné à chaque couple : verre, assiette, tout était commun. Cela s'appelait « manger à la même écuelle ».

Et si n'y eut celuy qui n'eust dame à son escuelle. (Roman du XIIIe siècle.)

Ainsi aura chascun une mienne niepce à son escuelle à souper. (*Perceforest*, vol. I, ch. 144.) Pour ce jour, j'ay à ce manger mangé à son escuelle. (Ch. suivant.)

— Manger en commun est une grande cause d'intimité. C'est la satisfaction en commun d'un besoin matériel ; et, quand on y cherche un sens plus élevé, c'est une communion. (Voy. *ami* de table.)

— Manger à plusieurs râteliers : tirer profit de plusieurs emplois. Il y a des gens qui, moins embarrassés que l'âne de Buridan, mangent à deux râteliers, et s'en trouvent bien.

— Manger son blé en herbe : dépenser d'avance son revenu.

Achetant cher, vendant à bon marché, et mangeant son blé en herbe. (Molière, *Avare*, II, 1.)

Molière a emprunté ce passage à Rabelais (liv. III, 2).

Les Latins disaient : *Bonum suum concoquere* (Pétrone.) *Ebibere rem* (Horace.) *Devorare pecuniam* (Cicéron.)

De grand train, — sur l'estrain (la paille).

A grande cuisine, — pauvreté voisine.

Trou trop souvent ouvert sous le nez, fait porter souliers déchirés.

On apprend plutôt à manger son pain qu'à le gagner. (Proverbe russe.)

— Avoir mangé son pain blanc le premier : avoir été plus heureux qu'on ne l'est.

— Chapon de huit mois, manger de roi.

— Il me mange dans la main : il est trop familier.

— La vie est attelée à deux mauvais chevaux : le boire et le manger.

— *Manger* s'emploie aussi pour marquer le désir, l'affection : manger de caresses, manger des yeux.

On dit aussi : jolie à croquer.

Mangeur, dérivé du précédent.
Grand mangeur : glouton, goinfre, gouliafre, grandgosier, ogre. Autrefois : fripe-lipe.

D'un grand mangeur on dit qu'il a toujours dix aunes de boyaux vides.

Il a la maladie du renard, qui mange une poule et un canard.

Il avalerait la marmite des cordeliers.

Manichéisme, mot historique, doctrine de Manès.
Hérésie du III° siècle, qui admettait deux principes opposés : celui du bien et celui du mal ; la lumière et les ténèbres.

Manie, du grec *mania*, folie, égarement d'esprit ; d'où maniaque.
Synonymes : dada, marotte, tic, toquade.
En grec, *mainesthai* signifie être en fureur.

— Une manie occupe comme une passion, et n'en a pas les tourments.

Manière, du latin *manum*.
Le vieux français avait l'adjectif *manier*, qui a la main habile.
A donné l'adjectif *maniéré*, plein de manières, d'affectation.
Être maniéré, faire des grâces, poser. Se dit d'une personne qui

force son talent, comme l'âne de la fable. Or, l'affectation est la caricature du naturel.

Manigance, du latin *manica*, manche (Diez). La manche est très utile aux faiseurs de tours.

Quelques-uns le font venir de *mangouizo*, maquignonner, farder ; de *mango*, marchand d'esclaves, ayant l'habitude de les farder, de dissimuler leurs défauts.

Intrigue, tromperie.

Le mari ne se doute pas de la manigance. (Molière, *Georges Dandin*.)

Manique, du latin *manicam*, mitaine.

Morceau de cuir dont les cordonniers se garnissent la paume de la main pour ne pas se blesser.

Parler manique. Parler de ce qui concerne sa profession.

> *Tractant fabrilia fabri.*
> (Horace.)

(Chacun parle de son métier.)

Manne, de l'hébreu *man*.

Manna dans l'Évangile : *Manducaverunt patres vestri manna*.

Nourriture que Dieu donna aux Israélites dans le désert, pendant quarante ans. C'était un petit grain blanc et arrondi, qui tombait tous les matins, excepté le jour du sabbat. (*Exode* XVI, 4 ; *Psaumes* LXXVII, 15.)

— La manne est une substance mielleuse, qui se produit encore au Sinaï, et que les moines mangent. Selon Bertholet, elle serait due à la piqûre d'un insecte sur les feuilles du *tamaris mannifera*. L'analyse, faite par Bertholet, a donné : 55 de sucre de canne, 25 de sucre interverti, 20 de dextrine.

— La manne céleste : la parole de Dieu (terme mystique).

Manquer, du latin *mancum*, manchot.

Se dit absolument, dans le sens de : faire faillite.

Dans les autres cas, *manquer* est toujours accompagné d'un complément.

BILBOQUET. Bref, Cabochard est en déconfiture : il a manqué. — ATALA. De combien manque-t-il ? — BILBOQUET. Il manque de tout... et le reste est pour les créanciers. (*Les Saltimbanques*, II, 4.)

Mansarde, nom historique.

Mansard, célèbre architecte du XVIIe siècle, introduisit ce genre de combles, inventé en Italie. C'est au Louvre que cette innovation fut appliquée pour la première fois par P. Lescot.

Manteau, du latin *mantellum*.

Isidore de Séville dit : *Mantellum Hispani vocant, quod manus tegebat tantum, est enim brevis amictus.*

C'était le nom de la mante courte des Espagnols.

> Martin aura mon grand manteau
> Que mante à eau j'étymologisais.
> (Sarrazin ?)

— Manteau d'Arlequin. Draperie d'avant-scène, qui masque les bords du rideau de chaque côté du théâtre.

C'est par cette draperie que, dans la comédie italienne, Arlequin, personnage principal, entrait et sortait.

— Le manteau de l'erreur, de la religion, de la vertu, de l'anonyme, etc.

Se couvrir du manteau de la vertu : cacher ses vices sous l'apparence de la vertu. La même image se trouve dans *pallier* ses fautes (*pallium*, manteau).

C'est s'excuser humblement, se couvrir du masque de l'humilité, comme font les hypocrites.

> *Mea me virtute involvo.*
> (Horace.)

(Je m'enveloppe de ma vertu.)

> Que l'imposteur sait bien, de traîtresse manière,
> Se faire un beau manteau de tout ce qu'on révère !
> (Molière, *Tartuffe*.)

Se draper dans le manteau de la gloire ou dans les haillons du vice. (G. de Nerval.)

— Le manteau d'Antisthène. — Antisthène était un philosophe cynique, qui, pour se distinguer, portait un manteau troué. Socrate lui dit : « O Antisthène, j'aperçois ton orgueil à travers les trous de ton manteau. »

L'école cynique porte aujourd'hui le nom de « Bohême ». A côté de ces fanfarons de la guenille, il y a aussi les vaniteux, à qui l'on pourrait dire : « Sous les plis de ton riche manteau, j'aperçois… que tu n'as pas… d'habits. »

— Le manteau de Joseph. — On emploie cette locution dans un sens satirique, pour se moquer du chaste Joseph.

On dit même que la Putiphar devait être une femme hargneuse, tardée et sur le retour ; que, s'il en avait été autrement, le jeune Joseph se perdait... et sauvait son manteau.

— Le manteau d'Élie faisait des miracles...

Élie fut enlevé au ciel sur un char tiré par des chevaux de feu, à la vue de son disciple Élisée, à qui il laissa son manteau pour gage du don de prophéties et de miracles.

M. Villemain a dit, en parlant de Bernardin de Saint-Pierre : « C'était une espèce d'Élisée, qui avait reçu le manteau de Jean-Jacques. »

Maquereau, du latin *maculam*, tache.

1° Poisson tacheté.

2° Au figuré et très librement : entremetteur, proxénète, souteneur, Monsieur Alphonse, Desgrieux de bas étage, Mercure galant.

A son féminin *maquerelle*.

Dans ce sens figuré, le mot semble venir du flamand *makelaar*, de *mocken*, trafiquer.

Maquignon, anciennement *maquillon*. A la même origine que *maquereau* (?).

Se rapproche de *maquillage*, à cause des ruses employées par les maquignons pour dissimuler les défauts des chevaux qu'ils mettent en vente.

Maquillage, de *maculam* (?), tache.

Peut-être faut-il chercher l'étymologie à la même source que pour *maquignon* ?

— *Se maquiller*, c'est se farder avec force carmin, blanc de perle ou poudre de riz ; se faire des grains de beauté avec une épingle rougie au feu ; s'agrandir démesurément les yeux avec du bouchon brûlé ; se carminer les lèvres avec du rouge liquide.

> Pour réparer des ans l'irréparable outrage.
> (RACINE.)

De cette manière, on arrive à faire illusion aux hommes peu clairvoyants.

On trouve dans Gaultier de Coincy, poète du XIIIe siècle, les vers suivants :

> Telle se faict moult regarder
> Par s'enblanchir, par se farder,
> Que plus est laide et plus est blesme
> Que pechiez mortelz en caresme.

Maquis. Nom donné, en Corse et en Italie, aux petits bois, ou plutôt aux lieux incultes couverts d'arbrisseaux, tels que myrtes, arbousiers, lauriers, etc., qui forment des fourrés où l'on se cache aisément.

Mar. Désinence fantaisiste, née vers 1840, qu'on ajoutait à la fin d'un mot, en la substituant à la dernière syllabe : épicier, épicemar.

Marabout, de l'arabe *marabath*, lié à Dieu. Prêtre musulman.
S'emploie aussi pour désigner un homme très laid, ou une cafetière à gros ventre.

Maraud, origine incertaine. *Maraudeur*, pour mauvais rôdeur ?
Ménage le dérive de l'hébreu *maroud*, gueux (?).

D'après Génin, il viendrait plutôt de *maroufle*, rustre, manant, qui n'est bon à rien qu'à manier la marre, sorte de houe pour bêcher.

Vous êtes un sot, un maraud, un coquin. (Molière, *Avare*.)

Mais l'origine de *maroufle* n'est pas plus connue que celle de *maraud*.

Marc, de l'allemand *mark*, qui a donné aussi *marche*.
Monnaie de compte, qui a varié selon les époques.
C'était à l'origine un poids de huit onces, la demi-livre ancienne de Paris.

Marcellus. *(Tu Marcellus eris.)* Commencement d'un vers de Virgile, qui a servi d'occasion à un tableau d'Ingres.

Auguste se plaisait à se faire réciter par Virgile lui-même des morceaux de l'*Énéide*. Le peintre a représenté l'impression produite sur ce prince et sur Octavie, par l'éloge du jeune Marcellus. Octavie s'évanouit, dit-on, à ce passage, et, voulant marquer au poète sa reconnaissance, elle lui fit compter dix grands sesterces par vers ; environ 52.000 francs.

Marchand, du latin *mercatum*, marché.

D'autres le dérivent du bas-latin *mercadare* ; quelques-uns vont jusqu'à y voir une transformation de *marcheur* pour *mercatorem*.

Au radical *merc*, se rattachent : mercantile, mercenaire, mercerie, commerce.

Il se rapporte aussi à *Mercurius*, Mercure, dieu du commerce (et du vol). On représentait ce dieu avec des ailes, une bourse à la main, pour indiquer que la fortune est la récompense de l'activité. Le caducée, qu'il tient dans l'autre main, est le symbole de la paix et de la prospérité : le bâton marque le pouvoir ; les deux serpents, la prudence ; les ailes, la diligence ; l'olivier, emblème de la paix, s'enroule autour du caducée avec les serpents, pour montrer que, si la ruse est l'emblème du commerce, la paix le fait prospérer.

De *Mercure* vient aussi *mercuriale*, fixation officielle du prix des denrées sur les marchés.

L'acception *marcheur*, qui représente l'idée d'activité, a présidé à la création des noms des principales fonctions commerciales. Ainsi de même que le *marchand* marche (le vrai marchand primitif a été colporteur) ; l'*agent* d'affaires mène les choses avec activité ; le *négociant* (*nec otium*) ne prend pas de repos ; le *traficant* va acheter une marchandise pour la transporter au loin.

— *Négoce* et *trafic* prennent également un sens péjoratif.

Le nom de *courtier*, provençal *courratier*, est fait d'un fréquentatif, qui signifie une agitation perpétuelle.

Le nom de *courtaut* de boutique, que nos pères donnaient au modeste commis de magasin, pourrait bien avoir la même origine.

A *courtaut* vieilli a succédé *galopin*, puis *trottin*, *saute-ruisseau*, qui ont une signification analogue.

Commis vient aussi de *committere*, envoyer ou préposer.

— De marchand à marchand, il n'y a que la main.

La bonne foi doit suffire dans le commerce.

Chasser les marchands du temple. (Mathieu, XXI, 12 ; Luc, XIX, 45 ; Jean, II, 15.)

Marchander. Hésiter. Jadis *baguigner*, *barguigner*.

Marchandise, dérivé de *marchand*.

Vanter sa marchandise : faire l'article.

Marchandise d'occasion ou de hasard : bric à brac.

Marchandise démodée : rossignol.

Marchandise de mauvaise qualité : camelote.

Marchandises en magasin : stock.

Marche, du latin *marchia*, frontière d'un pays.

Pays frontière, c'est-à dire situé à une journée de marche d'un autre pays.

Un honrat baron qu'era de la marca de Proensa.
(Pons de Capdeuil.)

(Un baron distingué, qui était de la marche de Provence.)

En roman, *marcar*, confiner, démarcation.

Las terras del rei de Fransa que marcavon ab las terras d'en Richart. (Bertrand de Born.) Les terres du roi de France qui confinaient avec celles de Richard. (Voy. *marquis*.)

Marché, latin *mercatum*.

Réunion de marchands et de marchandises. Achat.

— Il n'y a que les bons marchés qui ruinent.

On n'a jamais bon marché d'une mauvaise marchandise. C'est-à-dire qu'on paie toujours trop cher ce qui est mauvais ou ce dont on n'a pas besoin.

— Par dessus le marché. (Voy. la *bonne main*.)

Un paysan achète une grosse montre en argent, et, avant de conclure, en apercevant une petite, en or, il dit à l'horloger : « Vous me donnerez bien celle-là par dessus le marché. »

Marcher, du latin *mercari*, les marchands étant obligés d'aller et de venir pour leur commerce.

D'après Diez, ce serait passer d'une marche à une autre.

Rabelais dit *démarcher* : s'en aller, partir, mot fait comme l'ancien verbe *départir*.

Démarcher ne se dit plus, mais se retrouve dans *démarche*.

Synonymes: aller à pied, ...*pedibus cum jambis*, ...se servir de la voiture de M. Soulier, ...piler du poivre (*route*, en argot, se dit *poivrière*).

Marcher en frottant les jambes : battre le briquet.

Marcher de travers : aller de guingoi.

Marcher droit : faire son devoir.

— Le poète Pope était bossu et avait les jambes torses. Le roi d'Angleterre dit un jour, en le voyant à la cour : « Je voudrais bien savoir à quoi nous sert ce petit homme qui marche tout de travers. » Le poète répliqua : « A vous faire marcher droit. »

Marcotte, serait plus exactement écrit *margotte*, de l'italien *margotta*, du latin *mergere*, plonger.

Branche tenant encore à la plante mère et qui, recourbée et mise en terre, y pousse des racines, et qu'on sépare du tronc quand elle a une végétation suffisante. Le marcottage doit toujours précéder de quelques jours l'ascension de la sève dans les végétaux.

Mardi-Gras.

Synonymes : Carêmentrant, le dieu des andouilles (Rabelais).

Maréchal, vieux français *marescal*, bas-latin *marescalcus*.

Celui qui soigne les chevaux.

Le maréchal de France était, à l'origine, chargé, avec le connétable, ou comte de l'étable, d'entretenir en bon état les chevaux du roi.

Maréchal de France, maréchal de camp, maréchal des logis, signifiaient marqueur de camp, de logements; c'est-à-dire que ces gens mesuraient l'emplacement et l'espace de terrain que devaient occuper le camp ou le logement des troupes.

Maréchaussée, de *maréchaus*, forme ancienne de *maréchal* qui se trouve chez Villehardouin, et encore aujourd'hui dans le patois de certaines provinces.

— Ancienne juridiction des maréchaux de France.

— Corps de gens à cheval, très ancien en France, qui servait à maintenir la sûreté publique, et qu'on a remplacé, en 1793, par la gendarmerie.

Marée, d'un adjectif *mareus*; du latin *mare*, mer.

Mouvement alternatif et quotidien des eaux de la mer, qui couvrent et abandonnent successivement le rivage.

C'est l'ensemble des phénomènes connus sous le nom de *flux* et de *reflux*.

— On appelle aussi *marée* le poisson de mer. D'où l'expression : arriver comme marée en carême, fort à propos.

Margot, diminutif de *Marguerite*.
Surnom populaire de la pie ou agasse.

Marguillier, du latin *matricularium* : celui qui tient le registre des pauvres. Autrefois *marillier*.

Marguillier serait donc la corruption (non, mais la forme populaire) de *matriculier*, fabricien gardien des registres matricules dans les églises. C'étaient, avant 1792, des fonctions importantes, parce que, depuis 1539 (sous François Ier), ils inscrivaient les naissances des enfants catholiques apportés au baptême.

La loi du 20 septembre 1792 confia aux maires la tenue des registres de l'Etat-Civil. (Voy.)

Mariage, de *maritaticum*, dérivé de *maritum*, mari.
Dans la mythologie *hymen*, usité en poésie.

On le représentait sous les traits d'un beau jeune homme couronné de marjolaine.

Synonymes : duel à coups de canif; conjungo; amour permis (style des Précieuses); savonnette à vilain, quand il s'agit de l'union d'un roturier avec une fille noble; un livre ennuyeux avec une belle préface.

— Les Romains désignaient le mariage légitime sous le nom de *confugium, justæ nuptiæ*. Les enfants issus de ce mariage s'appelaient *justi liberi* ; tandis que les enfants du concubinat étaient dits *liberi naturales*. Auguste avait été forcé de donner au concubinat un titre légal. Quant aux enfants nés d'une union défendue par la loi, ils s'appelaient *nothi* ou *spurii*.

La femme qui avait des rapports avec un homme marié s'appelait *pellex* (peau). Il y avait, en dehors de ces deux états, la courtisane, la louve, mise sous la protection de la Vénus vulgaire.

— Aujourd'hui, les mariages sans légalité s'appellent : mariage de Jean des Vignes, …en détrempe, …sous la cheminée.

On dit aussi : marié au XIII° arrondissement ; parce qu'avant l'annexion des banlieues, en 1860, Paris ne contenait que douze arrondissements ou mairies.

> C'est un monde, le monde …… prospère
> Des époux sans épouse et des enfants sans père,
> Où l'estime s'égare, où s'égare l'amour ;
> Et si grand, si nombreux, qu'il faudra quelque jour,
> Comme ont fait les Romains pour le concubinage,
> Annexer forcément ce faubourg au ménage.
>
> (PAILLERON, *les Faux Ménages*, 1868.)

— Il y a encore la variété de mariage appelée *morganatique* (Voy.) de la main gauche, ou *incognito*, contracté par un prince avec une personne de rang inférieur, à laquelle il donne son nom, mais qu'il ne reconnaît pas officiellement comme sa femme. Dans ce mariage, le mari donne la main gauche à sa femme, au lieu de la droite. Les enfants qui en naissent ne jouissent pas de tous les droits de la légitimité.

Morganatique vient de l'allemand *morgengabe*, don du matin, présent fait à la femme le matin qui suit le jour des noces.

— Les lois civiles fixent l'époque du mariage :

En France, à 17 ans pour les hommes, 15 ans pour les femmes.
En Autriche, 20 et 16.
La loi Romaine, 15 et 13.
Lycurgue, 37 et 17.
Platon, 30 et 20.

— On a vu des rois épouser des bergères.

Caribert, dit l'abbé Velly, répudia sa femme légitime pour épouser Theudégilde, fille d'un berger.

Louis XIV épousa Mme de Maintenon, qui se plaignait un jour de n'être pas heureuse. « C'en est trop pour une pauvre femme dont la vie est déjà pleine d'amertume. Je ne peux plus vivre de la sorte, et j'aime mieux mourir tout à l'heure ! — Mourir ! Madame, repartit d'Aubigné, d'un air plaisant et incrédule. Quelle fantaisie vous prend donc de mourir ? Vous avez donc promesse d'épouser Dieu le Père en troisièmes noces ! »

— Mariage d'argent : celui qui se fait dans des vues d'intérêt.

Un mariage d'argent ou de raison, opposé à mariage d'inclination, est un mariage sans raison, parce qu'il se fait sans amour : c'est un crime contre le bon sens...; mais c'est du pain sur la planche.

> Qui se marie par amour,
> A bonnes nuits et mauvais jours.

> Qui se marie par argent,
> A jour et nuit le cœur dolent.

> Celui qui prend la vieille femme,
> Aime mieux l'argent que la dame.

> Fol et hors de sens,
> Qui prend femme pour son argent.

Un homme qui avait épousé une femme très laide, mais fort riche, disait pour excuser son choix : « Je l'ai prise au poids, non à la façon. »

La fortune est un fard qui embellit les plus laides.

Une demoiselle disait en regardant la riche corbeille que lui envoyait son vieux fiancé : « Je préfère le présent au futur. »

Quant aux mariages d'inclination, il y a le proverbe :

> Amours qui commencent par anneaux,
> Finissent par couteaux.

— Dans le mariage, la femme doit apporter le déjeuner, et le mari le dîner. C'est-à-dire que les conditions et les fortunes doivent être équivalentes. Quand les époux n'ont rien ni l'un ni l'autre, on dit : « C'est la faim qui épouse la soif. »

— Le fond des choses, dans le mariage, c'est la crémaillère, et, à bien prendre, c'est même à cela que se réduit cette admirable institution.

— Dans le mariage, l'homme doit acquérir, la femme doit conserver. (Aristote.)

Ce précepte est pratiqué à rebours dans la haute société de Paris, où l'on peut dire que le mariage est une raison sociale où le mari représente la recette, et la femme la dépense.

Marier, du latin *maritare*, de *maritum*, mari.

— Se marier : en finir avec la vie de garçon ; prononcer le grand *oui* ; faire une fin.

On dit : établir sa fille. C'est la traduction du latin *Collocare filiam alicui*. (Térence.)

Marie-toi dans ta rue si tu veux, dans ta maison si tu peux.

Qui va loin se marier,
Sera trompé ou veut tromper.

Homme de passage,
N'attrape femme sage.

Les amants peuvent s'aimer avant de se connaître ; les époux doivent se connaître avant de s'aimer.

Aller à la guerre ou se marier,
Ne doit se conseiller.

Mariez-vous, vous ferez bien ; ne vous mariez pas, vous ferez mieux.

Les jeunes gens ne doivent pas se marier encore, et les vieillards ne le doivent jamais. (Diogène.)

— *Qui non litigat, cœlebs est.* C'est le célibataire qui n'a point de disputes. (Gem. Varus).

Ce proverbe est cité par saint Jérôme. Ainsi, il est décidé par l'autorité même d'un Père de l'Église que la femme apporte le trouble dans la maison ; mais, dit Montaigne, il est plus facile d'accuser un sexe que d'excuser l'autre.

— La Genèse a dit : « Il n'est pas bon que l'homme soit seul, donnons-lui une compagne à son image. »

— Qui se marie à la hâte, se repent à loisir.

Le mariage est, en effet, un acte si important, qu'il demande de grandes réflexions avant de prendre une résolution définitive.

Un vieux proverbe dit : « Aujourd'hui mari, demain marri. »

Melius est nubere quam uri. (Saint Paul, I, *Cor.*, VII, 9.) Mieux vaut se marier que brûler.

Marin, du latin *marinum*, de *mare* (mer).

Le mauvais marin est un marin d'eau douce ; le bon marin est un loup de mer ; ce qui sous-entend parfois un homme brutal et grossier.

— Les loups de mer ont fait leur temps. Les marins ne jurent plus par mille sabords, et le jour où l'étiquette sera bannie de tous les salons, elle se retrouvera à bord des navires de guerre. (E. About, *Le buste.*)

— Femme de marin, femme de chagrin.

Marine, même origine.

— L'âme de l'humanité a bien grandi depuis l'expédition des Argonautes jusqu'à celle de Christophe Colomb ; et de l'Arche de Noé jusqu'au *Great Eastern*, il y a un progrès immense.

Après les informes essais de constructions navales par les sauvages creusant des troncs d'arbres, viennent successivement : la galère ou trirème ; les galions de Saint-Louis ; les caraques ; les caravelles de Christophe Colomb ; les vaisseaux de Louis XIV, peints par Vanloo, sculptés par Puget, et commandés par les Jean-Bart, les Duquesne, etc. ; les bâtiments à vapeur, paquebots, cuirassés, etc.

Il y a aussi les navires destructeurs : brûlots, bombardes, machines infernales, etc.

Les navires d'apparat, de plaisance. La galère sur laquelle Cléopâtre alla rejoindre Antoine ; les mystérieuses jonques fleuries des villas chinoises ; les yachts anglais ; les gondoles de Venise.

Citons encore les bateaux amphibies hollandais, munis de voiles et de roues pour la locomotion terrestre.

<blockquote>Le trident de Neptune est le sceptre du monde.
(LEMIERRE.)</blockquote>

La domination des mers fait la force et la prospérité des nations. Les États qui ont obtenu de grands succès par leur marine avaient un port de mer pour capitale. On peut citer comme exemples dans l'antiquité : Tyr, Carthage, Athènes, Alexandrie, Marseille ; dans les temps plus rapprochés : Venise, Gênes, Amsterdam, Londres.

Marionnette, diminutif de *Marion*, venant de *Marie*.

Quelques-uns y voient la forme *mariole*, anciennement petite figure de la Vierge.

— Il y avait à Venise une célèbre procession, où l'on finit par substituer des poupées de bois aux nobles Vénitiennes qui, à l'origine, faisaient sous le nom de Marie, l'ornement de cette solennité.

— Horace appelle les marionnettes : *alienis nervis mobile lignum*.

— Jean Brioché, vers le milieu du xviie siècle, a introduit en France les marionnettes. Son fils les perfectionna.

— On appelle *marionnette* ou *pantin*, un homme sans volonté, sans énergie, qu'on fait mouvoir comme on veut.

Marivaudage, de *Marivaux*, écrivain du xviiie siècle.

On devrait plutôt dire *marivauxage* (?).

Désigne la manière et le style précieux, la recherche affectée de l'expression, la subtilité du sentiment.

— On a dit de Marivaux : « Il connaît les petits sentiers qui mènent au cœur, mais il ignore la grande route. »

On a dit aussi qu'il s'amusait à peser des œufs de mouches dans des balances de toile d'araignée.

Marjolet, de *marjolaine* (?), ou plutôt de *mariolet*.

Une des nombreuses variétés du petit-maître ; un petit homme qui fait le galant.

Rabelais emploie *mariolet*.

L'origine *marjolaine* aurait en sa faveur le rapprochement de *muguet* et de *narcisse*.

Marmite, étymologie très incertaine. Peut-être *marmor* : les anciennes marmites étaient de marbre.

La marmite des Invalides... que tous les provinciaux vont voir, à cause de ses dimensions gigantesques.

Cette marmite a hérité de la célébrité de celle des Cordeliers de Paris, qui était en grande réputation, de même qu'un gril monté sur quatre roues ; aussi disait-on d'un gros mangeur : « Il avalerait la marmite des Cordeliers. »

Marmot, *marmaille, marmouset*.

Petit garçon.

De Laurière le dérive du vieux français *merme*, très petit, myrmidon. D'autres le tirent de *marmot*, singe ; ou encore du grec *mormô*, épouvantail, figure grotesque. Enfin Génin y voit le masculin de *marmotte*.

> Faut-il qu'un marmouset, qu'un maudit étourneau...
> (Molière.)

— Croquer le marmot : attendre longtemps.

On dit aussi *maronner*, pour *maugréer* ou *marmonner*.

Marmonnant de la langue : mon, mon, mon, von, von, comme un marmot. (Rabelais, IV, 15.)

Marmotter, onomatopée.

Remuer les lèvres, murmurer des mots indistinctement.

> Que marmottez-vous là, petite impertinente ?
> (Molière.)

Marotte, pour *mariotte*, ou pour *mérotte*, petite mère, petite poupée.

Espèce de sceptre surmonté d'une tête de folie, avec des grelots, qui est l'attribut de la folie et de Momus.

— Les fous de cour portaient la marotte. Par suite, on a appelé *marotte* toute manie, toute affection déréglée.

Chacun a sa marotte, son dada.

Suus cuique attributus est error. (Caton.)

— Tous les fous ne portent pas la marotte.

Marque, ou *marche*, de l'allemand *marck*.

D'où : marge, maréchal, marquis ; marche d'Ancône.

Marque sur l'épaule : armes de Gascogne. (Rabelais.)

Marquis, jadis *marchis* ; de *marche*, frontière.

Un marquis était un officier préposé à la garde d'une marche, ou frontière d'un État, pour la défendre et la protéger, en chasser les ennemis. D'où : lettres de marque, ou droit accordé de passer la frontière d'un autre État et d'y exercer la piraterie.

— Les anciens appelaient le commandant d'un pays frontière *nomarcha*, du grec *nomos*, division, *arché*, pouvoir.

— On appelle *marquise* (auvent), une couverture protectrice, sorte d'abri pour garantir les marches d'un perron, le seuil de la porte.

— Dans les mots *marquant*, *gens de marque*, le sens est détourné et exprime l'idée de noblesse, de haute dignité, qui était attachée au titre de marquis.

Marronnier, origine incertaine.

— Le marronnier du 20 mars. Le 20 mars, Napoléon rentra à Paris, venant de l'île d'Elbe, et le marronnier des Tuileries fleurit, comme pour exprimer sa sympathie aux Castagniers. On fit cette remarque, parce qu'à cette époque, les bonapartistes étaient désignés à Marseille sous le nom de *castagniers* (châtaigniers), par allusion à la Corse, patrie de Napoléon, où le châtaignier croît en abondance.

— Le marronnier du 20 mars donne de l'ombre aux promeneurs, et de l'ombrage au Gouvernement (1881).

Mars, origine mythologique.

Mois consacré au dieu Mars par Romulus.

Mars arrive comme un lion, et s'en va comme un mouton.

Mars jette la barque en terre, et dit que ce n'est pas lui. (Proverbe provençal). C'est-à-dire que pendant l'équinoxe de printemps, un calme subit succède souvent à une grande tempête.

Marteau, anciennement *martel*, du diminutif inusité *martellum*, du latin *martulum*.

— *Martel* s'est dit avant *marteau*, comme *châtel* avant *château*. On le retrouve dans *marteler, martelage*.

— Charles-Martel, maire du palais, père de Pépin-le-Bref, aïeul de Charlemagne, reçut son surnom à cause de sa valeur, qui écrasa les Sarrazins comme avec un marteau, et les chassa de France.

— Avoir martel en tête : un grand souci.

<blockquote>Mais j'ai martel en tête, et tout autre l'aurait.
(HAUTEROCHE, *Crispin*.)</blockquote>

M'a donné martel in teste. (D'Aubigné, *Fœneste*.)

Mieulx vault estre marteau qu'enclume. (Rabelais.)

Mieux vaut être battant que battu : être du côté du manche.

Martin (L'été de la Saint-). La fête se trouve le 11 novembre.

— Il y a plus d'un âne à la foire qui s'appelle Martin. Dicton trivial, par lequel on s'excuse d'une erreur produite par une similitude de noms.

Martingale, origine incertaine.

Jouer à la martingale : doubler sa mise, dans l'espoir de regagner ce qu'on vient de perdre.

Martyr, du grec *martur*, témoin.

Celui qui endure la mort ou les supplices pour rendre témoignage de la vérité.

Le martyr est la victime ; le martyre *(martyrium)* est le supplice. *Martroy* est le lieu du supplice.

— Il faut deux personnes pour faire un martyr : une victime et un bourreau.

— Souffrir le martyre, comme un martyr : souffrir beaucoup.

Je crois volontiers les histoires dont les témoins se font égorger. (Pascal, *Pensées*.)

— Le mot *martyre* exprime une souffrance subie pour une cause juste. L'erreur peut avoir ses victimes, quelquefois très dignes de pitié ; la vérité seule a ses martyrs. C'est ce que les Pères de l'Église ont exprimé par ces mots : *Causa, non pœna, facit martyrium*.

Les idées végètent de sang humain. Les révolutions descendent des échafauds ; toutes les religions se divinisent par le martyre. (Lamartine.)

— Être du commun des martyrs : n'avoir rien de remarquable.

Cette locution est prise de l'office de l'Église : *De communi martyrum*, office général des martyrs.

Mas, radical *mansum*, demeurer.

En languedocien signifie *maison*.
Au même radical se rapportent : maison, masure, ménil.

Mascaret, étymologie douteuse.
Reflux violent de la mer dans la Garonne et, par extension, dans l'embouchure des autres rivières.
Quelques-uns y voient le nom de Saint-Macaire (?), appellation de la localité où remontent les eaux de la Gironde à neuf lieues de son embouchure.

Masque, italien *maschera*, qui reproduit l'arabe *mascharat*, bouffon.
D'où : mascarade, mascarille.
— En provençal *masca* signifie sorcière, que Diez tire de *masticare*, mâcher, parce que les sorcières passent pour manger les petits enfants, comme le *Manducus* des Latins.
De cette acception de sorcière, *masque* en est venu à celle de faux visage, destiné à faire peur. On pourrait peut-être le rapporter au provençal *mascarar*, noircir, mâchurer, barbouiller le visage.
— *Emmascar*, en provençal, est synonyme d'envoûter.
L'envoûtement est une pratique de sorcellerie qui s'accomplit en fabriquant une figurine de la personne contre laquelle on veut tourner le maléfice, et en soumettant cette figurine à des conjurations. On plante des épingles à l'endroit du cœur ou en d'autres parties du corps, en articulant des imprécations.
Quant à *envoûter*, il vient du latin *vultum*, visage, effigie.
— Rabelais appelle le masque un *cachelet* (I, 13), pour cache-laid, les femmes laides s'en servant volontiers.
— Jeter le masque, *personam deponere* (Cicéron) : se montrer dans ses vraies dispositions, à visage découvert.

> Le masque tombe, l'homme reste,
> Et le héros s'évanouit.
> (J.-B. Rousseau.)

> ...Eripitur persona, manet res.
> (Lucrèce, III, 57.)

— Mercutius dit, en entrant au bal des Capulets : « Masque sur masque. »

Masse, du latin *massam*, monceau, amas.
D'où : massif, amasser.
Masse informe et grossière :

> ...Rudis indigestaque moles.
> (Ovide.)

Matamore, origine littéraire. De l'espagnol *matamoros*.
Fanfaron, faux brave.
Personnage de la comédie espagnole, qui fait le grand pourfendeur de Maures (de *matar*, tuer, que l'on retrouve dans *matador*.)
C'est le pendant de l'*Horribilicribiifax* des Allemands ; du *Spavento* milanais ; du capitaine Fracasse.
Tous descendent du *Pyrgopolynices* de Plaute, le soldat fanfaron.

Matassin, de l'espagnol *matachin*.
Autrefois danseur bouffon.

Mater, du persan *mat*, mort.
Soumettre à la discipline. Expression empruntée au jeu d'échecs, où le roi est *mat* quand il ne peut plus bouger sans être pris.

Mathieu (Fesse-) : avare, usurier.
Cette locution semble venir de *feste-Mathieu* (21 septembre), parce que saint Mathieu avait été publicain et est fêté par les usuriers.
— En 1790, lors de la suppression des titres de noblesse, Mathieu de Montmorency parla en faveur du décret. Les nobles, mécontents de son apostasie, lui décernèrent l'épithète injurieuse de « Fesse-Mathieu ».

Mathusalem, nom biblique.
Patriarche, aïeul de Noé, fils d'Énoch. Il eut un fils à l'âge de 187 ans, et deux filles à 782 ans. Il mourut en 1344 avant Jésus-Christ, à l'âge de 969 ans. (*Genèse*, V, 21.)
D'où l'expression : vieux comme Mathusalem. Le peuple dit : Mathieu salé.

Matin, du latin *matutinum* (*tempus*).
On dit : demain au matin, et demain matin. La première manière est plus correcte, mais l'usage a fait prévaloir la seconde.
— *Matineux* se dit de celui qui a l'habitude de se lever matin ; *matinal* de celui qui s'est levé matin.
— *Matin* s'est présenté aussi sous la forme *main* (*mane*).

— Tels rit au main, qui le soir pleure ;
Et tels est au soir courroucés
Qui le main est joians et liés.

— Merci, sire, dist le vilain :
Tel rit au main qui le soir plore...

— Je suis vostre homme et soir et main.

Main existe encore dans *demain*, qui est pour *de matin*, et dans *lendemain* (corruption de l'ancienne forme *l'endemain*), aussi ridicule que serait l'expression le *lapropos*.

Cette faute de réduplication de l'article n'est pas la seule qui existe dans la langue française. Ainsi, le mot *lierre*, venant de *hedera*, a d'abord été *hierre*, l'hierre. Insensiblement on souda l'article au substantif, en supprimant l'*h* ; puis, devant le mot ainsi modifié, on plaça de nouveau l'article. Les Provençaux disent l'*hierri*, pour le lierre.

— Se lever matin : se lever dès *patron* minet. (Voy.)

Se lever à l'aulbe des mousches. (Rabelais, IV, 9.)

Au desjucher (Rabelais, III, 2), c'est-à-dire lorsque la volaille descend de la perche où elle s'était juchée pendant la nuit, ou *juchoir*, autrefois *jue*.

> Chantons Noël tant au soir qu'au desjucq.
>
> (Marot, *Ballade du jour de Noël*.)

Déjucher s'est dit aussi du départ des troupes pendant la nuit.

Mâtin, autrefois *mastin*. Italien *mastino* ; du bas-latin *masnata*, maison, ferme.

Chien de garde, gr.. chien, chien de berger.

Qui a bon voisin, a bon mâtin.

Matines, du latin *matutinas* (horas).

Première partie de l'office, qui se disait après minuit, à la première heure de la journée. On les dit de grand matin, quelquefois (dans les couvents), à minuit, ou même la veille. On les appelle alors *nocturnes* ou *vigiles*. Elles ont été introduites dans la liturgie par saint Ambroise. (Voy. *heures*.)

On se rappelle les vers de Boileau :

> Les cloches, dans les airs, de leurs voix argentines,
> Appelaient à grand bruit les chantres à matines.

— On a appelé « Matines Françaises » la Saint-Barthélemy, le massacre des protestants, qui commença à l'heure des matines, par opposition aux Vêpres Siciliennes.

Matois, origine incertaine. Quelques-uns le tirent de *mate*, nom d'une place de Paris, où s'assemblaient les filous, appelés alors « enfants de la mate ».

> Enfants qui sont de la mate
> Savent jouer de la patte.

Je suis un fin matois. (Molière, *Georges Dandin*.)

Matrimonium, mot latin, qui signifie *mariage*.

> Quelque autre, sous espoir de matrimonium,
> Aurait ouvert l'oreille à la tentation.
> (Molière, *Dépit*, II, 4.)

Matrone, du latin *matronam*, dame.

En jurisprudence moderne de médecine légale, *matrone* signifie sage-femme.

Visites de matrones : examen que font subir les sages-femmes, par ordre de la justice, à une femme ou à une fille.

Maures, du latin *mauros* (de couleur foncée).

Nom que les Romains donnaient aux habitants de la Mauritanie, pays de l'Afrique du Nord, qui comprenait le Maroc et Alger.

De là : architecture moresque.

Mausolée, du nom de Mausole, roi de Carie, mort en 353. Son épouse Artémise lui fit élever un tombeau tellement magnifique, qu'il passa pour une des sept merveilles du monde, et que *Mausolée* est devenu synonyme de riche tombeau.

Maussade, mot composé de *mau*, pour mal, et de *sade*, vieille forme venant de *sapidum*, qui a du goût.

Signifie donc peu agréable.

Des plus gentes et des plus sades. (Rabelais, *Prol.* II.)

Mauvais, anciennement *malvais*, origine incertaine.

En tout pays il y a une lieue de mauvais chemins. C'est-à-dire : en toute chose il y a des difficultés.

Maxime, latin *maximam* (*sententiam*).

Maxime, sentence, aphorisme, apophtegme : tous ces mots s'emploient pour désigner une pensée, un précepte exprimé avec brièveté, concision et netteté. Néanmoins, le mot *maxime* s'emploie plus ordinairement pour désigner une règle de morale pratique ; le mot *sentence* s'emploie dans le même sens ; *aphorisme* est propre aux langues scientifiques ; quant à *apophtegme*, il désigne une sentence attribuée à quelque personnage célèbre.

— Une maxime est une proposition générale, qui contient une vérité pratique.

> Quidquid præcipies, esto brevis.
> (Horace, *Art poétique*, 335.)

(Les maximes doivent être courtes.)

Maximum, mot latin : superlatif, très grand.

Valeur la plus grande que puisse atteindre un objet.
Les mathématiciens emploient le pluriel *maxima*.

Mayeux.

En 1830, Mayeux, illustré par le crayon de Traviès, était un type de bossu libertin, vaniteux, spirituel, se targuant aussi de bravoure et de patriotisme. Mayeux obtint une grande vogue de ridicule.

Mazette, étymologie incertaine.

Petit ou mauvais cheval, qui n'obéit ni au fouet ni à l'éperon.

> Depuis huit jours entiers, avec nos longues traites,
> Nous sommes à piquer nos chiennes de mazettes.
> (MOLIÈRE.)

— Au figuré, *mazette* désigne : une personne sans force, sans énergie ; un joueur inhabile.

Mea culpa, expression latine : par ma faute.

Faire son *mea culpa* : reconnaître ses torts.

Faire son *mea culpa* sur la poitrine d'un autre : accuser les autres d'une faute dont on est soi-même coupable.

Méandre, nom historique. Rivière de l'Asie-Mineure, très sinueuse.

— Au figuré, chose remplie de détours, de difficultés.

Dialecticæ meandri. (A. Gelle). Les subtilités de la dialectique.

— Plutarque, dans son livre *Des Rivières*, dit que le Méandre s'appelait autrefois *Anabainôn*, c'est-à-dire qui retourne sur ses pas.

Le nom de Méandre lui vint du fils de Cercaphus et d'Anaxibie. Les anciens croyaient qu'on trouvait toutes les lettres de l'alphabet grec dans les sinuosités que forme le Méandre pour se rendre dans l'Archipel.

C'est ainsi que le Var, latin *Varus*, courbé, doit son nom à son cours oblique et serpentant ; et la Seine, au celte *Sequan*, serpent. On voit sur les anciennes monnaies de Paris un serpent, emblème de la Seine, qui entourait l'ancienne Lutèce.

— Dans les arts, on appelle *méandres*, des ornements suivant une ligne qui revient plusieurs fois sur elle-même.

Mécène, latin *Mecænas*, nom d'homme.

Mécène, ministre et favori d'Auguste, s'est immortalisé par la protection qu'il accorda aux gens de lettres. Il protégea surtout Virgile, et, avant de mourir, écrivit à Auguste pour lui recommander Horace. Virgile lui dédia ses *Géorgiques*, et Horace plusieurs Odes.

> Un Mécène aisément peut faire des Virgiles.

Aujourd'hui, il n'y a plus de Mécènes ; mais il n'y a pas beaucoup d'Horaces et de Virgiles.

Méchant, ancien français *meschéant* (réussissant mal), de *minus cadentem*. — Méchéance : calamité.

Autrefois, on employait *mal, male* :

> Soit l'adventure bonne ou male,
> Rire, plor, ou courroux ou gale (joie).
>
> (ALAIN CHARTIER.)

Mal, dans ce sens, est resté dans les composés : malheur, malade, malheureux, malechance, malepeste.

En provençal, *mari, marias*. D'où le vieux mot *marisson*.

> Il eût de marisson pleuré comme une vache.
>
> (RÉGNIER, *Satire* III.)

— Méchant comme la gale, ...comme la grêle, ...comme un âne rouge.

— Sur mille hommes, il n'y en a pas un de bon. (Ecclésiaste.)

> *Rari quippe boni : numero vix sunt totidem quot*
> *Thebarum portæ, vel divitis ostia Nili.*
>
> (JUVÉNAL, XIII, 26.)

(Les gens de bien sont rares : à peine en pourrait-on compter autant que Thèbes a de portes, ou le Nil d'embouchures.)

— De même que l'or est plus rare que le fer ; qu'il y a plus de chardons que de roses ; plus de vermine que de bétail ; de même les méchants sont plus nombreux que les bons. (Schamyl.)

> Le bonheur des méchants comme un torrent s'écoule.
>
> (RACINE, *Athalie*.)

Les méchants sont buveurs d'eau. La chanson ajoute : « C'est bien prouvé depuis le déluge. »

Eschine, pour accuser Démosthène de méchanceté, lui reprocha d'être buveur d'eau.

La méchanceté se trouve plus souvent avec la sottise qu'avec l'esprit. (Duclos.)

J'aime mieux les méchants que les imbéciles, parce qu'ils se reposent.

Mèche, origine incertaine. On a proposé *micca*, venant de *mixus*, morve.

— Chez les anciens, qui poétisaient tout, la matière même, les vases en poterie étaient faits à l'imitation de la forme humaine et des différentes parties du corps.

Les anses étaient les oreilles : quelques-unes portaient des anneaux, qui figuraient des pendeloques. Certains vases n'avaient pas d'anses, ce qui justifie la locution : sourd comme un pot. L'orifice du vase était la bouche, dont les lèvres sont les bords : le buveur et son verre s'embrassent mutuellement. Le vase avait un col, un ventre ou panse. La lampe avait son nez, et lorsqu'elle était à deux becs, on les comparait aux narines : le mot latin *nasiterna*, vase à trois nez, s'appliquait à l'œnoché, dont l'orifice a la forme d'une feuille de trèfle. La mèche, *mixta*, d'une lampe, par suite de l'analogie, constituait la muqueuse de ce vase, et nous disons « moucher une chandelle ».

Médaille, du latin *metallum*, métal, par l'intermédiaire de l'italien *medaglia*. (Même mot que *maille*.)

Synonyme : la monnaie de la gloire.

— Chaque médaille a son revers : il n'y a pas de viande sans os, pas de rose sans épines.

Ce proverbe-calembour fait allusion à la double signification du mot *revers*, et signifie que tout événement heureux a son mauvais côté. C'est exact, car il n'y a pas au monde de perfection absolue, ni de bonheur parfait.

— Médaillon : coffret aux souvenirs, tire-lire du cœur.

Médard, nom de saint.

> S'il pleut le jour de saint Médard (8 juin),
> Il pleut quarante jours plus tard.

Saint Médard, prédestiné par son nom, qui rappelle le verbe latin *madere* (mouiller), reçut en partage les orages et la grande-maîtrise des déluges. Le Moyen-Age l'appelait *magister diluvii*.

Il est probable que le proverbe remonte plus haut que l'établissement du calendrier grégorien, qui l'a dépossédé de sa prérogative. On a avancé de douze jours les fêtes de tous les saints : avant cette époque, la Saint-Médard correspondait au solstice d'été (20 juin). Il est donc probable que le proverbe s'appliquait plutôt au solstice qu'à la Saint-Médard. Saint Gervais, au contraire, monta à la place de saint Médard (19 juin), et hérita de son influence. (Voy. *sainte Luce*.)

— Le 1er mai 1727, fut enterré dans l'église de Saint-Médard le diacre Pâris, qui acquit une renommée posthume, par les prétendus miracles qui s'accomplissaient sur son tombeau. Louis XV, pour mettre fin aux scandales causés par les *Convulsionnaires*, fit fermer le cimetière ; ce qui donna lieu au distique connu :

> De par le Roi, défense à Dieu
> De faire miracle en ce lieu.

L'église Saint-Médard, située rue Mouffetard, a été dégagée en 1869, des constructions qui l'entouraient. Elle possède un tableau de sainte Geneviève par Watteau.

Médecin, du latin *mediciaum* ; de *mederi*, d'où aussi remède ; de même que *curare*, avoir soin, a donné *curé*, médecin de l'âme.

— Synonymes : carabin, vieux nom des garçons barbiers, au temps où les barbiers exerçaient la chirurgie et se servaient de la seringue, comparée ironiquement à une carabine.

On a appelé aussi les apothicaires les carabiniers de la Faculté. (*Théâtre de Gherardi*, t. VI.)

Suppôt de saint Côme : mauvais médecin.

Marchand de mort subite ; médecin des chèvres ; docteur en soupe salée.

> Fi de la pute médecine
> Qui l'homme en la mort achemine !
>
> (xvie Siècle.)

> Les médecins et les maréchaux
> Tuent les hommes et les chevaux.

> Médecins de Valence,
> Longue robe, courte science.

Médecin, guéris-toi toi-même. (Saint Luc, IV, 23.)

Médecin, tu fourmilles d'ulcères.

L'eau, l'exercice, la diète sont trois grands médecins.

La médecine guérit quelquefois, soulage souvent, console toujours.

Médecine est une farce à trois personnages : le malade, la maladie et le médecin. (Rabelais.)

Osiris a inventé la médecine en Égypte ; Esculape n'a fait que la perfectionner.

Caton le Censeur chassa de Rome et de l'Italie tous les médecins.

Bœrhave disait : « Tenez-vous la tête fraîche, les pieds chauds, le ventre libre, et moquez-vous des médecins. »

L'École de Salerne recommande trois grands médecins : l'esprit gai et tranquille, l'exercice modéré, la diète.

— **Epitaphe de médecin :**

...His per quem tot jacuere jacet.

Par sa bonté, par sa substance,
Le lait d'ânesse a refait ma santé ;
Et je dois plus, en cette circonstance,
Aux ânes qu'à la Faculté.

Médiocrité, du latin *mediocris* (*medius*, milieu).
La médiocrité est la reine du monde.
La médiocrité est le trésor des sages. (Voltaire.)
On doit désirer une heureuse médiocrité, qui soit au-dessus du mépris, et au-dessous de l'envie. (Saint-Évremond.)

...O médiocrité !
Mère des bons esprits, compagne du repos.
(La Fontaine, VII, 6.)

Auream quisque mediocritatem diligit.
(Horace, Carm., II, 10.)

La médiocrité dans les arts est l'embarcadère de la prétention. (Burlesque.)

Très médiocre : mince, de peu de valeur. On dit de même, familièrement : il n'y en a pas épais.

Médire, du latin *minus dicere* (més, dire).
Synonymes : casser du sucre, débiner, éreinter.

Médisant, jadis *male bouche*.

Et ce que faire en secret on prétend,
En plein marché male bouche l'entend.
(Marot.)

— L'écoutant fait le médisant. Le premier a le diable dans l'oreille, et le second l'a sur la langue, a dit saint Bernard.

On devrait pendre le médisant par la langue, et l'écoutant par les oreilles.

Ne seroient nulz mesdisans
S'il n'estoit des escoutans.

Celui qui souffle le feu s'expose à ce que les étincelles lui sautent au visage.

Je dis du bien partout de toi,
Tu dis du mal partout de moi :
Quel malheur est le nôtre !
On ne croit l'un ni l'autre.

La médisance est la franchise des méchants.

Méduse, nom mythologique.

— C'est la tête de Méduse : un objet effrayant.

— Méduse, la plus célèbre des Gorgones, était, dans sa jeunesse, un modèle de beauté ; sa chevelure était admirable. Minerve, jalouse de sa beauté, changea ses cheveux en serpents, et donna à ses yeux la propriété de pétrifier ceux qu'elle regardait. Persée, pour délivrer la terre de ce fléau d'un nouveau genre, lui coupa la tête, et s'en servit depuis pour pétrifier ses ennemis.

(Voy. *manger* comme un naufragé de la *Méduse*.)

Meeting, origine anglaise, participe présent du verbe *to meet*, se rencontrer.

Réunion populaire.

Méfiance, substantif verbal de *méfier* ; racine *fides*.

La méfiance est l'excès de la défiance, et se prend en mauvaise part. La défiance est souvent commandée par les circonstances ; la méfiance est presque toujours un défaut.

On naît méfiant, on devient défiant.

> Il était expérimenté,
> Et savait que la méfiance
> Est mère de la sûreté.
>
> (La Fontaine, *Fables*, III, 18.)

Mégère, origine mythologique.

Nom d'une des Furies. Elle avait pour mission de tourmenter les méchants après leur mort.

— Au figuré : méchante femme.

Meilleur, du latin *meliorem*, comparatif irrégulier de *bonus*, bon.

Correspond à l'adverbe *mieux*.

Mélancolique, du grec *mélas*, noir, *cholé*, bile, humeur.

Synonymes : rêveur, nuageux, vaporeux.

— Les mélancoliques sont les volontaires de la tristesse.

Mélodrame, du grec *mélos*, chant, *drama*, drame.

Autrefois, sorte de drame où la musique instrumentale annonçait l'entrée ou la sortie des personnages importants. Aujourd'hui, sorte de tragédie populaire, où la musique ne figure pas.

— On pourrait croire que *mélos* est pour *mélas*, et expliquer « drame noir » ; car ces pièces sont d'ordinaire remplies d'intrigues ténébreuses, de meurtres, capables de causer des émotions violentes.

Melon, du bas-latin *melonem*, même sens.

Au figuré : imbécile.

Dans l'*Iliade* (II, 235), Thersite appelle les Grecs *melons* (pépones). Et Tertulien a dit : *Peponem cordis loco habere* : Avoir un melon à la place du cœur.

On emploie *cornichon* dans le même sens.

Melo sit formosus, leprosus, rotundus et ponderosus. (Maxime gastronomique.)

Mélusine (faire des cris de).

Mélusine est pour *mère lucine* (*mater Lucina*), déesse des accouchements.

A moins qu'on ne le tire de Mélusine, magicienne ou fée des contes celtiques (*melus*, chant, femme qui chante).

Cette fée est célèbre dans nos romans de chevalerie. Par son mariage avec Raymondin, comte de Poitou, elle devint la tige des Lusignan. Jean d'Arras a écrit son histoire, au xive siècle. Elle revenait annoncer par de grands cris, sur les ruines du château de Lusignan, la mort des rois de France.

Une comtesse de Lusignan, du nom de Mélusine, avait une sirène sur son sceau.

Même, anciennement *mesme*, *meïsme*; du latin *metipsimum*.

Autrefois on employait l'adverbe *mêmement*, qui se trouve dans les commandements de l'Église.

Mêmement, il pillait les églises. (Biblioth. Bleue, *Robert le Diable*.)

Mémoire, du latin *memoriam*.

Mémoire de lièvre : qui se perd en courant.

Une bonne mémoire est d'ordinaire le signe d'un mauvais jugement. (Montaigne, I, 9.)

Tout le monde se plaint de sa mémoire, et personne ne se plaint de son jugement. (La Rochefoucauld.)

Il y a des gens qui apprennent sans retenir : c'est la digestion mécanique du canard de Vaucanson.

— Mémoire d'apothicaire. (Voy. allonger les *S*.)

Ménage, du bas-latin *masnaticum*, maison.

Il y a brouille dans le ménage : le torchon brûle.

— De là *ménager*, user comme dans un bon ménage.

Ménager la chèvre et le chou. (Voy. *chèvre*.)

Qui veut voyager loin, ménage sa monture.
(Racine, *Plaideurs*, I, 1.)

Mendiant, verbal de *mendier*.

Autrefois : truand, caimand, bélître.

— Les quatre mendiants : dessert composé de quatre sortes de fruits secs : noisettes, amandes, figues, raisins.

Les quatre ordres de moines mendiants étaient les Carmes, les Dominicains, les Franciscains et les Augustins. Ils vivaient d'aumônes qu'ils quêtaient de porte en porte, et ne pouvaient posséder aucune rente. Ils avaient aussi pris le nom des quatre ordres de Bélîtres.

Les Capucins, Récollets, Minimes, sont aussi des ordres mendiants, mais de création plus moderne.

Les Derviches et les Fakirs sont des religieux mahométans qui font aussi vœu de pauvreté.

A un huis deux mendiants. (Proverbe espagnol.)

— Les mendiants italiens vous accablent de titres en vous tendant la main : Votre Excellence, mon Prince !...

Mendier, du latin *mendicare* (de *menda*, faute ?).

Autrefois : coquiner, trucher.

— Mendier de l'encens, des louanges, des applaudissements.
— Homère, Le Tasse, Bélisaire ont mendié leur pain.

>...Crotté jusqu'à l'échine,
>Va mendier son pain de cuisine en cuisine.
>(Boileau.)

Mener, du latin *manu agere*, conduire avec la main ; ou bien plutôt du latin populaire *minare*.

La main mène, l'œil guide, la tête conduit.

On conduit une voiture, on guide un voyageur, on mène un enfant, une dame.

>C'est un homme, entre nous, à mener par le nez.
>(Molière, *Tartuffe*.)

Ménestrel, ou *ménestrier*, du latin *ministerialem*, homme au service d'un autre.

Poète qui composait des mélodies et les chantait de château en château.

On appelle encore *ménétriers*, les joueurs de violon qui font danser dans les villages.

Mënil, anciennement *mesnil*, à rapprocher de *mesnie*.

Désignait une petite maison d'habitation avec terre attenante.

C'est un diminutif, du latin barbare *mansionilem*.

On lit dans le *Roman de Renart* :

> La bonne femme du mesnil
> A ouvert l'huis de son courtil.

Por conoistre li gen, faut voir dans lor mesnil.

— **Mesnie**, **mesnil**, signifiaient aussi la famille, et quelquefois l'agglomération des habitants d'un village.

Il en est venu beaucoup de noms de lieux ou de personnes : Dumesnil, Ménilmontant, la rue Miromesnil, etc. (Voy. *arlequin.*)

Ménippée (Satire), du nom du philosophe Ménippe, qui était très mordant.

Satire mêlée de prose et de vers.

Ménisque, mot grec (*méniskos*, croissant).

Plaques surmontées de pointes, que l'on mettait sur la tête des statues des dieux afin d'empêcher les oiseaux de s'y reposer. C'est de là que viennent les auréoles qu'on représente autour de la tête des saints.

Menotte, diminutif tendre et familier de *main*.

Donne ta menotte, que je la baise. (Molière, *Georges Dandin.*)

Mensonge, substantif masculin, autrefois féminin.

Sylvius le tire de *mentis somnium*, songe de l'esprit.

Le provençal *messongea* le rapprocherait de *mes*, qui signifie erreur. D'où : songe, mensonge.

Les étymologistes sont fort embarrassés à cause de la désinence.

— Synonymes : bourde, canard, colle, craque, couleur, frime, gausse.

Cette fille, qui le voyait tant beau et bien parlant, crut sa mensonge. (*Heptaméron*, nouv. 18.)

— En provençal *messongea*, en italien *mensongia*, sont féminins.

— Mensonge pieux : fait dans une intention charitable.

— Le mensonge est l'ingrédient le plus nécessaire au maintien des relations sociales.

Menteur, substantif de *mentir* ; du latin *mentiri*.

Synonymes : blagueur, craquetier, hâbleur.

« Mon beau-père, vous êtes un vieux blagueur », dit Robert Macaire au baron de Worms-Spire.

— Menteur, voleur : le mensonge est un vol en parole, comme le vol est un mensonge en action.

— Menteur comme un arracheur de dents. Les dentistes sont

obligés de mentir pour déterminer leurs clients à subir une opération douloureuse; mais leurs mensonges, comme ceux des médecins, sont excusables par leur intention. Le proverbe s'applique plutôt à ceux qui mentent à leur profit et au détriment des autres.

On dit aussi : menteur comme un chasseur, ...comme une épitaphe, ...comme un laquais.

— Menteur d'hiver. — Aussi bien peut-on mentir en liberté de conscience deux fois par an; l'une en été, disant : « Je n'ai pas soif »; l'autre en hiver, disant : « Je n'ai pas froid ». (*Moyen de parvenir*, ch. 41.)

— A menteur, menteur et demi.

> — J'ai vu, dit-il, un chou plus grand qu'une maison.
> — Et moi, dit l'autre, un pot aussi grand qu'une église.
> Le premier se moquant, l'autre reprit : — Tout doux,
> On le fit pour cuire vos choux. (La Fontaine, IX, 1.)

Un homme prétendait voir une mouche au haut d'un clocher. « Je n'ai pas la vue aussi bonne que vous, lui répondit-on; mais j'ai l'ouïe excellente, si je ne vois pas votre mouche, je l'entends marcher. »

Mendacem oportet esse memorem. (Apulée.) Il faut qu'un menteur ait de la mémoire.

— Un menteur n'est pas écouté, même quand il dit la vérité. (Aristote.)

Mendaci homini ne verum quidem dicenti credere solemus. (Cicéron, *de Divinat.*, 146.)

Mentir, du latin *mentiri*, de *mens*, esprit, imagination, parce que mentir c'est imaginer. (Littré.)

A beau mentir qui vient de loin. (Il ne craint pas d'être démenti.)

Longs voyages, longs mensonges.

Mentor, origine littéraire.

Personnage de l'*Odyssée*, auquel Fénelon a donné, dans son *Télémaque*, un rôle considérable. C'était le plus fidèle ami d'Ulysse, qui lui avait confié le soin de sa maison, sous les ordres de Laërte.

Minerve prit souvent ses traits pour instruire Télémaque. (*Odyssée*, II, 224.)

— Au figuré : homme sage et de bon conseil.

Menu-vair... Fourrure recherchée au Moyen-Âge et réservée à la noblesse.

Appelée aujourd'hui « petit-gris ».
Les pantoufles de *verre* de Cendrillon en étaient faites.

Mépris, de *minus pretium*, moindre estime.
Le mépris est la rallonge du Code pénal.
Vous avez beau entasser injure sur injure, vous n'arriverez jamais à la hauteur de mon mépris. (Guizot.) (Ou dédain ?).
Méprisé a pour synonyme *conspué* : couvert de crachats.

Mer, du latin *mare* ; provençal *mar* ; celtique *mor*, d'où : Armor, Armorique.

— La mer est à tous et à personne, parce qu'elle a sur la terre un immense avantage ; c'est d'échapper par son indivisibilité au fractionnement de la propriété individuelle. Elle ne peut recevoir de divisions tracées, de fossés, de barrières ; elle est sans frontières et presque sans limites, s'ensemence d'elle-même et produit sans culture.

Mare natura omnibus patet. (Ulpien.)

— Le golfe Persique a été appelé « mer Bleue », nom qui conviendrait si bien à la Méditerranée.

La mer de Marmara est la « mer de Marbre » (aux îles blanches).

La mer Noire, ou Pont-Euxin, à cause de ses épais brouillards et de ses fréquents naufrages.

La mer Vermeille se trouve entre le Mexique et la Californie.

— Mer de sable. « La mer aréneuse » (Rabelais, V, 27). Ce sont les déserts de l'Arabie Pétrée, entre l'Égypte et la Palestine. Comme en mer, on ne peut y voyager sans boussole, et les tourbillons de sable menacent les voyageurs tout autant que les vagues de la mer.

— La brise marine. Le voisinage de la mer rend la température plus égale, en diminuant le froid en hiver et la chaleur en été, parce que l'eau est mauvais conducteur de la chaleur.

La brise marine se fait surtout sentir vers le soir, parce que la terre s'échauffant plus que l'eau, attire l'air de la mer, qui se trouve plus frais. Il est aussi plus pur, et dégagé des miasmes du sol habité, et rend la promenade sur le rivage très salutaire.

L'inverse a lieu pendant la nuit, où, la terre se refroidissant, la brise va de celle-ci à la mer, qui est alors plus chaude.

— La mer occupe à peu près les trois quarts de la surface du globe. En outre, les parties submergées sont plus creuses que les parties sèches, îles ou continents, ne sont saillantes.

On peut avoir une idée de la profondeur de la mer du Nord, en songeant qu'il suffirait d'y jeter une des pyramides d'Égypte pour y faire un écueil. On peut de même prendre une idée de la profondeur de l'océan Pacifique, en songeant que le sommet du Mont-Blanc y formerait un îlot. Mais, tandis que sur les continents les hauteurs égales à celles du Mont-Blanc sont de rares exceptions, dans l'océan Pacifique les profondeurs de cette nature sont plutôt la règle.

Laplace, d'après de hautes considérations mathématiques, avait cru pouvoir affirmer que les profondeurs de la mer, sur notre planète, étaient comparables à la hauteur des montagnes, et les prévisions de la science ont été réalisées lorsqu'on s'est occupé de sonder la mer pour l'immersion des câbles électriques vers 1850.

— La mer est le seul spectacle qui soit toujours varié et toujours le même.

— C'est la mer à boire : une chose très difficile à faire.

<blockquote>Si j'apprenais l'hébreu, les sciences, l'histoire ?
Tout cela, c'est la mer à boire. (LA FONTAINE, VIII, 25.)</blockquote>

— Ésope disait qu'il boirait la mer, si l'on parvenait à détourner tous les fleuves qui s'y jettent.

— Si tu veux apprendre à prier, va sur la mer. — La peur rend dévot, et les dangers perpétuels de la mer tiennent, pour ainsi dire, la piété en haleine.

— Mal de mer. (Voy. *nausée*.)

Merci, du latin *mercedem*, récompense, grâce, faveur.

Merces, comme *merx*, se rattache à *mereri*, mériter.

Du sens de faveur, prix, *merci* en est venu à l'idée de rachat, rançon, pardon ; d'où reconnaissance.

— Au Moyen-Age, le vaincu était à la merci du vainqueur, c'est-à-dire qu'il était réduit à se racheter.

Avoir merci du vaincu, c'était recevoir le prix de son rachat. D'où l'expression : Qui crie merci, aura pardon.

— Les frères de la Merci, encore à la fin du XVIIIe siècle, rachetaient les chrétiens captifs des infidèles.

— *Se libérer*, c'est de même racheter sa liberté en payant ; et *payer* (provençal *pagar*), vient de *pacare*, apaiser.

Le latin *quietus* a fait *quitte* (tranquille).

— *Merci* était féminin, il est devenu masculin (dans le sens de témoignage de gratitude), à cause de la locution « grand merci », où l'on prit *grand* pour le masculin. En provençal *gramaci*.

Mercier, du latin populaire *merciarium*, de *merx*, marchandise.

Ven la mers pus que no val. Vend la marchandise plus qu'elle ne vaut.

Nengun non comprara plus las merces de lor. Nul n'achètera plus leurs marchandises. (Traduction de l'*Apocalypse*, ch. 18.)

En roman *mercadaria*, marchandise ; *mercadier*, marchand ; *mercat*, marcher ; *mercandejar*, marchander.

— On appelait les merciers porte-paniers. D'où le proverbe : A petit mercier petit panier.

— Dans le Berry, on appelle *mercelot* un petit mercier ambulant, porte-balle, dont le commerce est peu important, un colporteur. Il y a aussi le *bertelier* ou *bretellier*, qui traîne sa petite voiture avec une bretelle.

— Avant 1789, Paris avait six corps ou communautés de marchands. Les merciers formaient le troisième corps. Cette corporation se divisait en vingt classes, et embrassait une infinité d'articles de fabrication diverse, tels que les draps, les toiles, pelleteries, la chaudronnerie, les tableaux, etc.

Mercure, du latin *Mercurius*, dieu des marchands et des voleurs. (Voy. *marchand*.)

Mercuriale, dérivé du précédent.

On appelait *mercuriale* une assemblée du Parlement, qui se tenait le premier mercredi après la Saint-Martin et après Pâques, pour réformer les abus de l'administration judiciaire. On y faisait des discours pour rappeler aux magistrats les devoirs de leur profession. Comme c'étaient parfois des remontrances sévères, on étendit le sens du mot à toute espèce de réprimande.

Aujourd'hui on appelle *mercuriale* (a mercium cura) la fixation officielle du prix du blé dans les marchés publics.

Merde, latin *merdam*.

Terme grossier, ordurier.

Synonyme : le mot de Cambronne.

Rabelais l'a souvent employé. Les gens grossiers s'en servent, comme Cambronne, pour marquer un refus.

— Le *Temps*, du 16 août 1872, donne la relation officielle d'un procès de cour d'assises où l'accusé s'est obstiné à ne répondre que par ce mot aux questions du président.

— M. Vatout avait l'amabilité un peu Cambronne ; la chanson

qu'il préférait était celle qu'il avait écrite sur le maire d'Eu. (Comtesse de Bassanville, 1866.)

Mère, du latin *matrem*. Provençal *maire*.

A la même racine se rapportent : mamelle, maman, marraine.

Une mère est la seule personne dont on puisse être sûr d'être aimé.

Le cœur d'une mère est un abîme au fond duquel on trouve toujours le pardon.

Les blessures des mères n'ont pas de cicatrices.

La mort d'une mère est le premier chagrin qu'on pleure sans elle.

Mérite, du latin *meritum*. Provençal *mérit*.

Le mérite excite l'envie : on jette des pierres à l'arbre chargé de fruits.

La personne dont on médit le plus est quelquefois la meilleure, de même que souvent le fruit le plus exquis d'un arbre est celui que le bec des oiseaux a le plus impitoyablement déchiré. (Swift.)

L'envie et la cabale ne peuvent rien contre le vrai mérite. On peut éteindre une chandelle, mais non le soleil. (Weiser.)

Mériter, dérivé de *mérite*, gagner, acquérir.

Emeritus miles. Soldat qui a obtenu son congé.

Synonymes : il l'a bien mérité ; il ne l'a pas volé ; c'est pain bénit.

Merlan. Ce nom trivial donné aux perruquiers date du XVIIe siècle. Jusqu'à 1800, on mettait de la poudre sur les cheveux : les coiffeurs en étaient littéralement couverts, et ressemblaient à des merlans que l'on a roulés dans la farine pour les frire.

...Les perruquiers qu'on appelle merlans parce qu'ils sont blancs. (*Journal de Berlin*, 1852.)

Merle, du latin *merulam*, oiseau noir.

Le merle est, en effet, d'un beau noir ; mais les merles blancs ne sont pas aussi rares que pourrait le faire supposer le dicton populaire : « Si tu fais cela, je te donnerai un merle blanc », en parlant d'une chose qui paraît impossible.

Les Latins disaient : *Alba avis*, une rareté, pour désigner une Lucrèce, une Pénélope, tout ce qui est difficile à rencontrer.

— On sait maintenant qu'il y a des merles blancs en Auvergne et en Savoie ; tout comme on trouve des cygnes noirs.

— C'est un dénicheur de merles ; un fin merle : un homme rusé.

— A d'autres, dénicheurs de merles ! C'est-à-dire : vous ne m'en conterez pas.

Un jeune villageois se confessa à son curé d'avoir rompu la haie du voisin pour reconnaître un nid de merles : « — Et les avez-vous pris ? — Non, ils étaient trop petits ; mais samedi soir, j'irai les prendre pour les fricasser le lendemain. » Le curé les dénicha le samedi matin. Le paysan, qui s'en douta, se promit d'être plus discret à l'avenir. L'année suivante il retourna à confesse : « — Mon père, dit-il, je m'accuse d'aimer une jeune fille, et je vais la voir quand tout le monde dort. — Quel âge a-t-elle ? — Quinze ans. — Belle ? — La plus jolie du village. — Et dans quelle maison demeure-t-elle ? — A d'autres, dénicheur de merles, répliqua le manant : on ne m'attrape pas deux fois. » — A curé finaud, paysan madré.

Merluche, du latin *maris lucius*, brochet de mer (ou du même radical que *merle*).

On l'a appelée aussi, dans l'antiquité, *âne de mer*.

Les Hollandais ont nommé une sorte de morue très desséchée *stock-fich* (poisson-bois), à cause de sa dureté, ou parce qu'on la ramollit à coups de bâton avant de la manger.

Merveille, du latin *mirabilia*, devenu *miribilia*.

— C'est la huitième merveille du monde ! c'est-à-dire chose digne de figurer à côté des sept merveilles des anciens.

Les sept merveilles étaient : les Pyramides ; les Jardins suspendus de Babylone ; le Tombeau de Mausole ; le Temple de Diane à Éphèse ; la Statue de Jupiter Olympien, de Phidias ; le Colosse de Rhodes ; le Phare d'Alexandrie.

Més, du latin *minus*, moins ; *mé*, devant une consonne.

Préfixe de valeur diminutive, devenu péjoratif : mégarde, mésestimer, mésuser, mépriser.

Mess, mot anglais, emprunté lui-même au français *mets*.

Réunion d'individus mangeant ensemble.

Dîner des officiers. (La *popote* est celui des sous-officiers.)

Le glossaire de Ducange donne : *Prendre Metz*, manger ensemble pendant les travaux de la moisson. (De l'an 1447.)

Messaline, nom historique.

C'est une Messaline : une femme débauchée.

Messaline, célèbre par ses débauches, était issue de la noble famille des Messala. Elle épousa Claude, souilla la couche impériale, et alla jusqu'à épouser publiquement, du vivant de son mari, le jeune Silius. Elle a eu le triste privilège de laisser son nom pour désigner toute femme, livrée à la débauche et aux débordements des passions.

Messe, de l'hébreu *missah*, offrande.

On le fait communément venir de *mensa*. Mais il vient plutôt du latin ecclésiastique *missa*, action de congédier.

— La formule : *ite, missa est* était primitivement : *ite, mensa est*, à cause des agapes que les premiers chrétiens faisaient dans les églises après le service divin.

Mensas faciebant communes, et peracta sinaxi post sacramentorum communionem, inibant convivium. (J. Chrysostome, *Homélie*, 27.)

— *De missa ad mensam.* Proverbe claustral, pour dire que les moines passent de l'église au réfectoire.

— Chez les Grecs, à la fin de la cérémonie, le prêtre disait : « Que le peuple se retire. »

— Chez les Romains, un crieur public prononçait le mot *ex temple*, qui est l'abréviation de *exire e templo* (?), et qui, dans la langue avait pris la signification adverbiale : sur le champ, aussitôt (*ex tempulo*).

— M. de Chevalet dit que *missa*, en bas-latin, a été dit pour *missio*, permission de se retirer, congé. D'après lui, la formule qui termine l'office divin signifierait : « Allez, c'est permis » ; ce serait par ignorance de la signification de ce mot *missa* que l'office a pris le nom de *messe*, et que l'on a traduit dans les paroissiens : « Allez-vous-en, la messe est dite. »

— Messe basse : dite par un seul prêtre, sans accompagnement de chant.

Messe noire : messe des morts.

Messe rouge : celle que l'on célèbre lorsqu'une cour de justice est installée pour la première fois dans ses fonctions.

Messe sèche : sans communion.

— Messe de chasseur, de saint Hubert : dite à la hâte.

— Messe paresseuse (*Moyen de parvenir*, ch. 80). On appelait ainsi la messe qui se disait entre onze heures et midi.

Il y avait à Notre-Dame un autel, distingué, dans les anciens titres, sous le nom de *altare pigrorum*, autel des paresseux, où se disait la dernière messe de la journée.

— Messe de commères : de relevailles, dans le Berry.

— Champfort raconte que le cardinal Maury, étant jeune et du peuple, disait des messes à 6 sous. Un curé les avait eues à 20, les avait cédées à un aumônier pour 12, et l'abbé Maury les avait eues de celui-ci à 6.

Mesure, du latin *mensuram* ; d'où aussi : dimension.

— Les mesures romaines, dont on s'est servi jusqu'en 1840, étaient empruntées aux diverses parties du corps humain : le pied, le palme, le doigt, le pas, la coudée, la brasse, etc.

— Les mesures de longueur, chez les Romains, sont exprimées dans les cinq vers suivants :

> *Quattuor ex granis digitus componitur unus ;*
> *Est quater in palmo digitus ; quater in pede palmus ;*
> *Quinque pedes passum faciunt, passus quoque centum*
> *Viginti quinque stadium dant ; at miliare*
> *Octo dabant stadia ; (hoc ?) duplicatum dat tibi leucam.*

Ce qui signifie que le doigt se partageait en quatre grains, que le palme était de quatre doigts, le pied de quatre palmes, et que cinq pieds formaient le pas. Le stade était de 125 pas ; huit stades formaient le mille, et deux milles la lieue.

Le mille était exprimé par *mille passus*, ou M. P., ou *miliare* (sous-entendu *saxum*), ou *miliarius* (sous-entendu *lapis*).

— C'est pour établir un type unique et universel de mesures que l'on a pris pour point de départ les dimensions de la Terre.

Méta, mot grec devenu préfixe et marquant succession, changement, transformation.

Métaphore, mot grec *métaphora*, transposition : de *méta* et de *phéro*.

Figure de grammaire, qui consiste à transporter le sens d'un objet à un autre, par suite d'une comparaison. Ordinairement elle a pour but de donner au discours plus de vivacité et de brièveté : c'est un lion, se dit pour : il est courageux comme un lion.

Le langage primitif n'exprime que des sensations. Comme les mots sont moins nombreux que les idées, il a fallu, pour exprimer toutes les formes de la pensée, se servir d'objets matériels désignant des idées abstraites.

Tous les mots abstraits ont commencé par désigner un objet tangible, un acte matériel, une qualité physique : ainsi les différentes opérations de l'esprit qui concernent la pensée sont toutes exprimées par des mots indiquant un acte matériel.

Dans le mot *réfléchir*, l'esprit est comparé à une surface plane et polie où les objets se réflètent comme dans un miroir, et l'image qui en résulte est la réflexion morale.

Penser, du latin *pensare*, nous montre l'esprit pesant les objets comme dans une balance.

Délibérer, *répondre*, dérivent aussi de l'idée de poids et de balance.

Décider, c'est trancher, couper un nœud, une difficulté.

Apprendre, c'est saisir une idée, l'appréhender au col, s'en emparer.

Distinguer, c'est teindre de diverses nuances ; comme *désigner* les choses, c'est les dessiner.

De même *enseigner*, montrer par signes.

Voilà pourquoi la personnification est chose si commune dans le langage ; voilà pourquoi l'on dit : la croupe, les flancs, les gorges, le pied d'une montagne ; les entrailles de la terre ; les bras, les bouches d'un fleuve ; le sein des flots.

Jésus-Christ a été appelé l'*Agneau*, parce qu'il avait toute la douceur d'un agneau.

Métaphysique, du grec *meta* et *physica*.

Science qui a pour objet l'étude de l'âme, des facultés de l'entendement humain, des idées. C'est ce qui dépasse les choses de la nature ou physiques.

La métaphysique est le roman de l'esprit. (Voltaire.)

Métathèse, du grec *métathésis*, déplacement.

C'est la transposition d'une lettre dans un mot.

Ainsi, de l'allemand *Hanover*, nous avons fait *Hanovre*; *berbis* est devenu *brebis*, et *beuvrage*, *breuvage*.

Métayer, du bas-latin *medietarium*, de *medietatem*, moitié.

Fermier qui garde pour lui la moitié de la récolte et donne l'autre moitié au propriétaire.

Métempsycose, du grec *métempsychosis*, de *méta*, changement, et de *empsychoûn*, animer.

Transmigration des âmes d'un corps dans un autre. Cette doctrine est une ébauche imparfaite de celle de l'immortalité de l'âme.

Lucrèce appelle cette croyance un officieux mensonge, qui délivre des frayeurs de la mort, et rassure l'esprit, qui espère revivre dans un autre corps.

Pythagore avait pris cette opinion des anciens brahmanes; elle existe encore dans l'Inde et en Chine.

— Les Égyptiens mettaient dans les tombeaux un scarabée, parce que le scarabée meurt et renaît trois fois comme la chenille, et qu'ils pensaient que Dieu ne peut pas faire moins pour l'homme qu'il ne fait pour l'insecte.

Métier, du latin *ministerium*, métier, gagne-pain.

— Chacun son métier et les vaches seront bien gardées. (Voy. *vache*.)

Tout va bien, lorsque l'on ne fait que ce que l'on doit et que l'on sait faire.

Proverbe trivial, mais très vrai, à une époque où tout le monde se croit propre à tout, excepté à garder les vaches.

Age quod agis. (Térence.)

(Occupez-vous de votre métier.)

In propria pelle quiescere. (Horace.)

(Rester dans sa spécialité.)

Ne, sutor, ultra crepidam. Pline (*Hist. nat.*, 35) cite cet ancien proverbe attribué à Apelle.

Celui qui est tout entier à son métier, devient un prodige, s'il a du génie; s'il n'en a pas, il est impossible qu'il ne s'élève pas au-dessus de la médiocrité. Heureuse la société où chacun serait à sa chose, et ne serait qu'à sa chose! (Diderot.)

Ne fît-on que des épingles, il faut être enthousiaste de son état pour y exceller.

Quam scit quisque libens censebo exerceat artem. (Horace.)

(Je suis d'avis que chacun exerce le métier qu'il connaît.)

Navita de ventis, de tauris narrat arator;
Enumerat miles vulnera, pastor oves.
(Properce, I, 43.)

Quand Hippocrate escrit, il n'escrit pas de musique. (Montaigne.)

— Maître André, perruquier de Voltaire, qui n'avait pas inventé la poudre, s'avisa de faire une tragédie en cinq actes: *le Tremblement de terre de Lisbonne* (1756, in-8°). Il la dédia à l'illustre et célèbre poète, M. de Voltaire, qu'il appelle « Monsieur et cher confrère ». Voltaire, qu'il avait consulté, s'était borné à lui répondre : « Maître André, faites des perruques. »

— En 1848, on nomma sous-préfet à Clamecy un menuisier parfaitement incapable comme administrateur. Dupin aîné, à qui les habitants adressaient leurs plaintes, leur répondit avec un sourire ironique : « Votre amour-propre est froissé d'avoir un sous-préfet menuisier. Je le comprends : vous eussiez préféré un ébéniste ; mais, les ébénistes, on les garde pour les préfectures. »

— Presque tous les métiers exigent une vertu, une qualité particulière : le soldat doit être brave ; le diplomate, mystérieux ; le médecin, grave ; le prêtre, chaste ; le notaire, probe...

— Faire métier d'une chose : la faire habituellement.

> Qu'un honnête homme une fois en sa vie
> Fasse un sonnet, une ode, une élégie,
> Je le crois bien ;
> Mais que l'on ait la tête bien rassise,
> Quand on en fait métier et marchandise,
> Je n'en crois rien.

— Il faut avoir tué père et mère, pour faire un pareil métier. Se dit d'un métier très pénible.

On dit aussi : il n'y a pas de sot métier ; mais les métiers où l'on sue sont moins aimables que ceux où l'on ne sue pas.

— On reprochait à d'Argenson de n'employer, comme agents de police, que des fripons et des coquins : « Trouvez-moi, dit-il, des honnêtes gens, qui veuillent faire ce métier-là. »

— Chaque profession a une maladie particulière : l'homme trouve une cause de mort dans le travail qui le fait vivre. (Legouvé.)

Il faut gagner sa vie, dût-on en mourir ! Chaque minute de travail m'enlève une heure de vie, disait un ouvrier en mercure.

— Il n'y a si petit métier qui ne nourrisse son homme.
Sua cuique ars pro viatico est. (Proverbe latin.)

— Un fils à qui son père n'avait pas fait apprendre un métier, était dispensé, par la loi de Solon, de le nourrir dans sa vieillesse.

— Le Coran recommande à tous, même aux fils des rois, d'apprendre un métier et d'y travailler quelques heures chaque jour : « Prends un rabot ; c'est une arme qui te fera combattre cette maladie de l'âme, cet affreux poison de la vie qu'on appelle l'ennui. »

— Il y a des métiers si modestes, si intimes, qu'ils ne peuvent s'exercer, même exceptionnellement, que dans des villes comme Paris.

Tels sont ceux de : fabricants de devises pour confiseurs, ...de prunelles pour yeux crevés, ...de trous pour écumoires, ...de verres noircis pour les éclipses. Il y a forcément du chômage.

— Quand le ramasseur de bouts de cigares a gagné vingt sous par jour à son métier, il s'estime heureux ; mieux vaut être agent de change.

— Il n'y a pas de sot métier, il n'y a que de sottes gens.

La seconde partie de ce proverbe est une leçon un peu vive à l'adresse de ceux qui oublient, dans leur dédaigneuse vanité, que le travail ennoblit tout, et qu'en présence du devoir, il n'y a ni grand ni petit métier, mais qu'il y a pour tous un égal mérite à remplir sa tâche.

Métis, du latin *mixtitius* (pour *mixtus*, mêlé).

Se dit de l'homme et des animaux issus de deux races.

Se dit aussi, par analogie, des végétaux nés de deux espèces différentes.

— En espagnol, *metizo* désigne l'enfant né d'un Espagnol et d'une Américaine, ou d'une Américaine et d'un Européen.

Créole s'emploie de même.

(Voy. *mulet, hybride.*)

Métonymie, mot grec : changement de nom.

Cette figure emploie la cause pour l'effet, et *vice versa*, le signe pour la chose signifiée ; le contenant pour le contenu ; la partie pour le tout, etc.

Dans ce vers de Boileau :

> Faire trembler Memphis et pâlir le Croissant,

il y a deux métonymies. Memphis est pris pour les Égyptiens et le Croissant pour les Musulmans.

Mètre, du grec *métron*, mesure.

La dix millionième partie du quart du méridien terrestre, compris entre le pôle et l'équateur : l'équivalent de 3 pieds 11 lignes 296 millièmes.

Métromanie, de *métron*, mesure, *mania*, folie.

La manie des vers. Mot créé par Piron pour servir de titre à sa comédie en cinq actes, représentée le 10 janvier 1738.

Meunier, ancien français *molinier* ; latin *molinarium* ; provençal *molinier, mounier*.

En argot, on appelle les meuniers *gripis*. Ce mot est synonyme de voleur. Les meuniers passaient pour fripons. Comme les procureurs et autres gens de loi, qu'on appelait *grapignans*.

Fidèle comme un meunier, dit ironiquement Oudin dans ses *Curiosités françaises*.

Rabelais (III, 2) les range parmi les gens soumis à Mercure.

La chose la plus hardie du monde, c'est la chemise d'un meusnier, …parce qu'elle prend tous les jours un larron au collet. (*Tabarin*.)

— En argot, le diable est appelé *boulanger*, soit parce que le diable met au four de l'enfer, soit plutôt parce que, au Moyen-Age, le boulanger était, comme le meunier, réputé voleur, fripon fieffé.

— Devenir d'évêque meunier, ou d'évêque aumônier.

Les Latins disaient : *ab equis ad asinos* : passer des chevaux aux ânes. C'est passer d'une condition élevée à une condition infime.

Proverbes analogues : Aujourd'hui chevalier, demain vacher. Aujourd'hui en chère, demain en bière. Cent ans bannière, cent ans civière.

Épiphane, évêque de Nevers, en 1547, s'enfuit à Genève avec une femme dont il était épris, quitta l'Église, et se fit meunier pour vivre.

L'abbé Torme, archevêque de Bourges, ayant renoncé à l'état ecclésiastique, en 1764, s'est marié et a fait valoir un moulin. (*Chronique de l'Œil-de-Bœuf.*)

Meurtrières, de *meurtrir* ; origine germanique.

Fentes pratiquées dans l'épaisseur des murs des fortifications, pour tirer sur l'ennemi.

On les appelait autrefois *barbacanes*, petit canal, à cause de leur ressemblance avec les ventouses que l'on fait dans les murs pour l'écoulement des eaux.

Mezzetin, personnage bouffon de l'intrigant, dans l'ancienne comédie italienne.

Miauler, onomatopée qui exprime le cri du chat, ou *miaou*.

Micmac, de l'allemand *mischmasch*, de *mischen*, mêler.

Intrigue secrète et embrouillée, dans le but de nuire.

Midas, nom mythologique.

— Midas, roi de Phrygie, avait obtenu de Bacchus de changer en or tout ce qu'il toucherait. Les mets qu'il portait à sa bouche se changeant aussi en or, il pria le dieu de lui retirer ce funeste don.

Le dieu lui ordonna alors de se baigner dans le Pactole, qui depuis roula du sable d'or.

— **Les oreilles de Midas.** Ce même prince, choisi comme juge dans un débat entre Apollon et le dieu Pan, adjugea sottement le prix de la musique au dernier. Apollon l'en punit en l'affublant d'oreilles d'âne.

Cette fable a donné lieu au proverbe, qui s'applique à la sotte présomption des ignorants qui jugent ce qu'ils ne comprennent pas.

Midi, *medius* et *dies*, le milieu du jour. *Sole medio.*

En provençal *miejorn*. On disait autrefois *médi*.

Hui au matin estions en nos maisons, aisés et manants, et à médi en suivant, sommes comme gens en exil, quérant notre pain. (*Journal d'un bourgeois de Paris.*)

— **Midi vrai.** Comme le soleil parcourt les 360 degrés de la sphère en des temps inégaux, selon les saisons, le midi vrai, qui est l'instant précis où le soleil passe au méridien d'un lieu, retarde sur le midi moyen de 14' 32" le 11 février, et avance de 16' 18" le 3 novembre.

Le soleil est d'accord avec l'heure moyenne des horloges à quatre époques de l'année : 15 avril, 15 juin, 1er septembre et 25 décembre.

(Voy. *chercher* midi à quatorze heures.)

Miel, du latin *mel*, grec *méli*.

De là aussi : mélisse, mélasse, Malte (abondante en miel).

— Le miel est appelé par Virgile : *Cœleste donum.*

Pythagore en faisait sa nourriture.

Pline dit qu'un certain Vedius Pollion était arrivé à l'âge de plus de cent ans, sans infirmité, en se nourrissant de miel et se frottant d'huile : *Intus melle, extra oleo.*

— Le mont Hymette, près d'Athènes, était très célèbre à cause de l'excellent miel qu'on y recueillait.

De là son nom, *Hymetton*, en grec, signifiant *miel*.

Horace (II, 2, 15) se moque d'un homme délicat qui refuserait de boire du vin de Falerne s'il n'était adouci par le miel de l'Hymette.

Nisi Hymettia mella Falerno
Ne biberis diluta.

— Un peu de fiel gâte beaucoup de miel. On est plus sensible à la moindre critique qu'à des louanges exagérées ; un sifflet fait plus de mal que cent bravos ne causent de plaisir.

— Bouche de miel, cœur de fiel. On se méfie des gens aux paroles doucereuses ; les allures patelines semblent annoncer un caractère perfide : au risque de se tromper, il est prudent de se tenir en garde contre ces apparences.

Mien, *tien*, *sien* ; ancienne forme pour *mon*, *ton*, *son*.

Mieux, anciennement *miels* ; du latin *melius*.

Mièvre, origine incertaine.
Adjectif des deux genres, qui, d'après l'Académie, signifie un enfant vif, éveillé, remuant, un peu malicieux.

— Dans le *Malade imaginaire*, Diafoirus parlant de son fils, dit qu'il n'a jamais été mièvre ni éveillé.

> Les enfans qui sont mièvres
> Ne gaignent pas les fièvres.

— Par un malentendu inexplicable, et malgré l'autorité des auteurs, et de l'Académie, on emploie aujourd'hui ce mot dans le sens de : faible, malingre, délicat.

Mignard, *mignon*, *mignot* ; vieil allemand *minnia*, amour.
Mignard signifie joli, gentil. D'où les dérivés : mignardise, menin (?), mioche (?).

— Le grand-père du peintre Mignard s'appelait More. Henri IV le voyant entouré de ses six enfants, tous officiers, bien faits, dit : « Ce ne sont pas là des Mores ; ce sont des Mignards. » La famille prit ce nom.

Migraine, du grec *hêmikrania*.
Douleur qui n'affecte que la moitié de la tête.
Rabelais emploie *Hémicraine* (IV, 37).

Milieu, du latin *medium locum*, le centre.
— Il n'y a pas de milieu : il faut choisir entre deux partis.
Être placé entre le oui ou le non. *Non est tertium*, disaient les Latins.

— Prendre le juste milieu, le moyen terme. Le juste milieu n'est ni blanc ni noir, il est gris.

Le juste milieu, en politique, est un système négatif et sans caractère décidé. Cela rappelle l'homme placé entre deux selles ; et la pensée de Pascal disant qu'il n'admire point un homme qui possède une vertu dans toute sa perfection, s'il ne possède en même temps, au même degré, la vertu opposée, tel qu'était

Épaminondas, qui avait l'extrême valeur jointe à l'extrême bonté. Autrement, ce n'est pas monter, mais descendre.

Est modus in rebus; sunt certi denique fines,
Quos ultra citraque nequit consistere rectum.

(Horace, *Sat.* I, 106.)

Les choses ont une mesure exacte, chacune a des limites précises au-delà et en deçà desquelles la perfection ne saurait exister.

In medio virtus. La vertu est dans la modération.

Virtus est medium vitiorum.

(Horace, *Épîtres* I, 18, 9.)

Dans une étroite couche, le sage au milieu se couche.

— Le juste milieu en politique n'existe pas. La vérité est que 2 et 2 font 4; l'erreur dit 2 et 2 font 8; arrive le parti du juste milieu, qui, pour concilier les deux partis, dit 2 et 2 font 6. (Lafayette.)

Militaire (vieux). Synonymes : culotte de peau, ou encore dur à cuire.

Miltiade. Les trophées de Miltiade l'empêchent de dormir. Se dit d'une personne jalouse du succès d'un rival.

C'est une allusion au mot de Thémistocle, qui était jaloux de la gloire que Miltiade avait acquise par ses victoires.

Mine, bonne mine (figure colorée), de *minium* (?).

Diez le dérive de *minare*, comme *geste* de *gerere*; ce serait la contenance, l'allure.

La *mine* est l'air qui résulte de la conformation du corps et du visage.

Minois, son dérivé, s'emploie en bonne part.

— On dit familièrement, de quelqu'un qui a mauvaise mine, qu'il est *minable*.

Il ne faut pas juger des gens sur la mine.

C'est peut-être que je paie l'intérêt de ma mauvaise mine. (Molière, *Critique*.)

— Faire bonne mine à mauvais jeu. (Rabelais.) C'est faire contre mauvaise fortune bon cœur.

Minimes, du latin *minimum*, le plus petit.

Nom d'un ordre religieux fondé au xv° siècle. Les minimes portent un costume sombre, brun marron, qui a donné le nom de « couleur minime ».

Ils furent appelés « Bonshommes », parce que Louis XI appelait

« bonhomme » leur fondateur François de Paule. Leur nom de *minimes* est un titre d'humilité.

Les jésuites, moins modestes, se font appeler « révérends pères ».

— En Provence, les femmes pieuses, à la suite d'un vœu fait pendant une maladie, portent le *minime* (*lou minime*), costume fait d'étoffe de cette couleur.

— L'usage de vouer les enfants au bleu remonte à la même origine.

— Le nom de *Billettes*, donné à un autre ordre religieux, et venant du vieux mot *bille*, *bilie*, chose vile, est fait dans le même esprit d'humilité que celui de *minimes*.

Ministre, du latin *ministrum*.

Les ministres ont été appelés à l'origine « clercs du secret », d'où le nom de « secrétaires d'État ».

— On cite un mot cruel et malpropre du duc de Villeroy : « Il faut tenir le pot de chambre aux ministres tant qu'ils sont en place, et le leur verser sur la tête quand ils sont disgraciés. »

Minuit, du latin *medium noctis*, le milieu de la nuit.

Synonyme : l'heure du crime.

— L'usage a fait *minuit* masculin, quand il devrait être féminin, d'abord parce que *nuit* est féminin, ensuite parce que l'article qui précède *mi* est féminin dans la mi-carême, la mi-août, quoique *carême* et *août* soient masculins.

Minute, du latin *minutam*, divisée.

Les minutes sont la monnaie du temps, qui, selon les Américains, est de l'argent.

Minutie, dérivé de *minutia*, chose très peu importante.

De minimis non curat prætor. Le préteur ne s'occupe pas des minuties.

Aquila non capit muscas. L'aigle ne prend pas les mouches.

Synonymes : s'occuper de minuties ; chercher la petite bête.

En art, en littérature, chercher la petite bête, c'est se donner beaucoup de mal pour ce qui n'en vaut pas la peine.

Mioche, de *mica*, mie, terme familier.

On peut le rapprocher de *mion*, avec idée de mignon, mignard.

Miracle, du latin *miraculum* (mot savant).

Prodige, chose étrange, surprenante, dont la cause est inconnue, et théologiquement, surnaturelle.

— Jésus-Christ fit son premier miracle aux noces de Cana.
— La Motte, dans son poème des *Apôtres*, dit :

> Le muet parle au sourd étonné de l'entendre.

Voilà deux miracles bien exprimés dans un vers.

— Faire des miracles : se signaler dans son art.

— On appelait « Cour des Miracles » un quartier de Paris où s'assemblaient les mendiants et les gueux pour passer la nuit à faire bonne chère. Le miracle était que, rentrés le soir à la bauge, ces estropiés, ces piètres, ces malingreux, sabouleux, coquillards, tous ces mourants étaient soudain rendus à la santé. Après avoir mendié tout le jour, ils quittaient leurs emplâtres, leurs béquilles, et autres engins d'infirmités simulées.

Le dernier de ces refuges à truands a disparu sous la pioche en 1799, à la place où se trouve le passage du Caire.

Mirliflore, origine inconnue. Autrefois *mirliflor*.

Petit-maître. Peut-être faut-il y voir une altération de *mille fleurs*, parfumé d'eau des mille fleurs ?

Mirliton, origine inconnue.

Cette caricature de la musique instrumentale, à notre époque où la poésie n'est plus dans les mœurs, couvre de sa popularité des vers rimés en spirale, et donne un refuge aux derniers alexandrins (?).

Mirobolant, semble tiré plaisamment de *myrobolan*, pour *myrobalan*, sorte de gland de la famille des myrobolanées.

Ce gland donnait une huile d'où les anciens tiraient un onguent très estimé. (Pline, XII, 21 ; Horace, *Odes*.)

Rabelais appelle *mirobolan* un fruit des Indes, *balanus unguentarius*, aromatique, astringent...

— C'est le nom d'un médecin dans la comédie d'Hauteroche, *Crispin médecin*.

Ici, il semblerait composé de *mire*, médecin en vieux français, et du latin *bolus*, pilule.

Quelques-uns ont voulu le rapprocher de merveilleux, *mirabilis*, et le font remonter à la même origine que *mirabelle*.

— *Mirifique* s'emploie dans le même sens.

Rabelais en a souvent fait usage ; mais il ne s'emploie plus qu'en style burlesque.

Miroir, de *mirari*, contempler. Provençal *mirador*.

Synonyme : mirelaid, par une allusion maligne à celui qui s'y voit.

Les Précieuses (sc. 5) l'ont appelé le conseiller des Grâces : « Venez me tendre ici dedans le conseiller des grâces. »

> *Bels conseillers ab granz ventaillas*
> *Aportet hom dovan cascu...*
> *Aquis poc quis vol acoutrar.*
>
> (Flamenca, 580.)

(On apporta devant chacun beaux miroirs avec grands vantaux... là se peut accoutrer qui veut.)

Le miroir est le troisième œil de la femme. (Cap^ne Cook.)

La femme qui s'entend dire constamment qu'elle est jolie, trouve plaisir à regarder dans un miroir les traits sur lesquels elle voit tous les yeux s'arrêter.

> *Flos de beotat, mirals d'amor.*
>
> (Arn. de Marueil.)

(Fleur de beauté, miroir d'amour.)

> Iris, en ce miroir toujours
> Vous pouvez voir l'objet que j'aime ;
> Je voudrais bien toujours de même
> Y voir l'objet de vos amours.
>
> (Inscription sur un miroir.)

— *Omnibus omnia*. — *Nosce te ipsum*. (Devises écrites sur des miroirs.)

— Les premiers miroirs furent rapportés de Sidon à la fin de la quatrième croisade. Venise s'empara de la découverte, la perfectionna et en fit longtemps l'objet d'un commerce lucratif.

Colbert en introduisit la fabrication en France vers 1666.

Misérable, latin *miserabilem*.

Synonymes : gueux comme un rat d'église (qui n'a rien à manger) ; minable ; penaillon (Rabelais, IV, 24) ; peineux, besogneux.

Les Romains avaient nommé *Favonius* le vent favorable (?).

Rafalé, ruiné par le vent de la mauvaise fortune.

Cette épithète est souvent donnée à celui qui est malheureux par sa faute, par les crimes qu'il a commis.

Misère, du latin *miseriam*.

La misère est fille de la paresse, et sœur de la médiocrité. Comme la faim, elle est mauvaise conseillère, et souvent devient l'entremetteuse de la prostitution et de la débauche.

La misère mène quelquefois à l'inconduite ; l'inconduite mène plus souvent à la misère.

La misère est une conséquence de la nature humaine; la charité est d'institution divine. (Dupanloup, mars 1873.)

Misère irlandaise. *Miserrimus*; épithète ajoutée au nom de Chatterton sur son tombeau, à Westminster.

L'élégance flétrie de la misère en habits noirs; les haillons de l'opulence; l'association hideuse du luxe et de la misère...

— *Misère*, dans le langage du marin, a plutôt la signification de fatigue excessive, de péril prolongé, que celle de pénurie et de dénuement.

Miserere, mot latin : Ayez pitié.

C'est le début du psaume 50, le quatrième des psaumes de la pénitence. David le composa après que le prophète Nathan lui eut reproché le crime qu'il avait commis avec Bethsabée.

— Il en a eu depuis *miserere* jusqu'à *vitulos* : il a été bien battu. (Rabelais, III, 13.)

Les moines se donnaient mutuellement la discipline par esprit de pénitence, et pendant cette flagellation, on chantait le psaume *Miserere*. La flagellation la plus longue durait du premier mot, *miserere*, jusqu'au dernier, qui est *vitulos*.

Miséricorde, du latin *misericordiam*, cœur compatissant.
Étymologie burlesque : *misère* et *corde*.

C'est un manteau de miséricorde, d'autant que la misère y est évidente, et la corde pareillement. (*Les Jeux de l'Inconnu*, 1645.)

Misericordia vitium est. (Sénèque, *De la Clémence*.)

Mistral, anciennement *maistral*, forme provençale de *magistral*.

Le maistral... siffler à travers les antennes. (Rabelais, IV, 18.)

Vent du nord-ouest. Le balai du ciel.

— Maître vent. C'est ainsi que Rabelais (IV, 44) appelle le gros fessier de Guélot, « d'où le vent punais sortait comme d'une magistrale éolipyle ».

— Ce vent prend naissance au mont Ventoux, c'est-à-dire venteux.

Les Grecs l'appelaient *kerkios*; les Latins *circius*; dans quelques localités du Midi, on l'appelle encore *cers*.

Selon Strabon, le mistral, surtout dans la Crau d'Arles, *campus lapideus*, renversait souvent le cheval et le cavalier : *equum et ascensorem dejicit*. — Aulu-Gelle dit qu'il renversait les hommes et les chars. Il produit encore aujourd'hui les mêmes effets, et il a plus d'une fois renversé des trains de chemin de fer sur la voie !

L'empereur Auguste lui avait élevé des temples à Arles et à Avignon, pour apaiser son courroux ; mais les prières et l'encens des humains n'y ont rien fait : il continue à sévir et a mérité d'être mis par nos pères au rang des fléaux de la Provence. Il faut convenir cependant que son action n'est pas toujours nuisible : s'il renverse les cheminées, s'il enlève quelques chapeaux, s'il commet des indiscrétions à l'égard des dames, en revanche, ce bourru bienfaisant fait souvent la besogne des balayeurs municipaux et emporte bien des miasmes...

Mitonner, de *mitis*, doux (?), ou de *mie ?*

— *Miton* se dit, dans certaines provinces, de morceaux de pain taillés épais pour la soupe : soupe aux mitons.

— Un potage mitonné doit rester longtemps à cuire à petit feu.

— L'onguent miton-mitaine, qui ne fait ni bien ni mal, serait alors un cataplasme de mie de pain.

— Au figuré, mitonner une affaire, c'est en préparer le succès de longue main.

Mitraille, pour *mitaille*, diminutif du vieux français *mite*, menue monnaie.

Se dit encore, dans le langage familier, de la monnaie de cuivre.

La *mite* ou *mitaille*, monnaie flamande valant quatre oboles, fut supprimée par édit de Philippe VI, en 1332. Un amas de ces petites pièces s'appelait *mitraille* ; et l'on a transporté le nom à la ferraille formant la charge des canons.

Mitron, dérivé de *mitre* ; grec *mitra*.

Garçon boulanger. La coiffure des garçons boulangers était un bonnet blanc ressemblant à une mitre.

Mode, du latin *modum*, manière d'être.

Est du masculin en philosophie, en grammaire, dans les arts ; du féminin quand il désigne la fantaisie du jour.

— Au même radical se rapportent : modèle, module, moule, modération, modestie, moderne, commode, accommoder.

> Il est une déesse inconstante, incommode,
> Bizarre dans ses goûts, folle en ses ornements,
> Qui paraît, fuit, revient et naît dans tous les temps ;
> Protée était son père, et son nom est la mode.
> (VOLTAIRE.)

— La mode est un impôt que l'industrie du pauvre met sur la vanité du riche.

Le vêtement s'est bien perfectionné, depuis la feuille de vigne de nos premiers parents.

— Ce qui est *de mode* est destiné à satisfaire aux caprices de la mode. Ce qui est *à la mode* est en faveur actuellement. L'auteur qui cherche les idées de mode, manque de sérieux et de solidité ; celui dont les ouvrages sont à la mode, peut avoir un mérite réel.

— *Mode* annonce un succès de goût et de caprice ; *vogue* un succès d'estime et de préférence. La fantaisie fait la mode, l'opinion fait la vogue. Une actrice est à la mode, un écrivain est en vogue.

Modeler, de *modèle* ; italien *modello*, dérivé de *modulus* ; bien plutôt que de *medullam*, moelle, quoique le Provençal appelle *moudèle* la mie de pain, matière plastique, pouvant se mouler.

Modeste, dérivé de *modus* : qui est modéré.

Modestie, de *modestiam*.
La modestie est le langage le plus captieux de la vanité.
La modestie est une vertu d'hypocrite.

Sias humilis e non vils.
(*Vie de saint Honorat.*)
(Sois modeste, non vil.)
La fausse modestie est le dernier raffinement de la vanité. (La Bruyère.)

L'excès de modestie est un excès d'orgueil.
(Chénier, *Nathan.*)

La modestie est à la vertu ce qu'un voile est à la beauté : elle en fait ressortir l'éclat. (Petit-Senn.)

Une enveloppe de modestie couvre nos erreurs, et garantit nos talents de l'envie ; comme une blouse cache nos méchants habits et protège les bons.

Mœurs, du latin *mores*, même sens.
Le temps *moralement* nécessaire, c'est-à-dire habituellement, raisonnablement.
Les mœurs sont un collier de perles : ôtez le nœud, tout défile. (Restif de la Bretonne.)

Moi, du latin *me* (*me* est la forme sourde, *moi* est la forme accentuée).
La piété chrétienne anéantit le moi humain ; la charité chrétienne le cache et le supprime. (Pascal, *Pensées.*)
Le moi est haïssable. (Pascal.)

L'État, c'est moi. (Louis XIV.)

> Rome n'est plus dans Rome, elle est toute où je suis.

Comme moi (*sicut et nos*). X... qui, *sicut et nos*, cloche d'un œil. (Le Camoëns.)

Moine, du grec *monios*, seul ; de *monos*. D'où le latin *monachus*. Provençal *monge*, catalan *monje*.

Ce mot, qui désignait d'abord les solitaires, s'applique aux cénobites, qui mènent la vie en commun dans les couvents, mais séparés du monde.

Les solitaires s'appellent anachorètes (du grec *anachôréô*.)

— Faute d'un moine l'abbaye ne manque pas. (Voy. *abbaye*.)

— L'habit ne fait pas le moine. (Voy. *habit*.)

> Le moine et la béguine
> Sont pires qu'ils n'en ont la mine.

— Le moine, c'est un personnage sans père et sans enfants, sans passé et sans avenir, tout entier au présent et à ses joies matérielles ; qui ne peut toucher à la femme qu'en la souillant, et accomplir la loi de la nature qu'en violant la loi de la famille et de la société ; mélange d'ignorance, d'astuce, de cruauté, de libertinage, d'oisiveté crasse, de piété stupide, dont le capuchon est plus fort que bien des couronnes. (Nisard, *Revue des Deux-Mondes*, 1835 ; reproduit dans *Érasme*, p. 54.)

Le moine... ne laboure, comme le paisant ; ne guarde le pays, comme l'homme de guerre ; ne guarit les malades, comme le médecin ; ne presche ne endoctrine le monde, comme le bon docteur évangélique et pédagogue ; ne porte les commoditez et choses nécessaires à la République, comme le marchand ; c'est la cause pourquoy de tous sont huez et abhorrez. (Rabelais, I, 40.)

Les moines *non sunt castrati* : on leur donne le nom de pères, et ils font en sorte que leur nom soit bien appliqué. (Érasme, *Colloques*.)

> Tout partout pères on les nomme,
> Et de faict, plusieurs fois advient
> Que ce nom très bien leur convient.
> (C. Marot.)

Béranger a reproduit cette plaisanterie dans son *Roi d'Yvetot* :

> Ses sujets avaient cent raisons
> De le nommer leur père.

Rabelais appelle les moines *perpétuous*, en tant que leurs confréries sont perpétuelles.

Gens æterna, in qua nemo nascitur nec moritur, a dit Pline (V, 17) de certains perpétuous ou ermites, appelés Esséniens, qui habitaient dans les déserts de la Palestine. C'est ce qu'entend Rabelais.

— Moine bourru : prétendu fantôme, dont on effrayait les enfants. On supposait que c'était une âme en peine, qui parcourait les chemins et maltraitait les passants. On le représentait errant à travers les villes pendant l'Avent, comme l'indique le passage de Régnier (*Satire* XIV) :

> Mais après en cherchant avoir autant couru
> Qu'aux Avents de Noël fait le moyne bourru.

— Bailler le moine. Vieux proverbe cité par Rabelais (I, 45). Signifiait porter guignon, malheur. En effet, selon l'opinion du xv° siècle, la rencontre d'un moine était regardée comme un mauvais présage.

On disait aussi :

> Pour faire nette la maison,
> N'y faut ni moine ni pigeon.

— Au moine la besace !

> Mes beaux pères religieux,
> Vous dînez pour un grammerci (grand merci) :
> O gens heureux ! ô demi-dieux !
> Pleust à Dieu que je feisse ainsy !
> (BRODEAU.)

Moineau. On en donne plusieurs étymologies. La plus vraisemblable est *moisnel*, pour *moisonel*, de *muscionellum*, proprement oiseau-mouche, petit oiseau.

Ménage le dérive de *moine*, à cause de la couleur de son plumage, qui est grise, comme le costume de plusieurs ordres religieux. On dit : couleur solitaire.

Celuy est nommé moineau, parce qu'il semble porter un froc de la couleur des enfumés. (Belon.)

— Tirer sa poudre aux moineaux : perdre sa peine.

Cette locution vient du nom des *moineaux* ou *moyneaulx*, sorte de guérites en fer, qui, sous Louis XI, servaient d'abri aux soldats contre les attaques des ennemis, et contre lesquelles on tirait inutilement, sans atteindre ceux qui s'y cachaient.

Mois, du latin *mensis*; provençal *mes*; italien *mese*. Du sanscrit *masa*, de *mas* lune, idée de mesurer. Ce radical se retrouve dans trimestre, semestre.

— Les mois, chez les Romains, étaient divisés en trois parties : les calendes, les nones et les ides.

Les calendes étaient le premier de chaque mois, qui commençait avec la nouvelle lune ; elles étaient annoncées au peuple par le pontife, au moment du lever de l'astre.

Les nones étaient le neuvième jour avant les ides, et celles-ci tombaient le 13 ou le 15 du mois, d'un nom étrusque qui signifie partage.

— Les dates d'événements importants sont souvent citées pour l'événement lui-même : le 10 août, le 9 thermidor.

Moitié, du latin *medietatem* ; provençal *mitat*.

— Employé pour épouse. Les rabbins disent que le mot hébreu que nous traduisons par *côte* (*Genèse*, II, 21) signifie *côté*, et que Dieu forma Ève d'un des côtés d'Adam ; que le premier homme était *androgyne*, c'est-à-dire réunissait les deux sexes. Dieu n'aurait fait que séparer en deux le corps d'Adam, d'où le mot *sexe* (*sexus*) de *secare*, diviser, partager.

— Platon (*Banquet*), dit aussi que les premiers hommes naquirent doubles, et que la force dont ils étaient doués par la *duplicité* de leurs membres les rendit insolents envers les dieux. Jupiter, pour punir leur audace, partagea en deux ces androgynes, et depuis, ces deux moitiés ont conservé une forte passion pour se réunir ; c'est l'attraction des sexes.

Môle, du latin *moles*, masse, d'un grand poids.

D'où aussi : mola, meule, molaire, dent qui sert à broyer les aliments comme une meule. Molécule, petite masse de matière.

Mollet, de *moles*, masse charnue ; s'il ne vient pas plutôt de *mol*, adjectif ; latin *mollem*.

Moment, du latin *momentum*, mouvement.

Un simple mouvement, un pas du temps.

Faire une chose à moments perdus..., ou gagnés.

Momerie, du grec *momos*, moqueur ; d'où *Momus*, dieu de la folie.

Ou plutôt du vieux français *momer*, d'origine germanique, qui signifiait se déguiser ; d'où *momon*, employé par Molière.

Monaco, décime, mauvais sou frappé dans la principauté de ce nom.

La France fut inondée de cette monnaie sous le règne d'Honoré V, mort en 1841. Un décret en interdit la circulation à cette époque ; et, le 9 novembre 1865, par une convention avec la France, le prince de Monaco s'obligea à ne frapper désormais ses monnaies qu'en France.

Monde, du latin *mundus*, pur, brillant.

Resté avec sa signification première dans orge *mondé* et dans *émonder*, ainsi que dans le négatif *immonde*.

> Qui veut sa conscience monde,
> Il doibt fuyr le monde immonde.

Par suite, tout ce que nous apercevons de corps (brillants) dans l'espace.

— Aller au bout du monde : très loin.

Si la terre avait un bout, elle ne serait pas ronde. (Voy. *terre*.)

Les anciens, qui ignoraient la sphéricité de la terre, croyaient que Delphes était au centre du monde, dont elle était nommée pour cette raison le nombril (*umbilicus*).

Le poète Claudien a raconté la fable de deux aigles lâchés par Jupiter de l'Orient et de l'Occident, et qui se rencontrèrent à Delphes.

— Les premiers chrétiens croyaient que le milieu de la terre était la montagne du Calvaire.

— Lamothe le Vayer parle d'un anachorète qui se vantait d'être allé jusqu'au bout du monde, et qui, arrivé aux extrêmes limites, avait été obligé de se courber, à cause de la réunion du ciel et de la terre.

— Regnard, dans un de ses voyages, pénétra jusqu'à la mer Glaciale, et ne s'arrêta qu'où la terre lui manqua. Il grava sur un rocher cette inscription :

> *Gallia nos genuit, vidit nos Africa, Gangem*
> *Hausimus, Europamque oculis lustravimus omnem ;*
> *Casibus et variis coeli terraeque marique,*
> *Hic tandem stetimus, nobis ubi defuit orbis.*

— Le docteur Kane, dans un voyage à la recherche de Franklin, de mai 1853 à août 1855, est parvenu au 82°30' de latitude, par 76° de longitude, au point nommé Grinnel, le plus rapproché du pôle où l'on fût encore arrivé. Le mercure demeura à l'état solide pendant plus de trois mois, et en novembre le wisky gelait.

— Le tour du monde, qui autrefois exigeait trois ans au moins, se fait aujourd'hui en moins de trois mois.

De Paris à New-York..................	21 jours.
De New-York à San-Francisco (railway).	7 —
De San-Francisco à Yokoama (bateau)..	21 —
De Yokoama à Hong-Kong (bateau).....	6 —
De Hong-Kong à Calcutta (bateau).....	12 —
De Calcutta à Bombay (railway).......	3 —
De Bombay au Caire................	14 —
Du Caire à Paris...................	6 —
	80 jours.

— La fin du monde. Il est certain que le monde finira un jour, sous peine d'*ériger en canard* la menace du jugement dernier faite par les prophètes.

— La moitié du monde rit de l'autre moitié. (Sévigné.)

> La moitié des humains rit aux dépens de l'autre.
> (Destouches.)

La société est partagée en deux classes, les tondeurs et les tondus. (Talleyrand.)

— Dans la société, on distingue le petit monde, le demi-monde, et le monde et demi, ou grand monde, qui s'appelle aussi le beau monde.

— Se retirer du monde. (Voy. *ermite*.)

Vous n'êtes point du monde ; c'est pour cela que le monde vous hait. *Non estis de mundo, ideo odit vos mundus.* (*Évangile* de saint Jean, XV, 19.)

> Dès que l'on fuit le monde, il nous fuit à son tour.
> (La Chaussée.)

Il y a des gens qui se retirent du monde, et d'autres dont le monde se retire.

Monnaie, du latin *moneta* ; provençal *moneda*.

Celle qui avertit ; surnom de Junon. C'était dans son temple qu'on fabriquait la monnaie.

Les monnaies sont de véritables *monuments*, d'après lesquels nous jugeons des arts et de l'état social des peuples éloignés de nous par le temps ou par l'espace.

— Synonymes : achetoir, monaco, monneron (argot).

— Dans les premiers temps, quand la monnaie n'existait pas, on pesait le métal, qui était lui-même une marchandise.

Abraham pesait 400 sicles d'argent aux fils de Heth, auxquels il venait d'acheter une pièce de terre.

Les Chinois ont conservé cette tradition, et paient avec des lingots pesés en présence de l'acheteur, comme celui-ci pèse la marchandise qu'il livre en échange.

De là est resté à certaines monnaies, dans les pays civilisés, le nom de *poids* autrefois et encore aujourd'hui en usage. Le *talent*, dans la Grèce ancienne ; l'*as*, chez les Romains ; le *pound*, chez les Anglais ; la *livre*, en France, désignaient à la fois des poids et des monnaies ; celles-ci pesaient, en effet, un talent, un as, une livre.

— La monnaie est une matière ayant une marque légale, qui lui assigne une valeur relative, et qui sert pour les échanges commerciaux.

— Toute marchandise est une monnaie, et toute monnaie est une marchandise.

Cette formule, créée par Turgot, n'est vraie que si on considère le métal dont la monnaie est faite ; mais, sous la forme de monnaie servant d'intermédiaire à l'échange, elle a des caractères particuliers qui la distinguent essentiellement des autres marchandises.

Ainsi, si le fer est rare, ceux qui en ont besoin souffrent, mais cette rareté n'agit que sur le prix du fer ; tandis que, si la monnaie est rare, le prix de toutes choses s'en ressent.

— Le crédit, en multipliant le billet de banque, ou « monnaie fiduciaire », provoque les crises financières, si fréquentes à notre époque, car dans ce cas, la fortune publique ne s'accroit que fictivement, et donne à certains produits une valeur exagérée et arbitraire, tandis que la monnaie est une marchandise tarifée par la loi, et d'une valeur invariable ayant seule le pouvoir d'éteindre toute dette.

— Fausse monnaie : en argot *morniffle*, qui signifie soufflet sur la joue, c'est-à-dire soufflet appliqué au roi, dont le portrait figure sur les monnaies.

— Battre monnaie. Autrefois les pièces de monnaie se faisaient à la main. On façonnait une à une, avec le marteau et la lime, des rondelles que l'on plaçait entre deux coins gravés en creux ; et le coup de marteau qui déterminait la double empreinte, était l'acte qui a consacré l'expression, battre monnaie.

— En 1623, un artiste français du nom de Briot, inventa le

balancier, dont on sert aujourd'hui, et que la France ne voulut pas adopter d'abord, mais qui fut accueilli en Angleterre, où il remplaça le monnayage à la main.

— Un lingot d'or d'un million est converti dans les hôtels des monnaies (1866) en coupures de :

Pièces de 100 francs	5.000 francs.
» 50 »	10.000 »
» 20 »	740.000 »
» 10 »	190.000 »
» 5 »	55.000 »

— Monnaies diverses : blanc, boudjou, cent, croix, denier, liard, maille, monneron, obole, para, patar, piastre, pistole, sesterce, sterlin, sou, six-blancs, teston, thaler, etc., etc.

Monopole, du grec *monos*, seul, *pôlein*, vendre.
Trafic exclusif, fait en vertu d'un privilège.
— Le gouvernement, en France, se réserve certains monopoles, tels que ceux du tabac, de la poudre, des cartes à jouer.

Monotone, du grec *monos*, seul, *tonos*, son.
Qui est toujours sur le même ton ; par suite, ennuyeux.
— Heureux celui qui peut parcourir tous les tons de cette belle musique, dont aucune note ne reste silencieuse sous son archet ! (G. Sand, *Aldo le rimeur*.)

Monseigneur (Pince-), fausse clef.
Pince à effraction du voleur.
On disait autrefois *daufe* (Monseigneur le Dauphin), parce que la pince a l'extrémité fourchue comme la queue du dauphin.
Monseigneur est un jeu de mots, parce que toutes les portes s'ouvrent devant Monseigneur.

Monsieur est une simplification ou contraction du précédent : mon, seigneur, de *seniorem*, plus âgé, à qui on doit le respect.
Au XVIIe siècle, on faisait parfois sonner la finale :

> Le renard s'en saisit, et dit : « Mon bon monsieur,
>   Apprenez que tout flatteur... »
> (LA FONTAINE.)

— *Monsieur*, titre donné au frère du roi. Il paraît manquer de distinction, puisque tout le monde le porte. Cependant, quand on parle au frère du roi, on l'appelle *Monseigneur*.
Le poète Ducis, en lui dédiant une tragédie, termine son épître

par cette formule bizarre : « Je suis, Monseigneur, de Monsieur le très humble et obéissant serviteur. »

— Les cours de justice vous traitent de *sieur*; certains magistrats se permettent l'expression dédaigneuse : *le nommé X...*

— L'usage de répéter *Monsieur* sur l'adresse des lettres est une marque de très grande déférence; il semble porter au superlatif le sentiment du respect.

Au Moyen-Age, on répétait volontiers le mot *seigneur*, pour faire plus d'honneur à la personne.

> *Seingn'en Monal, non cre que tarza gaire*
> *Qu'en veiral en Raimon, mon seigneur.*
>
> (Lamberti de Bonanel.)

(Seigneur seigneur Monal, je ne crois pas qu'il tarde guère que je ne voie le seigneur Raimond, mon seigneur.)

En roman, *senher* s'abrégeait en *en*. On se servait aussi de la formule de politesse *Mosseign'en* : Monseigneur, seigneur.

— *Monsieur, madame,* sont remplacés, en Italie, par les articles *le, la* : le Tasse, la Malibran.

Cet article, parfaitement honorable en Italie, s'ajoute au nom des plus grandes dames comme une distinction qui n'est due qu'à elles.

En France, au contraire, quand nous disions la Gaimard, la Clairon, c'était plutôt avec une moue de dédain involontaire, par suite de la réprobation morale que l'opinion publique infligeait autrefois aux comédiennes.

Monstre, du latin *monstrum*, de *monstrare*.
Quod moneat voluntatem deorum. (Festus.)

Mont-de-piété.
Synonymes : le clou, le plan, ma tante (argot).

Le *clou*, parce qu'on suppose que les effets engagés y sont pendus au clou.

On mettra tout au *plan*, plutôt que de refuser un cataplasme au pauvre chéri. (L. Reybaud.)

Ma tante est dit par rapprochement de *mon oncle*, qui désigne un usurier, un prêteur sur gages.

— L'institution des monts-de-piété date du XVe siècle. Ce fut un moine récollet, Barnabé de Terni, qui organisa le premier, à Pérouse, en 1462. L'œuvre devait être avant tout charitable, et c'est à cette idée qu'est dû le nom de mont-de-*piété*.

Le premier fut établi à Paris sous Louis XVI, et ouvert le

28 décembre 1777, au Marais, rue Paradis, où il est encore aujourd'hui.

Montagne, dérivé de *mont;* latin *montem,* qui, d'après Corssen, se rattache à la racine *min,* de *eminere.*

La montagne en travail enfante une souris.
(Boileau.)

C'est une traduction d'Horace (*Art poétique,* 39) :

Parturient montes, nascetur ridiculus mus.

Monter, dérivé de *mont,* comme *amont.*

Monter représente l'idée d'élévation ; pour l'idée inverse on dit *tomber,* qui signifie une chute brusque, et qui exprime moins bien que *dévaler,* la perte d'une position élevée, qui se fait par un abaissement progressif.

On peut s'arrêter quand on monte, jamais quand on descend. (Napoléon.)

Montjoie Saint-Denis ! Cri de guerre sous la première race, parce qu'après la victoire, on entassait un monceau de terre en forme de pyramide, qu'on appelait *mont* (de) *joie.*

S'il ne vient pas plutôt de *monge, moine,* qui aurait donné « Monjoie Saint-Denis », c'est-à-dire abbaye de Saint-Denis, devise de l'oriflamme, et cri de guerre des Français.

Montmartre, de *Montem Martis,* ou *Martyrum.*

Quartier de Paris, sur une hauteur, où il y aurait eu un temple de Mars ; où, selon d'autres, saint Denis et ses compagnons souffrirent le martyre, en 260.

— Académicien de Montmartre : un âne.

Un mauvais poète avait acheté une maison à Montmartre : « Ah ! dit Piron, il retourne au pays. »

— On disait autrefois d'un ignorant qu'il avait étudié à l'académie d'Asnières, à cause, sans doute, de la ressemblance de ce nom avec âne.

Monument, du latin *monumentum,* qui sert à avertir.

Les monuments des arts sont la véritable écriture des peuples, et donnent l'idée la plus exacte de leur civilisation.

Cicéron disait d'Athènes, qu'elle était remplie de monuments anciens, qu'à chaque pas qu'on y faisait, on marchait sur un souvenir.

Moquer, du grec *môkân,* ou de *mokos,* dont les Romains firent *mocosus,* acteur comique, satirique et bouffon ; à moins qu'il ne soit le doublet de *moucher*, bas-latin *mucare*, comme on dit encore : moucher quelqu'un.

— Je m'en moque : je suis du régiment de Champagne.

Je m'en bats l'œil.

Je m'en soucie comme un poisson d'une pomme.

— Je me moque de ça, comme du Canada. Cette locution remonte sans doute au temps de Louis XIV, où l'on déportait certains coupables au Canada.

Mercier (*Tableau de Paris*, ch. 315) dit que Louis XIV ordonna qu'on eût à sévir contre les membres de la Compagnie des œuvres fortes, et menaça de les envoyer au Canada.

— Je m'en moque comme de Colin-Tampon (Voy.), ...comme de l'an quarante.

Au commencement du XIe siècle, on croyait que la fin du monde devait arriver la quarantième année de ce siècle. Le peuple était dans la consternation et se convertissait en foule; mais lorsque l'an quarante fut passé, on s'en moqua.

— La pelle se moque du fourgon. (*Fourgon* signifie le crochet de fer destiné à attiser le feu.)

Le piètre (pied-bot) se moque du boiteux.

Se moque qui cloque : un vicieux rit d'un autre. (Rabelais.)

Morale, du latin *moralem* (de *mores*) qui a rapport aux mœurs.

— Lord Russel, succédant à lord Palmerston (novembre 1865), dit au banquet du lord-maire : « L'application des principes est toujours une question de circonstance, de temps et d'opportunité. »

Cette phrase est l'expression de la politique louche de l'Angleterre, et une paraphrase de l'opinion professée un jour par M. Nisard sur la grande et la petite morale.

— Faire de la morale : emberquiner. Allusion aux ouvrages moraux de Berquin.

Morbidezza, mot italien ; de *morbus*, maladie.

A passé du sens de maladie à celui de grâce molle...

Se dit, dans les arts, de l'expression douce, molle, délicate, presque maladive, des physionomies.

Mordre, du latin *mordere*. Radical sanscrit *mord*, broyer.

D'où : mors, *morsus* ; morceau, *morsellus* ; mordicus (avec les dents, avec ténacité) ; remords.

...Juvénal de sa mordante plume
Faisait couler des flots de fiel et d'amertume.
(Boileau.)

Morganatique (mariage), de l'allemand *morgengabe*, don du matin, présent du mari à sa femme, au lendemain des noces.

C'est une forme particulière, et non anticipée, du présent de noces, de la corbeille de mariage. Quelquefois ce présent était considérable, et se composait d'un certain nombre de villes et de domaines.

On appelait aussi ce don *oscle*, de *osculum*, baiser, parce qu'il était toujours accompagné d'un baiser.

— Le mariage morganatique, secret et mystérieux, ce mariage de la main gauche (parce que l'époux présente la main gauche), a lieu entre un prince et une personne de condition inférieure, entre un noble et une roturière, à condition que les enfants n'auront ni le titre ni certains biens paternels.

La triste hypocrisie du mariage morganatique est assez fréquente en Allemagne, pour préserver les jeunes altesses des petits États d'entraînements de cœur irréparables. Qu'il s'agisse d'une étoile de théâtre ou d'une honnête fille de bonne maison, elle ne peut porter publiquement le nom de son époux ; les enfants ne sont point officiellement reconnus. Il arrive souvent que le mari est arraché au foyer de son choix, pour épouser une princesse que lui imposent des ordres supérieurs. (*Revue des Deux-Mondes*, 1876.)

Morgue, origine douteuse, peut-être du languedocien *morga*, museau.

Contenance fière, hautaine, d'un fonctionnaire ; suffisance d'un vaniteux.

— Morguer, dit Lamarre (*Traité de police*), signifie regarder fixement.

— Cyrano de Bergerac (*Histoire comique des États... du Soleil*), dit : « Je demeurai dans la morgue jusqu'au soir, où chaque guichetier, l'un après l'autre, par une exacte dissection des parties de mon visage, venait tirer mon tableau sur la toile de sa mémoire. »

Ce passage de Cyrano indique que la *morgue* était un lieu de dépôt dans les prisons, où les agents de police venaient prendre le signalement des détenus ou constater leur identité.

— La Morgue est aujourd'hui un lieu où l'on expose publiquement les morts inconnus, afin qu'on puisse les reconnaître.

Le gamin de Paris, qui va à la Morgue comme à un spectacle, appelle les corps exposés des *artistes*. Lorsque, par hasard, la salle d'exposition est vide, il dit qu'il y a relâche.

Morniffle, du vieux français et argot *mornos,* bouche, soufflet sur la joue, ou plutôt sur la bouche. (Voy. *monnaie.*)

Morphée, du grec *morphé,* apparence, à cause des formes si variées des songes.

— Être dans les bras de Morphée : dormir.

Morphée, fils du Sommeil et de la Nuit, était lui-même le dieu du sommeil et des songes, le seul qui annonce la vérité. Il était, dit Ovide (*Métam.* II), très habile à prendre la démarche, le visage, l'air et le son de voix de ceux qu'il voulait représenter ; d'où lui serait venu son nom.

Morra, jeu où deux Italiens, en face l'un de l'autre, passent souvent la journée, ouvrant et fermant la main, et criant le nombre de doigts ouverts ou fermés.

Mors, du latin *morsus,* morsure, parce que le cheval le mord.

— Prendre le mors aux dents : s'emporter.

Mort, nom et participe, *mortem* et *mortuum.*

1° Divinité infernale, fille de la Nuit, qui la conçut, sans le secours d'aucun autre dieu.

2° Sort, destin ; la fin de l'effet chimique. (Gavarni.)

— Synonymes : la camarde, la dernière heure.

La camarde, celle qui est sans nez. Cette expression, d'un réalisme effrayant, peint d'un trait énergique la sensation d'horreur que l'on éprouve à la vue d'un squelette, qui personnifie la mort, et l'aspect hideux que l'absence de nez donne à sa face.

C'est par la même raison que la mort a été appelée *carline,* à cause de l'absence apparente de nez chez les chiens carlins. (Cf. *Fr. Michel.*)

— A mort (locution adverbiale) : beaucoup, considérablement.

Il travaille à mort : jusqu'à extinction de chaleur vitale : *usque ad mortem.*

— Cela vient trois jours avant la mort ; se dit à quelqu'un qui s'effraie d'une légère indisposition.

— Il y a remède à tout, excepté à la mort. — On considère la mort comme le plus grand des maux parce qu'il est sans remède, et l'on dit, pour exprimer le grand déplaisir que quelqu'un a d'une chose : c'est sa mort.

Hoc instar mortis putat. (Cicéron.)

— La vie est un mal... dont on meurt.

Dans tout berceau germe une tombe.
(V. Hugo.)

— Mourir est un mal : s'il n'en était pas ainsi, les dieux mourraient. (Sapho.)

On n'a point pour la mort de dispense de Rome.
(Molière, Étourdi, II, 5.)

C'est la traduction d'un verset de l'*Imitation de Jésus-Christ* : *Nemo impetrare potest à Papa bullam nunquam moriendi.*

C'est un arrêt du ciel, il faut que l'homme meure,
Tel est son partage et son sort ;
Rien n'est plus certain que la mort,
Et rien plus incertain que cette dernière heure.
(L'abbé Testu.)

La Mort a des rigueurs à nulle autre pareilles ;
On a beau la prier,
La cruelle qu'elle est se bouche les oreilles,
Et nous laisse crier.

Le pauvre en sa cabane où le chaume le couvre
Est sujet à ses lois ;
Et la garde qui veille aux barrières du Louvre
N'en défend point nos rois.
(Malherbe, *Stances à Duperrier* ; Imitation d'Horace.)

*Pallida mors æquo pulsat pede pauperum tabernas
Regumque turres.*
(Horace, *Odes*, I, IV, 13.)

La pâle mort heurte d'un pied égal les tours des riches et la cabane du pauvre.

— A chaque porc vient sa Saint-Martin. (C'est l'époque où on les tue.)

— La population du globe est d'environ un milliard d'habitants. Il en meurt un par seconde.

Ainsi, à chaque minute de notre existence, de nos sourires, de nos joies, soixante hommes expirent, soixante familles gémissent et pleurent. La vie est une perte permanente. Cette chaîne de deuils et de funérailles qui nous entortille, ne se brise point, elle s'allonge, nous en formons nous-mêmes un anneau. (Chateaubriand, *Mémoires*, tome II.)

La vie nous tue tous les jours un peu ; ne l'aidons pas à nous achever plus vite. On dirait cependant que les hommes ont peur de ne pas mourir, à voir tout ce qu'ils inventent pour se tuer. (Th. Gautier.)

— La peine de mort, c'est le tonneau des Danaïdes, avec cette différence que l'eau est remplacée par le sang. (L. Blanc.)

La guillotine tranche la tête, elle ne tranche pas la question. (G. Sand.)

— Il ne faut pas compter sur les souliers d'un mort.

Tous les biens à venir me semblent autant de chansons. Il n'est rien tel que ce qu'on tient, et l'on court grand risque de s'abuser, lorsque l'on compte sur le bien qu'un autre vous garde. La mort n'a pas toujours les oreilles ouvertes aux vœux et aux prières de Messieurs les héritiers ; et l'on a le temps d'avoir les dents longues, lorsqu'on attend pour vivre le trépas de quelqu'un (Molière, *Médecin*, II, 2.)

— Je donnerais ma vie pour deux sous... Je voudrais être mort.
— Vous n'êtes pas dégoûté, répond A. Karr.

— Le mort n'a pas d'amis, le malade n'en a qu'un demi.

C'est-à-dire on oublie vite les morts ; et lorsqu'un malade souffre beaucoup, on dit : il vaudrait mieux qu'il fût mort.

— Lorsqu'un homme tombe malade, les siens se lamentent les huit premiers jours ; les huit suivants ils s'habituent à l'idée de sa mort, calculent ses suites et spéculent sur elle ; ensuite ils disent : les veilles nous tuent, il serait plus heureux pour tout le monde que cela finît. (A. de Vigny.)

Hourrah ! les morts vont vite. (Bürger, *Ballades*.)

Il est cruel de penser avec quelle facilité l'homme est oublié, qu'il repose dans une urne ou sous une pyramide. (J.-P. Richter.)

La pierre garde la mémoire plus longtemps que le cœur ; c'est pour cela qu'on grave un nom sur un sépulcre. (Lamartine.)

— Le mort saisit le vif, c'est-à-dire l'héritier légal remplace celui qui meurt, dans tous ses droits à la propriété.

Morte-saison. Pour les médecins, c'est la saison où l'on ne meurt pas.

On pourrait en dire autant des porteurs de morts (*corbeaux* en argot, parce qu'ils vivent de la mort, et qu'ils suivent les corbillards, comme les corbeaux recherchent les cadavres.)

On les appelle aussi *croque-morts*, par une double allusion à leur costume noir et aux cadavres qui les font vivre.

Mortier, du latin *mortarium*.

Le mortier à bâtir se pilait.

— La coiffure des présidents du parlement avait la forme d'un mortier d'apothicaire ; d'où président à mortier.

Cette toque, symbole de la justice souveraine, était une sorte de couronne pour les rois de France de la première race, et même des suivantes. Saint Louis est représenté avec un mortier sur les vitraux de la Sainte Chapelle.

Les rois de France donnèrent le mortier aux juges quand ils leur abandonnèrent leur palais pour y établir le temple de la Justice.

(Voy. *Palais de justice*.)

Mot, du bas-latin *muttum*, de *muttire*, murmurer.

— Les mots sont les instruments, le moyen de la manifestation de nos pensées. Ce sont des signes de convention, qui ne signifient rien par eux-mêmes, et varient dans chaque langue pour exprimer la même idée ; ce qui prouve que les langues sont d'invention humaine.

— C'est la multiplicité des idées qui a produit la multiplicité des mots dans les langues. (L'abbé Girard.)

Les mots ont plus de contour que les idées. Toutes les idées se mêlent par les bords ; les mots, non ; un certain côté diffus de l'âme leur échappe toujours. L'expression a des frontières, la pensée n'en a pas. (V. Hugo, *l'Homme qui rit*.)

— Les mots sont des images ; d'où *insignare*, enseigner, apprendre par des signes. Aussi les mots agissent sur l'esprit comme certaines images. Il y en a qui nous émeuvent, il y en a qui nous affligent, qui nous saisissent ou qui nous élèvent ; certains mots répugnent et dégoûtent.

Les mots, comme les peuples, ont leur origine, leur progrès, leurs perfectionnements, leurs transformations, qui se lient à l'histoire des peuples.

Horace a dit que les mots sont comme la monnaie, qui n'a cours que quand elle est marquée au coin du public. Comme la monnaie, ils sont créés, vivent un certain temps, vieillissent et meurent.

Il faut user avec réserve des mots qui ne font que de naître et de ceux qui ont vieilli ; il en est comme des fruits, qui ne valent rien trop verts, ni trop mûrs.

— Le mot est de la langue ; le terme est du sujet ; l'expression est de la pensée. La pureté du langage dépend des mots ; sa précision dépend des termes ; son élégance dépend des expressions.

— On dit : la science des mots, et le don de la parole.

— Les mots grecs et latins introduits dans la langue par les savants pour les besoins de la science, sont peu intelligibles au vulgaire, qui se sert plus volontiers des mots créés par métaphore ou par onomatopée.

Ces mots, véritablement étrangers à la langue, qui servent en français dans les sciences et les arts, pour représenter des idées que la langue populaire serait impuissante à exprimer, ne s'y sont pas assimilés, ne servent qu'à exprimer une idée isolée; ils sont frappés de stérilité, ne produisent pas de rejetons. Ils composent la langue savante, mais sont incompris du peuple.

Nous avons même remplacé des expressions excellentes, qui nous appartenaient en propre, par d'autres qui n'ont de mérite que leur forme extraordinaire. Ainsi, à *chevaucher*, on a substitué *monter à cheval*, puis *cavalcader* (?) et *cavalcade*.

Mais monter à cheval est un art, pour lequel on a emprunté au latin *équitation*. Après l'idée d'art, il y a l'idée de science : la science du cheval a pris son nom au grec, c'est la science hippique. Enfin, on arriva ainsi, en souvenir des traditions héroïques de la Grèce, à dire que les sportmen français s'élancent sur la piste d'un hippodrome.

— L'étude de l'antiquité a aussi doté le français d'une foule de néologismes, tirés du grec et du latin pour donner de nouvelles nuances de la pensée; mais ces mots, tout savants, sont toujours restés en dehors du langage usuel, populaire.

Tels sont : cécité, à côté d'aveuglement; virilité, puérilité, servilité, en regard de force, enfance, esclavage, etc.

MOTS PRIS ABSOLUMENT :

Alcoran, mot arabe : le livre par excellence.
Anciens (les) : les Grecs et les Romains.
Art (le grand) : la recherche de la composition de l'or.
Bible (la), mot grec : le livre par excellence.
Blé : la graine, la semence par excellence.
Boire, c'est-à-dire être adonné à l'ivrognerie.
Bouilli (le), c'est-à-dire le bœuf bouilli.
Dame (Notre) : la dame par excellence, la Sainte-Vierge.
Écriture (l') : les livres saints, la Bible.
Fabricant (un), de *fabrum* : l'ouvrier en fer, par suite l'ouvrier.
Faculté (la) : le corps médical.
Froment, de *frumentum* : le produit par excellence.
Gabelle : le tribut.

Globe, c'est-à-dire le globe terrestre.
Labourer, *laborare* : travailler.
Laudanum, pour *laudandum* (!) : remède digne d'éloges !
Lieux, pour latrines.
Mètre, grec *métron* : la mesure par excellence.
Nécessités (les) : le besoin d'aller à la selle.
Nourrir, pour allaiter.
Orgue : le roi des instruments.
Parties (les) : sous-entendu sexuelles.
Péninsule (la) : sous-entendu Ibérique ; l'Espagne.
Pli, pour lettre pliée, cachetée.
Provence, c'est-à-dire la province par excellence.
Seigneur (le), pour Dieu, le maître des maîtres.
Sexe (le) : le sexe le plus beau.
Simples : fleurs simples.
Viande, *vivenda* : les vivres, puis la chair.

MOTS ÉTRANGERS ADOPTÉS PAR LA LANGUE FRANÇAISE :

Ab hoc et ab hac, latin.
Ab intestat, latin.
Ab irato, latin.
Abrupto (ex), latin.
Acarus, latin.
Accessit, latin.
Achéron, grec.
Adagio, italien.
Ad hoc, latin.
Ad hominem, latin.
Ad honores, latin.
Ad libitum, latin.
Ad patres, latin.
Ad rem, latin.
Agenda, latin.
Agnus dei, latin.
Album, latin.
Alcool, arabe.
Alcoran, arabe.
Alguazil, arabe.
Alibi, latin.
Allegro, italien.
Alleluia, hébreu.
Alpha et oméga, grec.
Alto, italien.
Amen, hébreu.
Amoroso, italien.
Andante, italien.
Angelus, latin.
Anthrax, grec.
A parte, latin.
Auto-da-fé, espagnol.
Ave Maria, latin.
Belvédère, italien.
Bis, latin.
Bravo, italien.
Budget, anglais.
Cætera (et), latin.
Campos, latin.
Carbonaro, italien.
Casus belli, latin.
Cathedra (ex), latin.
Chorus, latin.
Cicerone, italien.

Clown, anglais.
Club, anglais.
Codex, latin.
Cœcum, latin.
Coma, grec.
Commodo et incommodo (de), latin.
Concerto, italien.
Confiteor, latin.
Coram populo, latin.
Crédit, latin.
Crescendo, latin.
Criterium, grec.
Cubitus, latin.
Currente calamo, latin.
Cutter, anglais.
Da capo, italien.
Debet, latin.
Décorum, latin.
Déficit, latin.
Deliquium, latin.
Delta, grec.
Desiderata, latin.
Détritus, latin.
Dictum, latin.
Dilettante, italien.
Distinguo, latin.
Dito, italien.
Divan, arabe.
Dolce, italien.
Domino, latin.
Duo, latin.
Duodenum, latin.
Duplicata, latin.
Ecce homo, latin.
Effendi, turc.
Electron, grec.
Embargo, espagnol.
Emir, arabe.
Épiploon, grec.
Épitome, grec.

Errata, latin.
Exeat, latin.
Ex-professo, latin.
Extra-muros, latin.
Extremis (in), latin.
Ex-voto, latin.
Facies, latin.
Fac-simile, latin.
Factum, latin.
Farniente, italien.
Fatum, latin.
Fiat lux, latin.
Finito, italien.
Florès, latin.
Folio, latin.
Forte-piano, italien.
Fortiori (à), latin.
Forum, latin.
Franco, latin.
Frater, latin.
Gaster, grec.
Gaudeamus, latin.
Gloria, latin.
Gluten, latin.
Goddam, anglais.
Gratis, latin.
Groog, anglais.
Grosso-modo, latin macaronique.
Habitus, latin.
Halte, allemand.
Harem, arabe.
Hic, latin.
Hidalgo, espagnol.
Hourra, russe.
Humérus, latin.
Humour, anglais.
Humus, latin.
Ibidem, latin.
Idem, latin.
Illico, latin.

Imbroglio, italien.
Impromptu, latin.
Incognito, italien.
In pace, latin.
Index, latin.
Interim, latin.
Introït, latin.
Iota, grec.
Ipso facto, latin.
Irato (ab), latin.
Item, latin.
Jejunum, latin.
Jubé, latin.
Junto, espagnol.
Jury, anglais.
Keapsake, anglais.
Kiosque, turc.
Kirsch-wasser, allemand.
Largo, italien.
Latere (à), latin.
Lavabo, latin.
Lazzarone, italien.
Lazzi, italien.
Libera, latin.
Loch, anglais.
Lord, anglais.
Lupanar, latin.
Macaroni, italien.
Maëstro, italien.
Magnificat, latin.
Mandat, latin.
Matador, espagnol.
Maximum, latin.
Mea culpa, latin.
Medianoche, italien.
Medium, latin.
Memento, latin.
Memorandum, latin.
Mérinos, espagnol.
Mezzo-termine, italien.

Milord, anglais.
Minaret, arabe.
Minimum, latin.
Miserere, latin.
Morbidezza, italien.
Mordicus, latin.
Motus, latin.
Muséum, latin.
Naturalibus (in), latin.
Nec plus ultra, latin.
Nescio vos, latin.
Noli me tangere, latin.
Nota bene, latin.
Numéro, latin.
Occiput, latin.
Octavo (in), latin.
Odéon, grec.
Olim, latin.
Oméga, grec.
Omnibus, latin.
Optime, latin.
Oratorio, italien.
Oremus, latin.
Pace (in), latin.
Palladium, latin.
Palma christi, latin.
Partibus (in), latin.
Partner, anglais.
Pater, latin.
Pathos, grec.
Pédale, italien.
Pédum, latin.
Pensum, latin.
Petto (in), italien.
Picador, espagnol.
Placenta, latin.
Placet, latin.
Poco, italien.
Populeum, latin.
Populo (coram), latin.

Posteriori (à), latin.
Post-scriptum, latin.
Presto, latin.
Primo, latin.
Princeps (édition), latin.
Priori (à), latin.
Processus, latin.
Professo (ex'), latin.
Prorata, latin.
Prospectus, latin.
Puf, anglais.
Punch, anglais.
Quaker, anglais.
Quarto (in), latin.
Quartz, allemand.
Quasi, latin.
Quasimodo, latin.
Quatuor, latin.
Quia, latin.
Quibus, latin.
Quidam, latin.
Quiproquo, latin.
Quoniam bonus, latin.
Rabbin, hébreu.
Racahout, arabe.
Radius, latin.
Rail, anglais.
Raout ou rout, anglais.
Raphé, grec.
Rasibus, latin.
Ratafia, indien.
Razzia, arabe.
Rébus, latin.
Récépissé, latin.
Recta, latin.
Recto, latin.
Rectum, latin.
Rem (ad), latin.
Réméré, latin.
Requiem, latin.

Rictus, latin.
Rosolio, italien.
Sacrum, latin.
Salam, hébreu.
Salve, latin.
Schérif, anglais.
Schlague, allemand.
Scorbut, hollandais.
Secundum, latin.
Sépia, grec-latin.
Sérum, latin.
Sic, latin.
Sigisbé, italien.
Silex, latin.
Sinciput, latin.
Sine qua non, latin.
Siphon, grec.
Slop, anglais.
Sofa, turc.
Solo, italien.
Sopor, latin.
Soprano, italien.
Spath, allemand.
Spéculum, latin.
*Spécimen, latin.
Sperma céti, latin.
Sphincter, grec.
Spleen, anglais.
Statu quo, latin.
Steamboat, anglais.
Stentor, grec.
Sternum, grec-latin.
Stimulus, latin.
Subito, latin.
Tacet, latin.
Talisman, arabe.
Tampon, celtique.
Tarif, arabe.
Te deum, latin.
Ténor, italien.

Tétanos, grec.
Thorax, grec.
Tibia, latin.
Tolle, latin.
Tory, anglais.
Tost (toast), anglais.
Transit, latin.
Tréma, grec.
Trio, italien.
Triumvir, latin.
Trombone, italien.
Tu autem, latin.
Tumulus, latin.
Tunnel, anglais.
Tutti quanti, italien.
Ultimatum, latin.
Ultra, latin.
Ut, latin.
Vade mecum, latin.
Valse, allemand.
Varietur (ne), latin.
Variorum, latin.
Verso, latin.
Veto, latin.
Vice-versa, latin.
Villa, latin.
Virago, latin.
Visa, visu (de), latin.
Vivat, latin.
Volubilis, latin.
Wagon, anglais.
Waux hall, anglais.
Wist, anglais.
Yack, anglais.
Zéro, arabe.
Zinc, allemand.

MOTS REDOUBLÉS (ONOMATOPÉES) :

Baba.
Bébé.
Bonbon.
Bric-à-brac.
Caca.
Cache-cache.
Cahin-caha.
Clopin-clopant.
Couci-couci.
Crin-crin.
Dada.
Dare-dare.
Dodo.
Drelin-drelin.
Fanfan.
Flic-flac.
Flonflon.
Froufrou.
Gniangnian.
Gogo.
Joujou.
Lolo.
Maman.
Méli-mélo.
Micmac.
Nanan.
Papa.
Passe-passe.
Pioupiou.
Pipi.
Pompon.
Tata.
Tohu-bohu.
Tonton.
Zigzag.
Etc., etc.

MOTS COMPOSÉS :

Adieu,	à Dieu.	Cependant,	pendant ce.
Avenir,	à venir.	Chafouin,	chat fouine.
Aujourd'hui,	(voy.).	Culbute,	bute cul.
Auparavant,	(trois mots).	Depuis,	(deux mots).
Bienheureux,	bien heureux.	Désormais,	(voy.).
Bonheur,	bon heur (voy.).	Embonpoint,	(trois mots).

Empois,	en poix.	Madame,	ma dame.
Enfin,	en fin.	Maintenant,	la main tenant.
Fainéant,	fait néant.	Nitouche,	n'y touche.
Fumeterre,	fumée de terre.	Plafond,	plat fond.
Hormis,	hors mis.	Plutôt,	plus tôt.
Justaucorps,	(trois mots).	Quiproquo,	(trois mots latins).
Lendemain,	le en demain.	Toujours,	tous jours.
Licou,	lie cou.	Traquenard,	traque renard.
Lustucru,	l'eusses-tu cru (!).	Verjus,	vert jus.

— Bon mot : faribole, plaisanterie.

Régnier a dit d'un satirique qu'il perdrait un ami plutôt qu'un bon mot.

Horace avait dit avant lui :

...dummodo risum
Excutiat sibi, non hic cuiquam parcet amico.

— Diseur de bons mots : mauvais caractère. (Pascal.)

X..., avant de lancer un bon mot dans le monde, le répète à quelques amis. Il appelle cela « essayer son feu d'artifice ».

— Gros mot : expression peu parlementaire, injure, mot inconvenant, énormité.

Des choses qu'on ne saurait répéter devant vous, mademoiselle. — C'est donc bien raide, répliqua l'ingénue. (*Figaro*, cité par L. Larchey.)

Cette locution est très ancienne, et dans une charte de Philippe-le-Bel (1290), on lit : *Si quis alicui verba contumeliosa et grossa dixerit...*

— Les ignorants, dans leurs disputes, échangent les mots les plus violents de leur vocabulaire et éprouvent une grande satisfaction à renchérir dans leurs expressions, à l'imitation des héros d'Homère.

Mais, si l'un d'eux se sert d'un mot peu usité, que l'autre ne comprenne pas, la dispute dégénère en rixe sanglante. C'est ainsi que, dans sa dispute avec Paillasse, Arlequin traité de *bélître*, de *pendard*, de *sac à vin*, restait indifférent et ne se mit en colère que lorsqu'il s'entendit appeler *géographe !* Cela lui parut le plus cruel des outrages.

— Le dictionnaire de l'Académie, pour exprimer qu'un mot est bas et trivial, dit qu'il est *populaire*. Ainsi, dire à quelqu'un qu'il est un cochon, un gros cochon, est une expression populaire. Il n'est ni poli ni juste de flétrir ainsi un adjectif dérivé du mot peuple...

Il en est de même de *familier*, que l'Académie rend synonyme de *grossier*. Ainsi, elle qualifie de *familières* les expressions salope, taupe, gourgandine, crétin, crapule, crasseux, etc. Quelles sont les familles (ou les amitiés) où les auteurs du dictionnaire ont constaté ces familiarités ? C'est sans doute dans celles dont ils parlent à la lettre V, où l'on se sert, pour désigner une femme qui a trop d'embonpoint, de l'expression *familière* : c'est une grosse vache !

— Grands mots.

Ampullas et sesquipedalia verba.
(Horace.)

Racine, dans *les Plaideurs*, rappelle le précepte d'Horace d'éviter les grands mots. Petit-Jean s'exprime ainsi :

Ils me font dire aussi des mots longs d'une toise,
De grands mots, qui tiendraient d'ici jusqu'à Pontoise.

Supercoqueliquencieux, superlatif burlesque, forgé par Rabelais, et imité par Th. Gautier dans *délicoquentieusement*, pour délicieusement.

— Mots invariables : ceux qui ne changent point de forme. C'est : l'adverbe, la préposition, la conjonction, l'interjection.

— Mots qu'on peut lire à rebours : Noyon, Léon, Noël, ressasser.

— Prendre quelqu'un au mot.

Je vous attraperais bien, si je vous prenais au mot, dit une jeune fille à un vieillard qui la cajolait.

— Qui entend bien les mots, comprend bien les choses. (Varron.)

La plupart des erreurs et des discussions viennent de ce que l'on ne s'entend pas sur les mots. (Locke.)

— Entendre à demi-mot. (Voy. *entendre*.)

— Se donner le mot : s'entendre, se concerter.

Ils se sont tous donné le mot pour être blonds. (Burlesque.)

Motet, de l'italien *motetto*, diminutif de *motto*, mot.

Sorte de petite composition musicale très courte ; de même que le sonnet est une petite poésie, un chant de peu d'étendue.

Presque tous les mots de notre langue musicale sont empruntés à l'italien.

Motif, du latin *motivus*, propre à mouvoir.

Signifie au propre : qui a la propriété de mouvoir, et a pris le sens de : qui fait agir.

— Nos jugements, lorsqu'ils sont prononcés avec certitude, ont pour motif l'évidence : quand ils ne sont que des conjectures, des présomptions, ils ont pour motif la probabilité.

— L'amour, le plaisir, l'intérêt, le devoir, sont les mobiles de nos actions.

Rechercher (une femme) pour le bon motif : pour le mariage.

Motus ! sorte d'interjection pour imposer silence.

Est probablement une altération de *mutus*, muet.

Il se dit pour *chut !* comme *st* dans Térence.

Motus ! il ne faut pas dire que vous m'avez vu sortir de là ! (Molière, *Georges Dandin*, I, 2.)

> ...Encore un coup, motus,
> Bouche cousue !
> (La Fontaine, *Contes*, IV, 10.)

Mou, anciennement *mol* ; du latin *mollis*.

Synonyme : andouille ; homme sans énergie.

Mouchard, dérivé de *mouche*, avec le suffixe péjoratif *ard*.

— Au dire de Mézeray, l'inquisiteur Démocharès (1560) se nommait de Mouchy, du nom d'un village de Picardie, et ses espions s'appelaient *mouchards*.

Mais on trouve le verbe *moucher*, pour épier, dans la Légende de Pierre Faifeu (1532).

Mouche s'employait aussi pour désigner des espions qui marchaient devant le guet, comme éclaireurs, pour signaler les voleurs.

L'avocat Barbier, dans son journal (1752), dit : « On a doublé le guet, et on a même répandu des mouches, déguisés en habits bruns. »

Ménage prétend que les espions sont appelés *mouchards*, parce qu'ils s'introduisent partout comme les mouches, et que de là vient la locution : fine mouche.

Mouche, du latin *musca*.

— Fine mouche : personne rusée.

Plus fin que maistre Mouche. (Rabelais, II, 16.)

— En italien, *mucceria* est le jeu des gobelets, et *maëstro muccio* est un maître gonin, un menteur, un filou.

Coquillard a dit, au *Monologue des Perruques* :

> Il jouera mieulx que maistre Mouche,
> Qui ne prendra en désarroy.

— On a aussi appelé *mouches*, les espions de l'Inquisition d'Espagne, qui se glissaient partout comme des mouches, même dans les cachots, pour trahir les pauvres prisonniers assez simples pour ne se point méfier d'eux.

— Prendre la mouche : se fâcher.

On dit de même : Quelle mouche vous pique ?

> Quas tu vides colubras ?
> (Plaute.)

(Quelles couleuvres vois-tu ?)

Les Italiens disent : *La mosca vi salta al naso.*

> On ne sait bien souvent quelle mouche le pique.
> (Boileau, *Satire* IX.)

> Gros-René, dis-moi donc quelle mouche te pique ?
> (Molière, *Dépit.*)

On dit dans le même sens : prendre un rhume. C'est une des nombreuses acceptions dans lesquelles s'emploie le verbe *prendre*.

— La première mouche qui le piquera sera un taon.

— On prend plus de mouches avec une cuillerée de miel qu'avec un tonneau de vinaigre.

Moucher, provençal *moucar*, latin *muccare*, dérivé de *mucus*, morve.

Par assimilation : moucher une chandelle.

— Le verbe *moucher* est employé substantivement par Saint-Simon : « Le fréquent moucher qu'on entend dans la salle, lorsque le public est ému par une scène pittoresque. »

— Moucher quelqu'un : le réprimander.

Je te moucherai de la belle manière, vieux roupilleur. (Plaute.)

— Au temps qu'on se mouchait sur sa manche. (Voy. *niais.*)

Se moucher sur sa manche est un peu plus malpropre que se moucher dans un mouchoir. Montaigne parle d'un gentilhomme qui se mouchait avec les doigts, sous prétexte de délicatesse, alléguant qu'il était malpropre de porter dans sa poche...

— Il ne se mouche pas du pied, ...du coude : il agit grandement. Il ne fait pas comme ceux qui, s'étant mouchés avec les doigts, font disparaître la trace avec le pied.

Cubito se emungere. (Ad Herennium.)

> Certes, Monsieur Tartuffe, à bien prendre la chose
> N'est pas un homme, non, qui se mouche du pied.
> (Molière.)

— Les Latins appelaient un homme fin : *Homo emunctæ naris,* c'est-à-dire, homme au nez bien mouché. Ils disaient aussi : *Homo nasatus,* qui a du nez.

Mouchoir, dérivé de *moucher*, avec le suffixe instrumental.
Synonymes : aspirant de narine (calembour), quatre-coins.

— Jeter le mouchoir. En Turquie et en Perse, le jeune homme qui va se marier envoie à sa fiancée un anneau, une pièce de monnaie et un mouchoir brodé.

C'est sans doute par suite de cet usage que le sultan, dans son harem, jette le mouchoir à celle de ses femmes qu'il veut honorer de ses faveurs.

— Le don d'un mouchoir était une gracieuseté chez les empereurs romains.

Ipsumque primum donasse oraria populo romano quibus uterentur in favorem. (Vopiscus, *Aurélien*.)

Moue, germanique *mouur*, lèvre inférieure avancée ; plutôt que du grec *muaô*, serrer les lèvres ; ou du celtique *mouu*, se fâcher.

En vieux français : *museau*.

Moule, du latin *modulus*.

— Fait au moule : bien fait.

On disait aussi : fait de cire, c'est-à-dire comme une bougie faite dans un moule. (Cf. *fait au tour*.)

— Ancienne mesure pour le bois, valant une demi-corde.

En provençal *mouloun*, petit tas.

Moulin, de *molinus*, dérivé barbare de *mola*, meule.

— Les moulins remontent à la plus haute antiquité. Moïse et Homère en font mention. Les meules étaient mises en mouvement par des esclaves ou des animaux.

— Faire venir l'eau à son moulin : se procurer des profits.

Ce dicton se prend en mauvaise part, et se dit des gens assez peu délicats dans les moyens qu'ils emploient pour réussir.

— Le mot *émolument* vient de *emolere*, moudre, et a désigné le profit qu'un meunier tire de son moulin.

— Se battre contre des moulins à vent : se créer des chimères à combattre. Locution tirée du roman de Cervantès, où Don Quichotte se bat contre des moulins à vent qu'il prend pour des géants.

Mourir, du bas-latin *morire*.

Presque tous les mots et les périphrases dont on se sert pour remplacer le mot *mourir*, expriment l'idée de s'en aller, de sortir de la vie. *Interire*, aller parmi les morts.

Aller *ad patres* (voy.) : aller dans l'autre monde.

Aller aux sombres bords (d'où *sombrer*, aller dans la nuit éternelle) : dans le royaume des ombres.

Être à l'article de la mort : près de mourir. Il est à l'article et dernier moment de son décès. (Rabelais.)

Décéder, de *decedere* : se retirer de la vie.

Défunt, de *defunctus* : qui s'est acquitté (de la vie).

Descendre la garde.

Dire bonsoir à la compagnie.

Ensevelir, de *sepelire*, entourer d'une haie.

Enterrer, inhumer : mettre en terre.

S'éteindre, se dit par métonymie, comme on a dit autrefois tuer le feu, tuer la chandelle.

Faire le grand voyage.

Être flambé.

Graisser ses bottes : se préparer à partir, en recevant les saintes huiles, comme un voyageur qui va faire un grand voyage.

N'avoir plus mal aux dents.

Manger les pissenlits par la racine.

Passer, être passé ; passer l'arme à gauche, de ce que, dans les convois funèbres, les soldats du cortège passent l'arme sous le bras gauche.

Périr, aller jusqu'au bout (de la vie) ; fait comme *trépasser*, aller au-delà, faire le grand pas ; d'où *péril*.

Rendre l'âme, l'esprit, le dernier soupir.

Succomber.

Tourner l'œil : J'aime mieux tourner la salade que tourner l'œil. (*Tintamarre*.)

— Mourir de sa belle mort, se dit par opposition à mourir de mort violente ou prématurée, car la mort est toujours déplaisante.

Mourir comme un chien : misérablement.

Mourir de rire (voy.).

Mourir en fraude : insolvable.

Mourir de faim, ou plutôt vivre en ayant faim, se dit de ceux qui ont plus d'appétit que de pain.

— Cambronne se fâchait tout rouge quand on lui rappelait son mot (?) de Waterloo : « La garde meurt et ne se rend pas ! » — C'est d'autant plus bête, disait-il, que je ne suis pas mort, et que je me suis rendu.

— Nous n'en mourrons pas ! — Écoutons la sonate, nous l'obligerons et nous n'en mourrons pas ; ...et s'il faut mourir, ...l'Église honore la mémoire des martyrs ! »

— On ne sait qui meurt ni qui vit. Cela se dit pour justifier les précautions que l'on prend pour assurer l'exécution de certains engagements, éviter les mécomptes qui pourraient arriver par suite du hasard ou de la déloyauté humaine, et se placer sous la protection de la loi et de la justice.

Mousquetaire, dérivé de *mousquet*, arme inventée par les Moscovites ; ou, bien plutôt du vieux français *moschete*, de *musca*, mouche, nom formé comme couleuvrine, bélier, etc.

— Mousquetaire à genoux : apothicaire.

> Mousquetaire à genoux, c'est ce que le vulgaire
> En langage commun appelle apothicaire,
> (BOURSAULT.)

Feu mon grand-père était apothicaire à genoux. (Poisson.)

Mousse, de l'espagnol *mozo*, jeune garçon ; en provençal *moussi*. Génin le fait venir de *mouche*, parce que les mousses voltigent dans les cordages comme des mouches ! D'après lui, mousse de marine viendrait de *musca*, et mousse, végétal, de *muscus*. Ce dernier semble venir de l'allemand *moos*.

Mousseline ; ce nom d'étoffe vient de *Mossoul*, ville de Mésopotamie.

Ce n'est qu'au commencement du XIX⁰ siècle que les mousselines se sont fabriquées en France, à Tarare et à Saint-Quentin.

— O sainte Mousseline, vierge de la toilette ! sauve, sauve nos jeunes filles, qui se noient dans des flots de dentelles, ...et dans des rivières de diamants ! (Sardou, *Famille Benoîton*.)

Moutard, de l'ancien proverbe : Les enfants vont à la moutarde ; pour dire qu'on les envoie faire les petites commissions du ménage. Vient plutôt de *mustus*, jeune, avec le suffixe péjoratif *ard*.

Quelques-uns y ont vu une allusion à la malpropreté des petits enfants. C'est par la même raison qu'on les nomme *merdous* en Provence, et que dans le Berry on appelle une toute petite fille : *chicrotte*.

Moutarde, jadis *moustarde*, qui se dit encore en provençal · du latin *mustum*, moût. Quelques-uns l'expliquent par *multum ardet*, qui brûle beaucoup ! ou par *moult me tarde*, devise et cri de Philippe le Hardi, duc de Bourgogne, ajoutée aux armoiries de la ville de Dijon, qui lui avait envoyé, en 1388, un secours de cent hommes d'armes.

Un manuscrit de la bibliothèque de Saint-Germain-des-Prés, parle de la moutarde de Dijon comme étant déjà renommée au temps de Philippe le Bel (1285-1314).

Cette étymologie, donnée par le *Mercure de France* (mars 1734), n'est qu'un jeu de mots rapporté par Tabourot, dans ses *Bigarrures* en 1581. Quelques auteurs ont eu tort de la prendre au sérieux.

— La moutarde lui monte au nez : il s'impatiente.

Par Castor ! quand il se nourrirait de moutarde, il n'aurait pas l'esprit plus colère. (Plaute.)

— C'est de la moutarde après dîner : une chose qui vient trop tard.

Ce dicton s'applique à une précaution tardive, à un secours qui arrive quand on n'en a plus besoin.

Il se dit aussi de ceux qui ne savent rien prévoir et qui, par exemple, appellent le médecin après la mort du malade.

Quand le cheval est sorti, le fou ferme l'écurie.

— S'amuser à la moutarde : être lent. Jeu de mots sur *moult tarde*.

— Sucrer la moutarde : adoucir un refus.

Moutardier, dérivé du précédent.

— Il se croit le premier moutardier du pape : il se donne beaucoup d'importance.

Le pape Clément VII aimait passionnément la moutarde, et Périus Valérius, qui nous apprend ce détail, dit que le désir de préparer la moutarde la meilleure avait développé chez ses cuisiniers une émulation terrible.

D'autres attribuent cet amour de la moutarde à Jean XXII, pape d'Avignon. L'histoire ne dit pas si elle lui montait quelquefois au nez.

Mouton, vieux français *molton*, bas-latin *multo*, bélier châtré.

— Les moutons de Panurge : *servum pecus*. La multitude est moutonnière, c'est-à-dire que chacun fait comme les autres.

Les moutons s'attroupent, les lions s'isolent.

...Comme vous sçavez estre du mouton le naturel, tousjours suivre le premier, quelque part qu'il aille. Aussi le dit Aristote (liv. 9, *Hist. animalium*) estre le plus sot et inepte animal du monde. (Rabelais, IV, 8.) (Voy. *Champenois*.)

— L'histoire des moutons de Dipdenault, que Panurge fait noyer, est empruntée par Rabelais à Merlin Coccaie (Th. Folengo), qui le raconte dans sa deuxième *Macaronée*.

> Comme un mouton qui va dessus la foi d'autrui.
> (La Fontaine, II, 10.)

Au même chapitre 8 du livre IV, Rabelais emploie l'expression *moutonnière*, dont on se sert encore pour désigner ceux qui, comme de vrais moutons, sont incapables de se déterminer à rien par eux-mêmes.

Ces gens qui sont, au dire de Juvénal :

> *Vervecum in patria, crassoque sub aëre nati.*

— La foule n'est pas intelligente, elle manque d'initiative, elle conserve les préjugés et les embaume ; elle obéit aveuglément à la peur de ne pas faire comme tout le monde.

— Revenons à nos moutons (Rabelais, I, 1, III, 33), c'est-à-dire trêve de digressions, allons au fait.

> Retournons à nos moutons,
> O grande Reine, et racontons...
> (Scarron, *Virgile travesti*.)

Dans la *Farce de Patelin* (XVᵉ siècle), un marchand plaidant contre son berger qui lui a mangé des moutons, s'égare souvent à parler du drap que lui a volé Patelin, l'avocat du berger. Le juge qui ne comprend rien à ce coq-à-l'âne, lui crie plusieurs fois : « Revenons à nos moutons ! »

Mouvement, dérivé de *mouvoir*, latin *movere*.

On est étonné de voir réunis les mots *imprimer un mouvement*, pour dire donner une impulsion. *Imprimer* signifie presser sur, et contient l'idée d'immobilité forcée, tandis que *impulsion* a la même idée que *mouvement*. Il est donc impossible de s'expliquer cette alliance de mots.

> ...Tout marche animé,
> D'un mouvement commun par moi-même imprimé.
> (C. Delavigne.)

Nota. — L'expression s'expliquera, si l'on veut se rendre compte que *imprimer* signifie d'abord presser sur. C'est donc communiquer le mouvement par pression.

— Le mouvement perpétuel ne pourrait exister que si la matière était douée d'un pouvoir créateur, ce qui est contredit par la raison.

Moyen-Age. Période qui sépare l'antiquité et les temps modernes.

On s'accorde à la faire commencer à la chute de l'Empire d'Occident (476), et finir à la prise de Constantinople par les Turcs (1453). C'est l'époque de la Féodalité.

Muet, ancien français *mut*, du latin *mutus* ; d'où mutisme.

> Et tous quatre soun muts.
> (Jasmin, *La Semaine d'un fils*.)

> A moi seul ne soyez pas muète,
> Fillette jolie, aimable fumèle.

— Muet comme un poisson, ...comme une carpe.
Les carpes sont loquaces en comparaison de ce député.
Muet comme la rancune. (G. Sand, *Antonia*.)
Muet comme la tombe, ...comme une statue.
Statua taciturnior. (Horace, Ep. II, 2, v. 33.)
— Les Chartreux, les Trappistes, font vœu de mutisme.
Les disciples de Pythagore observaient le silence pendant cinq ans.

Muette, féminin du précédent.
— Voilà justement ce qui fait que votre fille est muette. (Molière, *Médecin*, III, 6.) Et plus bas : « Et qui est ce sot-là, qui ne veut pas que sa femme soit muette ? Plût à Dieu que la mienne eût cette maladie ! Je me garderais bien de la vouloir guérir. »

Muguet, vieux français *musguet*, latin *muscatus*, musqué.
On a dit noix *musguette*, pour noix muscade. (Cf. *muscadin*.)
Petit-maître galant qui se parfume d'odeurs musquées. C'est le nom de la fleur même, transporté à ceux qui s'en parfument.
On lit, au ch. 62 du *Moyen de parvenir*, *marjolet* pour muguet.
On dit aussi *narcisse*.
Rivarol disait, à propos de la nomination de Chamfort à l'Académie : « C'est une branche de muguet greffée sur des pavots. »

Mule, féminin de *mul*, devenu *mulet*. Latin *mula*.
D'où *mulâtre*, né d'un blanc et d'une négresse, comme le mulet d'un cheval et d'une ânesse, et *vice-versa*. Le mulet est stérile. (Voy. *hybride*.)
— *Mule*, chaussure. (La mule du pape); de *mulleus*, chaussure de luxe, que les Romains avaient empruntée aux rois d'Albe. Le mulleus était en peau rouge, recouvert de broderies d'or, de perles et de pierres précieuses. Les semelles mêmes en étaient quelquefois d'or.

Aurélien défendit aux hommes cette chaussure, dont il réserva l'usage à lui et à ses successeurs, et aux dames.

Transmis par les Romains au Bas-Empire, il passa des empereurs aux papes.

Mur, du latin *murus*; grec *moira*, qui partage (?).

— Il n'y a que les sots qui écrivent leur nom sur les murs.

> *Nomina stultorum semper parietibus adsunt.*

François Ier, qui écrivit sur une vitre du château de Chambord la fameuse devise :

> Souvent femme varie,
> Mal habil qui s'y fie.

écrivit aussi son nom sur une cloche de Rennes, « sur la plomberie de laquelle, si haute qu'homme de nostre aage n'y pourroit atteindre, celuy grand de corps et de nom roy François, y escrivit d'ung poinçon, l'an 1522, ce mot *François*, qui y est encore ». (*Contes d'Eutrapel*, XIX.)

— Les murs ont des oreilles. On appelait « oreille de Denis » une prison que ce tyran avait fait construire d'après des principes d'acoustique tels que, d'un appartement de son palais, il pouvait entendre tout ce que disaient les prisonniers.

— La surveillance mystérieuse et jalouse du Conseil des Dix, à Venise, avait fait pratiquer dans les murs et les plafonds des appartements du Doge des trous invisibles, par où ils pourraient entendre et épier à toute heure du jour ce qui s'y passait.

— Un grand nombre de passages de la Bible sont écrits sur les murs de l'abbaye de la Trappe ; ce qui a fait dire que, « dans cette maison, les murs parlent, et les hommes ne disent mot ».

— On dit aussi : *Sæpe sepes habent aures*. Souvent les haies ont des oreilles. (Rabelais, *Prol. du livre III*.)

— Les anciens avaient des esclaves appelés *otakoustès*, ou espions (qui prête l'oreille). Tel est, aux Tuileries, le personnage accroupi, jardinier esclave qui, aiguisant sa serpe, paraît écouter attentivement les complots que font deux sénateurs derrière une haie. On le connaît sous le nom de l'*émouleur*.

Les romanciers modernes ont usé souvent du moyen de démasquer les traîtres, qui consiste à faire écouter ce qu'ils disent.

— Où mur y a, y a force murmur. (Rabelais, I, 52.)

Ce jeu de mots en rappelle un autre : Jeannot murmure de ce que les enfants montent sur les murs, pour cueillir des mûres qui ne sont pas mûres.

— En 1786, les fermiers généraux, pour empêcher la contrebande qui se faisait au détriment des octrois de Paris, obtinrent de M. de Calonne, ministre de Louis XVI, de construire le mur d'enceinte de Paris.

On fit le vers suivant, pour exprimer le mécontentement public :

Le mur murant Paris rend Paris murmurant.

Et ce quatrain :

Pour augmenter son numéraire
Et rétrécir notre horizon,
La ferme a jugé nécessaire
De mettre Paris en prison.

Murmurer, du latin *murmurare*.

Un vieux soldat doit souffrir et se taire
Sans murmurer.
(Racine.)

Musard, du verbe *muser*.
Paresseux qui s'arrête en chemin, au lieu d'aller à son travail.
De là : s'amuser.

Muscade, du provençal *muscada*, latin *muscata*.
La noix muscade est produite par un arbre originaire des îles Moluques. Elle était très employée en cuisine, dès 1536, pour assaisonner les ragoûts.

Il paraît qu'elle était moins en faveur du temps de Boileau, puisqu'il dit (*Satire* III) :

Aimez-vous la muscade ? on en a mis partout.

Le muscadier, naturalisé en 1772, à l'île Bourbon, est aussi cultivé à Cayenne.

Muscadin, nom donné, en 1793, aux jeunes gens efféminés et musqués.

On appelle *muscadin* une sucrerie parfumée d'un peu de musc, et Pellisson rapporte qu'on mit en question à l'Académie s'il fallait dire *muscadin* ou *muscardin*. On décida en faveur de *muscadin*, et Voiture fit, par raillerie, le distique suivant :

C'est au temps des vieux paladins
Que l'on disait les muscardins.

Muse, du grec *mousa*, par le latin *musa*.
Synonymes : les neuf sœurs, les doctes pucelles, les filles de Mnémosyne (déesse de la mémoire).

Ces neuf sœurs se nomment :

Calliope, qui a une belle voix ; muse de la poésie héroïque.
Clio, qui célèbre *(Kléos)* ; muse de l'histoire.
Érato, de *éros*, amour ; muse de la poésie amoureuse.
Euterpe, réjouissante ; muse de la musique.
Melpomène, qui chante ; muse de la tragédie.
Polymnie, qui chante beaucoup ; muse de l'hymne sublime.
Terpsichore, qui aime la danse ; muse de la danse.
Thalie, qui fleurit ; muse de la comédie.
Uranie, la céleste ; muse de l'astronomie.

— *Musa pedestris* : vers qui ressemble à de la prose, familier. (Horace.)

La muse qui n'enfourche pas Pégase.

— Courtiser les muses : *Canere sibi et musis* (Cicéron). Mépriser le jugement des sots.

Musée, du grec *mouseion*.

Synonyme : musée de mauvais tableaux : *croutéum?*

— Du IVe au Xe siècle, époque de croyance religieuse, l'art fut dans les temples ; du XIe au XVIIIe, il passa dans les palais ; maintenant il est dans les musées, où il offre une nomenclature froide et un assemblage qui fatigue l'examen, mais aussi un avantage immense, relativement à la comparaison et à la publicité. La publicité facilite l'étude et fait progresser l'art, et la comparaison est la base de l'archéologie. C'est ainsi qu'à l'examen de tous les blocs de granit et des inscriptions arrachées à l'Égypte par Bonaparte, Champollion put déchiffrer l'énigme qui désespérait depuis longtemps les savants, et le sphinx s'avoua vaincu.

— Les musées datent du XIXe siècle, car l'Encyclopédie, imprimée en 1779, au mot *musée*, cite celui d'Alexandrie comme un lieu de réunion pour les savants, amis de Ptolémée, et non comme une collection d'objets d'art.

Mercier (*Tableau de Paris*, 1783, ch. 531), en parle d'une manière vague, comme d'établissements nouveaux ayant beaucoup de peine à réussir...

Après le 10 août 1792, lorsque la Monarchie fut renversée, tous les tableaux, statues, bronzes et objets précieux, qui ornaient Versailles et les Tuileries, furent transportés dans la grande galerie du Louvre. Telle fut l'origine du musée actuel.

— Le premier musée fut ouvert en France, sous le nom de

Musée des Monuments français, le 24 septembre 1794 ; le Musée des Antiques, en 1803 ; le Musée du Luxembourg, le 24 avril 1818 ; le Musée d'Angoulême, le 24 juillet 1824 ; le Musée égyptien, le 4 novembre 1827.

Musicien. Boire comme un musicien. (Voy. *flûter, larigot.*)
La cornemuse ne dit mot, si elle n'a le ventre plein.
— Musicien, chanteur habile : virtuose.

Musique, du grec *mousiké*, par le latin *musica*.
Mousikos, désignait tout ce qui concerne les muses, les beaux-arts.
Les Précieuses appelaient la musique : le paradis des oreilles.
C'est la langue dans laquelle on écrit les sons.
La musique est l'art d'émouvoir par la combinaison des sons. (Fétis.)
La musique, le plus immatériel des arts, traduit les sensations par les sentiments les plus élevés de l'âme.
La mélodie est à l'harmonie ce que la fleur des champs est à la fleur cultivée.
Les roulades sont à la musique ce que les pirouettes sont à la danse.
— L'Italie a produit la grande école mélodique et vocale ; l'Allemagne la grande école harmonique et symphonique.
— Musique mauvaise : symphonie en zut.
— On a abusé de tout temps de la musique : dans l'antiquité, elle servit à bâtir les murs de Thèbes et à renverser ceux de Jéricho.
— Paris, surnommé *Pianopolis*, est la ville du monde où l'on aime le moins la musique, et où l'on en fait le plus. Tous les pianos qui y sévissent, tous ces musiciens ambulants avec des harpes, des clarinettes, des violons, qui, entre leurs mains, sont un prétexte plutôt qu'un instrument, passent leurs journées sous vos fenêtres à moudre des airs faux, à massacrer vos oreilles avec de la musique qui n'est ni de Bach ni d'Offenbach, ont conduit bien des gens au désespoir. On cite des personnes qui en sont mortes !... On n'a pas le droit de tuer ces tortionnistes... On devrait les mettre au violon.

    Si je régnais un jour en maître,
    De Paris jusqu'à Landerneau,
    Vite au violon je ferais mettre
    Ceux qui se mettent au piano.

Paris, en 1867, a été saturé de musique. Les orphéonistes de toute l'Europe, les pianos de l'Exposition, et même les canons, l'ont inondé d'harmonie. Les Parisiens n'en sont pas morts, mais...

— Louis XVIII disait de la musique : « Je ne la crains pas. »

Théophile Gautier l'appelle « le plus désagréable et le plus cher de tous les bruits » ; il appelle « ouragans de musique », ces concerts monstres d'invention moderne où l'on réunit jusqu'à deux ou trois mille instrumentistes.

— Après la guillotine, le piano est l'instrument le plus redoutable, et encore, le supplice de la guillotine dure moins longtemps. Je ne serai heureux que le jour où je verrai le dernier harpiste pendu à la dernière corde de sa harpe !

C'est ainsi que Voltaire, dérangé de ses études par le bruit des cloches, écrivit à 10 ans ce vers contre les sonneurs :

> Persécuteurs du genre humain
> Qui sonnez sans miséricorde,
> Que n'avez-vous au cou la corde
> Que vous tenez dans votre main !

— Vous êtes malade ?... Je vais essayer de vous guérir par le procédé du roi David... — Et elle se mit au piano.

Hutin, anciennement *meutin*, dérivé de *meute*, latin *mota*. On trouve aussi anciennement la forme *hutin*. Louis le Hutin.

Mutuel, du latin *mutualis*, pour *mutuus*, de *meus tuus*. C'est le *jus suum cuique tribuere*. C'est-à-dire : fais à autrui ce que tu voudrais qu'on te fît ? Application de la justice absolue.

Myopie, du grec *myôps*, de *myein*, fermer, cligner.

Quelques-uns le dérivent de *myia*, mouche, parce que les mouches ont l'œil saillant (?).

— La myopie et la presbytie sont en rapport avec le télescope et le microscope.

Myrmidon, nom historique ou mythologique.

La peste ayant ravagé l'île d'Égine, Éaque, fils de Jupiter et roi de cette île, obtint de son père que les fourmis fussent changées en hommes et donna à ses nouveaux sujets le nom de *myrmidons* (*myrmex*).

— Individu de peu de force.

C'est bien à vous, petit ver de terre, petit myrmidon que vous êtes. (Molière, *Festin de Pierre*.)

Myrobolan. (Voy. *mirobolan*.)

Mystère, du grec *mystérion*, par le latin *mysterium*, de *myein*, serrer, fermer, tenir secret.

On croit aux mystères et aux miracles, d'après ce principe : *Credo, quia absurdum*.

Mystifier, composé de *fier* et d'un radical incertain (XVIIIe siècle).

Abuser quelqu'un en se moquant de sa crédulité.

Synonymes : faire poser ; — servir de dupe ; poser.

Mystificateur : fumiste.

— Mustifier, mystifier, mots nouveaux parmi nous, et qu'on ne saurait expliquer que par des exemples. (Mercier, *Tableau*, ch. 164.)

On en doit la création au caractère du petit Poinsinet, qui, après avoir fait des opéras-comiques, se noya par accident dans le Guadalquivir. Versificateur, bel esprit, mais d'une crédulité incroyable, il avait des saillies heureuses, épigrammatiques, et la simplicité de son caractère était sans bornes.

On raconte qu'on lui proposa d'acheter la charge d'écran chez le roi, et que, pendant quinze jours, il accoutuma ses jambes à soutenir l'ardeur d'un brasier. On lui offrit aussi un jour la place de gouverneur du roi de Prusse ; puis on lui assura qu'il serait nommé membre de l'Académie de Saint-Pétersbourg, quand il aurait appris le russe. Il crut étudier cette langue, et se trouva avoir appris pendant six mois... le bas-breton.

— L'année 1760, dit Grimm, nous complotâmes avec Diderot, l'auteur du roman de *la Religieuse*, et deux ou trois bandits de cette trempe, de nos amis, de rappeler à Paris le bon et vertueux marquis de Croisemare, ancien officier, qui avait abandonné depuis deux ans la société pour habiter ses propriétés de Caen... Ils lui inspirèrent une si vive amitié pour cette religieuse persécutée, l'héroïne du roman, cet intérêt devint si vif, qu'ils furent forcés, au bout de six mois d'une correspondance des plus actives, de la faire mourir, et de terminer ainsi brusquement un roman qui avait pour but de ramener le sensible marquis au milieu d'eux, en lui offrant une occasion de secourir la vertu malheureuse et de faire une bonne action de plus. (Voy. Diderot, édition 1821, tome VII.)

— Deux amis de Racan, ayant appris qu'il avait un rendez-vous chez Mlle de Gournay, récemment arrivée de Gascogne, se présentèrent tour à tour sous son nom chez elle ; de sorte que, lorsque le véritable Racan arriva, Mlle de Gournay le prit pour un importun et le fit jeter à la porte.

Cette anecdote a fourni à Boisrobert le sujet de sa comédie des *Trois Oronte*.

— Dans une pièce de Scarron *(Don Japhet d'Arménie)*, il y a une situation très comique. Les personnages qui entourent Don Japhet lui font croire qu'il est sourd, en ouvrant la bouche sans proférer une parole.

Mythologie, du grec *mythos*, fable, *logos*, science.

Les dieux du paganisme ont disparu avec le développement du christianisme ; mais les fictions de la mythologie ne périront jamais. Il y aura toujours des *mégères* et des *harpies* dans la langue, parce qu'il s'en trouvera dans le beau sexe ; des *Narcisses*, des *Adonis*, des *Satyres* parmi les hommes ; des *Protées* dans la politique ; des *oracles* dans la médecine, etc.

N

Nabot, origine inconnue. Peut-être *napus* (?), navet.

Nager, du latin *navigare*, doublet *naviguer*.

— Nager comme un poisson, ...comme un chien de plomb.

— La locution : être tout en nage (tout en sueur), est une corruption pour : tout en age (eau).

Naguère, adverbe, pour (il) n'a guère, il y a peu de temps. Synonymes : orains (Rabelais), tout à l'heure.

> Puis orains qu'il vient de la foire.
> (*Farce de Patelin.*)

Naïades, du grec *nains*, *naein*, couler.
Divinités païennes qui présidaient aux eaux douces.

Naïf, du latin *nativus*, doublet *natif*.
La naïveté est sœur de l'innocence, et cousine de la bêtise.

Naître, du bas-latin *nascere*, dont la forme complète est *gnascere*, idée de engendrer.

— Synonymes : être né, bien né ; noble.

Plutarque a dit : « La vanité entend par là né de parents nobles ; et la raison, né de parents honnêtes. »

Narcisse, latin *narcissus*, grec *narkissos*. Peut-être y a-t-il la même racine que dans *narcotique* (*narkaô*), parce que l'odeur de cette plante engourdit le cerveau.

— On appelle narcisse un petit-maître épris de lui-même.

— Narcisse, jeune homme doué d'une grande beauté, dont il était si infatué, qu'il méprisa l'amour de la nymphe Écho, qui sécha de douleur à cause de cette insensibilité.

Ayant vu dans une fontaine sa propre image, il en devint éperdument amoureux, la prenant pour une nymphe des eaux, et, désespéré de ne pouvoir s'unir à elle, il se donna la mort, et son sang produisit la fleur qui porte son nom.

Narguer, viendrait, dit-on, de *nasarder*, donner une nasarde, se moquer de quelqu'un à son nez. (Voy. le suivant.)

Narquois, de *narguer* (*naricare*), ou de l'argot.

Esprit rusé, qui trompe les autres, se moque d'eux à leur nez.

— On appelait jadis *drilles* et *narquois*, des membres de l'ancienne famille des gueux et des truands. Ils s'étaient fait une langue qu'ils appelaient l'argot, le jargon des gueux, ou simplement le jargon.

Naseau, dérivé diminutif de *nez*, latin *nasus*.

— Fendeur de nazeaux : bravache. (*Moyen de parvenir*, ch. 66.)

Les quarante-cinq gentilshommes attachés à la personne de Henri III, et qui n'étaient pour ainsi dire que des assassins à gages, furent désignés sous le nom de fendeurs de naseaux. (Voy. *pourfendeur*.)

Nasse, du latin *nassa*.

Panier d'osier conique, où le poisson entre sans en pouvoir sortir. C'est aussi un filet à prendre les oiseaux.

— Être dans la nasse est, par suite, une locution analogue à : tomber dans le piège, dans le panneau, dans les filets...

Les Italiens disent : *Lasciare in Nasso*, laisser à Naxos, c'est-à-dire abandonner quelqu'un dans l'embarras, comme Thésée abandonna Ariane dans l'île de Naxos. (Génin.)

— Les trois nasses où tout le monde tombe sont le jeu, les femmes et le vin. (Dictionnaire de Trévoux.)

Nation, du latin *natio*, correspond à *nasci*, naître.

Grande famille, distincte des autres agglomérations humaines.

— Collège des Quatre-Nations : le Palais Mazarin, où se réunit aujourd'hui l'Institut de France.

Le cardinal Mazarin légua en 1661, 2.000.000 de livres et 52.000 livres de rente, pour fonder un collège destiné aux fils des gentilshommes et des bourgeois de Pignerol, d'Alsace, de Flandre et de Roussillon, quatre provinces nouvellement conquises.

D'où le nom donné, en 1665, à l'établissement, dû à l'architecte du roi, Louis Laveau.

Naturalibus (in), expression latine : à l'état de nature, c'est-à-dire nu.

> Voudrais-tu voir mon maître *in naturalibus* ?
> (RÉGNARD, *Joueur*, I, 2.)

Nature, du latin *natura*.

La force qui engendre : l'ensemble de toutes les choses créées.

On a dit aussi *neture*.

> Neture rit comme il semble
> Quand *hic* et *hæc* joignent ensemble.

— Le mot *nature*, qui chez nous désigne l'ensemble des êtres créés, signifiait chez les Romains la naissance des êtres. Tel est le sens du titre du poème de Lucrèce : *De Natura rerum*.

Chez les Grecs, le mot *physis* remonte plus haut que la naissance, il signifie génération. Ainsi le raisonnement conduit du dogmatisme à l'empirisme, et de l'idée de génération et de naissance, passe à celle d'existence.

— Nourriture passe nature : l'éducation corrige le naturel.

> Qu'apprend poulain en denture,
> Le veut tenir tant comme il dure.

— Socrate disait qu'il s'était corrigé d'une nature vicieuse par la philosophie et l'éducation.

Naturel, du latin *naturalis*, délivré de *natura*.

Qui est conforme à la nature.

Dans certain langage, on le remplace par *nature* : une côtelette nature, un tableau nature; comme si ce barbarisme devait renchérir, pour exprimer que ce tableau exprime la nature même.

— Le surnaturel, ou plutôt le contrenaturel, est la violation manifeste d'une loi établie par le Créateur.

— On appelle, substantivement, *naturel* ou *indigène*, celui qui est né dans un pays.

— On dit improprement *naturaliser*. Mieux vaudrait dire : donner le droit de cité, de bourgeoisie.

— Enfant naturel, d'après les Romains, qui appelaient *liberi naturales* les enfants nés du concubinat, par opposition aux enfants légitimes, nés sous le régime légal.

> Chassez le naturel, il revient au galop.
> (Destouches, *Glorieux*.)

> *Naturam expellas furca, tamen usque recurret.*
> (Horace, *Épître* X, liv. I.)

L'ombre des boiteux est tortue. (Ali.)

Dans sa peau mourra le renard. *Vulpes pilum, non mores mutat...* (Suétone.)

Grattez le Russe, vous trouverez le Cosaque.

> Jamais cheval ni méchant homme
> N'amenda pour aller à Rome.

(Voy. *Rome*.)

Qui fol naquit, jamais ne guarit.

Qui a bu boira.

L'épine en naissant vient la pointe en avant.

> *Quo semel est imbuta recens, servabit odorem*
> *Testa diu.*
> (Horace, *Ep.* I, II, 70.)

La caque sent toujours le hareng.

> Si hareng put (pue), c'est sa nature ;
> S'il fleure bon, c'est adventure.

Naufrage, du latin *naufragium, navis, frango* (bris de navire).

Faire naufrage au port.

Navigare in portu (Térence) : être en sûreté.

Ex naufragio tabula.

— Manger comme un échappé du naufrage de la *Méduse*.

En 1825, la *Méduse*, conduisant au Sénégal un gouverneur et des employés de l'administration, se brisa sur des rochers, par suite de l'incapacité du commandant. Cent quarante-cinq malheureux furent abandonnés sur un radeau, où ils restèrent douze jours sans aliments. Le brick l'*Argus* recueillit quinze survivants.

Géricault a représenté le moment où le brick est aperçu. Savigny, un des naufragés, est debout adossé au mât ; Corréard lui indique à l'horizon l'espérance que la Providence leur envoie.

Nausée, du grec *nausia*, de *naus*, navire.

L'effort que l'on fait pour vomir, et qui rappelle le mal de mer.

Navet, anciennement *naveau* ; provençal *naveou*.

Lui estoit grand contentement attiser son feu, faire cuire des naveaux aux cendres. (Noël du Fail, *Propos rustiques*.)

— On dit, en langage bas : « Des navets ! » C'est une réponse ironique et négative. On la trouve dans le *Cymbalum mundi*, de B. des Périers : « Oui dà, des navets ! »

Naviguer, du latin *navigare*, de *navis* ; grec *naus*.

— Naviguer selon le vent, ...selon le vent et les voiles : agir selon les circonstances.

> Selon le temps qu'il fait, l'homme doit naviguer.
> (Régnier, *Satire* VI.)

— On attribue aux Phéniciens l'invention du commerce et de la navigation au long cours.

Ne, du latin *ne*, négation, mot qui rend une proposition négative. Forme affaiblie de *non* ; demande toujours un renforcement.

Néanmoins, formé de *néant* et de *moins* : en rien moins. Correspond à *ne pas moins*.

Nécessaire, du latin *necessarius*.
Celui qui a le nécessaire doit être satisfait.

> *Quod satis est cui contigit, is nihil amplius optet.*
> (Horace.)

Mendicitatem nec divitias, sed necessaria. (*Proverbes* XXX, 8.)
Ni l'indigence, ni l'opulence, mais le nécessaire.

Nécessité, du latin *necessitatem* (de *nectare*, nouer, attacher ?).
Ce dont on ne peut se passer, ce à quoi on est attaché.

— Nécessité n'a pas de loi. C'est la traduction littérale de ces mots de saint Augustin : *Legem non habet necessitas.* (*Soliloques*, II, 2.)

Necessitas omnem legem frangit. (Sénèque, *Controverses*, IX, 44.) La nécessité rompt toutes les lois.

> *Sæva necessitas, ...dira necessitas.*
> (Horace.)

La nécessité est une arme puissante : *Ingens telum necessitas.*
Besoin fait vieilles trotter.

Nunc est caldum mingere et frigidum potare. (Pétrone, *Satyricon.*)

Facere de necessitate virtutem. (Saint Jérôme.) Faire de nécessité vertu, c'est-à-dire faire de bonne grâce une chose qui déplaît.

Il faut faire de nécessité vertu. Le mot *vertu* ne signifie pas ici simplement une résignation passive, mais doit être pris dans l'acception que lui donnaient les anciens, de courage héroïque, de force, pour reconquérir les avantages que le malheur nous a fait perdre.

Nectar, mot grec, de *nekô*, tuer.

Ce serait le breuvage qui tue le souvenir des choses terrestres, le breuvage d'oubli et d'immortalité.

Le nectar était la boisson des dieux ; l'ambroisie leur nourriture.

> Le nectar que l'on sert au maître du tonnerre,
> ...C'est la louange, Iris.
> (La Fontaine.)

— Le poète Ibycus prétend que l'ambroisie était neuf fois plus douce que le miel. On se demande où il avait pu y goûter, pour être si bien renseigné.

Néfaste, de *ne* et *fari* (terme d'antiquité romaine).

Jour où les tribunaux étaient fermés, où les juges ne prononçaient pas de jugements, *non jus dicebant*, où il était défendu par la religion de vaquer aux affaires, où le temps était consacré aux sacrifices et aux spectacles. Jour de deuil en mémoire d'un malheur public du peuple romain.

Per fas et nefas (Tite-Live) : par toutes sortes de voies.

> *Ille nefastus erit, per quem tria verba silentur.*
> *Fastus erit, per quem lege licebit uti.*
> (Ovide, *Fastes.*)

Ces trois mots, dont parle Ovide, constituaient la formule : *do, dico, addico* (je donne, j'ordonne, j'adjuge), que prononçait le préteur dans les affaires judiciaires, avant d'accorder le droit de faire des poursuites, de désigner un tuteur aux mineurs, d'adjuger le fond d'un procès à l'une des parties.

— Les jours néfastes étaient consacrés au repos, soit pour célébrer des fêtes, soit pour célébrer un deuil national, comme la défaite de Cannes.

— Lorsque Lucullus s'apprêtait à attaquer Tigrane, on lui vint dire que c'était à pareil jour que Cépion avait été battu par les Cimbres (6 octobre) : « Eh bien ! dit-il, je rendrai ce jour heureux pour les Romains. »

— De nos jours, les gens superstitieux attachent au vendredi une influence funeste, et ne voudraient rien entreprendre ce jour-là.

Pour les Russes, le jour néfaste est le lundi.

Négociant, de *négoce*, latin *nec otium* (sans loisir).

Nègre, du portugais *negro*, latin *niger* ; doublet de *noir*.

Nom donné aux peuples de la côte occidentale d'Afrique par les Portugais qui la découvrirent, et non du fleuve Niger.

Cf. *Maure (mauros,* sombre), *Éthiopien* (qui semble brûlé).

— Synonymes : boule de neige (par antiphrase), comme on appelle « boule de son » une figure marquée de taches de rousseur ; mal blanchi ; bourgeois d'Éthiopie.

— Traiter quelqu'un comme un nègre : très durement.

— La traite des nègres est un commerce interlope, qui consiste à vendre les nègres comme esclaves dans les colonies.

Le prix moyen d'un nègre, en Amérique, était, en 1856, de 7.000 francs.

Neige, latin *nix, nivem ;* ancien français *noif ;* provençal *néou.*

— Blanc comme la neige. Le nom de plusieurs montagnes très élevées est tiré de la blancheur des neiges dont elles sont couvertes. Tels sont le Mont-Blanc, le Caucase, les Alpes.

— *Dat nivem sicut lanam.* (Dieu) donne la neige comme la laine. (Psaume 147, 16) ; à cause de la ressemblance des deux matières, et parce que la neige protège en hiver les végétaux contre le froid et la gelée. La neige, en effet, à cause de sa blancheur, étant peu conductrice, empêche la chaleur de la terre de se perdre dans l'air froid.

La neige a encore la propriété bienfaisante de tempérer la chaleur excessive de certains lieux, en refroidissant les vents qui passent sur le sommet des montagnes. Elle sert aussi, en fondant pendant l'été, à alimenter les rivières, qui inonderaient les vallées, si la même quantité d'eau leur arrivait subitement sous forme de pluie.

— Année de neige, année de grains.

— Neige partout, arbres glacés ; la terre n'est plus qu'une meringue, les arbres sont en sucre candi. (Amiral Page, *Revue.*)

— Faire la boule de neige. — La boule de neige est le symbole de la force de l'association. Alexandre, César, Napoléon, sont devenus les plus grands conquérants parce qu'ils ont aggloméré autour d'eux des forces considérables.

La boule de neige, à force de grossir, devient avalanche.

Némésis, nom mythologique ; du grec *nemô,* distribuer.

Divinité infernale, fille de Jupiter et de la Nécessité. C'était la déesse de la vengeance ; elle punissait le crime et récompensait la vertu.

Nemrod, nom biblique.

Petit-fils de Cham, et arrière-petit-fils de Noé, usurpa le premier la puissance souveraine, à l'aide de jeunes gens qu'il avait endurcis au travail par le rude exercice de la chasse aux bêtes féroces. (*Genèse*, X, 8.)

Nenni (*nani*), de *nen* pour *non* et *il* : ce n'est pas cela.

Opposé à *oui* : *hoc illud*, c'est cela.

Cet adverbe, aujourd'hui peu usité, est resté en provençal.

> Un doulx nenny avec un doulx sourire
> Est tant honneste...
> (C. Marot.)

> Dites-vous oïl ou nenni ?
> (Rutebeuf, *Dit de l'Erberie*.)

Néologisme, du grec *neos*, nouveau, *logos*, mot.

Opposé de *archaïsme*.

— Voltaire, parlant de la pauvreté de la langue française, et de la difficulté qu'on avait à faire adopter des mots nouveaux, dit : « La langue française est une gueuse fière ; il faut lui faire l'aumône malgré elle. » (*Mémoires* de Bachaumont, mai 1778.)

Voltaire a dit aussi : « La langue française est une pauvresse qui fait l'aumône à tout le monde. »

— On a comparé la langue française à une mendiante orgueilleuse, à qui il faut faire la charité malgré elle ; si orgueilleuse, pourrait-on ajouter, qu'elle ne veut recevoir que des pièces d'or. (Pougens, 1821.)

— Horace a dit :

> *Licuit semperque licebit*
> *Signatum praesente nota producere nomen...*

Il est permis, il sera toujours permis de fabriquer un mot marqué au coin de l'usage.

— Les mots, comme les fruits, ne valent rien, ni trop verts, ni trop mûrs.

— Néologismes créés depuis le XVIIIe siècle :

Agglomération, agitateur, agrémenter, alarmiste, amatrice, apprêter, atonie, avachi, avicide (tueur d'oiseaux).

Baser, bénéficier, bienfaisance, blêmir, boutiquier, brûlerie.

Camaraderie, caquetage, causerie, cautériser, chaleureux (?), conflagration, critique, cuirasser, cupide.

Démonétisation, désenchanté, désorganisé, diffusion, dissemblable, dramaturge.

Effacer (s'), égaliser, endolori, entregent, euphonie, expatriation, explorateur, extradition, exubérance.

Fadasse, féliciter, fluctuer, francisé, fractionner, fréquence.

Généralissime (?), grandiose.

Haineux, harmoniser, hâtif, humoristique.

Imagé (style), imminent, immobiliser, impressionner, incohérent, inconsistance, indevinable, inédit, inéluctable, infaisable, infertile (?), influencer, infranchissable, inoffensif, insalubrité, insolite, instable, insuccès, invendu, investigation, irascibilité.

Jalouser, juguler.

Lorette.

Machiavélisme, marasme, métromanie, mirifique, moraliser.

Neigeux.

Obligeance, obscurantisme, obtuse (idée).

Patauger, paupérisme, populariser, progrès, prolétaire, prosélytisme.

Regrettable, réorganisation, responsabilité, romantique.

Salarié, sapide, sensiblerie, sinueux, soporeux, spoliateur, stéréotype, stipendier, subversif, surhumain.

Tantaliser, tari, torpeur, tragédien.

Utiliser.

Vagissement, vociférer, vomir (des injures), voyou.

— Néologismes anglais :

Ballast, convict, express, festival, rail, railway (d'où dérailler), sport, steeple-chase, tender, truc, tunnel, turf, wagon, whist, etc.

Népotisme, du latin *nepos, nepotem*, neveu, petit-fils.

Ce mot, inventé pour désigner la faveur excessive que certains papes ont témoignée à leurs neveux, a été appliqué par extension à toute faveur peu méritée accordée à la sollicitation.

Nerf, du latin *nervus* ; provençal *nervi*.

Les ficelles de la femme.

— Nerveux comme une guitare.

Néron, nom historique.

— C'est un Néron. Racine a bien exprimé l'idée d'horreur contenue dans ce mot, quand il fait dire par Agrippine à son fils :

> Et ton nom paraîtra, dans la race future,
> Aux plus cruels tyrans une cruelle injure.
> *(Britannicus, V, 6.)*

Nescio vos, expression latine ; je ne vous connais pas. C'est comme si l'on disait : impossible, cela ne se peut pas.

L'expression est empruntée à la Bible.

Dixit patri suo et matri suæ : nescio vos. (Deutéronome, XXXIII, 9.)

Amen dico vobis, nescio vos. (Mathieu, XXV, 12.)

> Il me dit qu'il voulait vous parler un instant.
> Je dis : *Nescio vos*.
>
> (Scarron, *Jodelet*, II, 1.)

> Quelque autre, dans l'espoir du matrimonium,
> Aurait ouvert l'oreille à la tentation ;
> Mais moi, *nescio vos* !
>
> (Molière, *Dépit*, II, 4.)

Nescio vos, dans Plaute, signifie aussi : je ne vous connais pas.

Neuf, du latin *novem* ; provençal *nov*.

D'où : november, novembre ; none, nona ; nonante, quatre-vingt-dix.

> *Entorn l'ora nona.*
>
> (*Vie de saint Honorat.*)

(Vers neuf heures.)

— *Neuf* est le plus élevé des nombres impairs exprimés par un seul chiffre.

— Les Muses étaient au nombre de neuf. Le christianisme admet neuf chœurs d'anges, et recommande les neuvaines, pendant lesquelles on fait certains actes de piété en l'honneur de la Vierge ou des saints. La neuvaine de sainte Geneviève se fait à Paris du 3 au 12 janvier.

— *Neuf* fournit un moyen de faire la preuve de la multiplication.

— On a remarqué, sans pouvoir en expliquer la cause, que les hivers les plus rigoureux sont des millésimes en *neuf*, tels que 1709, où l'Adriatique gela en décembre, 1789, 1829, 1839, 1859, 1869...

Neuf, féminin *neuve*, du latin *novus*...

Habit tout battant neuf, du vieux mot *batif*, neuf ? (argot).

Neutre, du latin *neuter*, pour *ne uter*, ni l'un ni l'autre.

— Le genre neutre, qui n'est ni mâle ni femelle, s'appelle en sanscrit *kliva*, eunuque. (Voy. *hermaphrodite*.)

In neutram partem moveri (Cicéron), être indifférent à tout.

La neutralité ne fait point d'amis, n'ôte point d'ennemis.

Neutralitas nec amicos parit, nec inimicos tollit. (Tite-Live, IX.)

Neveu, ancien français sujet *nids*, régime *neveu*, de *nepos*, *nepotem*.

Nids est resté dans le féminin *nièce*.

— Neveu à la mode de Bretagne : fils d'un cousin germain ou d'une cousine germaine, parce que, en Bretagne, les cousins germains étaient appelés « oncles » par les fils de leurs cousins germains.

Nez, du latin *nasus* : provençal *nas*. D'où naseaux, nasillard.
Partie saillante du visage, qui est le siège de l'odorat.
Les écluses du cerveau, pour les Précieuses.

— Le nez se prend quelquefois pour le visage : se rencontrer nez à nez.

— Rire au nez de quelqu'un, faire une chose à son nez, à sa barbe.

On s'aime à son nez, on se marie à sa barbe. (J. Janin.)

Displicuit nasus : son nez me déplaît, c'est-à-dire son air, sa personne.

— Mettre son nez partout : faire la mouche du coche.

— Nez rouge, qui a coûté cher à mettre en couleur (trivial), parce que c'est souvent l'abus du vin qui lui donne cette couleur.

Dans le *Moyen de parvenir* (chap. 21), Denost s'informe à un médecin combien il lui demandera pour faire disparaître la rougeur de son nez. Le médecin lui demande 200 écus : « Vous ne sauriez, répond Denost, pour si peu, d'autant qu'il m'en a coûté plus de mille à le rendre ainsi de haute couleur. »

— Avoir bon nez, le nez fin, du nez : être fin, rusé.

Homo emunctæ naris.
(Horace.)

C'est-à-dire homme bien mouché, dont les narines sont libres pour flairer.

Non cuicumque datum est habere nasum.
(Martial, l. 42.)

(Il n'est pas donné à tout le monde d'avoir du nez.)

Cette locution est la conséquence du fait physiologique que le nez est le siège de l'odorat, du sens qui nous fait connaître la nature (?) des choses.

Aussi *narine (naris)* vient-il, selon Festus, de *narus* ou *gnarus*, qui sait, qui connaît, qui sent et comprend les choses. D'où encore *narro*, raconter, *ignarus*, ignorant.

La trompe de l'éléphant, qui tue un buffle et déracine des arbres, est douée d'une sensibilité si exquise, qu'elle semble le siège d'un sens qui nous est inconnu. Il sent sa femelle à quatre lieues de distance.

— Il a bon nez, se dit au propre du chien de garde ou de chasse; au figuré, de l'homme de goût délicat.

Les finesses de l'esprit sont comme une essence précieuse que le sot laisse évaporer. Le sot n'a pas de nez; l'ignorant n'a qu'un coryza qui peut se guérir avec des soins, tandis que la sottise est incurable.

— Avoir un pied de nez exprime la honte de n'avoir pas réussi.

On dit aussi familièrement : faire un nez ; et pour exprimer la même idée, par antiphrase : être camus, s'être cassé le nez.

Il en eut le nez si long, qu'il fut camus. — Mais d'où cuidez-vous que cela est venu, que l'on a fait signifier la même chose à deux contraires ? (*Moyen de parvenir*, ch. 91.)

Guy Patin plaida au Parlement contre Renaudot, docteur de Montpellier, qui voulait exercer à Paris sans être agrégé au corps des médecins de cette ville. Guy Patin gagna, et dit, en sortant, à son adversaire, qui avait un nez très court : « Vous avez gagné en perdant. — Comment ? dit Renaudot. — C'est que vous étiez camus en entrant au palais, et que vous en sortez avec un pied de nez. »

— Faire un pied de nez. C'est placer l'extrémité du pouce sur le bout de son nez, en allongeant la main en avant.

> Et quand ils sont enchaînés,
> Vous leur faites un pied de nez.
>
> (Scarron, *Poésies burlesques*.)

— Gueux de nez : pauvre de nez, camus.

On dit aussi *nez en moins*, par jeu de mots (*néanmoins*).

— Jamais grand nez n'a gâté figure. Les grands nez sont estimés chez certains peuples, tandis que les Maures, les Nègres, les Chinois, préfèrent les nez camus.

> Sur tous les nez son nez a l'avantage,
> Et jamais un grand nez n'orna mieux un visage.
>
> (Desmoulières.)

> Son nez, haut élevé, semble faire la nique
> A Ovide Nason, à Scipion Nasique.
>
> (Régnier.)

Il a quelque chose de grand dans la figure : c'est son nez. (Sévigné.)

Salomon, dans le *Cantique des Cantiques*, compare le nez de son épouse à la tour du Liban.

Dans une épigramme de l'*Anthologie*, on parle d'un nez si long que le bras n'y peut atteindre pour le moucher, que l'œil n'en voit pas le bout, que l'oreille ne l'entend pas éternuer.

— Le peuple appelle *pif* un nez énorme, de *pice*, pomme de pin qui ressemble à un nez bourgeonné d'ivrogne.

> L'autre jour, rue Saint-Martin,
> Voilà qu'un plaisant gamin
> Me dit en riant aux éclats :
> C'est-là, quel pif qu'il a !
> (Grimace, 1839.)

— Mener quelqu'un par le nez. Proverbe grec, venu de l'usage de passer un anneau dans les narines des buffles, pour les conduire.

— Parler du nez, nasiller, nasonner. Il y a des gens si bavards, que si on leur fermait la bouche, ils parleraient du nez.

— La moutarde lui monte au nez. (Voy. *moutarde*.)

— S'il tombait sur le dos, il se casserait le nez. (Voy. *guignon*.)

— Tirer les vers du nez à quelqu'un : lui faire dire la vérité.

NI, ancien français *ne* ; du latin *nec*.
Cette forme s'est introduite au XVIe siècle. Au XVIIe, *ne* n'est plus usité. Aujourd'hui, on ne l'emploie plus que par plaisanterie, et en répétant la phrase « ne plus ne moins » du *Malade imaginaire*. (Littré.)

Ni l'un ni l'autre ; ni chair ni poisson ; ni figue ni raisin ; ni Guelfe ni Gibelin ; ni Gautier ni Garguille. (Voy. *neutre*.)

Niais, d'un type *nidax*, dérivé de *nidus*, nid.
Synonymes : Niguedouille, Nicodème, Nicaise.
On employait autrefois *nice*, du latin *nescius*.

Niais se disait particulièrement du jeune faucon pris au nid. Ce mot est fait comme *naïf*, correspondant à *natif*. Il s'opposait à *madré*, qui était le faucon arrivé à connaître toutes les ruses de la volerie. *Madré* signifiait au propre *tacheté*, parce que le faucon adulte est marqué de taches noires sur le dos.

Le léopard est madré. On dit aussi : savon madré ou marbré.

> Par mon chief, tu es fol et nice.
> (Roman de la Rose.)

> Tant ne fut nice, encor que nice fût,
> Madame Alix, que ce jeu ne lui plût.
> (La Fontaine, Contes.)

— Faux niais : faux bonhomme.

— Niais de Sologne, qui prend des sous pour des liards, et des draps de lit pour des mouchoirs de poche. (Voy. *Sologne*.)

— Semez de la graine de niais, il poussera des actionnaires. (*Les Cent et un Robert Macaire.*)

Niche, du vieux mot *niger*, pour *nigauder*; du latin *nugari*, jouer aux noix.

Cette étymologie est peu vraisemblable. *Niche* est une autre forme de *nique* : faire la nique, et semble venir du scandinave *nyck*, malice, méchanceté.

Nous lui ferons tant de pièces, nous lui ferons tant de niches sur niches, que nous renverrons à Limoges M. de Pourceaugnac. (Molière. I, 3.)

— *Niche*, terme d'architecture, vient de l'italien *nicchia*, enfoncement en forme de coquille.

Nicodème, nom d'homme, d'origine grecque. Pris dans le sens de niais, nigaud, par analogie phonique avec ce dernier mot.

Nicolet. De plus en plus fort, comme chez Nicolet. Cette locution était la devise du théâtre fondé en 1760, boulevard du Temple, par Nicolet, où l'on montrait des marionnettes, des danseurs de corde, des animaux savants. En 1772, la troupe de Nicolet, appelée à Choisy, où était la cour, prit le titre de « grands danseurs du roi ».

Par suite de la loi de 1791, qui proclamait la liberté des théâtres, celui de Nicolet prit, le 22 septembre 1792, le nom de Théâtre de la Gaîté, qu'il a gardé jusqu'à ce jour, en dépit des glapissements du mélodrame.

Nicolet, dit Mercier (*Tableau*, ch. 150), a gagné 50.000 livres de rente; et le malheureux Taconnet, qui lui a fait une partie de sa fortune, est mort à la Charité. Nicolet a acheté une terre, et forcé son pasteur, qui lui refusait l'eau bénite, à lui présenter le goupillon.

Audinot, rival de Nicolet, qui fonda l'Ambigu-Comique (1769-70), obtint d'abord beaucoup de succès avec des marionnettes, qui étaient des portraits ressemblants des acteurs de l'Opéra-Comique.

En 1771, il substitua à ses marionnettes ses propres enfants, et écrivit sur le rideau de son théâtre le calembour : *Sicut infantes audi nos.*

Nier, du latin *negare*; anciennement *noier* et *nier*.

Argot : aller à Niort.

Nihiliste. Constitution du gouvernement :

Art. 1er. — Il n'y a plus rien.

Art. 2. — Personne n'est chargé de l'exécution de la présente ordonnance. (N. Roqueplan, 1848.)

Nil, nom géographique ; du latin *Nilus* ; grec *Neilos*.

— Inconnu comme les sources du Nil : *Nilus incertis fontibus ortus*. (Pline.)

> ...*Sine teste creatus*.
> (Claudien.)

Les sources du Nil, inconnues jusqu'à nos jours, ont excité vivement la curiosité des hommes de l'antiquité. Cambyse fit de grands sacrifices pour cette recherche, et la première question qu'Alexandre adressa à l'oracle de Jupiter Ammon fut pour savoir où étaient les sources du Nil.

— Les anciens disaient d'une chose impossible : *Nili caput quærere*, chercher la source du Nil.

— Le Bernain a enveloppé d'un voile la tête du Nil.

— En 1856, le pacha d'Égypte confia à M. de Lauture la mission de remonter le Nil jusqu'à sa source, et ordonna les préparatifs de cette expédition. Des savants spéciaux des pays les plus éclairés du monde devaient en faire partie. Malheureusement elle n'eut pas lieu.

— Les sources du Nil ont été découvertes en 1864.

Nippes, origine fort douteuse. Islandais *hneppe* (?).
Hardes de peu de valeur.

> — Je me mettrais en gage, en un besoin urgent.
> — Sur cette nippe-là vous auriez peu d'argent.
> (Regnard, *Joueur*, II, 11.)

Nique (voy. *niche*), du danois *nykke*, malice, méchanceté ; ou de l'allemand *nicken*, faire signe de la tête.

> Niquait de la tête souvent.
> (G. Chastelain, cité par Littré.)

Faire la nique à quelqu'un : s'en moquer. C'est, au propre, hausser et baisser le menton, pour narguer quelqu'un.

> Les mots terminés en *ique*
> Font au médecin la nique.

Nitouche (sainte), pour n'y touche.
Qui affecte un air simple et hypocrite.
On a dit aussi *mitouche*, pour *mie touche*, qui n'a pas l'air d'y toucher.

> Timide en son aspect, semblait sainte Nitouche.
> (Regnier.)

Les Provençaux disent : *misé pesqui pas*, madame presque pas.

Niveau, de *nix*, *nivis*, neige, uni comme la neige. Ou plutôt de *libra*, balance ; d'où *libel*, devenu *nivel*.

Nivelle.
> C'est le chien de Jean de Nivelle
> Qui s'enfuit quand on l'appelle.

Jean II de Montmorency, attaché à la cause de Louis XI, somma son fils Jean de Nivelle, de venir combattre pour le roi de France. Jean, craignant qu'on ne le retînt prisonnier, s'enfuit au lieu d'obéir à son père, ce qui fit dire : « Ce chien de Jean de Nivelle... »

> Une traîtresse voix bien souvent vous appelle,
> Ne vous pressez donc nullement.
> Ce n'était pas un sot, non, non, et croyez-m'en,
> Que le chien de Jean de Nivelle.
> (La Fontaine, II, 8.)

Noble, du latin *nobilis*, qui mérite d'être connu, qui a un nom, qui appartient à une classe distinguée ou privilégiée dans l'État, par droit de naissance. (Voy. *cochon*.)

Noble comme le roi ; noble à 36 carats, à 36 quartiers.

Noblesse, dérivé du précédent.

La Révolution avait supprimé les titres de noblesse ; Napoléon les rétablit.

Après la destruction de la féodalité par les rois de France, la noblesse s'est rassemblée autour du trône, qu'elle ne pouvait plus combattre, et qui l'avait humiliée ; mais les nobles ont conservé leur crédit, leur opulence et une foule de privilèges qui ont pesé sur la multitude jusqu'à ce que la Révolution de 1793 les ait fait rentrer dans le droit. (Mercier, *Tableau*, ch. 649.)

— Les titres de noblesse, en France, sont ceux de : chevalier, baron, vicomte, comte, marquis, duc.

Prince désigne les membres de la famille régnante. (Voy. *de* et *titres*.)

En Angleterre, on distingue la haute noblesse, *nobility*, qui est celle des lords, et la basse noblesse, *gentry*, celle des esquires et baronnets.

En Espagne, la grande noblesse est la *grandesse*, la petite noblesse, celle des *hidalgos*.

On connaît encore les *magnats* polonais et hongrois, les *boyards* russes, etc.

— *Comte* est le plus ancien titre de noblesse, car 28 ans avant Jésus-Christ, les sénateurs formant le conseil d'Auguste portaient le nom de *Augusti Comites*. Constantin fit de cet emploi une dignité.

Le titre de *comte* fut conservé chez les Francs, lorsqu'ils succédèrent à la domination romaine. Les *comtés* étaient des divisions du territoire, où les comtes rendaient la justice. Les comtes palatins étaient chargés des affaires du palais.

La haute dignité du titre de *comte* s'affirme encore de nos jours, puisqu'il est toujours donné aux prétendants de race royale. C'est ainsi que le comte de Chambord et le comte de Paris sont les prétendants des deux branches des Bourbons en France (1870), et que jadis les comtes de Savoie, de Flandre, de Champagne, étaient de véritables souverains.

— Le titre de *marquis* date de Charlemagne. Vers 790, les frontières appelées *marches*, furent gardées par des chefs militaires appelés *margraves* (comtes des marches), d'où est dérivé le mot *marquis*, créé par Louis XII, en faveur des seigneurs de Trans, en 1500.

— *Baron*, titre d'origine allemande, signifie *brave*. Il date du vi^e siècle, et ne prit de l'importance qu'à partir du xiie.

— Noblesse nouvelle : parvenus. *Homo novus*.

On dit d'un parvenu : Il est noble comme un papillon, il a des chenilles pour ancêtres.

— Les rois de France guérissent leurs sujets de la roture à peu près comme des écrouelles, à condition qu'il en restera des traces. (Rivarol.)

Il n'est orgueil que de pauvre enrichi.

Vilain enrichi ne connaît ni parent ni ami.

— La civilisation enrichit certaines familles comme la culture perfectionne certains fruits, et fait une rose d'un églantier, et d'un chardon un artichaut.

Dans l'ordre végétal, la rose serait une marquise, l'artichaut un duc, etc.

Les mots mêmes s'anoblissent : un perruquier se nomme aujourd'hui coiffeur ; un apothicaire, pharmacien, etc.

— Un grand arbre, avec les mots *virga fui*, c'est la devise d'un parvenu qui n'oublie pas son humble origine.

— Agathocle, tyran de Syracuse, était fils d'un potier. Il faisait servir sur sa table des vases d'argile parmi des vases d'or, et disait : « Ces vases ont été faits du temps que j'étais potier. »

— Rollin, fils d'un coutelier, étant devenu recteur de l'Académie, ne rougit jamais de son origine. Assistant un jour à un dîner de cérémonie, et s'étant aperçu que la personne qui découpait avait un mauvais couteau, il offrit le sien, en disant : « Prenez celui-ci, il vaut mieux ; et je m'y connais, je suis fils de maître. »

— Noblesse oblige : *Honor onus*. Elle oblige à ne pas déroger.

Les hérauts d'armes criaient dans les tournois : « Souvenez-vous que vous êtes fils, et ne forlignez point. »

Noce, noces ; latin *nuptiæ*, de *nubere*, voiler. D'où *nubile*, en âge d'être marié. *Connubium*, mariage.

A Rome, les jeunes filles étaient conduites chez leur époux, couvertes d'un voile pour protéger leur pudeur.

Allez-vous-en, gens de la noce...

est une chanson qui date du mariage du roi Dagobert avec la reine Bathilde (?).

Et chacun fit comme aux noces (s'en alla). *(Moyen de parvenir, chap. 45.)*

Nocturne, du latin *nocturnus*.

Partie de l'office divin qui se chante la nuit, et dont l'ensemble s'appelle *Matines*. (Voy. *heures*.)

— Romance, à deux voix ordinairement, d'un caractère tendre et langoureux, approchant de la sérénade.

Noël, du latin *natalis* ; provençal *nouvé* : jour de naissance.

Fête de la nativité de Jésus-Christ, ainsi que l'indique son nom, doublet de *natal*.

— Le jour de la naissance de Jésus-Christ est incertain ; les évangélistes ne le fixent pas.

Saint Luc dit qu'il avait environ 30 ans quand il reçut le baptême de Jean-Baptiste.

Le pape Jules I, au IVe siècle, a fixé la date au 25 décembre, jour où le soleil commence son cours, de même que Jésus-Christ est venu pour éclairer le monde.

— En Allemagne, Noël est la fête des petits enfants. On dresse dans le salon l'arbre du Christ, étincelant de lumière et couvert de jouets de toute sorte.

En Italie, c'est la *Béfana*, grande poupée, qui est censée descendre par la cheminée, à l'heure de la naissance du Christ, pour distribuer récompenses ou punitions aux enfants.

— Noël, en provençal, s'appelle aussi *Calène*, prononciation modifiée de *Calendæ* ou *Calenda*, fête.

La fête de Noël étant fixée au 25 décembre, le huitième jour des calendes de janvier, ce nom de *calende* fut appliqué dans un sens spécial, et pour ainsi dire, par excellence, à la fête même.

> *A calendas lo sant jor de Nadal.*
> (Chronique d'Arles.)

(A calendes, le saint jour de Noël.)

> *E si s'avene entorn Nadal,*
> *Com apela calendas lui.*
> (P. Vidal.)

(Et arriva ainsi au jour de Noël, qu'on appelle la Calende.)

— On appelait aussi, au Moyen-Age, *calenda maia*, une chanson qu'on chantait au mois de mai.

> *Cantan una calenda maia,*
> *Que dis : cella domna ben aia*
> *Que non fai langui son amic !*
> (Roman de Flamenca, f° 36.)

(Chantant une calende de mai qui dit : Vive la dame qui ne fait pas languir son ami !)

— De *calende*, on a fait en provençal *calendau*, le petit houx, arbre de Noël dont on décorait la table du festin.

Calendau, calignau, cachofuec, est aussi le nom de la grosse bûche qu'on allume la veille au soir, après qu'un enfant a fait trois libations avec du vin, en disant :

> *Alègre, Diou nous alègre,*
> *Cachofuec ven,*
> *Diou nous fasse la graci de veire l'an que ven,*
> *Se sian pas mai, que fouguen pas men.*

La bûche de Noël est un reste de l'usage antique qui consistait à allumer le feu nouveau au solstice d'hiver, renouvellement de l'année.

— *Faire Noël*, en Provence, signifie faire un grand repas.

> *Cré far Pasca o Nadal*
> *Quand son XX dans son ostal.*
> (Bertrand de la Tour.)

(Il croit faire Pâques ou Noël, quand ils sont vingt dans son hôtel.)

Pâques et Noël sont donc deux grandes fêtes « mangeoires ».

— On chante tant Noël qu'il vient. Autrefois, longtemps avant Noël, on chantait dans les églises des cantiques appelés *Noëls*, et relatifs à la naissance de Jésus-Christ. Au Moyen-Age, le mot *Noël* devint le cri de joie des Français, et le signal des réjouissances.

On le répétait non-seulement à l'époque de la Nativité, mais encore dans toutes les fêtes populaires.

— L'usage des trois messes du jour de Noël est venu de Rome. On entendait la première à Sainte-Marie-Majeure, à minuit; la deuxième à Saint-Athanase, au point du jour, et la troisième à Saint-Pierre, dans la matinée.

Nœud, du latin *nodus*; provençal *nous*.

— Filer son nœud : s'en aller. En marine, la ligne de Loch est garnie de nœuds, de 47 en 47 pieds, intervalle qui est la 110e partie du tiers de la lieue marine, de sorte qu'en dévidant la corde pendant trente secondes, on compte que le vaisseau fait autant de lieues à l'heure, que l'on a filé de nœuds en cette demi-minute. (Voy. *gordien*.)

Noir, du latin *niger*; provençal *négré*.

D'où noircir, dénigrer, nègre (par le portugais).

— Noir comme un corbeau, ...comme une taupe : très noir.

— Il fait noir comme dans un four, ...à se crever l'œil en voulant faire le signe de la croix.

— Le noir, qui est la couleur du deuil, rappelle l'idée lugubre de la nuit éternelle, exprime la tristesse et la douleur.

Noircir, dérivé du précédent.

— On n'est noirci que par le charbon : On n'est sali que par la boue.

— Le *blanc* est la couleur de l'innocence et de la loyauté, comme le *noir* est celle de la méchanceté et de la trahison.

— Ame noire, projets ténébreux.

— Dénigrer, noircir quelqu'un : *Niger est* (Horace), c'est un méchant.

Nigra somnia (Tibulle), songes sinistres.

Alicui infamiam inurere : imprimer à quelqu'un une note d'infamie, comme au fer rouge.

Noise, du latin *noxia*, méfait, querelle.

Charles IX a écrit à Ronsard :

> Et crois, si tu ne viens me trouver à Amboise,
> Qu'entre nous adviendra une bien grande noise.

Noix, du latin *nux*; provençal *noré*.

De là, en latin, *nugæ*, bagatelles, jeux d'enfants.

A Rome, les nouveaux époux jetaient des noix aux enfants,

pour exprimer qu'ils renonçaient aux jeux puérils. (Cf. Virgile, *Églogue*, 8.)

On le rapproche de *nodus*, nœud, parce que ce fruit ressemble à un nœud (?); et de *nocere* (?), nuire, parce que l'ombre du noyer est malfaisante.

— S'est dit autrefois *noue*; le changement de *oue* en *oie* se retrouve dans nombre de mots. La forme *noue* est restée dans *nougat*, et dans le provençal *nouguier*, pour noyer.

> *Unica nux prodest, nocet altera, tertia mors est.*
> (École de Salerne.)

(Une noix est bonne, deux sont nuisibles, trois c'est la mort.)

— A la Sainte-Madeleine, les noix sont pleines. (22 juillet.)
A la Saint-Laurent, on regarde dedans. (10 août.)

— Gîte à la noix. Amas de graisse qui se forme sous l'aile de la volaille lorsqu'elle est grasse, et à certaine partie de l'épaule des animaux de boucherie. C'est ce que Pline appelle *nucleus pinguitudinis*.

Nom, du latin *nomen*, pour *gnomen*, qui se retrouve dans *cognomen*, et que Festus tire de *noscimen (a noscendo)* : ce qui sert à connaître.

— Avoir un nom : être connu, célèbre. (Voy. *immortalité*.)

> Il est aisé d'avoir un nom,
> La chose à grand'peine peut-on.
> (Proverbe espagnol, XVIe siècle.)

— Ça n'a pas de nom : c'est extraordinaire, inouï.

« Eh bien ! sorcières mystérieuses, noirs fantômes de l'heure de minuit, que faites-vous là ? — Une chose qui n'a pas de nom. » (Shakspeare, *Macbeth*, IV, 1.)

— Les habitants des hôpitaux et des prisons sont désignés par des numéros. En fait de noms, ces administrations ne connaissent que les noms de nombre.

— Il est arrivé que des officiers de l'État-Civil se refusaient à inscrire des noms inusités donnés par les parents à leurs enfants nouveau-nés, sous prétexte que ces noms ne se trouvaient pas dans le calendrier. Les prétentions des maires, en pareil cas, ne semblent pas fondées, parce que tous les noms ne figurent pas au calendrier et que les saints eux-mêmes, qui sont au nombre de plus de 40.000, ne sauraient être contenus tous dans les 365 jours de l'année.

Ce n'est pas la loi, c'est l'usage qui restreint les noms à la liste du calendrier ; il en résulte un défaut de variété qui nuit à la distinction des individus et tend parfois à changer en quelque sorte des noms propres en noms communs.

Ainsi le nom de Marius est donné, à Marseille, à presque tous les garçons; à l'appel de ce nom, tous les habitants mâles répondent comme un seul homme. Ce joli nom, dont l'anagramme est *ami sûr*, dérive de celui de la patronne des marins, Marie, où se trouve le mot *aimer*; mais on conviendra qu'il y a trop de Maries et de Marius.

L'habitude a de même multiplié les Pierres, les Jacques, etc.

Les noms, qui doivent désigner les individus, les distinguer, devraient être aussi nombreux que ces individus eux-mêmes.

Nous avons adopté depuis longtemps un certain nombre de noms tirés du grec, et qui doivent à leur origine un son doux et mélodieux. Pourquoi ne multiplierait-on pas ces emprunts, comme Eulalie, Euphrasie, qui parle bien; Eugène, bien né; Stéphanie, couronnée; Adèle, cachée, modeste?

— Dans les premiers siècles de l'ère chrétienne, le nom de baptême était seul en usage. Vers le VIIIe siècle, on commença à y joindre, pour les personnages illustres, quelques épithètes qui les désignaient spécialement: Charles Martel, Louis le Débonnaire, Pépin le Bref, etc. Plus tard, les seigneurs féodaux ajoutèrent à leur nom de baptême celui de leur terre.

Vers le XIIIe siècle, le surnom devint général dans toutes les classes. De personnel qu'il était d'abord, il finit par s'appliquer à toute la famille, passa du père au fils et se perpétua dans les générations suivantes.

Les surnoms ont des origines très diverses; on peut diviser ces noms de famille en cinq grandes catégories:

1° Ceux d'industriels: Chaussier, Pelletier, Taillandier, etc.

2° Ceux de classes agricoles: De la Fontaine, Delavigne, Deschamps, Dumas, Dupré, Dupuy.

3° Ceux des fonctions civiles: Bailly, Maire, Prévôt.

4° Ceux qui désignent une qualité physique ou morale: Leblanc, Le Camus, Ledoux, Legrand, Leroux.

5° Les noms de baptême: Gervais, Lucas, Martin.

Mais l'immense variété des noms propres, s'explique par des analogies avec:

L'âge: Laîné, Lejeune, Levieux, Vieil, Vieillard.

L'amitié: Aimé, Amant, *Bentivoglio*, Lamy.

Les anges: Chérubin, multitude des sciences; Gabriel, la force de Dieu ; Michel, la puissance de Dieu ; Raphaël, le secours de Dieu ; Séraphin, embrasement d'amour.

Les animaux : Cabrol, Cochon, Lasne, Lasnier, Lebœuf, Leveau, Lion, Louvel, Lubin (jeune loup), Mouton.

Les armes : L'abbé de l'Épée, Sabran.

Les arts et métiers : Barbier, Boucher, Boulanger, Boyer, Chandelier, Charpentier, Cordonnier, Courdouan, Coutelier, Couturier, Fabre, Faure, Favre, Fèvre, Foulon, Fournier, Lefebvre (de *faber*, forgeron), Lefèvre, Maçon ou Masson, Mercier, Pélissier, Sueur (*sutor*, cordonnier), Tisserand, Tisseur, Tissier ou Teissier, Vannier, etc. — Fabre le conventionnel avait ajouté à son nom celui d'Églantine, parce qu'il avait obtenu une églantine aux jeux Floraux. Cette famille a pour devise : *A Fabro Fabri (arma) fabricantur* ; Les armes de Fabre sont forgées par Fabre ; parce qu'un de ses ancêtres, qui était forgeron, avait obtenu des lettres de noblesse au siège de Carcassonne par les Espagnols.

Les astres : Astruc, né sous un astre favorable (voy. *malotru*), L'Étoile, Soleil.

Le bois : Chapuis (autrefois charpentier, de *chapuiser*, travailler au charronnage, dégrossir le bois ; provençal *chapar*), Dubreuil (pour Dubois, car, dans le centre de la France, *breuil* signifie petit bois ; italien *broglio*, d'où de Broglie), Faye, Fayet, Lafaye (de *faye*, nom du hêtre ; provençal *fau*), La Coudraye (lieu planté de coudriers), Sully. — Joignez-y Boquet, Boquillon, Bosc, Bosquet, Dubois, Dubos, Houssaye (lieu planté de houx), etc.

Le caractère : Allègre, Bonhomme, Hilaire, Joyant (joyeux), Le Doux, Malfilâtre (mauvais beau-fils), Marivaux (pour Mal-y-vaut ; c'est un nom fait à l'inverse de Gendebien ou de Bonhomme), Maupertuis (mauvais trou), Mauvoisin, Sauvage.

La complexion : Fort, Gros, Maigre, Molé (pour moulé ?), Sénéquier (gaucher), Vigouroux ou Vigoureux.

La couleur : Amaury (noir ?), Blanc, Blancard et Blanchard, Blanchet, Leblond, Lerouge, Leroux, Levert, Moreau ou Morel (noir), Rousseau, Roussel.

Les dignités : Archer et Larcher ou Larchey, Auber (haut baron ?), Baron, Bedeau, Cardinal, Champion, Chapelain, Chapelle, Chaptal (chef, capitaine), Châtelain, Chevalier, Clerc, Duc, Dusseigneur, Labbé, Leclerc, Lecomte, Lécuyer, Lemoyne, Le Prieur, Leprince, Leroy, Lévêque, Monge (moine), Prieur, Romée, Romieu (pèlerin qui va à Rome), Seigneur.

Les éléments : Bellefont, Bonnefont, Desfontaines, Desmares, Desmarets, Fouque (feu), Froidefont ou Fonfrède, Lachaudefont (devenu La Chaux de Fond), Lafon, Lafont, Lafontaine, Larivière.

La famille : Commère, Cousine, Fille, Filleul, Frère, Lefils, Legendre, Neveu, Parent, Père.

Les fleurs : Marguerite, Rose.

La force : Brisebarre, Brisfert, Cassegrain, Lefort.

Les forêts : Forestier, Sylvain, Sylvandre, Sylvestre.

La forme : Beaucorps, Beaufils, Beausire, Belhomme, Boiteux, Calvet, Lebeau, Lebel, Leborgne, Lecorps, Vilain.

Les fruits : Melon, Meslier (néflier), Olive, Olivier, Orange, Poirier, Pommier.

Les habits : Bonnet, Chaperon, Collet, Soulier.

L'habitation : Cabanel, Castel, Château, Desmaisons, Desmazures, Duchateau, Dumas, Hausmann, Lafenêtre, Laporte.

Les instruments : Arbalète, Bâton, Bourdon, Canon, Lachaise, Martel, Mortier.

Les légumes : (chez les Romains) Cépion, Cicéron, Fabius, Lentulus, Pison.

Les mois : Avril, Février, Janvier, Mars.

Les nations, provinces : Allemand, Angevin, Anglais, Berryer, Breton, Bourgogne, Bourguignon, Champagne, Comtois, Danois, Flamand, Français, Lenormand, Lombard, Picard, Toulon, Toulouse.

Les oiseaux : Agasse, Ayasse, Chapon, Corneille, Faucon, Geai ou Jay, Lacaille, Laigle, Lecoq, Merle, Pinson, Poule, Rossignol.

Les pâturages : Berger, Pasteur, Pastoret, Pastoureau.

Les pierres : Despériers, Lapierre, Peirol.

Les plantes : Buisson, Delorme, Desnoyers, Duchesne, Dufrêne, Dupin, Forêt, Fougère, Froment, La Saussaye, Noyer, Pommier, Rosier, Saussier.

Les poissons : Baleine, Chabot, Dauphin, Languille.

Les ponts : Duponchel, Dupont, Poncet, et un grand nombre de noms de localités : Pont-Audemer, Pont-l'Évêque.

Les repas : Maupas (mauvais repas), Maurepas.

Les rochers : Larochefoucauld, Laroque, Rochas, Roche, Rochefort, Roque, Roquebrune, Roquette, Roquevaire.

La stature : Legrand, Lenain, Lepetit.

La servitude : Gobert, Gombert, Jobard, Jobert, Joubert. — Les Italiens disent *Gioberti*. Ce nom vient du bas-latin *jobago*, esclave appliqué à la culture du sol, comme Albert signifie esclave affranchl. (Ducange, *Colliberti*; L. Larchey, *Dictionnaire des noms d'hommes*.)

La terre : La Condamine (en roman *champ*, pré seigneurial), Des Essarts (de *essart*, terre défrichée).

Les vallons : Beauvallon, Bonneval, Devaux, Duval, Entrevaux, Lavallette, Lavallée, Lavallière, Vallon, Vaucluse.

La vertu : Chrétien, Clément, Gentil, Hardi, Lesage, Levaillant.

Les villes : Boulogne, Chartres, Paris, Toulon.

Au Moyen-Age le mot *villa*, ferme, maison des champs, se joignait souvent au nom du propriétaire pour désigner un lieu habité. D'où le grand nombre de noms terminés en *ville*, et aussi en *court*, qui avait à peu près le même sens.

Les noms latins terminés en *anus*, tels que Cyprianus, Claudianus, qui ont une voyelle avant cette désinence, donnent *ien* en français : Cyprien, Claudien. S'ils ont une consonne, ils gardent *an*. L'usage a beaucoup varié à cet égard.

En Italie, on met l'article *le*, *la*, devant les noms propres des personnes célèbres : le Tasse, le Dante, l'Arioste, le Titien ; la Grisi, etc.

En Russie, on ne dit guère Monsieur et Madame. En parlant à quelqu'un, on l'appelle par son nom de baptême suivi du nom de son père, en ajoutant *witch* pour les hommes, *wna* pour les femmes. Ainsi Anastasie Petrowna, pour A. fille de Pierre ; *witch* s'applique à un noble ; *of* ou *ef* à un roturier. Alexis Alexiewitch, ou Alexis Alexief : le premier est noble, le second est roturier. (Cf. P. Mérimée.)

Les noms anglais terminés en *son*, sont composés du nom de famille et du mot *son*, qui signifie fils. Thomson, Janson, Jackson : fils de Thomas, de Jean, de Jacques.

Les noms bretons commencent en *ker* ; les noms angevins finissent en *ière* ; les normands en *ville* ; les gascons en *ac* : les noms des langues du Midi se terminent surtout par des voyelles, *i* ou *o*.

— Plus une chose est commune dans un pays, plus on y invente de noms pour la désigner. Ainsi les Arabes ont près de trois cents noms pour désigner le lion.

SURNOMS DONNÉS A DES HOMMES OU A DES FEMMES :

Achille : le Bouillant.
Alexandre : le Grand.
André del Sarto (sans erreur).
Antonin : le Pieux.

Aristide : le Juste.
Aristote : le Prince des philosophes.
Attila : le Fléau de Dieu.

Babinet : le plus savant des plaisants et le plus plaisant des savants.
Balzac : le Grand épistolier.
Barras : le Pourri.
Bayard : le Chevalier sans peur...
Beaufort : le Roi des halles.
Béranger : l'Anacréon moderne.
Bernis : Babet la Bouquetière.
Bossuet : l'Aigle de Meaux.
Boucher : le Peintre de la chair.
Cabanel : le Souverain poncif.
Catherine II : la Sémiramis du Nord.
Calvin : le Pape de Genève.
Charlotte Corday : l'Ange de l'assassinat.
Changarnier : le général Bergamotte.
Crillon : le Brave.
David : le Roi prophète.
Dolet : le Libre penseur.
Dupanloup : le Fougueux prélat.
Don Quichotte : le Chevalier de la triste figure.
Ésope : l'Esclave phrygien.
Fénelon : le Cygne de Cambrai.
Froissard : l'Hérodote du Moyen-Age.
Ganelon : le Traître.
Garibaldi { le moderne Cincinnatus. / l'Héroïque ganache.
Gay (Delphine) : la dixième muse.
F. de Guise : le Balafré.
Henri V : l'Enfant du miracle.
Henri IV : le Grand.
Henri VIII : le Néron moderne.
Hippocrate : le Père de la médecine.
Homère : l'Illustre aveugle.
Hugo : le Juvénal français.
J. Janin : le Paganini de la prose.
Jésuites (le général des) : Pape noir.
Joseph : le Pudique.
Julien : l'Apostat.
Lafayette : le Héros des deux mondes.
Lamartine : l'Amant d'Elvire.
Laurent : le Magnifique.
Littré : le Pontife de l'athéisme. (Veuillot.)
Louis IX : le Saint.
Louis XII : le Père du peuple.
Louis XIV : le Roi soleil.
Louis XVI : le Roi martyr.
Lucien : le Voltaire de l'antiquité.
Lucrèce : la Chaste.
Marie-Antoinette : l'Autrichienne.
Masséna : l'Enfant chéri de la victoire.
Messaline : l'Impudique.
Moïse : le Législateur des Hébreux.
Montaigne : le Sceptique.
Musset (Alfred) : Mlle Byron.
Napoléon Ier { le Grand. / l'Ogre de Corse. / Robespierre à cheval.
Napoléon III { le Petit. / Badinguet. / l'Homme de Sedan.
Napoléon (le prince) : Plon-Plon.
Nestor : le Sage.
Ney : le Brave des braves.
O'Connell : l'Agitateur.
Ollivier (Émile) : Cœur léger.
Pascal : l'Aigle de Port-Royal.

Périclès : l'Olympien.
Pedro (Dom) : le Justicier.
Philippe le Bel : le Faux monnayeur.
Philippe de Champagne : le Peintre janséniste.
Pie IX { le Prisonnier du Vatican. / *Pater dolorosus.* (Veuillot.)
Platon { le Cygne de l'Académie. / le Divin. / l'Abeille athénienne.
Plutarque : la Commère de l'antiquité.
Poussin : le Peintre des gens d'esprit.
Prud'hon : le Corrège français.
Rabelais : l'Homère bouffon.
Racine : le Tendre.
Raphaël : le Divin.
Raspail : le Conspirateur en retraite.
René d'Anjou : le Bon.
Rétif de la Bretonne : le Jean-Jacques des halles.
Ricord : le Marivaux de la médecine.
Robespierre : l'Incorruptible.
Rossini : le Cygne de Pesaro.
Rothschild : le Roi de la finance.
Rubini : le Premier des ténors.
Saint Paul : l'Apôtre des gentils.
Saint Pierre : le Prince des apôtres.
Scot (Jean) : le Docteur subtil.
Staël (Mme de) : la Bacchante de la Révolution.
Suzanne : la Chaste.
Tacite : le Platon de l'histoire.
Thérèse Ire : la Sapho catholique.
Thiers { Foutriquet (Soult, 1845.) / le Libérateur du territoire (1871).
Thomas d'Aquin : l'Ange de l'École.
Titus : les Délices du genre humain.
Trajan : Optimus (très bon).
Tudor (Marie) : la Sanglante.
Ulysse : le Prudent.
Vadé : le Démosthènes de l'engueulement.
Vaugelas : le Législateur du beau langage.
Vénus de Milo : Notre-Dame de beauté.
Vicat : l'Attila des punaises.
Victor-Emmanuel : le Roi galant homme.
Virgile : le Cygne de Mantoue.
Voltaire : le Patriarche de Ferney.
Wellington : le Vainqueur des vainqueurs.

NOMS EMBLÉMATIQUES :

Artémise (la reine) : Fidélité dans le veuvage.
Cicéron : Éloquence.
Crésus : Richesse.
Curtius : Dévouement patriotique.
Démosthènes : Éloquence.
Ève : Curiosité.
Hercule : Force.
Job : Patience ou pauvreté.
Joseph : Chasteté.

Loth : Inceste.
Mathusalem : la Longévité.
Messaline : l'Impudicité.
Moïse : la Loi.
Néron : la Cruauté.
Nestor : la Longévité et la Sagesse.
Oreste et Pylade : l'Amitié.
Orphée : la Musique.
Pandore : la Curiosité.
Pénélope : la Fidélité conjugale.
Salomon : la Sagesse.
Samson : la Force.
Sardanapale : la Débauche.
Socrate : la Sagesse.

ÉPITHÈTES AJOUTÉES AUX NOMS DE PAYS, DE VILLES, ETC. :

Achéron : l'Avare.
Allemagne : le Saint-Empire.
Angleterre : le Royaume-Uni, la Vieille Angleterre (*Old England*), la Perfide Albion.
Arles : la Reine des Gaules. (Ausone, IVᵉ siècle.)
Brest : le Pot de chambre de la France.
Bretagne : la Vieille Armorique.
Bruxelles : le Refugium peccatorum de l'Europe.
Cayenne : Coquinville.
Cuba : la Perle des Antilles.
Chine : le Céleste-Empire, l'Empire du Milieu, le Royaume des Fleurs.
Domingue (Saint-) : la Reine des Antilles.
Espagne : la Péninsule (ibérique).
France : la Fille aînée de l'Église.
Genève : la Rome protestante.
Irlande : la Pologne anglaise (1867), la Verte Érin.
Italie : la Péninsule (italique).
Madère : la Fleur de l'Océan.
Marseille : la Cité phocéenne, la Reine de la Méditerranée.
Mer : le sein d'Amphitrite.
Mer Bleue : le golfe Persique a été appelé ainsi, d'un nom qui conviendrait si bien à la Méditerranée, et qui lui a été donné sans doute parce que *pers* signifie *bleu*.
Mer Noire : l'ancien Pont-Euxin a reçu ce nom à cause des brouillards qui l'obscurcissent en hiver, ou plutôt à cause des fréquents naufrages produits par ses tempêtes.
Mer Rouge : le golfe Arabique est appelé ainsi, à cause de ses bancs de corail.
Mer Vermeille : se trouve entre le Mexique et la Californie.
Naples : l'Antique Parthénope.

Palerme : l'Heureuse.

Paris : la Nouvelle Athènes, la Moderne Babylone, la Capitale du monde civilisé.

Pologne : la France du Nord.

Rome : la Ville des Césars, la Ville éternelle, la Ville aux sept collines, le Patrimoine de saint Pierre, la Capitale de l'Intolérance, la Niobé des Nations (Byron), la Vieille Dame (Garibaldi).

Russie : la Sainte.

Salamanque : la Mère des Vertus, des Sciences et des Arts.

Sicile : le Grenier de Rome.

Taïti : la Nouvelle Cythère.

Touraine : le Jardin de la France. (Rabelais, II, 9.)

Venise : la Reine, la Sirène de l'Adriatique, la République sérénissime.

ÉPITHÈTES ET SOBRIQUETS DE PEUPLES :

Allemands : Liffre-lofres (Rabelais), Têtes carrées.

Américains du Nord : Yankees ; du Sud : Frère Jonathan.

Anglais : John Bull (Jean Bœuf).

Bourguignons salés (voy.).

Français : Jacques Bonhomme, nom des paysans avant la Révolution ; Monsieur Prudhomme, le bourgeois du XIXe siècle ; French-Dog, chien de Français, disent les Anglais.

Irlandais : Paddy, Paddyes.

Lorrain : Vilain, Traitre à Dieu et à son prochain.

Londres (habitants de) : Cockney.

Parisiens : Badauds de Paris. Rabelais dit : Crottés de Paris.

Romains : le Peuple-Roi.

PSEUDONYMES, NOMS DE GUERRE, SOBRIQUETS :

Pendant longtemps, les gens de lettres, comme les acteurs, changeaient leur nom en paraissant devant le public.

On employait de même des noms supposés pour désigner les dames qu'on célébrait en vers : Iris, Amaryllis, Chloris, etc.

De même, au théâtre, dans la crainte de rencontrer par hasard le nom d'une personne qui aurait pu s'en formaliser, on employait une douzaine de noms, toujours les mêmes. Les amoureux s'appelaient : Valère, Éraste, Clitandre ; les pères : Orgon, Géronte ; les amoureuses : Isabelle, Léonore, Élise ; les valets : Frontin, Mascarille, Laflèche, etc. ; les soubrettes : Nérine, Lisette.

Les Grecs et les Latins composaient les noms des personnages.

Molière les a imités en appelant un apothicaire Purgon, un médecin Tomès (saigneur) ou Desfonandrès (tueur d'hommes).

Plaute appelle un parasite Artotrogue (ronge-pain), un vieillard Chrêmès (crachotteur), une amoureuse Glycère (douce), un parasite Gnathon (mâchoire), un amoureux Pamphile.

Alanic, acteur de la Porte-Saint-Martin, se fit appeler Vannoy.

Augé signait O. G. ; Déadé, D. A. D.

Boniface s'appela Saintine, du village où il fut élevé.

Cruch (Emma) prit le nom de Cora Pearl.

Fromage devint M. Laurencin.

Pasquin prit le pseudonyme de Valéry.

Rapenouille se fit appeler Lafon.

Ross (Rosalie) s'appela Mme Despréaux, etc. (Voy. d'Heilly, *Dictionnaire des Pseudonymes*, 1867.)

— Le maréchal d'Ancre avait changé son nom de Concimi (fumier), en celui de Concini (baquet... *d'ancre?*)

Un médecin de François Ier, qui s'appelait Sans-Malice, traduisit son nom en grec, et en fit Akakia.

Le P. Canard, jésuite, latinisa le sien en P. Anat.

Le P. Comère devint le P. Comire.

Platon se nommait Aristoclès ; son surnom lui vint de sa largeur d'épaules et de sa force physique.

— Le *nom de guerre* est le nom d'emprunt que prenaient les soldats en s'enrôlant. Dans la comédie de la *Femme Capitaine*, on lit :

> Il s'est fait mon parrain pour m'appeler La Rose.

— Le *sobriquet* est une épithète satirique ou burlesque, qui s'ajoute au nom, en rappelant quelque défaut physique ou moral de l'individu.

Chez les Romains, le surnom ou sobriquet était personnel et se transmettait rarement. Il servait aussi à désigner les individus d'une même famille. Ainsi chez les Claudius, il y avait Claudius Cœcus, Claudius Pulcher ; chez les Scipions, Scipio Africanus et Scipio Nasica.

Dans les temps modernes, les sobriquets et surnoms ont été peu usités chez les peuples du Nord, et furent mis en usage d'abord par les Grecs et les Italiens. Ils sont dus à la flatterie, ou à la malignité qui en est très prodigue.

Il est peu de personnes, dans certaines classes, qui échappent à ce baptême burlesque.

Le mot *sobriquet* vient, dit-on, du latin *subridiculum*, ou de l'espagnol *sobre*, sur (qui s'applique sur le nom).

Louis XV appelait familièrement ses filles des noms suivants : la grasse Victoire, Coche ; Sophie, Graille ; Louise, Chiffe ; quant à Adélaïde, qui s'appelait elle-même, dans une lettre, madame Torchon, elle avait été surnommée Loque.

Il paraît que ces sobriquets par trop bas étaient à la mode à la cour, car Mme de Pompadour appelait le duc de Chaulnes « mon cochon » ; Mme d'Amblemont, mon torchon, etc.

— En France, l'esprit national a dénigré ou ridiculisé certains peuples en leur attribuant tel défaut, tel vice. Ainsi :

Un Grec est celui qui triche au jeu ; un Suisse, un portier ; un Arabe, un Juif est un usurier ; un Bohémien, un vagabond ; un Romain, un applaudisseur à gages ; un Polonais, un ivrogne ; un Savoyard, un homme grossier ; un Anglais est un créancier ; un Chinois, un homme laid ou bizarre ; un Gascon, un menteur.

NOMS BIZARRES ET RIDICULES, CHANGEMENT DE NOM :

On a vu que tous les noms propres qui signifient une qualité, une manière d'être, un état, ne sont que des sobriquets consacrés par l'usage.

Il en résulte parfois de grandes bizarreries. Vous vous appelez Lebrun, quoique vous soyez blond, parce qu'un de vos ancêtres était brun. Tel se nomme Vaillant, qu'un lièvre ferait fuir. On peut s'appeler Prosper, Félix, Fortuné, et être le plus malheureux des hommes.

De même on serait dans l'erreur, si l'on écrivait à Liège pour avoir des bouchons, à Pau pour avoir des gants, à Mantes pour avoir des pastilles.

M. Bufin a publié (juillet 1867) un dictionnaire des familles qui, de 1806 à 1867, ont obtenu de la Chancellerie l'autorisation de changer de nom. Voici quelques-uns de ces noms abandonnés :

Beljambe, Bellegueule, Braillard, Caca, Cantaloup, Chameau, Fauchier, Vachier, Cochon, Fromage, Guignon, Mioche, Lamort, Pipelet, Roquet ; sans parler de Louvel et de Papavoine.

Louis XI autorisa (1474) son valet de chambre O. Le Mauvais à prendre le nom d'Olivier le Daim.

Le hasard produit parfois des jeux de mots de mauvais goût, et des noms « horrificques seulement oyant leur son », dont parle Rabelais au prologue du livre IV.

Nomina sunt ipso pene tremenda sono.

En novembre 1868, la Chancellerie a autorisé un diacre nommé Merda, à allonger son nom en Mérida.

Le gendarme qui fracassa d'un coup de pistolet la mâchoire à Robespierre, s'appelait aussi Merda : à cette époque de raccourcissements, il raccourcit son nom en Méda.

Un nommé Merde sollicita la permission d'intervertir les syllabes de son nom. Le Chancelier ne l'autorisa qu'à prendre la particule.

Racine, Boileau, Corneille, ont illustré des noms assez ridicules.

— On a de tout temps altéré les noms de famille, par intérêt ou par vanité. Molière s'est moqué de cette manie :

> Quel abus de quitter le vrai nom de ses pères,
> Pour en vouloir prendre un bâti sur des chimères !
> De la plupart des gens c'est la démangeaison ;
> Et, sans vous embrasser dans la comparaison,
> Je sais un paysan qu'on appelait Gros-Pierre,
> Qui, n'ayant pour tout bien qu'un seul quartier de terre,
> Y fit tout à l'entour faire un fossé bourbeux,
> Et de Monsieur de l'Isle en prit le nom pompeux.
>
> (*École des Femmes.*)

— La vanité a aussi contribué à changer le nom de certaines professions. Les portiers sont devenus des concierges ; les apothicaires, des pharmaciens ; les liquoristes, des distillateurs ; les perruquiers, des coiffeurs et des artistes capillaires. Quand ils sont à la retraite, ils font imprimer sur leur carte : X..., coiffeur honoraire.

— Il y a des noms prédestinés ; le nom semble avoir une influence incontestable sur la destinée de celui qui le porte. Un général, eût-il tout le génie de Napoléon, ne sera jamais maréchal, s'il s'appelle Ferrand.

Cependant Lelièvre défendit héroïquement Mazagran, et l'on ne manque pas de dire que c'était un « fameux lapin ».

Tout le monde s'est extasié sur le caprice du sort qui a nommé Gâtechair un célèbre maître d'armes ; Lahure, un charcutier.

— Dans un débat à la Chambre, sur les liquides, en 1869, c'est M. Pissard qui a pris la parole.

Mme Poitrine fut nourrice du premier enfant de Marie-Antoinette.

M. Léonidas est mort le 13 janvier 1868, passage des Thermopyles, à Montrouge.

M. Pierrot, proviseur du lycée Louis-le-Grand, est mort le Mardi-Gras.

En avril 1869, dans le xxe arrondissement, M. Cerf épouse Mlle Biche ...Corne de cerf, ventre de biche !

A Toulon (août 1869), Mlle Schaleur, rue de l'Hôpital, 9, a épousé M. Frais.

Dans la même ville, par son mariage à M. Fille, Mlle Dame est devenue Mme Fille. Leur fille a épousé M. Mère, et la fille de ce dernier ménage, Mlle Mère, est morte institutrice à Toulon, en 1872.

M. Legras épouse Mlle Allard (janvier 1870).

M. Ventre épouse Mlle Tripe.

En mai 1874, M. Cucu épouse Mme Beaupet ; M. Lamort, Mlle Cimetière.

— M. de Cumont, ministre de l'Instruction publique (1874). Ce nom, souvent interverti, par de mauvais plaisants, signifie en réalité, montagne allongée en forme de coin (*cuneus mons*). M. de Coston lui a consacré quelques lignes de son très curieux livre sur l'*Origine des noms propres*. Voici ce passage :

« Le nom actuel de la famille de Cumont, connu depuis longtemps, sous celui de Montcuq (emprunté à un bourg du Lot, cité pour la beauté des collines qui l'entourent, et dont le nom, *Mons cugnus* ou *cuneus*, en latin, veut dire : montagne faite en *forme de coin, longue colline*), n'a été obtenu qu'en intervertissant l'ordre des syllabes. Il n'a rien d'inconvenant à l'oreille, grâce à cette métamorphose ; mais les dames qui habitent le bourg en question, sont obligées d'employer des périphrases souvent embarrassantes, quand elles parlent des charmes de leur résidence. » (Larchey, *Dictionnaire des noms*.)

— M. de Forbin-Janson, plaisantant Boileau sur son nom, disait qu'il vaudrait mieux s'appeler Boivin. « Et vous, Monseigneur, dit Boileau, quel nom avez-vous choisi ? Janson ! J'aimerais mieux m'appeler Jean farine. »

— Un domestique, au moment d'annoncer M. Cucheval dans un salon, se retourna en hésitant, et lui dit : « Mais, Monsieur, il y a des dames. »

— Alexandre Dumas, pour se débarrasser des importunités des époux Bombelle, écrivit sur leur album ces vers vengeurs :

> Pourquoi donc ces gens-là s'appellent-ils Bombelle ?
> Le mari n'est pas bon, la femme n'est pas belle !

— Le nom de Verdi, l'auteur du *Trouvère*, est formé des initiales de Victor Emmanuel, Roi d'Italie. Devise de l'unité italienne, et qui a servi de cri national à l'époque de la révolution d'Italie.

— Jules Simon, député de Paris en 1869, s'appelait Suisse. Il a depuis longtemps renoncé à ce nom de famille. Voici dans quelles circonstances. Il venait d'être nommé suppléant de V. Cousin, au Collège de France : « Mon ami, lui dit Cousin, je vous ai fait inscrire sous le nom de Jules Simon, tout court, laissez donc de côté cet affreux nom de Suisse. Est-ce qu'on s'appelle Suisse, quand on veut arriver à quelque chose ? »

— Napoléon avait nommé Bigot ministre des cultes ; Lannes, colonel des Grisons ; Gardanne, gouverneur des pages ; Cochon, préfet des Deux-Nèthes ; Jean Bon, préfet de Mayence. Le général Mouton était dans les chambellans !

— Benoist est l'anagramme de *bien sot* ; il a fait *benêt*.

Claude a fait les diminutifs ridicules Godiche, Godichon.

La malignité a criblé *Jean* d'épithètes satiriques.

On a fait de Thomas le synonyme de *pot de chambre*, et Hippocrate est l'anagramme de *pot à c...*.

— Le changement de nom est très gênant, en ce qu'il dérange des habitudes reçues depuis longtemps.

Ainsi le changement de nom des rues est funeste aux relations commerciales, aux intérêts des négociants qui y sont établis.

— L'usage existe aussi en France et en Angleterre, qu'un titre conféré abolit le nom de celui qui le reçoit, pour le remplacer par celui qui est attaché au titre nouveau.

En août 1876, d'Israëli ayant été créé pair d'Angleterre, prit le nom de Lord Beaconsfield. Il en est de même de certains généraux du Premier Empire, dont on a de la peine à retrouver le nom de famille sous les titres de Duc de Padoue, de Vicence, de prince d'Essling, de Wagram, etc. (Voy. *soldat* heureux.)

NOMS DIMINUTIFS :

Anne a donné Annette, et, par addition de *n*, Nanette, Nanon.

Antoine fait Toine, Tony ; Antoinette, Toinette, Toinon.

Robert, dont le diminutif est Robertot, a fait Berthe, Berthaut (?).

— Les Anglais aiment à contracter les noms de baptême : ainsi Robert est devenu Bob ; Alexandre, Sandy.

NOMS PROPRES DEVENUS COMMUNS APPELLATIFS :

Noms d'hommes. — Académie, de *Académus* ; Amphitryon, de l'époux d'Alcmène ; Août, d'Auguste ; Archal (fil d'), nom d'inventeur ; Aristarque, Barème, Batiste, Benêt, Brioche, Cadogan, Calepin, Casimir, Colin, Cretone, Dédale, Elzévir, Escobar, Espiègle, Fontange, Gobelins, Guillemet, Guillotine, Herschell, Histrion, Hortensia,

Isabelle, Juillet, Ladre, Lambin, Liard, Louis, Lovelace, Macadam, Machiavélisme, Madeleine, Maillard, Mansarde, Marionnette, Marivaudage, Mausolée, Mentor, Minotaure, Montgolfière, Napoléon, Pasquinade, Patelin, Quinquet, Rodomont, Séide, Silhouette, Simonie, Sorbonne, Stentor, Stras, Tontine, Turlupin, Vernir, Zoïle.

Noms de pays. — Angora, ville d'Asie Mineure ; Ardoise (*Ardèse* en Islande) ; Brette, épée faite en Bretagne ; Calicot, étoffe faite à Calicut ; Camaldules, champ donné par Maldule (?) ; Campanile, de Campanie ; Carmélite, du mont Carmel ; Colchique ; Émeri (d'un cap de l'île de Naxos) ; Espagnolette, Guinée, Indigo, Laconique, Levantin, Maroquin, Ripaille.

Noms de peuples. — Assassin, nom d'un peuple de Syrie ; Basque ; Bavaroise ; Brigand (des *Brigantes*, peuples d'Hibernie) ; Cravate (de *Croate*) ; Galoche (de *gallica*, chaussure gauloise) ; Morion (casque *more*) ; Vandale.

Noms de villes, lieux, etc. — Atellane, comédie qui prit naissance à Atella ; Babiller (de *Babel*) ; Baïonnette, Bergamotte, Berline, Bougie ; Brugnon, prune de Brignoles ; Cachemire, Chalcédoine, Cerise (de *Cérasonte*, en Asie Mineure) ; Cognac, Colophane, Cordonnier (de *Cordoue*) ; Damas, Échalotte (d'*Ascalon*) ; Faïence, Florin, Futaine (de *Fustad*, l'ancienne Memphis?) ; Gaze (de *Gaza*) ; Gruyère, London, Magnétisme (de Magnésie) ; Malines, Moka, Mousquet, Mousseline (de *Mossoul*), Nankin, Parchemin (de *Pergame*), Pistolet (de *Pistoie*), Pouzzolane, Solécisme (de *Soles*), Sybarite (de *Sybaris*), Tournois (de *Tours*), Tripoli.

Noms d'îles. — Canari (des *Canaries*), Candi (de l'île de *Candie*), Craie (de *Crète*), Cuivre (de *Kupros*, Cypre), Curaçao, Phare (île de *Pharos*), Tabac (de *Tabago*), Topaze.

Noms d'animaux. — Aronde (queue d'), queue d'hirondelle ; Camelotte, étoffe en poil de chameau ; Chenet (de *chien*) ; Édredon (de *Eider*) ; Hobereau, oiseau de proie ; Sépia (*sèche*), etc.

Nomade, du grec *nomades*, peuples pasteurs.

Nombre, du latin *numerus* : grec *nemo*, partager.
— Euclide définit le nombre un assemblage de plusieurs unités.
Les nombres cardinaux sont : un, deux, dix, cent...
Les nombres ordinaux : premier (unième), second (deuxième), troisième, centième...
Les nombres collectifs : huitaine, dizaine, centaine...

Les nombres réduplicatifs : double, triple, quadruple...
Les nombres distributifs : un à un, deux à deux...

— Le nombre d'or exprime une année de cycle (cercle ou période de dix-neuf ans). Ces nombres étaient autrefois écrits en lettres d'or dans les calendriers.

Numero deus impare gaudet.
(Virgile, *Egl.*, VIII.)

(Les dieux aiment le nombre impair.) Allusion à la croyance populaire des anciens sur les nombres impairs.

— Dans le système de Pythagore, l'*unité* représente la divinité ; *deux*, le mauvais principe ; *trois* est le symbole de l'harmonie parfaite.

Nombril, du latin *umbilicus* ; par soudure de l'article, on a eu *lombril*, puis l'*l* s'est changé en *n* (dissimilation).

Cicatrice arrondie, située au milieu de l'abdomen, et par où le cordon *ombilical* s'attachait au fœtus, avant la naissance.

— Le peintre Santerre a représenté Adam et Ève sans nombril, comme ayant été créés par Dieu.

Nominal, de *nominalis*.

— La valeur nominale des monnaies, des titres industriels ou commerciaux, est celle qui résulte de l'émission primitive, et non de leur valeur réelle, intrinsèque et immédiatement réalisable.

Non, du latin *non*, qui est peut-être pour *ne homo*, comme *nullus* pour *ne unus*.

— *Non* est l'élixir du despotisme en trois lettres (?).

Non est le verrou qu'une honnête fille met à son cœur...

— Les mots qui servent exclusivement à nier sont très rares.

Les Latins n'avaient qu'une négation (simple), *non*, qui nous est parvenue sans altération. *Oui*, est de même la seule affirmation.

— *Non*, dans la langue romane, était le corrélatif d'*oc*, oui.

Qui sol dire oc, or dis non. (T. d'Albest.) Qui a coutume de dire oui, maintenant dit non.

Mais la négation s'est très souvent renforcée pour répondre aux nombreuses exigences de la langue.

Ne, forme réduite, se renforce souvent au moyen de : aucun, guère, jamais, mie, goutte, pas, personne, point, rien.

Non (réduit à *nen*) et la conjonction négative *ni*, ont formé *nenni*.

Nul vient de *nullus*, pour *ne ullus* (pas un).

— La négation s'exprime aussi, au moyen des particules *a*, tirée du grec, et *in*, tirée du latin. Exemples : apathie, apathique, incertain, incapable.

In change souvent par assimilation sa consonne devant *l, m, p, r* : illettré, impossible, immobile, irrésistible.

Il la supprime devant *g* : i-gnorant, i-gnoble.

— Lorsqu'on veut exprimer un jugement, affirmatif ou négatif, on se sert habituellement d'une comparaison, afin de donner plus de force à l'expression. Ainsi l'on dit : Riche comme Crésus; pauvre comme Job.

Ces comparaisons sont surtout nombreuses pour exprimer la négation, et, dans le langage énergique et figuré du peuple, la comparaison négative trace une image pour rendre l'idée plus sensible, et en quelque sorte matérielle : Cela ne vaut pas les quatre fers d'un chien, ...pas un sou, un liard ; je ne reculerai pas d'une semelle, d'une ligne.

Dans ce cas, l'objet est présenté comme inférieur à un autre, de très peu de valeur, auquel on le compare.

Les Romains faisaient aussi usage de ces façons de parler; on les rencontre surtout en grand nombre chez leurs poètes comiques, dont le style reproduit le langage populaire.

Floccus, un flocon de laine ; *pisus*, un pois ; *ciccus*, la pellicule qui sépare les grains de la grenade (de là : chique, chiquet) ; je n'en donnerais pas une chique ; *pluma*, plume ; *as*, sou ; *triobolus*, triobole ; *trioboli homo* (Plaute), un homme de rien ; *hilum*, petit point noir de la fève (d'où *nihilum, nihil*, rien).

Nous disons : une vétille (voy.), de *vitta*, bandelette ; un brin de fil ; rien du tout ; rien de rien. Mais l'infiniment petit, le *minimum* des *minimorum*, c'est encore une partie du tout.

— On a apprécié une valeur négative en la comparant à une ombre, à une idée, à un soupçon de chose.

On a dit : Donnez-moi un soupçon de vin, une larme, une goutte, un tout petit peu.

— Dans les auteurs du Moyen-Age, les termes de comparaison sont : une noix, une fève, une alize (fruit de l'alizier), une châtaigne, un gland, un pois, une pelure de pomme, une prune.

On dit encore : Ce n'est pas pour des prunes.

Totz non los preze un gland.
(*Chronique d'Arles.*)

(Je ne les prise tous un gland.)

Un bouton, un denier, une maille, une bernicle (petite coquille), un fiferlin, un pas, un point, un grain.

Ceste-cy n'est mie la mienne ; je n'en veulx grain. (Rabelais.)

Les rachapterez-vous ? — Grain. (Id.)

Un navet, un zeste, un coupeau d'oignon.

Aujourd'hui, nos termes de comparaison sont dûs souvent à la fantaisie ou au vocabulaire de l'argot.

Nous disons familièrement, pour expliquer la négation : des navets ! des nèfles ! du flan ! flûte !

Les gens très grossiers emploient le mot de Cambronne, dont Rabelais a fait un fréquent usage, ainsi que de *bren*.

Nos troupiers ont rapporté d'Algérie *macach*.

— *Ne* vient de *nec*, et non pas de *non*.

Ne, devant une voyelle, prenait la forme euphonique *nen*.

(En réalité, *nec* a donné *ni*; *ne* et *nen* sont des formes affaiblies de *non*.)

Il nen ad joie en ce mund.
(MARIE DE FRANCE.)

Ne et *nen* étaient aussi conjonction, dans le cas où nous employons *ni*, et où les Latins employaient *nec*.

Nen autre chose ke vaille un soul denier.
(GÉRARD DE VIANE.)

— *Nenni*, *ni*. On a dit *nenil* (ou *nonil*), composé de *nen* et de *il*, comme *oïl* de *hoc illud*. *Nenil* devint *nenni*, comme *oïl* devint *oui*.

— *Nul* a remplacé le vieux mot *nului*.

Sans nului avoir mercy. (Rabelais, IV, 43.) Pitié de personne.

> Et se nûs ne nule demande
> Comment ge voil que cilz rommans
> Soit appelez, que ge commans,
> Ce est li Rommans de la Rose,
> Où l'art d'amors est tote enclose.
> (G. DE LORRIS.)

(*Nul* n'a pas remplacé *nului*: *nus* était le cas sujet, *nul* le cas direct, *nului* le cas indirect. Comme *autrui* pour *autre*; *celui* pour *cil*.)

— *Aucun*: jadis *alques*, *auque*, *alques un*.

Lorsqu'il n'est pas suivi de la négation, *aucun* affirme, comme *aliquis* en latin. Aucuns ont dit : quelques-uns ont dit. D'aucuns disent.

— *Guère*, *jamais*, sont aussi des mots affirmatifs (voy.) qui ne peuvent servir à nier qu'en vertu d'une négation exprimée ou sous-entendue.

Il ne tardera guère, c'est-à-dire pas beaucoup, c'est-à-dire peu.

Guère vient, selon J.-J. Ampère, du tudesque *gar, garo*, beaucoup. Il avait jadis le sens de *beaucoup*; aujourd'hui c'est le contraire (à cause de la négation sous-entendue).

Le sens primitif est resté dans quelques locutions : Il a disparu, sans qu'on sache guère ce qu'il est devenu.

— *Naguère* est pour : il n'y a guère de temps, ou n'a guère.

Le provençal a gardé le sens ancien : *N'ai pas gaïré* : je n'en ai pas beaucoup.

— *Goutte, mie!* Le terme de comparaison minima a été longtemps une miette de pain. Il n'y en a mie.

<blockquote>Quand o fait, mica no s'en repent.
(Poème de Boèce.)</blockquote>

(Quand il le fait, il ne s'en repent mie.)

Il est tombé en désuétude, et on y a substitué *pas* et *point*.

Mais tous ces mots ne deviennent négatifs que par l'adjonction de la négation *ne*, la seule que possède notre langue.

Goutte s'emploie encore dans la locution : Je n'y vois goutte; je n'entends goutte à cette affaire.

— *Pas, point*. Pas *(passus)* a dû être employé pour exprimer une négation avec un verbe signifiant mouvement.

<blockquote>Non pas dos jors ni tres.
(P. d'Auvergne.)</blockquote>

(Ni deux jours ni trois.)

On a pu dire : N'approchez d'un pas; puis n'approchez pas (?) Comme on dit : Je ne comprends mot à ce qu'il dit.

Pas a fait son chemin, et de son acception restreinte à l'idée de mouvement, il en est arrivé à servir comme explétif d'une manière générale dans toutes les propositions négatives.

Pas remplace quelquefois *néant*; *pas moins*, pour *néanmoins*. On me l'a défendu, pas moins je le ferai.

Quelquefois, pour donner plus de force à un refus, à une dénégation, on met *non pas, que non pas*.

Feriez-vous cela? Non pas! Irez-vous chez un tel? Oh! que non pas! C'est-à-dire : Je m'en garderai bien.

— *Point* (de *punctum*) est la trace d'une piqûre; il désigne l'étendue la plus restreinte, la plus petite qu'il soit possible de concevoir ; une partie atomique d'une surface. Il en est venu à servir d'explétif, comme *pas*, pour accompagner la négation *ne*.

— *Personne*, du latin *persona*, acteur dramatique, masque, a pris ensuite la signification de homme, individu.

Joint à la négation *ne*, il prend la valeur du latin *nemo*, pour *ne homo*. En provençal *ges*, pour *gens* ; et *degun*, *nec unus*.

Ainsi employé, *personne* est masculin, tandis qu'il est féminin dans son emploi comme substantif.

On dit : Votre sœur est une personne très heureuse ; mais : Personne n'est plus heureux que votre sœur.

La négation est souvent sous-entendue avec *personne*, comme avec la plupart de ces mots ; cela se produit surtout dans les réponses. Qui demandez-vous ? Personne ; c'est-à-dire : Je ne demande personne.

Ame remplace *personne* dans l'expression : Je ne vois âme qui vive.

— *Rien*, du latin *rem*, chose.

Affirmatif comme *pas*, *point*, *personne*, il ne devient négatif qu'autant qu'il est accompagné de *ne*.

> Pourquoi consentez-vous à rien prendre de lui ?
> (Molière, *Tartuffe*.)

Quelquefois même il est négatif avec ellipse de *ne*.

> La nuit à bien dormir et le jour à rien faire.
> (Boileau.)

J. du Bellay avait dit avant Boileau :

> Et qui souvent à rien faire
> Sont les plus embesognés.

Et Rabelais (V, 15) : Nous ne faisons que rêvasser, que rien faire.

Il est des phrases où l'on peut remplacer *rien* par *chose* : Il n'est chose que je ne fasse pour vous plaire. Mais, si l'on demande à quelqu'un ce qu'il fait, et qu'il réponde : rien ; c'est une réponse elliptique, qui équivaut à : je ne fais rien.

De même que *chose* est employé, dans cette locution, au sens négatif (par ellipse), on emploie quelquefois *rien* comme négatif :

> Car, dans le siècle où nous sommes,
> On ne donne rien pour rien.
> (Molière, *École des Femmes*, II, 3.)

> Je ne suis pas un homme à vouloir rien pour rien.
> (Id., IV, 4.)

C'est-à-dire : on ne donne pas quelque chose pour nulle chose ; je ne suis pas homme à vouloir quelque chose pour nulle chose.

Nonce, du latin *nuntius*, envoyé.

Ambassadeur du pape auprès des souverains, pour représenter la puissance temporelle du Saint-Siège ; les légats *à latere* sont chargés des fonctions spirituelles dans les pays catholiques.

Nonchalant, de *non*, *calentem*, ancien verbe *chaloir*.

Celui qui n'a souci de rien, que tout laisse froid.

Nonne, de *nonna*, latin du Moyen-Age.

Désignait au Moyen-Age une religieuse d'un âge avancé.
Terme respectueux, équivalant à grand'mère.

Noria, mot espagnol, tiré de l'arabe *na-ourat*, roue hydraulique à irrigation ; de *naar*, lancer, faire jaillir.

Normand, du germanique *north mann*, homme du Nord.
— Réconciliation normande : peu sincère.
Répondre en Normand : sans dire ni oui, ni non ; réponse évasive.
Parole de Normand. Un président de la cour de Rouen haranguait Henri IV. Il resta court. Un courtisan dit au roi : « Sire, c'est un Normand, il manque de parole. »
— La coutume normande accordait un délai de vingt-quatre heures pour ratifier ou infirmer une convention, ce qui s'exprimait légalement par les mots : avoir son dit et son dédit. C'est là peut-être l'origine de la réputation de duplicité faite aux habitants d'une province qui n'est pas moins honorable que les autres.

Nostalgie, du grec *nostos*, retour, *algos*, mal, ennui.

Mal du pays, névrose cérébrale qui est causée par un violent désir de revoir du pays.
La nostalgie n'atteint généralement que les habitants de pays ingrats. Les Lapons, les Groënlandais quittent peu le leur ; tandis qu'on rencontre partout des Anglais, des Français, des Italiens, qui ont quitté leur pays.
— La nostalgie de la boue. (É. Augier.)

Notaire, du latin *notarius*. Provençal *notari*.

Synonyme : monsieur mal plaqué (argot).
Vient des notes tironiennes qui furent longtemps en usage pour écrire les minutes des actes publics. Ces notes étaient une écriture abrégée, sorte de sténographie des Romains, inventée par Tiron, affranchi de Cicéron, et dont la clef n'a pas été retrouvée par les philologues.

— C'est comme si le notaire y avait passé : c'est chose assurée.

— Dans le *Moyen de parvenir* (ch. IX), un marchand, voulant rire aux dépens de deux notaires qu'il avait fait appeler, dit à sa servante de passer devant eux avec des pois, parce qu'il avait depuis longtemps envie de manger des pois passés devant notaire.

— Un notaire ayant surpris sa femme avec un amant, celui-ci avoua, ne pouvant nier un fait passé devant notaire.

— L'argent n'établit de l'inégalité chez les hommes que par devant notaire (?).

Nougat, de l'espagnol *nogado*.
Gâteau fait de noix ou d'amandes.
— Le noyer se dit en provençal *nouguier*.

Nourrir, du latin *nutrire*.
Corps bien nourri vaut mieux que bourse bien remplie.
Bourguignons, boyaux de soie, ventre de velours (qui préfèrent la bonne chère aux beaux vêtements).
La belle cage ne nourrit pas l'oiseau.

Nouveau, du latin *novellus*, diminutif de *novus*.
Au nouveau tout est beau, ou : tout nouveau, tout beau. C'est le *grata novitas* des Latins.
On dit aussi : Balai neuf balaie bien, dans le même sens que : ferveur de novice.
Il n'y a rien de nouveau sous le soleil : il n'y a que des recommencements. Toute chose a été faite à l'imitation d'une autre ; Dieu lui-même a fait l'homme à son image.

> Croire tout découvrir est une erreur profonde :
> C'est prendre l'horizon pour les bornes du monde.
> (LAMOINE.)

> *Nullum est jam dictum, quod non dictum sit prius.*
> (TÉRENCE.)

(On ne peut rien dire qui n'ait été dit déjà.)
Il serait plus juste de dire que tout est pensé, mais que tout n'est pas dit.
La combinaison des mots est infinie ; c'est un art créateur que celui de les assortir, de les embellir l'un par l'autre, de donner ainsi à la pensée une forme nouvelle.
L'art consisterait à faire pour l'intelligence ce que Cuvier a fait pour l'histoire naturelle : créer la paléontologie des idées par une étude approfondie des monuments littéraires.

Nouveautés (marchand de).

— Le patron s'appelle *Joseph*; les commis (apprentis au pair) sont les *bistots*, les *rouffions*; les commis étalagistes sont des *pendus*; les commis principaux sont les *chefs de rayon*.

En bloc, les commis, s'appellent *calicots*. Ce nom leur fut appliqué à la suite de la représentation d'une comédie de Scribe : *le Combat des Montagnes* (1817), dont le principal personnage est appelé Calicot.

— La marchandise démodée se dit *fruge*; *rossignol* n'est plus guère en usage. *Fruge* est une ironie; car ce mot d'argot signifie gain, fruit; et il faut ici le prendre par antiphrase. Ce sont les fruges qui rapportent le plus de *guelte* aux commis, car la guelte est une prime qui leur est accordée sur la vente des marchandises démodées ou défraîchies.

Les *propositions* sont des marchandises étalées à l'extérieur, avec prix marqués en chiffres usuels, et qui entrent pour un quart dans les affaires des plus grandes maisons.

— Deux sur dix, prononcé à haute voix, signifie : fixez vos deux yeux sur les dix doigts; c'est-à-dire : attention à une cliente suspecte.

— Marchand de nouveautés signifiait autrefois libraire.

Nouvelle, adjectif pris substantivement au féminin.

Synonymes : canard, fausse nouvelle; racontar, nouvelle de journaux.

— Pas de nouvelles, bonnes nouvelles. C'est un proverbe qu'on aime à citer dans l'incertitude où l'on se trouve parfois sur le sort de ceux qu'on aime. Il se rattache à un autre dicton, que les mauvaises nouvelles arrivent toujours promptement.

Noyer, du latin *necare*, tuer; provençal, *negar*.
Spécialement faire mourir dans l'eau.

Feit negar son nebot Artus.
(B. de Born.)

(Fit noyer son neveu Artus.)
Il si nego en aiga. (Liv. de Sidrac.) Il se noie en eau.

Je ne doute pas de votre adresse; mais ce sont les bons nageurs qui se noient.

Vous n'êtes pas indulgent pour lui : il vous aime tant, qu'il se jetterait à l'eau pour vous sauver. — Que voulez-vous? Je ne me noie jamais, et il m'ennuie toujours.

— Se noyer dans le vin. *Home enebriat ha perduda la raso e son entendamen, e es ayssi coma negat.* L'homme enivré a perdu sa raison et son entendement, et est comme noyé. *(Vices et Vertus.)*

— Se noyer : sombrer. Expression empruntée à la Mythologie (?) : Aller dans la nuit éternelle, dans le royaume des ombres.

Nu, du latin *nudus* ; provençal *ned.* D'où dénudé, dénué.

Synonymes : dans le costume adamique ; *in naturalibus,* décolletée jusqu'aux talons ; sans feuille de vigne ; vêtue de satin naturel.

Nuage, dérivé de *nue, nubes* ; d'où aussi *nuance.*

— Les nuages, par leurs formes diverses, leur mobilité, les hauteurs différentes auxquelles ils passent dans l'atmosphère, varient à tout instant l'aspect du paysage. Ce sont des Protées dont il est difficile de décrire les métamorphoses.

Les savants ont essayé néanmoins de classer méthodiquement ces vagabondes vapeurs, et de donner des noms aux différents états sous lesquels elles se présentent. Ils distinguent les *cirrus*, nuages affectant la forme d'un pinceau de poils ou de cheveux crépus (voy.) ; les *cumulus* (voy.) qui ressemblent à des montagnes ; les *stratus*, bandes horizontales qui se montrent au coucher du soleil ; les *cirro-cumulus*, petits nuages arrondis, appelés aussi *moutonnés.*

En mars 1873, M. Poëy a proposé à l'Académie des Sciences une nouvelle classification, plus intelligible pour le public : Nuage filé, ou stratifié, ou pommelé ; nuage en couches ; nuage montagneux ; nuage pluvieux ou venteux.

— Les gros nuages ne s'élèvent pas au-dessus de 2.500 mètres, tandis que les cirrus atteignent des altitudes de 12.000.

Nue, du latin *nubes.*

— Tomber des nues : être très étonné.

> Je suis tout ébaubie, et je tombe des nues.
> (Molière, *Tartuffe.*)

— Il est tombé des nues : personne ne le connaît.

> *Cælo missus.*
> (Tibulle.)

(Il est tombé du ciel.)

— On a fait le quatrain suivant au sujet de la navigation aérienne :

> Dans les cieux il est glorieux
> D'ouvrir des routes inconnues ;
> Il est beau de monter aux cieux,
> Mais triste de tomber des nues.

... Portes aux anges le extra tollere. (Cicéron.)

...
(Virgile.)

Nuit, du latin *noctem*, de *nox*.

La Nuit, fille du Chaos, mère de la Lumière et du Jour, qu'elle eut de l'Érèbe. Elle engendra seule les Parques, les Songes, la Discorde, la Mort, Momus et la Fraude.

— On écrivait autrefois *nuict*, où la lettre *c* rappelle le radical latin; on écrivait de même *huict*, *faict*; mais le *c* supprimé dans ces mots est resté dans leurs dérivés: *nocturne*, *octave*, *faction*. C'est un exemple des caprices de la langue dans l'orthographe de certains mots.

(Il y a ici à faire la distinction entre les mots savants, calqués sur le latin, et les mots populaires, dans lesquels certaines lettres tombent toujours. Le *c* en question est déjà représenté par l'intervention de l'*i*.)

— Les Gaulois et les Francs comptaient par nuits, et non par jours, parce que, dit César, ils se prétendaient nés d'un dieu de la nuit.

Tacite en dit autant des Germains: « Ils ne comptent pas comme nous par jours, mais par nuits. »

Il reste des traces de cet usage antique dans certaines campagnes, où l'on dit *anuit*, pour aujourd'hui. (Mais on trouve les formes *enoit* et *enhuyt*; ce qui supposerait *en hui*, *in hodie*?)

— Pausanias parle d'une statue de la Nuit qui tenait dans ses bras ses deux enfants: le Sommeil et la Mort.

— Nuit blanche: passée sans dormir.

L'écuyer qui devait être reçu chevalier, veillait la nuit qui précédait sa réception auprès de ses armes, et revêtu de blanc, comme les néophytes de l'Église. Cette nuit s'appelait la veillée des armes et aussi nuit blanche.

Qu'une nuit paraît longue à la douleur qui veille!
(Sandix.)

« Les insomnies! Vous ne vous figurez pas combien est longue et triste une nuit qu'un malheureux passe tout entière sans fermer l'œil, l'esprit fixé sur une situation affreuse et sur un avenir sans espoir. » (X. de Maistre, *Le Lépreux*.)

— La nuit tous les chats sont gris. (Voy. *entre chien et loup*.)

La nuit, Hélène n'a aucun avantage sur Hécube. (H. Estienne.)

— Il ne faut pas se marier seulement pour la beauté de la femme.

Plutarque (Traité des préceptes du Mariage), raconte qu'une belle femme que Philippe importunait de son amour, lui dit que la beauté qu'il admirait en elle s'évanouissait la nuit et que, les flambeaux éteints, la plus belle femme du monde ne différait pas de la plus laide. (Voy. *Conseil.*)

— La nuit porte conseil. (Voy. *conseil.*)

Nymphe, du grec *nymphé*, jeune fille.
Divinité des eaux, des bois ou des montagnes.

O

O! (les) de Noël, nom par lequel on désigne les antiennes qui se chantent pendant l'Avent, parce qu'elles commencent toutes par l'exclamation *O! O Adonaï*, etc.

Les benoitz sainctz O de Noël. (Rabelais, IV, 15.)

Autrefois, pendant la neuvaine qui précède Noël, on avait coutume de chanter en chœur ces antiennes. On exposait aussi aux regards des fidèles un grand carton sur lequel était peint un *O* majuscule en or et en couleurs, illustré d'ornements.

On a vu dans ces *O* de Noël l'emblème représentant la porte par laquelle entra dans le monde le fils de Dieu fait homme. C'est plutôt l'emblème de l'œuf orphique, de l'œuf dont le monde est sorti, de l'œuf de Léda, de l'œuf qu'on donnait pour étrennes à Noël, à l'époque où cette fête était le commencement de l'année, et qu'on ne donne à Pâques que depuis qu'on a daté de l'incarnation. Tout a commencé *ab ovo*, selon les anciens. (Johanneau.)

— Plus rond que l'*O* de Giotto. (Voy. *rond.*)

Obédience, de *obedientia* (*obedire*, obéir).
Soumission, obéissance que les religieux doivent à leur supérieur.

— Lettre d'obédience : ordre donné à un religieux ou à une religieuse d'exercer l'enseignement.

Obéir, du latin *obedire* (*ob audire*?).

— Entendre, c'est obéir. (Maxime arabe.)

— Obéir comme un soldat prussien. C'est l'obéissance passive, érigée en principe par saint Ignace, dans la Compagnie de Jésus, dont la formule est *Obsequium perinde ac cadaver*. Soyez obéissant comme un cadavre.

C'est aussi la devise de la discipline militaire bien entendue.

Saint Paul au contraire, a dit : *Obsequium vestrum sit rationabile.* Que votre obéissance soit subordonnée à la raison.

Omnia imperio et obsequio constant. (Tacite.) Tout consiste dans le commandement et dans l'obéissance.

Il faut avoir obéi pour savoir commander. (Solon.)

Obélisque, du grec *obéliskos* (de *obélos*, aiguille).

L'obélisque a la forme d'une pyramide, mais il est d'une seule pièce, tandis que les pyramides sont formées d'un grand nombre de pierres liées par le mortier. (Voy. *pyramide*.)

Obésité, du latin *obesus* (de *ob edere*), embonpoint dû à un excès de nourriture.

— L'obésité nuit à la force, en augmentant le poids de la masse à mouvoir, sans augmenter la puissance motrice. Elle nuit à la beauté, en détruisant l'harmonie des proportions humaines, attendu que toutes les parties ne grossissent pas d'une manière égale. Elle nuit aussi à la santé, en rendant difficiles les exercices gymnastiques.

On combat l'obésité par la sobriété, l'exercice, les veilles, les purgatifs, les sudorifiques.

Objet, du latin *objectum*, mis devant les yeux.

Tout ce qui se présente à la vue.

— Dans le style poétique, on a souvent appelé la femme : objet charmant ; l'objet de ma flamme, ...de mes vœux. Mais cette expression prétentieuse est tombée depuis dans le langage trivial, et un homme du peuple appelle sa bonne amie : son objet.

Objurgation, du latin *objurgare* (de *jurgium*, querelle).

Réprimande vive ; mouvement oratoire animé, pour adresser des reproches violents.

Oblat, du latin *oblatus*, offert.

Nom donné aux enfants offerts par leurs parents au service des autels. Cet usage est très ancien. Suger, abbé de Saint-Denis, avait été élevé dans ce monastère comme oblat.

On donnait aussi ce nom aux frères lais, aux soldats invalides, qui étaient nourris dans les monastères où ils étaient chargés des services inférieurs.

Obole, du grec *obolos*, petite barre.

Les oboles portaient l'empreinte d'un obélisque ; ou plutôt on se servait d'abord de petites barres d'airain, en guise de monnaie.

Petite monnaie qui avait la même valeur que la maille, demi-denier.

Poids et monnaie des Grecs, le sixième de la drachme.

Au XVIIe siècle, l'obole n'était plus qu'une monnaie de compte, conservant sa valeur nominale d'un demi-denier. (Voy. *maille, gazette.*)

La *pite*, autre monnaie de compte, était encore une valeur moindre que l'obole et que la maille, puisqu'elle ne valait qu'un quart de denier. Il en fallait quarante-huit pour faire un sou.

— L'obole de Bélisaire ; l'obole de la veuve.

L'obole devient médaille en tombant des mains d'une nation. (Lamartine, souscription nationale en 1858.)

Obscène, du latin *ob, cœnum,* bourbier ; de mauvais augure.

Synonymes : style décolleté, sans feuille de vigne ; les immondices du langage ; mot ordurier ; un de ces mots que l'on traduit, dans la langue écrite, par des initiales et des points.

Nuda verba. (Pline.) D'où : voiler, gazer.

Maculantia verba (Gellius) : mots salissants.

Rubore digna verba.
(Ovide.)

Paroles qui font rougir.

Lipse dit que les ouvrages de Pétrone sont *pura impuritas* ; *pura* à cause du style, *impuritas* à cause des obscénités.

— On a reproché à Suétone, l'historien des douze Césars, d'avoir été aussi libre dans ses récits, que les empereurs dont il écrit l'histoire l'avaient été dans leurs actions.

— X..., après une conversation obscène, dit : « Maintenant brûlons du sucre ! »

— L'Académie met le mot *cul* dans son Dictionnaire, parce qu'il est français ; mais il n'est pas nécessaire d'expliquer ce que c'est que « baiser le cul à quelqu'un » ; ni le sens moral de ce proverbe, « qu'il ne faut pas péter plus haut que le cul ».

N'est-ce pas le cas de dire, avec la comtesse d'Escarbagnas : « Cela s'explique assez de soi. » Le Dictionnaire de l'Académie est trop riche de ces superfluités, qui sont les immondices du langage.

— L'abbé Terrasson disait du *Nouveau* (?) *Testament* du P. Quesnel (édition complète en 4 vol. in-8°, Paris, 1696), que c'était un bon livre, où le scandale du texte était conservé dans toute sa pureté.

— On ne peut pas tout dire, mais on peut tout écrire; on peut tout lire, on ne peut tout entendre. (Ch. Pougens.)

— Il y a des gens qui, dans une galerie de tableaux, ne voient que les nudités, et qui, dans un livre, courent aux passages obscènes, comme un porc à la fange. (Th. Gautier.)

Obstacle, du latin *obstaculum (ob, stare*, se tenir devant).
— L'obstacle est la pierre de touche de la vocation.

Gusman ne connaît plus d'obstacles :
C'est un dieu qui guide ses pas.
(Mortainville, le *Pied de Mouton*.)

Occasion, du latin *occasio (ob, cadere*, tomber devant).
On a dit autrefois *ochoison*.

L'occasion, je sais, fait souvent le larron.
(Fabre d'Églantine, *Intrigue*.)

Aussi doit-on éviter avec soin de s'exposer à la tentation de mal faire; c'est le moyen le plus sûr de se préserver du danger; car, si l'occasion fait le larron, le larron fait plus souvent naître l'occasion.

— Saisir l'occasion aux cheveux : profiter du moment favorable.
...Sinon il n'y a plus mèche, dit-on familièrement.
Aut nunc, aut nunquam : maintenant, ou jamais.

C'est une occasion qu'il faut prendre aux cheveux. (Molière, *Avare*.)

Capere occasionem.
(Plaute.)

(Voy. saisir la *balle*.)

— Les anciens représentaient l'Occasion sur un globe, avec des ailes aux pieds, le derrière de la tête chauve, pour indiquer qu'il faut la saisir quand elle se présente en face, et ne pas la laisser passer, parce qu'elle fuit rapidement, et que sa tête, étant dégarnie de cheveux par derrière, ne laisse aucun moyen de la ressaisir.

Fronte capillata est, sed post occasio calva.
(Cité dans le *Moyen de parvenir*, ch. 76.)

Car l'occasion ha tous ses cheveux au front; quand elle oultrepasse, vous ne la pouvez plus révoquer; elle est chauve par le derrière de la teste, et jamais plus ne retourne. (Rabelais, I, 38.)

Occulte, du latin *occultum (occultare*, cacher).
Sciences occultes, au Moyen-Age : l'alchimie, la magie, l'évocation des morts, etc.

Octroi, du latin *auctoriare* (*auctorare*, autoriser), substantif verbal.

S'est dit de toute concession ou privilège accordé par le souverain. Le roi octroyait des lettres de grâce. En 1814, Louis XVIII octroya la Charte.

— Aujourd'hui : droits que les villes sont autorisées à percevoir. On l'appela ainsi, parce qu'il était perçu en vertu d'une concession octroyée par le souverain, pour subvenir aux dépenses locales.

L'État prélève sur cette taxe le dixième du produit net...

C'est un impôt analogue à celui que les Romains nommaient *portorium*, droit d'entrée et de sortie des marchandises, qui est représenté aussi par les douanes.

C'est en 1352 que furent établis les octrois en France ; Compiègne fut la première ville où cet impôt fut appliqué.

— Les principaux inconvénients des octrois sont :

1º La répartition sans proportionnalité des fortunes ;

2º La diminution de la production par la diminution de la consommation ;

3º Les frais considérables de perception ;

4º Les vexations qui résultent du mode de perception ;

5º Enfin, on leur reproche d'être « démoralisants », parce qu'ils sont un encouragement à la fraude ; et qu'il peut arriver que l'on considère le bénéfice illégal de celle-ci comme une défense légitime des droits attaqués.

Odalisque, du turc *odalik*, de *oda*, chambre.

Concubine, femme du sultan, ou attachée au service de la femme ou de la fille du sultan.

Odeur, du latin *odor*.

— Les corps se comportent avec les odeurs, comme avec la lumière et la chaleur, quant à leur pouvoir absorbant et réfléchissant.

Si l'on met deux morceaux de drap, l'un noir et l'autre blanc, en contact avec un corps odorant, tel que le camphre, le noir s'imprègne fortement de l'odeur, tandis que le blanc n'en absorbe presque pas, ou du moins la laisse vite échapper par le rayonnement.

Le pouvoir absorbant des couleurs pour les odeurs décroît dans l'ordre suivant : noir, bleu, vert, rouge, jaune, blanc.

— Bonne odeur : *copia narium* (Horace).

Les Anglais disent : *nozegay*, gaîté du nez.

— Il n'est pas en odeur de sainteté : il n'est pas en grande estime.

Odyssée, mot grec, origine littéraire.
Célèbre poème où Homère raconte les voyages très accidentés d'Ulysse, ou *Odysseus*, roi d'Ithaque, errant de contrée en contrée, après la guerre de Troie, pour retourner dans sa patrie.
— S'emploie familièrement pour désigner un voyage semé d'aventures : Racontez-moi votre odyssée.

Œcuménique, du grec *oikouméné*, la terre habitée.
Se dit des conciles généraux ou universels, auxquels sont convoqués tous les évêques de la chrétienté.

Œdipe, nom d'homme, tiré du grec.
Personnage qui, d'après la fable, devina l'énigme du Sphinx.
D'où, au figuré : Il faudrait être un Œdipe, pour deviner ce que vous voulez dire.

Œil, du latin *oculus*, anciennement *oil*, *ueil*. Provençal *huelh*.
Fait au pluriel *œils* (dans les mots composés) et *yeux*.
Le singulier a aussi la forme *yeu* dans le Berry, où l'on dit *yeu* pour *œil* : Mon yeu me fait mal. (Voy. *aïeul* et *ciel*.)
— Les yeux sont le miroir de l'âme.
Le miroir est le troisième œil de la femme.
— Yeux en boules de loto : ronds et saillants.
Bordés d'anchois : aux paupières rouges et dépourvues de cils.
Marécageux : larmoyants.
Au beurre noir, pochés. Rabelais emploie cette expression (liv. IV, c. 7) : « Il resta tout estourdy et meurtry, un œil poché au beurre noir. »
— Coup d'œil. Avoir le coup d'œil juste ; avoir le compas dans l'œil.
Michel-Ange disait qu'il fallait avoir le compas dans l'œil, et non dans la main.
— L'œil du maître. (Voy. La Fontaine, IV, 11.)
L'œil du fermier vaut fumier.
— Fermer les yeux sur les fautes de quelqu'un. Un Romain qui avait Mécène à souper, s'étant aperçu de la tendresse de son hôte pour sa femme, eut la complaisance de faire semblant de dormir. Un esclave voulut profiter du sommeil de son maître pour boire le vin qui était sur la table ; mais le maître lui dit : « Malheureux ! ne vois-tu pas que je ne dors que pour Mécène ? »

— Yeux d'aigle, d'émerillon, d'argus, de lynx. (Voy.)

— Ses sourcils sont des arcs et ses coups d'œil des flèches qui vous percent le cœur. (Maxime arabe.)

— Aimer quelqu'un comme la prunelle de ses yeux.

Aliquem amare ocultius.
(PLAUTE.)

Salve, oculissime homo.
(PLAUTE.)

Plus oculis meis amarem.
(CATULLE, XIV.)

Gestat illum in oculis. Est illi in oculis. (Cicéron.)

— Les beaux yeux de ma cassette. (Molière.)

Cette demoiselle a de fort beaux yeux, mais les yeux de sa cassette sont encore plus beaux : on lui donne deux millions.

— Le langage des yeux : *In oculis animus habitat.* (Pline.)

Dans les yeux se fait l'alliance de la matière et de l'esprit. Rivarol en écrivant ces mots, se rappelait sans doute le vers de *la Henriade* :

Lieux où finit le corps et commence l'esprit.

— Faire de l'œil (argot) : *oculis venari.*

Quæ viros oculis capiunt.
(PLAUTE.)

— Se mettre le doigt dans l'œil : se tromper. (Voy. *doigt.*)
— Avoir le mauvais œil : porter malheur. (Jettatura.)
— Voir la paille dans l'œil de son voisin. (Voy. *paille.*)

Œuf, du latin *ovum* ; anciennement *uef.*

— L'œuf de Christophe Colomb. Quelqu'un cherchait à rabaisser devant Colomb la découverte du Nouveau-Monde. Colomb, prenant un œuf, dit que sa découverte était, en effet, très simple, et qu'il lui paraissait plus difficile de faire tenir un œuf sur sa pointe. Chacun essaye, sans pouvoir réussir. Alors Colomb cassa le bout de l'œuf, et le fit ainsi tenir droit. « Voilà, dit-il ensuite, comment les choses semblent faciles quand elles sont faites. »

— Dans les sciences, il n'y a rien de si simple que ce qui a été trouvé hier, mais rien de si difficile que ce qui sera trouvé demain. (Biot.)

— On peut faire tenir debout sur son extrémité la plus large un œuf frais, après l'avoir secoué pendant dix minutes.

— Vasari attribue l'anecdote de l'œuf à Filippo Brunelleschi, à l'occasion des plans qu'il avait faits pour réunir les quatre nefs de

Santa-Maria-del-Fiori, par une immense coupole octogonale, sans employer de charpentes de voûtes.

En 1427, il fut vivement sollicité par les consuls et les intendants de communiquer ses plans d'exécution et son modèle. Il s'y refusa, et se borna à leur présenter un œuf en disant : « Celui qui le fera tenir debout, sera digne de construire la coupole. » Brunelleschi seul résolut le problème ; après quoi chacun se récria qu'il en aurait fait autant. Filippo leur répliqua en riant qu'ils sauraient également faire la coupole, s'il leur montrait son modèle.

— Œufs de Pâques. Avant Charles IX, l'année en France commençait vers Pâques, à l'équinoxe du printemps (20 mars). On donnait à cette occasion des œufs coloriés, parce que l'œuf est le commencement de toute chose (Cf. *ab ovo*), et que le mois de mars, le premier de l'année, se trouve aussi à l'entrée du printemps, saison où tout renaît dans la nature ; de même que Pâques est le symbole de notre rénovation morale par la résurrection de Jésus-Christ.

En Russie, le 20 mars, on donne des œufs teints sur lesquels on lit : « Christ est ressuscité. »

— On attribue aussi l'usage de donner des œufs de Pâques à la défense de manger des œufs pendant la Semaine-Sainte. Il en résultait de grandes provisions, qu'on distribuait à profusion, le jour de Pâques, à ses parents, à ses amis.

— Les premiers œufs rouges furent vendus à Paris sur le Pont-Neuf, et eurent une grande vogue.

Saint-Simon dit que, la veille de Pâques, on élevait des pyramides de ces œufs dans le cabinet de Louis XIV, qui en faisait don à ses courtisans.

— Les œufs de Pâques, et le peu de valeur de ce présent, à une époque où les œufs sont très abondants, ont sans doute donné lieu au proverbe : Donner un œuf pour avoir un bœuf ; proverbe qui s'applique aux gens qui ne rendent que des services intéressés.

Œuvre, du latin *opera*.

— A l'œuvre on reconnaît l'ouvrier.

Ex ungue leonem : à la griffe on reconnaît le lion.

Ognon, du latin *unionem*. L'Académie, 7ᵉ édition, renvoie à *oignon*.

On n'écrit plus *oignon*, quoique l'Académie dise que l'*i* sert à mouiller le *g*, mais ne se prononce pas, et empêche de prononcer *og-non* ; mais cette raison n'est pas valable, car, dans *trognon* et autres mots analogues, le *g* suivi de *n* se mouille sans le secours de l'*i*.

(Faut-il écrire aussi *pognet ?*)

— L'ognon est originaire d'Égypte. Les Précieuses ont appelé les ognons « les dieux égyptiens ». Alph. Karr a dit : « Les lis, les tulipes, les narcisses, les jacinthes sont des fleurs adorables, qui me font comprendre l'adoration des Égyptiens pour les ognons. »

On voit par là combien on a peu connu les dieux des Égyptiens. La science nouvelle, créée par Champollion, a pu redresser une foule d'erreurs, telle que la croyance au culte des Égyptiens pour les ognons. Cette opinion a pu venir d'un hiéroglyphe mal compris, consistant en un carré, qui exprime l'idée de temple, dans lequel est un poireau, emblème de la blancheur ; l'hiéroglyphe signifiant maison blanche, et non temple du poireau, comme l'ont pensé les Romains.

Les Égyptiens n'adoraient pas davantage les animaux, mais bien les dieux représentés avec une tête et même un corps entier d'animal.

— Regretter les ognons d'Égypte. Allusion aux Hébreux qui, délivrés de la servitude d'Égypte, se plaignaient à Moïse d'être privés des ognons qu'ils mangeaient dans ce pays.

— Il y a de l'ognon : de la brouille.

E. Marco Saint-Hilaire, dans ses *Souvenirs du temps de l'Empire*, raconte que la maréchale Lefèvre, marquise de Dantzig, chanta, dans une réunion chez l'impératrice Joséphine, une chanson composée par un de ses cochers, auquel elle avait donné le sobriquet de Poétrillon. Elle avait pour refrain : « Il y a de l'ognon. »

En voici le premier couplet :

<pre>
On dit que l'empereur d'Autriche
Qui n'est pas blanc d' savon,
   Il y a de l'ognon !
A vraiment l'air godiche,
Depuis qu' nous l' savonnons,
   Il y a de l'ognon !...
</pre>

Ces couplets, tout vulgaires qu'ils étaient, firent fureur à la cour et à la ville, sans doute à cause de leur à-propos et du caractère bien connu de la maréchale à qui on les attribuait. Ils furent bientôt chantés dans tout Paris, et le refrain passa en dicton populaire.

Mais il existait déjà, au temps de la Ligue ; et « il y a de l'ognon » signifiait : il y a du tapage, du grabuge ; comme le prouve une chanson du temps, qui ôte la priorité à la maréchale Lefèvre :

> Que plus on ne brigue
> Être de la Ligue
> De sainte union ;
> Car, ne leur déplaise,
> Puisqu'on pend les Seize,
> Il y a de l'ognon.
>
> *(Satire Ménippée, p. 381.)*

— Pleurer tous ses ognons : éprouver un grand chagrin.

Rachel disait, à bout de souffrances : « J'ai épluché tous mes ognons. »

— Se placer en rang d'ognons : parmi des gens de distinction (ou plutôt sur une même ligne, ou dans une assemblée où l'on n'est pas invité). Viendrait d'Artus, baron d'Ognon, maître des cérémonies aux États de Blois (1576).

Cette locution vient sans doute de l'habitude de réunir les ognons en chapelets, en tenant les tiges pour en former des rangées qu'on appelle en Provence des *rets* (*restis*, corde).

Bien des gens se mettent en rang d'ognons, qui ne valent pas une échalotte.

— Marchand d'ognons se connait en ciboules. (Voy. *connaître*.)

Ogre, de *ogour*, nom du peuple dont descendent les Hongrois ; ou du danois *hungre* ; affamé, vorace ; ou du latin *orcus* ?

— Manger comme un ogre : avidement.

— On appelle *ogres*, dans les contes des fées, des hommes voraces qui mangent les petits enfants.

Cette croyance aux ogres semble venir de la terreur qu'inspirait, au Moyen-Age, l'invasion des Hogres ou Ogours, dont la cruauté a laissé dans les souvenirs populaires la tradition d'anthropophagie qui était sans doute habituelle à ces barbares, et dont les annales contemporaines ne parlent qu'avec horreur.

Suivant nos crédules aïeux, l'ogre est une espèce de géant, sauvage et cruel, très avide de chair humaine, et particulièrement de la chair des enfants.

Oie, latin *auca*, anciennement *oue*, qui s'est transformé par le changement de *ou* en *oi*, qui se retrouve dans une foule de mots. Exemple : *noue*, noix.

Cette forme *oue* est restée dans *ouailles*. (Non : les ouailles ne sont pas les oies, mais les brebis du Seigneur.)

— Le nom français *Pédauque* (la reine) est la traduction des mots provençaux *pé d'auca* (pieds d'oie).

— Le mâle s'appelle *jars* (qui a les jambes arquées), parce qu'en marchant, il porte les pieds en dedans.

L'oie sauvage se nomme *gans*, qui a donné peut-être : marcher de guingois ?

— Les oies étaient consacrées à Priape, et entretenues dans son temple. Elles ont la vue bonne, l'ouïe très fine et une vigilance remarquable. Tout le monde connaît l'histoire des oies du Capitole, qui sauvèrent Rome au temps de Manlius. (Voy. Plutarque, *Questions romaines*, ch. 27.)

— Sainte-Beuve, étant sénateur, écrivit, dans un article adressé au *Temps*, au sujet des cours créés par Duruy à la Sorbonne pour les jeunes filles, et vivement critiqués par l'épiscopat : « ...Les évêques ont poussé des cris comme s'il s'agissait de sauver le Capitole. »

— Bête comme une oie. C'est sans doute à sa démarche gauche et disgracieuse que cet animal doit sa réputation imméritée de stupidité.

Si vous aviez vécu du temps des Romains, vous auriez sauvé le Capitole...

X..., le plus fécond des romanciers, gagne beaucoup d'argent, quoiqu'il écrive comme une oie. Cela se comprend, il vit de sa plume.

...Pauvre oiseau auquel vous avez infligé à la fois une injure et un supplice, en méconnaissant ses instincts, jusqu'à en faire le type de la stupidité, et en le torturant, jusqu'à ce que, malade et près de mourir, il livre à la sensualité de nos gourmets ses organes endoloris et tuméfiés ! Art cruel, déjà pratiqué dans l'antiquité. Il est d'invention romaine, car Pline raconte qu'Apicius avait trouvé le moyen de faire grossir le foie des oies, en nourrissant ces oiseaux de figues et d'eau miellée. Est-ce le prix que les Romains devaient aux libérateurs du Capitole ? (G. Saint-Hilaire.)

— L'oie fournit encore à l'industrie des plumes, un duvet, dont la valeur est très grande, mais qu'il faut arracher périodiquement à l'animal vivant.

Oiseau, du latin *aucellum*, diminutif de *avis*.

— Être comme l'oiseau sur la branche, c'est-à-dire dans une grande incertitude.

Manger comme un oiseau : très peu.

Oisiveté, tiré de *oisif*, lui-même venu de *oiseux*, *otiosus*.

— L'oisiveté est la mère de tous les vices : *otiosi vitiosi*.

En ne faisant rien, on apprend à mal faire. (Caton l'Ancien.)

Oysiveté est mère de luxure, ...et qui ousteroyt oysiveté du monde, bientost périroyent les arts de Cupido. (Rabelais, III, 31.)

Otia si tollas, periere Cupidinis artes.
(Ovide, *Remèdes d'amour.*)

Amour est la passion des esperitz otieux. (Rabelais.)

Il vaut mieux travailler sans but que de ne rien faire. (Socrate.)

La paresse n'est pas un vice ; c'est une rouille qui détruit toutes les autres vertus. (Dupont de Nemours.)

— Lorsque la mère du Régent mourut, la malignité avait lancé un trait sanglant, en proposant d'écrire sur le tombeau de cette princesse : « Ci-gît l'oisiveté », c'est-à-dire la mère de tous les vices.

— Un oisif est un animal qui broute le temps.

Oison, diminutif de *oie*, *s* reproduit le *c* de *auca*.

— Oison bridé (auquel on a passé une plume par les narines pour l'empêcher de franchir les haies) : qui a l'intelligence courte.

— Rabelais appelle Bridoye un juge de son temps ; de même qu'il appelle Dindenault un imbécile.

Le nom de Bridoison, que Beaumarchais a illustré dans le *Mariage de Figaro*, a été emprunté par lui à Rabelais (liv. III, ch. 4).

Olibrius, nom propre.

Olibrius, gouverneur des Gaules, qui, selon la légende, fit mourir sainte Reine, vers 450 (?). Il figurait dans les *Mystères*, pour y personnifier le fanfaron.

— Faire l'olibrius : faire le méchant.

Faisons l'olibrius, l'occiseur d'innocents.
(Molière, *Étourdi*, III, 5.)

Oligarchie, du grec *oligoi*, en petit nombre, *arkhê*, commandement.

Forme de gouvernement où le pouvoir est dévolu à un petit nombre de personnes ; c'est une aristocratie limitée à quelques privilégiés.

Tels furent à Athènes les Trente Tyrans ; à Rome, les Décemvirs ; les Deux Triumvirats ; à Venise, le Conseil des Dix.

Olifant, pour *éléphant*, ivoire, cor d'ivoire. (Ancien.)

Olivier, dérivé de *olive*, latin *oliva* ; d'où Ollioules, village où croit l'olivier (6 kil. N. de Toulon).

— L'olivier de la paix : *Oliva imbellis*. (Val. Flaccus.)

Suivant la Mythologie, Neptune et Minerve (en grec *Athéna*), se disputant le droit de donner un nom à la ville de Cécrops, Neptune frappa la terre de son trident, et fit naître le cheval, emblème de la guerre.

Minerve, à son tour, fit naître l'olivier, dont les fruits, objet d'un commerce considérable entre les nations, en font un signe de paix.

Le don de Minerve fut préféré par les aïeux de Périclès, et Minerve eut la gloire de donner son nom à Athènes.

— Sophocle dit : « L'olivier produit ici (dans l'Attique) des fleurs et des fruits en abondance. C'est un arbre planté par la main des Immortels ; jamais, en aucun temps, une main étrangère ne pourra l'extirper du sol, car Jupiter et Minerve veillent sur lui d'un œil attentif. »

— L'olivier a été connu des peuples les plus anciens. Il est originaire de la Syrie et de la Perse.

Cultivé en Grèce, il fut apporté à Marseille par les Phocéens ; mais il était cultivé en Grèce au moins 2.000 ans avant l'ère chrétienne, car, vers 1865, on a trouvé dans l'île de Santorin des constructions de l'âge de pierre, ensevelies comme Pompéi, sous des cendres volcaniques, datant au moins de cette époque reculée, et dont les toitures étaient de bois d'olivier.

— Tournefort dit que le mont Ararat, qu'il visita, et où s'arrêta l'arche de Noé, ne porte pas d'oliviers, et qu'il ne sait où la colombe a pu en aller chercher une branche.

— L'olivier vit plus de trois cents ans, et la vallée de Gethsémani (Jardin des Olives), où fut arrêté Jésus-Christ, est remplie d'oliviers si vieux que l'on est tenté de les croire contemporains du Sauveur.

— La fête des Rameaux, ou Pâques fleuries, a été instituée en mémoire des rameaux d'olivier qui furent jetés sur le passage de Notre-Seigneur, le Dieu de paix, à son entrée à Jérusalem.

— L'olivier a été tué, en grande partie, par le froid, en Provence pendant les hivers de 1709 et de 1820.

Olympe, du grec *Olympos*.

Chaîne de montagnes de la Grèce, d'une hauteur d'environ un mille et demi. Les anciens croyaient qu'elles touchaient le ciel, et imaginèrent que les dieux y faisaient leur résidence et que Jupiter y tenait sa cour. Aussi ce mot, chez les poètes, désigne-t-il le ciel lui-même.

Olympiade, du latin *olympias*, traduit du grec.

Espace de quatre ans qui séparait la célébration des Jeux olympiques, chez les Grecs, à Olympie, dans l'Élide.

Ombre, du latin *umbra*.

— Quand le soleil est couché, toutes bestes sont à l'ombre. (Rabelais.)

On dit de même : La nuit, tous les chats sont gris.

— Suivant la Mythologie, le corps de l'homme après sa mort était réduit en cendres ; son ombre, *simulacrum*, *umbra*, descendait dans les Enfers, soit au Tartare, soit aux Champs-Élysées.

Oméga, dernière lettre de l'alphabet grec (*o* long, par opposition à *omicron*, *o* bref).

— L'alpha et l'oméga : le commencement et la fin.

L'*alpha* est la première lettre de ce même alphabet, où l'*oméga* occupe le dernier rang.

Omelette, étymologie fort incertaine, peut-être *œufs mêlés*.

On lit *œumelette* dans une pièce du théâtre italien, de 1692.

— « On ne peut faire une omelette sans casser des œufs », disait Bonaparte à un religieux du Mont-Saint-Bernard, qui se plaignait des dégâts que faisait son armée en traversant les Alpes.

Le frère cuisinier, qui se trouvait là, reprit : « C'est vrai, général, mais à quoi bon tant d'omelettes ? »

Omnibus, mot latin, qui signifie *pour tous*.

— Ce mot a été créé pour désigner de grandes voitures publiques de transport pour les voyageurs. Il en a circulé à Paris, pour la première fois, en 1828. La première idée en est due à Pascal, et l'on en avait fait essai en 1672. (Voy. *Revue des Deux-Mondes*, 1869, art. de M. du Camp.)

— Le véritable omnibus est le corbillard.

On, l'on, du latin *homo*, dont l'accusatif a donné *homme*.

Vaugelas remarque que ces mots sont les abréviations de *homme*, *l'homme*. Dans les anciens actes, il est écrit : *hom* ou *l'hom* fait savoir, pour *on* ou *l'on*.

Les Italiens disent de même *huom*, et les Allemands *man*, homme.

— Se moquer du *qu'en dira-t-on*, veut dire qu'on ne se préoccupe pas de l'opinion des hommes, du public.

— *L'on* est un chroniqueur anonyme, le rédacteur anonyme, le rédacteur en chef du Scandale, journal raconté à vingt-quatre éditions par jour.

— **On dit...** Cette formule banale est la ressource des sots qui invoquent l'opinion publique à l'appui de leurs médisances. Mais, si *on dit* est un sot, on pourrait ajouter *ouï dire* est un idiot. On accepte trop volontiers de la foule, et sans examen, tous les bruits qui courent les rues, surtout lorsqu'ils touchent au scandale et satisfont notre malignité naturelle. Citer *on dit*, c'est se faire le complice d'une médisance ou d'une calomnie.

On, onne, suffixe parfois diminutif, qui sert à dériver un grand nombre de substantifs. Il vient peut-être du grec *dion* (!) qui a un emploi analogue dans des mots comme *oikidion*, petite maison, *pyramidion*, petite pyramide; ou encore de *son* (?) qui, dans les langues du Nord, signifie fils, petit.

Ainsi, nous disons : chaton, petit chat; ânon, aiglon, raton; cordon, petite corde; cabanon; Saxon, enfant de la Saxe; Louison, petite Louise; nourrisson, le petit nourri par sa mère; polisson, enfant des rues; patron-minet, petit chat; poltron ou poultron, le petit de la poultre, ou jument.

Quelquefois cette désinence est augmentative, comme dans : biberon, grand buveur; ballon, grosse balle.

Once, du latin *uncia*.
— Ça ne pèse pas une once : c'est une affaire peu importante, facile.
— L'once était la douzième partie de l'as, ou livre romaine. C'était aussi la douzième partie du pied; d'où l'on appelait les grandes lettres dans les inscriptions, qui avaient un pouce de haut, « lettres *onciales* ».

Ongle, du latin *ungula*; autrefois féminin.
— Unis comme la chair et l'ongle.

Tot temps serai ab lieys cum carn et ungla.
(A. Daniel.)

(Je serai toujours avec elle comme la chair et l'ongle.)

Onguent, du latin *unguentum* (de *ungere*, oindre).
Nom générique de toutes les pommades à base de graisse, de cire ou d'huile, qui sont employées en médecine.
— Les Latins appelaient *unguenta*, les préparations balsamiques en usage dans la toilette. Nous avons remplacé ce mot par *pommade* qui ne le vaut pas.
— Dans les petites boîtes, les bons onguents. *Onguent* est pris ici

dans le sens de parfum, essence. Les essences, en effet, peuvent se condenser sous un très petit volume.

On fait usage de ce proverbe, comme d'une espèce de compliment de condoléance, pour les personnes qui paraissent s'affliger de l'exiguïté de leur taille.

Onomatopée, du grec *onoma*, nom, *poiéô*, je fais.

Terme de grammaire. Mot dont le son imite l'action ou l'objet représentés.

Ce mot, qui fait les autres, ne s'est certainement pas fait lui-même.

« L'onomatopée, dit Dumarsais, est une figure par laquelle un mot imite le son naturel de ce qu'il signifie. »

Elle a contribué pour beaucoup à la formation des mots. Presque tous les noms qui désignent les cris des animaux, et les animaux eux-mêmes, sont des onomatopées. Ainsi : *cri-cri, coucou, ara,* etc.

— Onomatopées tirées d'un *mystère* de la Nativité :

Un coq (d'une voix claire et brève) : *Christus natus est.*

Un bœuf, mugissant : *Ubi.*

Un agneau, bêlant : *Beth-léem.*

Un âne, brayant : *Ia-mus.*

— Barboter, bombe, boum, cahot, caquet, chuchoter, claque, clinquant, cliquetis, crac, crécelle, croassement, drelin-drelin, fanfare, frelon, frire, froufrou, gargariser, gazouiller, glouglou, hanneton, hennir, hoquet, miauler, pet, râle, rataplan, rincer, roucouler, siffler, tam-tam, tic-tac, tinter, trictrac, turlututu.

At tuba terribili sonitu tarantara dixit.
(ENNIUS.)

Opéra, de l'italien *opera ;* proprement *œuvre.*

— Inventé par les Italiens, l'opéra fut introduit en France, en 1645, par Mazarin. Le premier opéra français fut fait par l'abbé Perrin, et la musique par l'organiste Lambert. Ces deux auteurs obtinrent, en 1669, un privilège qu'ils cédèrent, en 1672, à Lully.

Le premier ballet introduit dans l'opéra fut *le Triomphe de l'Amour,* donné à Saint-Germain (21 janvier 1681).

Opérette. L'opéra-bouffe d'Offenbach et Cⁱᵉ est une triste création du second Empire, qui tire son enthousiasme de l'absinthe, sa poétique du carrefour, et ses effets de la profanation systématique de toutes les admirations honnêtes de l'humanité. Offenbach a inventé une chose introuvable jusqu'alors pour le théâtre, une chose répugnante et triviale, qui est de réunir dans une œuvre le mauvais ton au mauvais goût.

Opiner, du latin *opinari*, donner son opinion, penser.

D'où *inopiné*, ce à quoi on ne s'attendait pas.

— Opiner du bonnet. Dans les assemblées, on ôtait son bonnet en signe d'assentiment ; c'est-à-dire acquiescer sans mot dire.

Opinion, du latin *opinio*, manière de penser.

— L'opinion est un suffrage donné dans un concours de voix. L'avis est un témoignage en faveur d'un parti. Le sentiment sous-entend la sincérité.

On peut être obligé de donner son avis contre son sentiment, et de se conformer aux opinions du grand nombre.

— On appelle *opiniâtre*, celui qui tient trop à son opinion.

« C'est votre opinion ? — Quand je dis quelque chose, c'est toujours mon opinion. »

— Il en est des opinions comme de nos montres : pas une ne va comme les autres, et tout le monde se rapporte à la sienne. (Pope.)

— Les opinions sont libres. On ne doit combattre l'opinion que par le raisonnement ; on ne tire pas de coups de fusil aux idées. (Rivarol.)

On dit aussi : « Toute opinion consciencieuse est respectable. » Cette maxime est absurde, parce qu'elle conduirait à absoudre le voleur qui prend tout en conscience, et l'assassin qui tue d'après des principes dont il est bien convaincu (?). Faudra-t-il aussi respecter les stupidités de la bêtise humaine et les préjugés de la routine, qui sont l'évangile des sots et des fanatiques ? Abattons bien vite ce paravent trop complaisant de la conscience, et ne respectons que ce qui est honnête et juste.

— Changer d'opinion. Synonymes : changer de gamme, de note ; déchanter, chanter la palinodie ; tourner casaque.

Optimisme, du latin *optimus*, le mieux, le meilleur ; et non de *opter*.

Doctrine opposée au *pessimisme*.

Ce système ne voit, dans le monde moral et dans le monde physique, qu'un élément de l'ordre universel, et affirme, avec Leibnitz et Malebranche, que tout est bien par rapport à tout. Il s'appuie sur l'idée de la sagesse et de la bonté de Dieu.

— Le docteur Pangloss (Voltaire, *Candide*) est une belle caricature de l'optimisme.

Or, du latin *aurum*, à rapprocher d'*aura*, éclat, et d'*aurora*.

Corps simple, métallique, d'une couleur jaune et brillante.

Il a été appelé le « Roi des métaux » par les alchimistes, qui, par suite, avaient appelé « eau régale » un mélange liquide d'acide nitrique et d'acide muriatique, qui est le dissolvant de l'or.

On l'appelle aussi le « vil métal », parce qu'il corrompt.

— On demandait à un roi de Sparte pourquoi les Lacédémoniens n'avaient pas de trésor : « C'est, dit-il, afin de ne pas corrompre ceux qui en auraient la clef. »

— L'or et la vertu semblent placés dans les deux côtés d'une balance, et l'on ne peut ajouter au poids du premier, sans que l'autre devienne aussitôt plus léger. (Platon.)

L'or, semblable au soleil, qui fond la cire et durcit la boue, développe les grandes âmes, et durcit les mauvais cœurs. (Rivarol.)

— En argot, on appelle l'or *orient*, jeu de mots pour *or riant*, qui plait à tous.

Placer, lieu où l'on trouve l'or en Californie, signifie aussi *plaisant*.

— On trouve dans les terrains aurifères des morceaux d'or pur, qu'on appelle *pépites* en Californie, et *nuggets* en Australie.

En 1842, on a extrait des monts Ourals une pépite pesant 35 kilog. Elle est conservée au Musée de Saint-Pétersbourg.

En 1858, on a trouvé à Ballarat (Australie), à 54 mètres de profondeur, un nugget de 70 kilog. d'or très pur. Il fut baptisé du nom de Welcome, le bien venu, et vendu 262.000 francs.

— Or de Toulouse. Avoir de l'or de Toulouse était une locution proverbiale chez les Gaulois et chez les Romains, pour signifier une destinée funeste. On suppose que le général Cépion, qui avait pillé les temples de Toulouse, et en avait tiré une grande quantité d'or, fut battu par les Cimbres, et perdit son armée et ses trésors.

Or de Tholose — duquel parlent Cicero, de *Natura deorum*, liv. III ; Aulu-Gellius, liv. III ; Justin, liv. XXII ; Strabo, liv. IV — pourta malheur à ceulx qui l'empourtèrent : sçavoir Cépio, consul romain et toute son armée, qui tous, comme sacrilèges, périrent malheureusement. (Rabelais.)

— On disait aussi dans l'antiquité, d'un homme voué à la mauvaise chance : « Il a le cheval de Séjan » ; parce que le cheval de Séjan fut funeste à son maître et à ceux qui le possédèrent après lui : Dolabella, Cassius, Marc-Antoine. (Aulu-Gelle, III, 9.)

— Adorer le veau d'or.

> ...Il vit l'homme hypocondre
> Adorer le métal que lui-même il fit fondre.
>
> (Boileau, *Satire* VIII.)

— Les Américains voyant l'avidité des Européens pour l'or, croyaient que c'était le dieu qu'ils adoraient, et lui adressaient des prières pour qu'il fit cesser les persécutions dont ils étaient l'objet.

— Dans l'Ouest de la France, par une métaphore hardie, on appelle « religion sonnante » le culte que tant de gens professent pour l'or.

— La clef d'or ouvre toutes les portes ; aussi tous les efforts des hommes tendent à se procurer ce talisman, qui conduit à tout, excepté peut-être au bonheur.

Le rameau d'or que la Sibylle de Cumes fit prendre à Énée, pour lui ouvrir la route des Enfers, fut aussi le talisman qui ouvrait les lieux les plus inaccessibles, les portes les mieux closes. Arrivé au palais de Pluton, Énée attacha le rameau à la porte, et elle s'ouvrit.

— La soif de l'or.

> *Auri sacra fames.*
>
> (Virgile, *Enéide*, III, 57.)

La soif de l'or a toujours éteint dans les hommes tout sentiment d'humanité. (Rollin.)

L'avidité de Crassus lui fit porter la guerre chez les Parthes. Vaincu, sa tête fut portée au roi Orodès, qui lui fit couler de l'or fondu dans la bouche, en disant : « Rassasie-toi de ce métal, dont ton cœur a été insatiable. »

Cette passion violente a été combattue de tout temps par les moralistes, qui ont blâmé l'amour des richesses, mais n'ont pu convertir personne.

L'occasion aidant, ils ont prouvé que tous leurs raisonnements ne les avaient pas convaincus eux-mêmes.

— On demandait à Simonide ce qui était le plus à souhaiter, des richesses ou de la sagesse : « Je ne sais, dit-il, mais je vois beaucoup de sages venir faire la cour aux riches. »

— Tout ce qui reluit n'est pas or.

> Tout n'est pas or ce qui reluit,
> Ni farine ce qui blanchit.

— La boue devient brillante quand le soleil luit. (Gœthe.)

— Valoir son pesant d'or. Se dit d'une chose de prix.

Michelet attribue comme origine à cette expression, l'usage

ancien de donner aux parents d'un homme tué le poids de son corps en or ou en argent pour les dédommager. Un homme de cent kilogrammes vaudrait à ce compte 300.000 francs.

— L'or est une chimère... pour ceux qui n'en ont pas.

L'or, c'est le nerf de l'intrigue. (Beaumarchais, *Barbier*.)

Oracle, du latin *oraculum* (de *orare*, parler).

— Parler comme un oracle ; c'est un oracle. C'est-à-dire : il est infaillible.

<blockquote>Cet oracle est plus sûr que celui de Calchas.
(Racine, *Iphigénie*, III, 2.)</blockquote>

— Plutarque dit qu'un pâtre nommé Coritas découvrit l'oracle de Delphes, en voyant ses chèvres agitées pousser des cris extraordinaires, quand elles approchaient d'une cavité d'où sortaient des vapeurs. Cet oracle fut longtemps le plus renommé. Apollon y fit ses réponses en vers pendant plusieurs siècles ; mais, comme les mauvais plaisants riaient des vers du dieu de la poésie, il répondit en prose.

— L'oracle de Dodone, au dire de Suidas et d'Aristote, n'était qu'une suite de bassins de cuivre suspendus en cercle. Leur choc, provoqué par le vent, ou par l'artifice des prêtres, produisait un retentissement épouvantable. (Voy. Fontenelle, *Histoire des oracles*.)

— Rabelais (III, 23), après avoir énuméré les oracles les plus célèbres de l'antiquité, ajoute : « Mais vous sçavez que tous sont devenuz plus mutz que poissons, depuys la venue de celluy roy servateur, ouquel ont prins fin tous oracles et toutes prophéties, comme advenant la lumière du cler soleil, disparent tous luttins, lamies, lémures, garoux, farfadets et ténébrious. »

— La marguerite est l'oracle des amants. « La jeune fille l'interroge sur les secrets de l'avenir : sa blanche main effeuille un à un les pétales de cette frêle et tendre fleur, et selon que le charmant oracle a répondu, un baiser ou une larme tombe sur ses débris. » (Mme Marie-Rose Patout, *Plantes médicinales des environs de Toulon*.)

Orange, du latin *aurum, pomum aurantii* (?).

Semble plutôt tiré de l'arabe *narandj*, devenu *arange*, puis *orange*, sous l'influence de *or*.

— L'oranger, dont la fleur est d'argent, et dont le fruit est d'or.

Les pommes d'or des Hespérides.

Type de la famille des aurentiacées, qui comprend le citronnier, le cédratier, le limonier, le bergamottier, etc.

L'oranger et le citronnier, originaires d'Afrique, ont été transplantés en Provence par les colonies grecques.

Hercule, suivant la Fable, les avait apportés en Grèce du jardin des Hespérides, que les Géorgiques placent en Afrique.

— Au XVIIe siècle, les oranges étaient encore rares en France, puisque Mlle de Montpensier dit dans ses Mémoires : « Monsieur vint me voir et me donna des oranges de Portugal. »

Mme de Sévigné écrit, à l'occasion du mariage de Mlle de Louvois, qui eut lieu le 24 novembre 1679 : « On a fait venir le printemps ; tout était plein d'orangers fleuris. »

— Eau de fleur d'orange. *Fleur*, dans cette expression, vient de *fleurer*, qui signifie répandre une bonne odeur. On dit : cela fleure bon ; on ne dirait pas : cela fleure mauvais.

Fleur d'orange peut s'expliquer aussi par : fleur qui produit l'orange ; la fleur d'où résulte le fruit. (Voy. *fleur*.)

En réalité, *orange* s'est dit autrefois pour *oranger*, et l'expression équivaut à eau de fleur d'oranger.

— Un bouquet de fleurs d'oranger est un brevet d'innocence S. G. D. G.

La couronne de soucis que portent les jeunes filles bulgares, le jour du mariage, est un symbole plus significatif et moins trompeur que le bouquet de fleurs d'oranger.

— Les orangers de Versailles, taillés en boule sur des caisses carrées, datent du temps où les ifs prenaient la forme de cigognes, où les buis devenaient des vases, où il semblait qu'à l'exemple du roi, des courtisans et des dames, tout, jusqu'aux arbres, devait porter perruque et panier.

Orateur, du latin *orator* (*orare*, parler).
— L'orateur doit instruire, plaire, toucher.
— O Cicéron ! Démosthène t'enlève la gloire d'être le premier orateur, et tu lui ôtes celle d'être l'unique.
— Cicéron compare le nombre des orateurs qui sortirent de l'école du célèbre Isocrate, à celui des guerriers qui sortirent des flancs du cheval de Troie.
— On plaça sur le tombeau d'Isocrate une Sirène.

Oratoire, de *oratorius*.
— L'ordre de l'Oratoire était une congrégation d'ecclésiastiques

qui ne faisaient point de vœux. Fondé à Rome par Philippe de Néri, mort en 1595.

Le cardinal de Bérulle l'établit en France en 1612.

Ordinaire, qui est dans l'ordre, habituel.

— Dîner avec la soupe et le bœuf. Dans les gargottes de Paris, les plats pris en sus de l'ordinaire sont appelés *extra*. (Voy.)

Ordonner, *ordinare*, mettre en ordre.

Donner un ordre, commander.

Dans le langage familier, on dit : Madame J'ordonne, mot très bien fait, et qui exprime bien la nuance du commandement exercé avec sottise et vanité, à tout propos et hors de propos.

Ordre, du latin *ordinem* (de *ordo*).

— Tranquillité. De 1860 à 1869, M. Haussmann, préfet de la Seine, a dépensé deux milliards pour les embellissements de Paris. Les crédits de la Ville avaient été dépassés de 500 millions, en février 1869, lorsque M. Rouher dit à la Chambre qu'« on avait pu ainsi donner du travail aux ouvriers, et traverser une longue période sans émeutes ».

Semblable à Caussidière, M. Haussmann avait fait ainsi de l'ordre avec du désordre : ordre dans la rue, désordre dans les finances.

Le préfet de police Caussidière a eu aussi pour imitateur, en 1871, Cluseret, généralissime de la Commune, qu'on a appelé « l'organisateur de la désorganisation ».

— Distinction, décoration militaire.

— Le sacrement qui donne un caractère sacré aux ecclésiastiques. La collation de la prêtrise s'appelle *ordination*.

On distingue quatre ordres mineurs et trois majeurs. Les mineurs sont ceux de portier, d'exorciste, de lecteur et d'acolyte. Les majeurs sont : le diaconat, le sous-diaconat et la prêtrise.

Ordure, dérivé de l'ancien adjectif *ord* (*horridus*, et non de *sordidus*).

La langue a conservé *ordure*, et abandonné *ord*, que remplace mal le mot *sale*.

— Mots orduriers. (Voy. *obscène*.)

Oreille, anciennement *aureille*, du latin *auricula*, diminutif de *auris*. On a employé aussi *ouyes*, *ouïes*.

> Confesser vous faut des ouyes,
> Des yeux, du nez et de la bouche.
> *(Testament de Patelin.)*

Nature me semble non sans cause nous avoir formé aureilles ouvertes, n'y opposant porte ni clousture aulcune, comme ha faict aux yeulx, langue et aultres issues du corps. La cause je cuyde estre affin que tous jours, toutes nuictz, continuellement puissions ouyr, et par ouye perpétuellement apprendre. (Rabelais, III, 16.)

L'homme devant ouïr pour lui-même, l'oreille a été placée sur les côtés de la tête, presque cachée et sans ornement. (G. Sand.)

— Oreilles chastes…, comme celles dont parle Rabelais (IV, 43) : «…Les sanctimoniales (saintes recluses) qui appellent un pet virginal un sonnet », c'est-à-dire un petit son.

C'est peut-être de ces décentes nonnains qu'on appelle « pet de nonne » un petit beignet de la grosseur d'une noix.

— Autant vous en pend à l'oreille, …ou à l'œil.

Cette locution fait allusion au dénoûment d'une farce intitulée : *Sœur fessue*, qui est le sujet du *Psautier*, de La Fontaine.

— Avoir l'oreille basse : être confus, humilié.

C'est l'idée inverse qu'exprime le proverbe : Sac plein dresse l'oreille.

> *Demitto auriculas, ut iniquæ mentis asellus.*
> (HORACE.)

> Serrant la queue et portant bas l'oreille.
> (LA FONTAINE.)

Au contraire, on dresse l'oreille quand on est fier du succès.

— Faire les enfants par l'oreille.

> Votre simplicité, qui semble sans pareille,
> Demande si l'on fait les enfants par l'oreille.
> (MOLIÈRE, *École des Femmes*, V, 4.)

On chantait autrefois, dans une prose de la Vierge :

> *Gaude, virgo mater Christi,*
> *Quæ per aurem concepisti.*
> (Miniature de l'Annonciation.)

> Sitôt qu'eut parlé Gabriel,
> La Vierge conçut l'Éternel
> Par une divine merveille.
> L'Archange ainsi l'avait prédit,
> Et de là peut-être a-t-on dit :
> Faire les enfants par l'oreille.

Rabelais raconte ainsi comment Gargamelle fit Gargantua par l'oreille : « …Par cest inconvénient furent au-dessus relaschés les cotylédons de la matrice, par lesquels sursaulta l'enfant, et entra en la veine creuse, et gravant par le diaphragme jusqu'au dessus des espaules, où la dicte veine se part en deux, print le chemin à gauche, et sortit par l'aureille senestre... »

Et plus bas : « Car je vous dis que si Dieu voulait, les femmes auraient doresenavant leurs enfants par l'aureille. Bacchus ne fut-il pas engendré par la cuysse de Jupiter ? Roquetaillade nasquit-il pas du talon de sa mère ? Croquemouche, de la pantouffle de sa nourrice ? Minerve nasquit-elle pas du cerveau par l'aureille de Jupiter ? Adonis, par l'escorce d'un arbre de mirre ? Castor et Pollux, de la coque d'un œuf pondu par Léda ? »

— Je vous couperai les oreilles, ...si...

La loi salique punissait de l'amputation des oreilles tout vilain qui aurait osé approcher d'une femme noble pour la caresser.

— L'oreille est le chemin du cœur. (Voltaire.) (Voy. *fleurettes*.)

— Les Latins appelaient *auricularius* un conseiller intime.

Nous disons, dans un sens approchant : avoir l'oreille de quelqu'un.

C'est à cause de ces rapports intimes avec l'oreille, que le petit doigt a été appelé *auriculaire*.

— L'oreiller, sur lequel repose l'oreille, s'appelait autrefois *conseiller*, mot qui est devenu *coussin* (?).

On dit encore : consulter l'oreiller ; la nuit porte conseil.

— Il vaut mieux en croire ses yeux que ses oreilles.

Pluris est oculatus testis unus, quam auriti decem.
(Plaute.)

C'est-à-dire : mieux vaut un témoin oculaire que dix témoins auriculaires.

Ne vous en rapportez qu'à vos yeux, et ne vous fiez jamais à ce qu'on vous dira. (Mme Campan.)

— Se faire tirer l'oreille : se faire beaucoup prier.

Chez les Romains, lorsqu'un homme était assigné devant le préteur, et qu'il ne comparaissait pas, l'offensé avait le droit de l'y mener en le saisissant par l'oreille.

— Avoir la puce à l'oreille. (Voy. *puce.*)
Les oreilles ont dû vous tinter. (Voy. *tinter.*)
Dormir sur les deux oreilles. (Voy. *dormir.*)
Les murs ont des oreilles. (Voy. *mur.*)

Orfèvre, du latin *auri faber,* ouvrier qui façonne l'or.

— L'orfèvre fabrique de la vaisselle, des vases, des flambeaux, des couverts d'or ou d'argent ; l'orfèvre-bijoutier fabrique et vend des bijoux ; l'orfèvre-joaillier vend des diamants, des perles, des pierres précieuses.

> Vous êtes orfèvre, Monsieur Josse...
> (Molière, *Amour médecin*, I, 1.)

C'est-à-dire : vos conseils sont intéressés.

— Le contrôle de garantie pour l'orfèvrerie d'argent coûte 11 francs le kilogramme ; pour celle d'or, 200 à 205 francs.

— L'argenterie se revend au poids 200 francs le kilogramme. L'or des bijoux se revend 2 francs à 2 fr. 25 le gramme.

Orgies, du latin *orgia*, tiré du grec *ta orgia*.
Les fêtes de Bacchus, appelées aussi *Dionysiaques*. Elles correspondaient aux Bacchanales des Romains, et avaient été instituées en souvenir des conquêtes de Bacchus dans l'Inde.

On y faisait des processions où l'on portait le phallus, et dans lesquelles se commettaient toutes sortes de débauches.

Il y avait aussi à Rome les orgies de Cybèle, de Cérès ; mais à cause des excès qui s'y commettaient, le Sénat les prohiba en l'an 528.

Orgue, du latin *organum*, tiré du grec *organon*, instrument.

— Saint Augustin se sert du mot *organa* pour désigner l'ensemble des instruments de musique, bien que l'instrument appelé *orgue* existât déjà à cette époque.

— *Orgue* est masculin au singulier, et féminin au pluriel : un bel orgue, de belles orgues. L'usage le veut ainsi, et l'Académie elle-même s'incline sans protester contre cette irrégularité ; de sorte qu'il faut dire : « C'est un des plus belles orgues que j'ai jamais vu » *(sic)*.

— En 757, Pépin, père de Charlemagne, reçut en présent le premier orgue qui ait paru en France. Il fallait que ce fût un orgue de Barbarie, mu par une manivelle, car il n'y avait alors personne en France qui fût capable de toucher un clavier.

A cette époque, on prononçait *ogre;* ce n'est que longtemps après qu'on dit *orgue* et *organon*.

— Orgue de Barbarie. Les premiers instruments de ce genre furent fabriqués par un luthier de Modène, nommé Barberi. On les appelait orgues de Barberi, comme on dit : un piano d'Érard ou de Pleyel. C'est par corruption que le peuple a adopté l'expression actuelle.

— Jouer de l'orgue de Barbarie : moudre des airs.

Orgueil, du grec *orgao*, être gonflé, parce que l'orgueil est l'enflure du cœur ; ou de l'allemand *urgoli*, qui est supérieur.

C'est peut-être aussi la même origine que pour *orgue*(?), tube sonore et plein de vent.

— L'orgueil déjeune avec l'abondance, dîne avec la pauvreté, et soupe avec la honte. (Franklin.)

Les orgueilleux ont cela de bon qu'ils se chargent volontairement de presque toutes les corvées sociales et se contentent d'une récompense platonique : des croix et l'approbation du public.

L'orgueil est la maladie du génie et le tic de la médiocrité.

L'orgueil ambitionne la gloire ; la vanité se contente de la gloriole.

L'orgueil perd beaucoup d'hommes ; la vanité beaucoup de femmes. (M. G.)

La femme se sauve quelquefois par l'orgueil, elle se perd toujours par la vanité. (M. G.)

L'orgueil de l'or est aussi ridicule que l'orgueil des haillons.

— On dit d'un orgueilleux : c'est une statue qui cherche son piédestal.

— Synonymes : avoir de l'orgueil ; faire jabot ; se pousser du col.

Orient, du latin *oriens, orientem*, qui se lève.

Celui des quatre points cardinaux où le soleil se lève.

Oriflamme, latin *auri flamma*.

— C'était l'enseigne militaire de saint Denis, patron de la France et premier évêque de Paris. Le roi de France était l'avoué de l'abbaye, et son *signifer*.

L'oriflamme était en soie rouge, terminée par trois pointes, et attachée à une lance dorée ; d'où son nom.

Oripeau, de *auri pellis*.

Lame de cuivre très mince, polie et brillante, qui a l'apparence et l'éclat de l'or. (La Crusca.)

Orme, du latin *ulmus*, devenu d'abord *olme*.

> Attendez-moi sous l'orme,
> Vous m'attendrez longtemps,

dit la chanson. En d'autres termes : je ne reviendrai pas.

Autrefois, il y avait ordinairement sur les places, devant les églises, un orme sous lequel se tenaient les assemblées, où se passaient certains actes publics. « Attendez-moi sous l'orme », disait-on à un ennemi qu'on menaçait de le citer devant le bailli, qui rendait la justice sous l'orme planté devant le manoir seigneurial.

Attendre quelqu'un sous l'orme signifiait ne pas craindre d'être attaqué par lui en justice.

— ...Le cardinal Patrucci les attend sous l'orme (les juges de l'Inquisition), et ils n'oseront l'attaquer. (Sévigné.)

Cette locution a passé depuis au sens ironique de ne pas vouloir faire ce que quelqu'un demande, ou de ne pas croire à une affirmation.

C'est la comédie de Regnard (1694) : *Attendez-moi sous l'orme*, qui a popularisé cette locution. La scène se passe sous l'orme d'un village, où Lisette donne à Dorante un rendez-vous auquel elle ne se rend pas, et où le chœur chante à plusieurs reprises :

> Attendez-moi sous l'orme,
> Vous m'attendrez longtemps.

— Le Dictionnaire de Trévoux à ce mot dit : « Au village, on place un ormeau devant l'église ; d'où sont venues ces paroles : danser sous l'orme..., juges de dessous l'orme, qu'on appelait aussi juges *pédanés*, c'est-à-dire sans siège, qui rendaient leurs sentences debout *(stantes in pedibus)*, sous un orme ; de là le proverbe : Attendez-moi sous l'orme. »

> ...Chascun vous appelle
> Partout l'advocat dessous l'orme.
> (*Patelin.*)

> Et, du reste, bonsoir, attendez-moi sous l'orme.
> (HAUTEROCHE.)

Il y a aussi une pièce du théâtre italien : *Attendez-moi sous l'orme*.

— L'ambassadeur turc est parti pour Constantinople, où il doit attendre l'impératrice. Sur les rives du Bosphore, y a-t-il des ormes ?... (1869).

Ornière, de *orne* ; anciennement *ourne* ; latin *ordinem*.

L'ornière : le chemin de la routine.

Orphée, nom mythologique.

— En 1848, Lamartine, pendant une grande commotion politique, renouvelait le prodige attribué à Orphée, charmant par sa parole harmonieuse les tigres et les lions rassemblés sous le balcon de l'Hôtel de Ville.

Orteil, du latin *articulum*, doublet de *article*.

Le gros doigt du pied s'appelle orteil, le gros orteil; autrefois orteil se disait de tous les doigts du pied. En provençal, *arteous*, au pluriel, signifie les cinq doigts du pied. *Arteou* rappelle mieux qu'orteil l'étymologie latine.

Orthographe, du grec *orthôs*, droit, *graphô*, j'écris.

— Orthographe phonographique ou phonétique, c'est-à-dire d'après la prononciation.

Marle voulait qu'on écrivit : *éritage, boneur.*

L'idée de rapprocher l'écriture de la prononciation est rationnelle; mais l'exécution est difficile, quand on pense que Voltaire arriva difficilement à faire substituer *Français* à *François*.

Malgré les nombreuses réformes faites depuis Voltaire, les étrangers reprochent, non sans raison, à la langue française les difficultés qu'elle leur présente pour l'orthographe, la prononciation et les homonymes nombreux :

Nous portions nos portions.
Les poules du couvent couvent.
Mes fils ont cassé mes fils.
Il est de l'Est.
Peut-on se fier à cet homme si fier ?
Nous relations ces relations intéressantes.
Nous acceptions les diverses acceptions de ce mot.
Il convient qu'ils convient leurs amis.
Il convient qu'ils obvient à cet inconvénient, etc.

Orviétan, italien *orvietano*, originaire d'Orvieto.

L'orviétan, remède empirique, fut apporté à Paris, en 1647, par Hieronymo Ferrante, d'Orvieto, qui le vendait place Dauphine, appelée alors cour du Palais. La thériaque était la base de cette drogue, qu'il appelait *orviétan*, du nom de son pays.

Le mot est resté dans la langue pour désigner un remède sans valeur, une drogue de charlatan.

Os, du latin *os, ossis,* même sens.

— Les os des animaux forment un cinquième du poids total du corps.

— Deux chiens pour un os : avoir maille à partir.

Sophie Arnould parodia ce proverbe, en l'appliquant à deux amants de Mlle Guimard, actrice célèbre par sa maigreur.

O Salutaris, nom de prière.

— L'usage de chanter cette hymne à l'élévation, ne date que du commencement du xvi° siècle, et fut ordonné par Louis XII après la bataille de Ravenne. Voici le verset :

> *O Salutaris hostia,*
> *Quæ cœli pandis ostium,*
> *Bella premunt hostilia,*
> *Da robur, fer auxilium.*

Les chantres de la chapelle royale remplaçaient les mots *fer auxilium*, par *serva lilium* (garde les lis).

Osanores (dents sans or).

Mot forgé par le dentiste William Roger pour désigner les fausses dents qui se moulent sur la gencive, et tiennent par l'effet de la simple succion, sans crochets ni ligatures.

Osmazôme, du grec *osmé*, odeur, *zomos*, bouillon.

Matière azotée qui se trouve dans la viande et parfume le bouillon, dont il est le principe nutritif.

Ostracisme, du grec *ostrakismos* (de *ostrakon*, coquille).

Sorte de jugement en usage chez les Athéniens, ainsi nommé parce que les citoyens donnaient leur suffrage en écrivant le nom de l'accusé sur une coquille. Le jugement condamnait à un exil de dix ans, qui n'avait rien d'infamant, et ne s'appliquait qu'aux citoyens dont la popularité portait ombrage à la démocratie. Aristide, Thémistocle, Alcibiade, Cimon, Timothée, Iphicrate, Chabrias, furent bannis par ostracisme. (Voy. *témoins*.)

Otage, anciennement *ostage* ; de *hôte* et *agere* (?).

L'otage est l'hôte considéré comme ennemi.

Personne remise à l'ennemi comme garantie d'un traité.

(Semble venir, bien plutôt, de *obsidaticum*, dérivé de *obses, obsidis*, qui en avait le sens en latin.)

Ou, conjonction et adverbe.

Conjonction : du latin *aut*, marque l'alternative, la disjonction.

Adverbe de lieu : du latin *ubi*, prend alors l'accent grave.

Ouaille, pour *oueille* ; du latin *ovicula*, petite brebis ; roman *ovelha*.

Ne s'emploie plus qu'au figuré, et au pluriel, en langage d'église, pour désigner les fidèles, par opposition au pasteur,

A las suas ovelhas m'a donat per pastor. (Guillaume de Tudéla.)
A ses ouailles il m'a donné pour pasteur.

Ouaille se prononçait *oueille*.

> Il m'a bien dict : je cognois mes ouailles,
> Et elles m'oyent en ouvrant les oreilles.
> (C. MAROT.

Ouais, onomatopée.
Interjection de surprise, d'étonnement.
Ouais ! voici qui est plaisant. (Molière, *Malade imaginaire*.)

Ouate, du vieux mot *oue*, qui s'est dit pour *oie* (?), à cause du fin duvet, semblable au coton en rame, qui recouvre les oisons.

— On dit *la* ouate, quoiqu'il n'y ait aucune *h* aspirée ; de même on dit *le* onzième. L'Académie autorise à dire *l'*ouate ; mais l'usage le plus répandu est de ne pas faire l'élision.

Arago écrit dans l'éloge de Bailly : « Mme Bailly avait substitué à la ouate d'un de ses vêtements, le produit en assignats de la vente de leur maison de Chaillot. »

Si Boileau a dit :

> Où sur l'ouate molle éclate le tabis,

c'est que la poésie interdit l'hiatus, et que l'élision le lui évitait.

Oublie, du latin *obeliæ*.
Petits pains coniques, consacrés à Bacchus, dont les Égyptiens avaient fait *obélisques* par antiphrase (?).
La forme ancienne *oublée*, suppose plutôt *oblata*, offerte.
Gaufre très mince en forme de cornet.
Oublie est dit pour *hostie*, à cause de la ressemblance avec le pain des hosties. (Furetière.)

Cette pâtisserie était connue dès le XIIIe siècle, et l'on criait déjà dans les rues, le soir après souper : « Voilà le plaisir, Mesdames, voilà le plaisir ! »

Oublier, du latin *oblitare* (de *oblitus*, participe de *oblivisci*).
Provençal *oblidar*, de *ob* et d'un radical *liv*, qui se rattache à *livor*, *lividus*, pâle :

> Lividas obliviones.
> (HORACE.)

— Synonyme : boire l'eau du Léthé.
— Comme ma grand'mère, qui tant plus disait sa patenostre, et moins la savait ; si enfin qu'elle la dit tant et tant qu'elle l'oublia. (*Moyen de parvenir.*)
— Ne m'oubliez pas. Myosotis, la fleur du souvenez-vous.
On l'appelle aussi : plus je vous vois, plus je vous aime.

En allemand : *Vergiss mein nicht.*

— L'oubli n'est qu'un palimpseste ; qu'un accident survienne, tous les effacements reviennent dans les interlignes de la mémoire étonnée. (V. Hugo.)

Oubliettes, dérivé du précédent.

Cachots souterrains où l'on enfermait des prisonniers condamnés à une réclusion perpétuelle, et sur lesquels s'appesantissait un éternel oubli.

Dans les couvents, on les appelait *in pace.* (Voy.)

Oui, anciennement *oïl* ; du latin *hoc illud*, c'est cela. Adverbe affirmatif.

— Au Moyen-Age, la France était partagée en langue d'*oïl* et en langue d'*oc*.

La langue d'oc comprenait toute la France méridionale, au-delà de la Loire, et non, comme on l'a cru la seule province de Languedoc. On lit, en effet, dans Froissard (ch. 157): « Le duc de Berry eut le gouvernement de la langue d'oc, et le duc de Bourgogne celui de la langue d'oïl. »

— Le signe de consentement, au XIIe et au XIIIe siècle, était *oïl* dans la langue du nord de la France. « Oïl, sire. » *(Chanson de Roland,* stance 50.)

Dans le Midi, on disait *oc*, et c'est à ce mot que la langue des Troubadours devait son nom de langue d'*oc*.

On disait aussi *ho* et *o* pour *oïl* et *oc*.

> *Que il ne set ne ho ne non.*
> (RUTEBEUF.)

> *Toz coiz se tint, ne dist, ne ho ne non.*
> *(Chanson de Roncevaux.)*

Oïl devint ensuite *ouïl* et *oui*.

> *Velz-tu faire mon conseil ? — Certes, dame, ouïl.*
> *(Roman des Sept Sages.)*

— Prononcer le grand oui : se marier.

— Les deux mots les plus courts à prononcer, oui et non, sont ceux qui demandent le plus d'examen.

— La femme vertueuse dit non ; la passionnée, oui ; la capricieuse, oui et non ; la coquette, ni oui ni non.

— Réponse de Normand : ni oui ni non. (Voy. *Normand.*)

— Oui-et-Non. Bertrand de Born donna ce sobriquet à Henri II, roi d'Angleterre, pour caractériser la politique versatile de ce monarque.

En oc et no conais qu'un das mi plomba.

(Je reconnais que le seigneur Oui-et-Non me plombe un dé.)

Non es bo, de ço que reys autreya,
Quant a dig d'oc, que pueis diga de no.

(B. DE BORN.)

(Il n'est pas bon, de ce qu'un roi octroie, quand il a dit oui qu'il dise non ensuite.)

On remarquera aussi dans cette phrase de B. de Born l'explication de la locution provençale : *Faù pas dire de oui.*

Hippocrate dit oui, et Gallen dit non.

(Voy. *Hippocrate.*)

Ourdir, du latin *ordiri*, commencer, faire une trame.

Est peut-être pour *horder*, faire une clôture : *hordel, hordies* signifiaient claies ou clôture.

Au propre : disposer les fils qui doivent former la chaîne d'un tissu.

Au figuré : ourdir, tramer un complot.

Ours, du latin *ursus*.

— Un ours mal léché : un brutal, un homme peu sociable.

— Isidore dérive *ours* du latin *orsus*, commencé, ébauché, parce qu'il est difforme en naissant, et que sa mère semble l'achever en le léchant, comme le sculpteur achève sa statue par de légers coups d'ébauchoir, ce qui s'appelle, en style d'atelier, lécher son ouvrage.

Aristote et Pline disent aussi que les oursons sont très mal faits et que leur mère corrige ce défaut de forme en les léchant.

— Comme ung ours naissant, n'ha pieds, ne mains, peau, poil, ne teste ; ce n'est qu'une pièce de chair rude et informe. L'ourse, à force de leischer, le met en perfection de membres. (Rabelais, III, 42.)

Toute sa personne velue
Représentait un ours, mais un ours mal léché.

(LA FONTAINE, *Paysan.*)

— L'ourse léchait chaque instant son ourson. (Mercure, juin 1734.)

— Le pavé de l'ours. (La Fontaine, *l'Ours et l'Amateur des jardins.*)

Il faut se défier, dans le monde, de ces lourdauds qui ne sauraient vous obliger sans vous marcher sur les pieds.

— Il ne faut pas vendre la peau de l'ours avant de l'avoir tué. (Voy. *vendre.*)

— Vivre comme un ours : comme un ermite, un misanthrope.

— Prenez mon ours. Dans *l'Ours et le Pacha*, de Scribe (1820, sc. VI), Marescot dit : « Il me faudrait quelque poisson extraordinaire, …vous devez avoir cela. » Lagingeole : « Parbleu ! j'ai votre affaire… Prenez mon ours. C'est son état ; …c'est un ours marin. »

— Ours, pièce de théâtre qui a vieilli dans les cartons. Ces pièces ne se jouent qu'en été quand les théâtres sont déserts.

Allusion à l'ours, qui dort en hiver, et ne se montre qu'en été. (L. Larchey.)

Outrage, de *ultra*, outre, avec suffixe *age*.

Outre, préposition ; du latin *ultra*.

— On lit dans les lois de Guillaume : « Nulz ne receit hom ultre III nuitz. »

De là viennent : outrer, outrance, outrage, outrecuidance (*outre* et *cuider*, anciennement croire : s'en croire trop).

> Jeune beauté, mais trop outrecuidée
> Des présents de Vénus,
> Quand tu verras ta peau toute ridée.
> (REINE DE NAVARRE.)

Outrer, dérivé du précédent.

— Être outré des mauvais procédés de quelqu'un.

— Outré de colère : prêt à éclater comme une outre (!) trop gonflée.

C'est une expression tirée de l'ancienne escrime, où, dans les joutes sérieuses, c'était à qui outrerait son adversaire, le percerait d'outre en outre.

Les combats à outrance étaient opposés, dans les tournois, aux luttes courtoises, où l'on joutait avec des lances émoussées, ou gracieuses. Les joutes représentaient les combats seul à seul. Dans les tournois, le combat avait lieu par groupe de deux ou plusieurs chevaliers, en nombre égal dans les deux camps, qui figuraient les escarmouches. Les combats à la foule, ou mêlées, étaient comme les essais, les représentations des batailles générales.

Ouvrage, dérivé de *œuvre* ; latin *opera*. Provençal *obratge*.

Terme honnête pour désigner le travail des vidangeurs et la matière extraite.

— Ouvrage mal fait : bousillage.

Au propre, c'est une maçonnerie de bouse, ou paille hachée, et de terre détrempée qu'on appelle *pisé*.

Ovale, de *ovo*, latin *ovum*.

Figure curviligne représentée par la section plane d'un œuf selon son grand axe, et qui prend le nom d'*ellipse*, lorsque les extrémités sont égales et régulières.

Ovo (ab), expression latine : depuis l'œuf, depuis le commencement.

Nec gemino bellum trojanum orditur ab ovo.
(Horace.)

(Pour raconter la guerre de Troie, il ne remonte pas à l'œuf double de Léda.)

Horace veut dire qu'Homère a tiré l'*Iliade* de la colère d'Achille, sans remonter jusqu'à la naissance d'Hélène, cause de la guerre, et qui, suivant la Fable, était née de l'œuf de Léda.

— Les anciens considéraient l'œuf comme le principe de toutes choses ; ils commençaient leur repas par des œufs et le finissaient par des fruits, d'où l'expression d'Horace :

Ab ovo usque ad mala.

— *Integram famem ad ovum affero.* (Cicéron.)
J'apporte au premier service un vigoureux appétit.

— *Omne vivum ex ovo* (Hervey). Tout être vivant vient d'un œuf, c'est-à-dire d'un germe existant avant lui.

D'autres ont modifié l'aphorisme, et dit : *Omne vivum ex vivo* ; tout être vivant vient d'un être vivant.

D'autres enfin ont admis la génération spontanée de quelques êtres animés.

— La fécondité de certains animaux est prodigieuse.

La femelle de l'esturgeon contient jusqu'à huit millions d'œufs ; celle du muge, treize millions.

La carpe est appelée en latin *cyprinus*, de *Cypris* (Vénus), à cause de sa fécondité.

Ces animaux pullulent véritablement.

P

P. L'abbé Pellegrin, qui dînait de l'autel et soupait du théâtre. Pauvre abbé ! pauvre auteur ! On fit sur l'une de ses pièces, *Pélopée*, tragédie, une épigramme dont chaque mot commençait par un *P*.

Pélopée, pièce pitoyable, par Pellegrin, poète, pauvre prêtre provençal.

Pace (in), expression latine : en paix.

Prison pour les moines ; cachot où l'on enfermait pour la vie, les religieux coupables.

Pacha, de l'arabe *Pa schach*, vice-roi ; ou du turc *bacha*, de *basch*, tête, chef.

Gouverneur, grand dignitaire. (Voy. *queue*.)

Pactole, nom géographique.

Petite rivière de Lydie, qui charriait de l'or.

S'appelait aussi *Chrysorrhous*, mot fait comme Ariège (*aurigera*), ou comme Rio de la Plata, rivière de l'Argent.

Aujourd'hui Bagoulet.

— Silius Italicus (IV, 234) compare le Tage au Pactole, parce qu'il roulait de l'or :

Hic certant, Pactole, tibi Duriusque Tagusque.

— Sorti du mont Tmolus, le Pactole passait à Sardes et tombait dans l'Hémus. Son nom ancien était dû à un sable chargé de paillettes d'or qu'il charriait, et qui avait si prodigieusement enrichi Crésus. D'après la Fable, il était aurifère depuis que Midas s'y était baigné.

— Posséder le Pactole : être très riche.

On emploie aujourd'hui avec la même valeur les mots : Californie, Eldorado, Pérou, Ophir, etc.

— L'Eldorado est un pays imaginaire que l'Espagnol Martinez prétend avoir découvert dans l'Amérique Méridionale, et qu'il avait nommé ainsi à cause de l'immense quantité d'or et de pierres précieuses qu'il disait avoir vue dans Manoa, capitale de la contrée.

— L'Écriture fait mention d'un pays d'Ophir, où les flottes d'Hiram, roi de Tyr, et celles de Salomon, allaient tous les trois ans, et d'où elles rapportaient quantité d'or. Les interprètes de l'Écriture, ne sachant où placer ce pays d'Ophir, l'ont vainement cherché tour à tour en Asie, en Afrique, en Amérique. Josèphe dit qu'il s'appelait « la Terre d'Or ». On croit que c'est la Californie.

Paganisme, du latin *paganus*, habitant des campagnes, parce que ce fut dans les campagnes que cette religion se réfugia après l'établissement officiel du christianisme.

Aujourd'hui même, certaines traditions et superstitions du paganisme subsistent dans les campagnes. (Voy. *paysan*.)

On l'appelle aussi *panthéisme* (?), *polythéisme*, *idolâtrie*.

Page, de l'italien *paggio*, du grec *paidion*, enfant.

D'où le latin *pædagogium* : lieu où sont élevés les enfants.

Quelques-uns le tirent de *pagani* (?), jeunes paysans que les seigneurs prenaient à leur service.

— Être hors de page, c'est-à-dire n'être plus sous la dépendance d'autrui, sous la surveillance d'un gouverneur, comme l'étaient les pages. Être d'âge à se diriger soi-même.

Au temps de la chevalerie, les fils des gentilshommes étaient placés, dès l'âge de sept ans, auprès d'un haut baron, comme pages, damoiseaux, varlets. A quatorze ans, ils étaient hors de page et devenaient écuyers.

— Napoléon avait des pages, choisis parmi les enfants de grande famille. Il leur avait donné pour gouverneur le général Gardanne.

— Hardi comme un page. (Beaumarchais, *Figaro*, V, 6.)

Page d'écriture ; du latin *pagina*.

Quod in illis versus panguntur (Festus), parce que les lignes d'écriture s'y étalent, y sont écrites.

Pagne, de l'espagnol *pano*, latin *pannus*, pièce d'étoffe.

Morceau d'étoffe dont les sauvages de l'Afrique se couvrent le milieu du corps, de la ceinture aux genoux.

— Quelques-uns citent le vieux français *crépagne*, *Christi pannus*. On couvrait d'un lambeau d'étoffe la nudité des suppliciés. Haillon hideusement pudique, sorte de feuille de vigne des supplices antiques. Jésus-Christ sur la croix n'avait que ce lambeau.

Paillard, latin *palea*.

Au propre : qui couche sur la paille.

Ducange définit *palliardus* : *Homo nihili et infimæ conditionis*, homme de rien, de la plus basse condition.

Au figuré : débauché, luxurieux, adonné aux femmes.

Cela vient sans doute de l'ancien usage de donner un anneau de paille aux personnes qui avaient compromis l'honneur de leur famille, et que l'on forçait à se marier.

Peut-être aussi faut-il le rapporter à *paillasse*.

Rabelais (I, 21) emploie *paillarder* pour se rouler, fainéanter au lit. Ailleurs il dit que « paillardise est l'occupation des gens non aultrement occupés ».

Ce petit paillard toujours tastonnait ses gouvernantes. (Rabelais, livre I.)

Paillasse, niais, bouffon de saltimbanque, qui amuse le public par ses naïvetés. Il doit son nom à son costume, qui est taillé dans une housse de paillasse.

On l'appelle aussi *pitre*, du vieux mot *pistre*, boulanger, parce que les anciens bouffons s'enfarinaient le visage, comme fait encore Pierrot.

Paille, du latin *palea* ; provençal *palha*.

— Avoir la paille et le blé ; comme la toison et la peau, c'est-à-dire garder tout pour soi.

— Dans l'Évangile, la paille désigne les réprouvés. Le Seigneur a dit qu'il séparerait la paille du froment, et qu'il la brûlerait.

— Être sur la paille, c'est-à-dire être misérable.

— De grand train, sur l'estrain. (*Estrain* signifiait autrefois paille ; latin *stramen*.)

— On voit une paille dans l'œil de son voisin ; on ne voit pas une poutre dans le sien. (Mathieu, VII, 23 ; Luc, VI, 41.)

Ut oculus, sic animus se non videns, alia cernit. (Cicéron, I, *Tusculanes.*)

L'œil, qui voit tout, ne se voit pas lui-même.

Si nous n'avions pas tant de défauts, nous ne prendrions pas tant de plaisir à remarquer ceux des autres.

In alio pediculum vides, in te ricinum non vides. (Pétrone, *Satiricon.*) Tu vois un pou sur ton voisin, et tu ne vois pas un ricin sur toi. (Le ricin est un insecte qui s'attache aux oreilles des bœufs et des chiens.)

— Rompre la paille : conclure un marché, *stipuler* quelque chose.

Cette locution vient d'un usage ancien. C'était une véritable quittance, à l'époque où l'écriture était peu en usage, que de présenter un des brins d'un fétu brisé. Seul il pouvait bien s'adapter à l'autre.

C'est encore le principe adopté pour les registres à souche, dont on détache les quittances en les coupant suivant une ligne sinueuse.

— C'est ainsi que, par l'étude de la linguistique, on peut dégager des ombres des temps obscurs le sens de certains mots et de certains usages juridiques.

Dans le *Dépit amoureux* (IV, 4), Gros-René dit à Marinette :

> Pour couper tout chemin à nous rapatrier,
> Il faut rompre la paille ; une paille rompue
> Rend entre gens d'honneur une affaire conclue.

Plus bas, il ajoute :

> Romps, voilà le moyen de ne s'en plus dédire.

En latin *stipula*, paille, et *stipulare*, dont on a fait *stipuler*, signifiaient aussi : faire une convention.

Pecunia stipulata (Cicéron) : prix convenu.

Le mot *stipulation* est ainsi expliqué dans la loi romaine : « Arracher une paille, puis la jeter sur le sol, en prononçant ces paroles : Par cette paille, j'abandonne tout droit. L'acquéreur prendra la paille et la conservera, et si quelqu'un conteste son droit, la même paille sera présentée en justice devant témoins. »

— En 922, les seigneurs du royaume, pour déclarer à Charles le Simple sa déchéance, à cause des concessions qu'il avait faites à Raoul, chef des Normands, brisèrent au pied du trône des pailles qu'ils tenaient à la main.

— Sully rapporte dans ses *Mémoires*, que le comte de Soissons lui ayant demandé une grâce, le menaça, s'il ne l'obtenait, de rompre la paille avec lui.

— Tirer à la courte paille, consiste à décider un litige en s'en remettant au sort, qui fait échoir de deux pailles la plus courte à l'un des contestants.

— Pour indiquer qu'un animal est à vendre, on lui attache encore à la queue un bouchon de paille.

— Homme de paille : prête-nom, homme complètement étranger aux choses dont il assume la responsabilité.

Viendrait de *pallot*, paysan, qui couche sur la paille (?).

Pain, du latin *panis*, remontant à *pasco* ; provençal *pan*.

De là : panade, panier, panetière, apanage, compagnon.

En argot, *larton* ; pour les amateurs de calembours, le « mot de la faim », ou la « pierre à aiguiser les couteaux ».

— Pain trempé dans du vin : soupe de perroquet.

— Pain long : pain jocko. Ce mot date de 1824, année où le singe Jocko eut tant de succès à Paris.

— Au pain et à l'eau. Sixte-Quint, au commencement de sa carrière, disait avec une humilité simulée : *Panis et aqua, vita beata*. Devenu pape, il modifia ainsi la phrase : *Aqua et panis, vita canis*. Eau et pain, vie de chien.

— Avoir du pain quand on n'a plus de dents ; devenir riche dans sa vieillesse.

— La société se compose de ceux qui ont plus de pain que d'appétit, et de ceux qui ont plus d'appétit que de pain. (Chamfort.)

— N'avoir pas de pain. Malherbe écrivait à Racan : « J'ai le courage du philosophe pour les choses superflues ; pour les nécessaires, je n'ai autre sentiment que d'un crocheteur. On peut se passer de confitures ; mais du pain, il faut en avoir ou mourir. »

— Manger son pain blanc le premier ; commencer par le bonheur ; avoir été plus heureux qu'on n'est.

— Du pain et des spectacles. (Voy. *spectacles*.)

— Pain bénit. La distribution du pain bénit dans les églises est un souvenir de la communion, à laquelle tous les fidèles prenaient part dans la primitive Église ; depuis, l'Église ne donne la communion qu'à ceux qui s'y sont préparés.

— C'est pain bénit pour lui : c'est bien fait.

Pair, du latin *par*, égal, semblable.
D'où : parage, pareil.

— Les pairs étaient autrefois les grands vassaux.

— Depuis 1815, ce nom était appliqué aux membres de la Chambre haute, dite des Pairs, qui avait mission de veiller à la conservation des lois fondamentales.

— Aller de pair : être l'égal.

— Être au pair, dans une maison de commerce, c'est-à-dire sans rien gagner, mais aussi sans payer de prime pour son apprentissage.

Paître, du latin *pascere*, nourrir. Provençal *pastré*.
D'où : pâtre, pasteur.

— Allez vous faire paître !... vous faire lanlaire (voy.), se dit à un importun dont on veut se débarrasser.

> Allez, brebis, vous faire paître,
> Je ne suis plus votre berger.

Paix, du latin *pax*, de *pango*, ficher, arrêter.

Situation exempte de trouble et d'agitation.

On a la paix avec les autres, la tranquillité avec soi-même, le calme après l'agitation.

— Qui vit en paix, dort en repos. (Voy.)

Si vis pacem, para bellum. (Cicéron.) Cette maxime paradoxale est moins juste que : *Si vis pacem, para pacem.*

On dit aussi : se garder à carreau ; pour se tenir prêt à tout événement (*carreau* désignait autrefois un trait, un gros projectile de guerre).

— Les hommes qui ont rêvé la paix universelle, et se sont efforcés de la faire régner en Europe, sont Henri IV, Saint-Simon, l'abbé de Saint-Pierre, Cobden.

— Le 25 décembre 1873, à un banquet offert à Paris, à M. H. Richard, par les amis de la paix, M. Richard prononça un discours où il dit qu'aucune idée ne réussit sans le patronage de la France, dont l'influence est sans égale, et dont la langue, la littérature et les lois sont universelles. Il ajoute que sa proposition n'est pas plus une utopie que ne l'était la proposition de l'abolition de l'esclavage et celle du libre-échange, qui se sont réalisées. Il termine en disant que ses idées rencontrent partout un accueil sympathique.

Paladin, forme adoucie de *palatin* ; latin *palatinus*.

Homme de palais, homme de cour.

Ce nom fut donné d'abord aux officiers les plus notables du palais de Charlemagne : Roland, Ogier, Olivier, etc.

Chevalier-errant des romans.

Palais, du latin *palatium*, maison des Césars sur le Palatin, la plus célèbre des sept collines et la plus fameuse par ses souvenirs.

Le Palatin était le véritable berceau de Rome ; Romulus l'entoura du premier fossé. Il devait son nom à une colonie de Grecs venus de Pallantium, ville d'Arcadie, sous la conduite d'Évandre, et qui s'établirent sur cette colline, soixante ans environ avant la guerre de Troie.

Auguste s'y était fait construire une maison, *palatium*, dont le nom est devenu depuis lors une appellation générique.

— En 1860, Napoléon III a acheté les Jardins Farnèse, situés sur l'emplacement du palais impérial, et y a fait pratiquer des fouilles sous la direction de l'antiquaire italien Pietro Rosa, qui est parvenu à mettre au jour les fondations de l'antique habitation des Césars.

Palais, partie supérieure de la bouche, vient, comme *pain*, *paître*, du grec *pa*é.

Non, mais bien plutôt de *palatum*, comparé à une grande salle voûtée.

Palais de Justice. A été ainsi nommé parce que les édifices où se rendait la justice étaient les palais des rois ou des maisons leur appartenant ; ils y tenaient eux-mêmes leurs plaids. Depuis, ils abandonnèrent ces maisons aux magistrats, et elles conservèrent leur ancien nom de *palais*.

On l'appelait aussi *basilica*, d'où est venu le nom de *basoche*.

— Le cabinet du ministère public s'appelle *parquet*, mot fait comme celui de *cour de l'Échiquier*, en Angleterre, à cause du pavage en échiquier de cette salle.

De même, à Rome, la *cour de Rote*, dont le parquet, fait sous le pape Jean XXII, était en forme de roue ou de dessin circulaire.

Palatine. Sorte de fourrure adoptée par les femmes, à la fin du XVIIe siècle.

Cette mode fut introduite par Madame, duchesse d'Orléans, fille de l'électeur *palatin*, et seconde femme de Monsieur, frère de Louis XIV.

Ce vêtement, encore en usage, sert à couvrir les épaules et la poitrine.

Pâle, du latin *pallidus*.

Qui a l'air d'avoir oublié de se faire enterrer (?).

Palefroi, anciennement *palefroid* ; bas-latin *parafredus*.

D'où : palefrenier, anciennement palefredier.

Cheval de parade sur lequel seigneurs et châtelaines faisaient leurs entrées solennelles.

Ce mot est vieux, et ne sert plus depuis les romans de Chevalerie.

Nicod le dérive de *par le frein*, parce que, dans les cérémonies, les notables s'honoraient de conduire ces chevaux par la bride.

— Le palefrenier : valet qui panse les chevaux.

Ce titre était autrefois honorable, et a été remplacé par celui de grand-écuyer.

Le connétable était aussi, à l'origine, l'officier gardien des écuries.

Palindrome, se dit d'un vers ou d'une ligne de prose qui se peut lire indistinctement, de gauche à droite ou de droite à gauche, sans que la forme des mots soit changée.

Palinodie, du grec *palin*, de nouveau, *ôdé*, chant.

Chant dans lequel un poète rétracte ce qu'il a chanté précédemment.

Horace ayant offensé la mère de la jeune Tyndaris, composa en son honneur une charmante palinodie :

> *O matre pulchra filia pulchrior.*
> (*Odes,* I. 16.)

Aujourd'hui, le mot a perdu cette acception littéraire.

Il se dit de tout changement brusque dans les paroles et dans la conduite. Chanter la palinodie, c'est se rétracter, louer sans pudeur ce qu'on avait dénigré, etc. (Voy. *gamme.*)

Palladium, mot latin.

Statue de Pallas, ou Minerve, que l'on conservait dans Troie, et à laquelle les destinées de la ville étaient attachées. Elle était tombée du ciel dans le temps où Ilus fondait Troie. Ulysse et Diomède parvinrent à l'enlever.

Pallier, du latin *palliare*, couvrir d'un manteau, cacher.

C'est le contraire de révéler, *revelare*, démasquer, enlever le voile.

— Le *pallium*, manteau grec, était un vêtement plus étroit que la toge romaine. C'était le costume des anciens philosophes, qu'avaient adopté les prêtres chrétiens, et dont la soutane rappelle probablement la forme.

— Du mot *pallium* vient le provençal *pali,* dais en soie sous lequel on abrite le Saint-Sacrement.

> *Cascus ac bo mantel de pali ben obrat.*
> (*Fierabras,* v. 1270.)

(Chacun eut un beau manteau de soie bien travaillé.)

Le poêle, drap mortuaire, qui se porte devant le cercueil, s'appelait autrefois *paile.*

> Puis l'a fait d'un palle couvrir.
> (*Roman de la Rose.*)

— Le mot *prétexte,* excuse pour dissimuler une faute, a été fait comme *pallier,* du latin *prœtexta,* la robe prétexte que portaient à Rome les enfants de qualité, et dont les grands personnages étaient vêtus pendant les jeux publics.

Ad prœtextum mutatæ voluntatis. (Suétone.) Pour justifier son infidélité.

Palme, du latin *palma,* doublet paume, main, à cause de la forme de la feuille du palmier, dont le fruit est appelé *datte*, autrefois *dacte*, du grec *dactylos*, doigt, parce que les dattes ressemblent aux doigts.

Ancienne mesure romaine : étendue de la main ouverte.

— Les palmes du martyre, ...de la victoire. (Voy. *laurier*.)

Les Romains appelaient *palmarium*, le prix de la victoire, et *palmarius*, celui qui l'obtenait.

Homo multarum palmarum. (Cicéron.) Un homme couvert de gloire, de lauriers.

Paltoquet, radical *paletot*, que Ménage dérive de *palliolum* (?). On appelle ainsi un homme grossier, sans importance.

— Au Moyen-Age, le paletot était une casaque à coqueluchons, comme le manteau de certains religieux. Le paletot servait aux gens de guerre qui furent appelés « paltoquets », à cause de leur costume.

Les soldats romains se servaient aussi d'un vêtement que Strabon désigne sous le nom de *paltos*.

Notre paletot moderne est ce que les Romains appelaient *épitoge*.

Pan, du grec *Pan*, dieu champêtre ; et aussi de *Pas*, tout, la nature personnifiée.

— Le grand Pan est mort ! Cette mort du grand Pan arrivée sous Tibère, à laquelle on trouve une allusion dans *Pantagruel*, quelques-uns l'ont interprétée de la mort de Jésus-Christ.

Pandémonium, du grec *pas*, tout, *daimôn*, démon.

Milton, dans le *Paradis perdu*, appelle ainsi la salle du Conseil des démons.

Lieu de désordre et de bruit.

Pandore, nom mythologique ; du grec *pan*, tout, *dôron*, présent.

— La boîte de Pandore : présent fatal.

Selon Hésiode, Pandore est la première femme, créée par Vulcain et Jupiter. Vulcain la conduisit à l'assemblée des dieux, qui tous lui firent un présent. Pallas lui donna la sagesse ; Vénus, la beauté ; Apollon, la science et l'art ; Mercure, l'éloquence. Jupiter, pour se venger de Prométhée, qui lui avait ravi le feu du Ciel pour animer l'homme, donna à Pandore une boîte fermée et l'envoya chez Épiméthée. Celui-ci, malgré l'avis de Prométhée, ouvrit la boîte, et il en sortit tous les maux qui affligent le genre humain. Pandore se hâta de la refermer, mais elle ne put y retenir que l'Espérance, prête à s'envoler.

— Les voleurs appellent « boîte à Pandore », la cire molle pour mouler l'empreinte des clefs.

Panier, du latin *panarium,* corbeille à pain.

— On appelle « panier percé » un dissipateur, par comparaison à un panier sans fond, qui ne peut rien garder.

« Panier percé » se dit dans le même sens que « sot comme un panier », c'est-à-dire incapable de rien retenir de ce qu'on lui apprend.

— Faire danser l'anse du panier ; faire son beurre ; gratter.

Le petit pain d'un sou pour le déjeuner de Monsieur, ci : deux sous.

— Au jour de l'an, l'intendant du cardinal Dubois venait rendre ses devoirs à son maître, qui lui disait : « Monsieur, je vous donne ce que vous m'avez volé. »

— Le dessus du panier ; c'est-à-dire le premier choix.

Mme de Sévigné disait des fables de La Fontaine, qu'elle comparait à un panier de cerises : « On veut choisir les plus belles, et on finit par vider le panier. »

On dit dans le Berry d'une personne de mauvaise humeur : « Quelqu'un lui a mangé le dessus de sa soupe. » C'est là un proverbe de gourmand bien réfléchi, car la partie la meilleure d'une soupe grasse surnage et se trouve toujours au-dessus. Le premier bouillon de la marmite est comme le dessus du panier, où l'on place les plus beaux fruits.

— La *crinoline,* qui a commencé, en 1855, à transformer la femme en une tour pyramidale, a déjà existé au temps de François Ier sous le nom de *vertugadin,* et à la cour de Louis XIV, sous celui de *panier.* (Voy. *tournure.*)

Panique. Terreur panique, c'est-à-dire sans motif.

C'est le nom que les Grecs donnaient à l'espèce de crainte qui n'est produite par aucun danger véritable.

Cette locution vient de ce que Pan, dieu des bergers, venu au secours de Jupiter contre les Titans, les épouvanta d'une frayeur si subite, qu'ils prirent la fuite.

Polyenus raconte aussi que Pan, l'un des capitaines de Bacchus, mit en fuite ses ennemis par un grand bruit de cris et de trompettes, qu'il fit faire à ses soldats, dans une vallée où il avait observé plusieurs échos. Cela fit croire aux ennemis que les troupes de Pan étaient très nombreuses et les mit en fuite.

De là vient la fable que la nymphe Écho a été aimée par le dieu Pan.

Pausanias parle aussi de terreurs paniques, ce qui prouve l'antiquité de cette locution.

Panneau, diminutif de *pan* ; latin *pannus*.

— Donner dans le panneau. *Panneau* est un terme de chasse et désigne une espèce de filet pour prendre le gibier, et surtout les lapins.

— Tomber dans le panneau. Ici, *panneau* est pris dans le sens de écoutille ouverte sur le pont du navire, pour descendre dans l'intérieur (?). Il se dit dans le sens de attraper, prendre dans une trappe ; comme trébucher, tomber dans un trou.

Il est homme à tomber dans tous les panneaux qu'on lui présentera. (Molière, *Pourceaugnac*, I, 4.)

Panorama, du grec *pan*, et *orama*, vue.

Grand tableau circulaire et continu, qui est vu du centre de la rotonde où il est placé, et qui produit l'illusion de la nature elle-même.

Le panorama a été inventé par Breyzig, de Dantzig, en 1793. Il fut importé en Angleterre par le peintre écossais Burker. En 1800, Fulton l'introduisit en France.

— Le premier panorama fut établi à Paris près le passage qu'on appelle depuis « des Panoramas », d'où il a été transporté, vers 1840, dans la rotonde des Champs-Élysées.

— Le panorama a donné lieu à diverses inventions analogues : cosmorama, diorama, etc.

Panse, du latin *pantex*, *panticem*, ventre.

Autrefois on disait : panser, nourrir, donner largement à manger.

Il prit dedans Paris cent beaux jeunes et gualants compaignons bien délibérez, et cent belles garces Picardes, et les feit bien traicter et bien panser pour huict jours. (Rabelais.)

Panser, soigner une plaie, est le même mot que *penser*, du latin *pensare*, s'occuper de.

Je le pansai, Dieu le guérit. (A. Paré.)

Pantalon, vêtement ainsi nommé parce qu'il était en usage chez les Vénitiens, nommés eux-mêmes « pantalons », à cause de saint Pantaléone, très honoré chez eux.

— Synonyme : Inexpressible (pour les prudes Anglaises).

— Jadis *chausse*. La partie supérieure du vêtement d'en bas était le haut-de-chausses : l'autre, le bas-de-chausses, et, par abréviation, bas, quand on porta des culottes.

— Le saint Pantaléon, ancien patron des Vénitiens, avant saint Marc, avait un nom grec signifiant *tout miséricordieux*.

Il a donné son nom à un personnage grotesque de la comédie italienne, qui représentait les vieillards, portait un masque à barbe, une espèce de robe de juge et une culotte longue, dite d'après lui pantalon.

Pantalon est vénitien, comme Arlequin est bergamesque, et le Docteur, vénitien.

On appelle *pantalonnades*, des farces dans lesquelles paraît cet acteur. C'est ordinairement un marchand ou un bourgeois de Venise, bonhomme ridicule, amoureux et dupe ; type des Gérontes de notre comédie, et qui avait beaucoup de rapports avec les vieillards de Térence et de Plaute.

Pantalon était né sous une étoile fâcheuse : s'il y avait un soufflet dans l'air, c'était pour lui ; sa fille était séduite par le premier venu ; son fils était empaumé par une égrillarde de hasard.

— On lit dans le *Magasin Pittoresque* (1857, p. 294) : « Les prolétaires de la République de Venise, à la fin du XVIe siècle, portaient des culottes à longues jambes, réputées par les étrangers comme une des plus bizarres choses qu'il y eût au monde. Comme les Vénitiens étaient désignés en Italie par le sobriquet de *Pantaloni*, à cause, dit-on, de saint Pantaloni, leur patron, ce nom passa à leurs culottes. »

Pantin, de l'italien *fantoccio*, fantoche, poupée.

Ce sont de petites figures articulées, en carton, représentant des personnages burlesques, dont on fait mouvoir les membres avec un fil. Ils furent introduits en France vers 1747, et firent un instant fureur. Boucher en peignit lui-même qui se vendaient très cher. La duchesse de Chartres en paya un 1.500 livres. On ne pouvait aller dans une maison sans en trouver de pendus à toutes les cheminées ; on fit même une chanson sur les pantins :

> Que Pantin serait content,
> S'il avait l'art de vous plaire !
> Que Pantin serait content,
> S'il vous plaisait en dansant !

— D'autres tirent ce nom des habitants de Pantin, près Paris, réputés pour leur habileté à la danse, comme l'indique une vieille chanson :

> Ceux de Pantin, de Saint-Ouen, de Saint-Cloud
> Dansent bien mieux que tous ceux de chez nous.

— D'autres encore y voient un rapport avec le vieux verbe français *panter*, étendre ; ou avec le latin *penditare*, être suspendu.

Pantomime, du grec *panta*, tout, *mimeomai*, j'imite.

Art de rendre les sentiments et les idées d'une scène dramatique par des gestes, sans recourir à la parole.

— Nom des comédiens qui représentaient, à Rome, des pièces de théâtre sans parler.

Sous Auguste, Bathylle et Pylade établirent une école de pantomimes.

Pantoufle, origine très incertaine.

Rabelais dit (liv. I, ch. 21) : « Car il disoyt que les mètes et bornes de boyre estoyent quand, la personne beuvant, le liège de ses pantophles enfloyt en haut d'ung demy pied. » C'est-à-dire qu'il fallait que le vin qui sortait des pores du buveur fît gonfler le liège qui formait les semelles de ses pantoufles.

D'où il paraît que Rabelais faisait venir ce mot du grec *pan*, *pheltos*, tout liège ; et que de son temps, les semelles des pantoufles étaient de liège.

— Pantoufles de verre. (Voy. *verre*.)

Paon, du latin *paro*, *pavonem* (onomatopée).

D'où : se pavaner, faire la roue, comme le paon, qui étale sa queue, pour en faire ressortir les belles couleurs.

Oiseau gallinacé, apporté d'Asie. (Voy. *Argus*.)

— On dit : fier, orgueilleux comme un paon. Le paon est le symbole de la vanité. Sa queue, dont il est si fier, tombe à la chute des feuilles, et ne repousse qu'au printemps. Pendant sa mue, il se cache de honte.

Papa, terme enfantin, tiré du grec (onomatopée) ; comme *maman*, en provençal *mama*.

Lorsque les enfants commencent à parler, ils ne prononcent que quelques syllabes des mots qu'on leur suggère, et les répètent souvent deux fois.

Le mot *papa* est fait comme maman, bébé, caca, lanfan, dodo, etc.

Pape, du grec *pappas*, père.

On le dérive aussi de la première syllabe des mots *pater patrum*, ou de la première lettre des quatre mots latins *Petrus apostolus potestatem accipiens*... C'est aller chercher bien loin.

— Autrefois ce nom était appliqué aux évêques. En 1073, Grégoire VII l'affecta au seul évêque de Rome.

— On donne au pape les titres de : Sa Sainteté, le Saint-Père, le Souverain-Pontife, l'Évêque de Rome, le Successeur de Saint Pierre.

On l'a appelé aussi le Grand Vicaire du Ciel. (Voltaire.)

Pater dolorosus (Veuillot); le Prisonnier du Vatican (1873).

« Sa Sainteté » est une expression officielle d'une flatterie excessive, qui donnerait à penser que le pape est déjà dans le ciel.

On a appelé, en 1869, le pape le Grand Mendiant, à cause du denier de saint Pierre.

> *Del papa, sai que dara largamen*
> *Pro del pardon et pauc de son argen.*
> (B. d'Attanayon.)

(Touchant le pape, je sais qu'il donnera pardon largement, mais peu de son argent.)

Accipe, sume, cape, sunt verba placentia papæ. (Rabelais.)

— La couronne du pape s'appelle *tiare* en français, et en italien *triregno*. Elle est à triple étage, symbolisant les trois pouvoirs du pape : 1° chef de l'Église; 2° évêque de Rome; 3° souverain temporel des États de l'Église.

La couronne, simple d'abord, fut doublée par Boniface VIII, et triplée par Urbain V, en 1352.

— Le terme moyen du règne des papes est de 8 ans ; Saint Pierre a régné 25 ans ; Pie VII, 24 ans ; Pie IX a dépassé aujourd'hui (1870) sa 24ᵉ année depuis son exaltation. Ce sont les règnes les plus longs.

— Deux cent cinquante-trois papes ont occupé la chaire de Saint Pierre dans l'espace de 1.800 ans : c'est la succession de souverains la plus longue qui ait jamais été.

— En avril 1306, Bertrand de Got (de Bazas), archevêque de Bordeaux, nommé pape par l'influence de Philippe le Bel, établit le Saint-Siège à Avignon.

Ses successeurs y demeurèrent 72 ans, et conservèrent la souveraineté du pays jusqu'en 1768. (Voy. *Avignon*.)

— Les papes sont sortis trente-neuf fois de Rome, et ils y sont toujours rentrés.

— Grégoire Iᵉʳ est en quelque sorte le premier pape qui ait réuni le pouvoir temporel au spirituel, et créé cette théocratie qui fut si puissante jusqu'à Innocent III, et qui perdit peu à peu son prestige.

— Dans les États de l'Église, le pape règne en maître absolu, ayant à la fois le ciel et la terre, les clefs de l'autre monde et de celui-ci, pouvant vous damner et vous faire pendre, tuer votre âme et votre corps : pouvoir énorme, le plus grand qui fut jamais... (Th. Gautier.)

— Qui entre pape au conclave, en sort cardinal : le sort d'une élection est douteux. (Voy. *conclave*.)

— Les partisans exaltés du pape s'appellent ultramontains, ou papistes, possédés du pape.

Papegault, nom ancien du perroquet, parce qu'il pape, c'est-à-dire mâche les branches des arbres, du gault.

Ce mot est fait comme *papelard*, qui mange le lard, et *papefigue*, nom ancien du bec-figue.

On a dit plus tard *papegai*.

Papelard, de *paper*, manger avec sensualité ; latin *pappare*. (Cf. *croquelardon*, dans Rabelais.)

— *Pappare minutum* (Perse) : paper menu.

— Un papelard feint l'abstinence et fait gras en secret.

> Tel fait devant le papelart,
> Qui derrière pape le lart.
>
> (*Miracle de la Vierge*.)

Papier, du latin *papyrius*, adjectif dérivé de *papyrus*.

Le *papyrus*, écorce d'un roseau du Nil, servait à écrire, comme le *liber*, ou écorce, qui a donné *livre*.

Le mot *volume* vient de *volvere*, rouler, comme *rouleau*, de *rotulus*, parce que les anciens roulaient ces diverses écorces, une fois écrites.

Les Grecs et les Romains se servirent longtemps du papyrus, et aussi du parchemin. (Voy.)

— Le papier de chiffon fut inventé au XIIe siècle, à Bâle.

Les premières papeteries s'établirent en France vers 1312.

L'invention du papier à la mécanique est due à Robert, ouvrier d'Essonne, en 1798 ; elle ne fut exploitée en grand qu'en 1815.

Les papiers peints ont été importés de Chine vers 1750.

— Papier ministre, ou tellière. Papier de forme et de qualité spéciales, qui sert à adresser des rapports aux ministres, et qui fut fabriqué par ordre du ministre Letellier.

— Papier de soie, ou papier Joseph ; du nom de l'inventeur Joseph Montgolfier.

— Papier Jésus. (Voy.)

— Les Précieuses ont appelé le papier « l'interprète muet du cœur ».

> A la candeur qui brille en moi
> Se joint le plus noir caractère ;
> Il n'est rien que je ne tolère ;
> Mais je suis méchant quand je bois.
>
> (Énigme.)

— Le XIX⁰ siècle est le siècle du papier. (Nodier.)

— Papiers. L'administration de la police n'accorde que difficilement des médailles autorisant l'exercice de certaines professions interlopes de la rue, telles que musiciens et chanteurs ambulants, grimaciers, chiffonniers, etc. Elle exige du requérant plus de garanties que pour un inspecteur général. Il faut des certificats de toutes sortes : de bonnes vie et mœurs, de bonne conduite ; des quittances de loyer, et enfin des *papiers*.

Ce mot de *papiers* semble bien innocent d'abord ; mais il cache son jeu ; il est terrible, gros de menaces et de difficultés ; il est inexplicable, multiforme ; il ne veut rien dire, il signifie tout. Dans notre civilisation, un homme qui n'a pas de papiers est un homme perdu.

Qu'est-ce que des papiers ? Personne ne l'a jamais su. C'est un des termes de cette terrible langue administrative que personne ne parle et ne comprend, et qui s'écrit sur de si vilaines petites feuilles de papier entachées du timbre qui coûte si cher. (Pr. d'Anglemont, *les Chiffonniers.*)

— Être bien, ou mal, dans les papiers de quelqu'un ; c'est-à-dire dans son esprit.

— Rayez cela de vos papiers : n'en croyez rien.

> Moi, votre ami ! Rayez cela de vos papiers.
>
> (Molière, *Misanthrope.*)

— Paperasses, papier à ratures, servant pour les brouillons.

Papillon, du latin *papilio*. Autrefois aussi *parpaillon*, qui est resté en provençal.

Gargantua couroyt voulentiers après les parpaillons. (Rabelais, ch. XI.)

— L'inconstance du papillon est une erreur des poètes, que les naturalistes ont rejetée depuis longtemps. Le papillon prend le suc des fleurs, sans en être le moins du monde épris. Il s'en nourrit, mais ne les courtise pas ; en volant de l'une à l'autre, il varie ses mets, non ses hommages. C'est un convive délicat, mais c'est un époux constant et fidèle ; il vole toujours à côté de sa compagne, et ils meurent ensemble le jour de leur union.

— Chez les Japonais, le papillon est l'emblème du mariage.

— Fourier a fait de l'inconstance une vertu, qu'il appelle « papillonne ».

— Un petit bas-relief en bronze (Empire), représente une vestale brûlant un papillon sur l'autel de la déesse. Ingénieuse allégorie, où la jeune prêtresse, immolant ce symbole de l'inconstance, témoigne de sa fidélité à Vesta.

— La tourterelle, dont les poètes ont fait un modèle de constance, de fidélité et de tendresse, a justement tous les défauts opposés à ces qualités. (Voy. *tourterelle*.)

Béranger, qui connaissait sans doute la réhabilitation du papillon, fait dire à une tourterelle :

> Quoi ! les papillons sont constants !
> Et c'est nous qu'on prend pour modèles !
> Même il se peut qu'ils soient fidèles :
> Le papillon vit peu d'instants.

Pâque, de l'hébreu, par le latin, *pascha*, passage.

Temps où les Juifs célébraient le passage de l'ange exterminateur, qui avait épargné leurs premiers-nés, en Égypte ; ou en mémoire du passage de la mer Rouge.

— Chez les chrétiens, *Pâques* vient du latin *pasco* (?), nourrir, à cause de l'agneau pascal, qui s'immole pour nourrir les hommes. (Voy. *cierge* pascal, *œufs* de Pâques.)

— Pâques est fixé par le concile de Nicée (325), au dimanche qui suit la pleine lune de mars. Cette fête mobile se trouve toujours comprise entre le 22 mars et le 25 avril. Elle inaugure le printemps, et concorde avec la fête de la nature. Toutes les fêtes mobiles de l'Église se règlent sur Pâques.

— On appelle *Pâques fleuries* le dimanche des Rameaux.

> *Atressi chant quan l'iver es rengutz,*
> *Cum faz l'estatz ni la Pasca floria.*
> (P. Vidal.)

(Pareillement je chante quand l'hiver est venu, comme je faisais l'été et à Pâques fleuries.)

Par, parmi, du latin *per, per medium* ; préposition.

Parmi s'écrivait en deux mots et signifiait par le milieu, comme *emmi* au milieu.

Mi se retrouve dans : mi-août, mi-carême, milieu, midi.

En provençal, on dit *mitan*, milieu, qui correspond au mot français *mitoyen*.

— De par le roi est dit pour de part le roi, qui s'est employé autrefois.

Un brief de part le roi, et qui a son séel. (*Livre des Rois.*)

— On connaît l'inscription plaisante mise sur la porte du cimetière de Saint-Médard (rue Mouffetard, à Paris), fermée à cause des convulsionnaires du diacre Pâris :

> De par le roi, défense à Dieu
> De faire miracle en ce lieu.

Parabole, du grec *parabolê*, comparaison.

Dans le style de l'Écriture, narration d'un fait qui renferme, sous forme allégorique, une vérité morale.

Parade, de l'italien *paratus*, montre, étalage.

Il signifie, en espagnol, le lieu de halte d'un cheval de manège.

Ce mot s'introduisit en France, dans les carrousels, sous François Ier.

Une ordonnance de Louis XIV (25 juillet 1665), porte que les gardes françaises feront parade. (Colonel Ambert.)

Paradis, du chaldéen *pardès*, verger ; en grec *paradeisos*, lieu de délices. *Éden* signifie volupté.

— On dit : les joies du paradis ; être au paradis.

— Dans les représentations de mystères religieux, au Moyen-Age, la scène se trouvait coupée en trois étages, ou plans superposés : l'enfer, au niveau du sol ; la terre, au milieu ; le paradis, au-dessus, formant la partie la plus élevée de la décoration, où trônait Dieu le Père, entouré d'anges et de saints.

C'est de là, sans doute, que vient le nom donné aux galeries, médiocrement édéonesques, qui se trouvent au plus haut des salles de spectacles. En réalité, ces galeries sont un véritable *enfer*, par suite de la chaleur suffocante et des exhalaisons puantes qui y montent du parterre et des galeries inférieures.

Alexandre Dumas fils dit un jour qu'on employait ce terme de *paradis* à cause des nombreuses pommes qu'on y mange. C'est peut-être aussi par antithèse, parce qu'on y fait le diable...

— Le paradis des mahométans se compose de sept ciels, qui sont autant de paradis gradués : le premier, d'argent ; le deuxième, d'or ; le troisième, de pierres précieuses ; le quatrième, d'émeraude ; le cinquième, de cristal ; le sixième, de couleur de feu ; le septième est un jardin délicieux, où coulent des rivières de vin, de lait, d'huile et de miel, et où les croyants, entourés de houris, doivent jouir de la félicité éternelle. (Voy. *ciel*.)

Paradoxe, du grec *para*, contre, *doxa*, opinion.
Ce qui est contraire à l'opinion commune.
Cicéron, dans ses *Paradoxes*, a développé certaines théories célèbres, fondées sur des paradoxes.
Le paradoxe de la veille devient la vérité du lendemain. Ainsi, dans les sciences, certains paradoxes sont devenus des vérités incontestables : la sphéricité et la rotation de la terre, les antipodes, etc.

Parage, du bas-latin *paragium* (de *par*), noblesse d'extraction.
Gentilhomme de haut parage signifie qui descend d'un père ou d'aïeux illustres.

Parangon, anciennement *paragon* ; peut-être de l'italien *paragone*.
Sans parangon : sans pareil.

Paraphe, contraction de *paragraphe* ; du grec *para, graphein*.
Marque ajoutée à la signature, pour qu'il soit plus difficile de la contrefaire.
D'où l'expression : signer avec paraphe, *ne varietur*.
Vous dictes paraphe, corrompans la diction, laquelle signifie ung signe ou note poussée près l'escripture. (Rabelais, liv. II, ch. 13.)

Parapet, de l'italien *parapetto*, préserver la poitrine.
Partie supérieure du rempart, destinée à couvrir les assiégés.
Rabelais (prologue du liv. III) écrit *parapectes*.
C'est aussi un garde-fou.

Parapluie, mot formé comme *parasol*, *paratonnerre*, où l'élément *para* provient de l'italien, à l'imitation de *parapet*.

> Ami commode, ami nouveau,
> Qui, contre l'ordinaire usage,
> Reste à l'écart quand il fait beau
> Et se montre les jours d'orage.
> (Scarr.)

— Synonymes : pépin, rifflard, robinson.

Riffard viendrait de *la Petite Ville*, de Picard, jouée à Paris en 1801, où l'acteur qui jouait le rôle de Riffard parut en scène avec un énorme parapluie.

Robinson est aussi un souvenir de l'acteur qui jouait Robinson dans la pièce de Pixérécourt ainsi intitulée.

— Le parapluie fermé, emblème du bourgeois : instrument pacifique, s'il en fut, rappelle trop la malheureuse mère qui, ne pouvant défendre, avec son parapluie, ses enfants contre l'assassin Papavoine, s'écrie dans la complainte :

> Il eût été plus urgent
> Que l'instrument fût tranchant.

Parapluie qui fait la tulipe (E. Sue) : parapluie retourné par le vent.

Parasite, du grec *parasitos* ; proprement celui qui mange à côté d'un autre.

— Synonymes : croquelardon (provençal *crocalard*), écornifleur, coureur de franches lippées, fripe-sauce, happe-lopin, lèche-plat, pique-assiette.

— *Apaticher* se disait autrefois d'un parasite, qui mange toujours chez les autres.

> Li trovères de maintenant
> Dehors apatichent tout l'an.

— On désignait sous ce nom, à Athènes, ceux qui étaient nourris au Prytanée, ou qui prenaient part au repas du sacrifice.

Par la suite, le nom de *parasite* fut donné ironiquement à ceux qui sollicitaient une place à la table des grands. Sous Auguste, ils étaient très nombreux à Rome ; on les divisait en trois classes :

Les *derisores*, qui faisaient rire les convives par leurs facéties et, pendant le repas, débitaient les nouvelles du jour.

Les *adulatores*, qui avaient recours à la flatterie pour se faire inviter.

Les *plagipatidæ*, ou souffre-douleurs, dont on se faisait un jouet pendant le festin ; on leur jetait à la tête les pots ou des noyaux d'olives ; ils se soumettaient volontairement à toutes les avanies et faisaient gloire de leur insensibilité.

— Les Grecs disaient : « Le parasite vend sa liberté pour un morceau de pain. »

Diogène, voyant des souris qui venaient manger les miettes de son pain, dit en riant : « Qui l'eût cru ? Diogène a aussi des parasites ! »

— Pierre de Montmaur, dont Ménage a écrit la vie, et qui était professeur de grec au Collège de France (1576-1648), fut un célèbre parasite. On fit de son nom les anagrammes : Né pour marmiter, mine pour ramer.

Très spirituel, il savait payer son écot en bons mots, et disait à ses amphitryons : « Fournissez les viandes et le vin, je fournirai le sel. »

Le chancelier Séguier fit un jour répandre sur lui un plat de ragoût. Montmaur, regardant le chancelier d'un air de reproche, cita le mot de Cicéron : *Summum jus, summa injuria*, qui faisait une double allusion aux fonctions judiciaires du chancelier, et au mot *jus*, qui signifie à la fois sauce et justice.

> Montmaur étant à table avec certains pédants,
> Qui criaient et prêchaient trop haut sur la vendange,
> Lui, qui ne songe alors qu'à ce que font ses dents :
> Paix là ! Paix là ! dit-il, on ne sait ce qu'on mange.

Paratonnerre. Ce mot exprime assez bien l'objet désigné ; mais il paraît singulier qu'il ait été fait sur le modèle de *parapluie*. (Voy.)

— Inventé par Franklin, en 1757.

Le double rôle de Franklin, à la fois politique et scientifique, a été justement caractérisé dans ce vers :

> *Eripuit cœlo fulmen, sceptrumque tyrannis.*

Ravit la foudre au ciel et leur sceptre aux tyrans. (Voy. *foudre*.)

— Le paratonnerre protège autour de lui un espace d'environ le double de sa hauteur ; ainsi un bâtiment de vingt mètres de diamètre n'aurait besoin que d'une tige de cinq mètres de haut.

Paravent, formé de *para* et de *vent*.

Ce meuble, composé de châssis mobiles recouverts d'étoffe ou de papier, nous est venu de la Chine, s'il en faut croire les vers de Lemierre :

> Le mobile rempart qu'inventa le Chinois,
> Près de nous, pour abri déployé sous nos toits,
> Interdisant au froid l'accès de nos asiles,
> En écarte des vents les atteintes subtiles.

Parchemin, vieux français *percamin* ; du latin *pergamenum*, *charta pergamena*, de Pergame.

Peau de bête préparée pour écrire. Inventé sous Eumène, roi de Pergame, quand Ptolémée, roi d'Égypte, avait interdit l'exportation du papyrus.

Pardonner, du bas-latin *perdonare*, remettre complètement.

— Il sera beaucoup pardonné à qui aura beaucoup aimé. (*Évangile.*)

La vertu pardonne au méchant, comme l'arbre de santal parfume la hache même qui l'a frappé. (Maxime indienne.)

Le pardon est un placement aventuré, mais qui peut plus tard rapporter de gros intérêts.

Le lâche se complaît dans la haine, comme le brave dans le pardon.

On pardonne tant que l'on aime. (La Rochefoucauld.)

Pareil, du latin *pariculum*, diminutif de *par*, égal ; provençal *parié*.

Qui est de même qualité.

— Rendre la pareille.

> *Par pari referto.*
> (Térence, *Eunuque.*)

À bon chat bon rat. (Voy. *talion.*)

Parent, du latin *parens, parentem*, de *pario*, enfanter.

Dans le latin littéraire, *parentes* désignait seulement les ascendants, le père et la mère. Dans le latin rustique, il désignait, comme chez nous, non seulement les ascendants, mais encore les collatéraux et les alliés.

— Les parents sont de trois classes ou degrés :

Ligne directe : 1° le père, la mère, les aïeuls ; 2° les enfants et petits-enfants. Ligne collatérale : 3° les frères, sœurs, oncles, cousins.

— Un bon ami vaut mieux que cent parents.

> Le sort fait les parents, le choix fait les amis.
> (Delille.)

— Montaigne dit que « la communauté des biens, les partages, la jalousie des intérêts, détrempent et relâchent la soudure fraternelle ».

(Voy. On n'est jamais *trahi* que par les siens.)

Parer, du latin *parare* ; provençal *parar*.
(Voy. *cossu, habit, s'attifer.*)
Synonyme : être huppé, pimpant, se pomponner.

Paresse, du grec *parésis*, relâchement, affaissement.

Malgré la similitude de forme, cette étymologie est fausse. La vraie est le latin *pigritia*.

— Déesse allégorique des anciens, elle était fille du Sommeil et de la Nuit. Le limaçon et la tortue lui étaient consacrés.

— On dit sainte paresse, pour désigner un repos nécessaire et qui n'induit pas au mal.

Les Latins disaient : *Otium cum dignitate.*

Boileau a dit des chanoines qu'ils

S'engraissent d'une longue et sainte oisiveté.

Après une existence laborieuse, l'homme a le droit de se recueillir dans la dignité du repos.

— La paresse chemine si lentement que la pauvreté ne tarde pas à l'atteindre.

— *Paresse*, de *pigritia*, a fait l'argot *pègre*, voleur, et *pégrène*, faim. Tout commentaire est inutile, n'est-ce pas ? De même que l'oisiveté est mère de tous les vices, ce terme d'argot signifie que la misère est fille de la paresse et sœur du vol.

— La paresse ouvre la porte à l'ennui, à la misère et à tous les vices.

Celui qui ne veut pas travailler, ne mangera pas. (Saint Paul.)

O paresseux, la pauvreté fondra sur toi comme un homme qui marche à grands pas, et l'indigence comme un homme armé. (Salomon.)

Le paresseux pour ne point faire un pas en fait deux.

La paresse, compagne inséparable de l'ennui, est un fardeau bien plus lourd à supporter que le travail.

Plus est negotii in otio quam in negotio. (Sénèque.)

Les paresseux ont plus de peine que ceux qui travaillent.

Ne rien faire produit beaucoup d'affaires.

...Ils s'encouragent à ne rien faire, et bercent mutuellement le hamac de leur paresse. (Mürger.)

Paresseux. Les synonymes sont innombrables : Clampin, côtes en long, fainéant, lazzarone, musard, las-d'aller (Rabelais), marmotte.

On est paresseux par défaut d'énergie, fainéant par défaut d'action, indolent par défaut de sensibilité, nonchalant par défaut d'ardeur, négligent par défaut de soin.

Le paresseux dit : On n'est bien qu'assis, et très bien que couché.

Parfait, du latin *perfectus*, achevé.

Le jeune homme est riche, instruit, charmant... et s'appelle Bernard : on n'est pas parfait.

Parfois, adverbe, comme *toutefois, quelquefois.*

Le substantif *fois* avait jadis la forme *veie, feie, feiz*.

On dit encore en provençal *fés*; du latin *vicem*.

Dans le *Livre des Rois*, l'ablatif *vice* est rendu par *feiz* : A ceste feiz.

Paria, du tamoul *pareyers*, homme hors classe.

Homme de la dernière caste des Indous qui suivent la loi de Brahma. Les Parias vivent méprisés et subissent une foule d'interdictions. Considérés comme impurs, ils sont évités par les autres castes, qui craindraient de se souiller.

— Je suis Indien, c'est-à-dire un ver de terre qui se tapit dans l'herbe ; toute main l'évite et tout pied le meurtrit. (Galvan, poète mexicain.)

— Dans l'antiquité, il y avait le maître et l'esclave ; aux colonies d'Amérique, les noirs étaient naguère hors de l'humanité ; au Moyen-Age, il y avait entre le juif et le chrétien d'effroyables barrières, des abîmes de mépris et des montagnes d'orgueil infranchissables.

Paris, du bas-latin *Parisius*, ville des Parisii.

Synonymes : la Grande Ville, la Capitale du Monde civilisé, la Nouvelle Athènes, la Moderne Babylone, la Capitale des Péchés capitaux.

> Paris, divine capitale,
> Où l'on peut à toute heure, à tout prix, en tout lieu,
> Trouver l'occasion de chiffonner un peu
> La tunique de la morale.

— Paris doit son nom aux Parisii, peuple celtique ; mais son nom primitif était *Lutetia*, Lutèce, que Mercier dérive ironiquement de *lutum*, boue ; ville de boue.

— César dit qu'il transféra dans la ville de *Lutetia Parisiorum* l'assemblée générale des Gaules.

Ptolémée l'appelle *Lucotetia*, que Noël explique par la blancheur de ses murs ; comme il dérive Paris de *Parrhesia*, liberté de parler (de ses habitants).

Sont dicts Parrhisiens, en Grécisme, c'est-à-dire francs à parler. (Rabelais.)

— La ville de Paris a un vaisseau dans ses armes, avec ces mots : *Fluctuat, nec mergitur*. Le vaisseau rappelle la forme de son berceau, l'île étroite de la Cité, où fut Lutèce, et que la Seine entoure de ses bras.

Malgré son vaisseau et sa devise, Paris n'est pas port de mer, et, malheureusement, ses armes ne sont pas parlantes.

— Paris est le paradis des femmes, le purgatoire des hommes, l'enfer des chevaux.

— Le Parisien est l'homme qui sait tout, particulièrement ce qu'il n'a point appris. « Ils savent tout par le perpétuel oui-dire de la vie d'expansion et de contact. » (G. Sand.)

Pour le Parisien, la province n'existe pas : tout ce qui n'est pas Paris, c'est la campagne. Le Parisien en province se croit exilé chez les Scythes.

C'est un Parisien qui, se trouvant sur les bords de la Loire, en admirait la largeur, puis ajoutait : « Voilà une belle rivière, pour une rivière de province ! »

Les Parisiens ressemblent à des singes dans une maison de fous. (Warburn, ambassadeur américain, 1871.)

Le vrai Parisien ne pleure pas, il pleurniche; il ne rit pas, il ricane; il ne plaisante pas, il blague; il ne danse pas, il cancane; il n'est pas amoureux, il est libertin.

La Parisienne ne mange pas, elle grignotte; elle ne parle pas, elle jabote; elle ne marche pas, elle trotte.

— Paris ne s'est pas fait en un jour.

Tantæ molis erat romanam condere gentem.
(Virgile.)

La grandeur de Paris l'a fait surnommer la Grand'Ville, le Grand Village, et François Ier disait : *Lutetia non urbs, sed orbis.*

— De Lutèce devenir Paris, quelle plus étonnante transformation ? Avoir été fange et devenir esprit ! (V. Hugo.)

Supprimez de ce monde l'humanité tout entière, et ne laissez subsister que Paris, comme une autre arche de Noé; vous n'auriez à regretter l'absence d'aucun des échantillons qui composent les variétés naturelles du monde.

Paris est pour le riche un pays de cocagne.
(Boileau.)

Il n'y a qu'un Paris en ce monde et le Paradis dans l'autre.

Mme de Staël, à Coppet, regrettait le ruisseau de la rue du Bac.

Paris commence à la Chaussée-d'Antin, et finit au Théâtre des Variétés : le reste n'est que du remplissage. (Méry.)

Une femme disait qu'elle aimerait mieux être enterrée à Saint-Sulpice, que de vivre en province. (Mercier, *Tableau de Paris*.)

Parler, anciennement *paroler*, du latin *parabolare*, et non comme l'expliquaient quelques-uns, de *per linguam agere*.

> Pallas se tait, Vénus parole.
> (Cité par Borel.)

> Celte gent dont je vous parole.
> (*Roman de la Rose*.)

— Anciennement *voisier*.
Fame voisie la noté et li jor. (Femme parle nuit et jour.)

— Synonymes : causer, c'est s'entretenir familièrement de choses graves ou frivoles, d'affaires ou de plaisirs ; jaboter, jaser, jacasser, caqueter, s'appliquent toujours à des conversations futiles et insignifiantes.

— Parler gras. (Voy.)

Parler *ab hoc* et *ab hac*. (Voy. hoc.)

Parler d'or, ...comme saint Jean Bouche d'Or, ...comme un livre (voy.), ...comme un perroquet, ...comme une pie (voy.), ...comme un oracle (voy.).

— Parler pour ne rien dire. Dans la conversation, il vaut mieux ne rien dire que de dire des riens.

Les Persans ont le proverbe : J'entends le bruit de la meule, mais ne vois pas la farine.

— Elle fait parler d'elle. Se dit d'une femme dont la conduite équivoque donne prise à la médisance.

> Je veux croire qu'au fond il ne se passe rien,
> Mais enfin on en parle, et cela n'est pas bien.
> (Molière.)

In fabulis esse (Suétone) : être la fable du quartier.

La femme la plus vertueuse est celle dont on parle le moins. (Thucydide.)

— Il y a de la gloire pour un homme à faire parler de lui ; et de la honte pour une femme à faire parler d'elle.

— Trop gratter cuit, trop parler nuit, ...et trop manger fait mal au ventre.

Pour arriver au comble de la sagesse, il ne faut ni trop dormir, ni trop manger, ni trop parler. (Maxime arabe.)

Quand on n'a pas assez d'esprit pour parler, il faut avoir assez de jugement pour se taire.

— On lit sur un vitrail de l'hôtel de Jacques-Cœur, à Bourges, cette devise mystérieuse :

> En close bouche,
> N'entre mouche.

— Vous parlez trop, vous n'aurez pas ma toile. Fleury de Bellingen raconte qu'un paysan niais, chargé par sa mère d'aller vendre une pièce de toile, et prévenu d'éviter de faire marché avec des femmes bavardes, renvoya toutes celles qui se présentèrent, en leur disant : « Vous parlez trop, vous n'aurez pas ma toile » ; et finit par la laisser à une statue de la Vierge, placée sur la route, et qui ne parlait pas.

> Qui beaucoup parle et peu entend (écoute),
> Pour âne à la foire se vend.

— Un homme fait, en moyenne, trois heures de conversation par jour. Au taux de cent mots à la minute, cela fait environ cent pages par semaine.

— Parle peu, et écoute beaucoup. (Démonax.)

> Tout ouyr, tout voir et rien dire,
> Mérite en tout temps qu'on l'admire.
> (Rabelais.)

Les personnes qui savent le plus sont celles qui parlent le moins.

Les ruisseaux babillent beaucoup, parce qu'ils ont peu de profondeur ; les grands fleuves sont silencieux.

— Descartes gardait ordinairement le silence dans les réunions nombreuses. Thomas dit de lui qu' « il possédait des richesses en lingots, mais non en monnaie courante ».

La Fontaine avait dans le monde un air timide et niais.

Le grand Corneille était ennuyeux dans la conversation, et ne parlait pas même correctement la langue qu'il savait si bien écrire.

Rousseau était d'une timidité qui l'empêchait d'ouvrir la bouche dans un salon. (*Confessions*, liv. III.)

Montesquieu, Fénelon, Fontenelle, Voltaire, Mme de Staël possédaient, au contraire, le talent de la conversation au suprême degré.

— Celui qui parle peu se fait respecter comme un homme mystérieux, aimer comme un homme discret, consulter comme un homme prudent.

La nature nous a donné deux oreilles, et une seule bouche, pour nous apprendre que nous devons plus écouter que parler. (Zénon.)

> *Os unum, natura duas formavit et aures,*
> *Ut plus audiret quam loqueretur homo.*
> (Caton le Censeur.)

En parlant peu, on entend davantage. (Proverbe russe.)

Que ta bouche soit la prison de ta langue. (*Le brahme voyageur.*)

Il faut tourner sept fois sa langue dans sa bouche avant de parler.

Qui ne sait pas se taire, ne sait pas parler. (Pittacus.)

> Plus a appris qui se tait
> Que qui parle et haut brait.

Oy, voy et te tay, si tu veux vivre en paix. (XIIIe siècle.)

> Ouïr, voir, se taire de tout,
> Fait l'homme bien venir partout.

Qui parle sème, qui écoute récolte. (Pythagore.)
La parole est d'argent, et le silence est d'or.

> Il est bon de parler, et meilleur de se taire.
> (La Fontaine.)

Le fou même passe pour sage quand il se tait. *Stultus quoque, si tacuerit, sapiens reputatur.* (Salomon.)

> Un sot qui ne dit mot, ne se distingue pas
> D'un savant qui se tait.
> (Molière, *Dépit*.)

Aussi dit-on que le silence est l'esprit des sots.
La bouche parle de l'abondance du cœur. (Mathieu, XII, 14.)

> Parole ouïe est perdue,
> Si elle n'est de cœur entendue.

On parle volontiers de ce qu'on aime, et la passion rend éloquent.

> La langue ne doit pas parler
> Sans congé au cœur demander.

Parodie, du grec *para*, contre, *odé*, chant.
Ouvrage dans lequel on traduit en comique une œuvre sérieuse.
Tel est le *Chapelain décoiffé*, où Boileau et Racine ont parodié quelques scènes du *Cid*. On connaît l'*Énéide travestie*, de Scarron, l'*Ovide en belle humeur*.

Les pièces de théâtre ont été souvent parodiées. Ainsi *Inès de Castro* est devenue *Agnès de Chaillot*.

Parole, anciennement *paraule*, du latin *parabola*.

La parole est le vêtement de la pensée. Selon Talleyrand, elle n'en serait que le déguisement.

La parole est l'interprète de l'âme.

Parole d'honneur ! — Cet homme n'a qu'une parole.

Le bœuf s'attache par les cornes, et l'homme par la parole.

Parole lancée ne peut être rappelée.

> *Nescit vox missa reverti.*
> (Horace, *Pisons*, 348.)

> *Et semel emissum volat irrevocabile verbum.*
> (Horace, *Épître* I, 18.)

— Surveille ta parole : un jour elle se retournera contre toi. (Proverbe italien.)

Le mot qui t'échappe est ton maître ; celui que tu retiens est ton esclave. L'auteur d'*Adolphe* parle de mots irrévocables, qui, une fois prononcés, ne s'effacent plus du souvenir, et détruisent les liaisons les plus fortes.

Verba volant, scripta manent. (Voy. *écrits*.)

— Il ne lui manque que la parole. Se dit d'un portrait ressemblant.

Michel-Ange disait en présence d'une statue de saint Marc par Donatello : *Marco, perche non mi parla ?*

Mgr de Beaumanoir de Lavardin, évêque du Mans, était sujet à rester court en chaire. Mme de Sablé, voyant son portrait, dit : « Mon Dieu ! qu'il est ressemblant ; on dirait qu'il prêche. »

Spirantia signa (Virgile) : des statues animées.

— Les paroles n'ont pas d'odeur. — Un mot obscène fait sur l'esprit la même impression qu'une odeur fétide sur l'odorat. (Lamartine.)

Les paroles sont l'ombre des actions. (Démocrite.)

A peu parler, bien besogner.

Bien dire fait rire, bien faire fait taire.

> Dict sans faict à Dieu déplaist.
> Dict faisant, à Dieu plaisant.
> (BOUVELLE, XVIe siècle.)

La meilleure leçon est celle de l'exemple. (La Harpe.)

— On a comparé la parole à une arme, et la discussion à un combat. De là sont venues les locutions : lutte parlementaire ; s'escrimer ; entrer en lice ; descendre dans l'arène ; baisser pavillon ; rendre les armes ; mettre les pouces (*manus dare*). On dit aussi : je ne vous suivrai pas sur ce terrain.

Spadassins de la plume (Saint-Amant) ; les gladiateurs du beau dire, — de la république des lettres,

> Qui sur un pré de papier blanc
> Versent de l'encre au lieu de sang.

— Dispute de mots : logomachie, du grec *logos*, et *maché*, combat.

Flux de paroles. (Voy. *flux*.)

Paroli, étymologie incertaine.

Terme de jeu : le double de la mise précédente. Diffère de la martingale en ce que celle-ci double la mise jusqu'à ce que le joueur ait regagné ce qu'il avait perdu ; tandis que dans le pareil, on peut ne la doubler qu'une fois.

Paronomase, du grec *para*, à côté de, *onoma*, nom.

Figure qui consiste à substituer à un mot un autre mot qui a à peu près le même son.

Rabelais a usé et abusé de cette figure. « Appelez-vous cecy fiansailles ? Je les appelle fiantailles de m...de. »

(Voy. *équivoque, contrepetterie*.)

Paronyme, des mêmes éléments que le précédent.

Mot qui a des rapports avec un autre par son étymologie, ou seulement par sa forme, comme *impassible* et *impossible*.

Parpaillot, origine historique ou anecdotique.

Le surnom de « parpaillots » fut donné aux protestants, de Jean-Pierre de Parpaille, d'Orange, l'un des chefs calvinistes décapités à Avignon en 1562.

Parques, du latin *parcere*, épargner (par antiphrase), ou de *parcus*, économe (de la vie humaine).

— *Fatales deæ* : les déesses fatales, les divinités infernales.

Elles étaient au nombre de trois : Clotho, Lachésis et Atropos. Clotho, la plus jeune, présidait au moment de la naissance de l'homme, et tenait la quenouille ; Lachésis filait les jours et les évènements de la vie ; Atropos, l'aînée des sœurs, coupait de ses ciseaux le fil des destinées humaines.

> C'est là, cher Lamoignon, que mon esprit tranquille
> Met à profit les jours que la Parque me file.
> (Boileau, *Epitre* VI.)

Les Parques filent pour les gens heureux, des jours de soie et d'or.

Part, du latin *partem* ; d'où parti, partie, partir.

— A part soi. On devrait dire : à par soi, *per se*, et non *ad partem*. (Aussi ne vient-il pas de *ad partem*, mais de *a parte*, qui est aussi français.)

— Prendre quelqu'un à part. On disait autrefois *à quartier*.

J'ai quelque chose à vous dire, ajouta-t-elle, en la tirant un moment à quartier. (Marivaux, *Vie de Marianne*.)

Encore une locution dont l'usage s'est perdu.

> *Ita verborum vetus interit ætas.*
> (Horace.)

(Ainsi tombent de vétusté les mots autrefois florissants.)

— La part du diable, du feu, du lion ; c'est-à-dire du plus fort. Allusion à une fable de Phèdre, imitée par La Fontaine.

— On écrit souvent : « Je prends une part bien vive au malheur qui vient de vous frapper... » Une part peut être grande ou petite ; elle ne saurait être vive.

Partageux, néologisme.

Utopistes, communistes, qui croient à la possibilité du partage égal de tous les biens entre tous.

Parti, du verbe *partir* ; anciennement *partager* ; latin *partiri*.

— Changer de parti : tourner casaque. (Voy. *opinion*.)

PARTIS CÉLÈBRES :

Anciens,	Modernes.	Gluckistes,	Piccinistes.
Blancs,	Bleus.	Guelfes,	Gibelins.
Bien,	Mal.	Idéalistes,	Réalistes.
Capulets,	Montaigus.	Jansénistes,	Molinistes.
Christianisme,	Paganisme.	Montagnards,	Girondins.
Classiques,	Romantiques.	Luthériens,	Papistes.
Conservateurs,	Radicaux.	Républicains,	Monarchistes.
Droite,	Gauche.	Rouges,	Blancs.
Foi,	Scepticisme.	Verts,	Bleus (au cirque).
Frondeurs,	Mazarins.	Wigh,	Tory.
Gallicans,	Ultramontains.	Yorck (rose blanche),	Lancastre (rose rouge)

Partibus (in). (Voy. *évêque*.)

Participe, du latin *particeps (partem capere)*.

Mot qui tient du verbe et de l'adjectif. C'est une forme particulière, un mode du verbe, qui joue dans la phrase le rôle d'un adjectif.

On distingue le participe présent et le participe passé : aimant, aimé.

Particule, du latin diminutif *particula*.

Petit mot, ou portion de mot, qui ne s'emploie pas seul, et destiné à modifier le sens d'un autre mot.

Telles sont les syllabes *dis, mé, dé*, dans disjoindre, mépriser, déplaire (préfixes) ; *aille, cule* ou *icule*, dans rocaille, monticule (suffixes).

— Particule nobiliaire, préposition ou article contracté qui précède un nom propre : *de, du, des, de la*.

Particulier, du latin *particularis*.

1° Adjectivement : s'oppose à public, à ordinaire ou à commun, dans le sens de extraordinaire, bizarre.

2° Substantivement : un individu, un quidam.

Partie, dérivé du participe de *partir*, au féminin.

— Partie carrée : partie de plaisir où se trouvent réunis deux hommes et deux femmes.

Nous ferons quelquefois de petites parties carrées. (Le Sage, *Turcaret*.)

Partir, du latin *partiri*, partager.

Partir d'un lieu, c'est s'en séparer.

Le mot est resté avec son premier sens dans la locution : avoir maille à partir. (Voy. *maille*.)

— Synonymes : s'en aller. Et, avec idée de fuite : ficher son camp, décamper, prendre la poudre d'escampette, décarrer (Graudval), enfiler la venelle, montrer les talons.

Partir sans tambour ni trompette.

Parure, dérivé de *parer*, latin *parare*.

Et toujours la parure embellit la beauté.
(*Marie*, opéra-comique.)

Induitur, formosa est : exuitur forma ipsa est. (Aristénète.)
Vêtue, elle est belle ; nue, c'est la beauté même.

Pulchra mulier nuda erit quam purpurata pulchrior.
(Plaute.)

Parvenu, participe de *parvenir*, latin *pervenire*.

Synonymes : *vulgo concepti* ; un aigle né dans un poulailler.

Rabelais (livre I, ch. 1) dit : « Plusieurs sont aujourd'huy empereurs, roys, ducs, princes et papes, en la terre, lesquelz sont descendus de quelques porteurs de rogatons et de coustrez ; comme au rebours plusieurs sont gueux de l'hostière (hôpital), souffreteux et misérables, lesquelz sont descendus de sang et ligne de grands roys et empereurs. »

— Il n'est orgueil que de pauvre enrichi.

Vous ne savez donc pas jusqu'où va l'arrogance
D'un bourgeois ennobli, fier de son opulence ?
(Destouches.)

Vilain enrichi
Ne connaît parent ni ami.

Quand vient la gloire
S'en va la mémoire.

Parvis, doublet de *paradis* ; origine hébraïque et biblique.

Quelques-uns prétendent le tirer a *parvis educandis*, parce que les écoles étaient établies auprès des églises.

Place devant la grande porte d'une église, et principalement d'une cathédrale.

Désigne aussi, dans la Bible, l'espace qui entourait le tabernacle, dans le temple de Jérusalem.

Pas, du latin *passus*, mouvement des jambes.

S'emploie très fréquemment, comme *point, goutte, mie*, pour renforcer la négation.

— Pas de clerc : démarche maladroite.

— Faux pas : un faux pas est souvent plus dangereux qu'une chute.

— Être dans un mauvais pas ; sortir d'un mauvais pas. Expressions empruntées à l'ancienne chevalerie.

Pas est pour passage, passade, et le pas d'armes consistait à forcer un passage fortifié ou gardé par l'ennemi ; à attaquer un pont, un défilé ; à franchir une rivière ou tout autre passage étroit ou difficile, qu'il était important d'occuper.

— Il n'y a que le premier pas qui coûte : le plus difficile est de commencer.

> Dans le crime il suffit qu'une fois on débute ;
> Une chute toujours attire une autre chute.

— S'il n'est pas exact de dire qu'il n'y a que le premier pas qui coûte, il faut convenir que c'est celui qui coûte le plus.

Le cardinal de Polignac racontait à Mme du Deffand la légende de saint Denis, qui, après avoir été décapité à Montmartre releva sa tête, la porta dans ses mains en la baisant, jusqu'au lieu où l'on a bâti la cathédrale de Saint-Denis. Comme l'Éminence disait que la route parcourue par le saint était bien longue, la dame répondit : « Monseigneur, il n'y a que le premier pas qui coûte. »

Pasquinade, de *Pasquin*, nom d'homme.

Pasquin était le nom d'un savetier de Rome, connu par ses brocards. On donna ce nom, par extension, à une statue mutilée, en marbre, qui est au coin du palais des Ursins, et à laquelle on attache des satires et des plaisanteries. Marforio, autre statue antique, placée en face de Pasquin, fait les questions auxquelles Pasquin répond. Pasquin et Marforio sont, en quelque sorte, les historiens satiriques de la papauté ; le dialogue dure depuis cinq cents ans. Pendant la nuit, une main furtive colle sur le piédestal l'épigramme vengeresse qui bientôt circule de bouche en bouche.

Les papes, dit Mercier, ont laissé Pasquin et Marforio parler et se répondre. Des railleries, des lardons amusent le peuple et l'assoupissent. Ne vaut-il pas mieux encore que la satire soit dans la bouche de la statue, que de rester dans le cœur, où elle fermente et s'aigrit ? La mauvaise humeur du peuple s'évapore ainsi, et jamais les bras ne se lèvent, quand la langue a pu se soulager pleinement.

Le nom donné à la statue vient peut-être de Pasquin, acteur de la comédie italienne, bel esprit, beau parleur et menteur en diable.

Passer, verbe tiré de *pas*.

— Passer un mauvais moment, …un mauvais quart-d'heure.

— Génin (*Variations*), explique les locutions diverses où se rencontre le verbe *passer* : passer le temps ; passer la rivière ; passer pour un honnête homme ; les pièces de Lucques et de Monaco ne passent pas en France. Toutes ces locutions ont pour origine le mot *pas* ; *passer* y est synonyme de *cheminer*.

Mais dans les locutions suivantes, *passer* vient du latin *patior* : Je passe condamnation ; c'est-à-dire je souffre qu'on me condamne. Je vous passe le mot ; c'est-à-dire je vous le pardonne. Il passe à son enfant tous ses caprices : il souffre tout de son enfant. Passer un mauvais moment signifierait donc aussi endurer un mauvais moment.

Il suffit de constater que *passer*, d'abord neutre, devient actif dans le sens de traverser, faire traverser, puis de inscrire, de laisser aller, d'accepter, etc.

> Tout passe, tout casse, tout lasse.
> Tout Dorante devient Géronte.

> J'en passe et des meilleurs.
> (V. Hugo, *Hernani*, III, 4.)

Passe-passe (faire des tours de). Se dit des tours que font les joueurs de gobelets, les prestidigitateurs.

Rabelais dit (liv. I, chap. 24) : trajectaires.

Passion, du latin *passio*, du participe *passus*, de *patior*, souffrir, qui a donné aussi : patir, patient, patience.

Ce mot, qui désigne une vive affection de l'âme, a conservé sa signification latine de souffrance physique, dans la locution : souffrir mort et passion ; la Passion de Jésus-Christ.

> *Vene, per nostre salvamen,*
> *Recebre mort e passio.*
> (P. d'Auvergne.)

(Il vint pour notre salut, recevoir mort et passion.)

— Une passion est un caprice qui a rencontré des obstacles.

La passion passe quand l'objet est flétri.

— Le pire de tous les vices est de n'avoir aucune passion.

Toute passion est éloquente ; tout homme persuadé persuade ; pour arracher des pleurs, il faut pleurer ; l'enthousiasme est contagieux. (V. Hugo.)

Pastiche, de l'italien *pasticcio*, mélange, pot-pourri.

Œuvre d'art ou de littérature, dont la manière est imitée d'un autre auteur.

Patafiole, terme d'argot populaire.

Que le bon Dieu...le diable te patafiole !

De l'italien *patafio*, abréviation de *epitafio*, épitaphe.

Cela revient à dire : que Dieu fasse ton épitaphe, que le diable t'emporte !

Pataquès (voy. *cuir*). Terme populaire.

Faute de langage qui consiste à faire entendre un *t* final quand il y a un *s*, et réciproquement.

Domergue dit qu'un homme se trouvant avec deux dames peu lettrées, aperçut à terre un éventail :

« Cet éventail est-il à vous ? dit-il à l'une d'elles. — Il n'est point z'à moi. — Il est donc à vous ? dit-il en s'adressant à l'autre. — Il n'est pas t'à moi. — Alors, s'il n'est point z'à vous, s'il n'est pas t'à vous, je ne sais pas t'à qu'est-ce. »

Le mot est resté, après avoir fait beaucoup rire. Mais l'étymologie est-elle bien sûre ?

Patard, nom d'une petite monnaie sous Louis XII. Elle valait trois deniers, et a subsisté longtemps dans les Flandres.

Patati-patata, onomatopée qui imite le bruit fait par plusieurs forgerons qui frappent ensemble sur l'enclume.

> *...Patatic patatacque sonantes*
> *Enclumas...*
> (Belleau, *Dictamen metrificum*.)

Patatras, onomatopée.

Exclamation ironique en voyant tomber quelqu'un, ou en parlant de quelque chose qui tombe.

— François de Gonzague, duc de Nevers, étant tombé de cheval en traversant Pouilly, une vieille femme lui cria : « Patatras ! Monsieur de Nevers. » Il en fut si fort irrité, qu'il fit saccager la ville par ses soldats.

Pataud, dérivé de *patte*.

Jeune chien à grosses pattes, et, par suite, désigne un gros homme mal fait, un lourdaud.

Pâte, du latin *pasta*, grec *pasté*, bouillie.

— Bonne pâte d'homme : qui manque de levain. Celui qu'on pourrait qualifier d'homme apathique avec calembour.

Quinault, le poète du XVIIe siècle, était fils d'un boulanger, et doué d'un caractère doux et complaisant. Furetière y fait allusion, quand il dit : « Quinault est la meilleure pâte d'homme que je connaisse ; il ne lui reste aucun venin des injures qu'il reçoit. Il connait cinq ou six cents mots de la langue, qu'il blute, sasse et ressasse, et qu'il pétrit du mieux qu'il peut. »

Patelin, mot d'origine littéraire.

Homme faux et mielleux, comme le personnage de la farce qui porte ce nom (XVe siècle), attribuée à Pierre Blanchet.

— *Patelin*, comme le provençal *patefile*, patte de chat, patte de velours, signifie patte douce *(lenis)*.

La première édition de la *Farce de Patelin* est datée de Paris, Germain Benant, in-4º, 20 décembre 1490.

Pierre Blanchet a eu la même gloire que Molière. Si Tartuffe est devenu un nom appellatif, et signifie hypocrite, Patelin signifie un homme qui en flatte un autre pour le duper, et *patelinage* est devenu synonyme de jargon doucereux. « Parlez-vous christian, mon amy, ou langage pathelinoys ? » (Rabelais, II, 9.)

Il en est de même de Renard, nom donné par Pierre de Saint-Cloud au goupil, dans le *Roman de Renart*, et qui est devenu en quelque sorte, synonyme de finesse et de ruse.

— On trouve dans *patelin* une formation analogue à celle de *papelu, patepelue*, nom satirique donné, à l'époque de la Réforme, aux papistes hypocrites, qui ne pratiquaient pas l'Évangile pur comme les luthériens.

Patenôtre. Emprunté du début de l'oraison dominicale, *Pater noster*.

— Dire la patenôtre à l'envers (Rabelais) : dire des injures, prononcer des malédictions.

Patente, du latin *patentem.*
Abréviation de lettres patentes, c'est-à-dire ouvertes.

Patience, du latin *patientia,* de *pati,* endurer.
— La patience est l'art d'espérer. (Vauvenargues.)
La patience est le remède à tous les maux. *Cuivis dolori remedium est patientia.*
La patience est la vertu des malheureux.
La patience est la force des faibles. (J. Delacroix.)
— On me parle de la patience, qui est, dit-on, le remède à tous les maux ; je la prends comme une médecine qui ne coûte guère, mais qui ne guérit de rien. (Poussin, *Lettre à M. de Chanteloup.*)
— Avec du temps et de la patience, on vient à bout de tout. (Voy. *temps.*)
— Patience passe science.
Buffon a dit : « Le génie est une longue patience. » La patience est, en effet, ce qui chez l'homme ressemble le plus au procédé que la nature emploie dans la création. C'est une manière d'être de l'infini.
Patiens quia œternus, a dit saint Augustin : Dieu est patient parce qu'il est éternel.
— La patience ne donne pas le génie ; mais il n'y a pas de génie sans patience.

Patine, mot d'origine incertaine.
Carbonate vert de bronze, qui se forme sur les statues et les médailles de bronze antiques ; sorte de rouille verdâtre du cuivre et du bronze ; vert de gris.
Peut-être du latin *patina,* plat, parce que les plats antiques ou patines, quand on les trouve, sont revêtus de ce sel.
Tempus pictor, dit l'archéologie.

Patiner, dérivé de *patte.*
Manier sans ménagement, manier d'une façon déshonnête.
Ah ! doucement, je n'aime pas les patineurs. (Molière, *Georges Dandin.*)

Les patineurs sont gens insupportables
Même aux beautés qui sont très patinables.
(Scarron.)

Pâtir, emprunté du latin *pati,* souffrir.

Endurer un mal causé par autrui. D'où *pâtiras* (argot), souffrir douleur.

> On voit que de tout temps
> Les petits ont pâti des sottises des grands.
> (La Fontaine.)

> *Quidquid delirant reges plectuntur Achivi.*
> (Horace.)

Patois, de *patrius* (*sermo*), langage du pays.

Ce mot s'écrivait *patrois*, et dans les adjectifs en *ois*, tels que François, Anglois, Chinois, le suffixe est analogue aux terminaisons latines en *us, ius, osus, iensis...*

Peut-être aussi de *Patavus*, habitant de Padoue; parler patois serait parler comme à Padoue. (Voy. *vache* espagnole.)

— Le mot *patois*, dit Granier de Cassagnac (*Histoire des Origines de la langue française*), signifie « langue locale ». Les patois des diverses contrées d'un pays sont les dialectes, et la langue nationale des grands États n'est qu'un patois privilégié, qui a été adopté par l'État, est imposé par la loi et enseigné dans les écoles comme langue nationale, pour qu'elle serve de lien entre toutes les parties d'une grande nation. C'est ce qui est arrivé, en Italie, au dialecte de Florence; en Allemagne, au dialecte de la Souabe; en Espagne, à celui de la vieille Castille; en Angleterre, à celui des comtés de Kent et de Midlesex; en France, au dialecte de l'Ile de France et de Paris.

Ces patois d'élection, perfectionnés par les savants et les poètes, sont devenus des langues littéraires, servant d'interprètes entre la population, dans les relations officielles; mais ce n'en sont pas moins d'anciens patois parvenus aux honneurs; tout le monde les parle, ou du moins les comprend, et les habitants des campagnes eux-mêmes ont deux langues : l'une est la langue naturelle, apprise au berceau ; l'autre, la langue artificielle, apprise à l'école. (Chap. VII.)

— Alexandre Dumas, au sujet de l'idiome d'une bourgade des Alpes, dit : « L'abominable patois de ce pays pourrait passer pour de l'auvergnat corrompu. »

Les patois, si méprisés dans les villes, sont regardés comme du français qui s'est altéré dans la bouche du peuple des provinces. C'est tout le contraire, et les patois sont les héritiers des dialectes qui se parlaient avant le XIVe siècle, dont la langue française s'est éloignée de plus en plus, car l'idiome du peuple change moins que celui des classes lettrées, et une preuve évidente en est dans la manière dont parlent les paysans dans les comédies, et notamment dans l'alliance d'un verbe pluriel avec la première personne du singulier : je sommes, j'allons, je disons..., de même que la substitution de l'*a* à l'*é*, de la diphthongue *ou* à l'*o*, lorsqu'ils disent *Piarre, marle,* pour *Pierre, merle,* et *chouse* pour *chose.*

C'est pourtant ainsi qu'on parlait à la cour de François Ier, le Père des Lettres, et voici un fragment de la correspondance de ce roi à M. de Montmorency : « Le cerf nous a menés jusqu'au tartre de Dumigny... *J'avons* espérance qu'il fera beau temps, veu ce que disent les estoiles que *j'avons* eu le loysir de voir... Perot s'en est *fouy,* qui ne s'est ousé trouver devant moy. »

— Tout en nous moquant de ces formes surannées du langage chez les paysans, nous commettons tous les jours la même faute sans nous en douter (?), avec cette différence toutefois que nous mettons le verbe au singulier (?) avec le pronom pluriel, en nous servant, comme les rois et les évêques, de *nous* au lieu de *je* : « Dans cet ouvrage que nous offrons au public... » Ce *nous* prétentieux est plus solennel, mais moins modeste et moins grammatical que *je.*

Patres (ad), locution latine.

— Aller *ad patres* : aller retrouver ses pères ; mourir. (Voy.)

— On lit dans la *Genèse* (XI, 15) : *Tu autem ibis ad patres ;* quant à toi, tu iras vers tes pères.

Et (*Juges,* II, 10) : *Congregari ad patres suos.*

> Nous aussitôt, faisant partout florès,
> Sûrs de trouver déjà le bonhomme *ad patres.*
> (Regnard.)

Mais j'ai grand'peur, franchement, que cela ne l'envoie *ad patres.* (Molière, *Médecin malgré lui.*)

Patriarche, du latin ecclésiastique *patriarcha.*

On donne ce nom, dans la Bible, aux principaux chefs de famille avant Moïse. Les plus connus sont : Adam, Abraham, Isaac, Jacob...

> Autant qu'un patriarche il vous faudrait vieillir.
> (La Fontaine.)

Patricien, dérivé du latin *patricius,* patrice.

Celui qui connaît ses pères. Le patriciat était une noblesse instituée par Romulus.

S'opposait à *plébéien.*

Les Espagnols appellent *hidalgo* un noble, un gentilhomme

C'est la contraction de *hijo d'algo*, fils de quelqu'un, c'est-à-dire légitime, par opposition à *bâtard*.

C'est aussi l'origine de *germain*, celui dont le germe, ou l'origine est connue.

Noble, *nobilis*, qui mérite d'être connu, est d'origine analogue.

Patrie, du latin *patria*, sous-entendu *terra* : la terre paternelle.

Les anciens poëtes latins l'ont souvent appelée *alma parens*, mère bienfaisante.

> A tous les cœurs bien nés que la patrie est chère !
> (Voltaire, *Tancrède*.)

> *Nescio qua natale solum dulcedine cunctos*
> *Ducit, et immemores non sinit esse sui.*
> (Ovide.)

(Je ne sais par quel charme le sol natal nous attire tous, et nous empêche de l'oublier.)

> Plus je vis d'étrangers, plus j'aimai ma patrie.
> (Du Bellay, *Siège de Calais*.)

> Mourir pour la patrie
> C'est le sort le plus beau, le plus digne d'envie.

> *Dulce et decorum est pro patria mori.*
> (Horace.)

Pro patria et in patria mori præclarum. (Cicéron, *Ad Atticum*, VIII.)

Patrouille, de *patrouiller*, anciennement *patouiller*, dérivé de *patte*, agiter les pattes.

> Dans mon église l'on patrouille
> Si l'on ne prend bien garde à soi ;
> Et le crapaud et la grenouille
> Coassent l'office avec moi.
> (L'abbé Sanlecque au Père-Lachaise.)

Patte, mot d'origine incertaine.
— Faire patte de velours. (Voy.)
Graisser la patte. (Voy.)
— Pigeon pattu, en provençal *pépelut* (pied pelu).
La Fontaine a employé *patte-pelu* : doucereux.

Paume, du latin *palma*, même sens.
Jeu qui consiste à chasser une balle avec la paume de la main.
— Du jeu de paume viennent un grand nombre de locutions :
Argent sous corde : au jeu de paume, le prix des enjeux se met

sous une corde tendue au milieu du jeu, et garnie de filets qui touchent le sol.

Balloter quelqu'un : se jouer de lui, le berner.

Bricoler : saisir la balle qui retourne après avoir touché le mur.

Empaumer : recevoir une balle en plein dans la paume de la main. (Voy.)

Faire faux-bond : au figuré, manquer de parole.

Friser la corde : lorsque la balle touche légèrement la corde, en passant par dessus.

Peloter en attendant partie : au propre, jouer à la paume, pour s'exercer, avant que la partie soit engagée.

Prendre la balle au bond, ou à la volée : saisir le moment favorable.

Renvoyer la balle, ou l'éteuf : au figuré, répliquer vivement. L'éteuf est la balle du jeu de longue-paume.

A bon joueur la balle vient : les habiles réussissent.

Pauvre, du latin *pauper, pauperem* ; d'où aussi *paupérisme*.

Le diminutif *pauvret* s'exprime en provençal par *peccaïré* (pêcheur), digne de compassion.

— Synonymes : bas-percé. Lorsqu'on portait les culottes courtes, il fallait être bien pauvre pour ne pouvoir pas faire raccommoder ses bas à la ravaudeuse.

Panné (trivial) vient de *pannus*, comme *pannosus*, déguenillé, mendiant.

— Le pauvre est celui qui n'a que strictement le nécessaire pour vivre ; l'indigent, celui qui, n'ayant rien, ni aucune industrie productive, est forcé de recourir à l'assistance publique.

— Qui donne aux pauvres, prête à Dieu. Qui donne pour Dieu, donne pour deux. C'est pour cela qu'il ne faut pas confondre « donner aux pauvres » avec « donner pour les pauvres ».

— Le droit des pauvres est une taxe prélevée, en France, au bénéfice des hôpitaux, sur la recette des spectacles, bals, concerts, etc., etc.

Louis XIV, en 1699, rendit ce droit obligatoire. Le 5 décembre 1809, il fut fixé à un décime par franc, en sus du prix de chaque billet d'entrée.

La taxe des pauvres est un impôt établi en Angleterre dès 1602, sous le règne d'Élisabeth. Cette taxe a augmenté considérablement le nombre des pauvres dans ce pays.

— De *pauper*, les Anglais ont fait *paupérisme*, qui est la pauvreté en général. *Paupérisme* est un vilain mot, qui désigne la classe tout entière des parias de la société, des déshérités du bonheur, et qui sert de titre au chapitre de la nouvelle science économiste et socialiste où les questions de la misère publique sont traitées par des philanthropes qui pourraient s'appeler *paupéristes*...

Pauvreté, du latin *paupertas*, par métathèse.

Divinité allégorique, fille du Luxe et de la Paresse, et sœur de la Faim.

— Pauvreté n'est pas vice : c'est bien pis. (Voltaire.)

Ce proverbe est ce qui reste d'un ancien axiome de droit cité dans les *Institutes* de Loisel : « Pauvreté n'est pas vice, et ne désanoblit point. »

Il y avait aussi une autre maxime de droit sur le même sujet : « Pauvreté n'est pas vice, mais en grand'pauvreté il n'y a pas grand'loyauté. » (Loisel.)

— La pauvreté est mauvaise conseillère, comme la faim.

Malesuada fames.
(Virgile.)

Qui n'a rien, en ce maudit âge,
Est tenu pour fol, fût-il sage.

Pauvreté empesche les bons espritz de parvenir. (B. Palissy.)

Pavaner (se), dérivé de *pavane*, d'origine inconnue.

Étaler son orgueil comme le paon étale sa queue (?).

— Rabelais dit *penader* (I, 12) d'un cheval qui marche fièrement comme un paon. Et La Fontaine emploie *se panada*.

— La *pavane*, danse équestre des Espagnols, était exécutée dans les carrousels pour la clôture des jeux, et au moment de la parade. (Colonel Ambert.)

La *pavane* est une danse de caractère, grave et noble, dont les mouvements imitent ceux du paon.

Pavillon, du latin *papilionem*.

S'est dit d'abord d'une tente, des tentures servant d'abri.

— Drapeau, dans la marine.

— Pavillon blanc (parlementaire), pavillon de signal, pour avertir qu'on demande à parlementer.

Le 18 décembre 1784, le ballon de M. de Montgolfier devait

s'élever à Lyon. L'ascension ne put avoir lieu, parce qu'il tomba de la neige toute la journée. M. S... adressa ces vers aux aéronautes :

> Fiers assiégeants du séjour du tonnerre,
> Calmez votre colère ;
> Eh ! ne voyez-vous pas que Jupiter tremblant
> Vous demande la paix par son pavillon blanc !

— Baisser pavillon : s'avouer vaincu ; rendre les armes.

> Doivent sans contredit mettre bas pavillon.
> (Molière, *Étourdi*.)

Vexillum submittere.
(Stace.)

Fasces submittere, ...Manus dare, mettre les pouces.

Tous les poètes baissent pavillon devant Homère et Virgile.

— En terme d'architecture, bâtiment isolé, ayant une toiture à quatre faces ou en dôme.

Pavois, du latin *pavidus.*

Arme défensive sous laquelle on s'abrite, bouclier.

— Vient peut-être plutôt de l'italien *pavese,* de Pavie, où se fabriquaient ces boucliers.

Payer, du latin *pacare,* apaiser (ses créanciers).

En acquittant une dette, on fait taire les réclamations, on se soustrait aux poursuites, on est tranquille *(quietus).* On se *délie* d'une servitude par la solvabilité *(solvere),* de même qu'on rachète son indépendance par une rançon *(redemptio).*

Au contraire, on reste l'esclave du créancier, tant qu'on est obéré *(obœratus, de œs).*

— Synonymes : jouer de la poche, jouer du pouce, c'est faire le geste si bien compris de tout le monde, qui consiste à glisser vivement le pouce sur le bout de l'index.

— Payer en chansons (voy.), ...en monnaie de singe (voy.)

Payer de toupet, c'est-à-dire d'effronterie.

Payer les violons. (Voy.)

Payer ric-à-ric, ou rubis sur l'ongle : très exactement.

— Il me la paiera plus cher qu'au marché : je me vengerai. Expression synonyme de : il ne l'emportera pas en Paradis.

— On dit : la paye d'un soldat, le salaire d'un ouvrier, les gages d'un domestique, les appointements d'un commis, les honoraires d'un avocat.

— Payer de sa personne : s'exposer hardiment.

Solvere in œre aut in cute. Payer de sa bourse ou de sa peau.

La loi des Douze tables, à Rome, livrait le débiteur insolvable à la merci de ses créanciers et leur donnait le droit de le mettre aux fers, de le réduire en servitude, de prélever sur son corps un morceau de chair.

La loi Julia atténua cette rigueur, en libérant le débiteur qui faisait à ses créanciers l'abandon complet de ses biens.

— Le moment de payer : le quart-d'heure de Rabelais. (Voy.)

— Partir sans payer : emporter le chat ; faire un pouf ; faire un trou dans la lune.

Au XVIe siècle, on disait, pour s'en aller : faire un pertuis dans l'air, faire un trou dans la nuit.

Pays, anciennement *païels*, *païs* ; du latin *pagensem*, sous-entendu *agrum*, territoire du canton.

— L'Académie confond dans la même acception les mots *pays* et *patrie* ; en réalité, le mot *patrie* s'entend du lieu de naissance, considéré au point de vue politique et moral, tandis que *pays* a rapport au côté matériel et plus restreint de la même idée.

Ma patrie est la France, mon pays est la Provence.

— Le mot *patrie* est employé dans un sens politique ; pour les intérêts matériels, on se sert du mot *pays*.

Le pays est sillonné de chemins de fer et de canaux, qui ont donné l'essor au commerce, en contribuant à rendre la patrie florissante.

Guillaume Tell a délivré sa patrie du joug de la tyrannie.

Un provincial quittant Paris pour son département retourne dans son pays sans quitter sa patrie.

— Il est bien de son pays : il est bien naïf. C'est comme si l'on disait : il n'a jamais perdu de vue son clocher.

— Nul n'est prophète en son pays. (Voy. *prophète*.)

— Pays imaginaires : les Champs-Élysées, Cocagne, Éden, Eldorado, le pays de Tendre.

— *Pays*, féminin *payse*, se dit aussi dans le sens de compagnon, originaire du même pays. En allemand *landsmann*.

Paysage, de *pays* et *sagire*, savoir, voir (?).

(En réalité, dérivé de *pays* avec le suffixe *age*.)

Tableau d'un site pittoresque.

Synonyme : plat d'épinards (mauvais paysage).

— Il y a trois époques du paysage, en France : 1° le paysage épique, de Poussin et de Claude Lorrain ; 2° le paysage fantaisiste, de Watteau et de son école ; 3° le paysage réaliste, créé par J. Vernet. (H. Delaborde.)

L'école classique du paysage était représentée, en 1830, par Bidault, Bertin et Bourgeois, qu'on appelait les trois B, par opposition aux quatre G : Gros, Girodet, Guérin et Gérard.

Il y avait aussi Jolivard, dit Jolivert, à cause de la couleur de ses paysages, et Watelet, avec son éternel moulin, battant de sa roue une eau savonneuse, au milieu d'un maigre bouquet d'arbres.

> Ils s'en vont dans les forêts
> Fair' du chic d'après nature ;
> Voyez quelle barbe ils ont,
> Les peintres de Barbizon !

Barbizon est un hameau de la forêt de Fontainebleau, où s'est formée, vers 1840, une colonie de paysagistes, parmi lesquels Diaz, A. Milet, Daubigny, etc.

A la vente Patureau (avril 1857), un paysage d'Hobbema, *Le Moulin*, s'est vendu 100.000 francs. On aurait eu pour cette somme tout le terrain qu'il représente.

— Quelle vanité, que la peinture attire l'admiration par la ressemblance des choses dont on n'admire pas les originaux ! (Pascal, *Pensées*.)

— Préault disait des paysagistes grands fumeurs, qui produisent peu : « Ils fument trop de pipes d'après nature. »

Paysan, dérivé de *pays*.
Habitant de la campagne.

— *Pagus* a donné aussi, par *paganus*, le mot *païen*.
Constantin le Jeune, réformant les soldats qui n'embrassaient pas le christianisme, les réduisit à la condition de villageois. De là la dénomination de païens appliquée à ceux qui professaient le culte des idoles.

Peau, du latin *pellis*, d'où aussi : peler, pelage.
S'emploie quelquefois pour la personne elle-même.
On dit : avoir peur pour sa peau, défendre sa peau.
Curare cutem, cuticulam. (Horace ; Perse.) Avoir soin de sa petite personne.

— Les Romains appelaient une femme débauchée *pellis* ou *scortum*, peau, cuir.

— Dans sa peau mourra le renard : on ne peut changer de naturel.

A moins qu'on ne l'écorche vif, il mourra dans la peau d'un fier insolent. (Beaumarchais, *Figaro*, 1, 4.)

Avoir la peau dure : un tempérament de fer.

— Changer de peau : changer de conduite. Cette locution est empruntée des reptiles, qui changent de peau et sont devenus l'emblème de la fraude. (Voy. *stellionat*.)

Les anciens appelaient le loup-garou *versipellis*, qui change de peau.

Pêche, du latin *persica* ou *persicum (malum)*.
Fruit du pêcher, venu de Perse.
En provençal *pességué*.

Péché, du latin *peccatum*, provençal *peccat*.
Transgression de la loi religieuse.
Delictum est declinare a bono ; peccatum est cum malum fit. (Saint Augustin.)

— Péché mignon : celui que l'on commet volontiers.

— Péché mortel. « C'est un péché mortel que de faire l'amour, disait-on à une lorette. — Si cela était, répondit-elle, il y a longtemps que je serais morte ! »

— A tout péché miséricorde : il faut être toujours indulgent.

On l'a parodié ainsi : A tout péché misère et corde.

— Péché caché est à demi pardonné. Rien n'est plus funeste que cette maxime d'une casuistique étroite. C'est exactement le contraire qu'il faudrait dire et Grégoire le Grand, l'un des hommes les plus illustres du catholicisme, a dit : « Mieux vaut le scandale que le mensonge. »

> Le péché que l'on cache est demi pardonné.
> (Régnier, *Satire* XIII.)

> Le scandale du monde est ce qui fait l'offense,
> Et ce n'est pas pécher que pécher en silence.
> (Molière, *Tartuffe*, IV, 3.)

— La décence ne consiste pas à pratiquer le bien, mais à cacher le mal.

— Le Juste pèche sept fois par jour. Cette locution vient d'un passage de l'Écriture mal interprété : *Septies cadit justus*. — *Septies* est pour *sæpe*, souvent. (Trévoux.)

— Le Juste pèche sept fois par jour, mais ce sont des péchés de juste : il y en a qu'il ne commet jamais, et qu'il ne soupçonne même pas. (G. Sand.)

Pêcher, du latin *piscari*, provençal *pesca*.
Prendre du poisson.

— Pêcher en eau trouble. (Voy. *trouble*.)

> Brouillard dans la vallée,
> Pêcheur, fais ta journée;
> Brouillard sur le mont,
> Pêcheur, reste à la maison.

— Pêche miraculeuse. (Saint Jean, *Évangile*, XXI.)

Pécore, du latin *pecora*, pluriel neutre pris pour un singulier féminin.

> ...La chétive pécore
> S'enfla si bien qu'elle creva.
> (La Fontaine.)

Pécule, du latin *peculium*, dérivé de *pecus*, comme *pecunia*, parce que les premières monnaies des Romains portaient la figure d'un bœuf, d'un mouton. (Plutarque, *Vie de Publicola*.)

Sous Servius Tullius, sixième roi de Rome, on frappa des monnaies appelées « moutons » ou « bœufs », qui portaient l'image de ces animaux. Un bœuf valait 15 moutons. (Vertot.)

D'où le proverbe *Bos in lingua*, pour dire que quelqu'un était payé pour se taire.

— Rabelais dit (liv. IV, ch. 56) que Démosthènes vendit chèrement son silence aux Argiens, en ne plaidant pas contre eux, moyennant finances, sous prétexte qu'une angine ou esquinancie venait de le prendre à la gorge. Un malin prétendit qu'il avait non pas une angine, mais une *argentangine, argyranké*.

— *Pécule* désignait l'argent gagné et économisé par un esclave; il pouvait l'employer pour son utilité personnelle et parfois pour son rachat.

— De *pécule*, nous avons fait *péculat*, vol des deniers publics commis par celui qui en a le maniement, l'administration. (Voy. *concussion*.)

Pédant, de l'italien *pedante*, d'origine incertaine.
Celui qui fait parade de savoir. (Voy. *savant*.)

> ...Allez, bélître de pédant.
> (Molière.)

Pédauque (la Reine), *pedem aucæ*, pied d'oie.
La reine Pédauque est la statue d'une reine de France, Berthe de Bourgogne, cousine au 4° degré de Robert, roi de France, qui l'épousa en 995, malgré la défense du pape. Il la répudia depuis, et

la légende dit que, pendant l'interdit, Berthe accoucha d'un fils aux pieds d'oie.

Il est souvent question de cette reine Pédauque dans les dictons et dans les monuments du Moyen-Age, où sa statue figure avec un pied d'oie, notamment à Saint-Bénigne-de-Dijon, où le roi Robert, fondateur de l'église, se trouve placé en face de sa femme.

Peigne, du latin *pectinem*.

Dédale, dans le Dictionnaire des Précieuses.

— Le peigne des Allemands : la main.

Se pygnant du pygne des Allemains ; c'estoyt des quatre doigts et du poulce. (Rabelais, I, 21.)

Rabelais peut avoir eu en vue de railler les Allemands sur leur malpropreté, ou fait un jeu de mots sur la main qu'on se passe dans les cheveux, et l'ancienne forme Allemains pour Allemands. C'est ce qu'on appelle aussi « le peigne du père Adam ».

Peigner, du latin *pectinare*, anciennement *pigner*.

— Il y a des endroits de l'*Énéide* auxquels l'auteur eust donné encore quelque tour de pigne, s'il en eust eu le loisir. (Montaigne, *Essais*, II, 10.)

Anc rascas non amel penchenar.
(P. Cardinal.)

(Jamais teigneux n'aima le peigne.)

— Se peigner : se battre.

Se donner une peignée : se prendre aux cheveux.

Or viens cza, que je te donne ung tour de pigne. (Rabelais.)

Quand il s'agit de *combattantes* : se crêper le chignon.

— En 1783, deux fils de fermiers généraux, C... et R..., se trouvant au parterre de l'Opéra, au milieu de la foule, l'un d'eux, R..., se mit à crier : « Qui donc pousse comme cela ? C'est sans doute un garçon perruquier ? — C'est moi qui pousse, répondit C..., donne-moi ton adresse, et demain j'irai te donner un coup de peigne. » Le lendemain, un duel eut lieu aux Champs-Élysées, où C... fut tué.

Peindre, du latin *pingere*.

Jamais, s'il me veut croire, il ne se fera peindre.
(La Fontaine.)

Peine, du latin *pœna* ; d'où peiner, pénible.

— Homme de peine. Expression douloureuse d'une vie de misères.

— La peine du vilain ne compte pour rien.

A chaque jour suffit sa peine. Proverbe favori de Napoléon.

Sufficit diei malitia sua. (Saint-Mathieu, VI, 24.)

Les peines de la vie sont comme les ombres au tableau, elles servent à en mieux faire apprécier les plaisirs. (De Clinchamp.)

Peintre, du latin populaire *pinctor*, déformation de *pictor*.
Italien *pittor*, qui a donné *pittoresque*.

— Synonymes : poète muet (*Dictionnaire des Précieuses*) ; cousin de l'arc-en-ciel (M. Réguier) ; rapin, élève peintre.

— Croûton : mauvais peintre. On emploie aussi dans ce dernier sens : Raphaël à la toise.

— Les peintres se divisent aujourd'hui en : coloristes, harmonistes, impressionnistes, idéalistes, réalistes. Il y a même depuis peu la coterie des intransigeants (1880).

La peinture réaliste a la prétention de faire admirer la ressemblance des choses, dont on n'admire pas la réalité : quelle vanité !

— Gueux comme un peintre. Les pauvres artistes font les artistes pauvres ; les grands artistes sont des alchimistes qui font de l'or avec de la toile ou du papier.

Un paysage d'Hobbema s'est vendu 100.000 francs (avril 1857).
La fille d'Hérode, du Titien, 226.000 francs (1826).
Les grandes Bacchanales de Poussin, 375.000 francs (1805).
La vache de Potter a été cédée à l'empereur Nicolas, en 1805, par Joséphine, au prix de 800.000 francs.

Peinture, du latin *pictura*, modifié comme le précédent.

La peinture est une imitation faite, avec lignes et couleurs, sur une surface, de tout ce qui se voit sous le soleil. (N. Poussin.)

— Synonymes de mauvaise peinture : croûte, épigramme contre la nature, enseigne de cabaret, peinturlurage. Habileté de main : patte. Beaucoup de patte et de chic, mais peu de dessin !...

— Gros disait : « La peinture était une langue ; ce n'est plus qu'un patois. » S'il vivait aujourd'hui, il trouverait que ce n'est plus que de l'argot.

Les poètes peignent avec la parole ; les peintres parlent avec le pinceau. (Carrache.)

La peinture est une poésie muette ; la poésie est une peinture parlante. (Sismondi.)

La peinture a sur la poésie cet avantage, qu'on la lit d'un coup d'œil ; elle parle comme une langue muette, intelligible à tous ; elle n'a pas besoin de traducteur. (T. Gautier.)

La première condition pour obtenir un résultat avantageux, est de bien espérer pour le sujet... j'ai toujours eu une idée assez avantageuse non de ce que je fais, mais de ce que je ferai. (Léop. Robert, *Lettre à Madame Marcotte*.)

— Les métaphores empruntées à la peinture sont d'autant plus nombreuses, que l'objet de ce trope est de peindre les choses avec la pensée ; mais on se trompe souvent en faisant des comparaisons que l'art ne saurait admettre. Ainsi, on dit « un crayon » pour un croquis, une esquisse.

— Peindre sous des couleurs fausses, sous des couleurs brillantes est un non sens, comme si l'on disait : dessiner sous un crayon. On peint avec des couleurs, et non sous des couleurs. On doit dire : voir, ou peindre sous un jour favorable ou sous un faux jour.

Casimir Delavigne dit, dans une comédie : « Un tableau fidèle doit tout peindre, le bon et le mauvais côté. » D'abord un tableau ne peint pas ; ensuite, il ne peut pas représenter à la fois le bon et le mauvais côté des choses, car la perspective des objets s'y oppose, etc. La phrase toute simple : « Un tableau doit être fidèle », dirait mieux et plus juste.

— Peinture à l'huile. « Le peintre Van Eyck, dit Jean de Bruges, inventa les procédés de la peinture à l'huile (1370-1441). Il confia son secret à Antoine de Messine, qui le tint longtemps caché ; mais Jean Belin se déguisa en grand seigneur, et étant allé chez le peintre sans exciter sa méfiance, parvint à le lui dérober et le rendit public. »

Péjoratif, du latin *pejorare*, rendre pire, néologisme et terme de grammaire.

Se dit de certains mots dérivés qui se prennent en mauvaise part : *criailler* est le péjoratif de *crier*.

Les suffixes *ard* et *aille* sont péjoratifs.

Pékin, terme d'argot militaire.

Adopté, mais non inventé, par les chauvins de l'Empire, pour désigner un « bourgeois ».

— J.-J. Ampère suppose que ce vocable vient de *paganus*, païen, dans le même sens que les étudiants allemands appellent un bourgeois *philistin*.

F. Génin le dérive de *per quem* (sous-entendu *omnia faciunt*), d'après une ancienne expression employée par Henri Estienne : faire le *per quem*, c'est-à-dire l'homme d'importance, le fat, l'impertinent.

Si cette origine du mot *pékin* est vraie, il n'aurait pas le sens que nous y attachons : il aurait été appliqué à faux aux bourgeois par les militaires, à une époque où le bourgeois n'était rien.

On écrivait alors le mot *pékin*, comme le nom de la ville chinoise, et, par suite, on substituait volontiers l'épithète de *chinois* à celle de *pékin*.

— Pour d'autres, ce serait une modification de *pique-chien* ou *pisse-chien*, injure usitée au XIV° siècle.

De vieux dialogues des règnes de Henri III et de Henri IV, employaient souvent *péquin* ou *pékin*, pour désigner les adversaires de la religion. (Ambert.)

« Nous appelons *pékin*, dit le général D... à M. de Talleyrand, tout ce qui n'est pas militaire. — Ah ! fort bien ; comme nous appelons *militaire* tout ce qui n'est pas civil. »

Peler, dérivé de *peau*, anciennement *pel*, du latin *pellis*.
Ôter la peau.
Il n'y avait que quatre pelés et un tondu. (Voy. *tondu*.)

Pèlerin, du latin *peregrinus*, voyageur. En roman *pélegrin*. De là aussi *pérégrination*.

Am que passara l'aiga del Var al pellegrins.
(*Vie de saint Honorat.*)

(Avec quoi il faisait passer l'eau du Var aux pèlerins.)

— Synonymes : coquillard, faux pèlerin de la Cour des Miracles ; qui porte des coquilles sur le collet de sa robe et à son chapeau. Ces coquilles, en forme de bénitier, sont appelées pèlerines, et leur nom s'est associé à celui des pèlerins.

Romieu : Son plus paubres que romieu. (Raymond de Castelnau.)
Ils sont plus pauvres que le pèlerin.

Ce mot, désignant les pèlerins qui allaient à Rome, a été modifié par Rabelais (liv. IV, nouv. prologue), en *romipète* : « Petits romipètes vendans le leur, empruntant l'aultruy. »

On créa même le verbe *romipéter* : « Maudissant l'heure d'avoir fait un pet à Rome, c'est-à-dire d'être romipété et estre venu de si loing. » (Contes d'Eutrapel.)

— C'est un fin pèlerin : un rusé compère.

Pélican, du latin *pelicanus* (du grec *pélékus*, son bec ressemblant à une hache?).

— Le pélican se perce les flancs pour nourrir ses enfants.

On représente cet oiseau se déchirant les flancs avec son bec, pour faire boire son sang à sa couvée. C'est sous cette forme qu'il figure dans les blasons, où on l'appelle *Pitié*.

Il est devenu l'emblème de l'amour paternel, et même de la Providence divine.

Dans l'oratoire du château de La Barre, on lit ce quatrain, au bas de la représentation du pélican :

> Je suis d'une dive nature,
> Car quand je vois mourir les miens,
> Vie leur rends par ma morsure :
> Ainsi fit Jésus-Christ aux siens.

— La tradition de ce dévouement du pélican ne se trouve ni dans Aristote, ni dans Pline ; mais elle apparaît dans le monde romain dès les premiers siècles de notre ère. Elle est présentée par les Pères de l'Église comme l'emblème de la Charité. Saint Jérôme et saint Augustin assimilent le sacrifice volontaire du pélican à celui du Fils de Dieu. Par suite il devient l'emblème de la Rédemption, comme le phénix celui de la résurrection de la chair et de l'immortalité.

Cette légende est assurément d'un assez beau caractère pour être conservée ; toutefois il faut convenir qu'il s'agit, comme dans celle du phénix, non d'un animal véritable, mais d'un être purement imaginaire.

En effet, cet oiseau de convention est peint en vert et en jaune, tandis que le pélican véritable est blanc. On le représente avec un bec court et aigu, tandis que celui du pélican est large et aplati. Il en est de même de toutes les autres formes du corps, qui diffèrent entièrement dans l'oiseau naturel et dans l'oiseau de la légende.

Pélion. Entasser Pélion sur Ossa.

Les poètes ont imaginé que le Pélion, montagne de Thessalie, fut mis par les Géants sur le mont Ossa, lorsqu'ils voulurent escalader le ciel.

> *Ter sunt conati imponere Pelio Ossam,*
> *Scilicet atque Ossæ frondosum involvere Olympum.*
>
> (Virgile, *Géorgiques*, I, 281.)

(Trois fois ils tentèrent d'entasser Ossa sur Pélion, de rouler sur Ossa le verdoyant Olympe.)

Pelle, autrefois *palle,* qui se dit encore en provençal. Du latin *pala*. Le redoublement de *l* est arbitraire.

— La pelle se moque du fourgon.

L'ung appelloyt une aultre sa palle, elle le appelloyt son tourgon. (Rabelais, *Pantagruel*.)

Penaillon, dérivé de *penaille*, du latin *penna* (?) De là *dépenaillé*, vêtu de haillons.

Ce penaillon de moyne. (Rabelais, IV, 24.)

Pénates, du latin *penates*, dérivé de *penes, penitus*.
Divinités domestiques des Romains.

Les dieux Pénates étaient les dieux de la famille que l'on adorait dans l'intérieur de l'habitation, dans le lieu le plus retiré. Cicéron (*De natura deorum*) dit que ce mot vient *quod penes nos nati sint*. On n'est jamais bien tombé d'accord sur leur origine. C'étaient les dieux tutélaires de Troie, qu'Énée emporta après la prise de cette ville, et que les Romains adoptèrent.

C'est à tort qu'on les a confondus avec les lares et les génies. Les Pénates n'étaient pas des dieux d'une classe particulière : ils étaient, au contraire, choisis indifféremment parmi les dieux du ciel et de la terre, des eaux et des enfers. C'étaient, en quelque sorte, les dieux protecteurs des familles, comme sont dans le christianisme, les saints patrons. Leur nom leur venait de ce qu'ils étaient placés dans le lieu le plus retiré de la maison, *in penitissima œdium parte*, dans ce qu'on appelait *penetralia*.

Les dieux Mânes (de *manere*, demeurer) étaient, chez les Romains, les âmes des morts considérées comme divinités infernales. On distinguait les bons et les mauvais. Les bons étaient les Pénates et les Lares ; les méchants, les Larves et les Lémures.

Penaud, semble dérivé de *peine*, et n'être qu'une autre forme de *péneux*, qui est en peine.

Borel le dérive de *pes nudus* : pied nud !

— Les Provençaux appellent *pénéquer* la transition de la veille au sommeil, lorsque la tête alourdie s'incline sur la poitrine, comme les figues trop mûres qui pendent vers le sol, et qu'ils appellent *pénèques*.

Penchant, participe pris substantivement de *pencher* ; du latin *pendicare*, dérivé de *pendere*.

— Chacun se laisse aller à son penchant. (Voy. *plaisir*.)

Trahit sua quemque voluptas.
(Virgile, *Eglogue*, III.)

Animo obsequi (Térence) : suivre ses goûts.

— On tombe toujours du côté où l'on penche (Guizot); c'est-à-dire qu'il faut se méfier de l'entraînement des passions.

Pendre, pendu, latin *pendere*.

De là aussi *pendard*, homme de sac et de corde.

— Synonymes : évêque des champs, qui donne la bénédiction avec les pieds. (Rabelais.)

Parmi les autres synonymes de pendu, ou de être pendu : être branché; épouser la potence, ou la veuve (la corde s'appelait mariage); faire le guet à Montfaucon; jouer du hautbois; monter par une échelle et descendre par une corde; mourir en l'air; regarder par une fenêtre de chanvre.

L'expression « évêque des champs, donnant la bénédiction avec les pieds », se trouve pour la première fois (?) dans la *Satire Ménippée*, et ne paraît pas remonter au-delà du XVIe siècle.

> Ci-gît mon cousin d'Avenas
> Qui repose quand il ne vente pas.
> (Epitaphe d'un pendu.)

— C'est François Ier qui substitua le supplice de la corde et de l'estrapade à celui de la hart. Rabelais l'appelle pour cela Pantagruel, qui prend à la gorge, mot tiré du grec *pantagruelion*.

— Par saint Antoine *ad auras*, tu seras une foys pendu; et toy, dit-il, tu seras une foys enterré; lequel est plus honorable, ou l'air ou la terre? (Rabelais, II, 17.)

Le nom de saint Antoine *ad auras*, forgé par Rabelais, est invoqué ici comme pour prédire à quelqu'un qu'il sera pendu, *quia pendebit ad auras*, il mourra en l'air. Quant à la comparaison avec la mort en terre, c'est un souvenir du supplice de l'estrapade (voy.) pratiqué alors contre les protestants.

— Se pendre :

> *Litteram ex se longam facere.*
> (Plaute.)

Faire de son corps une lettre longue; faire l'*i*.

— Allez vous faire pendre!

> *Abi in malam crucem.*
> (Térence.)

...*In malam pestem.* (Cicéron.)

— Aussitôt pris, aussitôt pendu. *Corripi ac suspendi.* (Cicéron.)

Dès le règne de Charles V, la maréchaussée avait une justice ambulante, qui chevauchait avec les gendarmes. Lorsqu'un coupable était saisi sur les grands chemins, les magistrats se constituaient aussitôt en tribunal pour le juger, ...et le faire pendre.

Sous l'Assemblée constituante (1791), on voulait rendre la justice *ambulatoire*. M. Prugnon dit, pour combattre ce projet : « Il est des décences publiques qu'il faut respecter... La justice est une seconde Providence... D'après le nouveau système, la vie des magistrats ne serait qu'un perpétuel postillonnage. Les grandes routes les retiendraient plus longtemps que les grandes causes, et le livre des postes serait plus consulté que le livre des lois. » (Voy. *aiguillette*.)

— Le peuple semble se rappeler encore au xixe siècle la loi salique, qui, au ve, défendait sous peine de pendaison de décrocher un pendu en l'absence des magistrats.

> Qui le pendu despendra
> Dessus son col le faix cherra.
> *(Le Chastoiement.)*

— La corde pour pendre s'appelait mariage, cravate de Normand, cravate de chanvre.

Cette dernière expression était en usage chez les Romains, car on lit dans le *Satiricon* de Pétrone (chap. I, VI), qu'au tirage d'une loterie comique, ce que nous appelons aujourd'hui *tombola*, le sort ayant amené une cravate (?), on appela une corde de potence : *Cervical ! offla collaris ablata est* (?).

— Avoir de la corde de pendu : un bonheur constant.

Pline (*Histoire naturelle*, XXVIII) dit qu'« à Rome le peuple croyait que la corde qui avait servi à pendre quelqu'un, possédait des vertus merveilleuses ».

Pêne, anciennement *pesne* et *pesle*, du latin *pessulus*, verrou.

Pièce de fer mobile de la serrure, que la clef fait entrer ou sortir, de manière à ouvrir ou à fermer la porte.

Pénélope, origine poétique, homérique.

— La toile de Pénélope. *Penelopes telam retexere* (Cicéron) : refaire la toile de Pénélope.

— Pénélope, fille d'Icare, pendant la longue absence de son mari Ulysse, pour se soustraire aux poursuites des prétendants à sa main, leur promit de se décider en faveur de l'un d'eux quand elle aurait achevé un voile auquel elle travaillait, et qui devait servir aux funérailles du vieux Laërte. Pour éluder sa promesse, elle défaisait la nuit ce qu'elle avait fait le jour. L'ouvrage dura ainsi trois ans.

Les révolutions ont détruit les abus, il serait absurde de les rétablir : l'œuvre de la civilisation n'est pas la toile de Pénélope.

— Le nom de Pénélope est devenu aussi proverbial pour désigner la fidélité conjugale. Cependant sa vertu est loin d'être restée sans atteinte. On dit que tous les princes qui prétendaient à sa main eurent part à ses faveurs, et qu'ils la rendirent mère du dieu *Pan*, nommé ainsi du mot *pas, pantos*, qui, en grec, signifie *tout*.

Pénis, mot latin. Aussi *mentula*; en sanscrit, le bâton qu'on faisait tourner dans le creux d'un morceau de bois, pour obtenir du feu. Ce bâton est souvent comparé à un phallus.

Pénitence, du latin *pœnitentia*.

Un des sept sacrements de l'Église catholique ; celui par lequel le prêtre remet les péchés à ceux qui s'en repentent et les confessent au tribunal de la pénitence.

Ce sacrement a été institué par Jésus-Christ lorsque, après sa résurrection, il dit à ses apôtres : « Les péchés seront remis à ceux à qui vous les aurez remis. » (Jean, XX.)

Pénitent, du latin *pœnitentem*.

Celui qui a regret d'avoir offensé Dieu.

— On appelle « pénitents » les membres de certaines confréries, qui font vœu de pratiquer la pénitence publique, en allant dans les rues couverts d'un sac ou habit de pénitent.

Ces confréries, déjà connues en 1200, en Provence, y prirent un grand développement, vers 1350, sous Charles d'Anjou.

— Les Hébreux nommaient « cilices » les habits servant à faire pénitence ; mais les *Septante* appellent « sacs » ces mêmes habits, parce qu'ils en avaient la forme.

Penser, du latin *pensare*; doublet de *peser*.

Peser, apprécier la valeur ou le poids d'une idée avec la balance de l'esprit ; comme *délibérer*, du latin *libra*, balance.

— *Penser* est une métaphore, comme les autres mots dont on se sert pour exprimer les opérations de l'esprit : réfléchir, méditer, agiter.

Les Romains disaient *cogitare (cum-agitare)*, agiter en soi-même. Les peuples de l'Océanie, dans leur langage primitif, disent : parler dans son ventre ; et les Italiens *in petto*, dans sa poitrine.

— Penser et dépenser, se taire et parler.

Le savant pense à ses théories ; le négociant songe à ses affaires ; l'amant rêve à ses amours.

— Penser, c'est vivre : *vivere est cogitare* (Cicéron, *Tusculanes*.)
Les grandes pensées viennent du cœur. (Vauvenargues.)

Pépie, origine incertaine.
Maladie, souvent mortelle, des oiseaux, et surtout des gallinacés. Elle consiste en une pellicule blanche qui entoure la langue, et empêche les animaux de boire.
— Avoir la pépie : avoir soif.
— Quelques-uns veulent y voir le même radical que dans le *piot*, auquel Rabelais fait mainte allusion.

Pépite, de l'espagnol *pepita*, même mot que *pépin*.
Petite masse d'or natif, sans gangue, qu'on trouve dans les terrains aurifères, particulièrement en Australie et en Californie.

Per, préfixe augmentatif, marquant souvent l'idée d'achèvement complet ou de superlatif.
Se traduit en français par les préfixes *per* ou *par*, qui servent à composer des mots tels que : perfection, perfide (qui sont tout latins) ; parfait, parcourir, parjure.

Percer, du latin *percædo*, couper au-delà ; ou, bien plutôt, de *pertusiare*, qui donna d'abord *persier*.
— Être bas percé : n'avoir pas d'argent.
Le curé Huchon a employé cette locution bien maladroitement dans un sermon de charité prêché à Versailles, en présence de Mme de Maintenon et des dames de la cour : « Je sais bien, Mesdames, combien vous êtes bas percées ; mais les besoins des pauvres sont si grands. »
— On perce bas les tonneaux où il reste un peu de liquide.
— On dit aussi panier percé, d'un dissipateur.

Perdre, du latin *perdere*. Provençal *perdré*.
— Perdre la tête, l'esprit, la carte, la boussole, la tramontane : toutes expressions qui équivalent à perdre la raison.
Perdre jusqu'à sa chemise.

> ...Laissez faire, ils ne sont pas au bout :
> J'y vendrai ma chemise, et je veux rien, ou tout.
> (Racine, *Plaideurs*.)

Perdre jusqu'à son dernier sou.

> *Ad assem omnia perdere.*
> (Horace.)

Il perd son alleluia, qui à *cul de bœuf* le chante.
— Être perdu : se trouver dans une situation très dangereuse.

Synonyme : être flambé, le contraire de flambant et de flambard. Allusion à la crémation des morts chez les anciens.

Être fricassé, frit : « La ruyne généralle dont le royaume est menacé si Paris est fricassé. » (*Second courrier français*, Paris, 1649.)

Les gueux sont frits, je vous le dis. (*La Vie de saint Christophe.*)

Être fumé, cuit.

Être perdu de réputation. « C'est une femme perdue », se dit de celle qui s'égare dans des chemins semés de pierres précieuses, se noie dans des flots de dentelles ou dans des rivières de diamants.

Perdrix, du latin *perdix, perdicem.*

— Aile de perdrix, cuisse de bécasse : les meilleurs morceaux.

Prenez l'aile de la perdrix, ou la cuisse d'une nonnain. (Rabelais, I, 29.)

Père, du latin *pater.*

De là aussi : compère, patron, parrain.

— Il ressemble à son père comme deux gouttes d'eau.

On dit aussi : C'est son père tout craché. (Voy. *ressembler.*)

> Grand' honte fait à sa mère
> Qui ne ressemble à son père.
> (xiiime Siècle.)

Tel père, tel fils : bon sang ne peut mentir.
Bon chien chasse de race.

Bien pert aus tès ques li pot furent.

(On reconnaît aux tessons ce que furent les pots.)

Colubra restem non parit. (Pétrone). La couleuvre n'engendre pas une corde.

Les Provençaux disent : Le figuier ne fait pas de raisin.

— Le père est celui qui est le mari. *Pater est quem nuptiæ demonstrant.* Le droit romain entendait par *justæ nuptiæ* le mariage légitime, *conjugium*, par opposition au concubinat, qui avait aussi titre légal depuis Auguste. (Voy. *mariage.*)

Qui que saille notre jument, le poulain est nôtre.

— *Père, mère*, se disent, par une sorte de courtoise familiarité, dans la classe ouvrière, aux hommes et aux femmes d'un certain âge : père Vincent, mère Michel.

— On donne le nom de « Pères » aux moines de divers ordres.

Rabelais nomme un religieux « beau-père », peut-être à cause des moines caloyers, beaux religieux (?).

— **Pères de l'Église.** Le petit P. André, prédicateur des Petits-Augustins de Paris, compara un jour les Pères de l'Église aux quatre rois du jeu de cartes : saint Augustin au roi de cœur, par sa grande charité ; saint Ambroise au roi de trèfle, par la fleur de son éloquence ; saint Jérôme au roi de pique, par son style mordant ; saint Grégoire au roi de carreau, à cause du peu d'élévation de sa pensée.

Période, du grec *périodos*, par le latin *periodus*.

Une période est la révolution complète d'un astre.

— *Période* est toujours du féminin, excepté quand il est employé au figuré, pour signifier un haut degré de prospérité.

Au temps d'Auguste, l'empire était au plus haut période de sa grandeur.

Péripétie, du grec *péripéteia*.

Événement qui change inopinément la face des choses, et qui, dans un ouvrage dramatique, fait passer le héros du malheur à la prospérité, de la prospérité au malheur, et amène le dénouement.

Périphrase, du grec *périphrasis*, par l'intermédiaire du latin.

Figure de mots, qui consiste à remplacer un mot par un tour de phrase.

Elle contribue, en poésie, à l'ornement, à la variété ; elle sert à remplacer les mots peu nobles ou trop techniques, par des expressions polies, ou des circonlocutions qui permettent de faire passer des choses déplaisantes sans blesser l'amour-propre, comme la sauce fait passer le poisson.

« Vous avez tort », est une expression blessante. « Vous n'avez pas raison » la remplace avantageusement. (C'est plutôt un euphémisme.)

Les Précieuses traduisaient « rire » par « perdre son sérieux ».

« L'animal qui se nourrit de gland » est une périphrase transparente.

Perle, du latin *pirula*, petite poire.

— Enfiler des perles : faire des niaiseries.

Trouver des perles dans un fumier. (Voy.) Virgile en avait trouvé dans le fumier d'Ennius.

Jeter des perles aux pourceaux ; donner à quelqu'un des choses qu'il n'est pas capable d'apprécier. Allusion au mot de l'Évangile. (Mathieu, VII, 6.)

Nolite mittere margaritas ante porcos, pour dire qu'il ne faut pas parler devant les ignorants de choses qu'ils ne sauraient comprendre.

Permettre, du latin *permittere*.
— On permet une chose, quand on l'autorise de son consentement ; on la tolère, lorsque, pouvant l'empêcher, on la laisse faire ; on la souffre, quand on ne peut l'empêcher.

Permutation, du latin *permutare*.
— La permutation, dans le calcul des combinaisons, est la manière dont plusieurs choses peuvent être disposées entre elles.
Exemple : les trois lettres A B C sont susceptibles de six permutations différentes.
— Les douze apôtres étant en discussion pour savoir qui serait le premier, Jésus leur dit que « celui qui voudrait être le premier serait le dernier ». Alors il s'éleva entre eux une telle émulation d'humilité, qu'ils se mirent successivement à se céder la première place. Ils auraient pu ainsi permuter quatre cent soixante-dix-neuf millions six cents fois, avant de se retrouver dans une disposition absolument semblable à l'une des précédentes. (Voy. *combinaison*.)
— Un carillon de trois cloches donne six changements ; quatre cloches en donnent vingt-quatre... Étant donné un carillon de vingt-quatre cloches, il faudrait seize mille cinq cent soixante-quinze ans pour exécuter toutes les combinaisons possibles, à raison de deux coups par seconde.

Péronnelle, diminutif de *Perronne* ; autre forme de *Pétronille*.
Autrefois nom propre familier, comme *Perrette*, et devenu appellatif comme *Catin* ; désigne une jeune femme sotte et bavarde.

> Taisez-vous, péronnelle !
> (Molière, *Femmes savantes*.)

Pérorer, du latin *perorare* ; discourir.

> Mais la jeune Pulchérie
> Pour Vert-Vert pérorera.

Pérou, contrée de l'Amérique du Sud, très riche en or et en argent.
La richesse de cette contrée, découverte en 1525 par don Pizarre, a donné naissance à une locution proverbiale très usitée, dans le sens de rabaisser une chose. Ce n'est pas le Pérou : c'est bien peu de chose.

Perpendiculaire, du latin *perpendicularis*.

Une ligne *perpendiculaire* fait toujours deux angles droits avec la ligne ou le plan qu'elle rencontre.

Une ligne *verticale* est celle qui passe par le zénith du lieu où l'on est.

> La perpendiculaire se pique
> D'être plus courte que l'oblique.
>
> (École Polytechnique.)

Perpétrer, de *per* et *patrare*, faire, commettre.

Ne s'emploie qu'en terme de jurisprudence : perpétrer un crime, un forfait.

Perron, dérivé de *pierre*, latin *petra* ; roman *peiron*.

Félibien le fait venir de *par rond*, parce que, dit-il, les perrons ont des marches arrondies.

Petit escalier de pierre ou de marbre placé à la porte d'une habitation.

> *Peyrons obratz e bels tauliers.*
>
> (*Vie de Saint Honorat.*)

(Perrons ouvrés et beaux tabliers.)

> Au perron de la sale la roïne descent.
>
> (*Berte aus grans piés*, 3278.)

Perroquet, de *perrot*, pour Pierre. Ou de l'italien *parrochetto*, diminutif de *parrocco*, curé.

— Parler comme un perroquet : répéter ce qu'on a entendu, ou parler sans réflexion.

— Soupe de perroquet : du pain trempé dans du vin.

Dans le *Médecin malgré lui*, Sganarelle ordonne pour remède à Lucinde, qui passe pour muette, quantité de pain trempé dans du vin, « parce que, dit-il, il y a dans le pain et le vin mêlés ensemble une vertu sympathique qui fait parler. Ne voyez-vous pas bien qu'on ne donne autre chose aux perroquets, et qu'ils apprennent à parler en mangeant de cela ? » (Acte II, scène 6.)

Perruque, origine inconnue.

Synonymes : gazon (trivial) ; académicien, rococo.

Injure prodiguée par les romantiques échevelés de 1830, qui avaient pour principaux adversaires les membres de l'Académie, restés fidèles à la littérature classique.

Perruquier, dérivé du précédent.

Synonymes : coiffeur, merlan, pommadin, figaro.

Merlan se rapporte aux perruquiers d'autrefois, toujours enfarinés comme des merlans qu'on va frire.

— Sur les neuf heures, on voit courir les perruquiers, saupoudrés des pieds à la tête, ce qui les a fait appeler « merlans », tenant d'une main le fer à toupet, et de l'autre la perruque. (Mercier, *Tableau de Paris*, ch. 330.)

— En 1805, il n'y avait presque plus d'hommes qui portassent encore de la poudre, les femmes y avaient renoncé depuis plus de dix ans.

Pers, peut-être de *persus*, pour *persicus* (?).

Il eut un ceinture de pers et vert, parce qu'il avoyt esté pervers. (Rabelais.)

Personne, du latin *persona*, masque scénique, puis rôle, acteur, personnage de comédie.

De là est venu le sens d'être qui a conscience de son existence, qui doit répondre de ses actes, qui a une individualité propre.

— *Personne*, qui chez les Latins était substantif, est devenu souvent chez nous pronom, et s'emploie parfois avec la valeur négative, dans les réponses.

En provençal, *gés* (gens) s'emploie d'une manière analogue.

Patz forsada no me platz gés.
(Bernard DE LA BERTHE.)

(Paix forcée ne me plait point.)

Peser, du latin *pensare*, jadis *poiser*.

— On lit sur une grosse cloche de Rennes cette inscription du XV° siècle :

Je suis nommée dame Françoise,
Qui cinquante mille livres poise ;
Et si de tout ne me croyez,
Descendez-moy et me poisez.

— On connaît les vers que se composa Villon après la sentence du Châtelet, qui le condamnait à la pendaison :

Je suis François, dont ce me poise,
Né à Paris emprès Pontoise ;
Or d'une corde d'une toise
Saura mon col que mon cul poise.

— A *peser*, mot de forme populaire, répond *penser*, mot savant qui a laissé le sens matériel pour prendre le sens moral : penser, c'est peser les idées.

Pester, de *peste*, latin *pestis*.

S'emporter en malédictions contre quelqu'un.

Vient sans doute de l'interjection : Peste ! la peste soit !...

Pet, du latin *peditum*.

Vent qui sort par le bas, avec bruit.

Synonymes : vents intestinaux ; vent de la chemise (Rabelais) ; flatuosités ; pneumatose ; tympanite ; ventrose (Rabelais, IV, 43) ; incongruité.

> *Tals peitz que son de cor vos semblaran.*
> (T. DE MONTAN.)

(Tels pets qu'ils vous sembleront le son du cor.)

— Recette : on combat les vents intestinaux en s'abstenant d'aliments végétaux et féculents ; en prenant des infusions chaudes de mélisse, de camomille ou d'anis.

— Pet de nonne. « Les sanctimoniales qui appellent un pet virginal un sonnet » (un petit son). (Rabelais, IV, 43.)

C'est peut-être de ces décentes nonnains qu'est venue l'expression : pet de nonne, pour désigner un petit beignet de la grosseur d'une noix.

On ne devait pas faire des pets de nonne chez les nobles nonnains de *Pette-sec*, que l'on suppose être l'abbaye royale de Poissy. (Voy. Rabelais, IV, 45.)

Pétaud (la cour du roi).

> Chacun y contredit, chacun y parle haut,
> Et c'est tout justement la cour du roi Pétaud.
> (MOLIÈRE, *Tartuffe*, I, 1.)

C'est la maison où tout le monde commande et où personne n'obéit ; le contraire de la congrégation de l'Oratoire, dont Bossuet disait : « Cette congrégation où personne ne commande, et où tout le monde obéit. »

— Jadis le mot *roi* se prenait souvent pour le chef d'une réunion ; il n'impliquait pas l'idée de puissance souveraine que nous lui attribuons aujourd'hui. On avait des rois d'armes, le roi des ribauds, le roi de la fève.

On prétend que les mendiants, qui formaient une sorte de corporation et se réunissaient dans la Cour des Miracles, avaient un roi, qu'on nommait en latin *peto*, je demande. Comme il n'avait pas une autorité bien respectée, on appela « cour du roi Pétaud » un lieu où tout le monde commande.

— Froissard appelle *pétauds*, du latin *pes, pedis*, comme on disait *piétons*, les anciens routiers et les grandes compagnies licenciées en temps de paix, et qui n'avaient d'autre ressource que le vol et le meurtre.

Pétaudière, dérivé du précédent.

Assemblée confuse ; établissement mal dirigé.

Péter, dérivé de *pet*.

Synonymes : faire chanter la tourterelle. Aristote dit, en effet (*Histoire naturelle. Animaux*, IX), que la tourterelle pète souvent quand elle chante.

Prouter (?).

— Péter plus haut que le cul : avoir des prétentions au-dessus de sa condition.

> Glorieux comme un pet,
> Qui chante dès qu'il naît.

> *Mingere cum bombis*
> *Est res sanissima lumbis.*
> (École de Salerne.)

Bombus, dit le *Ménagiana*, signifie pet, dans la basse latinité.

Bèze finit son *Passavant* par ces mots : *Et ecce unum bombum pro istis hæreticis.*

— Rabelais (IV, 43) dit : « Ils ne pissent, ils ne crachent en ceste isle ; en récompense, ils vesnent, ils pèdent, ils rotent copieusement. »

Et plus bas : « Ils meurent tous hydropicques tympanites ; et meurent les hommes en pédant, les femmes en vesnant. »

— Suétone (*Claude*, 32) dit que « cet empereur vouloit donner, par un édit, la liberté de péter en compagnie ».

Combien de fois nostre ventre, par le refus d'un seul pet, nous mène jusqu'aux portes d'une mort très angoisseuse ! et pleust à Dieu que l'empereur Claude, qui nous donna la liberté de péter partout, nous en eust aussi donné le pouvoir. (Montaigne, I, 20.)

...Celluy honteux, lequel, pour retenir son vent, et défaut de péter un méchant coup, subitement mourut, en la présence de Claudius, empereur romain. (Rabelais, IV, 17.)

— Campden dit que « tout vassal du comte de Suffolk devait faire, le jour de Noël, devant le roi, un saut, un rot et un pet ».

Péteux, dérivé du précédent, pour *péteur*.

Confus, comme celui qui a fait une incongruité.

— S'en aller comme un péteux.

> Et l'autre en fut chassé comme un péteux d'église.
> (Régnier, *Satire* XIV.)

Petit, d'origine incertaine, peut-être celtique.

— Petit à petit, l'oiseau fait son nid : pas à pas on va loin.

Maille à maille se fait le haubergeon. (Rabelais.)

La goutte d'eau creuse la pierre.

Les petits ruisseaux font les grandes rivières.

Un peu, répété plusieurs fois, fait beaucoup. (Franklin.)

Ce sont les gains légers qui rendent la bourse pesante, car les petits gains reviennent souvent, au lieu que les grands arrivent rarement. (Bacon.)

A petit saint, petite offrande.

A petit ménage, petit potage.

Dans les petites boites, les bons onguents,... et dans les grandes les excellents.

Magnus Alexander corpore parvus erat.

Plus une chose est petite, plus elle doit être précieuse. Une chaine de montagnes peut ne se composer que de couches de sel, de houille ou de craie ; mais un anneau doit resserrer dans sa monture quelque chose de plus rare que l'argile. C'est ainsi qu'on attribue à un seul homme plus de vertu, de sagesse et de génie qu'à tout un peuple. (J.-P. Richter.)

Petit homme abat un grand chêne.

D'un petit gland sourd un grand chêne.

On ne se figure pas la puissance de la faiblesse, cette force du ver qui ronge un ormeau en faisant le tour de l'écorce. Les tarets ont mis la Hollande à deux doigts de sa perte, en rongeant les digues.

Le scorpion est tout petit, mais tout venin. (Shakspeare.)

Se persuader qu'un petit ennemi ne peut nous nuire, c'est croire qu'une étincelle ne suffit pas pour allumer un incendie.

On a souvent besoin d'un plus petit que soi.
(La Fontaine.)

Ou tost ou tard, ou près ou loin,
A li fort du faible besoin.
(xiiie Siècle.)

Les grands protègent ; les petits obligent.

Franklin, dans le *Bonhomme Richard*, dit : « Parfois petite négligence accouche d'un grand mal : faute d'un clou, le fer du cheval se perd ; faute de fer, on perd le cheval ; et faute du cheval, le cavalier lui-même est perdu, parce que l'ennemi l'atteint et le tue ; et tout cela pour avoir négligé de faire attention à un clou ! »

— *Petit* entre encore dans les locutions : petit à petit, gagne-petit.

Petites-Maisons, hôpital fondé à Paris, en 1497.

Ainsi nommé parce que les cours étaient entourées de petites maisons basses, qui servaient de logement à plus de quatre cents vieillards.

Cet hôpital recevait aussi des fous, et l'expression « petites-maisons » devint synonyme d'hôpital de fous. C'est pour cela que Boileau a dit, en parlant d'Alexandre (*Satire* VIII) :

> Heureux, si de son temps, pour cent mille raisons,
> La Macédoine eût eu des petites-maisons !

Pétrifier, du latin *petra*, pierre, et du suffixe *ficare*.

Changer en pierre ; par suite, rendre immobile comme une statue.

— La tête de Méduse pétrifiait ceux qui la regardaient. (Voy. *égide*.)

> Pétrifié sa veine et glacé son esprit.
> (Boileau, *Satire* IX.)

— Niobé, fille de Tantale, eut pour époux Amphion, roi de Thèbes, et donna le jour à quatorze enfants, sept fils et sept filles. Fière de sa fécondité, elle méprisait Latone, qui n'avait que deux enfants, Apollon et Diane. Latone irritée, chargea ceux-ci de la venger ; ils tuèrent toute la progéniture de Niobé, qui, accablée de douleur, resta pétrifiée auprès des cadavres.

...Les poètes figurent cette misérable mère Niobé, ayant perdu premièrement sept fils, ensuite sept filles, surchargée de pertes, avoir été enfin transmuée en rocher. (Montaigne, *Essais*, I, 2.)

> *Diriguitque malis.*
> (Ovide, *Métam.*, VI.)

Pétrir, du latin populaire *pisturire*.

Pétrousquin, qui a signifié *badaud*, est une sorte de dérivé de *pierrot* (?). Il désigne un imbécile, ou un homme sans valeur.

Peu, anciennement *pou*, du latin *paucum*.

— Parmi les comparaisons auxiliaires imaginées pour multiplier la forme négative, on s'est servi du mot *poil*: Cela ne vaut pas un poil. Ce mot s'écrivait autrefois *pou*, *peou*, *peu*, et c'est cette dernière forme qui est restée dans la langue pour exprimer une quantité très petite. Le Provençal dit encore *péou*, un poil, et *pou*, peu.

Dans l'argot populaire, on emploie *fiferlin*, fraction infinitésimale d'un poil. C'était autrefois une petite monnaie valant le quart du denier.

PEU

Dans la langue romane, le mot *peu* n'existait pas (?), et avait pour équivalent *petit*.

> Sabetz petit, car pauc avetz appris.
> (Bertrand de Paris.)

> Et pour moi, je commence à le croire un petit.
> (Molière, *Amphitryon*.)

On a quelquefois réuni les deux mots, et fait la locution : un petit peu, c'est-à-dire très peu.

On dit encore : un tant soit peu, un tantinet, qui répond au *tantillum* des Latins.

— Les grammairiens interdisent à tort la locution *un petit peu*, parce que, disent-ils, il n'y a ni petit ni grand peu, et que *un peu* dit tout. (F. Génin.)

On a tort également, dit-il, de tirer *peu* de l'adverbe latin *paucum*; *peu* vient de *poil*. (Voy. *pauc*, exemple ci-dessus.)

— Les Latins employaient ce mot : *Ex Cappadocia ne pilum quidem*, dit Cicéron. Et Caton : *Aliquid non facere pili*. N'en pas faire plus de cas que d'un poil.

On dit, dans le langage populaire : Il n'en fait pas lourd, pour il fait peu de besogne.

— Peu de biens, peu de soucis.

Il en est du bonheur comme des montres : les moins compliquées sont celles qui se dérangent le moins. (Chamfort.)

Le sage se contente de peu.

> Qui vit de peu, connaît l'indépendance.
> (Bernis.)

Les vrais besoins sont très bornés dans les enfants, comme dans les hommes. (J.-J. Rousseau.)

> Que faut-il pour bien vivre ? A peu près mille écus ;
> Qui sait borner ses goûts n'a pas besoin de plus.
> (Poinsard, *la Bourse*, I, 5.)

> *Quod satis est cui contingit, nihil amplius optet.*
> (Horace.)

Celui qui sait jouir de peu est toujours assez riche. (Démocrite.)

> *Pauper enim non est, rerum cui suppetit usus.*
> (Horace, *Épître* XII.)

— On vit si peu de temps, et de si peu de chose.

La pauvreté qui n'a besoin de rien est plus riche que l'opulence qui a besoin de tout.

> Quand tu naquis, tu n'avais rien,
> Prends donc en gré ton petit bien.

> Qui a des pois et du pain d'orge,
> Et du lard pour oindre sa gorge,
> Avec cinq sous, et ne doit rien,
> Il peut bien dire qu'il est bien.

Peuple, du latin *populus*.

Vox populi, vox Dei : la voix du peuple est la voix de Dieu.

C'est une pensée d'Hésiode, rapportée par Aristote.

— En masse, le peuple est roi ; mais en détail, c'est un pauvre sire.

Horace l'appelle *bellua multorum capitum.* (*Épitre* I, 1.)

> *Quod ferit atque furit, sævissima bellua vulgus.*

Nos gouvernements modernes ont traduit ces comparaisons grandioses par l'hydre des révolutions et le spectre rouge, qui a eu un si grand succès dans le style de M. Prudhomme.

Multæ illi manus, illi una cervix. (Cicéron, *Offic.* II, 7.)

La multitude a des millions de mains qui se dirigent contre une seule tête.

Multorum odiis nullæ opes possunt resistere. (Cicéron, *Offic.* II, 7.)

Nul pouvoir ne peut résister à la haine publique.

— Il faut faire tout pour le peuple, et rien par le peuple. (Montesquieu.)

En 1848, on disait : « Tout pour le peuple ; tout par le peuple. »

Peur, autrefois *paour*, du latin *pavorem*.

Synonymes : taffe, vieux mot. Les fesses lui font *tif taf*. (Oudin, 1640). Trac, maladie qui donne un frisson continu. Caner.

— Avoir peur de son ombre.

La peur grossit les objets : on s'exagère ce que l'on craint.

Sans peur et sans reproche. (Devise de Bayard.)

Il n'y a que les fous qui ne connaissent pas la peur. Les anciens preux, qui faisaient si bon marché de leur vie, n'étaient pas sans peur, comme le dit le blason de Bayard ; mais ils avaient plus peur de la honte que de la mort. Leur grand courage était un calcul, qui leur faisait braver un mal pour en éviter un autre pire à leurs yeux, la perte de l'honneur.

Benvenuto Cellini disait : « J'ignore de quelle couleur est la peur. »

*Justum et tenacem propositi virum
...Si fractus illabatur orbis,
Impavidum ferient ruinæ.*

(Horace, *Odes*, III, 3.)

— Un Gascon disait : « J'ai l'air si martial que, quand je me vois dans la glace, je me fais peur à moi-même. »

— Garcias II, roi de Navarre, dit le Trembleur, était pris d'un tremblement nerveux, lorsqu'il mettait son armure pour aller au combat. Il disait à ce sujet : « Mon corps tremble des périls où mon courage va le porter. »

Peureux, dérivé de *peur*.

Synonymes : capon, couard, poltron.

— Les heures du peureux s'écoulent comme une horloge (?), toujours en crainte de se casser. (Gœthe, *2ᵉ Faust.*)

Phallus, du grec *phallos*, pieu. *(Penis ligneus, rectus.)*

L'ithyphalle était l'attribut de Priape ; les anciens le représentaient dans les jardins et le portaient dans les processions.

De là vient *falot*, lanterne (?), à cause de la chandelle qui y est renfermée, et qui est comme la parodie (?) de cette effigie païenne.

Phare, du grec *pharos*, nom d'une île voisine d'Alexandrie, où Ptolémée Philadelphe fit élever une tour surmontée d'un fanal. C'était une des Sept Merveilles du Monde.

— Étoile du marin : *Maris stella*.

Pharisien pour *phariséen*, du latin évangélique *pharisæus*.

Membre d'une secte juive, qui, sous l'apparence d'une grande sévérité de mœurs, cachait des habitudes dissolues.

Pharmacien. (Voy. *apothicaire*.)

Phébus, du latin *Phœbus*, grec *Phoibos*, brillant.

Surnom du soleil chez les poètes grecs.

— Style trop figuré, mais moins obscur que le galimatias. (Voy.)

Le soleil l'éclaire parfois ; c'est ce qui lui a peut-être fait donner le nom de Phébus. (Le P. Bouhours.)

Peut-être l'origine de la locution est-elle dans le livre sur la chasse, de Gaston Phœbus, comte de Foix, intitulé *Mémoires de Phœbus*, livre très ennuyeux et très obscur.

Phénix, du grec *phoinix*, rouge.

Oiseau fabuleux, dont les Égyptiens avaient fait une divinité. Ils le représentaient grand et fier comme un aigle, une houppe de pourpre sur la tête, des plumes couleur de pourpre et d'or, les yeux étincelants comme des étoiles.

Le phénix était l'emblème du Soleil : il est devenu, dans la symbolique chrétienne, celui du Christ et de la Résurrection.

— L'histoire du phénix n'est pas plus authentique que celle du pélican ; mais elle est plus ancienne, et a passé des Égyptiens aux Grecs et aux Romains, pour arriver jusqu'à nous.

Les historiens et les naturalistes les plus graves affirment son existence. Tacite (*Annales*, VIII, 18) dit qu'on vit un phénix sous le consulat de Vitellius, l'an 34 de notre ère. On en vit un aussi sous Sésostris, et on le vit reparaître sous Amasis II, puis sous Ptolémée.

— Suivant la tradition, le phénix est né en Arabie, où il est consacré au soleil. Il vit mille ans ; il est unique au monde. D'après d'autres, il renaît tous les quatorze cent soixante ans. Au Moyen-Age, on le représente avec des ailes de saphirs, de perles et d'émeraudes.

Quand sa vie est près de finir, il construit dans la terre natale un nid avec de l'écorce de cannelle et de l'encens ; et, après l'avoir inondé d'un principe régénérateur et y avoir mis le feu, il meurt dessus. De ses cendres sort un ver, qui se change bientôt en un nouveau phénix qui, devenu grand, enlève ce qui reste de son prédécesseur, et le brûle sur l'autel du soleil.

Cette fable égyptienne fut accueillie par les Pères de l'Église, qui en tirèrent de belles leçons. Saint Jérôme en a fait la consolante image de l'immortalité, comme il a fait du pélican le symbole de la tendresse paternelle. Elle est très ingénieuse, mais entièrement imaginaire, et contraire à toutes les lois de la nature ; car aucune espèce du règne animal ne se reproduit par un seul individu ; aucun animal ne se détruit lui-même ; tous, au contraire, obéissent à la loi générale de l'instinct de la conservation. La faculté de faire du feu n'existe également chez aucun animal, c'est une propriété de l'homme, aussi bien que la parole. Enfin aucun oiseau ne vit mille ans ; aucun ne se reproduit sous la forme d'un ver.

On ne croit donc plus à l'existence d'un oiseau si merveilleux ; mais le nom de *phénix* continue à être donné aux êtres extraordinaires, uniques, en quelque sorte, dans leur genre. C'est ainsi que La Fontaine fait dire au corbeau :

Vous êtes le phénix des hôtes de ces bois.
(*Fables*, I, 2.)

Boileau dit d'un sonnet sans défaut :

> Et cet heureux phénix est encore à trouver.
> (*Art poétique.*)

Jean Huss, sur le bûcher, dit qu'on brûlait l'oie (*hus* signifie *oie* en allemand), mais que, cent ans après sa mort, un cygne naîtrait de ses cendres, qui ferait triompher les vérités pour lesquelles il mourait. Il parlait de Luther.

— On appelle le palmier dattier *phœnix dactilyfera* : c'est le phénix du règne végétal.

Phénomène, du grec *phainoménon,* qui apparaît clairement.

Ce mot qui, dans le langage vulgaire, ne s'entend que de ce qui est très rare, extraordinaire, s'applique, dans la langue scientifique, à tous les faits extérieurs qui apparaissent à nos sens et qui peuvent se ranger sous une loi commune. Tels sont les phénomènes de l'électricité, de la chaleur, etc.

Philanthropie, du grec *philos,* ami, *anthrôpos,* homme.
Amour de l'humanité.

— Ce mot, créé au siècle dernier, a un sens plus pratique que *charité* et *bienfaisance,* et exprime l'idée de l'amélioration du sort des masses. On en trouve le germe dans ce vers de Térence, souvent cité :

> *Homo sum : humani a me nihil alienum puto.*

— On doit aux philanthropes l'abolition de la traite des noirs, la propagation de l'instruction primaire, les salles d'asile, les fourneaux économiques, les sociétés de secours mutuels...

Philémon et **Baucis,** tous deux très âgés, donnèrent l'hospitalité à Mercure et à Jupiter, déguisés en simples mortels, et qui avaient été rebutés par les autres habitants du pays.

Jupiter submergea tous les environs, et ne préserva que leur cabane, qui fut changée en un temple, dont ces époux pieux et humains devinrent les prêtres. De longs jours après, ils furent métamorphosés, le même jour, Philémon en chêne, et Baucis en tilleul. (Ovide, *Métamorphoses.*)

Ils personnifient l'amour conjugal sans nuages.

Philippique, dérivé du grec *philippikos.*
Satire, discours violent contre quelqu'un.
C'est le titre des discours de Démosthène contre le roi de Macé-

doine, Philippe. Les Oraisons de Cicéron contre Antoine, sont aussi désignées sous ce nom.

Philistin, nom d'un peuple voisin des Hébreux.
Se dit en Allemagne pour *bourgeois*.

« — A propos, qu'est-ce qu'un Philistin ? — Autrefois, en Grèce, il s'appelait Béotien ; on le nomme Cokney en Angleterre ; épicier et Joseph Prudhomme à Paris ; et les étudiants d'Allemagne lui ont conféré le nom de Philistin. » (De Neuville, cité par L. Larchey.)

Philologie, du grec *philos, logos*.
Étude de la littérature au point de vue technique et de la grammaire générale. Analyse du langage.

— Un philologue est un littérateur qui n'approfondit rien.

Ératosthène, philologue grec sous Ptolémée Philadelphe, fut nommé *Béta*, de la deuxième lettre de l'alphabet grec, parce que, ne pouvant aspirer au premier rang dans aucun genre, il était arrivé au second dans plusieurs.

— Zénon appelait *philologues* ceux qui recherchaient les lois grammaticales, et *logophiles* ceux qui ne visaient qu'à l'élégance du langage.

Philosophie, du grec *philosophia*, étude de la sagesse.
Ensemble des connaissances relatives à l'âme, à l'intelligence.

Un philosophe est un homme qui oppose la nature à la loi, la raison à l'usage, la conscience à l'opinion, et le jugement à l'erreur.

Aristote et les anciens appelaient *philosophie* ce que nous appelons *science*, et surtout la science appliquée à la physique du globe.

— Le cours de philosophie se divise en : *logique, morale, physique et métaphysique*.

En philosophie, le *matérialisme* est opposé à l'*idéalisme*, le *sensualisme* au *spiritualisme*, l'*empirisme* au *rationalisme*.

Parmi les anciens, Platon représente l'idéalisme, et Aristote le matérialisme.

Les chefs de la philosophie moderne sont : Descartes (France), Locke (Angleterre), Leibnitz, Kant (Allemagne), Spinoza (Hollande).

— La philosophie apprend à faire volontairement ce que les autres font par contrainte. (Aristote.)

La philosophie enseigne à se contenter de peu, à vivre libre et heureux. (Cratès.)

La philosophie, pour être utile et pratique, doit être une action et une énergie. La science doit être un cordial et un élixir présenté à la soif de l'homme ; la sagesse doit être une communion sacrée, et c'est le sens qu'il faut donner à ces paroles de Jésus-Christ : « Prenez, ceci est ma chair, ceci est mon sang. » Jouir est un but chétif ; la brute jouit. Penser, voilà le triomphe vrai de l'âme. La philosophie a pour moteurs deux forces : croire et aimer. (V. Hugo, *les Misérables.*)

Toute philosophie se résume dans l'art d'élargir le libre arbitre aux dépens de la conscience.

Phrase, du grec *phrasis,* latinisé ; *phrazô,* parler.

Assemblage de mots exprimant une idée, formant un sens complet. La phrase la plus simple se compose d'une proposition unique : sujet, verbe et attribut.

Dans la phrase : « Dieu est bon », Dieu est le sujet ; bon, l'attribut ; est, le verbe.

Physique, du grec *phusiké,* de *phusis,* nature.

— Physiquement parlant, c'est-à-dire parlant d'une manière physique, est du galimatias bien réussi.

Piano, mot italien, correspondant au français *plan, plain.*

— *Piano, piano* : tout doucement, pas à pas.

<blockquote>Et s'approcha marchant plan-plan.
(Scarron, *Virgile travesti.*)</blockquote>

Chi va piano, va sano. Qui va doucement, va sainement.

— *Piano-forté,* ou *forté-piano,* ou simplement *piano, manicordion.* Instrument de musique inventé par Bartolomo Cristofari, de Padoue, en 1711. On l'appela de ce nom, qui signifie doucement et fort, parce qu'il donne tous les tons et forme à lui seul un orchestre complet.

Le piano est pour les instruments à cordes ce que l'orgue est pour les instruments à vent.

Les premiers pianos fabriqués en France sont dus aux frères Érard, vers 1780. En 1855, il se vend annuellement, à Paris, plus de 25.000 pianos.

« Le piano, dit Halévy, sur lequel tous les tons de l'échelle musicale, fixés d'avance, n'attendent que la pression d'une main habile pour vibrer en gerbes d'accords harmonieux, ou pour éclater en gammes rapides, serait le premier des instruments si l'orgue n'existait pas. »

Le piano, hôte de la maison, se prête aux passe-temps les plus frivoles aussi bien qu'aux études les plus sérieuses. Comme il recèle dans son sein tous les trésors de l'harmonie, il est de tous les instruments celui qui a le plus contribué à répandre le goût de la musique et à en faciliter l'étude.

— On a appelé Paris *Pianopolis*, parce qu'on y fait beaucoup de musique, quoique ce soit la ville où on aime le moins la musique.

— Mauvais piano : chaudron. Allusion aux chaudrons de Dodone.

Picaillon, synonyme d'*argent*. Origine incertaine.
Petite monnaie de cuivre, piémontaise, valant deux deniers.

Picard, vient, au dire de Bruzen de la Martinière, du caractère des habitants de la Picardie, qui se *piquent*, ou se fâchent volontiers.

On a supposé aussi que les Picards auraient tiré leur nom des piques dont ils se servaient pour combattre ; mais alors on aurait dû les appeler *piquiers*. Car le suffixe *ard* marque une habitude blâmable, comme dans les termes injurieux criard, bavard, paillard.

Picard est plutôt un sobriquet injurieux, résultant du vice de caractère, et non de la manière de combattre avec des piques, quoique Lucain ait dit (*Pharsale*, I, 423) :

...*Longisque leves Suessones in armis*,

preuve unique et insuffisante, pour justifier cette origine.

— Prière de Picard : imprécations, comme peuvent en formuler des gens vindicatifs.

Picaresque, de l'espagnol *picaro*, vaurien, vagabond. Ce mot manque au Dictionnaire de l'Académie.

Il se dit des romans, des pièces de théâtre où le principal personnage est un picaro, un coquin.

Picotin, dérivé de l'ancien français *picot*, origine incertaine.
Petite mesure dont on se sert pour l'avoine qu'on donne aux chevaux.

Pie, du latin *pica*, en provençal *piga*.
Oiseau à plumage blanc et noir.
De là : cheval pie, blanc avec des taches noires.

— Synonymes : la pie s'appelle aussi *agace* ; en italien *gazza* ; margot.

L'aigle, reine des airs, avec Margot la pie.
(La Fontaine.)

Perruche de savetier.

— Jaser comme une pie, ...comme une pie borgne.

Il a trouvé la pie au nid : quelque chose de rare.

Voleur comme une pie. Pline appelle la pie *monedula* (*a surripiendis monetis*).

Menteur comme une pie.

Am mentez com s'eratz gacha.
(T. DE BERTRAND.)

(Vous mentez comme si vous étiez une pie.)

— *Pie-grièche*, pie grise et commune.

Cet oiseau a le courage et les goûts des oiseaux de proie. Il combat avec intrépidité des oiseaux beaucoup plus grands et plus forts. C'est par allusion à cette humeur belliqueuse, qu'on appelle « pie-grièche » une femme querelleuse, acariâtre.

En provençal, cet oiseau s'appelle *darnagas*, nom qui se donne aussi aux personnes d'un caractère désagréable.

Fontenelle a dit : « La plupart des femmes sont des faons dans le monde, des pies-grièches dans l'intérieur, des colombes dans le tête-à-tête. »

Ainsi, outre sa réputation bien établie de bavarde, de menteuse et de voleuse, la pie a encore celle de querelleuse.

C'est à elle que remontent les mots *agacer* et *grincheux*.

Pièce, italien *pezza*. Origine incertaine.

Nom pris dans une foule d'acceptions très diverses, particulièrement comme mesure pour les vins :

La pièce bordelaise vaut 204 litres ; la mâconnaise, 213 ; celle du Languedoc, 274 ; celle d'Auvergne, 294.

Pied, du latin *pes, pedis* ; en provençal *pé*.

Au même radical remontent : pédale, pédestre, peton, piège, empêcher, piéton, piétiner, expédier, etc.

— Synonymes d'aller à pied : marcher ; voyager sur la haquenée des cordeliers ; monter ses chevaux à deux semelles ; prendre la voiture de saint Crépin ; prendre la poste de MM. Talon frères.

— Depuis les pieds jusqu'à la tête.

— Partir du pied droit : bien commencer une chose.

On trouve dans Apulée : *Sinistro pede proficisci*, partir du pied gauche.

— Trouver chaussure à son pied, c'est-à-dire une bonne position.

Cicéron dit d'une manière analogue : *Calceos mutare*, changer d'état.

On dit aussi d'une chose qui va de tout point : cela me chausse, me botte, me va comme un gant.

Vingt mille francs de rentes, ça me botte !

— Pied plat : homme de basse naissance. Chez les Romains, on appelait *palmipedes*, pieds palmés, ou pieds plats, les bateleurs, mimes, etc.

Cette dénomination dédaigneuse a été donnée, sous Louis XIV, aux gens de peu, qui ne portaient pas des talons hauts comme la noblesse.

— Grand pied : piédestal, pied à dormir debout.

Elle a de petits pieds, mais les grands souliers lui vont bien.

Grand pied se dit en bonne part et marque la supériorité, tandis que petit pied, comme pied plat, est dépréciatif ; d'où *piètre*, mesquin, autre forme de *pédestre*.

— Être sur un bon pied, ou sur un grand pied dans le monde : être considéré, jouer un rôle important.

On dit dans un sens analogue, mais au propre : avoir bon pied, bon œil.

— Il retombe toujours sur ses pieds.

— Marcher sur le pied à quelqu'un : lui faire une injure.

— Geoffroi Plantagenet, comte d'Anjou, pour dissimuler une difformité au pied, imagina de porter des souliers dits à la poulaine, ou à la Polonaise. (Borel.)

Les souliers d'un prince avaient deux pieds et demi de long ; ceux d'un baron, deux pieds ; ceux d'un simple chevalier, un pied et demi.

Plus tard, sous Louis XIV, la noblesse porta des talons hauts, parce que le roi avait besoin de cet artifice pour hausser sa taille.

— Mettre les pieds dans le plat : faire une inconvenance.

Les Provençaux disent : marcher dans ce qui est semé.

Régnier parle de gens qui

> Pissent au bénitier afin qu'on parle d'eux.

Les anciens disaient : *In Pythii templo cacare* ; se soulager dans le temple d'Apollon.

Il n'y a que les cochons à qui on permette de mettre les pieds dans le plat, ...pourvu qu'ils soient à la Sainte-Menehould.

— Un pied chaussé et l'autre nu.

Quand Molière fit la *Princesse d'Élide*, pour les fêtes de Versailles, il la commença en vers et, faute de temps, l'acheva en prose. On dit alors que la Comédie n'avait eu le temps de prendre qu'un de ses brodequins et était venue donner des marques de son obéissance un pied chaussé et l'autre nu.

— Va-nu-pieds : vagabond, mendiant. Un de ceux dont La Bruyère dit qu' « ils n'ont pas même de quoi aller à pied ».

On dit de quelqu'un, pour marquer son extrême misère, qu'il n'a pas de souliers.

On appelle moines déchaussés (ou déchaux) certains religieux qui vont pieds nus dans des sandales.

Pour certaines gens, ceux qui ne portent pas de gants sont des va-nu-pieds.

— En 1639, les habitants de la Normandie se soulevèrent contre un édit qui déclarait les communes solidaires pour le paiement des taxes. Ils inscrivirent sur une bannière le nom de *va-nu-pieds*, qui leur était donné par mépris, et qu'ils adoptèrent comme un cri de défi et un signal de vengeance.

— Puanteur des pieds : essence de chaussettes.

— Mettre à pied : mettre en non activité temporaire, en disponibilité, par mesure disciplinaire.

Pierre, du latin *petra*.

— Synonyme : miche de saint Étienne (Rabelais), parce que ce saint fut lapidé. Le jour de Saint-Étienne, en Provence, les boulangers pétrissent des pains qui ont la forme d'une pierre.

— Pierre philosophale. Rabelais (II, 34) dit que ce n'est que la manière d'user avec intelligence des joies et des plaisirs de la vie. (Voy. *alchimie*.)

— La pierre tombe toujours au clapier. (Proverbe provençal.) L'argent cherche l'argent.

— Pierre qui roule n'amasse pas de mousse.

Qui est bien, ne se remue. Douze métiers, treize misères.

De gerbe remuée, chiet le grain.

Les Arabes nomades disent au contraire : « Chien qui court trouve sa vie. »

— Faire d'une pierre deux coups : tirer d'une chose double profit.

Apros duos uno saltu capere.
(Plaute.)

De una fidelia duos parietes dealbare. (Quinte-Curce.)

Blanchir d'un seul pinceau les deux côtés de la muraille. (Proverbe obscène des latins.)

— Un individu qui partageait sa vie entre l'amour et la bonne chère, s'était logé à l'entresol, au-dessus de la cuisine d'un restaurateur et au-dessous de la chambre de sa belle. Quand il voulait jouir du double avantage de sa position, il lançait au plafond une pierre qui retombait sur le parquet, avertissant ainsi à la fois la demoiselle de descendre et le cuisinier de monter.

— Un certain Durand devint veuf. Il éleva à sa femme un beau mausolée, avec cette inscription : « Monsieur Durand à Madame Durand. » Veuf pour la seconde fois, il fit changer Madame en Mesdames. C'était bien faire d'une pierre deux coups.

— Jeter la pierre à quelqu'un ; jeter une pierre dans le jardin de quelqu'un : l'attaquer dans son intérêt, lui faire des reproches.

Lapides loqui (Plaute) : dire des duretés.

On ne jette des pierres qu'à l'arbre chargé de fruits. En d'autres termes, le mérite seul excite l'envie.

Pierrier, anciennement *perrier* ou *perrière*.
Canon qui se chargeait avec un boulet de pierre.

> Et dressa sur une perrière
> Qui jectal devant et derrière
> ...tels cailloux...
> (Jean de Meung.)

Pierrot, en italien *Pedrolino*, fait, dès la fin du XVIe siècle, partie des acteurs du théâtre italien. Son costume est entièrement blanc, son visage enfariné, son air niais et ingénu.

A Florence, on l'applaudissait sous le nom de *Gian-Farina*, Jean-Farine. En France, on l'enfarinait aussi :

> Le front, la joue et la narine
> Toute couverte de farine.

— Gros-Guillaume, dit le Barbouillé, introduisit le personnage de Pierrot sur la scène du théâtre de Bourgogne. Il avait exercé la profession de boulanger, avant de monter sur les tréteaux.

Pierrot, le niais enfariné, le gobe-mouche de la comédie italienne, se faisait remarquer par sa stupidité et sa maladresse. Quoique très poltron, il conseillait toujours les entreprises les plus hardies, et entraînait dans des chutes déplorables son vieux maître, qu'il avait l'air de soutenir.

Aux premiers temps de la comédie française, il portait le nom de *Mugnier* (meunier), qui, au Moyen-Age, était entaché d'une très mauvaise renommée, car on disait qu'on était toujours sûr de trouver un voleur dans la chemise d'un meunier.

— L'uniforme blanc des gardes-françaises les fit appeler pierrots par le peuple de Paris ; et les gamins, en les voyant passer, imitaient le cri du moineau : *piou, piou*, d'où le sobriquet qui est resté aux fantassins.

— La vogue de Pierrot fut consacrée par la fameuse chanson que tout le monde connaît : *Au clair de la lune.*

Molière a appelé Pierrot un paysan de son *Don Juan.*

Watteau et Lancret l'ont illustré dans leurs peintures.

Debureau, né à Neukolin, près de Prague, a rendu célèbre le rôle de Pierrot, de 1820 à 1850, au Théâtre des Funambules.

Piété, du latin *pietas*, qui a donné aussi *pitié.*

De là encore les mots : piteux, pitoyable, s'apitoyer, et aussi *pitance*, parce que la nourriture des moines provenait de la piété des fidèles.

On a fait depuis peu (1871) le mot *piétiste*, pour désigner le parti ultramontain.

— La piété et la foi sont comme deux jalons plantés sur le chemin de l'éternité. (M. G.)

Pieuvre, du latin *polypus*, d'abord *pueuve, pieuve*. Poulpe, de la famille des mollusques invertébrés, comprenant les calmars, les sépiaires, les céphalopodes, que les Anglais appellent *bloodsucker*, suceur de sang. (Voy. V. Hugo, *Travailleurs de la Mer*.)

Pigeon, du latin *pipio, pipionis.*

— *Pigeon* n'a pas de féminin. Mlle de Scudéry, malgré tout son crédit à l'hôtel de Rambouillet, ne put faire adopter *pigeonne*, qu'elle proposait à la place de *colombe.*

— Au figuré, dupe, qui se laisse dépouiller, plumer comme un pigeon.

Les femmes de Paris se servent du fard et du maquillage pour attirer les pigeons dans le colombier de Cypris.

Pignon, de *pinnionem*, dérivé de *pinna*, créneau de murailles.

Le pignon est le faîte d'une maison que termine l'inclinaison de deux toits formant triangle, comme un fronton. C'est le mur terminé en pointe qui soutenait le faîtage des maisons : il était souvent orné de sculptures et d'enjolivements.

Dans les anciennes maisons du xve siècle, qu'on voit encore en grand nombre dans le nord de l'Europe, les pignons font face à la rue. D'où la locution ancienne : avoir pignon sur rue, c'est-à-dire une maison à soi. (Voy. *pinacle.*)

Pile, du latin *pila*, colonne.

Côté d'une monnaie opposé à la face. (Voy. *croix* ou pile.)

— *Pile*, d'où est venu *pilote*, serait un vieux mot français ayant signifié navire.

Macrobe *(Saturnales,* I) dit que les Romains jouaient à ce que nous appelons *pile ou face*, en disant : *Caput aut navis*, avec une monnaie faite en mémoire de Saturne, où l'on voyait d'un côté la tête de Janus, et de l'autre le navire sur lequel il était arrivé en Italie.

> *Tunc bona posteritas puppim notavit in ære.*
> (Ovide.)

— Donner une pile ; expression triviale ; battre quelqu'un comme un pilotis.

Au vieux mot français *pile*, signifiant pièce de bois, et qui se trouve souvent dans Joinville, se rattachent : pilori, piler, pilotis.

— En provençal, *pile*, pierre d'évier, percée d'un trou par où l'eau s'écoule.

Piller, du latin populaire *piliare*, pour *pilare*.

Signifie au propre se prendre aux cheveux.

Se dit des chiens qui se jettent sur le gibier.

— De là *houspiller* (?).

Pilule, du latin *pilula*, diminutif de *pila*, balle.

— Dorer la pilule, comme sucrer la moutarde ; c'est adoucir un refus par des paroles bienveillantes, ou faire passer sous des compliments quelque chose de désagréable.

> Le seigneur Jupiter sait dorer la pilule.
> (Molière, *Amphitryon*.)

Ce vers est devenu proverbe plutôt par sa tournure piquante que par l'idée qu'il renferme ; car Rotrou avait dit avant Molière :

> On appelle cela lui sucrer le breuvage.

Pimbêche, nom donné par Racine à la comtesse des *Plaideurs* ; il est resté dans la langue pour désigner une femme au bec pincé (?), une vieille Précieuse acariâtre.

C'est une pimbêche : une femme qui fait des embarras.

Pimpant, de l'ancien verbe *pimper*, pour piper, bien plutôt que de *pompe*, ou même de *bimbo*, qui se retrouverait dans bimbelotier, bibelot.

Pinacle, du latin *pinnaculum*.

La partie la plus élevée du Temple de Jérusalem.

— Être au pinacle : au comble du bonheur, de la prospérité.

Le Sénat romain accordait quelquefois aux particuliers la faveur de mettre un pinacle, ou comble terminé en pointe au haut de sa maison.

Pince-maille, de *pincer* et *maille*. (Voy.)
Synonymes : grippe-sou, avare, pingre.

> Un pince-maille avait tant amassé...
> (La Fontaine, *L'Enfouisseur*.)

Pincer. Jouer à je te pince sans rire, où chacun pince le nez ou le menton de son voisin de droite ; celui qui rit donne un gage. Le piquant de ce jeu consiste en ce que deux personnes de la société se sont entendues pour se noircir les doigts. Ceux dont elles noircissent ainsi le visage prêtent à rire, d'autant plus que chacun croit qu'on rit de l'autre (?).

Pingre, mot d'origine inconnue ou incertaine.

— On appelait *pingres*, au Moyen-Age, les arêtes de poisson et de longues épingles. Le mot *pingre* désigne aujourd'hui un avare, un usurier. L'origine de cette transformation de sens serait la croyance que les Juifs crucifiaient des enfants dans la nuit du Vendredi-Saint, et les torturaient en leur enfonçant des épingles dans la chair.

Le Parlement condamna à mort plusieurs Juifs pour le crime de *pingres* ou des épingles. Le nom de *pingres* resta aux Juifs, qui avaient dès lors le monopole de la banque et de l'usure.

— En argot, ce mot désigne un misérable, et prend l'acception de sale, déguenillé, ce qui tiendrait encore à la sordide avarice des Juifs qui, malgré leurs richesses, et peut-être pour les dissimuler, portaient des vêtements sales et misérables.

Piot, semble dérivé du grec *piein*, boire,
Humer le piot. (Rabelais.)

> Lui voyant de piot la cervelle échauffée.
> (Régnier.)

Pipe, du bas-latin *pipa*, pipeau, chalumeau.
A ce dernier mot correspond le *calumet* des Indiens.
La pipe de l'Arabe s'appelle *chibouque*; celle du Turc *narghilé*.

Piper, du latin *pipiare*, *pipare*, glousser, tromper.
Dés pipés : faussés.

— Terme d'aviceptologie : on prend les oiseaux à la pipée en imitant le chant des petits oiseaux, *pi, pi*.

Pique-assiette, parasite.
Celui qui apporte chez les autres un appétit toujours complaisant.

Pique-nique, origine inconnue.
Repas où chacun paye son écot, apporte son plat.
Diner à pique-nique, c'est faire un repas dans lequel aucun des convives n'est redevable à son voisin, attendu que chacun paie le même écot.
— F. Génin propose l'étymologie suivante : « On sait ce que c'est qu'une pique entre deux personnes. Le Français dit *faire la nique* dans le sens de se moquer. En supposant que le verbe *niquer* existe en français, on aurait pu faire la phrase suivante : Tu me piques, je te nique, partant quittes. Eh bien ! c'est justement le sens du mot pique-nique, fait comme la locution : A bon chat, bon rat ; bien attaqué, bien défendu. »
M. Génin fait ensuite remarquer que l'Académie, en 1835, exige qu'on dise au pluriel des pique-niques, comme des chasse-mouches. A-t-elle cru qu'il s'agissait de piquer des niques ? Elle ne se serait pas rendu compte des éléments de ce mot.

Piquer, peut-être d'origine celtique *pick*, pointe.
— Se piquer : se fâcher, prendre la mouche. (Voy.)
— Qui s'y frotte s'y pique. La paraphrase de ce proverbe est dans l'*Ecclésiaste* : « Celui qui creuse un fossé y tombera, et celui qui traverse une clôture sera mordu par un serpent. »
(Voy. *picard, pique-nique, pique-assiette*.)

Pirate, du latin *pirata*.
Voleur, écumeur de mer, corsaire qui n'a aucune lettre de marque, qui court les mers en pleine paix, pour voler et piller les navires.
— La Méditerranée, infestée par la piraterie depuis l'antiquité, en a été délivrée, en 1830, par les Français, qui se sont emparés d'Alger.
Au xviie siècle, les flibustiers américains épouvantèrent de leurs ravages la mer des Antilles et les colonies espagnoles. (Voy. *corsaire*.)

Pis, du latin *pectus*, poitrine.
Pris autrefois dans le sens du latin, ne désigne plus que les mamelles de la vache, de la chèvre, etc.

Pisé, de l'ancien verbe *piser*, battre.

Pâte formée de terre glaise qu'on détrempe et qu'on moule en carreaux, en y mêlant de la paille hachée. On la laisse sécher pour en faire des constructions rustiques.

Pistole, semble dérivé, comme *pistolet*, de *Pistoie*, ville d'Italie.

— On nomma *pistoles*, les écus d'Espagne et d'Italie, qui étaient plus petits que ceux de France.

La pistole d'Espagne vaut environ 20 francs. On emploie quelquefois ce terme, comme monnaie de compte, valant 10 francs.

— La pistole dans les prisons pour dettes, est le logement que les détenus obtiennent en payant.

Pistolet.

Synonymes : pied de cochon (allusion de forme).

Crucifix à ressort : comme le crucifix, il se montre à l'heure suprême.

— Henri Estienne dit qu'à Pistoie, petite ville à une journée de Florence, se faisaient de petits poignards qui furent appelés en France *pistoyers*, *pistoliers*, et *pistolets*. Quelque temps après étant venue l'invention des petites arquebuses, on leur transporta le nom de ces petits poignards, et ce pauvre mot, ayant été ainsi promené longtemps, à la fin a signifié les petits écus « et croy qu'encore quelque matin les petits hommes s'appelleront pistolets et les petites femmes pistolettes ».

La plaisanterie de la fin pourrait passer pour une prophétie ; on connaît la locution populaire : Quel singulier pistolet !

On rit avec vous et tu te fâches ! En voilà un drôle de pistolet ! (Gavarni.)

Pitance, du latin barbare *pitancia*, parce que la subsistance des moines provenait de la pitié publique.

— Désigne les aliments autres que le pain et le vin.

Pitié, du latin *pietas*, *pietatem*. (Voy. *piété*.)

— La pitié que nous inspirent les maux d'autrui est due en grande partie à la crainte que nous avons de les éprouver nous-mêmes.

La pitié est sœur du dédain ; c'est l'aumône qu'on fait aux coupables et aux faibles. (G. Sand.)

Mon Dieu ! ayez pitié de moi, ...et jetez des pierres aux autres.

— Il vaut mieux faire envie que pitié, parce que les hommes ne font guère de bien qu'à ceux qui peuvent le leur rendre ; comme dit le proverbe : « On ne prête qu'aux riches. » C'est surtout à ses amis qu'il faut cacher sa misère ; s'ils ont du cœur, ils souffrent de nos chagrins ; s'ils n'en ont pas, nous souffrons de leur égoïsme.

Le sentiment que l'homme supporte le plus difficilement, c'est la pitié, surtout quand il la mérite. La pitié est un mépris dans la tendresse, ou une tendresse qui offense et qui affaiblit encore notre faiblesse.

— De la pitié au mépris, il n'y a pas plus de distance qu'entre une poire molle et une poire pourrie. (X. de Maistre.)

Il vaut mieux être envié qu'apitoyé.

Il n'y a que les mendiants qui vivent de leurs plaies ; les honnêtes gens les cachent.

Il faut cacher ses misères devant les forts. (Sévigné.)

Qui chante ses misères épouvante.

L'homme qui souffre est un fléau ! c'est un sujet de tristesse et de dégoût pour les autres ! c'est un cadavre qui encombre la voie publique, et dont les passants se détournent avec effroi. (G. Sand, *Aldo*.)

Pitre, origine incertaine.

Sorte de Paillasse faisant la parade sur les tréteaux, et engageant par ses lazzi la foule à entrer dans la baraque du saltimbanque. (Voy. *Paillasse*.)

Au figuré : bouffon grossier.

Pittoresque, de l'italien *pittoresco*, relatif à la peinture.

S'entend de ce qui est agréable à la vue et peut servir de sujet à un tableau.

— Par extension, on a appelé *pittoresques* des publications dont les pages sont ornées de gravures présentant à l'œil l'image des faits racontés.

Le *Magasin pittoresque*, recueil le plus ancien de ce genre, date de 1832.

— Au mot *pittoresque* a succédé le mot *illustré*.

Place, de l'italien *piazza*, du latin *platea*.

Le jour de la Saint-Lambert,
Qui quitte sa place la perd.

Remettre quelqu'un à sa place.

Assieds-toi à ta place, et l'on t'y laissera.

Plafond, mot composé, jadis *plat-fond*.

— Dieu des plafonds, inspire-moi ! semble dire un poète élégiaque, qui paraît chercher en l'air l'inspiration.

Plagiaire, du latin *plagiarius* (qui est coupable de détournement d'esclaves).

Les Romains appelaient *plagiarii*, ceux qui faisaient de la fraude sur le commerce des esclaves. Ils étaient condamnés au fouet, *ad plagas*.

Aujourd'hui, on appelle *plagiaire* celui qui compile les ouvrages des autres, qui vend à son profit la pensée d'autrui.

> On dit que l'abbé Roquette
> Prêche les sermons d'autrui ;
> Moi, qui sais qu'il les achète,
> Je soutiens qu'ils sont à lui.

Synonyme : démarqueur de linge.

Plaider, de *plaid*, dérivé de *placitum*, volonté.

— Plaise à la cour... Un plaidoyer est une requête à la cour pour qu'il lui plaise de..., développée par l'avocat.

Plaie, du latin *plaga*.

— Il est comme le chirurgien, il ne demande que plaie et bosse : il recherche son profit dans le mal d'autrui.

Je ne demandai plus que plaie et bosse. (Le Sage.)

— Dans la langue romane, *pica plag* était un terme de mépris pour désigner les chercheurs de procès.

> *Pica play per avocat.*
> (Leys d'amors, f° 147.)

Plain-chant, mot composé de *plain*, latin *planus*, et de *chant*, *cantus*.

Chant uni, égal, simple, pratiqué dans les églises catholiques, et dans lequel toutes les voix chantent à l'unisson.

Plain est ici le même que dans l'expression *de plain-pied*, qu'il ne faut pas confondre avec *plein* de *terre-plein*.

Plaindre, du latin *plangere*.

— Se plaindre : geindre, marronner, avoir la douleur geignarde.

— Se plaindre que la mariée est trop belle : d'être trop heureux.

Chacun se plaint que son grenier n'est pas plein.

> La plainte est pour le fat, le bruit est pour le sot :
> L'honnête homme trompé s'éloigne et ne dit mot.
> (La Noue.)

Plaire, du latin *placere*.

> Marchandise qui plaît est à moitié vendue.
> (Legrand, *la Famille extravagante*, sc. XIV.)

On apprécie ce qui est utile et bon, on admire ce qui est beau, mais on n'aime que ce qui plaît.

> Soyez bon, vous plairez.
> (Gresset.)

On ne saurait plaire à tout le monde, …à moins d'être tarte ou gâteau, disait Bion. Nous disons aujourd'hui : à moins d'être louis d'or. C'est encore plus vrai, car il y a des gens qui n'aiment pas la pâtisserie, il y en a peu pour lesquels l'or n'ait des charmes irrésistibles.

— En argot, on appelle l'or *orient*, c'est-à-dire *or riant*.
Cette petite effrontée m'avait juré qu'elle était plus nette qu'une perle d'or riant. (*Histoire comique de Francion.*)

— Celui à qui personne ne plaît est bien plus malheureux que celui qui ne plaît à personne.

— Plaît-il ? se dit à ceux à qui on doit le respect ; aux autres, on dit : hein ? pour faire répéter ce qu'on n'a pas entendu.

Plaisance, dérivé de *plaisant*, lieu plaisant.
Nom d'une localité de la banlieue de Paris.

Plaisant, qui divertit en faisant rire.

> Par la sambleu ! messieurs, je ne croyais pas être
> Si plaisant que je suis…
> (Molière, *Misanthrope*.)

Plaisanterie gauloise : c'est l'atticisme moderne, l'esprit piquant de la vieille société française.

— Plaisanterie de famille : grossière, de mauvais goût.

— Plaisanterie à part. Rivarol disait de l'acteur Dugazon, qui chargeait trop ses rôles : « C'est un bon acteur, plaisanterie à part. »

— Porter trop loin la plaisanterie. Le président : « Pourquoi avez-vous pris cette pioche ? — C'était par pure plaisanterie. — Mais on l'a retrouvée chez vous, à cinq kilomètres de distance : c'est porter la plaisanterie trop loin. »

Plaisir, du latin *placere*, ancienne forme de *plaire* ; en roman *plazer* ; en italien *piacere*.

— Le plaisir n'est que l'éclair de la sensation, il expire avec elle ; le bonheur est une suite de plaisirs ; le contentement est un bien-être intérieur ; la joie est une démonstration extérieure ; la satisfaction se rapporte aux passions ; la volupté aux sens.

— Les plaisirs sont la consolation de ceux qui ne connaissent pas le bonheur. (De Langsdorf.)

C'est de nos plaisirs que nous viennent nos peines.

> Pour un plaisir mille douleurs,
> Soit en ce monde, soit ailleurs.
>
> (xvie Siècle.)

La sobriété dans les plaisirs est la fontaine de Jouvence.

Il est plus difficile de supporter les chagrins que de s'abstenir des plaisirs. (Aristote, *Éthique*, III, 12.)

Les plaisirs courent après ceux qui les fuient. (Franklin.)

— Bentham décrit la série des plaisirs et des peines : « Plaisirs des sens, peines de la maladie. Plaisirs de la nouveauté, peines de l'ennui. Plaisirs de l'amitié et de l'amour, de la renommée, du pouvoir, de la piété, de la sympathie, de la mémoire, de l'imagination, etc. »

— Chacun prend son plaisir où il le trouve : *Alios alia delectant*. (Cicéron.)

> ...*Trahit sua quemque voluptas.*
>
> (Virgile.)

Le plaisir se double en se partageant.

Le vice empoisonne les plaisirs, la modération les aiguise, l'amitié les multiplie.

Plat, du latin populaire *plattum*.

Dont la surface est unie.

— C'est plat : c'est bête, sans esprit.

Style plat : qui n'a rien de saillant, de relevé.

— Un homme très gros se trouvait un jour à l'Opéra, où il gênait ses voisins. L'un d'eux dit tout haut : « Quand on est fait comme cela, on ne devrait pas venir ici. » Le gros homme répondit : « Monsieur, il n'est pas permis à tout le monde d'être plat. »

— Servir un plat de sa façon.

> Oui, je vais lui servir un plat de ma façon.
>
> (Molière, *Étourdi.*)

Platonique, du latin *platonicus*.

— Amour platonique : amour idéal, séraphique, chevaleresque, auquel les sens sont étrangers. C'est celui auquel fait allusion le proverbe : Vivre d'amour et d'eau fraîche.

Il est assez rare aujourd'hui, et ne se manifeste que chez certains adolescents naïfs; il a pris pour devise : Une chaumière et son cœur.

— La philosophie de Platon, surnommé le Divin, était l'aspiration vers l'idéal et l'amour d'un dieu créateur; c'était l'opposé de la philosophie d'Epicure, qui ne reconnaissait que la nature et l'amour des choses créées.

Néanmoins Platon, dans le *Banquet*, expose une théorie de l'amour si étrange, au point de vue des mœurs, que l'esprit est épouvanté de voir ériger en principe une corruption, un cynisme si effronté. Si l'on faisait aujourd'hui un procès à Platon pour son *Dialogue*, il faudrait le juger à huis clos.

L'amour s'accroît par les obstacles, et s'éteint dans les voluptés. (Virey.)

— Ninon de Lenclos disait que l'amour ne mourait jamais de besoin, mais d'indigestion.

L'amour commence au premier regard, et finit avec le premier baiser. (Lola Montès.)

L'amour ne peut se passer ni d'idéal, ni de possession; le premier le pousse invinciblement à la seconde; mais celle-ci obtenue, l'idéal est souillé et l'amour expire.

L'amour est toujours à la recherche de l'inconnu.

Le grand art c'est d'être impénétrable : quand le masque est tombé, le carnaval cesse. (A. Houssaye.)

Il y a le monde antiplatonique des lorettes et des cocotes.

— Année platonique, ou périodique. La grande année des Platoniciens est une révolution de trente-six mille ans, après laquelle ils prétendent que les planètes et les étoiles se retrouvent dans le même ordre et la même position.

Plâtre, du grec *plassô*, façonner.
Battre quelqu'un comme plâtre.

Pléiade, du grec *Pléias*. Groupe de dix étoiles qui se trouve dans la constellation du Taureau.

— Les Grecs donnèrent le nom de « Pléiade » à une réunion de poètes qui vivaient au temps de Ptolémée Philadelphe.

Au XVIᵉ siècle, à l'imitation des Grecs, Ronsard forme une Pléiade française.

Plein, du latin *plenus*. S'oppose à *vide*.
Plein comme un boudin,... comme un œuf.

Plénière, dérivé de *plein*.

Cour plénière; indulgence plénière, rémission pleine et entière de toutes les peines dues au péché.

Pléonasme, du grec *pléonasmos,* abondance.
Le pléonasme est le contraire de l'ellipse.
Un pléonasme en agriculture, c'est d'arroser pendant la pluie.
Je vais l'aller chercher; au jour d'aujourd'hui; descendre en bas; s'entr'aider mutuellement; être forcé malgré soi; prévoir d'avance... Tout autant de pléonasmes très vicieux.

Pleurer, du latin *plorare.*
Synonymes : verser des larmes, des torrents de larmes; éplucher des oignons.
« J'ai épluché tous mes oignons », dit Mlle Rachel au moment de mourir.
— Pleurer comme une naïade, ...comme une fontaine, ...comme une vigne, ...comme une vache, ...comme un veau.
— Jean qui pleure et Jean qui rit : Héraclite et Démocrite.

> Car qu'une femme pleure, une autre pleurera,
> Et toutes pleureront tant qu'il en surviendra.
> (Destouches.)

— Il ne lui reste plus que les yeux pour pleurer.
— Dans une maison destinée à une famille de onze enfants, tout en bas, l'architecte a désigné sur le plan, une chambre sous le nom significatif de *pleuroir.*

Ploutre, origine inconnue.
Homme méprisable.
— Le ploutre diffère du bélitre en ce qu'il ne mendie pas; mais il a les sentiments bas du mendiant, même dans une haute fortune.

Pleuvoir, du latin populaire *plovere,* pour *pluere.*
Synonymes: Il tombe des hallebardes; il pleut à ne pas mettre un chien à la porte.

> Quand il pleut à la Saint-Gervais,
> Il pleut quarante jours après;
> S'il pleut le jour de Saint-Médard,
> Il pleut quarante jours plus tard.

La légende de saint Médard nous apprend qu'il gardait un jour les chevaux de son père, riche seigneur de Normandie, et qu'ayant aperçu un cavalier désarçonné, il lui donna un des chevaux qu'il avait à garder. Sa bonne action fut récompensée aussitôt, car il éclata un orage effroyable, qui trempa jusqu'aux os tous ceux qui se trouvaient aux champs. Médard fut seul préservé par un aigle, qui l'abrita de ses ailes immenses. (Voy. *rosière*.)

Saint Gervais (et saint Protais), dont la fête arrive onze jours après celle de saint Médard, partagent avec lui la direction des cataractes célestes. L'humidité de saint Médard est la plus célèbre ; pourtant il serait plus logique d'accorder la prééminence à saint Gervais, car sa fête est plus voisine de l'équinoxe, et l'on sait que la cause de ces pluies est due aux vents qui commencent à cette époque et soufflent d'ordinaire une quarantaine de jours.

Saint Médard, dans les superstitions chrétiennes, a remplacé les Hyades du paganisme.

— Année pluvieuse, année frumenteuse.

> Quand il pleut en août,
> Il pleut miel et bon moût.

Pli, substantif verbal de *plier*, anciennement *ploi*, qui se retrouve dans *emploi*.

— Il est comme le camelot, qui a pris son pli : il a pris une mauvaise habitude.

Plier, du latin *plicare*, provençal *plegar*, doublet de *ployer*.
— On plie un vêtement, on ploie une barre de fer.
Il vaut mieux plier que rompre.

> Je plie, et ne romps pas.
> (LA FONTAINE.)

Plomb, du latin *plumbus*.

— A cause de sa grande pesanteur spécifique, le plomb exprime l'idée de lourdeur dans les expressions suivantes : sommeil de plomb ; nager comme un chien de plomb ; plonger, proprement s'enfoncer comme le plomb.

— Fil à plomb : fil muni d'une masse de plomb à son extrémité, pour obtenir une direction verticale.

— De *plomb* viennent : aplomb, surplomber.

Avoir de l'aplomb : rester debout sur le terrain de la discussion.

Surplomber : être hors de la perpendiculaire tracée par le fil à plomb.

Plongeon, dérivé de *plonger*, latin *plumbicare*.
Au figuré, faire le plongeon : reculer devant le danger.
Dans le langage trivial, *caner* : plonger comme un canard.
Qui fera la cane de vous aultres ? (Rabelais I, 42.)

Ploutocratie, néologisme ; du grec *ploutos*, richesse.

Gouvernement où le pouvoir appartient aux riches.
Aristocratie d'argent.

Pluie, du latin *pluvia*.

— La pluie est l'effet de la précipitation des vapeurs contenues dans l'atmosphère. Il y a *pluie* quand elles se précipitent à l'état liquide ; si l'eau est à l'état vésiculeux, il y a *brouillard*. La pluie qui tombe sans que l'atmosphère soit nuageuse, s'appelle *serein* le soir, *rosée* le matin. Les *giboulées* sont les pluies de printemps, soudaines et fréquentes, souvent mêlées de *grêle* et de *neige*. Enfin, on appelle *orage, ondée, averse*, une grosse pluie de peu de durée. (Voy. *givre, grésil*.)

— Synonymes : bouillon de chien ; ratafia de grenouille ; déluge.

— Les hirondelles rasent la terre et les grenouilles coassent plus haut, quand la pluie menace.

On dit aussi : « Saute, crapaud, nous aurons de l'eau. »

— Petite pluie abat grand vent.

<blockquote>A pou de pluie chiet grans vens.
(Roman de Renart.)</blockquote>

— L'été, la pluie ne mouille pas. Cela signifie que l'eau qui tombe dans cette saison s'évapore rapidement. En été, la force évaporatrice de la température est cinq à six fois plus grande qu'en hiver ; de là vient le rapide dessèchement qui succède alors aux plus fortes averses.

Plume, du latin *pluma*.

— Les anciens, pour écrire, se servaient de roseaux taillés, ou de cannes : d'où canif (?).

Au Xe siècle, le roseau fit place à la plume d'oie.

Mauvaise plume, qui ne fait honneur ni à l'oie qui l'a fournie ni à celui qui l'a taillée.

Vers 1750, le mécanicien Arnoux proposa l'emploi de plumes métalliques, dont l'usage ne se propagea qu'au commencement du XIXe siècle.

— Chargé d'argent comme un crapaud de plumes.

Plumer, dérivé de *plume*.

— Plumer la poule sans la faire crier. (Voy. *écorcher*.)

Faire pondre la poule aux œufs d'or sans l'éventrer. (Mirabeau.)

Les lorettes sont des anges dont les ailes sont faites de plumes de pigeons.

Aujourd'hui, ce sont des pigeons, non plus des colombes, qui traînent le char de Vénus.

Plumer un pigeon. (Voy.)

> Folle est qui son amant ne plume
> Jusques à sa dernière plume ;
> Car qui mieux plumer le saura,
> C'est celle qui meilleur aura.

Plumet, vient de *plume*.

— Mézeray se trompe, quand il dit que les plumets et panaches ne sont en usage que depuis les Croisades. Virgile représente le chef des Liguriens, Cupavo, avec des plumes de cygne à son casque, quand il vient au secours d'Énée contre Turnus.

> ...*Paucis comitate Cupavo,*
> *Cujus olorinæ surgunt de vertice pennæ.*
> (*Énéide*, X, 186.)

Plupart (la), de *plus* et *part*.

Terme collectif, pour la plus grande part ; il s'écrivait autrefois *la plus part*.

— *Pour la plupart* est un adverbe, dont on ne peut retrancher *pour*.

On ne doit pas dire : Ces hommes sont instruits la plupart, mais pour la plupart.

Plus, adverbe latin, passé en français et en provençal.

Ce dernier se sert aussi de *mais*, usité autrefois en français.

> *Plus l'esgard, mais la vey abelhir.*
> (B. de Ventadour.)

(Plus je la regarde, plus je la vois briller.)

Ils chastient leur corps qui n'en peut mais. (Amyot.)

— *Plus* est peut-être (?) l'abréviation de *amplus*.

— Devant un adjectif, *plus* marque le comparatif : « Plus fraîche, plus brillante que la rose. »

Précédé de l'article ou de l'adjectif possessif, il marque le superlatif.

— Autrefois on ne prononçait pas *l* de *plus*, aujourd'hui on la prononce. (Vaugelas, *Remarques*.)

C'est par un reste de cet usage qu'on dit dans le peuple : « Pus souvent ! » dans le sens de : va-t'en voir s'ils viennent.

Poche, origine incertaine.

F. Génin le fait venir du grec du Bas-Empire *pougéion*.

— La forme d'une poche gonflée, a donné naissance au nom de

poche appliquée à la cuiller à pot. On dit aussi œufs pochés ou à la cuiller, parce qu'on les apprête avec la cuiller à pot. Et par suite d'une comparaison : œil poché.

Il resta tout estourdy et meurtry, ung œil poché, au beurre noir. (Rabelais.)

— Synonymes : cœur de financier ; profonde (Vidocq) ; fouillouse (Rabelais) ; département de la Creuse.

> Et vous aurez, sçavez-vous quoy ?
> Force d'aubert en la fouillouse.
> (*Vie de saint Christophe* ; Grenoble 1530.)

— Jouer de la poche : payer. Allusion au petit violon des maîtres de danse, appelé *pochette*.

Pochon, pâté d'encre. Terme technique à l'usage des maîtres d'écriture. (Dictionnaire de Trévoux.)

Poêle, nom masculin ; du latin *pallium*.

Voile qu'on tient sur la tête des mariés pendant la bénédiction nuptiale.

L'usage d'étendre ce voile sur les nouveaux mariés vient probablement de la cérémonie qui consistait, dans le mariage romain, à faire passer les nouveaux époux sous le joug ; d'où le mot *conjugium*, joug commun.

— Drap mortuaire. (Voy. *pallier*.)

Poêle, nom féminin ; du latin *patella*, plat.

Ustensile de fer pour faire frire les aliments.

— Qui tient la queue de la poêle, il la tourne comme il veut.

Poésie, du grec *poiêsis*, par le latin *poesis*.

Synonymes : la gaie science, la langue des dieux.

— Les poètes se logent sous les toits : étant en communication journalière avec les dieux, il leur convient de faire la moitié du chemin.

L'héroïsme d'un peuple crée la poésie, la poésie engendre la civilisation ; c'est du poème d'Homère qu'est sortie la Grèce civilisée ; c'est un livre qui a converti le genre humain au christianisme. (J.-J. Ampère.)

Aujourd'hui, tous les charmants esprits, nés au commencement du siècle, finissent ou ont disparu. La génération nouvelle est tout à fait ignorante de cette aimable tradition, qui menace de se perdre. Faisons du moins revivre par le souvenir ces personnalités, afin qu'elles n'emportent pas avec elles les restes d'une poésie qui tend à disparaître tous les jours, et, si on veut la bannir comme inutile, évertuons-nous du moins à rendre l'utile un peu poétique.

Dans la vie pratique, la poésie de l'idéal ne vient qu'après la poésie de la réalité.

Poète, du grec *poiètès*, par le latin *poëta*, celui qui fait, le créateur, le trouveur.

— Synonymes: favori d'Apollon, nourrisson des Muses, rimailleur, poète crotté.

— En argot : *poigre*, abréviation pour : avaleur de pois gris.

— L'esprit court les rues : c'est pour cela qu'il y a des poètes crottés.

> Tandis que Colletet, crotté jusqu'à l'échine,
> S'en va chercher son pain de cuisine en cuisine.
> (Boileau, *Satire* I.)

— Un bon poète n'est pas plus utile à l'État qu'un bon joueur de quilles. (Malherbe.)

Il n'y a pas au monde d'être plus inutile qu'un mauvais poète. (Biot.)

> ...Dans l'art dangereux de rimer et d'écrire,
> Il n'est pas de degré du médiocre au pire.
> (Boileau, *Art poétique*.)

Un mauvais poète ne mérite aucune indulgence. Apollon n'a-t-il pas écorché Marsyas ?

— Parmi les grands poètes du xixe siècle, V. Hugo représente l'homme ; Lamartine, la femme ; A. de Musset, le jouvenceau.

— On naît poète, on devient orateur. *Nascuntur poëtæ, fiunt oratores.*

— L'esprit du savant est éclairé, celui du poète est lumineux.

Poids, du latin *pensum*, chose pesée ; provençal *pés*.

Le *d* provient de la méprise de certains grammairiens.

— Les poids et mesures, au dire de Josèphe, ont été inventés par Caïn.

— Faire une chose avec poids et mesure : *Omnia in mensura, et numero et pondere.* (*La Sagesse*, XI, 21.)

Poignard, dérivé de *poing*, latin *pugnus*.

Au dire de Génin, il viendrait de *pénard*, qui désignait une épée courte servant aussi à couper le pain, et qui, à cause de ce double usage, devenait une arme peu dangereuse.

Rabelais (prologue du livre III) dit : « Chascun exerçoyt son penard. » *Pénard* s'est dit pour une vieille épée, et aussi pour un vieillard usé ; dans ce sens, un vieux galant, une vieille lame.

Le peuple a altéré la forme et le sens de ce mot ; un vieux *pana* signifie une vieillerie démodée et usée, comme on en trouve dans les greniers et dans les boutiques des brocanteurs.

Poil, du latin *pilus*.

— Brave à trois poils. Sous Charles IX, on désignait ainsi les spadassins, qui portaient une longue moustache terminée de chaque côté par quelques poils très effilés, et un bouquet de barbe de la même forme, au menton. La mode venait d'Espagne.

On la retrouve dans quelques portraits du temps de Louis XIII.

Poing, du latin *pugnus*, qui a donné aussi *pugna* et pugilat, répugner, répugnance ; poignée, ce qu'on peut tenir dans la main fermée.

— Montrer le poing à quelqu'un : le menacer.

Je vais faire débarquer mon poing sur tes côtes.

Point, du latin *punctum* ; proprement, trace d'une piqûre.

— Dans les anciennes mesures, le *point* valait le 12ᵉ de la ligne.

— On emploie aussi *point* pour *moment* : Il fut sur le point de... Le point du jour, c'est-à-dire quand le jour *perce*.

— La ponctualité est la qualité de celui qui agit à point.

— *Point* a fourni aussi : pointer, appointements, désappointé.

— *Point*, état de santé, a donné embonpoint.

— Bon point. Les Romains donnaient leur suffrage à quelqu'un en marquant son nom d'un point.

Omne tulit punctum.
(Horace.)

(Il a obtenu tous les suffrages.)

— On prétend que c'est Aristophane qui a inventé les *points* qui indiquent certains repos.

Les Latins en mettaient entre chaque mot, comme on le voit dans certaines inscriptions ; cela revenait à n'en pas mettre du tout. Les livres hébreux originaux sont écrits sans points ni virgules. Saint Jérôme y introduisit la division en versets.

La ponctuation actuelle est d'origine moderne, et date du VIIᵉ siècle. Elle a été perfectionnée peu à peu, surtout après la découverte de l'imprimerie, pour donner plus de clarté au discours.

— Faute d'un point, Martin perdit son âne.

Martin, prieur de l'abbaye d'Asello, avait fait graver sur la porte du couvent cette inscription :

Porta, patens esto nulli, claudaris honesto.

(Porte, ne sois ouverte à personne, reste fermée à l'honnête homme.)

Pour cette faute, il fut destitué, et son successeur n'eut qu'à changer de place un signe de ponctuation pour rectifier l'inscription :

Porta, patens esto, nulli claudaris honesto.

(Porte, sois ouverte à tous, ne sois fermée pour aucun honnête homme.)

Il ajouta :

Uno pro puncto caruit Martinus Asello.

(Pour un seul point, Martin perdit Asello, — son âne.)

— Un homme qui avait des ennemis consulta l'oracle pour savoir s'il devait abandonner son pays. Il lut : *Domine, stes securus.* Mais après avoir couru un grand danger, il s'aperçut, en relisant la réponse de l'oracle, qu'il aurait dû lire : *Domi ne stes securus.*

— Un poète latin composa ce vers en l'honneur d'un conspirateur :

In memoria semper erit.

(Il vivra toujours dans la mémoire des hommes.)

Poursuivi en justice, il expliqua ainsi son inscription :

In me moria semper erit.

(Il y aura toujours en moi de la folie.)

— Une virgule transposée enfanta la secte des Manichéens.

— Le général Fairfax écrivit après sa signature, sous la sentence de mort de Charles Ier, sans aucune ponctuation : *Si omnes consentiunt ego non dissentio.*

Il se réservait, si les évènements le demandaient, de l'expliquer : *Si omnes consentiunt, ego non : dissentio.* (Si tous approuvent, moi non : je suis d'avis contraire.)

— Un négociant de Londres ayant engagé un célèbre médecin d'Édimbourg à venir opérer l'accouchement de sa femme, le docteur reçut ce télégramme : « Ne venez pas trop tard. » Il se pressa de partir, et trouva la femme délivrée. On avait écrit : « Ne venez pas. Trop tard. »

Points, du latin *puncta*, participe de *pungere*, poindre.

Au figuré, des pointes d'aiguille : des subtilités.

— Faire des pointes : des traits d'esprit piquants.

— Esprit pointilleux ; qui ergote sur les moindres choses. Peut s'opposer à esprit obtus ou épais.

Poire, du latin populaire *pira*, pour *pirum*.

— Entre la poire et le fromage : *inter pocula*, pendant le dessert, quand l'appétit est satisfait, que le vin a délié les langues et rend la conversation générale.

« Cette locution, dit Duplessis, indique l'espèce d'intimité qui s'établit naturellement entre les convives, à la suite d'un bon dîner, au dessert, au moment où l'on apporte le fromage et les fruits. C'est le moment des confidences et des conversations tout amicales. »

— Après la poire, l'homme veut boire.

— Garder une poire pour sa soif : épargner quelque chose pour l'avenir, pour jouir plus tard du « fruit » de ses économies.

— Après le beau temps vient le mauvais, et pendant l'été il faut se bâtir une maison pour être à l'abri des rigueurs de l'hiver. (P. Pérugin, *Vie de Vasari*.)

— Se contenter de peu est bien ; retrancher par prévoyance quelque chose de ce peu, est mieux. Celui qui pratique ce proverbe est sûr de conserver son indépendance.

> Mal soupe qui tout disne.
>
> Qui au soir ne laisse levain,
> Ja ne fera au matin lever paste.
>
> (Rabelais.)

— Poires de bon-chrétien. (Voy. bon.)

Cette expression est sans doute la corruption de « bonnes poyres crustoménies », dont parle Rabelais (III, 13) ; elles étaient originaires de Crustumenum, ville de Toscane.

C'est à propos de ces poires que Virgile a dit :

> Crustumiis syriisce piris.
>
> (Géorgiques, II, 88.)

Poireau, de *porrellum*, diminutif de *porrum*.

— Il est comme les poireaux, la tête blanche et la queue verte. Se dit d'un vieillard vigoureux.

Tu me reproches mon poil grisonnant et ne consydères point comment il est de la nature des pourreaulx, esquels nous voyons la teste blanche et la queue verte, droicte et vigoureuse. (Rabelais, III, 28.)

Pois, du latin *pisum*, du verbe *pinso*, broyer, parce qu'on mangeait les pois en purée.

— Les pois chiches, ou pois pointus, étaient consacrés à Vénus. En vertu d'une croyance religieuse, on les mangeait cuits dans l'eau salée. (Pline, XVIII, 12.)

Cet usage s'est perpétué en Provence ; on les mange aussi cuits dans l'eau salée, spécialement le dimanche des Rameaux, afin de se préserver des... clous ou furoncles.

— Avaleur de pois gris. On appelait ainsi jadis un homme très vorace ; sans doute à cause des pois et muscades qu'avalaient les charlatans ?

Les avaliez tout ainsi que des pois gris.
(Molière, *L'Étourdi*, IV.)

(Voy. donner des pois pour des fèves.)

Poison, du latin *potio*, qui a donné aussi *potion*.

En roman, *poyson* signifie potion, breuvage.

Les anciens auteurs l'ont employé dans le même sens de potion médicale, enchantée, philtre... Aujourd'hui, il est toujours pris dans le sens de substance qui donne la mort.

On trouve *potionatus* avec le sens d'empoisonné ? (Suétone, *Caligula*.)

— Synonymes : bouillon d'onze heures ; poudre de succession ; toxique.

— Les Grecs croyaient que les barbares empoisonnaient leurs flèches, comme font certaines peuplades sauvages ; d'où *toxique*.

— *Poison* a été longtemps féminin : il l'est encore dans le langage populaire, dans les patois.

Ils veulent, malgré la raison,
Qu'on dise aujourd'hui la poison.
(Ménage, *Requête des Dictionnaires*.)

Poissarde, de *poix*, qui a de la poix, de la glu aux doigts.

Martial donne le mot analogue :

Non fuit Autolyci tam piceata manus.
(*Epigrammes*, VIII, 59.)

Le nom de *poissard* est donc venu de *poix*, poisser ; c'est sous Louis XIV que, par l'analogie des mots *poisson* et *poissard*, ce dernier nom fut décerné aux marchands de marée. Mais les harengères n'acceptèrent pas ce baptême sans protester énergiquement ; elles prirent le nom comme une injure sanglante, la première image présentée par le mot n'étant pas encore assez fruste.

Les métiers qui font usage de la poix étaient aussi en butte à des plaisanteries dédaigneuses. Tel est le nom de *pégot* donné en Provence aux cordonniers. Telle aussi la locution : C'est un pégoulier (un calfat)... sauf respect !

Poisson, du latin populaire *piscio, piscionem*, pour *piscis*.

— L'intelligence des poissons est à peu près nulle ; leur vue est très bonne, mais leur voracité et leur fécondité sont prodigieuses.

— *Poisson d'avril*. Donner un poisson d'avril à quelqu'un : lui donner des commissions ridicules, le pousser à des courses, à des démarches inutiles, le 1er avril, pour se moquer de lui.

Cet usage remonte au temps où l'année civile commençait au mois d'avril, ou plutôt au 25 mars.

C'est Charles IX qui a fixé le commencement de l'année au 1er janvier, par un édit publié en 1563. Les étrennes ayant été renvoyées alors au 1er janvier, on ne fit plus au 1er avril que des félicitations plaisantes et équivoques ; et, comme en avril le soleil vient de quitter le signe des Poissons, on donna à ces plaisanteries le nom de « poissons d'avril ».

Fleury de Bellingen fait venir « poisson d'avril » de « passion d'avril », parce que la Passion a eu lieu au commencement d'avril, et que les courses inutiles que l'on fait faire ce jour-là aux gens crédules, sont comparables à celles qu'on fit faire à Jésus-Christ, d'Anne à Caïphe, à Pilate, etc.

D'autres ont vu l'explication de ces courses dans le sens du mot *avril*, en provençal *abriou*, qui a fait *abrivar*, s'élancer étourdiment sur une chose comme le poisson sur l'appât.

Au XVIe siècle, on entendait par « poisson d'avril » un maquereau, parce que ce poisson est excellent à manger en avril. (Rabelais. V, 30.)

Le maquereau, ainsi nommé, de *macula*, tache, parce qu'il a la peau tachetée, sert à désigner un entremetteur de mauvais commerce, à cause de la ressemblance qui existe entre la bigarrure de sa peau et le vêtement de l'acteur qui jouait le rôle de proxénète dans la comédie antique ; peut-être aussi à cause de la ressemblance de *maquereau* avec *mercureau*, petit Mercure. On sait quel était le rôle de ce dieu.

— L'électeur de Cologne, étant à Valenciennes, annonça qu'il prêcherait le 1er avril. La foule était grande. L'électeur monta en chaire, fit le signe de la croix, et cria d'une voix de tonnerre : « Poisson d'avril ! » Et il descendit.

— Un *Martigau*, voulant donner un poisson d'avril à ses compatriotes, leur annonça qu'une énorme baleine venait de s'échouer à l'entrée du port. Pour juger de l'effet de sa plaisanterie, il se cacha ; mais, voyant tout le monde y courir, il y courut lui-même, pensant que ce pouvait être arrivé.

— La mer de Gênes est sans poissons, dit le proverbe. On en pourrait dire autant de toute la Méditerranée, en ajoutant que le peu de poisson qu'elle contient est de qualité médiocre. En général, les espèces de poissons correspondant à celles de l'Océan, y sont moins délicates. Le muge, ou mulet, ne vaut rien ; le maquereau et la raie sont médiocres ; cependant, les sardines y sont exquises ; le rouget est peut-être le meilleur de tous les poissons ; le loup et le *sarran* sont excellents. Le poisson de la Méditerranée ne s'occupe que d'être bien habillé : le rouget y est d'un rouge charmant. Il y a des poissons verts comme des grenouilles, d'autres bleus, jaunes comme de l'or, etc.

— Mauvais poisson : étrangle-chat, étrangle-belle-mère.

— Jeune chair et vieux poisson. La chair des vieux poissons est la meilleure.

En vérité, mon compère, vous faites bien mentir le proverbe, car, n'étant qu'un jeune brochet, vous avez la fermeté du vieux esturgeon. (Voiture.)

— Le poisson naît dans l'eau, et meurt dans l'huile.

> Si les mois ne sont *errés*,
> Le poisson ne mangez.
> (xvie siècle.)

C'est-à-dire qu'il ne faut pas manger de poisson dans les mois dont le nom ne contient pas la lettre *r* ; c'est l'époque du frai.

— Muet comme un poisson.

> O mutis quoque piscibus.
> Donatura cygni, si libeat, sonum.
> (Horace, *Odes*, IV, 3.)

(O Muse, qui donnerais, si tu voulais, même aux poissons muets le chant du cygne.)

> Tout parle en mon ouvrage, et même les poissons.
> (La Fontaine.)

La Fontaine, en effet, a donné trois fois la parole aux poissons dans ses fables.

M. Coste, dans la séance de l'Académie des sciences du 15 février 1858, a lu un rapport sur les recherches du docteur Dufossé, de

Marseille, d'où il résulte qu'un grand nombre de poissons mâles possèdent la voix. Ils sont pourvus d'un appareil vocal, mais non guttural, à l'aide duquel ils peuvent se manifester leurs désirs à distance. Quant aux femelles, au rebours de ce qui se passe dans notre espèce, elles restent complétement muettes.

Puisque l'ancien proverbe se trouve ainsi démenti par décision de l'Académie des sciences, l'Académie française devrait donner un féminin à poisson, pour permettre de dire : muet comme une *poissonne*.

Rabelais (III, 24) dit, en parlant des oracles des païens : « Vous sçavez que tous sont devenuz plus mutz que poissons, depuys la venue de celluy Roy servateur auquel ont pris fin tous oracles et toutes prophéties; comme advenante la lumière du clair soleil, disparaissent tous lutins... »

— On ne sait s'il est chair ou poisson : on ne peut le définir.

Il est possible que ce proverbe ait été écrit d'abord en latin, et ait signifié : s'il mange chair ou poisson ?

— Les gros poissons mangent les petits : le fort opprime le faible.

Les anciens disaient : vivre en poisson, pour : exercer le droit du plus fort.

(Voy. la *sauce* fait manger le poisson ; vaut mieux que le poisson.)

Poivre, anciennement *peivre*, du latin *piper*.

— De toutes les épices, le poivre a de tout temps été la plus répandue, la plus employée dans les cuisines. Il y a eu même une époque où toutes les épices furent désignées sous le nom de *poivre*, et les épiciers sous le nom de *poivriers*. Le prix du poivre était très élevé, et il en était résulté l'ancien proverbe « cher comme poivre », qui se dit encore. On donnait du poivre en présent, et c'était un moyen employé pour se rendre ses juges favorables.

Poix, du latin *pix*, grec *pissa*, provençal *pegue*.

Rabelais se sert (comme le provençal) de *parasine*, pour poix-résine.

(Voy. *poissarde*.)

— Le *picotin*, petite mesure pour l'avoine, était un panier d'osier enduit de poix à l'intérieur, pour empêcher l'avoine de se perdre.

— De *poix* vient aussi *poinçon*, tonneau de vin, et, dans l'origine, *outre*, de *piceum*, à cause de la poix dont l'outre est enduite. On a intercalé un *n*, comme dans *lanterne*, de *laterna*.

Poli, du verbe *polir*, latin *polire*.

On ne saurait le rattacher au grec *polis*, cité, non plus qu'à *polus*, nombreux.

— Soyez poli : *Blandus esto*. (Caton.)
Ce n'est pas tout d'être poli, il faut encore être honnête.
Il faut plus d'esprit pour être poli que pour être honnête.

Police, du grec *politeia*, par le latin *politia*, gouvernement.
— Synonyme : la rousse (argot).
— La police se subdivise en : 1° police politique, qui écarte les divisions et les complots ; 2° police de sûreté, qui prévient et découvre les attentats ; 3° police administrative, qui pourvoit au bien-être des citoyens.
— Le service de la police parisienne contre les voleurs (1803) coûte 16 millions aux contribuables : à ce prix, il y aurait bénéfice à se laisser voler.
— Un piège tendu par la police s'appelle une souricière.
— Police d'assurances vient du bas-latin *poleticum*, registre.

Polichinelle, de l'italien *Pulcinella* ; de *pullinaceus*, jeune poulet, à cause de la ressemblance de son nez avec le bec d'un poulet.
Dans l'antiquité, il s'appelait *Maccus*, et a pris naissance, quelque deux mille ans avant Jésus-Christ, dans la cité osque d'Atella, entre Capoue et la mer. On prétend même qu'il est contemporain des Pharaons, et Champollion a reconnu sa grotesque figure dans les peintures égyptiennes.
— Polichinelle est égoïste, méchant et galant ; il ne distingue pas très nettement le bien d'autrui du sien.
— Le secret de Polichinelle : ce que tout le monde sait.

Polisson, de *polis*, *son*, enfant des villes.
(Cette étymologie hétérogène est invraisemblable. Le mot paraît venir de l'argot ; à moins qu'on ne veuille voir un rapport entre *polisson*, qui est à polir, et *nourrisson*, qui est à nourrir.)
On donne ce nom à un petit garçon qui joue dans les rues ; à celui qui dit ou fait des choses grivoises.
Polisson était un membre de la grande famille des gueux.
— Le *Dictionnaire du jargon* traduit *polisson* par : ceux qui vont presque tout nus. Serait synonyme de va-nu-pieds. Vers 1671, le mot commence à signifier débauché.
Si ses manières te paraissent polissonnes, c'est que tu ne fréquentes pas le grand monde. (*Théâtre de Ghérardi*, t. I, p. 331.)

Tenez, madame, je suis polisson au suprême degré. (Théâtre italien.)

Politesse, du grec *polis*, ville; comme *urbanité*, de *urbs*.
Bonté artificielle.

— La politesse est une envie de plaire : la nature la donne, mais l'éducation l'augmente. (Mme de Lambert.)

La politesse n'est qu'une forme de la bonté, de la charité et de la bienveillance, et une imitation de l'amitié. (A. Karr.)

La politesse ne coûte rien, et achète tout.

La politesse est une monnaie qui ne coûte rien, et rapporte beaucoup.

La politesse est une courtisane, qui caresse également tous ceux qui vont chez elle.

La politesse méprisante et dédaigneuse des grands est une vertu artificieuse qui écarte la familiarité.

La politesse exquise vient du cœur et d'un grand sentiment de dignité personnelle.

Poltron, du latin *pollex truncus*, pouce coupé, parce que les lâches parmi les soldats romains étaient ainsi désignés, quand ils s'étaient mutilé le pouce, afin de se rendre impropres à lancer le javelot.

A notre époque, les jeunes conscrits usent quelquefois d'un moyen analogue, en se mutilant l'index de la main droite, ce qui les rend impropres à presser la détente du fusil. Mais la jurisprudence des tribunaux militaires les condamne ordinairement à un an de prison, qui ne se confond pas avec le temps du service militaire, qu'ils accomplissent dans les infirmiers, les pontonniers, etc., etc.

— Valentinien avait fait une loi qui punissait de la peine du feu ceux qui s'étaient mutilé le pouce.

— Ce mot vient plus probablement de l'italien *poltrone*, qui se rapproche du vieux mot *poultre*, poulain.

Les jeunes poulains sont faciles à effrayer.

— Synonymes : foireux, autrefois *conchière*.

Vous n'aurez en vostre armée que des foireux. (Parabole de Cicquot, 1593.)

— Poltron comme un lièvre, ...comme la lune.

Le lâche recule, le poltron n'avance pas. Le premier ne se défend pas, le second n'ose attaquer. Il ne faut pas compter sur la résistance d'un lâche, ni sur le secours d'un poltron.

Polytechnique (École), du grec *polus, techné*.

— L'école Polytechnique est destinée à former des élèves ingénieurs civils et militaires, et des officiers de quelques services spéciaux. Elle fut créée par la Convention, le 28 septembre 1794, sur la proposition de Monge et de Fourcroy.

Elle ne recevait d'abord que des externes ; c'est à partir de 1804 qu'elle a été internée.

Les élèves de l'école se signalèrent, en 1814, à la défense de Paris, et à la Révolution de 1830.

Licenciée par Louis XVIII, elle fut rétablie peu de temps après.

Polythéisme, du grec *polus, théos*.
Religion qui admet la pluralité des dieux.

— On peut distinguer plusieurs espèces de polythéisme :

L'*idolâtrie*, ou adoration des idoles, qu'on appelle *anthropomorphisme*, régna en Grèce et à Rome avant l'établissement du christianisme.

Le *sabéisme* est le culte des astres et du feu ; il était répandu surtout en Arabie et en Chaldée.

Le *fétichisme* est l'adoration de tout ce qui frappe les sens, de tout ce à quoi on attribue quelque puissance. C'est la forme de religion la plus grossière, celle des sauvages.

— S'oppose à *monothéisme*.

Pommade, de l'italien *pomata*.
Onguent fait jadis de pulpe de pomme et de graisse.

Pomme, du latin *poma*, pris pour *pomum*. Provençal *poume*.

— Le mot *pomum*, dont le sens s'est restreint en français, était chez les Romains le nom générique de tous les fruits, à pépins ou à noyaux, comestibles.

Pomone était la déesse des vergers.

— Pomme pourrie gâte la compagnie. (Voy. *fréquenter*.)

Il y en a plus que de pommes en Normandie : c'est chose commune.

— Pomme de discorde. (Voy. *brandon*.)

Aux noces de Thétis, la Discorde, pour se venger de n'avoir pas été conviée, apparut au milieu d'un nuage, et jeta dans l'assemblée des dieux une pomme d'or, avec ces mots : « A la plus belle. »

Toutes les déesses avaient la prétention de l'obtenir ; mais Vénus, Minerve et Junon concoururent seules, et Jupiter les envoya sur le mont Ida pour y être jugées par le berger Pâris. Chacune d'elles lui fit une promesse pour obtenir son suffrage. Junon lui promit le pouvoir et la richesse ; Minerve, le savoir et la vertu ; Vénus, la possession de la plus belle femme. Séduit par la beauté de Vénus, et plus peut-être encore par sa promesse, Pâris lui donna la pomme.

> D'esprit coquet les déesses étaient,
> D'aller ainsi, sans connaître un jeune homme,
> Lui découvrir tout ce qu'elles portaient,
> Et lui montrer le c..., pour une pomme.
>
> (SARRAZIN.)

— Donner la pomme : accorder le prix.

— Il faut que la pomme soit un fruit maudit, puisqu'elle a perdu nos premiers parents, et qu'elle porte le nom de « fruit défendu ». Elle a allumé la guerre de Troie, et son nom latin *malum*, signifie en même temps malheur et châtiment.

« ...Moi, amoureuse de ce jeune blondin ! S'il n'y avait eu que lui et moi dans le Paradis terrestre, la pomme restait sur le pommier. »

— Pomme d'Adam. Cartilage en saillie du larynx, dans la partie antérieure du cou. Une tradition niaise croit que c'est un morceau du fruit défendu qui s'arrêta en chemin.

— Pomme de terre : goujon pêché à coups de pioche ; orange à cochons (Balzac).

Ce tubercule fut importé d'Amérique en Europe, vers 1550, par les Espagnols. En 1586, sous le règne d'Élisabeth, Walter Raleigh l'introduisit en Angleterre, où elle ne fut employée comme aliment qu'à la fin du XVII° siècle.

En France, son usage ne se propagea que cent ans plus tard, à la fin du XVIII° siècle, par les soins de Turgot, ministre de Louis XVI, et de Parmentier. C'est par la persévérance de ce dernier, qu'elle fut adoptée comme aliment. Louis XVI orna sa boutonnière des premières fleurs de *solanum tuberosum*. A la suite de la première récolte, Parmentier donna un grand repas dont la pomme de terre fit tous les frais.

Pomper, boire ; expression triviale, argot.

Lupold, avec son nez à pompette, conclud tous ses contes par vin. (Contes d'Eutrapel, cité par L. Larchey.)

Pompon, de *pompe* (?), ornement fastueux (?).

Avoir le pompon : la supériorité. Locution empruntée au langage militaire.

Poncif, autrefois *poncis,* dérivé de *poncer,* polir à la pierre ponce.

Peut-être de *pungere,* piquer (?).

Dessin piqué et décalqué, imitation banale et sans originalité.

— Le poncif, en littérature, est un vieil attirail de phrases toutes faites, et en quelque sorte stéréotypées, à l'usage de certains journaux. Telles sont : le char de l'État ; l'horizon politique ; l'hydre de l'anarchie. (Voy. *style.*)

— Faire poncif, en peinture, c'est produire une œuvre en décalquant l'œuvre d'un autre.

Pondre, du latin *ponere,* sous-entendu *ova :* mettre bas ses œufs.

— Pondre sur ses œufs : accumuler ses revenus.

Pont, du latin *pons, pontem.*

(Voy. le pont aux *ânes* ; la *foire* n'est pas sur le pont.)

Pontoise doit son nom à un pont sur la rivière d'Oise. Elle s'appelait *Brivisara,* selon l'*Itinéraire* d'Antonin ; de *Briva,* pont, en celtique, et de *Sara,* Oise.

Brive-la-Gaillarde, Bruges, Cambridge, désignent aussi des lieux situés au bord de rivières sur lesquelles on a construit un pont.

— Il a l'air de revenir de Pontoise : il semble tout ahuri.

La légende suivante, tirée d'un manuscrit du xive siècle, a donné cours à cette locution.

Une princesse Marguerite avait près de Pontoise un château, où elle recevait beaucoup de seigneurs de la cour. Elle fit construire une de ces trappes mystérieuses appelées *oubliettes.* L'ouvrier qui la construisait, ayant entendu la princesse dire qu' « elle l'y jetterait le premier, pour les essayer », émoussa le tranchant des rasoirs et des pointes d'acier qui tapissaient les murs, et plaça au fond des matelas. Grâce à ces précautions, il ne se fit aucun mal en tombant. Peu après, il fut suivi de plusieurs seigneurs que la princesse voulait faire disparaître, pour s'emparer de leurs biens ; mais ils s'échappèrent tous par des souterrains connus de l'ouvrier, et ils allèrent se plaindre au roi. La princesse Marguerite, qui se trouvait alors auprès de son père, leur ayant demandé d'où ils venaient : « Madame, répondirent-ils tout effarés, nous revenons de Pontoise ! » (Voy. *étonner.*)

Population, du bas-latin *populatio*, de *populus*.

— L'Écossais Malthus publia, en 1798, un *Essai sur les populations*, dans lequel il conseille de prévenir l'excès de l'accroissement du genre humain.

— La population tend à augmenter en proportion géométrique, tandis que les produits du sol ne suivent dans leur accroissement que la progression arithmétique. (Mayer.)

La population du globe est d'environ un milliard d'individus. Il en meurt un à chaque seconde. (Chazallon.)

Port, du latin *portus*.
Au figuré, arriver au port : réussir, atteindre le but.

> Avec un peu d'effort,
> On arrive toujours au port,
> Quand on sait conduire sa barque.

> Ne saurai-je trouver un favorable port
> Pour me mettre à l'abri des tempêtes du sort ?
> (Racan, *Bergeries*, V, 1.)

Porte, du latin *porta*.

— Il faut qu'une porte soit ouverte ou fermée : il faut prendre un parti.

> ...Amat janua limen.
> (Horace.)

(Une porte aime à être close.)

— Les portes de l'enfer. Dans l'Évangile de saint Mathieu (XVI, 18), Jésus dit à Pierre : « Tu es Pierre, et sur cette pierre je bâtirai mon église, et les portes de l'enfer ne prévaudront pas contre elle. »

Dans cette phrase, *porte* est pris pour *tribunal, pouvoir*.

C'est une métonymie, la porte se disant pour le palais.

Porte est même employé pour ville, dans la Bible : *Possidebit semen tuum portas inimicorum tuorum*. Ta postérité possédera les villes de tes ennemis.

— La Sublime-Porte, ou Porte-Ottomane. Le khalife Mostadhem avait fait enchâsser sur le seuil de la porte du palais de Bagdad un morceau de la fameuse pierre noire de la Kaabah, envoyée par Abraham.

— Thèbes à cent portes. Thèbes, ville de la Haute Égypte, à la droite du Nil, célèbre dans l'antiquité par ses cent portes qu'a chantées Homère (*Iliade*, I, 381). D'où le nom de Hécatompolis, c'est-à-dire à cent *pylones*, car la ville n'était pas fermée. Ce sont des monuments élevés par plusieurs Louis XIV égyptiens, antérieurs de plus de mille ans à Jésus-Christ, qui ont couvert la plaine de Thèbes de portes Saint-Denis, pour transmettre à la postérité le souvenir de leurs triomphantes dynasties.

Porte-voix, mot composé du verbe *porter* et de *voix*.

Instrument d'acoustique destiné à faire entendre la voix au loin. Un porte-voix d'un mètre de longueur porte le son à environ 500 pas.

Le porte-voix de marine, qui sert aux manœuvres des bâtiments, se nomme le *braillard*. Celui qui sert à transmettre la parole d'un navire à l'autre, et qui s'allonge à volonté, comme une lunette, porte le nom de *gueulard*.

On fait aujourd'hui, en caoutchouc, des tuyaux porte-voix, qui transmettent la parole d'un étage à l'autre.

Porter, du latin *portare*, provençal *portar*.

— De là : portée, déporter, déportement, exporter, importer, rapporter, etc.

— Se bien porter, se porter comme un charme : très bien.

On s'aborde avec l'éternelle interrogation : « Comment vous portez-vous ? » et l'adieu est toujours : « Portez-vous bien ! » le souhait le plus vif de l'amitié, car la santé est le premier des biens, et l'assaisonnement sans lequel la vie est insipide.

— Se mal porter : être malade.

— Porter de l'eau à la rivière ; comme porter du bois à la forêt. Les Anglais disent : porter du charbon à Newcastle.

— Porter quelqu'un *à la cabre morte* (Rabelais) ; c'est-à-dire sur le dos comme une chèvre morte.

En Provence, les enfants aiment à être portés ainsi, à *cabrimé*.

Portier, dérivé de *porte*.

Synonymes : Cerbère, homme hargneux comme le chien des enfers ; M. de la Loge ; M. du Cordon ; Pipelet, nom emprunté aux *Mystères de Paris*, d'Eugène Sue ; concierge ; suisse.

Portion, du latin *portio*.

Partie d'un tout.

— Portion congrue : pension que faisait au desservant d'une cure celui qui en était titulaire et qui en touchait le revenu. La portion congrue n'était due qu'aux curés dont les revenus étaient inférieurs à 300 livres.

Portrait, dérivé de l'ancien verbe *portraire*.

Image d'une personne, faite au moyen de l'un des arts du dessin. Reproduire trait pour trait.

Poser, du latin *pausare*.
Prendre des attitudes.
Il semble toujours servir d'objectif à un photographe.

Possible, du latin *possibilem*, qui peut se faire.
— Au possible : beaucoup. Il est gentil au possible : très gentil. Sarrazin a dit, en parlant de Valstein : artificieux au possible.

L'Éternel est grand au possible.
(Desportes, Psaume XIV.)

Poste, du latin *posita*, placée.
— Le service des postes se faisait au moyen de courriers postés de distance en distance.
— Employé des postes : homme de lettres (ou aux lettres ?).
— La poste restante est un lieu où aboutissent pêle-mêle l'amour, la bêtise et la friponnerie.

Pot, origine incertaine, peut-être l'idée de boisson, *potus* s'y retrouve-t-elle ?
— Pot-au-feu, pot-bouille : bœuf bouilli.
On appelait autrefois « pot-pourri » un pot-au-feu composé de bœuf, de mouton, de veau, de lard et de plusieurs sortes d'herbes et de légumes.
« Pot-pourri » désigne un ouvrage composé d'éléments disparates.
— Pot de chambre, vase destiné aux plus vils usages.
— Synonymes : Bourdalou.
Carlos, par altération de « gare l'eau ! » qui rappelle le *passarès* des Provençaux.
Goguenot, baquet-tinette, latrine portative dans les campements.
Hippocrate, dont l'anagramme est « pot à ch... ».
Porcelaine d'appartement.
Thomas. On prétend que ce surnom donné au vase nocturne est une allusion au *Vide, Thoma*, de l'hymne de Pâques. Il semble venir plutôt de *estomac*, dont il est l'exutoire ?
Mangera-t-il de l'herbe aux chiens, pour décharger son thomas ? (Rabelais, V, 46.)
Les Anglais disent : aller voir la mère Thomas.
— Pot-de-vin (rappelle pourboire).
On appelait ainsi une sorte de droit payé par les fermiers aux propriétaires des terrains.

Aujourd'hui, c'est un présent donné en dehors d'un marché, une gratification, dans une transaction, à celui qui l'a fait conclure; sorte de prix du courtage, qui, à l'origine, a pu être une mesure de vin.

Les pots-de-vin sont punis par la loi, lorsqu'ils ont pour but de corrompre les agents ou fonctionnaires publics.

Rabelais appelle un pot-de-vin *or potable* (?) : « J'ay encores quelque escu, nous le boyrons; car c'est *aurum potabile*. »

— Le pot de terre contre le pot de fer : la lutte du faible contre le fort.

Ce proverbe se trouve dans une fable d'Ésope et dans l'*Ecclésiastique* (XIII, 2) : *Quid communicabit cacabus ad ollam? quando enim se colliserint, confringetur.* Quelle union peut-il y avoir entre un pot de terre et un pot de fer? S'ils viennent à se heurter, le pot de terre sera brisé.

— Découvrir le pot aux roses; ou plutôt le pot au rose, parce que les femmes qui se fardent, cachent avec soin le pot qui contient ce à quoi elles empruntent leur fausse beauté.

Découvrir le pot au rose, c'est découvrir un secret, malgré les précautions prises pour le tenir caché.

Il se prend toujours en mauvaise part, comme « éventer la mèche ».

— Il n'est si vilain pot qui ne trouve son couvercle.

En provençal : Chaque toupin trouve sa cabucèle.

Ce proverbe, un peu trivial, signifie qu'il n'est pas de fille, tant laide soit-elle, qui ne trouve, comme la plus jolie, à se marier.

— La fortune du pot, ou du pauvre (burlesque).

M. Dechambre écrivit au marquis de V... : « Je vous prie de vouloir bien venir partager mon petit dîner, et d'accepter sans façon la fortune du pot... Dechambre. »

— La poule au pot. Quelque temps avant sa mort, Henri IV disait à Sully : « Si Dieu me fait la grâce de vivre encore deux ans, je veux qu'il n'y ait pas un paysan dans mon royaume qui ne mette, le dimanche, une poule dans son pot. »

A l'avènement de Louis XVI, un marchand de Paris prit pour enseigne : *La Poule au pot*, et ces vers :

> Enfin la poule au pot sera donc bientôt mise !
> On doit du moins le présumer,
> Car, depuis deux cents ans qu'on vous l'avait promise,
> On n'a cessé de la plumer.

Nép. Lemercier, dans le poème des *Ages français*, se sert d'une périphrase singulière pour exprimer l'idée de poule au pot :

> ...Je veux...
> Non les payer en mots frivoles,
> Mais leur donner à prix d'oboles,
> L'épouse du chantre du jour.

La meilleure politique est celle de la poule au pot ; c'est l'abondance et le bas prix des pommes de terre ; c'est la vie facile et heureuse, sans excès de travail, sans misère, excepté pour les paresseux.

— Sourd comme un pot. Un pot n'a pas d'oreilles et c'est en cela qu'il diffère d'une écuelle.

— Tourner autour du pot : hésiter.

> Eh ! faut-il tant tourner autour du pot ?
> (Racine, *Plaideurs*.)

Potée, dérivé de *pot*.

Le contenu d'un pot ; une potée d'eau.

Au figuré, une grande quantité : une potée d'enfants.

— Éveillé comme une potée de souris. Mme de Sévigné écrit : « une portée de souris ».

Potence, du latin *potentia*, puissance, autorité ; puis appui, par comparaison avec une béquille.

— Au Moyen-Age, le droit de dresser potence était une marque de souveraineté. La potence était réservée aux manants et aux bourgeois. C'est pourquoi Rabelais distingue plaisamment « gibets » et « potences », et destine celles-ci aux grands larrons, *potentes*.

— La pendaison fut abolie en France, le 21 janvier 1790.

— Il y avait des potences en permanence, à Paris, à la Grève, aux Halles, à la Croix du Trahoir, rue de l'Arbre-Sec, qui doit son nom à cet usage sinistre.

Le gibet, ou fourches patibulaires, ne servait qu'à accrocher le corps des suppliciés, qui y restaient exposés. Celui de Paris était à Montfaucon.

On pendait aussi aux arbres des grands chemins et des forêts.

Rabelais (III, 51) y fait allusion dans ce passage : « Fenabrègue... le dernier eut nom Ulmeau, et fcut grand chirurgien en son temps. » Fenabrègue, en Languedoc, est le nom de l'alisier, où l'on pendait ordinairement les Vaudois, sous François Ier. Ce nom veut dire « abrège-fin ».

— Gibier de potence.

> *Furcifer, pabulum Acherontis.*
> (Plaute.)

Le mot « sacripant » semble en être une traduction.

— Éviter la potence : faire tort aux corbeaux.

Synonymes : béquille (Vidocq) ; allusion à la forme de la potence, qui ressemble à une béquille gigantesque. On l'appelle aussi, pour la même cause, la « jambe en l'air ».

Potin, néologisme, s'emploie familièrement. Origine incertaine.

— Faire des potins : des commérages.

Le *potin* est la matière employée pour faire la vaisselle, dans les pays où l'argile manque. C'est un alliage de cuivre et d'étain, et quelquefois de plomb.

Faire des potins, dans le sens de bavarder, ce serait imiter les commères, qui, lorsqu'elles se réunissent à la fontaine pour nettoyer leur vaisselle, font aller leur langue plus vite que le frottoir.

Potiron, du grec *poterion*, vase à boire (?).

Sorte de gros champignon, d'où l'expression : avancer comme potiron (Brantôme), avancer rapidement.

Sorte de grosse citrouille, qui a servi souvent de terme de comparaison à une obésité excessive.

Potron-Jaquet ou *Potron-minet*, origine incertaine.

— Se lever dès Potron-minet... : au petit jour, de grand matin ; c'est-à-dire comme le petit chat, qui distingue très bien les objets dans l'obscurité et se lève avant le jour pour prendre les souris. *Potron* serait le diminutif de *potre*, ou *poutre*, petit des animaux.

> Il avançait pays, monté sur un criquet,
> Se levait tous les jours dès le potron-jaquet.
> (*Poëme de Cartouche*, VII, 27.)

En Normandie, on dit : se lever dès le paitre au jacquet (écureuil) ; c'est-à-dire au moment où l'écureuil va chercher sa nourriture.

On dit aussi : se lever dès les chats, parce que le chat est réputé le plus matineux des quadrupèdes, ou : dès que les chats sont chaussés. (Dictionnaire de Trévoux.)

— Il y a aussi la variante *patron* ; parce que l'œil du patron doit toujours être ouvert.

— On dit à l'inverse : se coucher avec les poules ; se lever au desjucher. (Rabelais III, 11.)

— Rabelais (IV, 9) se sert de l'expression : à l'aube des mouches, que plusieurs commentateurs ont traduite par : le soir, sur le soir, sans donner d'explication. Mais, sans le secours des savants, il est facile de reconnaître que l'aube des mouches, *alba dei tafani* des Italiens, est midi, l'heure où le soleil est dans toute sa force, où les mouches sont le plus importunes, ...demandez plutôt aux ânes. Quant au soir, l'heure du crépuscule, il est désigné par la locution : entre chien et loup. (Johanneau.)

Pou, anciennement *pouil*, et plus anciennement *péouil*; d'où les dérivés *pouiller*, *pouilleux*. Du latin *pediculus*, d'où *pédiculaire*.

Un autre dérivé de *pou* est *fripouille*, vieux mot qui signifiait misérable, qui gobe les poux.

Chercher pouille, chanter pouille : chercher querelle, dire des injures.

— Insecte parasite qui s'attache au corps et aux cheveux de l'homme, et aux poils des animaux.

— Synonymes : garde du corps.

Grenadier, gros pou : l'élite de la garnison.

Mousquetaire gris.

Puce de meunier, puce meunière (Rabelais). Le même auteur les appelle aussi éperviers de Montaigu (I, 37), par allusion au collège de *pouillerie* de Montaigu qui planait sur une hauteur, comme les éperviers. Érasme devint malade à ce collège, par suite du mauvais régime qu'on y suivait.

— Pou affamé : gueux, avide de gain.

Il écorcherait un pou pour en avoir la peau : il est très avare.

Pouce, anciennement *polce*, qui est provençal; du latin *pollex, pollicem*.

— Mettre les quatre doigts et le pouce : la main entière.

— Mettre les pouces : céder, s'avouer vaincu. Les anciens disaient : *Digitum tollere, manus dare*. Le gladiateur vaincu avouait sa défaite par ce signe. Un geste fait avec le pouce indiquait l'approbation.

Pollice utroque laudare.
(Horace.)

Louer sans restriction, comme nous disons applaudir des deux mains.

— Jouer du pouce : compter de l'argent.

— Malade du pouce : avare. Allusion au geste qui consiste à frotter le pouce sur l'index.

— Manger sur le pouce : sans se mettre à table, à la hâte, en tenant à la main le pain sur lequel repose un morceau de viande... Sur le pouce est pour sous le pouce.

— S'en mordre les pouces : s'en repentir.

Unguem dentibus corrumpit. (Pétrone.)

> Quand on fait mal ce qu'on doit faire,
> On s'en mord les pouces, dit-on ;
> C'est du péché du premier père
> Que dérive ce vieux dicton ;
> Car le gourmand avec sa pomme
> Se mordit les pouces aussi,
> Et, de père en fils, voilà comme
> Nous avons ce doigt raccourci.

— Pouce d'eau. C'est la quantité d'eau qui s'écoule par un cylindre de deux centimètres de diamètre et de dix-sept centimètres de longueur, le niveau de l'eau du réservoir étant maintenu à trois centimètres au-dessus de l'orifice. Cette quantité est de vingt mètres cubes en vingt-quatre heures.

Poudre, du latin *pulvis, pulverem.*

Particules très ténues de matière, que le vent soulève.

— Poudre de succession : poison.

L'infâme science de la Voisin et de la marquise de Brinvilliers, avait fait de nombreux élèves, et les poisons se vendaient effrontément dans toute la France, sous le nom de « poudre de succession ». La violence de ces poisons et l'ignorance des médecins du temps en toxicologie, assuraient aux coupables la réussite et l'impunité. La Reynie, nommé lieutenant de police, fit condamner la Voisin et ses complices à être brûlés en place de Grève, et l'édit que rendit le roi, la même année, contre les empoisonneurs, fit cesser le mal qui avait répandu la terreur dans le pays.

...Vous prenez une prise de tabac, ...et puis, Dieu vous bénisse ! l'affaire est faite... Il y en a qui vous empoisonnent dans un bouillon ; cela s'appelle donner un coup de pistolet dans un bouillon. (*La Marquise de Brinvilliers*, drame.)

La poudre de succession était le sublimé corrosif ; ou deutochlorure de mercure, sel blanc, soluble dans l'eau, extrêmement vénéneux. Quelques centigrammes introduits dans l'estomac suffisent pour donner la mort. Le blanc d'œuf est l'antidote le plus efficace pour le combattre.

— L'absorption cutanée ne se produit qu'à la paume des mains et à la plante des pieds. C'est pour cela que Catherine de Médicis, aidée du Florentin Reni, avait choisi les gants et les bas pour se débarrasser de ses ennemis.

Vers 1870, plusieurs empoisonnements furent causés par des bas de coton teints en rouge avec des sels de mercure.

— Le poison est l'arme de l'assassin en chambre et qui n'a pas l'habitude des grandes routes. La balle et le couteau sont de détestables complices : la victime crie, les blessures sont apparentes. Mais le poison, quelle arme discrète ! Une pincée de poudre entre deux sourires et on n'a plus qu'à prévenir le notaire. On risque bien de rencontrer l'autopsie et les chimistes, plus habiles que les anciens augures à consulter les entrailles des victimes ; mais on a tant de chances d'impunité !

La publicité donnée aux débats des crimes d'empoisonnement est malsaine, et laisse trop d'héritiers rêveurs.

— Il n'a pas inventé la poudre : il est un peu niais.

On dit de même : On a tiré un beau feu d'artifice le jour de sa naissance.

Ce proverbe prouve quelle importance on a attachée à l'invention de la poudre à canon, attribuée longtemps à Roger Bacon, moine anglais mort en 1290. Avant lui, dès le VIIIe siècle, Marcus Græcus avait parlé de la poudre composée de soufre, de charbon et de salpêtre.

— Jeter de la poudre aux yeux : *Pulverem oculis effundere*.

— Vif comme la poudre ; c'est un salpêtre : il s'enflamme aisément.

Pouffer, onomatopée ; comme *bouffer*...

Pouffer de rire. On dit aussi : s'esclaffer de rire.

Poule, anciennement *pole*, du latin *pulla*, féminin de *pullus*, petit d'un animal. A remplacé *géline*.

— C'est le fils de la poule blanche : un homme heureux.

Suétone raconte, au commencement de la *Vie de Galba*, qu'une poule blanche tomba des serres d'un aigle aux pieds de Livie, femme d'Auguste. Ce présage fut considéré comme heureux, et les poussins qu'elle donna furent révérés comme les poulets sacrés et élevés avec soin dans une ferme qu'on nomma *villa ad gallinas*.

Juvénal dit : « Penses-tu, homme simple, qu'on doive t'excepter de la loi commune, parce que tu es le fils de la poule blanche, et nous autres de vils poussins ?... »

(Voy. poule au *pot* ; *plumer* la poule.)

— Poule mouillée : personne pusillanime.
— Tuer la poule aux œufs d'or.

Ésope raconte que le trop avide possesseur de cette poule, non content de l'œuf d'or qu'elle pondait tous les jours, la tua, pour recueillir le trésor qu'il croyait renfermé dans ses entrailles. Il se priva ainsi de son revenu.

> L'avarice perd tout en voulant tout gagner.
> (La Fontaine.)

— Les Latins disaient : « Il faut tondre la brebis et non l'écorcher. » C'est un conseil d'humanité, en même temps qu'un bon principe d'économie domestique.

— En 1814, l'école Polytechnique demanda à combattre. Napoléon refusa, en disant qu'« il n'en était pas encore réduit à tuer sa poule aux œufs d'or ».

Poulet, diminutif du précédent.

Petit de la poule et du coq.

— Lettre amoureuse, billet doux. Ainsi nommé parce que, d'après Furetière, il imite par ses plis, les ailes d'un poulet.

Peut-être parce que le papier du format sur lequel s'écrivent ces billets est appelé *poulet* ?

Cette expression était déjà en usage au temps de Henri IV. Lavarenne, qui avait été cuisinier de Catherine, sœur de Henri IV, étant passé au service du roi, se rendit nécessaire en lui ménageant des plaisirs amoureux. Henri le combla de biens. Son ancienne maîtresse l'ayant trouvé dans cette nouvelle situation, lui dit : « Lavarenne, tu as bien plus gagné à porter les poulets de mon frère, qu'à piquer les miens. »

— Mercier (*Tableau de Paris*, ch. 296) dit : « C'était autrefois, en Italie, les vendeurs de poulets qui portaient les billets doux aux femmes ; ils glissaient le billet sous l'aile du plus gros, et la dame avertie ne manquait pas de le prendre. Ce manège ayant été découvert, le premier messager d'amour qui fut pris fut puni de l'estrapade, avec des poulets vivants attachés aux pieds. Depuis ce temps, *poulet* est synonyme de billet doux. Les commis ambulants de la petite poste en portent et reportent sans cesse ; mais une cire fragile et respectée tient sous le voile ces secrets amoureux : le mari prudent n'ouvre jamais les billets adressés à sa femme. »

Pouls, du latin *pulsus* ; d'où aussi : pulsation, pousser.

Mouvement imprimé à tout le système artériel, par l'ondée de sang que chaque contraction du cœur fait pénétrer dans les artères.

— Le pouls bat ordinairement 60 à 70 fois par minute.
— Se tâter le pouls : consulter son courage.

> Je sonde ma portée et me tâte le pouls.
> (Régnier, *Satire* I.)

Autrefois, certains médecins jugeaient des maladies par l'inspection des urines, et l'on trouve dans Rabelais (liv. III, ch. 33) : « Je vouldroye bien que les chevaliers de Malte me résistassent, pour voir leur urine. » On dirait aujourd'hui : « Je voudrais bien leur tâter le pouls, pour mettre leur courage à l'épreuve, voir ce qu'ils ont dans le ventre. »

Poupée, du latin *pupa*, petite fille.
Petite figure en matière plastique, imitant la forme humaine.
En latin, le petit de l'homme s'appelle *putus*, ou *pupus*.
Martial appelle *pupa* une petite fille. On appelait jadis une jeune fille *puta*, *pute* ou *garce*. Ce sont les féminins de *putus* et de *gars*. Nous disons encore *poupon*, pour un petit enfant, et *pupille*, l'enfant mineur.
Peut-être vient-il de *Poppée*, femme de Néron, qui prenait un soin excessif de ses charmes et de sa parure. Elle avait dans ses écuries des mules ferrées d'or, et cinq cents ânesses, qui fournissaient du lait pour la baignoire où elle allait chercher la fraîcheur du teint. (Voy. *marionnette*.)

Poupon, *poulot*, noms d'amitié donnés aux petits enfants.
Suétone (*Vie de Caligula*, 13) dit : *Sidus et pullum et pupum et alumnum appellantium*.
(Voy. Horace, *Satires* I, III, 45.)

Pour, du latin *pro*; anciennement *por*, *pur*.
Se retrouve avec sa forme latine dans les *Serments de Strasbourg*.
Préposition qui marque le motif, la destination, l'échange.
— Pour ou contre. On fait un grand éloge du mot de César, au début de la guerre civile : « Qui n'est pas contre moi est pour moi. » On a blâmé le mot tout contraire de Pompée : « Qui n'est pas pour moi est contre moi. »

Pourceau, anciennement *porcel*, du latin *porcellus*, diminutif de *porcus*.

Synonymes: porc, cochon, compagnon de saint Antoine.
— Jeter des perles devant les pourceaux. (Voy. *perle*.)
— Pourceau d'Épicure. (Voy.)

Pourfendeur, de *pourfendre*, fendre complètement.
Ironiquement : fanfaron.
— Godefroy de Bouillon, chef de la première croisade, était, dit Guillaume de Tours, d'une force telle, qu'au siège d'Antioche, il pourfendit un cavalier turc depuis la tête jusqu'à la selle, et blessa même le dos du cheval.

Pourpoint (à brûle) : de très près, à bout portant.

> Et la tire à brûle-pourpoint
> D'un petit arc qu'on ne voit point.
> (SCARRON, *Virgile travesti*.)

Pourrières. Ce sont les armes de Pourrières, où trois hommes portent une tuile.

L'an 107 avant Jésus-Christ, Marius remporta la célèbre victoire près d'Aix-en-Provence, sur les Cimbro-Teutons. Il y eut, dit Tite-Live, deux cent mille morts, qui furent abandonnés sans sépulture et pourrirent sur ces champs, appelés dès lors *campi putridi*, champs de la pourriture, d'où l'on a fait *Pourrières*.

L'armée romaine avait élevé sur le champ de bataille, à Marius, un monument qui le représentait debout sur un bouclier porté par ses soldats. Le bourg de Pourrières avait mis ce sujet dans ses armoiries.

Plus tard, la statue de Marius ayant été détruite, le peuple, en faisant allusion à la forme en tuile du bouclier romain, mit en circulation le proverbe, pour désigner les gens qui font de grands efforts pour une petite cause.

Pouvoir, du bas-latin *potere*, pour *posse*.
— Vouloir, c'est pouvoir. (Saint Paul.) (Voy. *vouloir*.)
— *Non possumus* : Cela m'est impossible. Parole de saint Pierre au prince des prêtres. Exprime un refus péremptoire, sur lequel on ne saurait revenir.
— Il y a dans l'ordre physique des impossibilités exprimées par de nombreux proverbes :
On ne peut courir deux lièvres à la fois.
Sonner et aller à la procession.
Faire d'une buse un épervier.
On ne peut pendre plus haut que la potence.

Qui ne peut comme il veut, veuille comme il peut.

Qui ne peut galoper, qu'il trotte.

— On accompagne parfois *pouvoir* de *peut-être* : « Cette entreprise pourra peut-être réussir... »

Ces façons de parler sont des pléonasmes à éviter, car il est certain que ce qui peut être, se pourra.

— En politique, le pouvoir, ou la puissance publique, est l'autorité chargée de gouverner la société. On distingue : le pouvoir législatif, chargé de faire les lois ; le pouvoir exécutif, chargé de les faire exécuter ; le pouvoir judiciaire, chargé de poursuivre et de punir les infractions à la loi.

— Le pouvoir discrétionnaire est la faculté laissée au juge, et spécialement à un président de cour d'assises, d'agir, dans certains cas, selon sa volonté particulière.

C'est aussi le pouvoir attribué, en temps de révolution, à un homme investi de l'autorité dictatoriale.

— Pouvoir temporel : le bon pasteur aimant ses brebis... comme côtelettes.

Pratique, du grec *praktikè*. S'oppose à la *théorie*.

M. Haussmann est un homme pratique, très pratique, un homme infiniment pratique, trop pratique même (1869).

Pré, du latin *pratum*, provençal *prat* ; d'où Pradet (petit pré), nom d'un village très fertile des environs de Toulon.

— Aller sur le pré : se battre en duel.

Dès 1160, les écoliers, appelés aussi *clercs* au Moyen-Age, allaient se récréer dans un pré voisin de l'abbaye Saint-Germain-des-Prés, qui prit de là le nom de Pré-aux-Clercs. Ce lieu fut souvent témoin de rixes et de combats entre les écoliers et les gens de l'abbaye. Il devint ensuite le rendez-vous pour les duels, et la locution : aller sur le pré, prit naissance.

Le Pré-aux-Clercs a donné son nom à l'église Saint-Germain-des-Prés, et, par suite, l'église a transmis le sien au quartier Saint-Germain, qui, autrefois, n'était qu'un faubourg.

— A la Saint-Barnabé (11 juin), la faux au pré.

Préalable, de *pre*, et du verbe *aller*.

Ce qui doit être fait, examiné, avant de passer outre.

— La question préalable. Demander la question préalable, c'est vouloir qu'on supprime tout débat sur une proposition.

Précaire, du latin *precarius,* comme *prière.*
Soumis au bon plaisir d'un autre.
Se dit de l'usage de certains droits, de la possession de certaines choses, qui ne reposent que sur une concession révocable par celui qui l'a faite.

Précaution, du latin *præ, cautum.*
Précaution vaut mieux que repentir. (Proverbe hollandais.)

Prêcher, du latin *prædicare ;* d'où aussi *prédicateur.*
— Prêcher dans le désert : perdre son temps, ses efforts.
Allusion à saint Jean-Baptiste qui prêchait dans le désert : *Vox clamantis in deserto.*
La voix de la sagesse n'est pas écoutée.
Il perd son *alleluia,* qui à cul-de-bœuf le chante.
— Prêcher un converti.

Précieux, Précieuses, du latin *pretiosus,* de *pretium,* prix.
Nom inventé par les assidus de l'hôtel de Rambouillet, qui signifiait que toute personne admise dans la chambre dite « du Génie », où se faisaient les lectures, devenait précieuse au monde.
L'hôtel de Rambouillet, où se réunissaient les Précieuses, était situé dans la rue Saint-Thomas-du-Louvre, qui a été démolie vers 1850, pour l'achèvement du Louvre.

> Obligeante, civile et surtout Précieuse,
> Quel serait le mortel qui ne l'aimerait pas ?
> (SEGRAIS.)

— Le nom de *Précieuses* s'appliquait, au XVIIe siècle, à des femmes d'un mérite réel, qui entreprirent la réforme des mœurs et du langage, et qui, en voulant éviter la grossièreté, tombèrent dans la recherche et l'affectation du bel esprit.
La première époque des Précieuses a été très favorable au langage. C'est l'époque de la marquise de Rambouillet et de sa fille Julie d'Angennes.
Catherine de Vivonne, née en 1588, fut mariée, à l'âge de 12 ans, à Charles d'Angennes, marquis de Rambouillet. A 20 ans, ennuyée des fadeurs de la cour, elle abandonna le Louvre, et commença à réunir chez elle une société élégante, qui donna plus tard le ton à la cour et à la ville. Les réunions avaient lieu sous la présidence de la marquise, qui avait pris le nom d'*Arthénice,* anagramme de Catherine.
Parmi les hôtes assidus des réunions figuraient : la princesse de

Condé et le grand Condé, son fils ; la duchesse de Longueville ; le duc de La Rochefoucauld, l'auteur des *Maximes* ; Mme de Lafayette ; Mlle de Scudéry ; une bourgeoise fort recherchée par son esprit, Mme Cornuel ; la marquise de Sablé ; Mlle Angélique Paulet ; Mme de Sévigné.

Entre autres écrivains, il faut citer : Balzac, Malherbe, Racan, Voiture et Vaugelas, Segrais, Bois-Robert, Chapelain, Sarrazin, O. Patru, Fléchier, Rotrou, Scarron, Ménage, Desmarets ; le grand Corneille y vint quelquefois faire lecture de ses tragédies.

Ces réunions de gens d'esprit et de personnes distinguées eurent une grande influence sur les mœurs, et contribuèrent beaucoup à polir la langue et à former le goût.

Ce fut là que Bossuet, à l'âge de 16 ans, prononça un discours après minuit : aussi Voiture disait-il qu' « il n'avait jamais entendu prêcher ni si tôt ni si tard ».

Ce sont les Précieuses qui ont réhabilité dans leur langage et dans leur style la pureté et l'élégance, et qui ont enrichi la langue d'une foule de locutions aussi expressives que pittoresques. Cette recherche ayant dégénéré plus tard en affectation ridicule, le titre de *Précieuse* fut pris en mauvaise part, et devint une épithète satirique.

Les réunions de l'hôtel de Rambouillet cessèrent à l'époque de la Fronde, en 1650. Alors commença la seconde époque de la Préciosité, sous le patronage de Mlle de Scudéry. Elle recevait le samedi. Déjà célèbre par ses romans, et désignée sous le nom de Sapho, ses hôtes assidus étaient Pélisson, Guénégaud, Godeau. Cette société exagéra jusqu'au ridicule le style affecté et précieux, dont Molière fit justice dans les *Précieuses ridicules* (1661).

C'est par cette société que fut imaginée la carte du Tendre.

(Voy. *guirlande* de Julie, *bas-bleu*.)

— Molière a immortalisé les Précieuses par le ridicule. Somme toute, nous leur devons plus de délicatesse dans les sentiments et plus d'atticisme dans le langage.

Ce sont les Précieuses qui ont dit pour la première fois : un fin sourire, une belle flamme, etc.

Somaize a publié, en 1660, le *Grand Dictionnaire des Précieuses*, en deux volumes.

Voici un extrait du *Grand Dictionnaire des Précieuses*, ou le *Langage des ruelles* (Paris, Jean Ribou, 1668 ; bibliothèque Sainte-Geneviève) :

Aimer : avoir un tendre.
Almanach : le mémoire de l'avenir.
Amour : l'amour a terriblement défriché mon cœur.
Amour facile ou rigoureux : vertu commode, vertu sévère.
Asseyez-vous : contentez, s'il vous plait, l'envie qu'a ce siège de vous embrasser.
Balai : l'instrument de la propreté.
Bien (avoir peu de) : être de la petite portion.
Cerveau : le sublime.
Chaise-percée : la soucoupe inférieure.
Chandelle : ardent ; supplément de soleil.
Chapelet : chaîne spirituelle.
Cheminée : l'empire de Vulcain.
Chemise : la compagne perpétuelle des morts et des vivants.
Chenets : les bras de Vulcain.
Cheveux : la petite oie de la tête.
Colère (être en) : avoir du fiel contre quelqu'un.
Comète : l'interprète du courroux des dieux.
Commun : du dernier bourgeois.
Concevoir mal les choses : avoir l'intelligence épaisse.
Dents : l'ameublement de la bouche.
Eau : l'élément liquide. Un verre d'eau : un bain intérieur.
Écran : la contenance utile des dames quand elles sont devant l'élément combustible.
Ennuyer (s') : être dans le jeûne du divertissement.
Estimé (être) : faire figure dans le monde.
Éventail : zéphir.
Femmes : l'agrément des sociétés, la politesse du langage, et les divinités visibles.
Fenêtre : la porte du jour.
Feu : l'élément combustible.
Galante (être) : être de la petite vertu.
Habillée (bien) : sous les armes.
Joues : les trônes de la pudeur.
Jupes de dessus : 1° la modeste, 2° la friponne.
Jupe de dessous : la secrète.
Laide : belle à faire peur.
Langue : l'interprète de l'âme.
Laquais : nécessaire, fidèle.
Larmes : les filles de la douleur et de la joie.

Latrines : la lucarne des antipodes.
Lavement : bouillon des deux sœurs.
Lèvres (belles) : lèvres bien ourlées.
Lit : l'empire de Morphée.
Livres : les maîtres muets.
Lune : le flambeau du silence et de la nuit.
Main (belle) : belle mouvante.
Mariage : l'amour permis.
Marier (se) : donner dans l'amour permis.
Miroir : conseiller des Grâces.
Musique : le paradis des oreilles.
Nez : les écluses du cerveau.
Nuit : la déesse des ombres ; la mère du silence.
Ognons : les dieux des Égyptiens.
Oreilles : les portes de l'entendement.
Peigne : dédale.
Peintre : poète muet.
Poète : nourrisson des Muses.
Porteurs de chaises : mulets baptisés.
Promenade publique : l'empire des œillades.
Rire : perdre son sérieux.
Seins : les coussinets d'amour.
Sentir : attacher la réflexion de son odorat.
Soufflet : la petite maison d'Éole.
Soupirs : les enfants de l'air.
Yeux : les miroirs de l'âme.
Zéphir : l'amant des fleurs.

Précipice, du latin *præcipitium*, de *præ*, *caput*, tête en avant.

— On tombe dans un précipice, on est englouti dans un gouffre, on se perd dans l'abîme.

Préconiser, du bas-latin *præconisare*, de *præco*, héraut.
Proclamer les mérites, les louanges ; louer beaucoup.

— Préconiser un évêque : déclarer en consistoire qu'il a les qualités requises.

Préface, du latin *præfatio*.
Il est remplacé quelquefois par : prologue, discours préliminaire, prolégomènes.

— Point de préface ! c'est-à-dire venons au fait !

Préjugé, participe du verbe *préjuger*; latin *præjudicare*, juger d'avance.

— Le préjugé est l'erreur du vulgaire. (Voltaire.)

Prélasser (se), dérivé irrégulier de *prælatus*, prélat.

Au figuré : témoigner par ses manières qu'on se croit fort au-dessus des autres ; se donner des airs de prélat.

Premier, du latin *primarius*; comme *primaire*.

A la même famille appartiennent : prime (de prime abord), primeur, primauté, primer, prince, prémices.

— Les premiers seront les derniers, et les derniers seront les premiers. (Saint Mathieu, XIX, 30.)

Qui premier engrène, premier doit moudre.

Les premiers vont devant.

Prendre, du latin *prendere*, pour *prehendere*.

Le participe est *pris*, qui a donné *prise*. A ces mots se rattachent : apprendre, appréhender, appréhension, apprenti ; comprendre, se méprendre, surprendre, etc.

— Le mot *prendre* est employé dans des acceptions très diverses :

Je viens de prendre l'avenue des Champs-Élysées, et j'ai pris grand plaisir à cette promenade ; mais je vais rentrer pour prendre un air de feu de peur de prendre un rhume. Et vous ! quel parti prenez-vous ? — Mais, vous le voyez, en vous écoutant je prends patience...

— Prendre la mouche, la chèvre, sont des latinismes ; ont le sens de *induere*, revêtir le caractère de...

— Prendre son bien où on le trouve. Molière avait coutume de répéter cette locution, et la mettait en pratique.

Un jour, Rossini écoutait un mauvais opéra. Il saisit au passage une idée charmante ; il prend son crayon, et la note en grommelant : *E troppo bono per queste coglione !* C'est trop bon pour... cet imbécile.

— Ce qui est bon à prendre est bon à garder.

Or, ce qui est bon à prendre, n'est pas bon à rendre. (*Moyen de parvenir*, XXVI.)

Il faut prendre le temps comme il vient, les gens pour ce qu'ils sont, et l'argent pour ce qu'il vaut.

Les grands prennent, les petits sont pris.

Quand on prend du *galon* (voy.), on n'en saurait trop prendre.

Trop prendre fait pendre.

Préposition, du latin *præ, positus* (placé devant).

Mot invariable qui, placé devant un nom, un pronom, une proposition infinitive, les lie à un terme précédent, en marquant un rapport déterminé :

A, du latin *ad.*

Auprès. (Voy. *près.*)

Avant, de *ab ante. Ante* avait donné *ains;* d'où *ains né,* aîné, opposé à puîné *(puis-né). Avant* a donné *auparavant,* devant.

Avec, de *apud* (et *hoc);* a été aussi *avecques.*

Chez, de *casa;* comme *lez* de *latus.*

Contre, de *contra.*

Dans, de *de intus,* qui a donné *ins* dans la langue d'oc. De là *dedans.*

De, du latin *de.*

Depuis, de *de* et *post.* (Voy. *puis.*)

Dès, peut-être de *de ex?*

Désormais, de *dès, ores, mais; de ex hora magis.*

Durant, pendant, nonobstant, ne sont que des participes présents pris absolument. Pendant le jour, durant la nuit, équivalent à : le jour pendant, la nuit durant.

En, du latin *in:* se prononce *an,* en français, tandis qu'en provençal il se prononce *in.*

Entre, du latin *intra.*

Hors, hormis, du latin *foris,* anciennement *fors.* Tout est perdu, fors l'honneur. En provençal, *fouare* signifie *dehors.*

Jusque, du latin *usque,* ou plus probablement *de usque.*

Lez, du latin *latus* (côté). Plessis-lez-Tours : Plessis près Tours.

Malgré, de *malum gratum,* en provençal *grat.* On a dit *maugré,* provençal *maugra;* qui a donné *maugréer.* Malgré Dieu est devenu *Maugrebleu.*

Outre, du latin *ultra.* On lit dans les lois de Guillaume : « Nuls ne reçoit hom ultro III nuicts. »

Par, parmi, du latin *per,* et *per medium. Parmi* s'est écrit en deux mots, comme *en mi: in medio,* devenu aussi *emmi. Mi* se retrouve dans midi, milieu, et dans mi-carême, mi-août. Le provençal dit *mitan,* qui a fait (?) *mitoyen.*

Pour, du latin *pro.* On trouve cette forme latine dans les *Serments de Strasbourg,* 842. Plus tard, *por,* qui devint *pur* et *pour.*

Près, du latin *pressus.* D'où *après, auprès.*

Res, du latin *rasus,* de *radere,* raser.

Sans, de *sine* avec *s* adverbial; ancien français *sens*.

Sur, de *super*.

Sus, de *susum*, pour *sursum* (?), s'est conservé dans la locution *en sus*; dans courir sus à quelqu'un. En le joignant à *de*, on a eu *dessus*.

Sous, de *sublus*, en provençal *sost*: d'où *dessous*.

Vers, du latin *versus* (tourné du côté de).

Vis-à-vis de: face à face...

Voici, *voilà*, sont pour *vois ici*, *vois là*, qui jadis s'écrivaient en deux mots. En provençal *vaqui*, *vel'aqui*. Voy-me là prest à boire. (Rabelais, *Gargantua*, 41.) Gare! voy-le-cy. (*Pantagruel*, IV, 34.) Au XVII° siècle, on donnait encore à *voici* et *voilà* un infinitif pour complément. Corneille dit: « Voici venir ma sœur », qui équivaut à « Vois venir ici ma sœur ». Béranger a dit aussi:

>   Voici venir l'huissier du roi.

Présage, du latin *præsagium* (*præ*, *sagire*).

Signe par lequel on prévoit l'avenir.

>   Là, je vois une croix de sinistre présage.
>   (Boursac, *Satires*)

Présent, du latin *præsens*, *præsentem*.

Qui est dans un lieu déterminé.

— Dans le sens de *don*, c'est le substantif verbal de *présenter*, mettre devant, présenter ses hommages, une fleur.

— Autrefois on disait *de présent*, pour *à présent*.

De présent, je ne fais que rêver; et ne faut plus doresnavant que bon vin, bon lict, le dos au feu, le ventre à table et escuelles bien profondes... (Rabelais, *Gargantua*, I, 19.)

>   Un bon bourgeois, dans sa maison,
>   Le dos au feu, le ventre à table...

C'est la mise en pratique de l'insouciance épicurienne!

Carpe diem, dit Horace.

Au Moyen-Age, on disait: don présenté à quelqu'un.

Faire un présent ne signifie rien sans ce mot sous-entendu.

— Les petits présents entretiennent l'amitié.

Les présents, pour entretenir l'amitié, doivent être petits, ils peuvent alors être réciproques; mais, lorsqu'ils sont trop considérables pour être rendus, ils blessent plus la vanité qu'ils n'excitent la reconnaissance.

L'amitié n'est pas intéressée de sa nature, et les mains vides sont celles qui se serrent le mieux.

Une feuille de rose donnée par un ami est préférable aux présents les plus riches, pourvu qu'elle ne soit pas fanée. (Proverbe persan.)

A petit présent, petit merci : on mesure la reconnaissance au bienfait.

Les présents peuvent augmenter, mais ils ne doivent pas diminuer.

Stare aut crescere debent munera.
(Martial.)

— Accepter un présent, c'est consentir à fermer l'oreille à la vérité.

Acceptatio munerum prævaricatio est veritatis. (Ecclésiaste, XX, 31.)

(Voy. *pot-de-vin.*)

Presque, composé de *près* et de *que*.

— Il y a des gens qui ont presque de l'amour, presque du talent et presque du bon sens. (Mme de Krüdner.)

— Presque pas : très peu, un soupçon.

Misé Pesqui-pas (en provençal) : Madame Presque-pas, une façonnière, une mijaurée.

Presser, du latin *pressare*, fréq. de *premere*.

— Pressé comme un lavement. C'est plutôt *pressant* qu'il faudrait dire.

Pressés comme harengs en caque.

On est si pressé dans ces voitures, que chacun redemande sa jambe ou son bras à son voisin, lorsqu'il s'agit de descendre. (Mercier, *Tableau de Paris. Les Turgotines.*)

Prétentaine (courir la), ou *pretantaine*. Origine inconnue.

Ménage y voit une onomatopée du bruit que font les chevaux en galopant.

Prêter, du latin *præstare*, se tenir *devant*.

— Prêter son appui à quelqu'un : lui venir en aide.

Præstare damnum emptori (Cicéron) : garantir la marchandise à l'acheteur.

Prêter, c'est perdre son argent ou son ami.

Qui prête, ne recouvre ; s'il recouvre, non tout ; si tout, non tel ; si tel, ennemi mortel.

Au prêter Dieu, au rendre Diable. (G. Meurier.)

On ne prête qu'aux riches, parce que ce sont les seuls qui puissent rendre.

— Prêter à la petite semaine. Avis aux bourgeois de Jérusalem.

Six francs, prêtés à condition qu'on en rendra sept au bout d'une semaine, si on les laisse au même taux pendant cinquante-deux semaines, en ajoutant les intérêts au capital, donneront quinze mille neuf cent vingt-cinq francs trois centimes. Voilà une somme placée assez avantageusement. (Voy. *intérêts composés*.)

Prétérition, du latin *praeterire*, laisser de côté.

Figure par laquelle on attire l'attention sur un point, en disant qu'on ne s'y arrête pas.

Je me garderai bien de blâmer la conduite...

Préteur, du latin *praetor*, pour *prae itor*, qui va devant.

Magistrat romain chargé de rendre la justice, de diriger une armée, d'administrer une province.

— On appelait *prétoire* la tente du général, et, plus tard *prétoriens* les gardes de l'empereur.

Prétexte. (Voy. *pallier*.)

Prêtre, du latin *presbyter*, transcription du grec *presbyteros*, plus âgé.

— Le cas régime, *presbyterum*, avait donné *prouvaire*, et la rue des Prouvaires, à Paris, signifie rue des prêtres.

— Presque tous les mots qui désignent les ministres du culte, dans les diverses religions, signifient vieillard ou père.

— Synonymes : bonzes, caloyers, derviches, druides, fakirs, mages, marabouts, ministres, popes, rabbins, santons.

En provençal, *capelan*, chapelain.

Gœthe appelle les prêtres « les démons du retard ».

Calotins. Cette expression satirique se trouve dès 1750, dans le *Déjeuner de la Rapée* par l'Ecluse.

La vermine noire. (Garibaldi.)

— On dit d'un mauvais prêtre : sa soutane ne tient qu'à un bouton.

— Il ne faut pas être prêtre plus qu'il ne convient, dans l'intérêt même de la cause de Dieu ; et, pourvu que l'on conserve la soutane, on n'est pas tenu d'être toujours en surplis. (E. About.)

— Le prêtre baptise son enfant le premier. (Voy. *célibat*, *charité*.)

— Jusqu'au milieu du XIe siècle, les prêtres pouvaient se marier.

Le pape Nicolas VII commença à troubler leur repos domestique, et Grégoire VII, mettant en pratique les ordonnances antérieures, leur interdit formellement le mariage, afin d'empêcher la dispersion des biens de l'Église par la transmission des héritages des desservants à leurs enfants.

« Dût-on n'invoquer en faveur du célibat du clergé que les motifs les plus avouables, la pureté et la chasteté…, c'est offenser Dieu que de refaire les hommes sur des patrons de convention. Pour vouloir fabriquer des anges, on risque fort d'estropier les gens, et de ne créer que des fous ou des malheureux. » (Gustave Droz.)

Prévariquer, du latin *prævaricari*, marcher de travers.

Au figuré: s'écarter du droit chemin. C'est trahir la cause, l'intérêt dont on est chargé; manquer aux devoirs essentiels de son état : juge prévaricateur.

Prévoir, du latin *prævidere*, voir dans l'avenir.

— Prévoir, c'est avoir.

> Ne romps pas l'œuf mollet
> Avant que ton pain soit prêt.
>
> (Proverbe espagnol.)

La prévoyance est une providence terrestre, que chacun peut prendre à son service. Aide-toi, le ciel t'aidera.

Prévoyance vaut mieux que repentir. (Proverbe hollandais.)

Priape, nom mythologique.

Fils de Vénus et de Bacchus, gardien des jardins. Le figuier lui était consacré, à cause de la prodigieuse fécondité de cet arbre. On lui immolait un âne.

Junon, jalouse de Vénus, le fit naître avec une difformité extraordinaire. Vénus, honteuse d'avoir donné le jour à un pareil monstre, le fit exposer sur une montagne. Des bergers le trouvèrent et l'élevèrent à Lampsaque. Plus tard, il fut chassé de cette ville, parce qu'il était devenu la terreur des maris; mais les habitants le rappelèrent et en firent l'objet de leur vénération.

— Lampsaque, ville de Mysie, dans l'Asie-Mineure, était célèbre par le culte solennel que l'on rendait à ce dieu. Ce culte était la débauche la plus scandaleuse; aussi le mot *Lampsacius* était-il, à Rome et en Grèce, synonyme de débauché, libertin.

— On a trouvé à Aix un autel antique consacré à Priape, où l'immodeste dieu des jardins est représenté avec cette inscription : I. H. C. *Jucundo Hortorum Custodi*.

Prier, du latin *precari*, provençal *pregar*; d'où aussi : précaire, imprécation.

Synonyme : bigotter. (Vidocq.)

— Si tu veux apprendre à prier, va sur la mer. (Voy. *mer*.)

— Se faire prier : faire des manières, des façons, des simagrées.

— Faire sa poire, sa Sophie.

Monsieur veut se faire prier ; il n'a pas besoin de cela pour donner du prix à sa complaisance. (Pigault-Lebrun.)

Primat, du latin ecclésiastique *primas*, *primatem*.

Dignité ecclésiastique au-dessus de celle d'archevêque.

— Primat des Gaules : l'archevêque de Lyon. C'est en 1079, que Grégoire VII institua cette primatie.

— *Primat* est synonyme de *patriarche*.

Prime, du latin *prima*, sous-entendu *hora*, première heure.

C'est la première des quatre parties du jour, qui suit immédiatement le lever du soleil. Les trois autres sont : *tierce*, *sexte*, *none*.

Prime, dans l'Office, se chantait immédiatement après l'office de nuit ou Laudes.

— Prime d'assurance. Somme payée pour assurer une entreprise contre les mauvaises chances. Vient alors de *præmium*, par l'anglais.

Prime-sautier, dérivé de l'ancien *prime saut*, considéré comme nom composé.

Qui se décide du premier saut.

Primeur, dérivé de *prime*.

— Il faut manger les petits pois avec les riches, et les fraises avec les pauvres. Ce proverbe gastronomique nous apprend que les petits pois ne sont bons que dans leur primeur, lorsqu'ils ne sont, par conséquent, accessibles qu'aux riches, tandis que les fraises ne sont bonnes que dans leur pleine maturité, époque où elles sont abondantes et à bon marché.

Printemps, du latin *primum tempus*.

La première des quatre saisons de l'année, celle où la nature, parée de fleurs, semble se réveiller et renaître à une nouvelle jeunesse. Chez les anciens, il était consacré aux Muses et aux Grâces.

Son nom latin est *ver*, grec *her*, d'où hirondelle (?).

On l'a appelé aussi *renouveau*, nom bien fait pour désigner cette saison dans laquelle la nature semble commencer la période annuelle de production, où la terre s'ouvre pour donner ses richesses, comme l'indique le mot *avril*. (Voy.)

Cette année (1860), le printemps n'est qu'un terme du calendrier, une mauvaise plaisanterie d'almanach.

Priori (à), locution adverbiale, mots latins.

Avant tout examen.

Se dit d'un raisonnement qui repose sur un principe admis.

Prison, du latin populaire *prehensionem*.

Synonymes : mettre en cage, tenir en chartre privée.

— Triste comme une porte de prison.

> On dit : triste comme la porte
> D'une prison ;
> Et je crois, le diable m'emporte !
> Qu'on a raison.
>
> (A. DE MUSSET.)

Privatif, du latin *privativus*.

Se dit, en grammaire, des lettres ou particules qui, jointes à certains mots, marquent un sens négatif.

Telles sont : en grec, les particules *a* et *dys* ; en latin, *in* ; en français, *in*, *mé*, ou *mès*, *dé*. *Kakia*, méchanceté ; *akakia*, bonhomie ; *utilis*, utile ; *inutilis*, inutile ; agréable ; désagréable.

Privilège, du latin *privilegium* ; loi faite en faveur d'un particulier, *privus*, *privatus*, et *lex*.

Avantage exclusif accordé à une classe de la société.

Privilegium est lex privata, contra jus commune.

Le privilège est le contraire du principe républicain.

— En France, avant 1789, la noblesse et le clergé étaient dispensés des impôts, et jouissaient d'un grand nombre d'autres avantages contraires au droit commun. Tous ces privilèges furent abolis dans la nuit du 4 août 1789.

— Les privilèges accordés au souverain par la Constitution, prennent le nom de *prérogatives*, du nom de *prærogativa*, que portait à Rome une centurie qui avait le droit de voter la première dans les élections.

— En matière de commerce, le privilège prend le nom de *monopole*. (Voy.)

Prix, du latin *pretium*.

> La mouche et la fourmi contestaient leur prix.
>
> (LA FONTAINE.)

— Remporter le prix, le grand prix de Rome.

Probable, du latin *probabilis* (qui peut se prouver, mais n'est pas exempt de doute).

On a dit autrefois *prouvable*, pour reconnu certain :

> Et si ce te semble doubtable,
> C'est bien par argument prouvable.
> (*Roman de la Rose*, vers 5082?)

Probité, du latin *probitas*.

Probus avait fait le mot roman *pros*, preux, vaillant; d'où *prouesse*.

Qui mult ere sag e pros. (Villehardouin.)

Ayez de la probité tout juste autant qu'il en faut pour ne pas être pendu. (Beaumarchais, *Barbier*, I, 4.)

D'après cette maxime, il serait permis de voler, mais défendu de se laisser prendre.

Satis bene vivitur, si sine crimine. (Saint Augustin, *Cité de Dieu*.)

On est suffisamment honnête si l'on est sans reproche.

Procédé, participe passé de *procéder*; latin *procedere*.
Synonymes : ficelle, truc. (Voy.)

Procès, du latin *processus*, marche en avant.

— Le plus mauvais accommodement vaut mieux que le meilleur procès.

Inter duos litigantes tertius gaudet.

Les tribunaux ressemblent aux buissons épineux où la brebis cherche un refuge contre les loups, et où elle laisse une partie de sa laine.

— Au même radical se rattache le mot *procession*.

Procureur, dérivé de *procurer*; du latin *procurare*, prendre soin.

— En 1795, les procureurs ont été remplacés par les avoués, qui sont chargés de représenter les parties dans les instances civiles.

Les fonctions de procureur étaient considérées comme *dérogeantes*, l'opinion publique accusait les procureurs d'avidité.

Les poètes comiques font souvent allusion à leur rapacité. Dans une scène du *Mercure galant*, un procureur du Châtelet disait à un procureur du Parlement :

> On grappille chez nous, mais on pille chez vous.

Procuste. Mettre sur le lit de Procuste : ramener tout au même niveau, à la même mesure.

Procuste était un brigand de l'Attique, qui faisait étendre ses hôtes sur un lit de fer, leur coupait les extrémités des jambes quand elles dépassaient le lit, ou les faisait tirailler avec des cordes jusqu'à ce qu'elles en atteignissent la longueur. Thésée le tua et en délivra le pays.

Prodige, du latin *prodigium*, de *pro, agere* (?).

Les prodiges, regardés par les anciens comme le signe d'un grand événement, hors de l'ordre naturel, étaient souvent des prédictions funestes, et, par suite de cette croyance, le mot *proditor* était synonyme de traître. (Ces deux mots n'ont rien de commun.)

Prodigue, du latin *prodigus*, d'où *prodigalité*.

Synonymes : mangeur, panier percé, tonneau des Danaïdes.

— Prodiguer son bien : jeter sa maison par les fenêtres. (Rabelais.)

Prodigens, so es degastaire de la soas causus.

Le prodigue, c'est le dissipateur de son bien. (Code de Justinien.)

— En roman, *bobancier*, de *bomba*, pour *pompa*, ostentation (?).

> De promesses son bobaciers.
>
> (Marcabrus.)

(Ils sont prodigues de promesses.)

— C'est un enfant prodigue. (Voy. *Évangile* de saint Luc, XV.)

> Honz qui dépend plus qu'il ne doit,
> En povreté croler se voit;
> Et cil qui dépend par raison
> En bien multiplier voit-on.
>
> (xiiie Siècle.)

— L'été recueille, l'hiver mange. (Proverbe russe.)

> *Requiem* gagne l'argent,
> Et *Gaudeamus* le dépend.

— On dit d'un prodigue, qu'il brûle la chandelle par les deux bouts. Ce proverbe est stupide, et suppose une chose impraticable. Il est plus simple de dire : il dépense trop.

— On se sert encore des expressions : semer l'argent (voy.) ; manger son blé en herbe.

— L'économe se contente de peu ; c'est à peine si le prodigue se contente de trop.

Profil, de l'italien *proffilo*.

Contour linéaire d'un objet ou d'un visage vu de côté.

— Profil de camée : beau, très pur. (Voy. *silhouette*.)

Profit, profiter, du latin *proficio, profectum*.
On disait autrefois *preu* pour profit, bénéfice.

> Ferez dou preu d'autrui damage.
> (*Fabliau de la Mort.*)

— Le profit de l'un fait le dommage de l'autre. (Montaigne, *Essais*, titre du ch. XXI du 1ᵉʳ livre.)

Ce qui duit aux uns nuit aux autres.

On ne peut dessécher les marais sans faire du tort aux grenouilles. (Mᵐᵉ de Girardin.)

Progrès, du latin *progressus*, marche, mouvement en avant.

Il faut expliquer ainsi le sens moral de ce mot, car les écrevisses marchent aussi, mais en arrière (à la nage?).

— Ce mot est fait comme *produire*.

— Le progrès, en civilisation, doit s'entendre de ce qui est utile à tous. (M. G.)

— Les Américains, pendant la guerre de l'Indépendance, ont fait *progresser* et *progressif*, qui ont été adoptés, mais qu'on ne doit employer qu'avec prudence. Ainsi, la marche *progressive* des idées, expression souvent employée, équivaut à la marche *marchante* des idées.

— Le mot *progressif*, appliqué à des personnes, ne pourrait guère désigner que d'excellents marcheurs (?).

— Les ennemis du progrès s'appellent : tardigrades, qui préfèrent l'ornière au rail ; bonnets de coton ; éteignoirs ; rétrogrades.

Prolétariat, du latin *proletarius*, de *proles*, lignée, portée.

État d'une société où il y a des prolétaires, c'est-à-dire des individus qui ne possèdent rien, et ne vivent que de leur travail quotidien.

Promener, du bas-latin *prominare*, anciennement *pourmener*.

Des étymologistes ont proposé *pro manu agere !*

— Synonymes : Allez vous promener !... *Vade foras ! Foras !* (Plaute.)

En provençal : *fouare !* (dehors).

Allez au diable ! ...à tous les diables !

Allez vous faire lanlaire, ...vous faire paître, ...vous faire fiche... Ce dernier, pour gazer une expression plus grossière.

Envoyer à l'ours ; envoyer voir Martin au Jardin des plantes.

Va piss... ; manière très grossière de congédier quelqu'un. L'injure est ancienne, car Ducange, au mot *pissare*, cite un texte de 1865, où entre autres « grandes paroles reprochées à un accusé, on rapporte qu'il envoya pisser son adversaire ».

Promesse, du latin *promissa*.

— Promesse de corbeau : *sponsio corvina*. Locution latine, dont saint Augustin s'est souvent servi. C'est une allusion au cri du corbeau : *cras, cras*, demain, demain.

C'est le : Demain, on rasera gratis.

Prométhée, du grec *Prometheus*.

Un des Titans, puni par Jupiter pour avoir dérobé le feu du ciel et l'avoir communiqué aux hommes dans un roseau creux.

— Le bâton générateur du feu, qui enflammait par un frottement rotatoire un disque de bois creusé, s'appelait *Trupanon* en grec, et *Promatha* en sanscrit. Dans cette langue *Promāthus* est celui qui creuse en frottant, et qui développe le feu caché dans le bois. De là le Prométhée grec.

Promettre, du latin *promittere*, envoyer au loin...

— Promettre monts et merveilles.

Aureos montes polliceri.
(Térence, *Phormion*.)

Magnos promittere montes.
(Perse.)

Maria montesque polliceri. (Salluste.)

On dit aussi : promettre plus de beurre que de pain.

— Promettre des côtelettes de Sphinx à la purée de Chimère.

— Grand prometteur, petit donneur.

Se ruiner à promettre, et s'enrichir à ne pas tenir.

Oratione beneficus.
(Plaute.)

(Généreux en parole.)

— Il est toujours imprudent de faire une promesse, car un événement imprévu peut vous empêcher de la tenir. (M. G.)

— Chose promise, chose due : on doit, une fois qu'on a promis.

Proverbe analogue à cet autre : Un honnête homme n'a qu'une parole. On doit, en conséquence, avant de promettre, être sûr de pouvoir tenir ses engagements, si l'on ne veut être obligé de se retrancher derrière le proverbe : Promettre et tenir sont deux.

Promettre c'est donner ; espérer, c'est jouir.
(Delille.)

Pour son bonheur entretenir
Promettre ne faut sans tenir.

Prône, fait peut-être par contraction de *præconium,* proclamation, annonce (?).

C'est l'annonce publique que fait le curé, chaque dimanche, à la messe paroissiale, des fêtes, heures d'offices, bans, mandements épiscopaux, etc. ; pour rappeler aux assistants les devoirs religieux qu'ils ont à accomplir.

— Recommander quelqu'un au prône : faire un rapport qui lui attirera quelque réprimande.

Cette locution vient de l'usage féodal de recommander au prône les seigneurs aux prières des fidèles, leurs vassaux ; de même qu'aujourd'hui on termine l'office par le *Domine, salvam...*

Pronom, du latin *pronomen,* de *pro, nomine ;* qui est mis à la place du nom.

Partie du discours qu'on met au lieu du nom ou substantif, pour en éviter la répétition, ainsi que pour désigner la personne.

Prononcer, prononciation, du latin *pronuntiare.*

Manière d'articuler les mots ; sujette à plusieurs vices, connus sous le nom de balbutiement, bégaiement, bredouillement, grasseyement ; qui, le plus souvent, tiennent à de mauvaises habitudes d'enfance, bien plus qu'à un vice d'organisme.

Prononciation alsacienne : Marchand de bedis palais (marchand de petits balais).

Prophète, du grec *prophêtês,* par le latin *propheta.*

Celui qui prédit l'avenir, tandis que le *devin* découvre ce qui est caché.

— On appelait *prophètes,* chez les Hébreux, les hommes inspirés de Dieu, qui annonçaient l'avenir.

Les quatre grands prophètes sont : Isaïe, Jérémie, Ézéchiel et Daniel.

Parmi les douze petits, on compte Baruch, objet de l'admiration de La Fontaine.

— Prophète de malheur : oiseau de mauvais augure.

C'est la Loi et les Prophètes : il fait autorité.

Nul n'est prophète dans son pays (*Évangile* de saint Mathieu, ch. XXIII, 57 ; Marc, VI, 4 ; Luc, IV, 24 ; Jean, IV, 44.)

Un savant dans son pays est comme l'or dans une mine. (Proverbe turc.)

Propos, du latin *propositum*.

— *A propos*, locution adverbiale : convenablement au lieu et aux circonstances.

A propos de bottes. (Voy. *bottes*.)

A propos, Truelle, pourquoy est-ce que les cuisses d'une jeune demoiselle sont toujours fraiches ? (Rabelais, I, 29.)

Cela vient à propos, comme lard en pois. *(Id.* III, 41.)

Proposer, de *pro* et *pausare*.

— L'homme propose, et Dieu dispose. (G. Meurier, xv⁰ siècle.)

Les projets des hommes dépendent de la volonté de Dieu.

Nous trouvons un certain charme à disposer à l'avance de l'avenir, sans songer à l'inconstance des choses humaines.

> Comme le ciel se rit des vains projets des hommes !
> (Regnard.)

L'homme s'agite, Dieu le mène.

Contre Dieu, nul ne peut.

Propre, du latin *proprius*.

Ce qui appartient exclusivement à une personne.

A passé de ce sens : 1° à celui de convenable, 2° à celui de net.

Propre comme un calice, ...comme une écuelle à chats. Celle-ci n'est que d'une propreté équivoque ; nette peut-être, mais pas propre.

Mundus esto. (Caton.)

On dit d'une personne très propre : On croirait qu'elle sort d'une boite.

Propreté, dérivé de *propre,* dans le sens de net.

— La propreté est une demi vertu. (Saint Augustin.)

La propreté a quelque chose d'honnête : c'est le respect de soi-même.

La propreté est pour le corps ce que la décence est pour les mœurs. (Bacon.)

Propriétaire. Celui qui possède en propre, en son nom, un objet quelconque.

Il peut jouir, user, disposer des choses de la manière la plus absolue. La loi d'expropriation pour cause d'utilité publique prévoit le seul cas où le propriétaire puisse être dépossédé.

Prorata (au), abréviation de la locution latine : *pro rata parte,* pour la partie convenue ; à proportion de...

Se dit de la répartition d'une somme ou d'un nombre quelconque de choses entre un certain nombre d'individus, proportionnellement aux droits de chacun d'eux.

Dans une liquidation, chaque créancier reçoit au prorata de sa créance.

Proroger, du latin *prorogare*, prolonger.
Prolonger le temps prévu ou donné pour une chose.
A un sens opposé à *abroger*.
Suspendre les séances d'une assemblée délibérante, par un acte de l'autorité souveraine.

Prose, du latin *prosa*, pour *prorsa (oratio)*, discours direct.
— *Prorsa facundia*. (Apulée.)
La prose est le pain de la pensée, dont la poésie est le gâteau.
— On dit : vile prose, prosaïque, d'un discours commun et sans élévation, par opposition aux vers, qu'on appelle « le langage des dieux ».
— Horace appelle *musa pedestris*, muse pédestre, qui ne monte pas Pégase, une poésie dont les vers ressemblent presque à de la prose, *sermo pedestris*.

Prosopopée, du grec *prosôpon*, personnage, *poiéô*, faire.
Figure oratoire, par laquelle on donne la parole et la vie aux morts ou aux êtres inanimés.

Proto, du grec *prôtos*, le premier.
Le maître imprimeur.
Restif de la Bretonne en a dérivé *proterie*.

Protection, du latin *protectio*, de *protegere*, couvrir.
— Le grand protecteur, le seul protecteur de l'homme, c'est le travail.

Protée, du grec *Proteus*, de *prôtos*.
Le plus ancien des dieux.
— Protée, dieu marin, fils de Neptune, était chargé de garder le troupeau des moutons marins. Il prédisait l'avenir; mais on ne pouvait le lui arracher qu'en l'enchaînant, et, pour échapper à ceux qui le consultaient, il se métamorphosait de cent manières, se changeait en bête, en feu, en eau, etc.
— On appelle *protée*, un homme qui change sans cesse d'opinion, de langage, comme les courtisans, qui savent cacher leurs sentiments sous un masque trompeur. (Voy. *caméléon*.)

Protestant.

Synonymes : calviniste, huguenot, luthérien, parpaillot, réformé.

— Les sectateurs de Luther furent nommés *protestants* parce qu'en 1529, ils protestèrent contre un décret de l'empereur et de la diète de Spire, qui défendait toute innovation en matière de religion, et déclarèrent qu'ils en appelleraient au Concile général.

— *Parpaillot* vient de Jean-Pierre de Parpaille, l'un des chefs calvinistes, décapité à Avignon en 1562.

Protocole.

A Byzance, on nommait *protocollum*, ou premier registre, le volume destiné à contenir les actes publics, et qui était fait de papier dans la fabrication duquel entrait de la colle.

— En diplomatie, les protocoles sont les procès-verbaux des conférences tenues par les ministres plénipotentiaires.

Ce mot fut adopté, en 1814 et 1815, au Congrès de Vienne, ainsi qu'à ceux d'Aix-la-Chapelle et de Vérone.

Prou, adverbe; provençal *proun*, du latin *probe*; bien plutôt que de *proufit*.

Assez, beaucoup.

On disait autrefois après les grâces : « Prou fasse ! » Que ce repos vous profite !...

Madame, grand prou vous face ! (*Heptaméron*, nouv. 20.)

Prouver, du latin *probare*.

Ce mot a fait autrefois *preuve*, comme trouver *treuve*, à certaines formes de sa conjugaison. La trace en est restée dans le substantif.

Provençal, dérivé de *Provence*, latin *Provincia*.

— L'idiome provençal est né de la corruption du latin, pourriture féconde, d'où sont nées des langues parfaites.

— Le provençal est une langue, tandis que le français n'est qu'un patois. (Castil-Blaze.)

— Varron appelait Marseille *Trilinguis*, parce qu'on y parlait le grec, le latin et le gaulois, et l'on peut juger par le Dictionnaire qui suit, que de ces trois langues les deux premières ont concouru presque exclusivement à former le provençal, qui est resté ce qu'il était au Moyen-Age, avant la formation de la langue française.

— La langue française ne se parle en Provence que depuis la Révolution française. Avant cette époque, elle n'était étudiée que par les personnes obligées de la savoir, et, dans les meilleures sociétés, on ne parlait que la langue du pays.

Lorsque Louis XVIII, encore comte de Provence, vint visiter cette province, on eut de la peine, dans plusieurs villes, à trouver des personnes capables de le haranguer en français ; et même à Marseille, il y avait alors peu de négociants à qui cette langue fût familière. On l'enseignait, mais le provençal était resté dans l'usage général. Il ne fallut rien moins que la Révolution pour changer ces anciennes habitudes, et répandre rapidement l'usage du français. Cependant, aujourd'hui encore, la population des campagnes et de certains quartiers des grandes villes reste fidèle à son ancienne langue.

— La langue provençale était à son apogée de perfection de 1050 à 1250.

(*Nota*. — Ici devait prendre place un Dictionnaire des mots provençaux tirés du grec, du latin, de l'arabe, etc., dont nous ne trouvons aucune trace.)

Provence, du latin *Provincia*, la province par excellence.
Rac. *procul*, *vincere*, vaincre au loin.

— Synonyme : la Gueuse parfumée. (Sévigné, marquis de Galliffet.)

> Le Parlement, le Gouverneur, la Durance,
> Ces trois ont gâté la Provence.

Gâter est employé ici dans son acception étymologique de dévaster. On a dit aussi :

> Trois choses gâtent la Provence :
> Le vent, la comtesse, la Durance.

De ces trois fléaux, le Parlement n'existe plus ; la Durance, dérivée en canaux, désaltère Marseille, arrose ses jardins, et fertilise la Crau et une grande partie des plaines du Vaucluse. Reste le mistral, que l'on continue à maudire.

Le vent du nord-ouest, appelé *mistral* (maitre vent, magistral), est un vent violent et froid, qui règne en Provence et en Languedoc. Les anciens l'appelaient *zéphire*, joli nom pour un bien vilain vent !

Auguste, qui visita la Provence (7 ans avant Jésus-Christ), fit élever à Marseille, un temple à ce vent, que les Latins appelaient *Cœcias* ou *Circus*, du mot celtique *cyrch*, violence.

Strabon, dans sa Géographie, l'appelle *Melamboréas*, vent noir. C'est un vent local ; Pline en parle en naturaliste, et dit qu'il ne faut pas planter d'arbres dans la Gaule Narbonnaise, contre la direction de ce vent, mais à l'abri, parce qu'il enlève même le toit des maisons. Sa violence est extrême ; il renverse les obstacles qu'il rencontre, et soulève les cailloux, au point qu'on a renoncé depuis longtemps à garnir de vitres la façade nord du château de Grignan, ancienne résidence de la fille de M*me* de Sévigné, situé près de Montélimar ; elles étaient brisées par les cailloux, que le vent lançait comme avec une fronde.

En 1709-70, ce vent régna pendant quatre mois de suite.

On l'appelle « le balai de la Provence ».

Plusieurs contrées de la Provence sont abritées du mistral par des montagnes : Cannes, le Golfe Juan, Vallauris, placés derrière le rempart de l'Estérel. (Voy. *Hyères*.)

— La vicomtesse de Turenne, Cécile de Comminge, maîtresse de Clément VI, mort à Avignon, le 6 décembre 1352, exerça sur ce pape un ascendant funeste, et fut cause de beaucoup de malheurs pour la Provence.

— La Durance (*Druentia*) a un cours très rapide, et ses débordements sont torrentiels.

Tite-Live (XXI, 32) la décrivait déjà, quand il disait, au sujet du passage d'Annibal : *Non navium patiens est* ; elle n'est pas navigable.

Silius Italicus dit qu'elle roule à grand bruit des arbres déracinés et des morceaux de montagne. Cependant son nom de *Druentia* semblerait indiquer que plus tard les Romains la rendirent navigable, ou du moins flottable pour les chênes que produisait la Provence.

— Godeau, évêque de Vence, poète, académicien, et familier de l'hôtel de Rambouillet, dans des représentations au roi, au sujet d'un nouvel impôt, appelle la Basse-Provence « une gueuse parfumée », parce qu'elle ne produit pas assez de grain pour nourrir les habitants. Depuis ce temps, la gueuse s'est enrichie à vendre ses parfums, et Grasse, où se font la plupart des essences que la Provence fournit, a été appelée la « Cassolette » de la France.

— La Provence est une serre chaude pour les santés délicates. (M*me* de Sévigné.)

— Il y a en Provence, un grand nombre de localités encore plus favorisées que les autres, qui se recommandent par leurs qualités, et auxquelles leur nom sert, en quelque sorte, d'enseigne :

Auribeau (Basses-Alpes), de *Aura, bella*, bon air.

Flassans (Var), de *Flatus sanus*.

Beauvezer (Basses-Alpes), signifie belle vue.
Valbelle, Valbonne, *Vallis, bella, bona*.
Les Améniers près Toulon, de *Amœnus*, agréable.
Sollies (Var), de *Solariæ*, ensoleillé.
Vallensolle (Basses-Alpes), de *Vallis Sulis* (?).
Vallauris (Alpes-Maritimes), de *Vallis aurea*.
Vaumeil (Vaucluse), de *Vallis mellis*.

Digne, Eyguier, Martigues, la Palud, le Pradet, Vaucluse, rappellent l'abondance des eaux de la Provence, et il semble que, dans ce beau pays, la nature s'est plu à réunir les trois éléments nécessaires à sa fécondité : le soleil, l'eau et l'air.

— Le tambourin et le galoubet de Provence, sont une tradition de la musique arabe. On sait que la Provence a été assez longtemps occupée par les Maures.

Le galoubet tire son nom de *gal*, joyeux, et de *oubet*, pour *aubeta*, petite aube ; c'est l'instrument pour jouer des aubades.

Le tambourinaire provençal est joueur de galoubet et de tambourin tout à la fois. Flûtiste d'une main, grosse-caisse de l'autre, il ressemble par le haut à un enfant suçant un sucre d'orge, et par le bas à un marchand de plaisir.

Proverbe, du latin *proverbium*.

— Suidas, Zénobius, Diogénianus, Apostolius, sont des auteurs grecs qui ont fait des recueils de proverbes.

— Le proverbe est une maxime populaire, ou façon de parler sentencieuse, qui est dans la bouche de toute sorte de personnes.

— On a prodigué aux proverbes les noms les plus élogieux : petits évangiles, sagesse monnayée, algèbre des idées pratiques, écho de l'expérience, sagesse des nations. Ils ont eu aussi leurs détracteurs, et Molière (*Femmes savantes*, acte II, scène 7) parle avec mépris

De proverbes traînés dans les ruisseaux des Halles.

— Les proverbes s'expriment généralement en langage figuré, et se rattachent aux tropes. Il est curieux de retrouver dans ces locutions, d'origine essentiellement populaire, des rapports si fréquents avec les figures de rhétorique. M. Jourdain faisait, sans le savoir, seulement de la prose : le peuple fait presque de la poésie.

— Le proverbe affecte les formes variées de :

L'allégorie : Qui craint les feuilles n'aille pas au bois.

L'allitération : Secret de deux, secret de Dieu. Mal a qui a, pis a qui n'a. Patience passe science.

L'antithèse : Grand prometteur, petit donneur.

Le calembour : Qui bâtit, ment.

La concision : Tout ou rien ; peu et bon.

La contradiction : Les proverbes ont toujours raison, parce qu'ils ont tous leur contraire, et répondent ainsi à toutes les demandes. Ainsi : Chose promise, chose due. Promettre et tenir sont deux. — Il ne faut pas chasser deux lièvres à la fois. Il faut avoir deux cordes à son arc. — Il ne faut pas remettre au lendemain les affaires sérieuses. La nuit porte conseil.

Le jeu de mots : Il y a plus de trompés que de trompettes.

L'hyperbole : Il se noierait dans un crachat.

La métaphore : Graisser la patte ; faire le plongeon.

Le paradoxe : Qui paie ses dettes s'enrichit. L'appétit vient en mangeant.

Providence, du latin *providentia*, *providere*, pourvoir.

C'est la sagesse divine douée de prescience et conduisant toutes choses.

De la même origine viennent : pourvoir, provision, prudence, etc.

Proxénète, du grec *proxénétés*, courtier.

Désignait à Athènes les magistrats chargés de loger les étrangers venus dans la ville pour affaires politiques.

Prude, de l'ancien français *prode* ; féminin de *preux* ; il s'est pris anciennement dans un sens avantageux.

Femme très réservée, qui manque d'imprudence. Misé Pesqui-pas.

— Synonymes : sucrée. Faire la prude ; faire la bégueule ; faire sa Sophie : affecter des airs de sagesse.

— La pruderie est en raison directe de la corruption.

La pruderie est la grimace et l'hypocrisie de la pudeur. (Massias.)

Prudence, de *prudentia*, contraction de *providentia*.

Vertu qui fait éviter les dangers, dans les cas difficiles.

— On dit de l'homme prudent qu'il est « garé des voitures », par allusion aux dangers de la circulation à Paris.

— La prudence est la portière du cœur : elle n'ouvre pas à la folie.

— La prudence est une des quatre vertus cardinales.

Chez les anciens, elle se confondait avec la science, comme on le voit dans le mot *jurisprudence*, qui signifie science du droit, et dans *prud'homme*, homme instruit, choisi pour juge-arbitre dans les contestations entre membres d'un corps de métier.

— On dit : la prudence du serpent.

Prud'homme est formé comme *sage-femme*.

— Monsieur Joseph Prudhomme, créé par H. Monnier, vers 1830, est le type de la bêtise bourgeoise au XIX° siècle. C'est l'homme qui cache sous une apparence grave et sérieuse la nullité de son esprit, et répète avec emphase les banalités qu'il a lues dans son journal.

H. Monnier a pris pour modèle de son portrait un peu chargé, le bourgeois de Paris, raisonneur et sentencieux.

Prune, du latin *prunum*.

— Ce n'est pas pour des prunes : ce n'est pas pour rien.

Prune est ici le fruit de l'épine noire, ou prunelle, fruit âpre, sans utilité, si commun qu'on ne recueille pas.

> Si je suis affligé, ce n'est pas pour des prunes.
> (Molière, *Cocu imaginaire*, 16.)

— Mangez des prunes, nos pourceaux n'en veulent plus. (*Moyen de parvenir*, ch. 75.) Vieux dicton peu poli, pour offrir une chose qu'on a en surabondance.

— Les prunes de Reine-Claude doivent leur nom à la reine Claudine, première femme de François Ier.

On raconte aussi que la reine Claude, à la suite de la première croisade, donna son nom à des prunes délicieuses rapportées de Palestine. Les arbres, plantés dans le jardin du palais des Tournelles, donnèrent des fruits exquis, souvent volés la nuit par les écoliers. Ces amateurs de reines-claude étaient condamnés par le Châtelet à être pendus.

A' quelque temps de là, un truand vola les diamants de la couronne. Il fut aussi condamné à la potence ; mais arrivé au pied du gibet, il dit avec une certaine fatuité : « Au moins ce n'est pas pour des prunes ! »

— Les prunes de Monsieur reçurent ce nom, parce que Monsieur, frère de Louis XIV, les aimait beaucoup.

Prusse.

Travailler pour le roi de Prusse : sans salaire, pour l'amour de Dieu.

Le roi de Prusse dont il est ici question, c'est Guillaume Ier, qui pressura le peuple, très malheureux sous son règne.

— Le soldat prussien, avec son paratonnerre sur la tête, c'est Mars coiffé en chicard. (Ch. Hugo, 23 juillet 1870.)

Pseudo, du grec *pseudos*, mensonge.
Ce préfixe invariable s'ajoute à certains mots, pour marquer que la qualité qu'ils expriment est fausse.
Pseudo-prophète, pseudo-ami.

Pseudonyme, formé du précédent et de *onoma*, nom.
(Voy. *noms* pseudonymes.)
Mlle Nathalie (des Français) s'appelle Zaïre Mavel; Mlle Agar, reçue en 1869, s'appelle Chauvin ; Mlles Belval et Silly, deux sœurs, se nomment Goret ; Mlle Cora Pearl, est Cruch ; Thérésa s'appelle Emma Valadon.

Puant, participe présent de *puer* ; latin *putere*.
On ne saurait y voir une syncope d'*impudent*.
Au figuré : important, fier, orgueilleux.

Public, du latin *publicus*, par *populicus*, qui appartient au peuple.
Sa Majesté Tout le monde.
— Combien faut-il de sots pour faire un public ? (Gœthe.)
— Le public, cet être aux cent têtes, qui est toujours le même et toujours changeant, ce tout le monde, enfin, qu'on dit avoir plus d'esprit que Voltaire, plus d'argent que Crésus...
— En public : *coram populo*.

Publicain, du latin *publicanus*.
Dans la Bible, les publicains sont les percepteurs de l'impôt.
Fermiers des deniers publics chez les anciens Romains. Comme ils couraient de grands risques dans le recouvrement des impôts, ils se montraient fort durs à l'égard des débiteurs de l'État. Ils abusaient même quelquefois de leur pouvoir au point de se rendre odieux aux populations.
Chez les Juifs, les publicains étaient en exécration, et l'un des reproches faits au Christ par ses compatriotes, était de fréquenter les publicains et les femmes de mauvaise vie. (Voy. saint Mathieu.)

Puce, du latin *pulex, pulicem*.
— M. de Metternich a la Prusse à l'oreille, disait-on en 1866, à propos des préparatifs de guerre de Bismarck.
— Avoir la puce à l'oreille : avoir des inquiétudes sur le résultat d'une affaire.

Puce à l'oreille, l'homme réveille.

> La Didon, que l'amour réveille
> Et lui met la puce à l'oreille.
>
> (Scarron, *Virgile travesti*.)

Pucelle, du diminutif *pullicella*, de *pulla*; provençal *piucella*; de *pullus*, tout petit animal.

Le latin avait aussi *pudicella*, diminutif de *pudica*.

Pudeur, du latin *pudor*, de *pudere*, avoir honte.

Pudeur se disait aussi en latin *verecundia*, qui a donné *vergogne*; d'où femme dévergondée.

C'est Desportes qui a créé ce mot aussi cher à la poésie qu'à la prose.

— La pudeur est la conscience du corps.

> La pudeur fut toujours la première des grâces.
> (La Chaussée, *École des Maris*, II, 9.)

La beauté sans pudeur est une fleur tombée dans la boue.

La pudeur! belle vertu, qu'on attache sur soi avec des épingles.

La pudeur, sorte de modestie de la matière, n'est souvent qu'une feuille de vigne à jour...

— *Proh pudor!*... ô honte! Interjection latine, qui exprime le dégoût inspiré par un acte inconvenant, incongru. Il répond à: Fi donc! et aussi assez bien au *schoking* des pudiques ladies.

Puer, du latin *putere*.

— Puer comme un bouc. Les Latins disaient *hircosus* dans le sens de *impudique*.

— De *puer* vient *putois*, mammifère digitigrade, voisin des martres, et exhalant une odeur fétide.

De là aussi: punais, punaise.

— Tuer les mouches au vol: avoir l'haleine puante.

Puff, mot anglais, qui signifie *bouffée*.

Désigne tout genre de publicité mensongère qui a pour but d'attirer l'argent du public. C'est le dernier mot du charlatanisme. Barnum est le Napoléon du puff. (Voy. *canard*.)

Puis, du latin *post*, provençal *pueis*.

De là vient *depuis*.

Puissance, vieux français *poissant*, du latin barbare *possentem*.

La puissance qui demande, ordonne; les prières des rois sont armées. — *Satis imperat qui rogat potentia; armatæ sunt preces regum*. (Charron, *Sagesse* III, 2.)

Punch, mot anglais.

Boisson spiritueuse faite avec du thé, du citron, du sucre et du rhum ; empruntée aux Anglais, et introduite en France après la paix de 1703.

Punir, du latin *punire*. On l'écrivait autrefois *pugnir*, comme s'il fût venu de *pugnus*, poing.

— Le droit de punir doit être effacé du code, d'après certains philosophes qui n'admettent pas la responsabilité humaine.

Fourier veut qu'on ne réprime pas les passions, mais qu'on les dirige. Le moyen de supprimer la pénalité est l'instruction répandue dans toute la société ; l'ouverture des écoles fera fermer les prisons.

— Un procureur est un magistrat qui prouve son horreur du sang, en faisant verser le plus de sang qu'il peut.

Pur, du latin *purus*, du grec *pur*, le feu, qui est l'emblème de toute purification.

Qui est sans mélange.

— Dérivés : pureté, apurer, purifier, dépuratif, purger, purgatoire, impur.

— Aux purs, tout est pur.

Purée, du latin *purare*, nettoyer, passer à l'étamine ; ou plutôt de *porrum*, poireau, comme l'indique le vieux mot *porrée* ou *poirée*.

— Purée septembrale : le vin. (Rabelais.)

Purgatif, purger, du latin *purgare*.

Médication propre à déterminer des évacuations alvines.

Synonyme : récurer le chaudron (trivial).

Purisme, défaut qui consiste à affecter une trop grande pureté de langage.

Le puriste, dit La Bruyère, parle proprement et ennuyeusement.

Le puriste est le puritain du langage.

Puritains, secte qui était attachée plus purement que les autres presbytériens à la lettre de l'Écriture.

— On appelle *puritain* un personnage de mœurs rigides.

Put, radical de *putere*, puer ; de *putare*, penser ; et du mot *putus*, petit.

Puta, provençal *puta*, petite fille ; féminin de petit garçon : comme *garse*.

Il a donné un dérivé injurieux et malhonnête, ayant changé son acception première en celle de *putida*, puante.

— Primitivement, ce mot était honnête. Goldoni a composé une comédie intitulée *la Puta honorata*, la fille honnête.

— Les troubadours l'ont toujours employé dans le sens péjoratif de *put*..., courtisane, vilaine, prostituée.

— Il échappait souvent à la reine, de dire (en parlant de Mme de Montespan) : « Cette pute me fera mourir. » (Saint-Simon.)

Jason ac putanas tro'l soleih es levatz.
(P. Cardinal.)

(Couchant avec prostituées jusqu'au soleil levé.)

Le très cher frère, indocile et mutin,
Vous la rima très richement en tain.
(Gresset, *Vert-Vert*.)

Putiphar. (Voy. *Genèse* XXXVII, et *chaste*.)

Pygmalion, nom mythologique.
Sculpteur de l'île de Chypre, dégoûté du mariage par l'horrible dépravation des femmes d'Amathonte, résolut de vivre dans le célibat. Vénus, irritée, le rendit follement amoureux d'une belle statue d'ivoire, œuvre de son ciseau ; puis, à sa prière, anima cette statue, que Pygmalion épousa et dont il eut un fils, Paphus, qui fonda la ville de Paphos.

Pygmées, du grec *pygmê*, coudée.
Race d'hommes que la Fable place en Libye.
Ils n'avaient qu'une coudée de hauteur. Leurs femmes devenaient mères à trois ans, et étaient vieilles à huit. Une armée de Pygmées ayant assailli Hercule endormi, ce héros les enveloppa dans sa peau de lion, et les porta à Eurysthée.

Les modernes ont vu revivre cette fable dans le *Voyage de Gulliver*. (Voy. *myrmidons*.)

Pyrame et Thisbé.
Pyrame, jeune Assyrien, aimait Thisbé. Ils projetèrent un rendez-vous hors de la ville sous un mûrier blanc. Thisbé, arrivée la première, fut attaquée par une lionne, qui avait la gueule ensanglantée. En s'enfuyant, la jeune fille laissa tomber son voile, que la bête souilla de sang en le déchirant. Pyrame survint, aperçut les lambeaux, et, croyant Thisbé dévorée, se perça de son poignard. Cependant Thisbé revint du lieu où elle s'était réfugiée, et, trouvant le cadavre de son ami, se perça du même poignard.

Le mûrier fut teint du sang des deux amants, et les mûres qu'il portait devinrent rouges, de blanches qu'elles étaient auparavant.

Pyramidal, pyramide, du grec *puramis*.
Synonyme de colossal, très grand.

— La grande pyramide de Chéops, construite sous la IVe dynastie, 4000 avant Jésus-Christ, a 233 mètres de côté à la base ; sa hauteur primitive était de 143 mètres. Elle a une masse de 75 millions de pieds cubes, et fournirait les matériaux d'un mur haut de six pieds, long de mille lieues, qui ferait le tour de la France. Supposez la Grande Pyramide en fer blanc creux ; elle pourrait se placer sur Saint-Pierre de Rome, qui disparaîtrait comme une muscade sous le gobelet. (J.-J. Ampère.)

> Leur masse indestructible a fatigué le temps.
> (Delille.)

Audacia saxa (Stace) : audacieux rochers.
Portentosæ moles (Pline) : masses monstrueuses.
Du haut de ces monuments, quarante siècles vous contemplent. (Bonaparte.)

Pyrénées, *Pyrenæi* (montes).

— Il n'y a plus de Pyrénées ! Lorsque le duc d'Anjou partit pour régner en Espagne, Louis XIV, pour marquer l'union future des deux nations, dit : « Il n'y a plus de Pyrénées ! »

Pyrrhonisme, doctrine professée par Pyrrhon, qui avait pour principe de douter des choses que tout le monde regarde comme certaines.
Habitude de douter de tout ; scepticisme.

Pythonisse, ou *Pythie*.
Devineresse, femme qui exerce la divination par le moyen d'un esprit malin qui est en elle. *(Actes des Apôtres,* ch. XVI.)
Cet esprit s'appelait Python, surnom d'Apollon, qui rendait ses oracles à Delphes sous le nom de Pythien, parce qu'il avait tué le serpent Python.

Q

Q et **K** se prononcent souvent comme c dur. Le q ne faisait point partie, primitivement, de l'alphabet des Latins. Ils le remplaçaient par c et écrivaient *oblicum, locuntur*. On l'introduisit plus tard pour remplacer la syllabe *cu*, et on ne le fit pas suivre d'abord de l'*u*.

Au XVI° siècle, il s'éleva une dispute, entre la Faculté des lettres et celle de théologie, sur la manière de prononcer le *q*. La Sorbonne soutenait que, dans les mots latins *quisquis, quanquam*, on devait prononcer *kiskis, kankan* ; et le grammairien Ramus, dont l'opinion prévalut, voulait qu'ils se prononçassent comme ils s'écrivent. (Voy. *cancan*.)

— Les mots français *coq* et *cinq* sont les seuls, avec l'*Ourcq*, qui terminent par un *q*.

Autrefois, on y pouvait joindre *desjucq*, matin.

> Chantons Noël du soir jusqu'au desjucq.
> (C. Marot.)

Quadragésime. (Voy. *carême*.)

Ne s'emploie que dans la locution ecclésiastique : dimanche de la Quadragésime.

Quadrature du cercle.

Problème insoluble, puisque le rapport de la circonférence au diamètre est incommensurable. (Voy. *cercle*.)

Quand, du latin *quando*, provençal *quan*.

> Quand les canes vont aux champs,
> La première va devant...

Se dit à ceux qui demandent trop souvent : Quand sera-ce ?
— En Normandie, on dit : « Tu partiras quand nous. »
Cette locution était autrefois *quand et nous*.

Quant, de *quantum*, se joint à *à*.

Quant à moi : pour ce qui est de moi.

A été aussi adjectif, venant de *quantus*, comme on le voit dans l'expression : toutes et quantes fois.

Quarantaine, dérivé de *quarante*, *quadraginta*.
Nombre de quarante ou environ.

— Temps qu'un navire reste isolé des habitants d'un pays, lorsqu'il vient d'un lieu où règne une maladie contagieuse.

L'épreuve devait, autrefois, durer quarante jours, d'où lui était venu son nom; qui est demeuré, quel que soit le nombre de jours que dure la séquestration.

Quart, du latin *quartus*, quatrième.

— Quart d'heure. On dit improprement : six heures, huit heures moins *le* quart ; parce que *le* quart est relatif à la quantité d'heures énoncée ; tandis que *un* quart est absolu, et représente le quart d'une unité. Ainsi huit heures moins le quart, pourrait, à la rigueur, signifier six heures, en retranchant le quart de 8, qui est 2. Mais 8 heures moins un quart ne peut exprimer que 7 heures 3/4... Tout au plus peut-on dire : une heure moins le quart.

— Le quart d'heure de Rabelais. (Voy.)

C'est le moment de payer ce que l'on doit ; moment toujours désagréable et souvent embarrassant.

— Passer un mauvais quart d'heure. Les anciens attribuaient une mauvaise influence à certaines heures ; d'où viennent les mots *malheur* et *bonheur* (?).

Quartier, dérivé de *quart*.

Ce mot, qui signifiait le quart d'un tout, a pris le sens de partie d'un tout divisé en un nombre quelconque de parts.

— En terme de blason, le quart ou l'écart de l'écusson écartelé.

Un écusson est contre-écartelé, quand un de ses quartiers est lui-même écartelé.

I escut en IIII cartiers, et en cascun cartier a I leo. (Tarif des monnaies de Provence.) Un écu en quatre quartiers, et en chaque quartier un lion.

Dans les généalogies, on appelle « quartiers de noblesse » chaque degré de descendance, soit en ligne paternelle, soit en ligne maternelle. On ne pouvait être reçu dans certains ordres, sans avoir justifié d'un certain nombre de quartiers. Il en fallait huit pour entrer dans l'ordre de Malte.

Cette acception du mot *quartier* vient de ce que les parties d'un grand écusson contiennent les armoiries différentes désignant les divers chefs dont on descend.

— A l'origine, on mettait sur les quatre coins d'un tombeau, les écus du père, de la mère et des deux aïeuls du défunt. On voit, en Allemagne, des tombeaux où il y a 8, 16 et 32 quartiers.

— Quartier de ville. Avant Philippe-Auguste, Paris était divisé en quatre parties qui étaient nommées *quartiers*, à cause de leur nombre : la Cité, Saint-Jacques-la-Boucherie, la Grève et la Verrerie.

Depuis 1860, il est divisé en 20 arrondissements et 80 quartiers.

— Pas de quartier, sans quartier. Autrefois il était d'usage, dans les camps, de racheter un prisonnier de guerre en payant pour sa rançon un quartier de la paie à laquelle il avait droit par son grade.

Quasi, adverbe latin : presque, en quelque sorte.
On dit aussi *quasiment*.

> C'est une ville, en vérité,
> Aussi grande quasi que Thèbes.
> (Molière, *Amphitryon*.)

Quasimodo, le premier dimanche après Pâques.
Ce nom est emprunté aux premiers mots de l'*introït* de la messe de ce jour : *Quasi modo geniti infantes*.

Quatre, du latin *quatuor*.
De là : quart et quartier, cadran, écarteler, etc., équerre (en provençal *escaire*) et équarrir, mettre d'équerre ; quadragésime, carême, carré, quadrature.

— Se mettre en quatre : déployer beaucoup d'activité, se multiplier.

Dans le Berry on dit : se mettre en deux, se dédoubler, d'une femme qui accouche.

— Avoir de l'esprit comme quatre ; faire le diable à quatre ; tiré à quatre épingles. (Voy. ces mots.)

— On remarque que le nombre *quatre* a été appliqué à des usages très nombreux. Il y a :

Les quatre âges du monde ; les quatre points cardinaux ; les quatre saisons ; les quatre temps ; les quatre règles de l'arithmétique ; les quatre éléments ; les quatre quartiers de la lune ; les quatre conjugaisons ; les quatre évangiles ; les quatre épices (girofle, muscade, poivre, cannelle) ; les quatre fleurs (coquelicot, violette, mauve, camomille) ; les quatre fruits (datte, figue, jujube et sebeste).

— Les Quatre-Temps sont des jours d'abstinence et de jeûne ordonnés par l'Église, au commencement de chacune des quatre saisons de l'année.

Quelqu'un, de *quelque* et de *un.*

Parent de *personne, quelqu'un* est l'auteur de tout méfait anonyme.

Quelqu'un a fait cela. Chacun a entendu dire cela à quelqu'un...

Il n'y a pas une lâcheté, un mensonge, une bourde, une calomnie qu'on ne mette sur son compte. Si *quelqu'un* existait, il réclamerait certainement en justice contre l'abus qu'on fait de son nom, en le rendant responsable de toutes les turpitudes de l'humanité. (Voy. *on.*)

Quenotte, ancien français *quenne.*

Terme familier : petite dent, comme celle des enfants.

Petites quenottes jolies. (Molière, *Princesse d'Élide.*)

Querelle, du latin *querela,* plainte, lamentation.

(Voy. querelle d'*Allemand, algarade, Castille, noise.*)

— Synonymes : prise de bec ; le torchon brûle, se dit d'une querelle de ménage ; chercher querelle ; chercher garouille ; avoir des mots ; échanger des gros mots ; avoir des raisons.

— Querelles de gueux, durent peu.

Querelles de gueux qui se raccommodent à la gamelle.

A la suite de bien des duels, il n'y a de tués que des poulets.

Un dîner a un côté excellent : on se rencontre, on se voit, on se parle, on fraternise, et tels qui arrivent brouillés à mort, finissent par choquer leurs verres et par se donner la main.

(Voy. *ami de table.*)

— Les querelles ne dureraient pas tant, si tous les torts étaient d'un seul côté.

Quérir, du latin *quærere,* provençal *querre.*

Ce terme n'est guère resté que dans ses composés et dérivés : quête, question ; acquérir, conquérir, s'enquérir ; exquis, requête, perquisition, etc.

Questeur, du latin *quæstor.*

C'était, à Rome, le magistrat chargé de l'administration des revenus publics.

Dans les assemblées parlementaires, ce sont les membres chargés de diriger l'emploi des fonds alloués à ces assemblées.

Quêter, dérivé de *quête, quæsita.*

Aller à la chasse avec un fusil de toile.

Quêtes de charité : bienfaisance à la tire.

Queue, du latin *cauda*, de *cœdo*, parce qu'on coupe sans danger la queue à certains animaux.

Cauda sine damno obsecatur, ut canibus vidimus. (Vossius.)

— Dérivé : couard, couardise.

— Chien de voleur ! si tu recommences, je te couperai la queue au milieu du dos.

— *In cauda venenum* : le poison est dans la queue ; c'est-à-dire le piquant, le trait d'une anecdote, d'une épigramme, se trouve dans le mot de la fin. Tout l'intérêt d'une lettre est souvent dans le *post-scriptum*.

— Queue rouge. On désigne par là les bouffons de théâtre, les successeurs de Jocrisse et de Cadet-Roussel, qui florissaient au temps du premier Empire, et qui portaient sur la scène une perruque dont la queue était tortillée d'un ruban rouge, pour amuser le public. (Voy. *ruban*.)

— Il n'est pas cause que les grenouilles n'ont pas de queue. C'est comme : il n'a pas inventé la poudre ; il manque d'esprit.

Ce proverbe vient de l'observation du phénomène de la métamorphose du têtard en grenouille. Le têtard destiné à se transformer en batracien est un poisson manquant de nageoires latérales et de vessie aérienne, mais pourvu, comme organe de locomotion, d'une queue plus large et plus longue que le corps, et qui lui permet de se mouvoir comme avec la rame d'un godilleur. Cette queue formidable a, pour la soutenir, un prolongement de la colonne vertébrale ; pour la mouvoir, des muscles puissants ; pour la nourrir, des vaisseaux considérables ; pour l'animer, de nombreux nerfs. Pendant la métamorphose, la queue, qui va devenir inutile, décroît et se résorbe, pour servir au développement des membres de la grenouille.

— Pacha à trois queues. Des queues de cheval, au bout d'une hampe, servent d'étendard aux Turcs. C'est aussi un signe de dignité dans la hiérarchie militaire. Ainsi, le grand seigneur a sept queues ; le grand vizir, trois, etc.

— Ruban de queue. Route longue et ennuyeuse.

Au commencement du xix° siècle, après la grande perruque de Louis XIV, vint la mode de la queue, ou *salsifis*, qui était une longue mèche de cheveux, réservée derrière la tête, et qui pendait, roulée jusque dans le dos. On se servait pour cela d'un long bout de ruban noir, que l'on tournait autour de la queue de cheveux, pour imiter le légume dont la mode avait fait une sorte d'ornement.

Queux, du latin *coquus*, cuisinier : *coque*, *cuire* ; italien *cuoco*. On dit aussi *coq*, *maître coq*.

Qui, du latin *qui*. Pronom conjonctif et interrogatif ; équivaut à *lequel* et à *laquelle*.

> Le mal d'amour est une rude peine ;
> Lorsqu'il nous tient, il nous faut en mourir ;
> L'herbe des prés, quelle est si souveraine,
> L'herbe des prés ne saurait en guérir.
>
> (Chant populaire. Voy. *Moniteur*, 27 mai 1853.)

— Qui est-ce qui l'a fait ? qui est-ce qui l'a pondu ? qui est-ce qui l'a couvé ? Réponses à des questions trop multipliées, ou trop pressées.

— L'abbé de Marsy, commentateur de Rabelais, au passage du livre V, ch. 18 : « jusqu'au cul », dit qu'un jour le Dante revenant de la foire, trois gentilshommes le rencontrèrent, et lui dirent, en parlant tous à la fois :

« — Bonjour, seigneur Dante. — D'où venez-vous, seigneur Dante ? — Le gué est-il profond ? »

A quoi le poète répondit :

« — Bonjour. — De la foire. — Jusqu'au cul. »

Quia, mot latin : parce que.

— Être réduit à *quia* : ne savoir que dire, que répondre.

— Dans les disputes de l'École, où l'on discourait en latin, celui qui ne savait donner le pourquoi d'une chose, disait : *quia, quia*, et en restait là. (Voy. *mettre à cul*.)

Régnier (*Satire* X) dit :

> Par hasard disputant, si quelqu'un lui réplique
> Et qu'il soit à *quia* : Vous êtes hérétique !

Quibus, mot latin. Sous-entendu *omnia finiunt*.
L'argent. (Voy. *finance*.)

> Tu sais l'art d'employer noblement ton quibus.
>
> (Desmoustiers.)

Quiconque, latin *quicumque*, tout homme qui.
(Voy. *Quincampoix*.)

Quidam, mot latin : un certain.
Terme de palais ; personne dont on ignore le nom.

Quiétisme, du latin *quietus*, tranquille.
Erreur de certains mystiques qui font consister la perfection

chrétienne dans la seule contemplation, en négligeant entièrement les œuvres extérieures.

Quille, pour *esquille* (?), écaille de bois.
Au figuré et familier : jambe.
— Donner à quelqu'un son sac et ses quilles : le renvoyer.

Quincampoix, du latin *quicumque* (?).
Rue de Paris, modification de *qui qu'en poist*, qui qui s'en fâche. De même *Quiquengrogne* était une maîtresse tour, construite en dépit de ceux qu'elle menaçait. « Je la bâtirai, qui qu'en grogne. »
Grogner est remplacé par *grousser*, dans les vers suivants :

> Je retourneray, qui qu'en grousse,
> Devers cet advocat d'eauë douce.
> (Patelin.)

— La rue *Qui qu'en tonne*, est devenue Tiquetonne.
— Il y a aussi un Quincampoix sur la route de Rouen à Lille.
— M. Paulin Pâris, dans un discours d'ouverture du cours d'histoire de la langue française, au Collège de France, où il remplace M. Edgard Quinet, s'excuse modestement de son insuffisance ; mais le ministre l'a nommé, et « bon gré, mal gré, il faut passer outre, comme on disait autrefois, qui qu'en ait, qui qu'en grogne ».
M. F. Génin dit que « qui qu'en ait » est un idiotisme, et n'appartient pas au vieux langage français.

Quine, du latin *quini*, cinq à la fois.
Cinq numéros pris à la loterie et sortis ensemble de la roue.
— Le *quaterne*, quatre numéros sortant ensemble, se payait 75.000 fois la mise. Le *quine* ne se jouait pas à la loterie de France.

Quinquina, du péruvien *kinakina*, écorce des écorces.
Le quinquina a été appelé « poudre de la comtesse ». C'était la comtesse Chinchon, femme du vice-roi de Lima, en 1638, qui fut guérie par la vertu du quinquina.
D'où le nom scientifique de *cinchona*, donné à la plante.
— Le sulfate de quinine a été trouvé, en 1820, par Pelletier et Caventon.
— On appelle « quinquina indigène » la racine de gentiane. (Voy.)

Quintessence, de *quinta essentia*, cinquième essence.
Chez les anciens, c'était la substance éthérée ; les quatre premières étant les quatre éléments ; la terre, l'eau, l'air, le feu.
— Les essences sont plus ou moins chargées d'huiles odorantes,

par des distillations répétées, et on appelle eau de fleur d'orange double, triple, etc., l'eau plus ou moins chargée de parfum ; de sorte que celle qui aurait été distillée cinq fois serait véritablement de la quintessence de fleur d'orange.

— On remplace couramment *quintessence* par *élixir*, de l'arabe *al aksir*, essence par excellence.

Quinteux, de mauvaise humeur. (Voy. *grincheux*.)
Quinteux comme la mule du pape.

Quinze-Vingts. Hôpital des aveugles, à Paris, fondé par saint Louis, pour trois cents de ses chevaliers, qui avaient perdu la vue en Palestine.

Quiproquo, du latin *qui pro quo*. Prendre un *qui* pour un *quo* ; ou *quid pro quo*.

— Quiproquo d'apothicaire : méprise grossière.

— Au xiv° et au xv° siècle, les médecins écrivaient ces trois mots dans leurs ordonnances, en tête d'une colonne particulière, où ils indiquaient plusieurs drogues susceptibles d'être substituées à d'autres, dans le cas où celles-ci manqueraient.

— *Quiproquo* est invariable.

Quoi, du latin *quid*. Pronom relatif et interrogatif.
Quoi ? de quoi ? Qu'est-ce ? qu'y a-t-il ?
De quoi ! est pour : de quoi s'agit-il ?
Quoi ! Eh quoi ! sont des exclamations d'étonnement.

— De quoi, s'emploie substantivement, dans le sens de *bien*.
Cette femme est un bon parti : elle a de quoi.

> Ils trouvaient aux champs trop de quoi.
> (La Fontaine.)

— De quoi ! exclamation populaire, pour exprimer l'indignation qu'excite une prétention exagérée.

Quoique, conjonction adversative, de *quoi* et *que*.
C'est un solécisme de création moderne, composé de *quid* et de *quod*. Il ne se rencontre dans aucun auteur français ancien. Il est dit dans le sens du latin *quamvis*.
On doit le remplacer par *encore que*.

— *Quoi que*, écrit à distance, est seul français.

> Quoi qu'en dise Aristote et sa docte cabale...

— Le général Cialdini est appelé à remplacer à Paris l'ambassadeur Nigra. Les journaux religieux reprochent au général italien d'avoir contribué à déposséder le pape de son pouvoir temporel; l'opinion publique l'accepte, non pas quoique, mais parce que.

Quolibet, du latin *quod libet,* ce qui plaît.
Plaisanterie triviale.

Quote-part, du latin *quota pars,* quelle part.
Quote est de même origine que *quotient,* de *quoties,* combien de fois le diviseur est contenu dans le dividende.
— La quote-part est la part qui revient à chacun des ayants-droit, dans une répartition ; ou ce que chacun doit payer.

R

R. *Mensibus erratis, purissima vina bibatis.* Dans les mois qui contiennent un *r*, il faut boire son vin sans eau.

> Si les mois ne sont errés,
> Le poisson ne mangez.
> (XIIIe Siècle.)

Rabâcher, de *re* et de *bâche* (?).
La bâche est une sorte de cuvette, où se rend l'eau puisée par une pompe aspirante, et où elle est reprise par d'autres pompes pour être élevée de nouveau. Ainsi rabâcher, c'est répéter toujours la même chose.
En provençal, rabâcheur se dit *rababeou,* repépiaire.
— *Rabâcher,* selon F. Génin, ne vient pas de *bâche,* qui n'existe pas dans la langue avec le sens de cuvette : ce serait un composé dont le simple manquerait.
D'après lui, *rabâcher* est pour *rêvasser,* fréquentatif péjoratif de *rêver,* qui se rencontre souvent dans les vieux auteurs, pour exprimer l'idée attachée à *rabâcher.* Quant à la permutation de *v* en *b,* elle est aussi fréquente que celle de *c* en *ch.* D'où la formule V=B, C=Ch.

> *Idem dictum est centies.*
> (Térence, *Héautontimorouménos,* V, 1.)

Incudem eamdem tundere (Cicéron) : rebattre la même enclume.
Rem tota die concoquere : cuire toujours la même chose.
— Fontenelle dit à un rabâcheur qui lui racontait des faits très connus : « Monsieur, il faut que ce que vous me dites soit bien vrai,

car vous me l'avez cent fois raconté, et je l'ai cent fois entendu raconter aux autres. »

> Clidamant raconte à merveille,
> Mais il le faut voir rarement :
> Le premier jour, il est charmant,
> Ensuite il est moins amusant,
> Puis il devient un peu pédant ;
> Bref, il se répète, et souvent
> Vous savez par cœur dès la veille
> Ce qu'il dira le jour suivant.

Rabat-joie. Personne triste, sévère, et qu'ennuie le plaisir des autres.

Rabbin, de *raboin*, diable (Vidocq), qui vient de l'espagnol *rabo*, queue.

— Ce nom a été donné aux docteurs juifs, parce que le mépris pour leur race, au Moyen-Age, les avait fait comparer au diable.

— Plus probablement de l'hébreu *rabbi*, titre d'honneur qu'on trouve dans l'Évangile.

Rabelais.

Boileau appelle Rabelais « la raison habillée en masque ».

On l'a aussi appelé l'Homère bouffon.

— Les deux mots arabes *rab*, *lez*, signifient maître moqueur.

— Rabelais signait ses ouvrages *Alcofribas Nazier*, qui est l'anagramme de François Rabelais. Mais il ne signa ainsi que les deux premiers livres ; son nom parut en tête des suivants.

Il représente, dans son livre, Louis XII sous le nom de Grandgouzier ; Gargantua est François Ier ; Pantagruel, Henri II.

— La robe de Rabelais. Rabelais, chargé, par la Faculté de Montpellier, d'une mission auprès du chancelier Duprat, premier ministre de François Ier, obtint de lui le maintien des privilèges de cette Faculté. C'est en mémoire de ce service, et à cause de sa grande célébrité, qu'on a conservé jusqu'à ce jour, à l'école de médecine de Montpellier, la robe qu'il revêtait pour professer ses leçons, et qui était de drap rouge à larges manches, avec un collet de velours noir, sur lequel étaient brodées en or les initiales de son nom : *Franciscus Rabelæsus Chinonensis*.

Les bacheliers revêtaient cette robe pour être reçus docteurs, et ne la quittaient pas sans en emporter un morceau, comme relique et souvenir du grand docteur. Elle devint si courte, vers 1600, qu'il fallut la remplacer, en 1610, par une robe neuve, et François Rauchin, chancelier de la Faculté, la remplaça encore en 1700.

— Le quart d'heure de Rabelais : le moment de payer.

Rabelais étant à Rome, en 1534, dans la suite de l'évêque de Paris, Jean du Bellay, ambassadeur de François Ier auprès du pape Clément VII, fut rappelé en France, *clara principis patriaeque voce*, dit-il. Peut-être allait-il porter au roi quelque message important de son ambassadeur.

On raconte qu'arrivé à Lyon, ayant épuisé sa bourse, il imagina, pour ne pas trahir le secret de sa mission, un stratagème qui est passé en proverbe sous le nom de « quart d'heure de Rabelais ». Après avoir réuni tous les principaux médecins de la ville, il ferma toutes les portes, et leur montra avec le plus grand mystère, des poisons qu'il disait être allé chercher en Italie, pour tuer le roi et ses enfants.

A cette révélation, on s'empare de lui, on l'enferme dans une litière, et on l'emmène à Paris sous bonne escorte, avec tous les égards que méritait un personnage de cette importance. C'est ainsi qu'il arriva à Paris sans bourse délier. Le roi lui fit le meilleur accueil.

— L'idée de la mort nous annonce un quart d'heure qui est pour tout le monde le quart d'heure de Rabelais. (Le petit père André de retour de l'autre monde.)

Rabobiner, abréviation de *rabobeliner* (argot).
Raccommoder ; de *bobelins*, vieux souliers.
Dans la corporation des cordonniers, l'ouvrier, pour passer maître, devait, comme épreuve, raccommoder trois paires de vieux souliers pris au hasard dans un sac.

Raboni (Saint).
Dans l'hagiographie fantaisiste du peuple, saint Raboni est réputé pour rendre meilleurs les caractères difficiles. La maligne légende de saint Raboni rapporte qu'une chapelle de l'église Saint-Pierre, à Montmartre, était dédiée à saint Chrysogon, que le peuple avait nommé saint Raboni, et à qui il attribuait le pouvoir de ramener les maris égarés, à de meilleurs sentiments à l'égard de leurs épouses. Un jour, une femme, au retour de ce pieux pèlerinage, apprit que son mari venait de mourir subitement. Elle s'écria : « Que ta bonté est grande, saint Raboni ! tu accordes plus qu'on ne te demande. »

Raca, mot syriaque signifiant imbécile, tête faible.
Ce mot se trouve dans saint Mathieu (V, 22), avec le sens de homme de peu d'intelligence, tête vide.

En provençal, une rosse.

Quan mi soven de la raca.
(Rambaud de Vaqueiras.)

(Quand il me souvient de la rosse.)

Racaille, de l'anglais *rack*, chien.

A le même sens, avec une nuance de mépris plus forte encore, que *canaille*.

Quelques-uns le rapprochent de *race* : mauvaise race, lie du peuple.

Race, du vieil allemand *reiza*, ligne ; plutôt que du latin *radix*.

— Au Pérou, le mélange des générations qui se sont succédé dans le pays, a donné des produits variés, désignés sous le nom de : *métis*, né du blanc et de l'indien ; *mulâtre*, du blanc et du noir ; *créole*, du blanc et du métis ; *zambo noir*, du nègre et du mulâtre.

— Chaque race a sa *tarasque*. (Voy.) Il y a dans chaque famille une plaie, comme un ver dans une pomme.

Presque toute famille un peu nombreuse est affligée d'un membre qui tourne à mal, et se met à déshonorer un nom honorable. On a vu les plus grandes maisons attristées et compromises par ces parasites de famille, abîmes de vices, de paresse et d'inconduite. (J. Janin).

— Il vaut mieux être le premier de sa race que le dernier.

Iphicrate, capitaine athénien, était fils d'un cordonnier. Un noble lui reprochant la bassesse de sa naissance, et faisant valoir l'éclat de la sienne : « Je serai le premier de ma race, dit Iphicrate ; et toi, tu seras le dernier de la tienne. »

— Un Grec obscur ayant reproché au Scythe Anacharsis la barbarie de son pays : « J'avoue, dit le Scythe, que ma patrie me fait honte ; mais toi, tu fais honte à la tienne. »

— O petite noblesse du sang ! tu es bien un manteau qui raccourcit vite, car, si on n'y ajoute un morceau de jour en jour, le temps tourne à l'entour avec des ciseaux. (Dante, *Paradis*, XVI, 6.)

Racine, du latin *radicina*, dérivé de *radix*.

— Vivre de racines : se nourrir très sobrement.

Les peuples qui se nourrissent de végétaux sont les plus beaux et ceux qui vivent le plus longtemps.

On peut citer en exemple les Suisses et les Russes, pour l'Europe. Les nègres, qui supportent tant de fatigues dans les colonies, ne vivent que de manioc, de patates et de maïs. Les Brahmes de l'Inde, qui atteignent souvent la centaine, ne vivent que de végétaux.

Pythagore proscrivait de l'alimentation la chair de tous les animaux, et même quelques végétaux. (Voy. *fève*.)

Les chartreux et certains ordres religieux d'une discipline sévère, ne se nourrissent que de végétaux.

— Après la mort de Corneille, un comédien dit :

> Puisque Corneille est mort, qui nous donnait du pain,
> Faut vivre de Racine, ou bien mourir de faim.

Radical, partie fixe des mots variables, par opposition à la partie qui change, suivant le cas, le genre, le nombre, etc., et qu'on appelle *désinence*.

Radoter, vieux français *redoter*; de l'anglais *dote*.

— Étymologie burlesque : avoir des rats.

— Le Vayer fait venir ce mot d'*Hérodote*, dont les *Histoires* contiennent des faits hasardés et trop extraordinaires pour être vrais ; mais c'est plutôt une allusion maligne qu'une étymologie.

— F. Génin remarque que nous nous servons du mot *recul* qui a remplacé *redos*. On disait : être, aller à redos, c'est-à-dire à reculons ; *redoter*, c'est-à-dire tourner le dos au but, et, par métaphore, déraisonner de vieillesse.

> *Carles li magnes vielz est et redoté.*
> (ROLAND, I, 245.)

— Avant d'arriver à *radoter*, on a dit *se radoter*, de même qu'on dit *se reculer*; mais la forme réfléchie a disparu, et *radoter* ne laisse plus deviner la racine *dos* qu'il renferme.

Raffiné, de *re*, *ad* et *fin*. (Voy. *petit-maître*.)

Les raffinés étaient des jeunes gens élégants, duellistes et débauchés. Ils portaient un riche costume taillade, et un court manteau brodé d'or.

Les mignons de Henri III étaient le type des raffinés.

Sous Henri IV, la plupart des raffinés étaient de jeunes Gascons, qui se querellaient pour des riens, prétendant ainsi raffiner sur le point d'honneur.

Raie, du verbe *rayer*, latin *radiare*, de *radius*, rayon, plutôt que du grec *rhagos*, fente, crevasse (?), d'où les Provençaux ont fait *ragas*, source sortant d'une fente de rocher ; *raiar*, couler ; *ragassa*, fille ; *raissa*, ondée.

Railler, de *ridiculare* (?), ou plutôt d'un diminutif de *radere*, raser.

— Ne raille personne : *Neminem irriseris*. (Caton.)

La raillerie est de toutes les injures celle qui se pardonne le moins. (Platon.)

Raisin, du latin *racemus*, provençal *razim*.
Synonyme : vin en pilules.
Cure pour les raisins : cure uvale.

Raison, du latin *ratio* (doublet de *ration*), mesure...
L'idée primitive, qui vient de Dieu, est toujours bonne.

— Quand l'idée est dominée par la raison, elle produit le bien ; quand l'idée domine la raison, elle produit le mal.

L'arsenic est un médicament, ce n'est pas un poison ; c'est une question de quantité.

La ciguë, qui tue l'homme, donne d'excellent lait ; c'est une question de transformation.

L'huître devient perle ; c'est une question de temps.

— Cela n'a ni rime ni raison.

> Quelque sujet qu'on traite, ou plaisant ou sublime,
> Que toujours le *bon sens* s'accorde avec la rime.
> (Boileau, *Art poétique*, I.)

— Quand Jupiter veut perdre un homme, il lui ôte la raison.

> *Quos vult perdere Jupiter, dementat.*

Ce vers d'Horace a été traduit éloquemment dans cette imprécation de Joad, au 1ᵉʳ acte d'*Athalie* :

> Daigne, daigne, mon Dieu, sur Mathan et sur elle
> Répandre cet esprit d'imprudence et d'erreur,
> De la chute des rois funeste avant-coureur.

— Un être de raison est un être purement imaginaire, comme un palais de diamant, une montagne d'or.

Raisonner, dérivé du précédent.

La ressemblance de son avec *résonner* a amené de nombreux jeux de mots par comparaison : raisonner comme un tambour, ...comme une cruche, ...comme une pantoufle.

Il parle comme un livre, et raisonne comme la couverture.

Râle, onomatopée ; ou verbal du verbe *râler*, d'un mot bas-latin *rasculare*, râler.

— Au propre, l'oiseau dont le cri est devenu appellatif.

Au figuré, bruit que produit le passage de l'air à travers les mucosités accumulées dans le larynx ou dans les bronches, qui, en rétrécissant ces conduits aériens, modifient la nature du son.

Raler, vieux mot : marchander.

Raleuse, pour *racoleuse*. Femme du Temple, qui arrête le passant pour lui vendre sa marchandise, appelée elle-même « raleuse ».

On donne aussi ce nom à la cliente qui marchande sans acheter.

Ramage, du mot latin *ramaticum*.

Ce mot était d'abord adjectif, et signifiait : qui touche aux rameaux. Le chant ramage était celui que les oiseaux faisaient entendre dans les rames ou branches des arbres.

Ramage s'emploie aujourd'hui seul, et comme substantif.

Ramasser, de *re* et *amasser*, du latin *massa*, plutôt que de *ramus*.

C'est, au propre, relever de terre des rameaux et des branches (?).

D'où le jeu de la *ramasse*, dont parle Rabelais (I, 22), qui consistait à se traîner les uns les autres sur une espèce de civière faite de ramée.

L'idée de ce jeu vient des Alpes, où, en temps de neige, on nomme *ramasse* un traîneau improvisé avec des branches d'arbres, sur lequel les voyageurs se font ramasser, c'est-à-dire descendre.

— Se faire ramasser, se dit aussi au jeu des *montagnes russes*.

— De *ramasser* est venu *ramassis*, tas d'objets sans valeur.

Rameau, du latin *ramus*, a donné *ramier*, pigeon qui perche sur les rameaux des arbres. (Voy. *ramage*.)

Ramoner, du vieux français *ramon* (balai fait de rameaux de bouleau), de *ramus*, branche.

— Charles de Bovelles décrit en quatorze vers l'utilité du *ramon* qui se compose de trois choses : 1° le menu, qui sert à fouetter les enfants ; 2° le manche, à battre les valets ; 3° la hart (corde), à pendre les larrons. Après quoi il ajoute :

> Ainsi avons en la maison
> Trois justiciers sur ce ramon ;
> Par quoi ramon est chose digne
> De mieux servir qu'en la cuisine...

Ramoneur.

Synonymes : Savoyard, hirondelle d'hiver, Jean de la suie.

Rang, de l'allemand *ring*, ordre, arrangement.

— Il faut serrer les rangs. Se dit quand la mort fait des vides parmi les soldats pendant la bataille.

Quand on avance dans la vie, on voit tomber peu à peu autour de soi les amis de sa jeunesse. C'est alors qu'on doit redoubler d'affection pour ceux qui restent, et que ce mot peut avoir une amère application.

Raphaélesque. Peinture dans le style de Raphaël, le peintre le plus célèbre des temps modernes, et dont le nom, aussi populaire qu'illustre, comme celui d'Apelle dans l'antiquité, est dans toutes les bouches, quand on veut personnifier en quelque sorte la peinture dans ses qualités les plus élevées.

Rapport (sous le), est une locution qui n'a pas de sens.

Rapport est une abstraction; comment peut-on être placé dessus ou dessous? On ne peut donc pas dire qu'un homme est très distingué sous le rapport de la science, sous tous les rapports. Un homme est distingué par rapport à la science, ou distingué à tous égards, sous tous les aspects où l'on peut l'envisager; mais l'Académie, sauf respect, ne parle pas français, en disant « distingué sous tous les rapports ».

Rare, du latin *rarus*.
— Rare comme les beaux jours.
Les anciens disaient : *rara avis*, un merle blanc.
— Faites-vous rare, on vous aimera. (Proverbe turc.)
— Il ne faut pas se voir souvent, quand on veut se voir longtemps.

Ras, du latin *rasus*; doublet de *res*, roman.
— Au ras de l'eau : au niveau.
— Faire table rase.
— Rez-de-chaussée, rez-terre.

Rasette, en provençal, signifie un petit verre de liqueur plein jusqu'au bord.
C'est une sorte de diminutif de *rasade*.

Rasibus, origine commune avec le précédent.
Mot macaronique et populaire.
— Cela lui passa rasibus du gousier. (*Moyen de parvenir*, ch. 82.)

Car la porte le prit rasibus à l'oreille.
(Poisson, *Baron de la Crasse*.)

Rassasié, suppose *assasier*, du latin *ad satiare*.
Synonymes : saturer, soûler, du latin *satullare*; provençal *sadoular*.

Conf. le roman *assais*, assez, beaucoup.

> Nonnain, moine, prestre et poulets
> Ne sont jamais pleins ni saoulés.
>
> (xvıɪᵐᵉ siècle.)

Rat, de *ras*, à poil ras, râpé (?).
Se dit pour avare, rapiat.

— Avoir des rats dans la tête : des soucis ou des caprices.

L'abbé Desfontaines pense que *rat* est ici un vieux mot fait du latin *ratum*, pensée, et que « avoir des rats dans la tête » signifie avoir des idées folles.

— Rat-de-cave. Petite bougie pour descendre à la cave.

S'applique comme sobriquet aux employés des Contributions indirectes, qui exercent dans les caves des marchands de vins.

Ratafia, de *rack* (ou rhum) et *tafia*, spiritueux avec lesquels on fait le ratafia aux colonies.

D'autres l'ont tiré de (*res*) *rata fiat*, comme *ratifier*.

— L'usage de ratifier, dans les foires, le verre à la main, et l'ancienne formule qui précédait la signature dans les actes en latin : *Res rata fiat* (que la chose soit arrêtée ainsi), aurait fait donner à la liqueur que l'on boit dans ces occasions, le nom de *ratafia*.

Rate, en provençal *ratela*, d'où *rateleux* ; origine néerlandaise, plutôt que de *radius*, rayon de miel.

— Dans l'ancienne physiologie, on croyait que la rate était le siège de la bile noire, et la cause de l'hypocondrie.

D'où la locution « désopiler la rate » : faire rire, rendre la gaieté aux esprits atrabilaires.

Désopiler la ratelle soulaige les roignons. (Rabelais, III, 4.)

Râtelier, dérivé de *râteau*, latin *rastellum*.
Espèce d'échelle placée horizontalement, pour recevoir le foin, dans les écuries.

— Manger à plusieurs râteliers : tirer profit de plusieurs emplois.

— Mettre le râtelier bien haut à quelqu'un : lui rendre une chose difficile.

— Quand il n'y a pas de foin au râtelier, les ânes se battent.

Ratifier, du latin *ratum* et *ficare* : approuver.
(Voy. *prorata*, *ratafia*.)

— Le conte l'un del autre segon sa rata. (*Traité de l'arpentage*.)
Le compte l'un de l'autre selon sa valeur.

Ratisser, semble venir de *râteau*.

— L'on vous en ratisse. Cette locution ironique, accompagnée d'un geste imitatif, est due à l'usage ancien de ratisser une carotte de tabac sur une petite râpe de poche, pour offrir une prise à quelqu'un. Elle signifie qu'on n'est pas disposé à accorder la chose demandée. C'est le refrain d'une vieille chanson, qui rappelle cet autre :

J'ai du bon tabac dans ma tabatière.

Ravageur, industriel interlope, qui cherche des ferrailles et autres objets dans les ruisseaux. Après la pluie, il ramasse les vieux clous que l'eau y a entraînés.

Re, particule itérative, du latin *re*.
Elle entre dans un grand nombre de mots : redire, refaire.
Elle marque aussi le mouvement en arrière : refluer.

Réalisme, du latin *realis*.
Culte, poussé au fanatisme, du réel dans l'art et la littérature. C'est, dans les arts, une reproduction exacte, absolue, de la réalité.

S'oppose à l'*idéalisme*, qui comporte l'expression, dans les arts, des choses qui sont du domaine de l'imagination et n'ont pas une existence réelle.

— Le rêve du génie est de surpasser la nature en l'imitant.

Rébarbatif, semble venir de *barbe*.
Se dit d'un homme qui résiste en face, au nez, à la barbe de quelqu'un.

— On lit dans Froissard : « Voyez-les, ilz sont plus rebarbatifz que singes qui mangent poires et enfans leur veulent tollir. »

Rebattre les oreilles : répéter souvent la même chose.
Obtundere aures. (Cicéron.)

Personare aures.
(Horace.)

(Voy. rabâcher.)

Rebours, du bas-latin *rebursus*, hérissé (?), ou de *re* et de l'allemand *borste* (poil, soie).

— Cela va à rebours, comme la queue d'un veau.

Retrorsum crescit, tanquam cauda vituli. (Pétrone, *Satiricon*.)

La queue du veau ne croissant pas à proportion du corps, semble rapetisser à mesure que le corps grossit.

— A chevauchon de rebours (Rabelais) : à cheval, le visage tourné vers la queue de l'animal.

Rébus, mot latin.
Un rébus est une figure représentant l'image de la chose même.

Rebuter, pour *rebouter* ; bouter en arrière, repousser.

Recette, provençal et latin *recepta*, participe du verbe *recevoir*.

Recevoir, de *recipere* (*re*, *capere*).
Synonyme : conjuguer à la seconde personne le verbe *donner*.
— Recevoir quelqu'un comme un chien dans un jeu de quilles.
— Nous avons été mal reçus, et je n'éprouve pas le besoin d'exprimer ici le témoignage de ma gratitude. (A. Dumas.)

Rêche, origine germanique *resche* (rude, cassant), vieux français *reschin*, d'où rechigné.
Au propre : âpre au goût, rude au toucher.
Au figuré : homme difficile à vivre.

Récif, *rescif* ou *ressif*.
Rocher à fleur d'eau, où se brisent les navires.
— L'Académie, qui donne cette triple orthographe, n'accorde à ce mot qu'une seule signification. Il n'est pas indifférent, cependant, de se servir de l'une ou de l'autre orthographe.
— *Récif* vient de *recido*, couper avec art et dans un but utile ; *recidere ungues*, couper les ongles ; tandis que *rescif* vient de *rescindo*, je brise, je détruis.
Rescif, qui est la forme ancienne, est la meilleure.
Quant à *ressif*, c'est un barbarisme qui n'a pas de sens.
Mais l'étymologie latine n'explique guère le *f* final.

Réclame, substantif verbal de *réclamer*, du latin *re* et *clamare*.
Cri répété.
C'est un néologisme bien fait. Il est né de la concurrence qu'a fait naître la liberté du travail et la suppression des maîtrises par Turgot.
— Le *puff* diffère de la *réclame*, en ce qu'il sous-entend le mensonge.
La réclame crie la vérité, en l'exagérant quelquefois ; le puff annonce très haut et effrontément le mensonge.
— Autrefois, à la fin des pages d'un livre, se trouvait écrit le mot qui commençait la page suivante, ce mot s'appelait « la réclame ».
Aujourd'hui, les journaux annoncent dans les faits divers un avis (appelé réclame), pour renvoyer le lecteur à l'annonce proprement dite, qui a tout son développement à la quatrième page du journal.

— Vers 1840, tous les journaux annoncèrent la vente d'une graine d'un chou colossal de la Nouvelle-Zélande, servant à la nourriture des hommes et des bestiaux, et donnant un ombrage agréable pendant l'été. De tous les coins de la France, on demanda de cette graine. En fait, la mystification seule était colossale.

Recommander, *re* et *commendare*.
— Se recommander à tous les saints du Paradis. (Voy. *saint*.)
— Un brochet fait plus qu'une lettre de recommandation.

Reconnaissance, dérivé du participe présent de *reconnaître*.
— La reconnaissance est la mémoire du cœur.

...Après la bienfaisance,
Le plus grand des plaisirs, c'est la reconnaissance.
(DE BELLOY, *Pierre le Cruel*.)

La reconnaissance est ce qui s'oublie le plus vite. (Aristote.)
La reconnaissance est l'intérêt d'un service : s'en affranchir, c'est faillite ; l'exiger, c'est usure.
La reconnaissance de la plupart des hommes n'est qu'une secrète envie de recevoir de plus grands bienfaits. (La Rochefoucauld.)

Recors, substantif verbal de *recorder*, latin *recordare*, se souvenir, se remettre en mémoire, proprement au cœur.
Bas officier de justice, qu'un huissier ou un garde de commerce mène avec lui pour servir de témoin dans ses exploits d'exécution, et pour lui prêter main-forte, au besoin.

Recrudescence, de *re* et *crudus*, *recrudescere*.
Recrudescence d'une maladie.
On confond souvent ce terme avec *affluence* ; quand on parle, par exemple, de la recrudescence du public à la porte d'un théâtre.

Recrutement, de *recrue*, *recruter*, dérivés eux-mêmes de *recroître* ; du latin *recrescere*.
Nouvelle levée de soldats ; ce qui a crû depuis la levée précédente, et que l'on récolte pour en former une nouvelle légion.

Reculer, de *re* et *culer*, dérivé du latin *culus*.
Synonyme : fouiner (vieux mot).

S'il est pressé, qui qui l'empêche de fouiner ?
(VADÉ.)

— Reculer pour mieux sauter : prendre un délai nécessaire pour mener une chose à bien. Se dit d'un homme qui, sous l'apparence de l'irrésolution, songe uniquement à préparer ses moyens d'action et à s'assurer le succès. C'est une allusion à ce que font les sauteurs, qui font quelques pas en arrière avant de prendre leur élan.

Il recule pour mieux approcher. (Proverbe espagnol.)

> Le Grec, opiniâtre en mule,
> Afin de mieux sauter recule.
> (Scarron, *Virgile travesti.*)

— Gagner sa vie *à reculons*. (Rabelais, III, 48.) Se dit des cordiers, qui travaillent en marchant à reculons.

Référé, participe passé du verbe *référer*, latin *referre*.

Procédure sommaire. Recours devant le président du tribunal de première instance, pour obtenir le jugement provisoire et rapide d'une affaire dont la décision est urgente.

— Les ordonnances sur référé ne font aucun préjudice au principal.

Réflexion, du latin *re* et *flectere*.

— Les longues réflexions sont les cautions des bons succès. (Charles Quint.)

Il y a des surprises de l'âme, comme des sens : attendez le lendemain, la réflexion est une douche morale. (V. Cousin.)

La réflexion est comme l'expérience : elle arrive toujours trop tard. (De Clinchamp.)

— Réflexion tardive : l'esprit de l'escalier ; le gendarme qui arrive toujours en retard. (Voy. *présence* d'esprit.)

Réformateur, latin *re* et *formare*.

— Il y a des réformateurs qui se plaisent à mettre le cap sur le pays d'Utopie, et qui trouvent toujours quelque féodalité à détruire, dussent-ils, comme Don Quichotte, ferrailler contre des moulins à vent.

Refrain, substantif verbal du vieux verbe *refraindre*, du latin *refrangere*.

Répétition d'un vers à la fin des couplets d'une poésie lyrique.
Les Italiens disent *ritornella*.

> C'est toujours le refrain qu'ils font à leur ballade.

(Voy. *chanson*.)

— Espèce de pause.

Il se refraint à son chant. (Perceforest.)

Refuser, provençal *refudar*, latin *refutare*.

— Diez tire *refuser* d'une fusion ou confusion des deux mots *récuser* et *réfuter*. Cette opinion est plus ingénieuse que certaine.

— Qui refuse, muse.

— Synonymes : refuser un candidat : blackbouler ; adoucir un refus : sucrer la moutarde.

— Un prompt refus trompe moins qu'une espérance vaine.
Minus decipitur, cui denegatur celeriter.

> *Val mais paraula grossamens dicha,*
> *Que messonja polidamens escricha.*
> (G. Olivier, d'Arles.)

(Vaut mieux parole grossièrement dite, que mensonge poliment écrit.)

Régaler, dérivé de *régal*, latin *regalis*, autre forme de *royal*, ou peut-être du vieux mot *galer* (d'où gala, galant), s'amuser, étaler de la magnificence dans les réjouissances.

— Chez les anciens, il y avait un roi du festin, *rex vini* ; il présidait la table, et réglait le temps et la manière de boire. Cet usage existait surtout pendant les Saturnales.

Regarder, de l'ancien verbe *esgarder* ; allemand *warten*. D'où le substantif *égard* (voy.), mégarde.

— Un chien regarde bien un évêque. — Qui vous a dit que je fusse un évêque ?

— Regarder en chiens de faïence (se) : avoir une pose immobile et un regard fixe, comme les chiens de faïence dont on ornait autrefois les portes.

Régicide, du latin *rex, regis*, et *cædo*, tuer.

Ce crime est puni de la peine des parricides.

— Parmi les plus fameux régicides, on cite Jacques Clément, meurtrier de Henri III ; Ravaillac, de Henri IV ; Damiens, qui attenta aux jours de Louis XV ; Louvel, meurtrier du duc de Berry ; Fieschi, auteur de la machine infernale, sous Louis-Philippe.

— En 1815, on appela *régicides* les députés qui avaient voté la mort de Louis XVI. Ils furent bannis de France.

Régir, du latin *regere*, gouverner, diriger.

Règle, du latin *regula*, dérivé de *regere*.

— Il n'y a pas de règle sans exception. Ce proverbe est d'une morale douteuse, car, en principe, il ne doit pas y avoir d'exception à la règle : la règle est la vérité, et l'exception, l'erreur. Ce qui est contre la règle est un dérèglement, un désordre, un acte contre les lois naturelles, civiles ou morales.

Exceptio firmat regulam (Cicéron) : L'exception confirme la règle.

L'exception à la règle est la conséquence de l'imperfection humaine. Toute exception tend même à devenir une règle ; quelquefois elle y réussit, et dès lors elle devient respectable.

— Admettre une exception à une règle, c'est ouvrir une brèche où viendront passer tous ceux qui n'auront pas été exceptés. (H. Mürger.)

— Il est réglé comme un papier à musique, mais son esprit n'a pas de portée. (Calembour.)

Régner, du latin *regnare*.

— Diviser pour régner : *divide ut imperes*. Maxime machiavélique, mise en pratique par Louis XI et Catherine de Médicis. (Voy. *dissimuler*.)

Regretter, du latin *regressus*, retour (?) ; ou peut-être *requiritari*.

— En genevois, regretter une chose à quelqu'un : la lui envier.

— Le regret est un déplaisir d'avoir perdu une chose ou une espérance, de *re* et *gratus* (?).

— On dit souvent, dans les discours sur la tombe d'un ami : « Il emporte nos regrets ». On pourrait répondre que : s'il les emporte, il ne nous en reste plus.

Reguigneou, en provençal, signifie un salut comique, une gaminerie, qui consiste dans un mouvement vif et successif des fesses, de droite à gauche et de gauche à droite. Ce salut se faisait dans le *jeu de la belle Estello*, des cérémonies de la Fête-Dieu, à Aix ; les pages saluaient ainsi les trois rois Mages, et celui qui y réussissait le mieux, recevait plus d'argent que les autres. Il est juste d'encourager... les talents.

Réhabilitation, du latin *re*, de nouveau, *habilis*, propre à. Rétablissement d'une personne dans son premier état.

— L'opinion, plus sévère que la loi, a un préjugé cruel, qui déclare la tache indélébile, la chute irrémédiable, la faute irrémissible, et fait de tout malade un incurable.

Boileau, avec son image de l'honneur, dont il a fait

Une île escarpée et sans bords,

a consacré un mensonge barbare, et découragé la vertu, en fermant la porte à l'espérance.

Il faut prêcher, au contraire, la doctrine de la miséricorde, qui a été le plus puissant levier du christianisme. Il faut « tuer le veau gras » au bénéfice de tout « enfant prodigue » ; il faut, suivant le précepte divin de l'Évangile, se réjouir plus pour un pécheur qui fait pénitence, que pour quatre-vingt-dix-neuf justes qui persévèrent.

Reine blanche (latin *regina*).
Toutes les veuves des rois de France, jusqu'à Catherine de Médicis, ont été appelées « reines blanches », parce qu'elles portaient le deuil en blanc.

Reitre, de l'allemand *reiter*, cavalier.
Vieux reitre : qui a vu beaucoup de pays.

Rejointoyer, vieux mot.
Rejoindre les pierres détruites par le temps (?).
— Sire li rois ot grant cure de rejointoyer li muriaux. (1060).

Réjouissance. Os que les bouchers ajoutent à la viande vendue au poids.
Ces os sont appelés ironiquement « réjouissance ». (Mercier, *Tableau de Paris*, 1787.)

Relaps, terme religieux ; du latin *relapsus*, retombé.
L'Écriture appelle *relapsæ* les filles tombées.

Relatif, du latin *relatum* : qui marque un rapport.
— Tout est relatif : à côté de Phalaris, Guillotin est un philanthrope.

Religion, du latin *religio*.
Cicéron (*De Natura deorum*, II, 28) dérive ce mot de *relegere*, relire, étudier avec attention les livres sacrés.
Saint Augustin (*De vera religione*, ch. 55) et Lactance (*Divines institutions*, 4) le tirent de *religare*, rattacher, parce que la religion est un lien qui nous unit à Dieu.
— On a de la religion, quand on croit à Dieu ; on a de la piété, quand on suit les pratiques du culte ; de la dévotion, quand on ajoute à ces pratiques un air contristé et composé.

— La religion est l'échelle par laquelle les hommes montent au ciel. (Maxime indienne.)

— Les noms donnés aux ministres des différents cultes expriment presque tous l'idée de vieillesse. (Voy. *prêtre*.)

— L'édit de Nantes, qui admettait la liberté des cultes en France, fut rendu par Henri IV, en 1598 ; Louis XIV le révoqua, en octobre 1685.

— La religion catholique est nécessairement immobile, et opposée à tout changement dans les idées : le dogme lui défend de rien modifier à ses croyances, et lui impose l'obligation d'une résistance absolue et aveugle aux progrès de la science, dont le rôle et le devoir est, au contraire, un progrès indéfini.

— La religion est comme un corset : elle gêne, mais soutient.

Reliques, du latin *reliquiæ*.

> Je ne vis oncques prestre qui blasmast ses reliques.

— Vers la fin du Xe siècle, les Catalans voulaient tuer saint Romuald, pour avoir ses reliques, parce qu'ils craignaient qu'il ne quittât le pays.

— *Enay* : C'est pourquoy entre les reliques de sainct Front, on trouva dans une petite phiole, un éternuement de Sainct-Esprit.

— *Fœneste* : Ce sont des inbentions de bous autres, qui abez faict imprimer un imbentaire de reliques où sainct Paul a dix huit testes ; sainct Pierre seize corps ; et sainct Antoine quarante vras. (D'Aubigné, *Aventures du Baron de Fœneste*.)

— Reliques des grands hommes :

La lampe d'Épictète fut vendue 3.000 drachmes (2.700 francs).

Le livre d'heures où Charles Ier lisait en allant au supplice, fut vendu, en 1825, 100 guinées (2.500 francs).

Une dent de Newton, en 1816, 16.595 francs.

Une perruque de Sterne, en 1822, 5.000 francs.

Le chapeau de Napoléon à Eylau (décembre 1830), 1.920 francs.

Remède, provençal *remedi*, du latin *remedium*.

— *Remède*, dans le sens de lavement, est un euphémisme qui date du temps de Louis XIV.

— Le remède est pire que le mal. Il faut de la prudence dans les réformes ; on doit craindre de changer une situation mauvaise en une autre qui pourrait être pire.

Un proverbe dit qu'il vaut mieux laisser son enfant morveux, que de lui arracher le nez.

— Dans une ancienne comédie italienne, un homme très gros se plaint des inconvénients de son obésité. Arlequin lui propose de le mettre sous une forte presse, et lui garantit qu'il fera disparaître cet embonpoint si gênant. « — Sans doute, dit l'autre ; mais j'en mourrai. — Cela se peut ; mais ce que je puis vous assurer, c'est que vous deviendrez aussi mince qu'une feuille de papier. »

— Il y a remède à tout, excepté à la mort. C'est-à-dire il ne faut se décourager devant aucune difficulté, parce qu'on peut triompher de tout avec de l'énergie et de la volonté, excepté toutefois de la mort.

Réméré, d'un mot bas-latin *reemere*, racheter.

Faculté de pouvoir racheter, dans un délai déterminé, un objet vendu.

Acte par lequel le vendeur d'un immeuble interdit à l'acquéreur de le revendre, et se réserve la faculté de le racheter, dans un délai qui ne peut excéder cinq ans.

Remettre, du latin *remittere*.

— Remettre quelqu'un, dans le sens de le reconnaître, est une locution vicieuse. Il faut dire : se remettre en mémoire.

Remords, du latin *remorsus*, de *remordere*, remordre. Ancien français *remors*; le d a été ajouté au xvie siècle.

Reproche vif et perpétuel que fait au coupable sa conscience.

C'est un phénomène psychologique complexe, qui se compose du jugement par lequel le coupable condamne son acte; et du sentiment de douleur né de cette condamnation. Le remords est la plus puissante sanction de la loi morale.

— Remords et complices: memento vivant.

Remouleur: gagne-petit.

Rabelais donne à un procureur le nom de Gaigne-Beaucoup.

Remplir, de *re* et *emplir*, latin *implere*, roman *omplir*.

Omplida de sanctas reliquas.
(Philomena.)

(Rempli de saintes reliques.)

Renaissance, dérivé de *renaissant*, du latin *renascentem*.

Epoque qui, pour la France, répond aux règnes de François Ier et de Henri II (1515-1559). Le goût des arts et de la littérature de l'antiquité se ranima alors et modifia les anciennes traditions.

— Genre d'architecture qui a succédé au gothique vers le xvi^e

siècle; et qui consiste dans la substitution du plein cintre à l'ogive, avec une grande abondance d'ornements fins et gracieux.

Les châteaux de Chambord, de Fontainebleau, d'Ecouen, d'Anet, une partie du Louvre, datent de cette époque.

— La Renaissance, qui changea la face de l'Europe, est le retour aux éléments constitutifs de l'art antique, par l'adoption des formes particulières qui lui sont propres et qui en dérivent.

Renard, du vieil allemand *reinhart*, fin, rusé.

— Le renard s'appelait autrefois *goupil, vorpil,* du latin *vulpes*; lorsqu'au XIII° siècle parut un poème satirique et burlesque de Pierre de Saint-Cloud, sous le titre de *Roman de Renart*. Le héros de ce poème est un rusé goupil, qui joue une foule de mauvais tours au loup (Ysengrin), son oncle. L'auteur donne au goupil le nom de renard, qui vient du tudesque, et affuble les autres acteurs de noms d'hommes, comme a fait depuis La Fontaine (?).

Ce roman devint très populaire, si bien que le nom de *renard* remplaça celui de *goupil*, qui finit par disparaître de la langue, où il n'a laissé que *goupillon*, aspersoir pour jeter l'eau bénite.

— De *renard* vient peut-être *traquenard*, contraction pour traque-renard; piège en forme de trébuchet pour prendre renards et autres animaux. De *goupil, dégobiller*, pour dégoupiller, qui répond au dicton « écorcher le renard », et à l'argot *renarder*.

— Fin renard : rusé coquin. *Vulpinus animus.* (Plaute.)

Une jeune fille à qui on montrait un renard, mit la main sur le collier qu'elle portait. « C'est, dit-elle, de peur qu'il ne me le vole : les renards sont si fins dans les fables de La Fontaine ! »

— Se confesser au renard : confier ses affaires à son ennemi.

— Il faut coudre la peau du renard à celle du lion.

Où la peau du lion ne peut suffire, il faut coudre un lopin de celle du renard. (Montaigne, *Essais*, I, V.)

— On disait de Léon X, qu'après s'être glissé comme un renard sur le trône pontifical, il avait régné comme un lion, et était mort comme un chien.

Rendre, du latin *reddere, re* et *dare*.

— Rendez à César ce qui est à César. (Voy. *César.*)

Suum cuique tribuito. est une célèbre maxime du droit romain.

— Chacun son droit, chacun son dû.

— Ce qui est bon à prendre, n'est pas bon à rendre.

Rengaine, du mot *gaine*, latin *vagina*.

Allusion à une vieille chanson, qui avait au refrain le mot *rengaine* répété à satiété : *Turluluiu rengaine*.

— C'est toujours la même rengaine.

Renommée, de *re* et *nommer*, latin *nominare*.

En latin et en roman, se dit *fama*, qui est dans : fameux, infâme, diffamer.

Ancien français :

> Qu'elle acquérait une honteuse lame,
> De mal vivante et impudique femme.
> (*Hist. d'Anne de Boleïn.*)

— Les poètes représentent la Renommée avec cent yeux, autant d'oreilles et autant de bouches, et tenant deux trompettes, parce qu'elle publie la vérité comme le mensonge ; et des ailes, pour marquer sa rapidité. (*Énéide*, liv. IV ; Ovide, *Métamorphoses*, XII.)

> Ce monstre composé de bouches et d'oreilles...
> (Boileau, *Lutrin*, chant II.)

> La déesse aux cent voix ne parle d'autre chose.
> (La Fontaine, *Œuvres posthumes*.)

— La Renommée, avec ses deux trompettes, rappelle un vers de Dante, où il dit de Barbariccia, chef des démons :

> *Ed egli avera del cul fatto trompetta.*
> (*Inferno*, Canto 22.)

— Bonne renommée vaut mieux que ceinture dorée.

Les ceintures dorées et autres vêtements de luxe étaient exclusivement réservés aux femmes honnêtes, et un arrêt du 28 juin 1420 fit défense aux filles de joie d'en porter. (Voy. *ceinture*.)

Ce proverbe, dit Pasquier (*Recherches de la France*), indique que la renommée est bien plus honorable pour les femmes, que ne le serait la ceinture dorée sans une bonne réputation.

Renoncer, du latin *renuntiare*, déclarer qu'on abandonne.
Renoncement est du langage de la piété.
Renonciation est du langage des affaires.

Rente, du latin *reddita*, participe passé de *reddo*, rendre.

— Affligé de dix mille livres de rentes ; se dit par antiphrase, mais exprime cependant une idée vraie.

— L'état de rentier est le moins sot des métiers, et le métier des sots. (Voy. *viagère*.)

C'est la position sociale la plus enviée, et peut-être aussi la plus enviable.

Renvoyer, de *re* et *envoyer*, remettre en voie *(via)*.

Synonyme de renvoyer quelqu'un : lui donner son sac et ses quilles.

Être renvoyé : recevoir la pelle au cul. (Villon.)

Repaître, latin *re* et *pascere*.

— L'animal se repait, l'homme mange, l'homme d'esprit seul sait manger. (Brillat-Savarin.)

— Lorsqu'on dit de quelqu'un qu'il se repait d'illusions, on semble indiquer que les illusions, qui nous viennent de l'esprit et de l'imagination, nous assimilent aux bêtes. C'est ravaler l'âme au niveau des animaux. L'expression « se nourrir d'illusions » est infiniment préférable à celle d'une âme qu'on envoie paître.

Repas, latin *re* et *pastum*, même origine que le précédent.

— Synonymes : Balthazar, festin, gueuleton (repas plantureux). Crevaille, ripaille.

Pique-nique : repas à frais communs.

Repas de brebis : repas sans boire.

— Depuis ne feismes qu'ung repas, lequel dura tout le jour, et ne sçavions si c'estoyt disner ou soupper, gouster ou regoubillonner. (Rabelais, V, 7.)

Regoubillonner se dit du réveillon, de la collation faite après le souper. Ce mot doit venir de *gober*, *gobiller*, qui a pu se dire dans le sens opposé à *dégobiller* (?).

Repentir, de *re* et du vieux français *pentir* ; du latin *pœnitere*.

— Synonyme : s'en mordre les pouces.

— Le repentir est la vertu du coupable. Qui se repent est presque innocent.

Le repentir est une douleur volontaire et salutaire ; le remords est une douleur vengeresse et forcée.

Répéter, du latin *repetere*.

Hæc placuit semel, hæc decies repetita placebit.

(Voy. *rabâcher*, *rengaine*, *ritournelle*.)

Répondre, du latin *respondere* ; provençal *respondre*.

— Répondre de : se porter caution, garantir ; d'où les mots : responsable, responsabilité.

— Le latin *sponsus*, engagé, a donné *époux*.

Vous ne répondez point, et ce morne silence
Redouble encor ma peine et mon impatience.

(Molière.)

Réponse, du latin *responsa* ; même origine que le précédent.

— Réponse de Normand : ni oui, ni non.

<blockquote>Et tâchez quelquefois de répondre en Normand.
(La Fontaine, VII, 2.)</blockquote>

Repos, substantif verbal de *reposer* ; de *re* et *ponere*, par *pausare*.

Quelques-uns le tirent de *repotare*! *Repotio* ou *potatio iterata* était le repas que donnait le mari le lendemain des noces. (Horace, *Sat.* II, 59 ; Ausone, *Épist.* XIII, 37.)

— Les Romains donnaient toujours un lendemain aux fêtes, et continuaient ce jour-là le festin de la veille. De là l'usage de fêter le lundi, et le dicton populaire : Il n'y a pas de bonne fête sans lendemain.

— Le bonheur est dans le repos. (Hitopadésa.) Ici *repos* veut dire calme, sérénité de l'âme, et c'est dans ce sens que Jésus-Christ a loué Marie, qui reste à ses pieds, plus que Marthe, qui s'occupe des soins du ménage.

— Le bonheur est une illusion de jeunesse ; le repos est la seule félicité qu'on puisse obtenir ici-bas.

Le repos est une chimère aussi insaisissable que le bonheur.

Tout le malheur des hommes est de ne pas savoir se tenir en repos dans une chambre. (Pascal.)

Similis quitta les emplois et les honneurs et passa dans la retraite les sept dernières années de sa vie. Il fit mettre sur son tombeau : « Ci-gît Similis, qui a existé un grand nombre d'années, mais n'en a vécu que sept. »

<blockquote>*Littus ama, altum alii teneant.*
(Horace.)</blockquote>

(Aime le rivage, laisse aux autres la pleine mer.)

<blockquote>Le repos, trésor si précieux
Qu'on en faisait jadis le partage des dieux !
(La Fontaine, VII, 12.)</blockquote>

Le mouvement du corps est le repos de l'âme.

Quand le corps se repose, l'âme s'agite. (E. Arago.)

— *Repos* était dit pour mariage dans l'antiquité.

Quæram tibi requiem. (Ruth, III, 1.)

— Il vaut mieux marcher que courir, être debout que marcher, être assis que debout, être couché qu'assis, dormir que veiller, être mort que tout cela. (Maxime indienne.)

Réprimander, de *réprimarde*, latin *reprimendus*.

— Faire une verte réprimande, c'est donner une volée de bois vert. (Voy. *volée*.)

Si jamais volée de bois vert appliquée sur une échine... (Beaumarchais, *Mariage de Figaro*.)

— Synonymes : chapitrer, gourmander ; donner une chasse, un galop, un poil, un savon ; laver la tête, moucher, vitupérer ; faire une mercuriale.

République, républicain, latin *res publica*, la chose publique. Gouvernement de tous par tous et pour tous : *Omnia omnibus*.

— Les poètes et les joueurs de flûte étaient bannis de la *République* de Platon. Terpandre fut exilé de Sparte pour avoir ajouté une corde à la lyre.

— La République est une enclume qui usera bien des marteaux. (Th. de Bèze.)

La République française est comme le soleil : aveugle qui ne la voit pas. (Napoléon.)

— République démocratique et sociale : craque publique, démolira société. (Anagramme 1849.)

— Synonymes de républicain outré : démagogue, démocrate, socialiste, communiste, jacobin, terroriste.

Réputation, du latin *reputatio*.

— La réputation est une enseigne qui fait connaître où la vertu loge. (Saint François de Sales.)

— Réputation surfaite : Courbet est un excellent déboulonneur ; mais comme peintre, c'est une comète chauve. (L. Veuillot.)

Requinquer (se), du latin *re* et *quinquare*, nettoyer.
— Se parer, s'ajuster.

> La voilà toute requinquée
> Qui ne songe plus à Sichée.
> (Scarron, *Virgile travesti*.)

Résignation, du latin *re* et *signare*.
Soumission à une volonté étrangère ou à la destinée.

Résipiscence, du latin *resipiscere*, redevenir sage.
Reconnaissance de sa faute, avec renoncement.

Respect, du latin *respectus*, regard en arrière ; d'où aussi répit. Substantif masculin, qui répond à *révérence*. Il serait bon d'emprunter aux Anglais *respectabilité* qui, mieux que *honorabilité*, répond à l'idée de respect dû à une personne irréprochable.

— Le respect est presque toujours l'effet de la crainte.

La distance augmente le respect : *Majestatis major e longinquo reverentia.* (Tacite, *Annales* I, 37.)

— Sauf votre respect ; sauf le respect que je vous dois ; parlant par respect. Ces formules de politesse s'emploient, dans les campagnes, quand, en parlant à des supérieurs, on nomme des animaux : « Sauf votre respect, deux cochons à vendre. »

Molière, dans le *Médecin malgré lui*, se sert d'une excuse équivalente, en parlant d'un apothicaire : « J'avons dans notre village un apothicaire, révérence parler, qui lui a donné je ne sais combien d'histoires. »

Rabelais, dans *Pantagruel*, a sans doute eu l'intention de ridiculiser ces précautions oratoires, quand il dit : « Je les ameine d'ung païs auquel les pourceaulx (Dieu soit avec vous !) ne mangent que des myrobolans ; les truyes en leur gésine (saulve l'honneur de toute la compagnie) ne sont nourries que de fleurs d'orangiers. »

— Sauf votre respect, c'est un calfat. (Locution toulonnaise.)

Honos sit auribus habitus (Q. Curce) : sauf votre respect.

Ressembler, intens. de *sembler*, du latin *similare*.

— Qui se ressemble, s'assemble. Ce proverbe très ancien se trouve dans l'*Odyssée* d'Homère (XVII, 218) et dans beaucoup d'écrivains de l'antiquité.

Par cum pare facillime congregantur. (Cicéron, *Cato major.*)

Necesse est consilia sequi consimilia.
(Térence, *Héautontimoroumenos*, I, 3.)

Oderunt hilarem tristes, tristemque jocosi.
(Horace.)

La nature vit, au contraire, de contrastes, et le proverbe « Qui se ressemble, s'assemble » est une des nombreuses sottises qui tendent à discréditer la Sagesse des nations. On ne cherche chez les autres que ce qu'on ne trouve pas chez soi, de même que par le commerce on échange des produits de nature diverse.

— Cangrande, le plus illustre des Scaliger, tyrans de Vérone, donna l'hospitalité à Dante, et l'illustre exilé eut souvent à souffrir auprès de cet hôte redoutable. Un jour, Cangrande lui demanda insolemment « comment il se faisait que lui, personnage si docte et si inspiré, plût moins qu'un bouffon dont les facéties divertissaient toute sa cour ». Dante répondit : « Ceux-là se ressemblent, qui se rassemblent. »

Restaurant, du latin *restaurare*, rétablir.

— Le premier restaurant s'établit, en France, en 1765, rue des Poncies ; on y vendait des consommés et des œufs frais, et on lisait sur la porte : *Venite, omnes qui stomacho laboratis, et ego restaurabo vos.*

Le deuxième s'ouvrit, rue de la Harpe, en 1768, non loin de la rue de la Huchette, qui était célèbre dès le Moyen-Age, par ses rôtisseries.

Il n'y avait à Paris, avant cette époque, que des hôtelleries, des auberges et des cabarets. Le plus ancien cabaret de Paris est l'hôtel de Venise, dans la rue de ce nom. Il s'appelait, à la fin du xvie siècle, « le Cabaret de l'Epée de bois ».

Dans les premiers restaurants on ne vendait que du bouillon, que l'on appelait cordial, ou restaurant ; ce n'est que plus tard qu'on y fit une cuisine complète.

...Demeura cinq ou six jours enfermé dans une garde-robbe, sans saillir dehors ; et là ne vivoyt que de restaurans. (*Heptaméron*, Nouv. 49.)

— Restaurant en plein vent : restaurant des pieds humides.

Retenir, de *retinere* (*re* et *tenere*).

— Je ne vous retiens pas : allez-vous-en.

Nihil vos moror (Cicéron) : Je ne vous retiens plus.

Formule que prononçait le Consul, lorsqu'il congédiait le Sénat.

Réticence, du latin *reticeo*, comp. de *taceo* (passer sous silence).

Figure par laquelle l'orateur interrompt subitement une phrase commencée, mais de manière à faire deviner ce que son silence laisse sous-entendre.

Réussir, vieux français *réissir*, de *re* et *exire*.

Le vieux français avait aussi *issir*, d'où *issue*.

— Synonymes de réussi : tapé, enlevé ; article enlevé ; scène enlevée.

Ne pas réussir : faire chou-blanc (*chou* est pour *coup*) ; faire fiasco ; faire four (voy.) : jouer devant une salle vide, dont les loges sans public ressemblent à des bouches de four.

Rêver, jadis *resver*, doit venir de *ra*, pour *re*, et de *via*, voie.

Revenir sur la voie, sur les anciennes pensées ; parce qu'il est fait comme *desver* (*dis viare*), qui est resté dans *endêver*.

Peut-être de *revoir* (?) ou du provençal *révés*, envers (?).

Révérend, du latin *reverendus*, respectable, qu'on doit révérer. Titre qu'on donne aux prélats, aux dignitaires de l'Église.

Revoir, *re* et *voir*, du latin *videre*.
— On dit : au revoir.
« A revoir » est un solécisme que Casimir Delavigne a commis en faisant dire à Marino Faliero :

> A revoir dans le ciel, mon vieux compagnon d'armes.

Révolution, du latin *revolutum*, de *revolvo*, retourner.
Signifie aussi *déroulement*, et implique une idée d'ordre et de succession.

Hume a intitulé son livre : *Histoire des révolutions d'Angleterre*, c'est-à-dire des événements successifs qui se sont produits dans ce royaume.

C'est à tort qu'il signifie aujourd'hui une secousse violente dans l'état politique d'un pays.

Voltaire est un des premiers qui ait dit : « La révolution d'Angleterre », en parlant de la chute de Charles Ier.

Depuis lors, on a usé et abusé de ce mot ; on a créé le substantif *révolutionnaire*, et le verbe *révolutionner*, qui n'est pas français. La moindre émeute est traitée de *révolution*, dont toutes les commères du quartier sont *révolutionnées*.

— M. de Barante a pris pour épigraphe de son *Histoire de la Convention*, cet hémistiche de Lucain :

> *Jusque datum sceleri.*

— Les vices de la cour ont commencé la révolution de 1789 ; les vices du peuple l'achevèrent. (Rivarol.)

Quand les idées sont mûres, les pavés se soulèvent d'eux-mêmes.

1791, la Constituante, Mirabeau ; 1792, la Législative, Danton ; 1793, la Convention, Robespierre.

— En 1790, on demandait : « Que deviendra la Révolution française ? » Une anagramme répondit : « Otez veto ; un Corse la finira. »

Révolver, du latin *revolvere*, par l'anglais.
Mot ancien, qui signifiait se rappeler une chose.

Rez, même origine que *ras*, de *radere*, raser.
D'où rez-de-chaussée.

Rhétorique, du grec *rhètorikè (technè)*, l'art de parler.
Racine *rhéô*, couler (?).

L'éloquence, en effet, a été souvent comparée au cours d'un fleuve. Saint Jérôme, dans son épître aux Galates, compare l'éloquence de saint Hilaire au Rhône : *Latinæ eloquentiæ Rhodanus.*

De même, Fortunat, au livre I de la *Vie de saint Martin*, dit :

Rhodano torrentior amplo.

Rhinocéros, du grec *rhis*, nez, *kéras*, corne.
Corne en forme de nez ; ou plutôt corne sur le nez.
Nez de rhinocéros : long et pointu.

Rhume, du grec *rheuma*, de *rhéo*, couler ; d'où aussi rhumatisme.

Ribambelle, mot burlesque, d'origine inconnue ; peut-être de *riban*, pour ruban (?).

— Longue série, se dit en mauvaise part : une ribambelle d'enfants. (Voy. *kyrielle.*)

Ribaud, vieux français *ribald*, bas latin *ribaldus*, du germanique *hriba*, prostituée.

D'autres le tirent, avec peu de vraisemblance, de *robustus*, ou de l'italien *ribaldo*, qui saute de joie ; d'où viennent aussi baudet et s'ébaudir.

— Ce mot n'était pas odieux, au temps de Philippe-Auguste, et servait à désigner les soldats d'élite qui formaient la garde du roi. Le *Roman de la Rose* parle de *ribauds*

Portans sacs et charbons en grève.

C'était donc ce qu'on nomme aujourd'hui les débardeurs, les forts, travaillant à charger et à décharger les bateaux.

Dans ce cas, il viendrait du provençal *riba*, rive, berge.

Le reis de Fransa... era sobre la riba d'un flum...
(BERTRAND DE BORN.)

Les portefaix de Marseille emploient encore aujourd'hui, pour faire les travaux les plus pénibles des quais, des domestiques qu'ils appellent *roubeirons*, qui vient évidemment (?) de *ribaud*.

— Plus tard, ce mot servit à désigner des débauchés, larrons.

...Son filh de trotiers,
De ribaulz o d'autres pontoniers.
(CABANEL, de Marseille.)

(Sont fils de coureurs, ribauds ou autres gueux.)

— Sous Charles VI, on supprima la charge de « Roi des Ribauds », dont l'office était, à la suite de la cour, de connaître de tous les jeux de dés, de brelan et autres. Il levait, à son profit, deux sous par semaine sur les logis de prostituées.

— Il y a près d'Hyères l'île de Ribaud, l'île du Petit-Ribaud et l'île Ribaudon.

Ricaner, vieux français *recaner, recaigner*; provençal *regana*. Rire malignement ; se moquer.

Voilà-t-il pas Monsieur qui ricane déjà ?
(*Tartuffe*, I, 1.)

Riche, origine germanique, allemand *reich*.

— *Ric*, dans les langues du Nord, signifiait puissant, fort.

La terminaison *rix*, dans les noms gaulois (Ambiorix, Vercingétorix), et dans les noms francs (Chilpéric), ou goths (Alaric), n'était que l'indice de la puissance, de la force.

— Le poète Fortunat explique le nom de Chilpéric : *Chilpe*, adjutor, *ric*, fortis.

— La langue des troubadours emploie le mot *ric*, riche, dans le sens de fort, puissant.

Serai plus ricx qu'il senhor de Marroc.
(Augier.)

Les *ricos ombres*, en Espagne, étaient les plus puissants. « Les riches hommes étaient ainsi nommés, non pour être riches et posséder des domaines, mais pour être puissants et d'illustre lignage. » (Bosche.)

Monstrelet a employé *riche* dans le sens de fort : « Il y eut maint riche coup féru entre icelles parties. »

— C'est dans le sens de puissant qu'il faut expliquer la locution proverbiale *ric-à-ric*.

— Aujourd'hui encore, dans la langue populaire, l'adjectif *riche*, précédant le substantif qu'il qualifie, lui donne plus d'énergie. On dit : un riche temps, un riche vin ; pour un bon temps, un vin généreux.

— Le changement de sens du mot *riche* vint plus tard du changement dans les mœurs. Quand la puissance ne résida plus uniquement dans la force matérielle, et que le pouvoir de l'or et de la propriété balança la puissance féodale et militaire, les riches, les forts, les puissants, furent ceux qui possédaient les terres, les troupeaux, l'or et l'argent.

Riche devint alors l'équivalent du latin *locuples*, abondant en possession (*locus*).

— Synonymes : calé, cossu, Crésus.

Riche comme le marquis de Carabas, .. comme Crésus, ...comme un coffre, ...comme un marchand de cochons, ...comme la mer. (Voy. *Pactole, Pérou, Turcaret.*)

— Rotschild, mort à Paris, en novembre 1868, a laissé deux milliards de fortune. Le marquis de Bule, 20 ans, anglais, prend possession (décembre 1868) d'un patrimoine de cent cinquante millions.

— Riche et pauvre : c'est l'éternelle rivalité du gras et du maigre.

Il y a deux grandes iniquités dans le monde, l'extrême opulence et l'extrême misère. (Chateaubriand, 1832.)

Il faut être puissant pour devenir riche, ou riche pour devenir puissant.

Un homme riche a de quoi entretenir tous ses vices, et acheter toutes les vertus.

C'est de l'enfer des pauvres qu'est fait le paradis des riches. (V. Hugo.)

— Après toutes ces réprobations, tous ces anathèmes contre la richesse, tranchons le mot, et faisons-en le huitième péché capital.

— S'enrichir : mettre du foin dans ses bottes : faire sa pelotte.

— Le riche ne dîne qu'une fois. La grande misère de l'homme est l'incapacité absolue de jouir de sa fortune, faute de moyens passionnels.

— « Si j'étais riche ! dit-on, je ferais... » Mensonge ; on tient plus au dernier écu qu'on amasse qu'au premier qu'on a gagné ; car l'avarice est le châtiment du riche.

— Henri II de Montmorency ayant entendu un paysan dire qu'il ne manquerait rien à son bonheur, s'il pouvait racheter une terre qui avait appartenu à sa famille : « Combien vaut-elle, lui demanda-t-il ? — Deux mille écus. — Qu'on les lui donne, et qu'il soit dit que j'ai fait un heureux. »

— On ne prête qu'aux riches : L'argent cherche l'argent. Si les riches n'ont point d'esprit, on leur en prête, parce qu'ils sont les seuls qui puissent rendre.

Dantur opes nulli nisi divitibus.
(Martial.)

Richesse, dérivé du précédent.

— Le dieu des richesses, chez les Egyptiens, était Mammon ; chez les Grecs, Plutus ; chez les Romains, Dis ou Pluton, dieu des enfers, et par conséquent des trésors que la terre renferme dans son sein.

Dis, le père aux écus (Rabelais, III, 3.)

— La richesse est personnifiée dans Crésus, Midas, et aussi dans Turcaret.

— La production des richesses est due à quatre sources principales qui sont : le travail, le capital, le commerce et la spéculation.

La prospérité sociale résulte de la production et de la répartition, d'où s'ensuivent la puissance publique et le bonheur individuel.

L'Angleterre crée de grandes richesses, et les répartit mal. Il en résulte : opulence monstrueuse, misère monstrueuse. Situation fausse et dangereuse, qui asseoit la puissance publique sur la misère publique.

— Contentement passe richesse.

Lætus sorte tua, vives sapienter.
(Horace, *Epist.* I, X, 44.)

— Le malheur des pauvres, c'est de voir le bonheur dans les richesses ; le malheur des riches, c'est de ne pas l'y trouver. (Chamfort.)

L'argent est la fausse monnaie du bonheur.

Le bonheur est indépendant du luxe, et on en achète davantage avec un denier de cuivre qu'avec une bourse d'or, quand on sait où Dieu l'a caché. (Lamartine, *Graziella*.)

— Il n'est richesse que de science et de santé.

La santé et la gaîté valent mieux que tout l'or du monde. (Salomon.)

— L'embarras des richesses, se dit pour exprimer les soins et les soucis qu'exige la direction d'une grande fortune.

Ceux qui envient la richesse ignorent ce qu'il en coûte de travail pour l'acquérir, et de tourments pour la conserver.

— Grande fortune, grande servitude. On n'amasse les richesses qu'avec peine, on ne les possède qu'avec inquiétude, on ne les quitte qu'avec regret. (Ausone.)

Qui n'a guère, n'a guerre.

— Les personnes comblées des dons de la fortune, sont comme des vaisseaux trop chargés, qui risquent plus que d'autres de couler bas. (Saint Chrysostome.)

— Philoxène de Cythère, s'apercevant que les richesses le rendaient voluptueux : « Par tous les dieux ! dit-il, perdons nos richesses, plutôt que d'être perdu par elles. »

Ricochet, étymologie inconnue.

— C'est la chanson du ricochet. (Voy. *kyrielle*.)

Cette locution vient du jeu du ricochet, qui consiste à jeter sur l'eau une pierre plate, en sorte qu'elle revienne plusieurs fois au-dessus, par petits bonds, avant de s'enfoncer. L'eau est ainsi taillée, cochée et recochée.

Dans la *Chanson du Ricochet* les mêmes mots reparaissent souvent.

Johanneau cite comme exemple le rondeau de Rominagrobis (Rabelais, III, 21) :

> Prenez-la, ne la prenez pas ;
> Si vous la prenez pas, c'est bien faict ;
> Si ne la prenez en effect
> Ce sera ouvré par compas
> Gallopez, mais allez au pas.
> Reculez, entrez-y de faict...

Ridicule, du latin *ridiculus*, de *rideo*, rire.

Le ridicule est une difformité sans douleur. (Aristote.)

Le ridicule est plus redoutable qu'un vice. (Voltaire.)

Rien, du latin *rem*, chose ; provençal *re*.

Anciennement, signifiait une chose. On dit encore : Ne voulez-vous rien envoyer ? Voulez-vous envoyer quelque chose ?

Un *rien*, se dit pour un peu. Faire un rien, dire des riens.

Aujourd'hui, *rien* est négatif et exprime l'idée de néant, et par suite l'idée de bagatelle, comme son équivalent latin *nihil*, *nihilum*. On vit pour rien ici.

— *Bernicle*, que l'on prononce *bernique*, anagramme de *niberge* qui signifie *rien* en argot, a servi de terme de comparaison négatif ; on disait : Cela ne vaut pas une bernicle.

Ce mot sert maintenant à exprimer un refus gouailleur : « Vous voudriez bien l'avoir ? Bernicle ! »

— Socrate disait qu'il ne savait qu'une chose, c'est qu'il ne savait rien.

— Il existe une brochure anonyme : *Histoire des riens*, dédiée à Personne. (Paris, in-12 de 35 pages, Ant. Henqueville, 1730.)

— Qui ne risque rien n'a rien ; car où il n'y a rien à perdre, il ne peut y avoir grand'chose à gagner.

Riflard, gros rabot qui rifle, ou râfle, les aspérités ou parties raboteuses du bois.

— Désigne un grand parapluie, depuis que, dans une pièce de Picard, *la Petite Ville*, jouée à l'Odéon, l'acteur qui remplissait le rôle de François Riflard parut en scène avec un énorme parapluie, pour charger son rôle.

Rigaudon, et aussi *rigodon*, de *Rigaud*.

J.-J. Rousseau (*Dictionnaire de musique*) dit : « J'ai ouï dire à un maître à danser que le nom de cette danse venait de celui de l'inventeur, lequel s'appelait Rigaud. »

Rigoler (se), ancien allemand *riga*, danser. D'où aussi *riole*. S'amuser, folâtrer.

— *Rigoler* est très vieux dans la langue. Il se trouve dans le *Roman de la Rose*, dans la *Farce de Patelin*, dans Rabelais.

C'estoyt passe-temps céleste, les voyr ainsi soy rigouller. (*Gargantua*, I, 4.)

> Se rigolant, menant joyeux déduict.
> (C. MAROT.)

> Hélas ! ce n'est pas maintenant,
> Feriez-vous, qu'il fault rigoller.
> (*Patelin*.)

J'étais à Blois, à rigoler comme un père. (*Moyen de parvenir*.)

Rillette, résidus du lard que l'on a fait fondre pour en tirer le sain doux. Ce qui reste au fond du vase, et se trouve *rissolé* ; par corruption, *rillé*, comme *grésillé* a donné *grillé*.

Rabelais dit *rillés* pour *reliefs*, restes, dessertes.

Rimer, du grec *rhythmos*, cadence ; ou de l'allemand *rim*, nombre.

> Rimer malgré Minerve.
> (BOILEAU.)

Invita Minerva. (Cicéron.)

> *Tu nihil invita dices faciesve Minerva.*
> (HORACE, *Poét*. 313.)

— Le charme des arts suscite plus d'appelés que d'élus. Tel pauvre diable prend pour une vocation ce qui n'est que de l'entêtement, et s'épuise à un travail acharné et inutile.

Ce n'est pas le bœuf de la peinture, comme le Dominiquin, c'en est l'âne, et du maigre sillon qu'il trace, il ne sortira jamais que des chardons. Ses stériles efforts ne peuvent empêcher que la pesanteur de sa médiocrité, comme le rocher de Sisyphe, ne retombe sans cesse sur lui.

— Ça rime comme hallebarde avec miséricorde. — Autrefois, deux consonnes suivies d'un *e* muet, étaient suffisantes pour constituer une rime féminine. Plus tard, on exigea que cette rime fût double, et résultât du son qui se lie immédiatement à la syllabe muette.

On raconte qu'un boutiquier de Paris, nommé Jean Bombet, fit cette épitaphe pour son ami, suisse de Saint-Eustache :

> Ci-gît mon ami Mardoche :
> Il a voulu être enterré à Saint-Eustache,
> Il y porta trente ans la hallebarde ;
> Dieu lui fasse miséricorde !

— La rime (ou plutôt l'assonance) est instinctive chez le peuple : les proverbes et dictons populaires sont presque tous rimés. Le jeu du « corbillon qu'y met-on ? » et les combats de gueule des halles de Paris, chantés par Vadé, rappellent les assauts d'improvisations rimées familières aux bergers de Virgile :

> *Et cantare pares et repondere parati.*
> (*Eglogues.*)

Rincer (pour *rinser*), du bas-latin *resincerare*, faire redevenir net. Ou du germanique *hreinsa*, nettoyer.

— *Rincer*, donner une rincée, vient de *raincel*, baguette ; d'où, en architecture *rinceau*, ornement composé de branches garnies de leur feuillage.

...Liquelz Loeys fu ainsi comme li rains qui est novellement tranché d'un très bon arbre. (Guil. de Nangis, *Annales de Saint-Louis.*)

Ripaille, origine historique : de *Ripacula*, château sur les bords du lac de Genève, où Amédée VIII de Savoie, qui fut depuis anti-pape, sous le nom de Félix V, se retira (1430) et fut accusé de se livrer à des excès de bonne chère.

Débauche de table.

Johanneau tire *ripaille* de *repaissaille*, ou de *repuaille*, dérivé de repu, rassasié.

Si l'expression ne date pas d'Amédée, et qu'on veuille n'y voir qu'une injustice pour le duc et une calomnie pour le pape, il faut l'attribuer à un autre duc de Savoie qui, vers la fin du règne de Louis XIV, fit de ce même château de Ripaille, le séjour de sa favorite, la comtesse de Verrue, ou dame de Volupté, dont on a dit :

> Cette dame de Volupté
> Vivant dans une paix profonde,
> Qui, pour plus grande sûreté,
> Fit son paradis dans ce monde.

Ripopée, anciennement *ripaupé*, de *re* et *popinatum*, de *popina*, cabaret.

Vin frelaté par les cabaretiers : mauvais vin.

Rire, du latin *ridere*.

Synonymes : rigoler, perdre son sérieux. *(Dictionnaire des Précieuses.)*

— Sourire : léger rire.

— Rire de vachère : joie démesurée.

— Le rire est une manifestation de l'intelligence humaine, car les animaux ne rient pas. Aristote le premier a remarqué que le rire appartient en propre à l'espèce humaine. Les animaux, en effet, ne concevant pas l'idéal, ne peuvent éprouver ni dédain, ni orgueil, ni le sentiment comique qui fait naître le rire. Les animaux pleurent quelquefois ; l'homme seul a le don de rire.

Ce qu'il faut surtout admirer dans cette faculté, c'est la puissance de volonté qui lui permet de recouvrir l'agonie de son cœur du masque de la joie ; de souffrir, le sourire sur les lèvres.

Le beau (vrai, bien) donne naissance aux sentiments sérieux, au sublime ; le laid (faux, erreur) produit le ridicule, la moquerie, excite le rire.

L'effet comique, qui produit le rire, naît de la vue des vices et des défauts des autres, parce que l'amour-propre nous persuade que nous n'avons aucune des imperfections qu'il nous montre. La mission du comique est de nous faire éviter les écarts, par la crainte du ridicule.

— Rire, c'est ce qui contente le plus, et c'est ce qui coûte le moins. *(Moyen de parvenir.)*

— Lycurgue institua à Lacédémone la divinité du rire, si nécessaire, disait-il, à adoucir le travail et les peines de la vie.

— On dit : rire comme un bossu, ...comme un coffre, ...comme un fou.

Rire aux anges : rire seul, d'un souvenir.

Qui rit seul, de folie se remembre.

Rire à ventre déboutonné, ...aux éclats ; s'esclaffer.

Rire dans sa barbe : *in stomacho*. (Cicéron.)

Rire sous cape.

Rire du bout des dents, des lèvres.

— On distingue ainsi : le rire jaune, forcé, ou sardonique ; le rire dédaigneux ; le rire gracieux ; le rire inextinguible, ou convulsif, dont parle Homère, et qui soulève en nous une convulsion que nous ne pouvons réprimer.

— Le rire vient du cœur, le sourire de l'esprit.

Le rire épanoui, large, profond, de Molière, fait songer au rire d'airain de la comédie antique. (O. Feuillet.)

— L'abbé Damascène, astrologue italien, publia, en 1862, un livre où il expliquait les tempéraments et les caractères des individus par leurs diverses manières de rire. Il disait qu'il y avait autant de rires que de voyelles.

A. Les personnes qui rient en *ha! ha! ha!* sont flegmatiques, franches, inconstantes, amies du bruit et du mouvement.

E. Le rire en *hé! hé! hé!* appartient aux bilieux.

I. *Hi! hi! hi!* est le rire des enfants, des gens naïfs et mélancoliques. Il dénote une nature timide et irrésolue. Les blondes rient en *i*; ce qui ne veut pas dire que toutes les blondes soient timides.

O. Le rire en *oh!* appartient aux sanguins. Il indique la générosité dans les sentiments.

U. Évitez ceux qui rient en *u*. Ce sont les avares, les hypocrites et les ennemis du plaisir.

— Rire aux larmes. Marot dit, dans l'épitaphe de Jean de Serre, excellent comique dans les farces d'alors :

> Que dis-je ? on ne le pleure point ?
> Si faict-on ; et voicy le poinct :
> On en rit si fort en maints lieux,
> Que les larmes viennent aux yeux.

— Mourir de rire : *risu solvi* (Horace), crever de rire.

Le peintre Zeuxis mourut de rire en voyant le portrait qu'il avait fait d'une vieille femme. « Zeuxis le peinctre, lequel mourut subitement à force de rire, considérant le minoys et pourtraict d'une vieille femme représentée en peincture. » (Rabelais, IV, 17.)

Léon X, dit Montaigne (I, 2), ayant appris la prise de Milan, entra dans un tel accès de joie, que la fièvre l'en prit, et il en mourut.

— Je ne vous inviterai pas à mon enterrement, vous me feriez trop rire.

> ...J'ai ri, me voilà désarmé.
> (Piron, *Métromanie*. III, 7.)

> Courage, rira bien qui rira le dernier.
> (Th. Corneille.)

Ritournelle, italien *ritornella*, latin *re* et *tornare*.

Ce mot est fait comme celui de La Tournelle, tribunal de Paris, qui se partageait avec celui du Châtelet les affaires judiciaires. La Tournelle était ainsi nommée parce que les conseillers du Parlement y faisaient le service à tour de rôle.

River, origine germanique.

— River le clou à quelqu'un. C'est le mettre à la raison une bonne fois ; allusion au clou rivé qui ferme la chaîne des galériens pour les empêcher de nuire de nouveau.

Rivière, du bas-latin *rivaria*, dérivé de *rivus*.

— Pascal a dit : « Les rivières sont des chemins qui marchent. »

On dit : « Où va cette rivière ? », et par extension : « Où va ce chemin ? »

...On dit, messieurs, que la Manche nous sépare ; mais ce sont les montagnes qui séparent les hommes, les rivières et les nappes d'eau servent, au contraire, à réunir les peuples civilisés. (Pontanié, 1849.)

— Si tu veux aller à la mer, prends une rivière pour guide.

— Les rivières de Provence ont très peu d'eau en été ; à peine navigables pour les canards, les oies y ont pied presque partout.

— Avant de quitter Madrid, écrit un touriste pendant les inondations de 1876, j'ai voulu voir le Mançanarès. On ne saurait dire de lui qu'il était sorti... Il était absent.

Méry appelait le Mançanarès : une rivière hydrophobe.

— Sophie Arnould disait des petites rivières artificielles : « Cela ressemble à une rivière... comme deux gouttes d'eau. »

— Les grandes rivières... de diamants, viennent des petits ruisseaux.

Robe, provençal *raube*, ancien français *rober*, de l'allemand *rauben*.

Même origine que *dérober*, dépouiller.

Saint Paul... que fou raubitz entro al ters cel de la divinitad. (*Vices et vertus.*) Saint Paul qui fut ravi jusqu'au troisième ciel de la divinité.

Robert (sauce).

Cestuy feust inventeur de la saulce Robert, tant salubre aux connils rostis, canarz, etc. (Rabelais, IV, 40.)

Robert-Macaire (C'est un).

C'est un fripon audacieux et effronté, qui emploie toutes les ruses du charlatanisme pour faire des dupes ; un fourbe fourbissime, un blagueur éternel, ne croyant à rien, se moquant de tout, fécond en ressources ; aussi prompt à donner un coup de couteau à un gendarme, qu'à jeter sa tabatière aux yeux d'un commissaire ; à faire sauter une carte, qu'à lancer la réplique à un actionnaire récalcitrant.

— Ce dicton prit naissance vers 1830, après la représentation de l'*Auberge des Adrets*, où le héros, Robert-Macaire, joue le rôle d'un assassin. L'acteur Frédéric Lemaitre sut donner à cet odieux personnage un caractère bouffon, qui obtint un grand succès. Ce héros triomphant du vice a un acolyte du nom de Bertrand, sorte de niais perverti, qui est à la fois l'objet des sarcasmes de Robert et le complice servile de tous ses crimes.

La représentation de cette pièce, interdite avant 1848, reprise sous la République, fut supprimée de nouveau en 1852.

Robinson, origine littéraire.

— Selkick, matelot écossais, a joué l'original du rôle de Robinson Crusoé, dans l'île de Juan Fernandez, où les hasards de la vie maritime l'avaient laissé seul et sans secours. La famille de Selkick habite encore Horgolfe où il est né.

Daniel de Foë, Français d'origine (de Foix), écrivit son livre sous l'inspiration de Selkick. Ce n'est donc pas une pure fiction amusante. C'est un exemple à suivre dans les circonstances difficiles de la vie, où l'on puisera le courage dans l'abandon, de l'énergie et de l'esprit d'invention dans la solitude.

Rocaille. Ornement composé de roches artificielles et de coquilles, en usage sous Louis XV ; d'où *rococo*.

Rocher, origine incertaine.

— Les paysans appellent les rochers les os de la terre (?), comme s'ils connaissaient la fable de Deucalion et de Pyrrha.

La terre de Fontainebleau est si maigre, que les os (ce sont rocs) lui percent la peau. (Rabelais, V, 10.)

Rococo, suranné, démodé, genre rocaille outré. C'est *rocaille* avec une désinence ridicule.

— En 1830, les romantiques ont créé ce mot pour désigner tout ce qui portait l'empreinte des temps passés. Les Grecs, les Romains, Racine, l'école de David : *rococo !*

L'on arrivait par la filière des épithètes qui suivent : ganache, fossile, perruque..., à l'épithète la plus infamante : académicien, membre de l'Institut. (Th. Gautier, 1835.)

Rôder, de *rotare*, par influence méridionale ; provençal *rodar*. Au propre, courir çà et là.

Rodomont, origine littéraire : fanfaron.

Personnage créé par Boïardo, qui en fait un roi d'Alger, descendant des constructeurs de la tour de Babel.

L'Arioste, dans le *Roland furieux*, en fait un personnage arrogant et lui attribue des prouesses extraordinaires.

Roger-Bontemps, origine littéraire ; bon vivant, sans souci.

Ce nom a été fait de l'altération de *réjoui bon temps* ; ou de la famille des Bontemps, illustre dans le Vivarais, dont le chef, qui s'appelait Roger, était d'humeur joyeuse. Le nom de Roger fut porté depuis par tous les aînés de la famille pendant plusieurs générations, et ils se firent gloire d'imiter leur aïeul, en se transmettant la gaîté comme un héritage.

— C'est le nom d'un personnage de Roger de Collerye, poète du commencement du XVIᵉ siècle.

Rognolet, dérivé de *rogner*.

Se dit d'une personne qui n'a pas su tirer parti d'une belle position.

Il est comme Pierre Rognolet, qui d'un manteau n'a su faire un bonnet.

Ou encore : tailler de la besogne sur le patron de l'abbé Rognolet.

— Rabelais (IV, 52) dit que « à Paris, Groignet, cousturier, avayt employé unes vieilles clémentines (décrétales) en patrons et mesures. O cas estrange ! tous habillemens taillez suz telz patrons feurent gastez et perdus, etc. »

Rogue, celtique *rog*, fier, arrogant.

Quelques-uns y ont vu une transposition (?) des lettres du mot *rouge* ; on bas-latin *rocus*, désignant un manteau écarlate.

Exuens se vestimento quod lingua rustica dicitur rocus. (Helgandus.)

Eron passat per la mar rog a pé sé. Ils étaient passés par la mer Rouge à pied sec.

— L'usage de l'écarlate affectée anciennement aux vêtements des hauts dignitaires, aux chevaliers, aux docteurs, introduisit jadis l'expression *rouge* pour hautain, arrogant.

Brantôme s'est servi du mot *rouge* dans ce sens, en parlant des

Suisses, après l'affaire de Navarro, contre La Trémouille, affaire dont ils devinrent si rouges et si arrogants...

Roi, du latin *regem*, provençal *rey*.

— Le titre de *roi* est plus ancien et plus honorable que celui d'empereur. Il vient de : *egere*, celui qui régit, qui gouverne. Il éveille l'image du chef d'une grande famille, et, de toute antiquité, a été donné aux princes des nations.

— *Empereur* veut dire qui commande. C'est un titre militaire, qui devint celui des Césars, lorsqu'ils eurent dominé par leur despotisme l'anarchie de la République.

Le pape Léon III consacra l'autorité de Charlemagne en Italie, en le proclamant empereur, successeur des anciens Césars.

En Russie, Ivan IV, qui descendait, par sa mère, du dernier empereur de Constantinople, prit le titre de *César* (czar) qui se traduit par *empereur*.

Bonaparte, en succédant à la lignée de saint Louis, prit aussi le titre d'empereur, que justifiait sa gloire militaire.

— On dit « roi de France », et non « roi de la France », parce qu'à l'origine notre langue, comme la langue anglaise, n'employait pas l'article devant les noms de pays.

Rabelais dit : « Voilà Asie ; ici sont Tigris et Euphrates ; de ça est Europe. »

Ce n'est que vers la fin du XVIᵉ siècle que l'article prit place ; mais l'expression « roi de France » survécut à cette petite révolution grammaticale, parce que le respect que nos pères avaient pour la royauté (et pour les formules consacrées) leur fit conserver intacte l'expression.

Louis-Philippe, qui succéda, en 1830, au roi de France Charles X, rompant avec la tradition, se fit appeler roi des Français.

Ménage parle d'une monnaie d'or appelée *salut*, frappée sous Henri VI, roi d'Angleterre, couronné roi de France à Paris, en 1422, qui portait d'un côté la Vierge Marie recevant la salutation de l'ange, par le mot *ave*. De l'autre étaient deux écus, l'un de France, l'autre de France et d'Angleterre, avec ces mots à l'entour : *Henricus Dei gratia, Francorum et Angliæ rex*.

Henri VI y prend le titre de roi des Français, tandis qu'il se donne celui de roi d'Angleterre comme d'un domaine héréditaire.

On ne frappe les rois qu'à la tête.
(V. Hugo, *Cromwel*, IV, 8.)

Le seul roi dont le pauvre ait gardé la mémoire (Henri IV).

Ce vers, qu'on attribue à Voltaire, est, en changeant *pauvre* en *peuple*, d'une ode de Gudin de la Brunellerie, écrite cinq ans après la mort de Voltaire.

— Si j'étais roi ! si j'étais gouvernement !...

Hou ! que je ne suis roy de France pour quatre-vingts ou cent ans ! (Rabelais, I, 39.)

> Ah ! que ne suis-je roi pour cent ou six vingts ans.
> (Régnier, *Satire* VI.)

Sémiramis, ayant obtenu du roi d'Assyrie le droit de régner absolument pendant cinq jours, usa du pouvoir pour faire mourir le roi lui-même, et s'empara de son trône.

...Comme le berger de Génitois, qui, se dépitant en temps de pluie, disait : « Si je suis jamais roi, alors je garderai mes moutons à cheval. » *(Moyen de parvenir*, ch. 33.)

> ...*Reges proecurrere vita.*
> (Horace.)

(Plus heureux qu'un roi.)

Le roi n'est pas son cousin : il s'estime plus heureux qu'un roi.

Rôle, du latin *rotulus* (rouleau de papyrus).

Rôle est fait comme *volume* : chez les Romains, les livres étaient des rouleaux et non des cahiers, roulés et non pliés.

Romain, du latin *romanus*.

Un travail de Romain. Exprime la grandeur d'un travail.

— L'art romain participe de l'art étrusque et de l'art grec ; mais son génie personnel s'est assimilé les éléments qui conviennent à ses besoins. Tout a été refondu dans le moule puissant d'où est sortie la grandeur romaine : l'art, les institutions et les usages empruntés aux civilisations voisines.

L'art romain, qui subordonna l'idéal à l'utile, le beau au grand, est un type original, qui a pu s'imposer plus tard en souverain, et couvrir de ses œuvres la surface du monde.

— Les Romains modernes sont des morts qui n'ont jamais vécu. (Dante.)

Roman, même origine que le précédent, dont il est une forme dialectale.

Les langues *romanes* ou novo-latines, sont au nombre de quatre : l'italien, l'espagnol, le provençal, le français.

L'espagnol comprend le portugais et le catalan. Quant au provençal, c'est un idiome localisé, qui ne se parle plus que dans le midi de la France, après avoir jeté un grand éclat au Moyen-Age.

Spécialement la langue des troubadours :

> *Tramet lo vers en chantan*
> *En plena lengua romana.*
>
> (G. Rudel.)

(Je transmets le vers en chantant en pure langue romane.)

— Les langues romanes ne dérivent pas les unes des autres : elles sont toutes contemporaines et, en quelque sorte, sœurs jumelles, issues du latin, qui a remplacé à la même époque les langues indigènes.

Ces langues ont toutes le caractère latin, mais les divers peuples le parlèrent avec un accent qui leur était propre ; de là la diversité des langues italienne, espagnole, provençale et française.

Après la conquête des Gaules, il se forma un langage composé de gaulois et de latin, appelé *roman*, et qui fut l'origine de la langue française.

Les poètes du xe siècle, qui composèrent des fabliaux et autres fictions, et inventèrent la *gaie science*, furent appelés romanciers.

> Villon sut le premier, dans ces siècles grossiers,
> Débrouiller l'art confus de nos vieux romanciers.
>
> (Boileau.)

— Le mot *roman* qui, à l'origine, signifiait ouvrage littéraire en langue vulgaire, est devenu synonyme de fiction.

Daubenton lisait des romans pour se reposer ; il appelait cela mettre son esprit à la diète.

Le paradis consiste dans un bon fauteuil et un roman pendant l'éternité. (Grey.)

— Le *Roman de la Rose*, commencé par Guillaume de Lorris, dit Clopinel, au début du XIIIe siècle, fut achevé par Jean de Meung. Ce roman, ou plutôt ce poème allégorique et métaphysique, était regardé au Moyen-Age comme le code de l'amour.

L'*Astrée*, d'Honoré d'Urfé, est une longue et fade bucolique, parue en 1610, où sont peintes les délices imaginaires de la vie pastorale sur les bords du Lignon.

Le *Grand Cyrus*, de Mlle de Scudéry, son principal ouvrage, est un roman faisant allusion au Grand Condé.

— Dans l'ordre chronologique, il y eut d'abord :

Les romans de chevalerie.

Les romans d'amour, tels que *Aucassin et Nicolette*.

Les romans satiriques : *Roman de la Rose*, *Roman de Renart*.

H. d'Urfé : *l'Astrée*, au commencement du XVII° siècle.

Camus, évêque de Belley : une cinquantaine de romans, dont *Palombe*, rééditée en 1860.

Sorel : *Histoire comique de Francion* (licencieux).

M⁽ˡˡᵉ⁾ de Scudéry : *le Grand Cyrus*, *la Clélie*.

Scarron : *le Roman comique*.

Cyrano de Bergerac : *Histoire des Empires du Soleil*, etc.

Furetière : *le Roman bourgeois*.

M⁽ᵐᵉ⁾ de Lafayette : *la Princesse de Clèves*, *Zayde*.

Fénelon : *Télémaque*.

Le Sage : *Gil Blas*, *le Diable boiteux*.

Hamilton : *Mémoires du Chevalier de Grammont*.

Montesquieu : *les Lettres persanes*.

Prévost (l'abbé) : *Manon Lescaut*.

M⁽ᵐᵉ⁾ de Graffigny : *Lettres d'une Péruvienne*.

M⁽ᵐᵉ⁾ de Tencin : *le Siège de Calais*.

Voltaire : *Candide*, *Zadig*.

Diderot : *la Religieuse*, *Jacques le Fataliste*.

J.-J. Rousseau : *la Nouvelle Héloïse*.

Restif de la Bretonne : 200 volumes de romans.

Laclos : *les Liaisons dangereuses*.

Bernardin de Saint-Pierre : *Paul et Virginie*.

M⁽ᵐᵉ⁾ de Staël : *Delphine*, *Corinne*.

Chateaubriand : *Atala*, *René*.

— Aujourd'hui, on entend par roman une histoire feinte, où l'auteur cherche à intéresser par la peinture des mœurs.

— Les romans peuvent être :

Archéologiques, comme *Notre-Dame de Paris*, de Victor Hugo.

D'aventures : *Gil Blas*, de Le Sage ; *les Trois Mousquetaires*, d'Alexandre Dumas.

Épistolaires, comme *la Nouvelle Héloïse*, de J.-J. Rousseau.

Érotiques, libertins : ceux de Voisenon, de Crébillon fils, de Sade.

Chevaleresques et aristocratiques : ceux de M⁽ˡˡᵉ⁾ de Scudéry.

Historiques : ceux de Walter Scott.

Maritimes : ceux d'Eugène Sue.

De mœurs : ceux de Le Sage, de Marivaux, de Richardson.

Pastoraux : *Daphnis et Chloé*, *l'Astrée*.

Philosophiques : ceux de Voltaire, de George Sand.

Sentimentaux : *Werther*, de Gœthe ; *René*, de Chateaubriand.

sociaux : de George Sand, de Victor Hugo (*les Misérables*).

Il y a encore les romans biographiques, de cape et d'épée, humoristiques, etc.

Romance, ancien adjectif, comme *roman*.

— La romance, petite poésie légère, aussi ancienne que la langue française, est une espèce de chanson où s'exprime la sensibilité, la grâce, la galanterie.

Nos premières romances étaient des chants populaires et patriotiques, imités des *romanceros* espagnols. Depuis, le nom de romance a été appliqué à toute chanson tendre ou plaintive, divisée en couplets avec refrain.

— La romance se montre à la fin du xe siècle, époque où la langue française commence à se former des débris de la langue romane, et succède aux chants des trouvères et des troubadours.

— Albanèse, chanteur sopraniste de la chapelle du roi, a publié, vers le milieu du xviiie siècle, plusieurs recueils de mélodies faciles et charmantes ; mais la plus grande vogue de la romance a commencé avec le xixe siècle.

— Sous le Consulat, il faut citer Garat, Boieldieu, Pradher et Ch. Plantade, dont la romance *Langueur d'amour* est une mélodie pleine de sentiment.

Carbonel : *Brigitte* et *Pauvre Lise*, qui ont eu beaucoup de vogue.

Lambert : *De ma Céline amant modeste* (inspiration gracieuse), 1806.

Dalwimare : *Prêt à partir pour la rive africaine*, 1809.

Alex. Choron : *la Sentinelle* eut un succès européen.

La Reine Hortense : *Partant pour la Syrie* ; *Reposez-vous, bon chevalier*, etc. C'est à elle qu'on doit le premier album qui ait été publié en France, et l'idée de mettre un dessin en tête de chaque romance.

— Les quinze années de la Restauration furent une époque brillante pour la romance.

Romagnési : *Faut l'oublier, disait Colette* ; *Depuis longtemps j'aimais Adèle* ; *la Petite Mendiante*.

Amédée de Beauplan : *Mon petit François* ; *Bonheur de se revoir* ; *Dormez, chères amours*.

Edouard Brugnière : *Mon petit bateau*.

Panseron : *Appelez-moi, je reviendrai* ; *Vogue, ma nacelle*.

Pollet : *Fleuve du Tage*.

Pauline Duchambge : *la Brigantine ; la Séparation*.

— Après la Révolution de 1830, la romance participe au mouvement romantique.

Hippolyte Moupou : *Il était trois chasseurs ; l'Andalouse ; les Deux Archers ; la Chanson de Mignon*.

Loïsa Puget : *la Grâce de Dieu ; Ave Maria*.

Labarre : *Jeune fille aux yeux noirs ; le Klephte*.

Grisar : *la Folle ; les Laveuses du Couvent*.

Bérat : *Ma Normandie ; Mon petit cochon de Barbarie*.

Niedermeyer, que le *Lac* portera à la postérité.

Romantiques, de l'ancien français *romant*, devenu *roman*.

Partisans d'une école littéraire et artistique qui avait pour système l'affranchissement des règles imposées par les traditions anciennes, dites *classiques*. En outre, ils se rattachaient passionnément à la littérature, aux monuments et aux traditions du Moyen-Age, époque dite *romane* ; d'où était venu leur nom de *romantiques*. Cette effervescence a eu lieu pendant la fin de la Restauration et les premières années du règne de Louis-Philippe. Née vers 1820, l'école romantique était à son apogée vers 1833.

Les romantiques avaient pour adversaires les classiques, ou partisans des anciennes règles.

Ces querelles n'avaient que l'apparence de la nouveauté ; elles rappelaient le différend des anciens et des modernes, au XVII° et au commencement du XVIII° siècle.

Rome : la Ville, la Ville Éternelle ; la Ville des Césars ; la Ville aux sept Collines. *Urbs æterna*. (Symmaque.)

On attribue son nom à son fondateur Romulus, qui l'établit sur le Palatin. Agrandie par ses successeurs, elle couvrit bientôt sept collines, d'où le surnom de *Septicollis*.

Saint Pierre, dans sa *Première Épître*, et saint Jean, dans l'*Apocalypse*, la désignent sous le nom figuré de Babylone. Les rabbins la nomment Edom, comme devant subir le sort dont les prophètes menacent la ville de ce nom.

Plutarque dit que son nom vient de *ruma*, vieux mot signifiant mamelle : d'où *Rumélia*, déesse qui présidait à l'alimentation des enfants.

Noël fait venir *Rome* du grec *rhômé*, force.

... La Rome des rois, sur l'Aventin ; la Rome républicaine, sur le

Capitole ; la Rome impériale, sur le Palatin ; la Rome chrétienne, assise sur le Vatican comme sur un trône. (G. Sand.)

La Rome des papes a succédé à celle des empereurs ; les missions ont remplacé les légions, et la domination de l'esprit est encore plus universelle que celle de la force.

— Hildebert, évêque de Tours, visita Rome au commencement du XII° siècle. Il dit de cette ville : « Il en reste trop, et trop en est tombé pour qu'on puisse détruire ce qui est debout ou relever ce qui est gisant. »

— En demandant, on va à Rome.

Tout chemin mène à Rome ; c'est la devise de l'Église catholique. Il était plus difficile d'aller à Corinthe.

Avec le latin et le roussin, on peut voyager par tout le monde.

Si l'on en peut voir un plus fou, je l'irai dire à Rome. (Molière, Bourgeois gentilhomme, V, 7.)

Roméraye, de l'espagnol *romeria*.

Nom donné, en Provence, aux fêtes patronales des villages.

On les appelle aussi *rotes*, roman *rot*. C'est ce que Rabelais (I, 45) désigne sous le nom de *romicaiges* (?).

Au Moyen-Age, on appelait *romieri* les pèlerins qui faisaient le voyage de Rome pour obtenir la bénédiction du pape.

— Les pèlerinages les plus célèbres ont été : celui de Terre-Sainte ; celui des Saints Apôtres, à Rome ; et ceux de Notre-Dame de Lorette et de Saint Jacques de Compostelle.

Rompre, du latin *rumpere*.

Au figuré : se brouiller.

Chez les Romains, on donnait un brin de paille, en prenant possession d'une propriété ; au contraire, on rompait le brin de paille en s'en dessaisissant ; d'où la locution abrégée « rompre la paille » avec quelqu'un.

Confringere tesseram. (Plaute.)

(Briser le contrat.)

Rompre en visière avec le genre humain. (Molière, *Misanthrope*.)

Rond, du latin *rotundus*, provençal *redon*.

Rond comme l'o de Giotto. On raconte que le pape Boniface VIII fit demander à Giotto des dessins, pour juger de son talent. Le peintre lui envoya un cercle tracé à main levée, et qui était d'une rondeur parfaite.

Vasari *(Vie de Giotto)* raconte ainsi cette anecdote :

Benoît IX, voulant orner de peintures Saint-Pierre de Rome, expédia en Toscane un de ses gentilshommes, pour juger si le mérite de Giotto égalait sa réputation. L'envoyé du pape, après avoir recueilli à Sienne des dessins de plusieurs peintres et mosaïstes, arriva à Florence, où il exposa sa mission à Giotto, en lui demandant un dessin qu'il pût montrer à Sa Sainteté. Giotto prit aussitôt une feuille de vélin, appuya son coude sur sa hanche, pour former une espèce de compas, et peignit d'un seul jet, avec une délicatesse toujours égale, un cercle d'une perfection merveilleuse, qu'il remit en souriant entre les mains du gentilhomme. Celui-ci se croyant joué, s'écria : « Eh quoi ! n'aurai-je d'autre dessin que ce rond ? — Il est plus que suffisant », répondit Giotto.

L'envoyé du pape, malgré ses instances, ne put obtenir que ce trait, et se retira fort mécontent. Néanmoins, il présenta à Benoît IX le cercle de notre artiste, en lui indiquant la manière dont il l'avait tracé. Le pape et ses courtisans reconnurent combien Giotto l'emportait sur ses concurrents.

De là le proverbe :

Tu sei piu rondo che l'o di Giotto.

(Vasari, traduction de Leclanché.)

Ronfler. Diez en fait une onomatopée.

Synonyme : jouer de l'orgue.

Il ronfle comme s'il voulait faire concurrence au tonnerre. (George Sand.)

Ronsard (Pierre de Ronsard). Anagramme : Rose de Pindare.

— Donner un soufflet à Ronsard : parler mal le français, comme on dit : être l'ennemi de Lhomond.

Rose, du latin *rosa*.

— On appelle à tort, en France, le mois de mai « le mois des roses ». C'est une erreur due à ce que nos poètes, qui habitent des galetas, au lieu de peindre d'après nature, ont lu des descriptions classiques, où il est dit que les roses fleurissent en mai. Cela est vrai pour l'Italie, et même pour la Provence ; mais, dans le nord de la France, la nature retarde d'un bon mois, et la rose ne fleurit en réalité qu'en juin.

— Il n'y a pas de roses sans épines : pas de plaisir sans peine.

Rose ne naît sans piquerons.

Celui qui marche sur les roses, peut avoir les pieds percés d'épines.

Le rayon de miel est doux, mais l'abeille pique.

— Il n'y a si belle rose qui ne devienne gratte-cul : la beauté passe.

— La rose, emblème de la beauté, ne vit, selon Malherbe, que

L'espace d'un matin.

En 1589, François Despériers perdit, à Aix, sa fille unique ; Malherbe, son ami, fit à cette occasion les admirables stances que l'on sait.

Malherbe avait d'abord écrit ce vers :

Et Rosette a vécu ce que vivent les roses.

Par une heureuse erreur, l'imprimeur y substitua celui-ci :

Et rose, elle a vécu ce que vivent les roses.

— **Les roses de Pœstum.** Pœstum, l'antique Posidonia, en Calabre, était autrefois environnée de champs de roses, qui, deux fois l'an, donnaient leur moisson de fleurs.

Biferi rosaria Pæsti.
(Virgile.)

Odorati rosaria Pæsti.
(Properce.)

— L'île de Rhodes était aussi très fertile en roses, et doit son nom à celui de cette fleur, *rhodon* en grec.

D'où le nom de *Rhodanus*, de la ville de Rhodé, que les Rhodiens avaient fondée à l'embouchure du Rhône.

Rosas, ville de Catalogne, fut aussi fondée par les Rhodiens.

Rosée, du latin *ros*, d'où arroser. Provençal *aiguagna*, c'est-à-dire eau de nuit.

La rosée est la vapeur d'eau contenue dans l'air, qui se condense au contact de quelque substance froide. Elle se forme plus abondamment après un jour chaud d'été ou d'automne, surtout si le vent souffle de l'ouest ; parce que les vents d'ouest passent sur l'océan Atlantique, d'où ils arrivent humides et chargés de vapeurs. Ils augmentent la saturation de l'air, qui en dépose une partie au contact du froid de la terre.

Rosière, dérivé de *rose*.

— Rosière de Salency (près Noyon).

Saint Médard institua, en 535, à Salency, le prix le plus touchant que la piété ait jamais offert à la vertu : une couronne de roses pour la fille la plus sage et la plus modeste. La première rosière fut la sœur du saint évêque.

Le couronnement a lieu le dimanche qui suit la fête de saint Médard (18 juin), jour d'inquiétude et d'attente, où, si la pluie tombe, elle doit tomber six semaines durant.

La fête de Salency a donné naissance à beaucoup d'autres, dont la plus célèbre est celle de Nanterre.

Mais aujourd'hui, le prix de sagesse, qui consiste en une couronne de roses, est accompagné d'une somme d'argent, comme appoint de la vertu.

— Un prix qui ne comporte pas d'*accessit*.

Rosse, du tudesque *ross*, cheval de prix.

C'est par dérision qu'on a donné ce nom aux chevaux sans force et sans vigueur.

De là vient *rosser*, frapper comme on frappe une rosse pour la faire marcher.

Rossinante, origine littéraire.

Mauvais cheval très maigre : rosse.

C'est le nom du cheval de Don Quichotte.

> Tel fut ce roi des bons chevaux,
> Rossinante, la fleur des coursiers d'Ibérie,
> Qui, trottant tous les jours et par monts et par vaux,
> Galopa, dit l'histoire, une fois en sa vie.
> (Boileau, *Epigramme* 35.)

Rot, du latin *ructus*, *ructare*, roter.

Synonyme : soupir de Danemark — ou d'ivrogne.

Rôtir, ancien français *rostir*, du germanique *rostjan*, provençal *roustir*.

> L'un ayme le rousty, l'autre ayme la salade.
> (Ronsard à L. Desmazures.)

Ainsy comme ils me roustissoyent, je me recommandays à la grâce divine, ayant eu mémoire le bon sainct Laurent. (Rabelais, *Pantagruel*.)

— Il a rôti le balai, se dit de quelqu'un qui a beaucoup usé de la vie, et qui s'est épuisé par l'excès des plaisirs.

Quand tu auras autant rousty comme j'ay et esté rousty..., dit Panurge.

Roué, dérivé de *roue*, du latin *rota*.

— Le supplice de la roue fut en usage jusqu'au xviiie siècle. Après avoir attaché le patient sur une croix en forme de X, on lui rompait les os des quatre membres, puis on exposait le corps sur une roue que l'on faisait tourner.

— Ce mot, qui, dans son acception littérale, exprime une chose horrible, devint, sous la Régence, un terme élogieux et flatteur chez les jeunes gens à la mode.

Les petits maîtres du temps, certains novateurs,

Grands marieurs de mots l'un de l'autre étonnés,

y ajoutèrent même des épithètes comme charmant, délicieux.

Mercier (*Tableau de Paris*, ch. 472) dit que ce mot fut créé par « l'extrêmement bonne compagnie », ainsi qu'elle s'intitule elle-même. Mais comment a-t-elle pu adopter une expression qui éveille une idée de crime et de supplice, et l'appliquer si légèrement ?

On va jusqu'à dire : un aimable roué, pour désigner un homme du meilleur monde, qui n'a ni vertus ni principes, mais qui donne à ses vices des dehors séduisants, qui les ennoblit à force de grâce et d'esprit.

Les mots *traître*, *perfide*, *méchant*, ont pâli ; on n'ose plus dire : c'est un scélérat, le mot ne passerait pas ; on dit : c'est un roué. C'est un signe d'immoralité et de décadence des sociétés, que ces expressions outrées, où l'impudence ose donner au vice les apparences d'une qualité. Telle est l'expression de *roué*, empruntée à la jurisprudence criminelle, et qui signifie en même temps un roué en place de Grève, et un roué de cour.

— Le cardinal Dubois, dit Saint-Simon, était un petit homme maigre, effilé, à mine de fouine, et bon à rouer. C'est à lui que le nom de *roué* fut appliqué pour la première fois par le Régent.

Avant la Régence, on avait le nom de *rompu* pour désigner un bon vivant ; cette expression s'est conservée en provençal avec la même acception.

...Ce bon rompu de Louis XI aima toutes les femmes. (Brantôme.)

Les grands seigneurs se sont approprié le nom de *roués*, pour se distinguer de leurs laquais, qui ne sont que des *pendards*.

— Les courtisans du régent disaient plaisamment qu'on les appelait *roués*, parce qu'ils étaient prêts à se faire rouer pour lui.

— Un voleur enrichi, après avoir été laquais, roulait carrosse. C'est un homme bien adroit, dit-on, il a sauté du derrière d'un carrosse en dedans, en évitant la roue.

Rouge, du latin *rubeus*, provençal *rog*.

D'où : rougeur, rougeole, rubis, rubicond, rubrique.

— Rouge comme un chérubin, …comme un coq, …comme une écrevisse, …un homard.

— Rougir : en argot, c'est piquer un fard.

Dans le Berry on dit s'écrevisser, pour rougir de colère.

— Méchant comme un âne rouge ; se fâcher tout rouge.

Rouge est pris ici pour *roux*. C'est un préjugé très ancien que les cheveux roux sont le signe caractéristique d'un mauvais naturel.

Les Romains avaient déjà contre les personnes rousses de fâcheuses préventions ; et, chez les nations modernes, les cheveux roux inspirent de l'aversion et une sorte de répugnance. C'est un vieux préjugé qu'il faut au moins constater, ne fût-ce que pour le combattre.

> Rouge au soir, blanc au matin,
> C'est la journée du pèlerin.

On croit généralement que le ciel rouge au coucher du soleil, et pâle à son lever, présage un beau temps. Ce dicton se retrouve chez tous les peuples de l'Europe.

— En politique : Tous les rouges ne sont pas des forçats ; mais tous les forçats sont rouges. (Proudhon.)

Rougeur, dérivé du précédent.

— La rougeur est la couleur de la vertu. (Socrate.)

— Tous les sentiments humains sont contenus dans un pot de rouge.

Le rouge signifie la pudeur, quand il est sous les yeux ; la colère, quand il est sur le front ; la gaîté, quand il est aux joues ; l'ivrognerie, quand il est au nez ; la honte, quand il est aux oreilles.

— La rougeur qui apparaît naturellement sur le visage, est un signe de pudeur, de décence et de modestie, causé par une impression vive et subite.

> *Virgineus rubor.*
> (Virgile.)

— La pudeur, est une vertu, qui, chez les peuples civilisés, ne vient qu'avec la puberté : les enfants n'ont point de pudeur, et chez les nations primitives, la pudeur n'existe pas. La Genèse en témoigne, quand elle dit qu'Adam et Ève *non erubescebant*, ne rougissaient pas.

> Celui qui sait rougir aime encor la vertu.
> (Catzier, *Nathan.*)

— Faire monter le rouge au visage.

Rubore digna verba.

(Ovide.)

— On rougit de honte ; on pâlit de colère.

Alius est iræ, alius verecundiæ rubor. La colère rougit d'une façon, la modestie d'une autre.

— Le sentiment qui fait rougir naît de la pudeur d'une honte modeste ; celui qui fait pâlir témoigne que tout le sang reflue au cœur pour en soutenir la faiblesse. (Scudéry.)

> Tout le rouge acheté, qui dessus votre joue
> Fait l'office de la pudeur...
>
> (Benserade.)

— On se mettait beaucoup de fard sur les joues, au siècle dernier, pour simuler la pudeur ; maintenant, on met du blanc, pour affecter la candeur et l'innocence.

Route, du bas-latin *(via) rupta*, voie rompue, faite en rompant la forêt ou le terrain.

De là *routine*, petite route, qu'on suit sans s'en écarter, par habitude.

Roux, féminin *rousse*, du latin *russus*, rouge foncé.

— Pendant le Moyen-Age, la barbe et les cheveux roux étaient considérés comme un mauvais signe, et l'épithète de *roux* était un terme injurieux, équivalent de traitre, parce que la tradition donnait à Judas des cheveux roux. Cette croyance explique le sens qu'il faut donner à *lune rousse*.

Le nom de *rousse*, donné par les argotiers aux gens de la police, a aussi la même origine, et s'explique par l'antipathie des malfaiteurs pour les défenseurs de l'ordre.

Royaliste, dérivé de *royal*, latin *regalis*.

Synonymes : blanc, partisan du drapeau blanc, par opposition à bleu, dans les guerres de la Vendée.

Plus royaliste que le roi : plus catholique que le pape.

Roxelane (nez à la).

Roxelane, sultane favorite de Soliman II, avait un nez retroussé, devenu célèbre, qui a donné son nom à tous les nez du même genre.

Ruban, de *rubeus*, rouge (?). En provençal et en vieux français *riban*.

> Je voudrais être le riban
> Qui serre ta belle poitrine.
>
> (Ronsard.)

Rubicon, étymologie historique.

— Passer le Rubicon : s'engager d'une manière irrévocable, par une démarche hasardée.

Allusion à la révolte de Jules César contre le Sénat, quand il franchit, avec ses légions, le Rubicon, rivière qui servait de limite à l'État romain, et ne pouvait être franchie, même avec une seule cohorte, sans qu'on fût déclaré rebelle et parricide. (Voy. le *sort* en est jeté.)

César, à son retour des Gaules, après s'être vu refuser la prorogation de son gouvernement, se décida à franchir le Rubicon, ce qui donna lieu à la guerre civile.

Ce triste cours d'eau, qui reste noté d'infamie dans l'histoire, pour n'avoir pas arrêté la marche criminelle de César, est actuellement le Pisatello, ou Fiumerino, entre Ravenne et Rimini.

Après avoir franchi le Rubicon, César envoya des sommes énormes pour acheter le Sénat et les magistrats ; ce qui fit dire qu'il avait conquis la Gaule avec le fer des Romains, et Rome avec l'or des Gaulois.

— Tout homme, un jour ou l'autre, arrive au bord de sa petite rivière, et se voit dans la nécessité de passer ce qu'il peut appeler son Rubicon, de prendre une décision irrévocable.

— On dit d'une fille qui a mal tourné, qu'« elle a passé le Rubicon ».

Rubrique, du latin *ruber*, rouge.

— Savoir toutes les rubriques. — La rubrique était une sorte de sanguine, ou craie rouge, dont les Romains se servaient pour écrire le titre des lois.

Par une tradition de cet usage, l'imprimerie, à ses débuts, adopta l'encre rouge pour les titres, pour les lettres initiales, et pour certains passages importants, dans les livres de droit et de religion.

« Savoir toutes les rubriques » fut donc un mérite chez le légiste et chez le théologien.

L'expression s'applique aujourd'hui à un homme rusé, qui n'est jamais à court d'expédients.

— On imprimait surtout autrefois en rouge les titres des ouvrages, et le nom du lieu où le livre était publié. On disait que tel livre portait la rubrique de Genève ou d'Amsterdam.

— Par extension, *rubrique* s'est dit, en style de journaux, du lieu d'où une nouvelle est annoncée : Ce fait est sous la rubrique de Londres, de Berlin.

Ruche, du breton *rusk*, écorce.

— C'était un usage fort ancien de faire les ruches en écorce d'arbre. Il était pratiqué chez les Romains, comme nous l'apprend Virgile :

Ipsa autem, seu corticibus sibi suta cavatis...
(*Géorgiques*, IV, 33.)

— Fâcher une ruche : s'attirer une foule de petits ennemis.

L'abeille n'attaque jamais ; mais, si on la trouble dans son travail, elle se défend avec une bravoure incroyable. Platon disait qu'elle avait une étincelle de la fureur céleste qui anime les anciens poètes, et il conseillait, si on voulait le repos, de n'irriter ni les abeilles ni les poètes :

Genus irritabile vatum.
(Horace.)

Archiloque, poète satirique, fut assassiné par ceux qu'il avait déchirés dans ses vers. On fit cette inscription sur sa tombe :

« Passant, n'agite pas les cendres d'Archiloque : un essaim d'abeilles en sortirait. » (Voy. *satire*.)

Rue, du bas-latin *ruga*, ride, sillon.

D'autres ont proposé le latin *ruere*, parce que les rues servent d'écoulement aux eaux, ainsi qu'à la foule (*turba ruit*).

Le mouvement de la foule, comparé à un torrent, est souvent une réalité dans les grandes villes, et donne lieu à bien des accidents. La rue de Montmartre, à la traversée du boulevard, porte le surnom de « carrefour des écrasés ».

— Rue foraine. On a donné ce nom à des rues qui étaient affectées anciennement à la fabrication et à la vente des marchandises de certains corps, ou à certains usages.

— Les rues étaient nommées des professions qui s'y exerçaient et qui groupaient les artisans d'une même corporation. Les traditions locales, les événements qui s'étaient passés dans un quartier, la classe des gens qui l'habitaient, les monuments qui s'y trouvaient, telles étaient les causes qui déterminaient les dénominations des rues, et qui aidaient même les habitants à se guider dans ce dédale.

Il y avait ainsi à Paris les rues de la Ferronnerie, de la Coutellerie, des Déchargeurs, du Fouarre, etc. A Bayeux, la rue du Massacre, occupée jadis par les bouchers ; comme à Paris la Vallée de misère, parce qu'on y égorgeait jour et nuit les volailles, agneaux et autres animaux de petite boucherie, qui se consommaient à Paris.

Les rues qui étaient le théâtre d'exécutions criminelles avaient des noms qui rappelaient cet emploi. Ainsi, la rue de l'Échelle, à Paris, vit souvent se dresser la potence des pendus. Le nom de rue de l'Arbre-Sec a la même origine. Le supplice de l'*estrapade* donna son nom à la rue et à la place où on le subissait. Rue de l'Échaudé, où les faux monnayeurs bouillaient dans une marmite. La Croix du Trahoir tirait son nom du supplice infligé à certains condamnés, qu'on faisait tirer à quatre chevaux.

Rue des Billettes, d'un ordre religieux appelé ainsi par esprit d'humilité (comme les Minimes), de *bille*, objet de peu de valeur.

Les Carrières d'Amérique sont d'immenses plâtrières, dont les produits sont exportés jusqu'en Amérique.

La rue Chantereine. (Voy. *grenouille*.)

Rue du Cherche-Midi. Au XIIIe siècle, il y avait dans ces parages un cabaret en vogue; lequel avait pour enseigne un gros lézard sculpté dans la pierre, comme le dragon de la rue du Dragon, située non loin de là; au-dessous du lézard, on lisait : « Au Cherche-Midi », par allusion à l'amour que cet animal ami de l'homme professe pour le soleil.

Rue du Clos-Bruneau. (Voy. *bren*.)

Rue Cossonnerie, où se tenaient les marchands de volailles.

Le carrefour de la Croix-Rouge, où il y avait, sous Charles IX, une croix rouge plantée dans les champs, à la rencontre de plusieurs chemins.

Rue du Fouarre ou *feurre*, du latin *foderum*, à cause de la paille qu'on y vendait pour joncher le sol des écoles de littérature et de médecine, et servir de siège aux écoliers.

La place de Grève, située en face de l'Hôtel de Ville, donnant sur le bord de la Seine (grève). On voyait encore, en 1840, des rassemblements considérables d'ouvriers en bâtiment, se réunir sur cette place pour y chercher de l'ouvrage. C'est dans cette espèce de bureau de placement en plein vent que les bourgeois et les entrepreneurs venaient les chercher et les embaucher. Ceux qui ne trouvaient pas d'emploi restaient en grève. De là l'expression : se mettre, rester en grève.

Les exécutions capitales avaient lieu, autrefois, sur la place de Grève; c'est pour cela qu'on a appelé « saints de grève » les Saint-

Pier, Saint-Amarante, etc., noms que prenaient volontiers les chevaliers d'industrie.

Rue Saint-Honoré (patron des boulangers), ainsi que les rues du Four Saint-Honoré et Saint-Germain, sont les vestiges des règlements onéreux, qui ont prélevé longtemps sur la mouture et la cuisson du pain des impôts si cruels.

Place Maubert est une contraction pour Magni Alberti (?), du Grand Albert, qui, en 1225, faisait des cours d'alchimie sur cette place, la foule étant trop à l'étroit dans les écoles.

Rue Maubuée, d'une fontaine donnant de l'eau séléniteuse, impropre à dissoudre le savon, et par suite mauvaise pour les lessives ou buées.

Rue de la Mortellerie, habitée par ceux qui se servaient du mortier.

Rue des Porcherons, lieu où se réunissaient sans doute autrefois les marchands de porcs. Le quartier des Porcherons était situé au carrefour du faubourg Montmartre, formé par la rencontre des rues Saint-Lazare, des Martyrs et Lamartine. Ce lieu, jadis hors des barrières, était rempli de cabarets en renom.

Rue des Poulies-du-Louvre, démolie pour les agrandissements; il y avait des étables pour les chevaux, comme dans la rue des Écuries-d'Artois, et celle des Vieilles-Écuries, jadis des Viez-Poulies.

Rue des Prouvaires, c'est-à-dire rue des prêtres. (Voy.)

Rue du Puits-qui-Parle. (Voy. *Chantepleure.*)

Rue Quincampoix. (Voy.)

Rue Tirechape, ainsi nommée parce que les fripiers qui l'habitaient, tiraient la cape ou manteau des passants, afin de les engager à entrer dans leur boutique.

« Sortant des piliers des Halles, dit Mercier *(Tableau de Paris)*, entrez dans la rue Tirechape, lieu cher aux comédiens, parce qu'ils y composent un habit, à peu près comme maint tragique moderne compose une tragédie française, de pièces et de morceaux... Il faut une chandelle pour voir en plein midi dans les boutiques; et, quand on veut vérifier la couleur d'un chiffon, on le porte à la croisée, dont les carreaux sont enduits d'une crasse séculaire. »

Rues de la Grande et de la Petite-Truanderie: habitées au Moyen-Âge par les truands. (Voy.)

De même, à Toulon, le vieux quartier, dit de *Bésagne*, est habité par les ouvriers pauvres, *besogneux*.

— Plusieurs rues des vieux quartiers de Marseille tirent aussi leur nom des états qui s'y exerçaient. Telles sont :

La rue des Aufliers, marchands de sparterie, de *auffe*, alfa.

Rue Bouterie, où étaient les boutiers ou tonneliers.

Rue Caisserie, ou des layetiers.

Canebière (du provençal *canabe*), où l'on vendait le chanvre.

Rue des Fabres, c'est-à-dire des forgerons et autres artisans travaillant les métaux.

Rue Giperie, au plâtre, provençal *gi*.

Rue Lancerie, des fabricants d'armes blanches.

Rue Pavé-d'Amour, s'appelait, au XVᵉ siècle, rue de la Triperie. Le nom actuel provient de la présence de certaines femmes qui y exerçaient leur industrie sous la surveillance de la police.

Toulon possède aussi une rue de ce nom.

Rue Tubaneau, d'une maison où se réunissaient les fumeurs ; du provençal *tubar*, fumer.

Place du Cul-de-bœuf. C'est la corruption du cri provençal : *Oou cuech de buou!* Au bœuf cuit! que faisaient entendre les fournisseurs de vivres des galères, offrant en vente les abattis des bœufs tués pour le service de l'arsenal.

— Beaucoup de rues ont pris leur nom des enseignes qu'on y voyait. Telles sont :

La rue de la Harpe, d'une enseigne où était représenté David jouant de la harpe; la rue de la Truie-qui-File, etc.

C'était, encore à la fin du XVIIIᵉ siècle, un moyen pour désigner les rues qui, alors, n'étaient nommées ni numérotées par l'édilité.

— Les rues de Paris ont commencé vers 1728 à être désignées par des noms inscrits sur des plaques. On adopta aussi pour les maisons le système du numérotage, au lieu de les désigner par leurs enseignes ou par d'autres signes extérieurs.

Ruelle, diminutif de *rue*, petite rue ; comme *venelle*, petite veine, pour *veinelle* ; *sentier*, du vieux mot *sente*. Ruelle désigne aussi l'espace qui, dans une alcôve, se trouve entre le lit et le mur.

Au XVIIᵉ siècle, on appelait *ruelles* les alcôves mêmes, qui servaient de lieu de réunion aux Précieuses, et où la maîtresse du logis recevait les visites.

> Benserade en tous lieux amuse les ruelles.
> (Boileau, *Art poétique*, IV, 209.)

— On appelait « langage des ruelles » la langue adoptée par les Précieuses.

Ruffien, anciennement *ruffien*, du vieux français *ruffin* (?). Débauché, entremetteur, souteneur.

Ruine, du latin *ruina*, de *ruere*, tomber, s'écrouler.

— Tyr, Carthage, tant d'autres villes célèbres de l'antiquité, n'existent plus que dans le souvenir. Du temps de Lucain, il ne restait même plus trace de ruines de Troie :

>...*Etiam periere ruinæ.*

— Synonymes de ruiné : tombé de Crésus en Job ; battre la dèche (argot), *dèche* semble venir de *déchoir*.

Ruisseau, pour *ruissel*, du diminutif *rivicellus*, de *rivus*.

Autrefois on employait *ru* dans le même sens, et encore pour désigner le bruit, le murmure d'un ruisseau :

> Au ru d'une clère fontaine
> Dont li ave étoit clère et sène.
>
> (*Roman de Rou.*)

— Le ruisseau de la rue du Bac. — Mme de Staël, exilée à Coppet, en Suisse, regrettait le ruisseau de la rue du Bac, comme Andromaque avait autrefois regretté le Simoïs.

On emploie cette expression pour dire que rien ne remplace, pour l'exilé, le sol natal, et que la patrie absente laisse dans le cœur un regret ineffaçable.

Ruse, de *ruser*, du latin *recusare*, ancien français *reüser* ; *seür* (devenu *sûr*) offre une transformation analogue.

— Ruse de guerre : stratagème.

> *Dolus an virtus quis in hoste requirat ?*
>
> (Virgile.)

> ...Qu'importe si l'on use
> Contre ses ennemis, de vaillance ou de ruse ?
>
> (Benserade.)

Rusé, même origine.

Synonymes : futé, terme de vénerie ; madré, de *mandre*, nom du renard en Languedoc ; fine-mouche ; narquois ; renard ; retors.

— Homme rusé, tard abusé.

> Toute ruse est permise, en amour comme en guerre.
>
> (Collin d'Harleville, *Châteaux en Espagne.*)

S

S. Lettre sifflante.

— Allonger les *s*, chez Rabelais, signifie faire une tromperie dans un compte; grossir un mémoire. Du signe abréviatif *s*, pour sou, qui, allongé, devenait *f*, qui équivalait à franc (?).

Sabbat, de l'hébreu *schabat*, repos, par le latin *sabbatum*.
Jour de repos chez les Juifs, en souvenir du repos de Dieu, après la création.

— Faire du sabbat : beaucoup de bruit, de tapage.

> Voyez le beau sabbat qu'ils font à notre porte !
> (RACINE, *Plaideurs*.)

Les Juifs, le jour du Sabbat, qui est le samedi, chantent des psaumes dans leurs synagogues, chacun dans un ton différent, ce qui produit un son désagréable.

— On appelle aussi *sabbat* l'assemblée nocturne que l'on supposait tenue le samedi par les sorcières, et où le diable paraissait sous la forme d'un bouc. Il s'y faisait des danses et des cérémonies magiques décrites dans les livres de démonomanie.

Sabir. Langue qui se parle en Algérie, dans les relations entre Européens et Arabes. C'est un mélange confus d'arabe, de français, d'espagnol et d'italien.

Sable, du latin *sabulum*, roman *arena*, qui est aussi latin.

> Et es plus fols, mon escien,
> Que cel que semena en arena.
> (BERNARD DE VENTADOUR.)

(Il est plus fou, à mon avis, que celui qui sème sur le sable.)

Sablier, dérivé du précédent.

— Le sable de ma vie est presque écoulé : mais ne secouez pas le sablier pour le faire tomber plus vite. (W. Scott.)

Sabot, du bas-latin *sabbatam*, savate. On a proposé aussi *sapinus*, fait de bois de sapin. Ou encore *Sabaudia*, Savoie (chaussure usitée en Savoie).

— Synonymes : escarpins de Limoges; esclots (mot commun à l'argot et au provençal).

— Dormir comme un sabot. Comparaison empruntée à une sorte de toupie appelée aussi *sabot*, qui, après avoir ronflé, a un moment de rotation à peine sensible à l'œil et qu'on appelle *dormir*.

Sac, du latin *saccus*; provençal *sa*.

Ce mot est de toutes les langues: hébreu *sak*; grec *sakkos*.

De là sont venus: havresac (sac à avoine), besace ou bissac (double sac), saccager, détruire et emporter.

Le provençal dit *ensaquar* dans le sens du latin *saccare*, mettre dans un sac.

— Sac à vin: ivrogne. Au propre, c'est une outre, une peau de bouc où l'on met le vin, en Orient.

— Sac de soldat: as de carreau, azor.

— Gens de sac et de corde (voy. *corde*): qui méritent d'être pendus ou noyés.

Sous Louis XI, les criminels étaient enfermés dans un sac, sur lequel était écrit: « Laissez passer la justice du Roi. »

Le *Dictionnaire de Trévoux* dit que, dans cette locution, *sac* vient du vieux français *sak*, forfait.

— Juger sur l'étiquette du sac: sans voir les pièces du procès.

— Voir le fond du sac: se rendre bien compte d'une affaire.

> Sans voir le fond du sac, ils prononcent l'arrêt.
> (Regnard.)

— Tirer d'un sac double mouture. Cette locution se prend en mauvaise part. Elle s'applique aux gens assez peu délicats dans les affaires, et assez habiles, pour tirer un double profit, là où un honnête homme n'en aurait aucun.

— Il ne sort d'un sac que ce qu'on y met. C'est pour cela qu'on ne peut attendre de la modestie d'un orgueilleux, de la bonté d'un méchant, de l'équité d'un homme de parti.

Il n'y a de sentiments justes que dans les cœurs vertueux et humains.

— Mettre à sac, ou saccager: piller.

— De *sac*, on a aussi dérivé *saccade*.

Sacre, sacré, du latin *sacer, sacrum*.

Le mot latin avait la double signification de saint, sacré, divin; et de impie, infernal, voué aux dieux infernaux.

Sacer (Virgile): voué aux enfers.

Auri sacra fames (Virgile): la soif exécrable de l'or.

— Vouer aux dieux infernaux, c'était l'équivalent de notre:

envoyer à tous les diables, auquel on substitue fort bien : Que Dieu vous bénisse !

— *Sacré*, suivi d'une épithète spécifique, devient un surcroît d'injure : sacré voleur, pour voleur fieffé.

— Le sacre des souverains est une tradition de l'antiquité (du moins de l'antiquité hébraïque : les rois hébreux recevaient l'onction).

— De *sacre* dérivent : sacrer, sacrement, consécration, sacrifier, sacrilège, exécrer.

— Le nom d'Auguste, que prenaient les empereurs romains, vient de *augurio consecratus*, sacré par les augures, c'est-à-dire saint, vénérable.

Sacrement, du latin *sacramentum*, qui a donné aussi la forme populaire *serment*.

— Les Sacrements de l'Église sont des vœux que l'on jure *(sacrare)* d'accomplir.

— Une foule de lettres de décès constatent que le défunt est « muni de tous les sacrements ». C'est absurde, car il y en a deux : l'ordre et le mariage, qui ne peuvent être conférés à la même personne. (On a vu plus d'une fois des gens mariés ou veufs entrer dans les ordres.)

Sacripant, étymologie littéraire.
Nom d'un roi de Circassie, dans le *Roland Furieux*, de l'Arioste. Personnage querelleur, tapageur, sorte de fier-à-bras.

Sage, du latin *sagire*, avoir du discernement ; ou bien plutôt de *sapius*, qui vient de *sapere*, goûter, apprécier.

On ne trouve pas *sapius* dans les auteurs ; mais Pétrone (*Satiricon*, 50) se sert de *nesapius*. (Voy. Littré.)

— Les Sept Sages de la Grèce : Thalès, Solon, Bias, Chilon, Pittacus, Périandre, Cléobule.

— On entend par *sagesse* la pratique de la morale, la bonne conduite dans le cours de la vie.

Pour les anciens, la sagesse *(sophia)* comprenait à la fois la science et la sagesse, qui doit en être la conséquence.

Les Grecs appelaient *sophoi*, sages, ceux qui se livraient à l'étude de la physique et de la morale, seules sciences alors cultivées. Pythagore, prenant le mot dans un sens plus large, lui substitua le titre plus modeste de *philosophos*, ami de la sagesse.

Minerve, déesse de la sagesse, avait pour attributs un rameau d'olivier, emblème de la paix au dedans et au dehors; et une chouette, oiseau qui voit dans les ténèbres, pour signifier que la vraie sagesse veille, et découvre tout.

— La sagesse est une folie qui ne dérange personne.

Sage-femme: accoucheuse, de *sage* pour habile.

— Il n'est pas nécessaire de faire remarquer la différence qu'il y a entre *sage-femme* et *femme sage*. Il ne faut pas plus confondre ces deux termes que: grosse femme et femme grosse, galant homme et homme galant.

Il n'est pas rare cependant d'entendre à ce sujet de mauvaises équivoques.

La mère de Louis XIV s'adressant à un seigneur fort gros, lui demanda quand il accoucherait: « Quand j'aurai trouvé une sage-femme », répondit-il.

Ménage, avant de mourir, disait au P. Airaut, qui l'assistait : « Je vois qu'on a besoin d'une sage-femme pour entrer dans le monde, et d'un homme sage pour en sortir. »

Saigner, du bas-latin *sanguinare*.

— Se faire saigner sans ordonnance de médecin : être blessé en duel.

...Surtout ne dégainez pas au premier mot : vous vous feriez saigner sans ordonnance du médecin. (W. Scott.)

Les Américains disent : « Je vais faire un trou dans votre personne. »

C'est une expression qui rappelle homicide *(hominem cædere)*.

— Saigner du nez : manquer de courage.

— On ne doit pas dire : saigner au nez ; c'est au bras que se fait la saignée.

Saindoux, de *sain*, latin *sagina* et de *doux*, c'est-à-dire non salé, parce que c'est de la graisse de porc fondue et non salée.

Quelques-uns ont voulu voir dans *doux* une modification de *d'oue*, pour *d'oie* (?).

Saint, du latin *sanctus*, provençal *sanct*, de *sancire*, sanctionner, consacrer.

— Les bollandistes sont des jésuites d'Anvers qui recueillent et publient la *Vie des Saints*. Bollandus commença, en 1630, le grand recueil projeté par Roswied, et publia les deux premiers volumes en 1641. Cette œuvre s'est toujours continuée depuis, et les bollandistes ont publié actuellement la vie de plus de quarante mille saints.

— Synonyme : bonhomme (Vidocq). Allusion aux figurines de saints, appelées bonshommes.

Il y avait autrefois à Paris une maison de refuge pour les vieillards, sous l'invocation des saints, et appelée « Hospice des bonshommes ».

— Le mot *saint*, précédant un nom propre de saint, demande devant lui l'article féminin (quand il désigne un jour), parce que le mot *fête* est sous-entendu : la Saint-Jean, la Saint-Michel.

— A chaque saint, sa chandelle.

A petit saint, petit encens.

— Saints gelés, ou de glace : froid des quatre cavaliers. (Voy. à la Chandeleur les grandes douleurs.)

— Se recommander à tous les saints ; ne savoir plus à quel saint se vouer. Se dit de quelqu'un à qui rien ne réussit, et qui se trouve à bout de ressources.

Incertus quem dicam vocet.
(HORACE.)

Ne sachant plus tantôt à quel saint se vouer.
(BOILEAU, *Satires*.)

Le vaisseau de l'amiral Forbin ayant une voie d'eau, l'équipage se lamentait et adressait des vœux à tous les saints. « Courage, mes amis, dit-il aux matelots, tous les vœux sont bons ; mais Sainte Pompe ! c'est à elle qu'il faut s'adresser. »

Oh ! combien le péril enrichirait les dieux,
Si nous nous souvenions des vœux qu'il nous fait faire !
(LA FONTAINE.)

Mais, comme disent les Italiens : *passato el pericolo, gabato el santo.*

Ce proverbe, cité par Rabelais (IV, 24) signifie : Passé le danger, le saint est moqué.

— L'invocation des saints, dans la communion romaine, prenait sa source, au Moyen-Age, dans la croyance que certains d'entre eux, quand on les fâchait, envoyaient des maladies ou des calamités, dont ils préservaient, au contraire, ceux qui les apaisaient par des vœux et par des prières.

C'était aussi l'usage des Romains, qui, du mot *juvare* avaient fait *Jovis*, Jupiter aidant, et son contraire *Vejovis*, Jupiter tonnant, le dieu malfaisant.

Les innombrables légendes du Moyen-Age, nées dans les monastères, offrent parfois un singulier mélange de mysticisme chrétien et de réminiscences païennes, où l'on rencontre plus d'un saint d'origine suspecte.

Nos bons aïeux, plus crédules qu'instruits, avaient placé presque toutes les maladies sous la protection de quelque saint, qu'il fallait invoquer pour s'en délivrer. Cette croyance venait de l'imbécile crédulité des gens, qui, à cause du son équivoque des noms, ou de leur similitude avec celui des maladies, ou par un autre motif aussi ridicule, attribuaient aux saints une influence sur certains genres de maladies. On désignait certains maux par le nom des saints auxquels on attribuait la puissance de les guérir.

Encore aujourd'hui, dans les campagnes, il n'est pas de maladie qui n'ait dans quelque paroisse voisine son saint guérisseur. C'est saint Marcou qui partage avec les anciens rois de France le privilège de guérir des écrouelles; sainte Anne rend des points au sulfate de quinine, s'il s'agit de guérir une fièvre rebelle; saint Maur guérit les douleurs rhumatismales; sainte Apolline, les maux de dents; saint Cloud guérit des furoncles (affaire d'assonance évidemment); de même saint Ouen, à qui on attribue le pouvoir de faire ouïr, et sainte Claire, qui y fait voir.

L'épilepsie s'appelait la danse de saint Guy; l'érésypèle, le mal saint Antoine; la folie, le mal saint Mathurin.

De même, les corps de métiers ont choisi pour patrons des saints qui ont exercé leur industrie, ou dont les noms ont une analogie phonique avec ceux de leurs professions.

Certes, il n'est rien de plus touchant, de plus respectable, qu'une famille agenouillée, demandant à Dieu, avec les larmes de l'amour, la conservation d'un être bien-aimé; mais les pratiques superstitieuses dont il s'agit, affectent un matérialisme si grossier, qu'elles sont odieuses et répugnantes. On ne saurait trop désirer le jour où nos populations, renonçant aux pèlerinages et à ces absurdes fétichismes, se borneront à rester à la maison pour soigner leurs malades par les moyens que recommande la saine raison.

Le culte des saints était ainsi descendu, dans la forme, à des jeux de mots, à de burlesques équivoques, sans que le clergé, dont le préjugé populaire augmente le crédit, ait jamais réagi contre ces tendances hétérodoxes.

SAINTS DIVERS; PARTICULARITÉS SUR LES SAINTS:

Saint *ad auras*. (Voy. *pendu*.)

Saint Alipantin. Rabelais (liv. II, ch. 6) l'invoque pour chasser des odeurs puantes. Ce serait le patron des parfumeurs. « Saint

Alipantin, quelle civette ! Au dyable soit le maschérable, tant il put ! »

Saint Barnabé était patron des moissonneurs, des faucheurs.

Barnabas sanctus falcem jubet ire per herbam.

La botte saint Benoît. (Voy. *bouteille*.)

Saint Cloud est le patron des cloutiers.

Saint Côme, patron des médecins, appelés jadis, pour cette raison, suppôts de saint Côme.

Saint Crapasi. Le mal saint Crapasi. *Crapasius*, dont les méridionaux ont fait *Crapasi*.

Les Lorrains disent : les trois évêchés S. Cravaz, pour désigner les trois jours gras, parce qu'on y mange et boit à crever. (*Aventures du baron de Fœneste*, IV, ch. 2.)

Saint Crépin, patron des cordonniers. Ce mot, dans la langue populaire, désigne tout ce qu'on possède, la bourse appelée autrefois *crépine*, contenant les outils du cordonnier.

Saint Elme (le feu). Cette expression est la corruption de « feu sainte Hélène » ; on appelait « Hélène » le feu qui, sur mer, présageait la tempête. Hélène, dont on a fait une sainte, par ignorance, est la belle Hélène, sœur de Castor et Pollux. La flamme de Castor était un signe favorable pour les navigateurs. Horace en parle :

Fratres Helenæ lucida sidera.

Rabelais (IV, 22) les nomme Mixarchagevas selon les Argives. Les Argiens, en effet, dit Plutarque, donnaient à Castor le surnom de Mixarchagevas, qui signifie bâtard (ou plutôt demi-dieu fondateur). D'autres voient dans saint Elme une modification de *Elmo*, pour Erasmo, saint que les Italiens invoquent dans la tempête.

Saint Ferréol, d'Abbeville, prenait soin d'engraisser les oies.

Saint Frusquin, comme saint Crépin, signifie tout l'avoir d'une personne, tout ce qu'on a gagné, les habits, les hardes, ce qui touche de plus près.

Saints gelés. Rabelais (liv. III, 33) dit : « Jupiter voyant les bourgeons de la vigne perduz par les gelées, bruines, frimatz, verglatz, froidures, gresles et calamitez advenant par les festes de sainctz Georges, Marc, Vital, Eutrope, Philippe, etc., qui sont ou temps que le soleil passe soubz le signe de Taurus, entra en ceste opinion que les sainctz subdictz estoient sainctz gresleurs, geleurs, et gasteurs du bourgeon. Pourtant vouloyt-il leurs festes translater en hyver, les licenciant en tout honneur et révérence de gresler lors et geler tant que ils vouldroyent. »

Saint Gris. C'est saint François d'Assise, chef des gris-vêtus, ou moines gris (les cordeliers), car ils étaient ceints d'une corde et vêtus de gris. On les appelait aussi diables gris.

Henri IV, qui était toujours un peu huguenot, jurait par le ventre (de) saint Gris, comme d'autres par celui de saint Quenet. (Voy.) Rabelais, qui avait été cordelier, dit (IV, 9): Sang saint Gris. Ce juron était donc antérieur à Henri IV.

Saint Jean-Baptiste (24 juin), ainsi nommé parce qu'il baptisa Jésus-Christ dans les eaux du Jourdain. C'est sans doute en souvenir de ce fait que, dans les villes du Midi, on jette ce jour-là de l'eau sur les passants.

Saint Jean-le-Rond. Autrefois le peuple de Paris désignait par cette expression le derrière, du nom d'une église ainsi appelée :

> Et fait à l'ennemi l'affront
> De lui montrer Saint-Jean-le-Rond.
> Id est son gros vilain derrière.
>
> (*La Henriade travestie.*)

Saint Julien l'Hospitalier, ou patron des voyageurs, faisait trouver bon gîte au voyageur, s'il avait dit le matin l'oraison qui porte son nom.

Saint Lazare, ou saint Ladre, était le patron des lépreux. (Voy. *lazaret.*)

Saint Lundi, qui suit sainte Touche. Le plus fêté, le plus chômé de tous les saints. Allusion à l'usage où sont les ouvriers de Paris, de ne pas travailler le lundi, mais de le passer à s'amuser, et à boire le salaire touché le samedi précédent.

Sainte Marie-Madeleine, Galiléenne de grande naissance, mais de mœurs dissolues, se convertit à la vue des miracles de Jésus-Christ, assista à sa passion, et, après la résurrection, alla terminer ses jours dans une austère pénitence, à la grotte de la Sainte-Baume, près Marseille. (Voy. *madelonnettes.*)

Saint Main. Le mal saint Main était la gale, la rogne.

Saint Marcou guérit les écrouelles (mal du cou). Allusion à la coutume des rois de France, d'aller, après leur sacre, à l'église Saint-Marcou, à Corbigny, pour toucher les malades atteints des écrouelles, en disant : « Le roi te touche, que Dieu te guérisse ! » Louis XIV et Charles X s'y rendirent à l'époque de leur sacre.

> Saint Marcou guérit les écrouelles
> Ainsi qu'ung maçon sans truelle.

Saint Martin guérissait de l'ivrognerie.

A la Saint-Martin, on taste le vin.

Rabelais (IV, 33) appelle le diable « l'estaffier de sainct Martin ». La légende rapporte, en effet, que le diable vint un jour tenter saint Martin, sous la figure d'un pauvre transi de froid. Mais le saint lui donna sans hésiter la moitié de son manteau : ce qui ne fit pas le compte du tentateur.

Saint Mathieu était publicain avant sa conversion. D'où l'on a appelé un usurier « lesse-mathieu », qui est peut-être la corruption de « fête-Mathieu ».

Saint Michel. D'après la légende normande, le mont Saint-Michel est le lieu où l'archange Michel, après avoir terrassé Belzébuth, l'a enterré sous une montagne, qui a pris le nom de Tombelaine, tombe de Bélénus ou Béelzébuth. (Victor Hugo, *Quatre-vingt-treize*, livre II.) Saint Michel terrassant l'hydre des révolutions est un emprunt de M. Prudhomme à cette légende.

Saint Nicolas, patron des enfants. On a abusé de ce nom de saint, à cause de sa ressemblance phonique avec le mot *nigaud*, pour faire de son abrégé *Colas* le synonyme de *niais*.

Saint Nicolas, évêque de Myre, aperçut, dans un village de Bohême, un charcutier fort occupé à saler de la chair, qu'il vendait ensuite comme chair de porc. Il entra dans une grande colère, car il avait d'abord reconnu les corps de trois petits enfants qui, depuis quelques jours, avaient disparu de la demeure du sabotier Otto. S'approchant du baquet où les trois petits innocents étaient coupés en morceaux, saint Nicolas, en présence de la foule accourue à sa voix, leva les bras au ciel, et soudain on entendit des voix mélodieuses chanter un cantique d'actions de grâces ; puis les trois petits enfants se levèrent, et, après avoir remercié le grand saint, reprirent le chemin de la maison paternelle. Le peuple cria Noël ! et saint Nicolas devint le patron des enfants. Faut-il conclure de là que saint Nicolas doit être en froid avec saint Antoine, patron des charcutiers ?

Sainte Nitouche : hypocrite.

Saint Pierre est le saint que les peuples ont le plus poursuivi de leurs lazzi. Sa calvitie, ses défaillances, tout, jusqu'à ce rôle de portier, que la tradition lui attribue, aide à faire de lui un personnage comique, et presque burlesque.

Saint Quenet. Ventre sainct Quenet ! Par la dive oye Quenet. (Rabelais, III, 8.) Ce saint, invoqué en Bretagne, et surtout dans l'évêché de Vannes, est le même que celui des Venetœ, peuples de Gaule et d'Italie, appelés primitivement *Henetœ*, du latin *Anates*, les canards, et tient à la position de la capitale, au milieu des lagunes. Il y a de même, aux environs de Vannes, deux îles, Houat et Houédic, c'est-à-dire l'île des canards et l'île des petits canards.

Saint Roch guérit de la peste. La légende bien connue de saint Roch, rapporte qu'il fut guéri de la peste par son chien, qui léchait ses plaies. Elle est d'accord avec la thérapeutique ; on sait que la salive a la vertu de guérir certaines maladies de la peau.

On dit, pour exprimer l'amitié inséparable de deux personnes : « C'est saint Roch et son chien. » Ce proverbe rappelle le *fidus Achates* d'Énée, dans Virgile.

Saint Sébastien, ou Sébaste, était le patron des compagnies d'archers et d'arbalétriers, parce qu'on le représentait tout percé de flèches ; il eût été plus naturel que le patron des archers transperçât ses ennemis.

Sébaste signifie vénérable, et c'est par ce nom que les Grecs traduisaient Auguste.

Sainte Véronique, patronne des lingères (13 janvier). Lorsque Jésus, portant sa croix, était conduit au Calvaire, une femme de Jérusalem lui essuya le visage de son voile, sur lequel l'image du Seigneur resta imprimée. Cette image fut apportée à Rome, au temps de Vespasien, et l'on dit qu'elle guérit Titus de la lèpre. Les peintres font tenir cette image par une femme, et la légende donne à cette femme le nom de sainte Véronique, tandis que c'est le linge même qui est la sainte véronique, *vera iconia* (la vraie image), le portrait de Jésus imprimé sur le voile de Bérénice, dont il se servit pour essuyer sa face couverte de sueur et de sang. *Vera iconia*, un mot latin et un mot grec, symbolisait l'union de l'Église latine et de l'Église grecque. (Voy. Maxime du Camp.)

Saint Yves, patron des avocats et des procureurs. Parmi les nombreux petits saints qui ne sont vénérés qu'en Bretagne, il n'en est point dont le culte soit plus répandu dans ce pays que celui de saint Yves, natif de Tréguier, dans la Basse-Bretagne. Avocat et curé, au XIIIe siècle, il fut le défenseur d'office des pauvres.

Il y avait à Paris une église sous son vocable, construite aux frais des écoliers, au coin des rues Saint-Jacques et des Noyers. On y lisait cette inscription élogieuse :

Advocatus et non latro,
Res miranda populo.

La légende rapporte que saint Yves s'étant présenté à la porte du Paradis, fut repoussé par saint Pierre, qui le confondit avec les hommes de sa profession. Mais le saint, s'étant glissé dans la foule, parvint à entrer. Saint Pierre voulait l'expulser ; il résista, protestant qu'il ne sortirait que lorsqu'on le lui aurait fait signifier par huissier. On en chercha un partout ; mais, comme il n'en est jamais entré dans le Paradis, il fut impossible d'en trouver un, et saint Yves eut gain de cause. (Voy. *avocat*.)

— En somme, les archers ont pour patron saint Sébastien ; les armuriers, saint Georges ; les artilleurs, sainte Barbe ; les avocats, saint Yves ; les banquiers, saint Mathieu ; les blanchisseuses, saint Blanc ; les bouchers et les vieilles filles, sainte Catherine ; les boulangers, saint Honoré ; les chapeliers, saint Jacques ; les charcutiers, saint Antoine ; les chasseurs, saint Hubert ; les chirurgiens, saint Côme et saint Damien ; les cloutiers, saint Cloud ; les comédiens, saint Genest ; les cordonniers, saint Crépin et saint Crépinien ; les couteliers fêtent la Décollation de saint Jean-Baptiste ; les crieurs de nuit, saint Bonaventure ; les danseurs, saint Julien des Ménétriers ; les écoliers, saint Charlemagne et saint Nicolas ; les enfants, les saints Innocents ; les fondeurs et les forgerons, saint Éloi ; les gantiers et les tanneurs, saint Barthélemy ; les hôtes, les cabaretiers et les pâtissiers, sainte Marthe ; les huissiers, saint Protais ; les jardiniers, saint Fiacre ; les lanterniers et les verriers, saint Clair ou sainte Claire ; les lingères, sainte Véronique ; les marins, sainte Marie ; les canonniers, sainte Épissoire, canonisée par l'amiral Tréhouart ; les menuisiers et les charpentiers, saint Joseph ; les musiciens et les luthiers, sainte Cécile ; les ouvriers, sainte Touche ; les parcheminiers, saint Jean l'Évangéliste ; les paveurs, saint Roch ; les pêcheurs, saint Pierre ; les peintres et les sculpteurs, saint Luc ; les portefaix, saint Christophe ; les soldats, saint Maurice ; les tisserands, sainte Anne ; les vignerons, saint Vincent ; les voyageurs, saint Julien.

— Saint-Simonisme, du nom du fondateur. Système philosophique et social du comte de Saint-Simon, mort en 1825, mis en pratique par une réunion de ses adeptes (1831-1832).

Saison, du latin *satio*, *sationem*, l'action de semer.
Temps propre aux semailles.
Ménage dérivait ce mot de *statio* ; Le Duchat, de *sectio*.
— Au figuré : Cela est hors de saison, c'est-à-dire déplacé.
— Morte-saison : le temps de l'année où une industrie chôme.

Salade, dérivé méridional de *sal*, sel.

Herbes salées, assaisonnées.

> Qui vin ne boit après salade,
> Est en risque d'être malade.

Salaire, du latin *salarium*, solde militaire donnée aux troupes pour acheter du sel. Provençal *salari*.

— Roquefort explique que les premiers Romains se servaient de sel comme appoint des échanges, avant la fabrication des monnaies.

Salamalec, expression comique, de l'arabe *salam aleik*, paix sur toi.

Salut à l'orientale, à la turque, avec de grandes révérences.

— Faire un grand salamalec. Cette locution nous vient des Sarrazins, qui ont occupé longtemps une grande partie du midi de la France. Un troubadour provençal dit que, de son temps, lorsqu'on saluait un Sarrazin par cette formule, il répondait : *Naipca salam!* Dieu te confonde !

Les Sarrazins furent chassés du Fraxinet, en Provence, l'an 968, par Guillaume, comte d'Arles et de Provence, qui fut secondé dans cette expédition par Gibelin de Grimaldi, à qui il donna le golfe de Sambracie, appelé depuis golfe Grimaldi, et par corruption, Grimaud. Après cette expulsion, beaucoup de familles de Sarrazins restèrent en Provence, et s'y perpétuèrent.

> Avec grande crainte et respect,
> Dit par trois fois salamalec.
> (Scarron, *Virgile travesti*.)

Salamandre, du grec *salamandra*.

— C'est un préjugé que la salamandre vit dans le feu ; le fait est qu'elle meurt quand on l'y met. Ce qui a pu accréditer cette erreur, c'est qu'elle suinte, au contact du feu, un liquide abondant, qui peut éteindre un feu médiocre.

Rabelais (liv. V, ch. 52) dit : « Je confesse bien que petit feu de paille la végète et resjouit, mais je vous asseure que, en grande fournaise, elle est, comme tout aultre animal, suffoquée et consumée. »

— François Ier avait pris pour devise une salamandre au milieu des flammes, avec ces mots : « J'y vis et je l'éteins. »

— La devise d'une femme insensible à l'amour serait une salamandre au milieu des flammes, avec les mots : « Froide, même au milieu des flammes. »

Sale, étymologie germanique (?).

Synonymes : baron de la Crasse, cochon, marsouin, salaud, saligaud, souillon.

Sale comme un peigne.

— On dit d'une personne qui a du linge sale, qu'elle porte le deuil de sa blanchisseuse, et a divorcé depuis longtemps avec le savon.

Bache achetait deux cravates qui devaient servir toute l'année : une blanche et une noire. Pendant les six derniers mois c'était la noire qui devenait blanche, et la blanche qui devenait noire.

— Mains sales : gantées de crasse.

Ongles sales : ongles en deuil, comme un billet d'enterrement. (L. Larchey.)

Femme sale : Marie-Graillon.

— L'horrible malpropreté des habitants de ce pays, est un des maux auxquels je me résigne le plus difficilement ; j'espère bien ne jamais m'y habituer. (Voy. *stercoraire*.)

— ...Chodruc Duclos, ...cet homme endimanché de misère, couvert de vêtements sordides, se traînait, suait, pendillait, puait à faire reculer les tonneaux de Domange... C'était un incroyable fouillis de loques, de guenilles, de haillons, où tout ce qui n'est pas trou est tache. Tout cela pendille flasquement, sinistrement, grouille, remué vaguement par la vermine.

— Il faut laver son linge sale en famille. (Napoléon.) C'est-à-dire qu'il ne faut pas raconter les turpitudes des siens.

C'est un vilain oiseau que celui qui salit son propre nid.

Salé, participe du verbe *saler*, du latin *sal*, sel.

Salé comme la mer.

Temps salé (burlesque) : temps chaud, qui altère.

C'est salé, se dit d'une chose trop chère.

Saluer, du latin *salutare*.

C'est donner à quelqu'un, en l'abordant, une marque extérieure de civilité ou de respect.

— Les Romains saluaient en baisant l'index, et ce doigt était appelé *salutaris*. Ils disaient : *Num quid vis?* Désirez-vous quelque chose? A quoi on répondait : *Ut valeas*. Que vous vous portiez bien. (Plaute, *Amphitryon*.)

Quomodo vales? (Plaute.) Comment vous portez-vous?

Salve, salvum te volo (Térence) : bonne santé.

— En Europe, on salue en ôtant son chapeau.

Les Orientaux placent la main sur la poitrine, en s'inclinant.

Au Thibet, lorsqu'on veut saluer, on allonge la langue, on fait la révérence et l'on se gratte la tête. Ces trois opérations doivent être simultanées. (Huc, *Voyage au Thibet*, 1860.)

— Les militaires saluent de l'épée.

Les vaisseaux saluent par une décharge de canons (salve) ; les coups sont impairs ; le vaisseau dans le vent salue le premier.

On a calculé qu'en salves, politesses royales et militaires, formalités de rades et de citadelles, levers et couchers de soleil, salués tous les jours par les forteresses, navires de guerre, etc., le monde civilisé tirait à poudre, par toute la terre, toutes les vingt-quatre heures, cent cinquante mille coups de canon inutiles. À six francs le coup de canon, cela fait neuf cent mille francs par jour, trois cents millions par an qui s'envolent en fumée. Ceci n'est qu'un détail. Pendant ce temps-là, le pauvre meurt de faim ! (Victor Hugo, *les Misérables*.)

— Saluer du chapeau : jouer du bilboquet.

Saluer vivement : plonger.

...Philippe s'était découvert en faisant un grand salut, qui consiste à lever le chapeau très haut et à le tenir au-dessus de la tête, comme quand on acclame un souverain ou un personnage populaire. (G. Sand, *Marianne*.)

« J'ai l'honneur... », dit-il, en saluant avec la véhémence de quelqu'un qui éternue.

Sang, du latin *sanguis*. De là aussi : saigner, sanglant, sanguinaire, consanguin, sangsue, sanguine et sandragon (couleurs rouge de sang).

— Chez l'homme et chez les mammifères, le sang artériel est rouge, et le sang veineux est noir. L'oxygène absorbé par la respiration change le sang de rouge foncé en rouge vermeil. La couleur rouge du sang est due à des corpuscules appelés globules, qui nagent dans un liquide incolore appelé *sérum*. Le sérum se compose d'albumine, et de fibrine qui sert à constituer les fibres musculaires.

Le sang, abandonné à l'air, se décompose en liquide (sérum) et en une masse solide et rouge (caillot).

La circulation du sang a été découverte par Hervey, en 1628.

— Avoir le sang chaud : le caractère vif et emporté ; par opposition à sang-froid, qui indique un esprit calme.

— Bon sang ne peut mentir. Les bons exemples que l'on reçoit chez ses parents, rendent souvent les vertus héréditaires. Le principe n'est pas aussi absolu chez l'homme que chez les animaux, où les races se perpétuent avec une régularité constante, notamment chez les chevaux et les chiens.

— Se faire du bon sang : prendre du plaisir, éprouver des impressions agréables, d'où résulte un bien-être favorable à la santé ; principe de physiologie à la portée de tout le monde.

C'est l'opposé de la locution : se faire de la bile.

— N'avoir pas une goutte de sang dans les veines : être saisi d'effroi.

>   *Guttam haud habet sanguinis.*
>   (Plaute, *Mostellaria*.)

>   Ah ! vous me faites peur, et tout mon sang se fige.
>   (Molière, *École des Femmes*.)

— *Sang* se dit pour *parenté*.

>   *Sanguinis auctor.*
>   (Virgile.)

(Le premier de la race.)

Les liens du sang ; être du même sang, ou consanguins.

Le sang ne remonte jamais : l'amour paternel est plus fort que l'amour filial. Le père aime dans son enfant son ouvrage et l'autorité qu'il a sur lui. L'orgueil, qui fait aimer au père sa supériorité, fait haïr à l'enfant sa dépendance. En outre, le père se voit survivre dans son enfant ; le fils se voit mourir dans la personne de son père. C'est de là qu'est venu le proverbe : le sang ne remonte pas.

— Comme la mort est naturelle, et qu'il est naturel que les pères meurent plus tôt que les enfants, aussi la douleur que l'on a de leur mort se dissipe peu à peu. C'est tout autre chose de l'amour ; car, au lieu de nous apporter la mort, il nous apporte la vie, en nous donnant des enfants qui nous rendent immortels, par manière de dire. (*Heptaméron*, Nouv. 44.)

— Quand le père donne au fils, le père et le fils rient ; mais quand le fils donne au père, le père et le fils pleurent.

Sangsue, du latin *sanguisuga*, de *sanguis* et de *sugo*, sucer.

— C'est une sangsue ; au figuré, se dit d'un homme d'une extrême avidité.

— Une sangsue avec les mots : *Et dum satiatur adhæret*, est l'emblème de l'avidité et de la fausse amitié.

Avec les mots : *Mordendo sanat*, elle symbolise la critique.

Sans-culottes. Nom des républicains de 1793.

Le nom vient de ce qu'ils avaient proscrit la culotte de l'ancien régime, pour adopter le pantalon.

Santé, du latin *sanitas, sanitatem.*

État de celui qui est sain, qui se porte bien.

— *Santé* est l'opposé de *maladie*, et exprime l'idée d'un état normal des fonctions vitales.

— *Santé* est un terme absolu qui ne souffre aucune épithète.

Ainsi, lorsqu'on dit : jouir d'une bonne santé, on fait une sorte de pléonasme ; mais lorsqu'on dit : avoir une mauvaise santé, on dit une absurdité. C'est aussi absurde que de dire : une bonne maladie. Il s'ensuit qu'on doit dire *contracter* et non *gagner* une maladie : *gagner* ne pouvant se dire que des choses avantageuses et profitables. Ce serait jouer à qui perd gagne.

Il en est de même des locutions : mauvaise qualité, mauvaise valeur, en parlant de valeurs dépréciées, comme celles de la rue Quincampoix. L'idée de valeur et de qualité ne saurait s'appliquer à une chose mauvaise. (Étymologiquement, *qualité* signifie non pas qu'une chose est bonne, mais qu'elle est de telle ou telle nature, bonne ou mauvaise.)

— *Santé de fer :* excellente.

— A votre santé ! Souhait que l'on échange en buvant. (Voy. *toast*.)

> Le vin ne tourne à ma santé
> Qu'autant que je le bois moi-même.
> (Parny.)

En provençal, on dit : A la santé ! C'est une tradition païenne, comme si l'on faisait une invocation, une libation à la déesse de la Santé.

Les Romains portaient la santé d'une personne en buvant autant de coupes de vin qu'il y avait de lettres dans son nom. Ainsi, l'on vidait cinq coupes en l'honneur de César, et dix en l'honneur de Germanicus. D'où l'expression : *Bibere nomen*. (Martial.)

...Beuvons une, trois, neuf fois, jusqu'à quinze fois en évitant le nombre pair, suivant le conseil de Démocrite. (Rabelais, V, 7.)

> Ores, amis, qu'on n'oublie
> De l'amie
> Le nom qui vos cœurs lia :
> Qu'on vuide autant cette coupe,
> Chère trouppe,
> Que de lettres il y a.

> Neuf fois au nom de Cassandre,
> Je vay prendre
> Neuf fois du vin du flacon,
> Afin de neuf fois le boire
> En mémoire
> Des neuf lettres de son nom.
>
> (Ronsard, *Le Voyage d'Hercueil*.)

> *Nævia sex cyathis, septem Justina bibatur,*
> *Quinque Lycas, Lyde quattuor, Ida tribus.*
>
> (Horace, *Odes*, III, 19.)

Un proverbe latin disait : *Aut ter bibendum, aut novies*.
Ce qu'Ausone a traduit ainsi :

> *Ter bibe, vel toties ternum, sic mystica lex est,*
> *Vel tria potanti, vel ter tria multiplicanti.*

— Il n'est richesse que de science et de santé.

> *Non est vivere, sed valere vita.*
>
> (Martial, VII, 6.)

> *Orandum est ut sit mens sana in corpore sano.*
>
> (Juvénal, *Satire* X, 356.)

On attribue ce mot à Thalès de Milet.

— Louis XI voulait que, dans les prières qu'on adressait à Dieu pour lui, on ne demandât que la santé du corps, afin de ne pas demander trop à la fois.

Sarabande, de la comédienne espagnole *Zarabanda*, qui, la première, exécuta en France cette danse d'un caractère grave, accompagnée de castagnettes, et qui avait une grande analogie avec le menuet.

Sarcophage, du grec *sarx*, chair, *phagô*, manger.

Nom donné dans l'antiquité à des tombes faites d'une pierre douée de la propriété de consumer les cadavres en très peu de temps.

— Autrefois *sarcou* et *sarqueu*, devenu *cercueil*.

> En un riche sarqueu l'ont mise,
> Par dessus une pierre bise,
> Et sor lui des floretes mistrent
> Et ces duis vers sor lui escriprent :
> Ici Florence est enfoie,
> Qui au chevalier fut amie.
>
> (*Fable de Florence et Blancheflour*.)

Sardanapale. Origine historique.

Nom du dernier roi de Ninive, qui vécut dans la mollesse et la volupté. Il régna vingt ans. Il passait son temps avec ses eunuques et ses concubines, vêtu lui-même en femme.

Bélus et Arsace conspirèrent contre lui et assiégèrent Ninive. Sardanapale, désespérant de son salut, mit le feu à son palais, et s'y brûla avec ses femmes et ses trésors (vers 820 avant Jésus-Christ).

Strabon rapporte que son épitaphe était : « Passant, bois, mange, divertis-toi : tout le reste ne vaut pas une chiquenaude. »

— C'est un Sardanapale : un homme adonné à la débauche.

<blockquote>
Voulez-vous bien passer vos jours
A faire le Sardanapale ?
(Scarron, *Virgile travesti*.)
</blockquote>

Sardonique (rire).

— Une terrible plante, originaire de Sardaigne, la *Sardonie*, *Ranunculus sceleratus*, dont les feuilles ressemblent à celles du persil sauvage, et contiennent un poison dont l'absorption provoque de violents éclats d'un rire convulsif, au milieu desquels on meurt, a donné son nom à une sorte de rire amer et méchant.

Sarment, du latin *sarmentum*, pour *sarpmentum*, de *sarpere*, tailler la vigne. (Plutôt que du verbe *sero*, *satum*, semer, qui n'explique pas l'*r*.)

Le bois que donne un cep de vigne.

On en fait en Provence de petits fagots qu'on appelle *gaveou*.

— On a équivoqué sur *sarment* et *serment*, et Rabelais fait dire à Panurge (V, 28) : « Par le serment de bois qu'avez faict. »

Sarrasin, nom qu'on donnait autrefois aux musulmans ; de l'arabe *scharkiin*, peuple de l'Orient.

— C'est aussi le nom du blé noir.

Sasser, du vieux français *séas*, devenu *sas*, dérivé du bas-latin *sitacium* pour *sætaceum*, de soie.

Passer au sas, au crible, au tamis.

De là le verbe *ressasser* : répéter souvent.

Satire, du latin *satira*.

Dans l'origine, à Rome, sorte de pièce dramatique où il y avait un mélange de musique, de paroles et de danse. D'où *satira*, pour *satura*, farcissure, mélange. Le nom est resté au genre qui a pour but la censure, la critique des vices et de la sottise humaine. Telles sont les satires de Juvénal, d'Horace, de Boileau.

La satire, vieille comme le monde, durera autant que lui.

Elle est l'antithèse et le correctif nécessaire de l'optimisme aveugle et crédule.

— Le bâton est la palme de la satire. (Céruti.)

Un écrit satirique est une lettre de change de coups de bâton payable à vue. (Bodin.)

Le poète Roy éprouva souvent la vérité de cette maxime. Un de ses amis ne voulut pas sortir avec lui à minuit, parce que, disait-il, « c'était l'heure des coups de bâton ».

Roy dit un jour à quelqu'un qu'il travaillait à un ballet. « Un balai! Monsieur, prenez garde au manche! » (Voy. *vers iambique*.)

Saturnales, du latin *Saturnalia*, fêtes de Saturne ; dérivé de *Saturne*, du latin *saturavit*. Il se rassasia en dévorant ses enfants. Il donna là un bien mauvais exemple à Ugolin!

Sa femme lui donna à dévorer une pierre emmaillotée, pour soustraire à sa voracité son fils Jupiter.

— Les Saturnales se célébraient, chez les Romains, les 16, 17 et 18 décembre. Pendant ces fêtes, en souvenir de l'Age d'or, où l'égalité régnait sur la terre, les rangs étaient confondus et les esclaves étaient servis par leurs maîtres.

— Ce sont des Saturnales : des fêtes bruyantes et licencieuses.

Non semper erunt Saturnalia (Sénèque) : Ce n'est pas tous les jours fête.

Satyre, du latin *Satyrus*; origine mythologique.

— L'homme des bois, appelé satyre, par sa conformation semble moins différer de l'homme que du singe. (Buffon.)

— Les Satyres, demi-dieux, selon la Fable, habitaient les bois et avaient des pieds de bouc.

Saint Jérôme dit que saint Antoine vit un Satyre, et Plutarque conte qu'on en présenta un à Sylla, et qu'on ne put rien comprendre à son langage. Il est probable que ces prétendus Satyres étaient des singes de grande taille.

— Les Satyres, comme les singes, étaient très lascifs, et ce nom désigne un homme luxurieux.

— Le *Satyriasis* est l'hystérie des hommes.

Sauce, du latin *salsa*, salée, assaisonnée.

— Gâte-sauce : apprenti cuisinier.

Après la signature de la paix (mars 1856), M. Thiers dit de Napoléon III et de ses actes politiques : « J'aime mieux la cuisine que le cuisinier. » Napoléon aurait répondu : « Si ma cuisine est bonne, c'est que je n'ai pas pris ce gâte-sauce. »

— La sauce vaut mieux que le poisson : l'accessoire vaut mieux que le principal.

Ce proverbe gastronomique est très vrai, car un habile cuisinier ajoute beaucoup de valeur aux mets qu'il apprête.

Au figuré, il signifie que, par certaines formules adroites de flatterie, on peut dire aux hommes des choses qui, sous une autre forme, leur sembleraient très désagréables.

— On dit aussi : On ne sait à quelle sauce le manger, de quelque chose qui n'est bon à rien.

C'est une allusion à une anecdote de la vie de Domitien, qui, un jour, convoqua le Sénat pour le consulter sur la sauce à laquelle il fallait accommoder un turbot d'une grosseur prodigieuse, dont on lui avait fait présent.

Sauge, du latin *salvia*, de *salvus*, sain, à cause des vertus attribuées à cette plante.

Saugrenu, de *sel* et *grenu* : sel en grains.

S'est dit familièrement pour salé, piquant ; et plus tard a signifié le contraire, absurde (comme gros sel).

Saule pleureur.

> Mes chers amis, quand je mourrai,
> Plantez un saule au cimetière :
> J'aime son feuillage éploré,
> La pâleur m'en est douce et chère,
> Et son ombre sera légère
> A la terre où je dormirai.
>
> (A. DE MUSSET, *Lucie*, Élégie, 1835.)

Saut-de-loup. Fossé qu'on pratique au bout d'une allée, à l'extrémité d'un parc, pour en défendre l'entrée sans masquer la vue.

Sauter, du latin *saltare* ; fréq. de *salire*, saillir.

> Allons, saute, Marquis.
> (REGNARD, *Joueur*, IV, 10.)

Saute, crapaud, nous aurons de l'eau.

Savant, du verbe *savoir*, latin *sapere*.

Synonymes : dictionnaire vivant ; puits de science.

— Savant en *us*, savant jusqu'aux dents, savantasse : pédant.

> Grands savantas, nation incivile,
> Dont calepin est le seul ustensile.
> (M₥ᵉ Desnoulières.)

> De tous ces savantas qui ne sont bons à rien.
> (Molière, *Fâcheux*.)

Savoie (Biscuit de).

Ce gâteau, plus estimé des gourmets que des architectes, a été inventé par Jean de Belleville, cuisinier d'Amédée VI, comte de Savoie en 1350.

Savoir, du latin *sapere*, avoir du goût.

— Pour passer de la sensation physique au sens moral que nous donnons au mot *savoir*, nous n'avons qu'à prendre l'effet pour la cause.

On trouve déjà dans Plaute :

> *Recte ego rem meam sapio.*
> (*Pseudolus*, I, 3.)

— Le mot *savoir* a cela de particulier qu'il renferme en lui tout ce qui peut tenter l'homme le plus ambitieux. En en retranchant successivement une lettre, on obtient : *savoir, avoir, voir*.

— Je ne sais pas, présente la variante je ne sache pas.

On l'a souvent employée au siècle dernier, sans avoir essayé de la justifier, que je sache.

— Ne savoir ni *a* ni *b*. Les Latins disaient : Ne savoir ni lire ni nager, indiquant par là que l'homme doit exercer à la fois les qualités de son corps et celles de son esprit.

D'un ignorant on dit : « On ferait un beau livre de ce qu'il ne sait pas. »

Lisfranc disait : « Je changerais bien tout ce que je sais pour ce que je ne sais pas. »

— Savoir par cœur (voy.), ...sur le bout du doigt (voy.).

Savoir une chose comme son *pater* : la savoir très bien.

> Laissez dire les sots, le savoir a son prix.
> (La Fontaine, *Fables* VIII, 19.)

Je ne sais bien qu'une chose, c'est que je ne sais rien.
Hoc unum scio, quod nil scio. (Pline, *Histoire naturelle*, II, 17.)

Savon, du latin *saponem*, d'où *saponaire*.

Ce mot est d'origine gauloise, et Pline attribue l'invention du savon aux Gaulois.

Savonnette à vilain : charge qu'on achetait pour s'anoblir. Mariage d'un roturier avec une fille noble.

Avant 1789, les charges de secrétaire du roi, et autres, s'achetaient et conféraient la noblesse.

Savoyard, de *Savoie*.

Nom peu harmonieux, qui est presque devenu satirique, comme un grand nombre de mots terminés en *ard*. On l'a remplacé par *Savoisien*. M. de Saint-Genis, dans son *Histoire de la Savoie* (1869), a proposé *Savoyen*, plus conforme à l'étymologie, mais moins euphonique que *Savoisien*.

— Synonymes : ramoneur, Jean de la Suie.

— C'est un Savoyard, épithète ironique donnée à celui qui manque trop de distinction dans les manières.

Les Romains disaient : C'est un Allobroge ; on sait que les Allobroges étaient les habitants de la Savoie et du Dauphiné.

Rufus, qui toties Ciceronem Allobroga dixit.
(Juvénal, *Satire* VII, 214.)

Scandale, du grec *skandalon*, par le latin *scandalum*, piège, pierre d'achoppement.

Forme populaire : esclandre.

— C'est la pierre de scandale, c'est-à-dire la cause du scandale, la pierre où l'on se heurte, où l'on se choque. C'est donc ce qui heurte, choque, offense la morale.

Lorsque Jules César abrogea la loi des Douze tables, qui permettait au créancier de couper un morceau du débiteur insolvable, il y substitua une autre loi, en vertu de laquelle le débiteur faisait cession de tous ses biens en frappant trois fois à cul sur une pierre placée devant le Capitole, et en prononçant les mots : *Cedo bonis*. Cette pierre était appelée « la pierre du scandale ». (Voy. *cul* et *payer*.)

— L'enlèvement est le plus poétique des scandales.

Scaramouche, origine littéraire.

Personnage bouffon de l'ancienne comédie italienne. Il est habillé de noir des pieds à la tête. Son rôle est celui d'un poltron fanfaron.

Sceau, anciennement *séel*, du latin *sigillum*, diminutif de *signum*.

Grand cachet, où sont gravées en creux les armoiries d'un État, d'un prince, d'une communauté.

Le *c*, qui n'a rien d'étymologique, sert à distinguer *sceller* de son homophone *seller*.

Schall, mot persan.

— Les ambassadeurs de Tippo-Saïb apportèrent en France les premiers schalls de Cachemire, qui furent accueillis comme la partie la plus précieuse des présents de ce prince.

Scie, verbal de *scier*, latin *secare*, couper.

Le provençal *secar* signifie à la fois scier et ennuyer.

— On appelle *scie* une chose ennuyeuse répétée à satiété, une mystification qui recommence avec une périodicité agaçante. D'où : scier le dos.

On dit dans le même sens *tanner*, pour ennuyer, du bourdonnement insupportable du taon.

Scie, dans le langage familier, est donc synonyme de rabâchage, ritournelle, rengaine. (Voy.)

Science, du latin *scientia*, de *scire*, savoir.

— La science enorgueillit : *Scientia inflat*. (Saint Paul, Ire aux Corinthiens, 8.)

— Avec les lettres et les arts, les sciences composent tout le domaine de l'esprit humain.

Dans l'antiquité, la science, *scientia*, *sophia*, se confondait avec la sagesse, *sapientia*, parce que la seconde vient de la première.

Il n'y a dans l'arbre de la science que deux branches-mères, correspondant aux deux modes fondamentaux de l'esprit humain. Il n'y a que la physique, qui constate les faits, et la métaphysique, qui les analyse et en recherche les rapports : c'est là toute la philosophie.

— La science, c'est le pouvoir. (Bacon.)

La science est une souveraineté dont l'empire n'a pas de bornes.

Ut rosa dat flores, flos fructus, fructus odores;
Sic schola dat mores, mos census, census honores.
(Epigramme du *Livre des Proverbes* de A. Walter, 1639.)

Un fait nouveau acquis à la science, une découverte utile à l'humanité, donne à l'auteur, dans le sénat universel des intelligences, un rang mérité, dont ni l'influence d'un ministre, ni le caprice populaire ne peuvent le faire descendre, comme ils ne pourraient l'y élever. (Guizot.)

Les racines de la science sont amères, mais les fruits en sont doux. (Aristote.)

— Il croit avoir la science infuse : tout savoir.

On dit qu'Adam et Salomon avaient toutes les sciences infuses, par un privilège spécial de Dieu.

— La science s'acquiert par la patience.

La science est une serrure dont l'étude est la clef.

La science et le talent sont la noblesse des pauvres. (L. Ulbach.)

Scot (Jean), cordelier écossais.

— Rabelais (II, 7) dit : *Barbouillamenta Scoti*, titre imaginaire d'un ouvrage de cet auteur, surnommé le Docteur subtil, à cause de l'obscurité de ses ouvrages, qui forment dix-sept volumes in-folio, et semblent n'être qu'un barbouillage de papier.

Scrupule, du latin *scrupulus*, petite pierre.

Doute, délicatesse de conscience.

— Les scrupules sont les gants de la conscience.

— On appelait anciennement *scrupule* un poids valant vingt-quatre grains.

Se, particule marquant séparation : séduire, sevrer.

Seau, ancien *séel*, du latin *sitellus*, urne (de scrutin).

Il a donné aussi la forme *seille* (baquet), dans Rabelais.

Sec, du latin *siccus*.

— Être à sec : être sans argent.

On dit dans le même sens : être bas percé, être à la côte.

On dit, dans l'acception contraire : être à flot.

Secret, du latin *secretum*, de *secerno*, mettre à l'écart. De là aussi *sécrétion*.

Le contraire de *agréger*.

— La loi punit la révélation du secret professionnel, d'un emprisonnement de un à six mois. (*Code pénal*, art. 378.)

Cette loi impose le secret aux médecins, pharmaciens et à toute autre personne dépositaire, par état ou profession, des secrets qu'on lui confie. La jurisprudence a étendu l'obligation de la discrétion au confesseur, à l'avocat, à l'avoué, au notaire.

— Notre secret est un esclave, qui devient notre maître en nous échappant. (Louis XI.)

— Secret de deux, secret de Dieu; secret de trois, secret de tous.

Ce que trois savent, tous le savent.

C'est le secret de la comédie,...le secret de Polichinelle : c'est chose connue de tout le monde.

>   ...ut in comœdiis,
> Omnia omnes ubi resciscunt.
>
> (Térence, Hécyre, V, 2.)

Comme dans les comédies, où tout le monde est dans le secret.

> Rien ne pèse tant qu'un secret,
> Le porter loin est difficile aux dames,
> Et je sais même sur ce fait
> Bon nombre d'hommes qui sont femmes.
>
> (La Fontaine, Fables.)

— Note secrète. *Secretissime, tibi soli.*

Seigneur, du latin *seniorem*; le nominatif *senior* a donné *sire*. De là : sieur, monsieur, messire.

Ce mot rappelle l'hommage que, dans les temps anciens, on rendait à la vieillesse, et témoigne de la moralité de nos ancêtres.

— A tout seigneur, tout honneur : il faut rendre à chacun les honneurs qui lui sont dus.

— Droit du seigneur. Coutume bizarre et honteuse, qui accordait au seigneur d'un pays la première nuit des nouvelles mariées. *Prælibatio, Defloratio virginitatis.*

On prétend que ce droit fut établi par Éven, roi d'Écosse; aboli par Malcom III et converti en une taxe, que les seigneurs prélevaient sur leurs vassaux, à l'occasion du mariage. On l'appelait « droit de marquette ». C'était un demi-marc d'argent que les femmes payaient pour se racheter. (Voy. *la Mésangère*, p. 228.)

Il n'existe, en réalité, aucune preuve certaine que le droit du seigneur ait eu le caractère de brutalité sensuelle qu'on lui a attribué. Si, à l'époque féodale, où régnait la force, il y a eu des exemples d'abus odieux, ils ne constituèrent jamais un droit.

Sein, du latin *sinus*.

L'entre-deux des mamelles; le pli du giron, où l'enfant se repose; et, par extension, mamelle.

— Synonymes : les coussinets d'amour (*Dictionnaire des Précieuses*); appas; avant-scènes (allusion à la saillie des loges d'avant-scène); bossoirs d'avant (terme de marine); nénais : « Petite maman s'est fait faire des nénais avec du coton. » (Gavarni, *les Enfants terribles.*)

Sel, du latin *sal, salis*. En provençal *sau* (féminin).

— L'*a* du latin, devenu *e* en français, reparait dans un grand nombre de dérivés : salé, salade, salière, salien, sauce, saumure, saunier, saupoudrer.

— Le sel marin a été connu de tout temps. Les Grecs imaginèrent les premiers de saler les viandes et le poisson, pour les empêcher de se corrompre.

— Le sel n'est pas un aliment, mais il relève le goût des substances alimentaires. Il préserve les corps de la fermentation, et communique une éternelle jeunesse aux eaux de la mer et de certains lacs, qui, sans lui, seraient des foyers de corruption.

— Jésus-Christ dit à ses apôtres qu' « ils étaient le sel de la terre », voulant dire qu'ils devaient préserver les hommes de la corruption.

— Le sel, que l'on appelle le sucre des pauvres, a reçu d'Homère l'épithète de divin, et a été pris pour symbole de la sagesse.

— Sel attique (voy.) : raillerie fine des Athéniens, atticisme.

D'où : Il n'y a aucun sel dans ce qu'il dit ; c'est fade, insipide.

Salem habere (Térence) : avoir de l'esprit.

Salsus homo (Cicéron) : homme spirituel.

> Il est de sel attique assaisonné partout,
> Et vous le trouverez, je crois, d'assez bon goût.
> (Molière.)

— Le sel de Juvénal est très piquant ; celui de Plaute, grossier ; celui de Térence, très fin.

— Il faut du gros sel pour saler les grosses bêtes : de l'esprit grossier pour amuser la populace.

— Le mot *saugrenu*, signifie aujourd'hui absurde. (Voy.)

— G. de Pixérécourt, auteur de plusieurs mélodrames joués au boulevard du Temple, disait : « J'écris pour des gens qui ne savent pas lire. »

— Pour se dire l'ami de quelqu'un, il faut avoir mangé un minot de sel avec lui. (Cicéron, *De l'Amitié*.)

— *Amicitia, pactum salis*. L'Écriture emploie cette expression pour signifier une alliance inaltérable.

— Les Francs admettaient le sel dans leurs pactes, et l'on croit que le nom de loi *salique* provient de cet usage.

— Renverser une salière.

...Si je renverse une salière, dit un rédacteur de l'*Illustration*, je prends sur la lame de mon couteau quelques grains du sel répandu, et je les lance par-dessus l'épaule gauche, en prononçant la formule romaine *sinistrum*. — Pourquoi ? Je n'en sais trop rien.

Quoi qu'il en soit de cette superstition, le sel a toujours été considéré comme une substance sacrée et a toujours joué un grand rôle dans les relations humaines depuis l'origine du monde.

— On voit dans la Bible que le pain et le sel sont les symboles de l'hospitalité. Quand on rasait une maison, on y semait du sel. La femme de Loth fut changée en statue de sel. Les prêtres païens mettaient du sel dans l'eau lustrale. Dans le baptême chrétien, on met une pincée de sel sur la langue de l'enfant. Enfin les gardes-champêtres en mettent dans leur fusil pour remplacer les chevrotines (?).

Selle, du latin *sella*, siège, qui est aussi provençal.

Ce mot, qui s'applique spécialement à une pièce du harnais du cheval, a eu la signification générale de *siège*.

Il se dit aussi d'un siège de tout autre genre que la selle du cavalier. Par extension, il s'emploie, en médecine, pour les déjections alvines ; du latin *celare*, cacher (?). *Quod ea celantur quæ velimus esse occulta...*

Ce mot devrait, par conséquent, s'écrire par un c au lieu d'un s, qui a prévalu ; il se trouve, en quelque sorte, placé ainsi entre deux selles (?).

— Synonymes de « aller à la selle » : faire ses besoins ; faire ses nécessités ; faire, absolument, parce qu'il se dit de la fonction la plus importante du corps humain ; faire le gros ; faire caca, du latin *cacare*, provençal *cacar* ; avoir la courante, la va-vite.

Touser (en argot). Au commandement des argousins, pendant le voyage de la *chaîne*, tous les forçats descendaient pour *touser*, ou faire de la corde.

Aller où le roi va à pied. « C'est, à mots couverts, le lieu où l'on va se décharger du trop plein de la mangeaille. » (Scarron.)

— Rabelais appelait selle percée, ce que nous appelons chaise percée : « Le fond de voz chausses feroit office de bassin fécal et de selle percée. »

— Etre entre deux selles le cul par terre. (Rabelais, liv. I, 2.)

Avoir deux projets et n'en réussir aucun. Se dit des personnes qui, voulant occuper plusieurs positions à la fois, finissent par n'en pouvoir conserver aucune.

Entre deux selles chet dos à terre. (Proverbe ancien.)

...La Bourse a baissé aujourd'hui : on redoute l'irritation de la Chambre et l'indifférence du Sénat. Le maréchal est entre deux selles. *(Débats.)*

— Le tabouret, siège sans bras ni dossier, était accordé, au Louvre, aux princesses et aux duchesses seulement, et leur donnait le droit de s'asseoir au cercle de la reine.

Scarron dit à ce sujet :

> Votre cul, qui doit être un des beaux culs de France,
> Comme un cul d'importance,
> A reçu, chez la reine, enfin le tabouret.

...La pauvre comtesse du Plessis est fort fâchée que son mari ne l'ait pas laissée duchesse. Il est bien dur pour elle de voir sa belle-mère et sa belle-fille avoir un tabouret, et demeurer ainsi ce qu'on appelle entre deux selles le cul à terre. (Bussy, *Lettres*.)

Selon, sorte de fusion du latin *secundum* et de *longum*.

— Évangile selon saint Jean. Agir selon son inspiration, c'est-à-dire en suivant son inspiration ; *secundum* vient de *sequi*.

Semaine, du latin *septimana*, provençal *setmana*.

Espace de sept jours. Les quatre quartiers de la lune, qui sont d'environ sept jours chacun, ont sans doute donné lieu à ce mode de partage du temps.

— Les Assyriens, les Égyptiens et presque tous les peuples de l'Orient, ont connu la semaine. Dieu avait lui-même, en souvenir de la création, ordonné aux Juifs de travailler six jours, et de se reposer le septième.

Les Romains ni les Grecs ne connaissaient la semaine.

Semer, du latin *seminare*, provençal *semenar*; d'où aussi *séminaire*.

— Semer la zizanie : la discorde.

Semez de la graine de niais, il poussera des actionnaires. (*Les 101 Robert-Macaire.*)

Semez des Gascons, ça pousse partout. (Henri IV.)

— Il ne faut pas laisser de semer par crainte des pigeons : dans les affaires, il ne faut pas se laisser rebuter par les difficultés.

— Quand vous n'avez rien à faire, plantez un arbre ; il poussera pendant que vous dormirez.

Qui sème bon grain, recueille bon pain.

Qui sème la vertu, récoltera l'honneur.

Qui sème le vent, récolte la tempête.

Qui sème l'injustice, récoltera la haine et la vengeance. (Franklin.)

Qui sème des chardons, recueille des épines.

Sempiternel, mot peu usité ; du latin *sempiternus*.

— Vieille sempiternelle. Expression contenant une idée comique. Il est superflu de dire que ce qui est éternel dure toujours. Mais une vieille n'est pas pour cela même éternelle.

Sens, du latin *sensus*, faculté de recevoir l'impression des objets. D'où : sensé, insensé, forcené, etc.

— Les cinq sens.

— Le bon sens : raison. Prendre dans le bon sens : du bon côté.

— Il ne faut rien accorder aux sens, quand on veut leur refuser quelque chose.

— De tous les sens donnés à l'homme, le plus rare est le sens commun. (Calembour.)

— Sens dessus dessous ; sens devant derrière. Ces expressions sont pour : ce dessus dessous, ce devant derrière, qui se disaient autrefois. On a dit ensuite : c'en dessus dessous.

> Si fut la chose bistournée
> Et alla ce devant derrière.

Sensible, dérivé du précédent.

— Sensible comme une tourterelle, ...comme un caillou.

Il y a des gens si sensibles qu'ils vous affligent de vos douleurs. (Voy. *femme* sensible.)

Sensitive.

La sensitive est douée d'une grande irritabilité, qui lui a fait donner par les botanistes le seul nom gracieux qu'ils aient inventé : *mimosa pudica*. Cette propriété, qui augmente sous l'action de la chaleur et de la lumière, a beaucoup d'analogie avec la sensibilité physique des animaux. Un dernier trait de ressemblance, c'est qu'elle est paralysée par l'éther. (J.-J. Ampère.)

Sensualisme, doctrine qui prétend que toutes nos idées viennent des sens, et qui se résume dans la maxime : *Nihil est in intellectu, quod non prius fuerit in sensu*. Il n'y a rien dans l'esprit qui n'ait été d'abord dans les sens.

Sentiment, dérivé de *sentir*, latin *sentire*.

— Il est plus difficile de dissimuler les sentiments que l'on a, que de feindre ceux que l'on n'a pas.

Si l'on peut se tromper dans le domaine des sensations, que sera-ce donc dans le domaine des sentiments ?

Sepia, nom italien (et latin) de la *seiche*.

On appelle aussi la seiche *encrier*, ou *calemar*; on appelait autrefois un encrier *galimart* ou *calamar*, de *calamarius*, tiré du latin *calamus*, roseau à écrire.

— Ce poisson a reçu le nom de *calemar*, parce qu'il épanche à volonté une liqueur noirâtre, avec laquelle il trouble l'eau, pour échapper aux poursuites de ses ennemis.

Les Italiens font sécher cette liqueur bourbeuse, qu'ils vendent pour la peinture à l'aquarelle, sous le nom de *sépia di Roma*.

— La seiche, qui semble nager dans l'encre, est excellente accommodée à la sauce blanche.

Sept, du latin *septem*, en grec *hepta*.

Ce nombre, comme le nombre *trois*, a toujours été vénéré.

Les anciens comptaient sept ciels, correspondant aux sept planètes.

Le nombre *sept* était consacré chez les Juifs, et un grand nombre de choses étaient chez eux ordonnées par sept : le chandelier à sept branches; les sept lampes; le sabbat était fixé au septième jour.

Dans la religion chrétienne, on a, comme chez les Juifs, la semaine, avec le repos le septième jour.

Jésus-Christ a dit à saint Pierre : « Tu pardonneras jusqu'à septante fois sept fois. »

Le juste pèche sept fois par jour.

Il y a les sept vertus, trois théologales et quatre cardinales.

On compte sept heures canoniales.

On fête les sept douleurs de Notre-Dame.

Citons en outre les sept sacrements, les sept péchés capitaux, les sept psaumes de la pénitence, les sept œuvres de la miséricorde.

L'antiquité avait les sept sages de la Grèce, les sept merveilles du monde, et Rome était la ville aux sept collines.

Dans la nature, on trouve les sept couleurs primitives, les sept tons de la musique, les sept planètes, et, d'après Aristote, les sept métaux; les sept étoiles des Pléiades. (Voy. ce mot.)

Enfin le nombre *sept* se trouve trois cent quarante-sept fois dans la Bible.

Sépulture, du latin *sepultura*, de *sepelire*, ensevelir.

Le verbe provençal *espelir*, naître, éclore, est l'opposé de *ensevelir* (?).

Séquelle, du latin *sequela*, suite.

Se prend en mauvaise part.

Sérail, du persan *seraï*, palais, par l'italien.

C'est le palais du sultan à Constantinople.

— On confond ce mot avec *harem*, lieu où sont enfermées les femmes, et dont l'approche est interdite à tous les hommes.

En arabe, *harem* signifie défendu, sacré. C'est le *gynécée* des Grecs.

Serf, du latin *servus*, esclave.

Celui qui a été sauvé, conservé à la guerre, au lieu d'être tué (?).

De là : servile, servage, sergent, serviable.

Sergent, du latin *serviens, servientem*, servant.

> Je vous demande en demandant,
> Comme le roy à son sergent.
> (Rabelais, IV, 27.)

— Philippe-Auguste chassa de France tous les Juifs, parce qu'ils avaient des sergents et des chambrières.

On appelle encore *servantes*, les domestiques femmes.

— Le sergent militaire est le *centuriæ instructor* des Latins; le sergent de ville ou de police, l'*apparitor*; le sergent de menuiserie, *harpago victorius*, qui serre, qui lie.

Sérieux, du latin *seriosus*, dérivé de *serius*.

— Le sérieux est un mystère du corps et de la parole, inventé par les sots, pour cacher leur nullité d'esprit.

Un homme sérieux ne saurait plaire aux femmes, parce qu'il n'a à perdre aucune des trois choses que les femmes dissipent d'ordinaire : l'argent, la parole et le temps.

Seringue, du latin *syringa*, dérivé de *syrinx*, roseau.

Synonyme : escopette d'Hippocrate. (Rabelais.)

— Chanter comme une seringue; parce qu'en grec *syrinx* signifie flûte.

Serment, d'abord *sagrament*, puis *sairement*; du latin *sacramentum*, qui a fait aussi *sacrement*.

Sa prononciation s'est confondue parfois avec celle de *sarment*, ce qui a donné lieu à des jeux de mots.

— Puisqu'ils gaignent tant aux grappes, le serment leur peut beaucoup valoir. (Rabelais, V, 16.)

— L'année du mariage de Charles VIII, avec Anne de Bretagne, les vins furent verts, à cause des grandes pluies. On servit de ces vins à la table de Marguerite d'Autriche, que ce prince avait renvoyée, malgré son serment de l'épouser. Elle dit alors que « la verdeur de ces vins provenait de ce que cette année les serments n'avaient rien valu ».

Depuis lors, beaucoup de gens se sont fait aussi un jeu des serments.

Serpent, du latin *serpens*, de *serpere*, ramper.

— C'est un serpent que j'ai réchauffé dans mon sein : un ingrat.

L'ingratitude n'est pas le seul attribut du serpent : il est l'emblème du démon, de la santé, de la longévité, de la prudence, comme de l'ingratitude.

— En 1870, la République proclamée le 4 septembre, eut à lutter contre les ennemis du dehors et ceux du dedans : les démagogues et les Prussiens. C'était trop de serpents dans le berceau d'Hercule.

Serrer, du bas-latin *serra*, verrou, d'où *serare*, fermer.

De là aussi : serrure, serre, enserrer.

— Serrer quelqu'un de près : le poursuivre vivement.

S'il vous serrait le bras, il vous ferait sortir du sang des ongles. (W. Scott.)

— Serrés comme harengs en caque.

Il y a de la place pour deux, en se serrant... beaucoup.

Servilité, disposition à la servitude.

— La servitude abaisse les hommes jusqu'à s'en faire aimer. (Vauvenargues.)

Servir, du latin *servire*, être esclave.

— Nul ne peut servir deux maîtres. (Saint Mathieu, VI, 24.)

— Ne servir de rien : n'être utile, bon à rien.

> Rien ne sert de courir, il faut partir à point.
> (La Fontaine.)

Ne servir à rien, se dit quand un objet n'est pas employé à un moment et peut servir dans un autre : « Ce livre ne vous sert à rien, prêtez-le moi. »

Seul, du latin *solus*; provençal *sol*.

— Seul sous sa tente, dans le grand désert... de la vie.

Seul comme Robinson... Robinson, dans son île, par les ressources de son génie inventif, exécute un grand solo au milieu de l'harmonie universelle.

Væ soli! (*Genèse*, II, 8; *Ecclésiaste*, IV, 10.) Il n'est pas bon que l'homme soit seul, donnons-lui une compagne à son image.

— La solitude donne toujours de pernicieux conseils.
Solitudo omnia mala persuadet. (Sénèque, Lettre 25.)
L'homme solitaire est un dieu ou une bête. (Aristote, *Politique*, I.)
Il est plus supportable d'être toujours seul, que de n'être jamais seul. (Montaigne.)

Sevrer, du latin *separare*, d'où aussi *séparer*.
Il est restreint aujourd'hui à l'action de séparer l'enfant du sein, de cesser l'allaitement.

Si, conjonction et adverbe ; du latin *si* et *sic*.
— La vie humaine est une phrase remplie de *si* et de *mais*.
Si le ciel tombait, il y aurait bien des alouettes prises.

> Si n'étaient les si et les mais,
> Serions tous riches à jamais.

Les deux conjonctions *si* et *mais*, si fréquentes dans la conversation, sont comme la formule générale qui contient un vœu de l'homme et le refus de la nature.

— Qui m'ayme, sy me suyve. (Rabelais, I, 33.)
Si, dans cette phrase, ne signifie pas *il* ou *qu'il* ; mais *ainsi*, et vient du latin *sic*. C'est le sens qu'il a dans l'ancien axiome du pouvoir absolu, qu'un ministre a osé invoquer à la tribune, sous la Restauration : « Si veut le Roi, si veut la Loi » ; tandis que la Charte avait consacré le principe : « Si veut la Loi, si veut le Roi. »

Sibylle, du grec par le latin *Sibylla*.
Ce nom s'appliquait à des femmes auxquelles les anciens attribuaient le don de prévoir l'avenir.

Les principales sibylles étaient celle de Delphes, fille de Tirésias, et celle de Cumes, qui présenta à Tarquin les livres sibyllins. On les représente sous les traits de vieilles femmes.

Dès les premiers temps du christianisme, et jusqu'au xvi° siècle, on admettait l'opinion que l'antiquité païenne avait pressenti et prédit le Rédempteur du monde. De là, les sibylles citées à côté des prophètes, par les écrivains ecclésiastiques.

C'est pour cela que Michel-Ange a peint alternativement un prophète et une sibylle au plafond de la chapelle Sixtine.

— La *prose* qui se chante aux messes des morts, commence ainsi :

> *Dies iræ, dies illa*
> *Solvet sæclum in favilla,*
> *Teste David cum Sibylla.*

— Les livres sibyllins contenaient les prédictions des sibylles, et les Romains n'entreprenaient rien sans les consulter. On prétend que les prédictions des sibylles concernant la venue du Messie étaient plus claires que celles des prophètes.

Sic, mot latin signifiant *ainsi*.

On s'en sert en français, entre parenthèses, pour indiquer qu'on cite textuellement, sans suppression, ou sans correction.

— *Sic vos non vobis*. (Voy. *bénéfice*.)

Les Chinois dressent pour la pêche des cormorans à qui ils apprennent le *sic vos non vobis*, en leur passant au cou un anneau qui arrête le poisson, et permet au pêcheur de s'en emparer.

— Avec les clefs d'un palais, l'architecte en remet au riche tous les agréments et toutes les jouissances, sans y prendre aucune part. (Gœthe.)

Siècle, du latin *seculum*.

Espace de cent années.

— Le siècle actuel a commencé le 1ᵉʳ janvier 1801 et finira le 31 décembre 1900.

— Les quatre grands siècles (ou époques), sont ceux de Périclès, d'Auguste, de Léon X et de Louis XIV.

Siège, substantif verbal de *siéger*, qui suppose *sediare*, dérivé de *sedere*.

> Prends un siège, Cinna...
> (Corneille, *Cinna*, V, 1.)

— Sièges durs : rembourrés de noyaux de pêches.

...Le directeur du théâtre de la Gaîté a vendu les vieilles banquettes du parterre à un distillateur, pour faire de l'eau de noyaux.

— Mon siège est fait. Cette locution vient de la réponse de l'abbé Vertot, qui venait d'écrire l'histoire du siège de Malte, sans se préoccuper des détails historiques qu'il avait fait demander au Grand-Maître de l'Ordre. Les tardifs renseignements arrivèrent enfin ; mais il ne changea rien à son récit, et dit : « J'en suis fâché, mon siège est fait. »

Sieste, du latin *sexta* (la sixième heure du jour, midi) ; plutôt que du latin *sistere*.

Les Arabes expriment la même chose par *kef*, dont *sieste* n'est qu'un faible équivalent.

> C'est là que le prélat, muni d'un déjeuner,
> Dormant d'un léger somme, attendait le dîner.
> (Boileau, *Lutrin*.)

Siffler, provençal *siblar*, du latin *sibilare*.

Dans le patois berrichon, on dit *sublar*, qui est l'ancienne forme française (?) et se trouve dans Rabelais.

Ce biau marle qui sublait si finement haut. (Cyrano de Bergerac, *le Pédant joué*.)

— Siffler comme un merle.

— Se faire siffler : se faire moquer de soi. Le public siffle un mauvais acteur, pour lui témoigner son mécontentement.

C'est un droit qu'à la porte on achète en entrant.
(BOILEAU.)

Populus me sibilat.
(HORACE.)

(Le peuple me siffle.)

Sibilis e scena explodi (Cicéron) : être chassé de la scène par les sifflets.

— Dans la tragédie de *Cléopâtre*, de Marmontel, l'aspic dont se sert Cléopâtre pour se donner la mort, était un automate de Vaucanson, qui faisait entendre un sifflement. La pièce n'eut pas de succès, et un critique, à qui l'on demandait ce qu'il en pensait, répondit : « Je suis de l'avis de l'aspic. »

Sifflet, dérivé du précédent.

— Couper le sifflet à quelqu'un : lui couper la parole.

Si vous voulez que je dise des merveilles, que Monsieur ne vienne pas me couper le sifflet. *(Don Quichotte.)*

Sigle, du latin *sigillum*, dérivé de *signum*.

Lettre initiale, exprimant à elle seule un mot très usité dans les inscriptions anciennes.

Telles sont les lettres S.P.Q.R : *Senatus populusque romanus*.

Signe, du latin *signum*, d'où aussi *seing*.

D'où : tocsin, signer, désigner...

Signer, du latin *signare*, marquer.

— Cicéron appelle *aurum signatum* la monnaie d'or.

— Aux époques d'ignorance, ceux qui ne savaient pas signer faisaient une croix, ou signe de la croix, au bas des actes, comme s'ils avaient juré sur la croix d'en observer le contenu.

Soliman signa d'une croix la capitulation de l'île de Rhodes.

— Signe de la croix se dit depuis que Constantin, ayant vu dans le ciel une croix lumineuse avec la légende : *In hoc signo vinces*, fit placer une croix sur les étendards des légions.

Saint Epiphane dit que le signe de la croix rendait les charmes impuissants, et chassait les démons.

Silence, du latin *silentium* ; provençal *silenci*.

— Harpocrate, dieu du silence, est représenté sans bouche, ou avec un doigt sur les lèvres.

Je mis un doigt sur les lèvres, pour lui dire, sans parler, de se taire. (Lamartine, *Fior d'Aliza*.)

— Silence ! interjection, pour : faites silence, en latin *silete*, que Térence exprime par *st*.

— Synonymes : chut ! motus ! paix !

— Taisez-vous, ou dites quelque chose qui vaille mieux que le silence. (Pythagore.)

— Il a la passion du silence.

La conspiration du silence.

La parole est d'argent, et le silence est d'or.

> Oy, voy et to tay,
> Si tu veux vivre en paix.
> (XIIIme Siècle.)

Le silence est l'esprit des sots.

> Un sot qui ne dit rien ne se distingue pas
> D'un savant qui se tait...
> (Molière, *Dépit*, I, 7.)

— Un Grec a ajouté une dixième muse aux neuf autres ; il l'a appelée la Muse muette. « J'aime cette muse muette, disait Balzac, je la trouve plus sage que les autres. »

— La règle de certains ordres religieux, Chartreux, Trappistes, prescrit le silence.

Les disciples de Pythagore observaient aussi le silence pendant cinq ans.

— D'un endroit silencieux, on dit qu'on y entendrait voler une mouche. Cham dit : marcher un fromage.

Silhouette, étymologie historique.

Dessin représentant le profil d'un visage ou d'un objet.

C'est la reproduction de l'ombre projetée, sur une surface verticale ; le dessin a été connu de tout temps, mais le nom est moderne. Il vient d'Etienne Silhouette, contrôleur des finances, sous Louis XV, qui contribua à mettre ce genre à la mode. Les réformes financières de ce ministre ayant paru mesquines et insignifiantes, la caricature s'en empara, et l'on donna le nom de silhouettes à ces dessins imparfaits qui se bornent à un simple trait.

Voici ce qu'en dit Mercier *(Tableau de Paris)* :

« La célébrité d'un contrôleur général des finances, monté à cette place avec la plus haute réputation, tomba précipitamment. Il fit plusieurs écoles, quoique doué d'esprit et de connaissances. Dès lors tout parut à la silhouette, et son nom ne tarda pas à devenir ridicule. Les modes prirent à dessein une empreinte de sécheresse et de mesquinerie ; les surtouts n'avaient point de plis, les culottes point de poches ; les tabatières étaient de bois brut ; les portraits furent des visages tirés de profil sur du papier noir, d'après l'ombre de la chandelle sur une feuille de papier blanc. Ainsi se vengea la nation. »

— L'histoire des règnes de Louis XIV et de Louis XV serait tout entière dans l'histoire des contrôleurs généraux. Fouquet, Colbert, Desmaretz, Law, Orry, Silhouette, Bertin, Lavardi, l'abbé Terray, sans parler des autres, fourniraient des observations curieuses.

Simagrée, étymologie très controversée. Les uns donnent *simius*, singe ; d'autres le font venir de *si m'agrée* ou *s'il m'agrée*.

— Manières affectées et prétentieuses.

Se faire prier et n'acquiescer que difficilement à un désir.

Faire des singeries : prendre des airs affectés.

Simonie, origine historique.

— La simonie est le trafic des choses saintes.

Ce mot vient de Simon le Magicien qui, ayant reçu le baptême, à Samarie, et voyant que le Saint-Esprit était donné par l'imposition des mains, offrit de l'argent aux apôtres, en disant : « Donnez-moi aussi ce pouvoir, que ceux à qui j'aurai imposé les mains reçoivent le Saint-Esprit. » Saint Pierre lui répondit : « Que ton argent périsse avec toi, puisque tu crois que le don de Dieu se peut acquérir pour de l'argent. » (*Actes des Apôtres*, VIII, 18.)

Simoniaix, encantors, luxurios et renoviers.
(MARCABRUS.)

(Simoniaques, enchanteurs, débauchés et usuriers.)

Simple, du latin *simplex*, sans pli, ouvert.

Nom donné à toutes les plantes dont la médecine fait usage. Est pour médicament simple. (Voy. *végétaux*.)

Sincère, du latin *sincerus (sine cera ?)*.

— Aujourd'hui la falsification ne se borne pas à altérer le miel ; et la cire elle-même, par une singulière antiphrase, devrait s'appeles éteindre, car elle ne contient plus de cire, depuis l'invention de la stéarine.

Singe, du latin *simius*, provençal *simi*.

— On dit : adroit, malin, laid comme un singe.

— Les grands singes sont appelés par la science *anthropomorphes*.

— Payer en monnaie de singe : en grimaces, en gambades.

On lit dans Sainte-Foix, que le joculateur qui se présentait au pont du Châtelet avec un singe, et le faisait jouer et danser, était quitte du péage, tant du dit singe que de ce qui était à son usage. (*Mercure*, février 1736.)

L'Opéra donne tous les ans quelques représentations extraordinaires pour la capitation des acteurs. Ainsi, ils paient en monnaie de singe, en sauts et gambades ; le surplus leur tient lieu de gratification. (Mercier, *Tableau de Paris*.)

Sire, que quelques-uns ont voulu tirer de *kyrios*, en grec seigneur, vient du latin *senior*, dont l'accusatif *seniorem* a donné *seigneur*.

Titre d'honneur donné aux souverains. N'a pas de féminin.

Il a été synonyme de *seigneur* : les sires de Joinville, de Couci.

En Angleterre, *sir* a la même signification que *sieur* et *monsieur* en français.

Sirène, provençal *serena*, latin *sirena* ; du phénicien *sir*, chant.

Nymphes célèbres par la douceur magique de leur voix. Cérès les changea en monstres moitié femmes, moitié oiseaux. C'est ainsi qu'on les trouve représentées dans les anciens monuments.

A une époque plus rapprochée, quelques auteurs ont prétendu que les sirènes avaient la forme de poissons, de la ceinture à l'extrémité inférieure, et que c'était d'une sirène qu'Horace entendait parler, quand il suppose une belle femme dont le corps se termine en poisson (*Début de l'Art poétique*) :

Desinit in piscem mulier formosa superne.

Mais il n'y a aucun auteur de l'antiquité qui nous les ait présentées comme des femmes-poissons.

On a supposé que les anciens avaient découvert, dans les parages de la Sicile, des filles bizarres et contre nature, sortes de monstres marins. Elles étaient au nombre de trois : Leucosie, Sigée et Parthénope. On les disait filles du fleuve Achéloüs ; elles se nourrissaient de chair humaine, et abusaient du pouvoir fascinateur de la musique pour approvisionner leur garde-manger.

On croit qu'elles étaient un symbole de la triple volupté des sens : le vin, la musique et l'amour, qui sont si puissants pour séduire les hommes. De là les exhortations à éviter le chant des sirènes.

Il y a quelque chose de répugnant dans ce mythe antique. Des femmes-poissons, vilaines bêtes ! ne pouvaient plaire qu'à moitié, et leur galbe monstrueux réveiller les appétits les plus disparates : ceux de l'amour et de la bouillabaisse.

— *Sirène* s'est écrit autrefois *seraine* et *sereine*.

Il y avait à Bourges une rue *Seraine*, ainsi nommée d'une auberge de la *Syraine*. Le Conseil municipal, dans sa délibération du 23 décembre 1846, a jugé à propos de faire disparaître ce vestige du vieux langage, en lui substituant la forme plus moderne de *sirène*.

> La royne blanche comme un lys,
> Qui chantoyt à voix de sereine.
> (Villon.)

> Sa voix passait le chant de la sereine.
> (Marot, *Ballades*.)

...*Serenas... ha cors de femna, et coa de peysso, et onglas d'aigla.* (*Vices et Vertus*, f° 23.) La sirène a corps de femme, queue de poisson et serres d'aigle.

Sisara (le clou de).

Sisara, lieutenant de l'armée de Jabès, roi de Chanaan, voyant ses troupes vaincues par Déborah et Barach, se réfugia dans la tente de Jahel, femme d'Héber le Cinéen. Elle parut le recevoir volontiers, mais elle lui enfonça un clou dans la tête, pendant qu'il dormait. (*Juges*, ch. 4 et 5.)

Cette histoire de Jahel perçant le crâne à Sisara, doit être apocryphe.

> Ce clou pointu, funeste à Sisara.
> (Voltaire, *Pucelle*, II.)

Sisyphe, personnage mythologique.

Bâtit Corinthe, dont il fut le premier roi. Ses brigandages et ses cruautés le firent condamner, dans les enfers, à rouler perpétuellement une grosse roche au sommet d'une montagne, d'où elle retombait aussitôt par son propre poids ; et à la remonter de nouveau, par un travail sans relâche.

D'où la locution : le rocher de Sisyphe.

— Ce rocher, pour les sociétés asservies, c'est la liberté. (Glais-Bizoin, 1863.)

Sobriquet, étymologie fort incertaine. On l'a fait venir de l'espagnol *sobra*, sur, c'est-à-dire *surnom*; ou du latin *subridiculum* (sous-entendu *nomen*), nom ridiculisé.

Épithète satirique ou burlesque, ajoutée au nom, rappelant quelque défaut physique ou moral de l'individu, tels que Liffreloffres, nom que Rabelais donne aux Allemands, parce qu'ils semblent, quand ils parlent, ne dire autre chose.

De *Tiberius Nero*, on avait fait *Biberius mero*, ivrogne.

— On trouve dans la liste des rois des premières races, de nombreux sobriquets: Pépin le Bref, Charles le Chauve, le Gros, le Simple, etc.

Soi, du latin *se*.

— Être soi : être original dans ses créations.

> Mon verre est petit, mais je bois dans mon verre.
> (A. DE MUSSET.)

— Raphaël Sadeler, graveur en 1612, avait pour marque une tortue, avec cette devise : *Sub parvo, sed meo*. Mon toit est petit, mais il est mien.

Un poète du XIIIᵉ siècle avait écrit sur la porte de sa maison : *Parvulus, sed avitus*. Le domaine est petit, mais il vient de mes pères.

Devise que le comte de Grammont avait traduite : « Si je suis gueux, c'est de ma race. »

— Pour soi, pourceau. (Voy. *égoïsme*.)

— Chacun pour soi, chacun chez soi. On attribue cette phrase à Dupin aîné. Il a dit en réalité : « Chacun chez soi, chacun son droit »; maxime éminemment protectrice du faible contre le fort. (*Moniteur*, 7 décembre 1830.)

— Le dicton populaire : « Chacun pour soi, et Dieu pour tous », qui est la devise favorite des égoïstes, peut être aussi envisagé à un point de vue honorable, comme signifiant que tout homme a des devoirs à remplir dans l'intérêt de sa conservation personnelle, et que Dieu, à son tour, veille également sur tous les hommes.

— La maxime que les Américains ne perdent jamais de vue dans la pratique de la vie, est : *Go a head*. Dieu pour tous, et que le diable emporte le dernier.

Soie, du latin *seta*, provençal *seda*.

— La soie s'appelait aussi *sericum*, de *Seres*, nom des Chinois, du pays desquels on l'importait à Rome, où elle se vendait au poids de l'or.

— Héliogabale fut le premier empereur qui porta des habits de soie.

— Au VIᵉ siècle, sous Justinien, deux moines rapportèrent de Chine à Constantinople, des œufs de vers à soie renfermés entre les nœuds d'un roseau, et les firent éclore.

Pendant longtemps la soie resta une rareté luxueuse, et Vopiscus rapporte qu'Aurélien avait refusé à l'impératrice une robe de soie, à cause de sa cherté.

— En 1145, Roger, roi de Sicile, ravagea la Grèce, et amena en Sicile des ouvriers en soie, qui propagèrent leur industrie jusqu'en Provence, à l'époque où la maison d'Anjou reçut l'investiture de Naples et de Sicile.

— La ville de Lyon consomme annuellement un million de kilogrammes de soie. La longueur du fil d'un cocon est en moyenne de 500 mètres. Lyon met en œuvre, par an, une quantité de soie produite par quatre milliards deux cents millions de cocons, donnant une longueur de fil de deux milliards cent millions de kilomètres, soit quatorze fois la distance de la terre au soleil.

— La sériciculture est la culture de la soie.

— Jours filés de soie et d'or : vie heureuse.

Soif, du latin *sitis*, provençal *set*.

> *Tanta fan, tanta set et tan som.*
> (BERTRAND DE BORN.)

(Si grand'faim, si grand'soif et si grand sommeil.)

— Synonymes : avoir soif ; avoir la pépie ; cracher blanc.

— *Beati qui esuriunt et sitiunt justitiam!* (*Evangile*.) Heureux ceux qui ont faim et soif de la justice !

— C'est la soif qui épouse la faim : union de pauvres diables.

— La soif de l'or, du pouvoir, de la vengeance.

— La soif est un besoin très impérieux, et qui fait endurer plus de souffrances que la faim ; comme aussi il n'y a pas de jouissance plus grande que de satisfaire une soif ardente.

On meurt plus vite de soif que de faim. Cela s'explique par la chaleur de 30° que possède le corps humain, chaleur qui tend sans cesse à vaporiser les divers fluides dont la circulation entretient la vie, et finit par développer une fièvre qui brûle, si on ne renouvelle pas ces liquides à mesure qu'ils se tarissent.

— Altérer, c'est rendre autre, changer en mal, détruire : la soif détruirait la vie.

Soirée, dérivé de *soir*, latin *serum*.

— Dans une soirée chez Mme Lucifer, on offrit aux invités des glaces au plomb fondu, des limonades au vitriol, des gâteaux à l'arsenic, de l'eau de feu, le Vésuve en bouteilles, et l'enfer distillé ; les divans étaient rembourrés en baïonnettes et en lames de rasoirs ; un potage de vers solitaires fut servi...

Un démon d'une prodigieuse laideur, armé d'une fourche de fer, conduisait les invités à une table couverte de draperies noires. Sur les plats de ce banquet infernal étaient entassés des serpents, des couleuvres, des tarentules, des lézards, des crapauds, des chauves-souris, et d'autres semblables animaux, accommodés par les cuisiniers de Pluton.

Ces mets étaient placés sur la table, à l'aide d'une pelle, par les démons, tandis que d'autres suppôts d'enfer versaient à boire dans des creusets, qui tenaient lieu de verres.

Au dessert, furent jetés sur la table, en guise de sucreries, des ossements de morts. (Vasari, *Vie de Rusticia*.)

(Voy. *burlesque*.)

Sol, du latin *solum* ; vient de *solus*, seul, comme *soleil* (?).

On a dit *sole*, de *solea*, plante des pieds.

— *Tota bestia cornuda ha las solas del pes fendudas*. Toute bête cornue a la *sole* des pieds fourchue.

Soldat. On a dit *soudard*, *soldier*.

— Synonymes (dans le langage familier) : ratapoil (mauvaise part) ; culotte de peau ; grognard, vieux soldat de l'Empire, ils grognaient et murmuraient souvent, tout en se battant bien ; Jean-Jean, jeune conscrit naïf ; lignard, soldat d'infanterie de ligne ; officier de guérite ; tourlourou (Voy.)

— Soldat du pape : mauvais soldat. En 1788, Le Duchat disait : « Soldats du pape, méchantes troupes. »

Les compagnies de l'Église sont le déshonneur de la gendarmerie. (Machiavel.)

Le premier qui fut roi fut un soldat heureux.
(Voltaire, *Mérope*.)

— On dit, en France, d'un jeune soldat, qu'il a le bâton de maréchal dans sa giberne. Les Latins disaient : *Caliga ad consulatum productus* (Sénèque, parlant de Marius). La caliga était la chaussure du soldat.

— Soldats de fortune :

Augereau, duc de Castiglione, était fils d'un liquoriste de Paris.
Bernadotte, roi de Suède, fils d'un avocat de Pau.
Berthier, prince de Neufchâtel, fils d'un portier.
Bessière, duc d'Istrie, fils d'un perruquier.
Bonaparte, empereur, fils d'un greffier.
Murat, roi de Naples, fils d'un aubergiste.

— Ce qui tombe dans le fossé est pour le soldat : l'homme soigneux profite de la négligence des autres.

Ce proverbe remonte à l'époque où les troupes n'avaient pas de paie régulière, et où la maraude était autorisée.

Solécisme, origine historique.

— On parlait fort incorrectement à Soles, ville de Cilicie.

Solécisme désigna une faute de grammaire, de syntaxe, comme celles dont étaient coutumiers les habitants de Soles.

Soleil, du latin *soliculus*, diminutif de *sol*.

— Synonymes : la cheminée du roi René ; cagnard, lieu exposé au soleil.

— Où le soleil n'entre pas, le médecin entre.

— Le soleil était l'emblème de Louis XIV, avec la devise : *Nec pluribus impar*.

Les Hollandais, qui étaient en guerre avec lui, avaient pris l'emblème de Josué arrêtant le soleil, avec le mot : *Sta*.

— Adorer le soleil levant. On est porté à se prosterner devant les pouvoirs nouveaux, par un mélange de crainte et d'espérance.

— Coup de soleil, insolation. — Dans l'Inde, chaque rayon de soleil frappe et tue, comme un boulet rouge. On dirait que l'antique Apollon fait campagne dans le Nouveau-Monde, et qu'il épuise sur les populations son carquois de flèches d'or. *(Le Times.)*

— Soleil de l'Italie. — J'aime à voir le soleil se coucher à Venise, sûr qu'il se lèvera demain, non pas débile et clignotant dans le brouillard, comme l'œil morne d'un ivrogne qui geint, mais avec tout le ciel pour lui seul, sans que le jour soit forcé d'emprunter sa lumière à ces lampions d'un sou, qui se mettent à trembloter quand Londres l'enfumée fait bouillir son chaudron trouble. (Lord Byron, *Beppa*.)

Solitude, du latin *solitudo*.

> La solitude était profonde,
> S'étendant partout à la ronde.
> (La Fontaine.)

Sologne, en latin *segalonia*, de *segala*, seigle, céréale, dont le pays produit grande abondance.

— Niais de Sologne : faux bonhomme. (Voy. *niais*.)

> Les Solognols, sots à demi,
> Qui se trompent à leur profit.

Dorvigny a fait pour le théâtre de la Montausier, une pièce intitulée : *le Niais de Sologne*.

Solstice, du latin *solstitium*, de *sol* et *stare*.

Temps de l'année où les jours sont le plus longs ou le plus courts. C'est l'époque à laquelle, deux fois par an, le soleil, arrivé à son plus grand éloignement de l'équateur, semble pendant quelques jours y être stationnaire, puis revenir sur ses pas. C'est à partir du solstice d'hiver (23 décembre) que les jours croissent, et à partir de celui d'été (21 juin) qu'ils diminuent, pour notre hémisphère.

Sommation respectueuse.

Accouplement de mots inconciliables : rien n'est plus opposé au respect qu'une sommation, l'action la plus rigoureuse, la plus irrévérencieuse. Ces requêtes des enfants majeurs, qui veulent se marier malgré leurs auteurs, ont reçu le nom d' « actes respectueux ». On notifie ces actes, on ne les signifie pas.

Somme (bête de), du grec *sagma*, devenu *sauma*.

En provençal, une ânesse s'appelle *sauma*.

— Assommer : frapper comme sur une bête de somme.

Somme, du latin *summa*, le point le plus élevé.

Sommeil, aussi *somme*, de *somniculus*.

Divinité allégorique, fils de l'Érèbe et de la Nuit, et père des Songes. Il est représenté endormi dans un antre profond, dont l'entrée est obstruée de touffes de pavots et autres plantes somnifères. Les Songes voltigent autour de lui, et Morphée, son principal ministre, entretient un éternel silence dans cette obscure demeure.

Sommelier, de *sagma*, puis *sauma*, provision, charges.

Officier chargé de la cave, et d'abord de tous les approvisionnements de la maison.

— Sommelier, garde-nous du sommeil.

Argus avoyt cent yeulx pour voir, cent mains faut au sommelier, comme avait Briarée, pour infatigablement verser. (Rabelais, I, 5.)

Somptueux, du latin *sumptus*, dépense.

Appartement somptueux, repas somptueux.

D'où aussi *somptuaire* : lois somptuaires.

Son, dans les langues germaniques, signifie fils, et a servi à composer un grand nombre de mots, tels que : Robertson, Nelson, Robinson ; nourrisson, enfant nourri par sa mère (ou par une nourrice !); chanson, le produit du chant (ou plutôt celui de *cantionem*) ; polisson, l'enfant des villes, des rues, plus vicieux que ceux de la campagne (à moins que ce ne soit celui de la police ?).

— En provençal, on appelle les jumeaux *bessons*, c'est-à-dire deux fils, deux enfants.

Sonate, de l'italien *sonata*, du latin *sonare*.

Composition instrumentale formée de trois ou quatre morceaux de caractère différent : allegro, adagio, rondo...

Ce genre de composition, qui a eu jadis une grande vogue, est aujourd'hui abandonné.

— « Sonate, que me veux-tu ? » s'écria un jour Fontenelle, dans un transport d'impatience et d'ennui, causé par les éternelles symphonies des concerts.

Fontenelle n'aimait pas la musique, à ce qu'il paraît. Trop amoureux de lui-même pour partager ses affections, c'est avec soin qu'il évitait toutes les émotions de nature à troubler l'équilibre de ses heureuses facultés. « Je n'ai jamais fait ah ! ah ! » avouait-il ; ses yeux ne furent jamais mouillés de larmes, et son égoïsme conservateur le mettait à l'abri de toutes les langueurs de l'âme et des énervements de l'amour.

Dans quelle occasion fit-il entendre cette phrase devenue célèbre ? C'est probablement dans un salon où l'on se préparait à entendre quelque virtuose, que, forcé de changer son rôle de causeur brillant et écouté, contre celui d'auditeur muet et attentif, il aura laissé échapper : « Sonate, que me veux-tu ? » (Voy. Kastner, *Parémiologie musicale*.)

Songes, du latin *somnium*. En provençal, *songe* se dit *pantailh*, du grec *phantasma* (?).

— Enfants du Sommeil, les Songes étaient aussi nombreux que les sables de la mer. Il y en avait trois principaux : Morphée, Phobétor et Phantase.

— Macrobe (*Songe de Scipion*, liv. I) dit que les songes faux et confus viennent par la porte d'ivoire, et que les songes vrais et clairs viennent par la porte de corne, qui est transparente. (Voyez Virgile, *Énéide*, VI.)

— Songes, mensonges. Beaucoup de personnes ne le croient pas, et pensent trouver la vérité dans l'interprétation des songes. Ce préjugé des esprits faibles est même exploité effrontément par des charlatans qui abusent de cette ridicule crédulité.

Sonneur, dérivé de *sonner*, latin *sonare*.
— Boire comme un sonneur. (Voy. *tire-larigot*.)
Il semble qu'on devrait dire plutôt : boire comme un saunier, parce que le sel altère.

...Ponocrates remonstrant que c'estoyt mauvaise diète, ainsy boyre après dormir, c'est, dit Gargantua, de ma nature, je dors salé. (Rabelais.)

Sopha, de l'arabe *coffah*.
Sorte de lit de repos à dossier, dont l'usage a été introduit en France au XVIIIᵉ siècle. Il a la même patrie que les mots *divan* et *ottomane*, qui sont aussi des sièges orientaux.

Sophisme, du grec *sophisma*.
Raisonnement captieux, ayant l'apparence de la vérité.
D'où aussi : sophiste, sophistiquer.

Soprano, mot italien, de *sopra*, au-dessus.
La voix qu'on appelait autrefois *dessus*; c'est la plus élevée de toutes.
Un castrat, par euphémisme, s'est appelé *soprano*.
Les *soprani* sont des femmes, des enfants ou des castrats.

Sorcier, du bas-latin *sortiarius*, qui jette des sorts, ou qui prévoit l'avenir.
— Le sorcier diffère du magicien, en ce qu'il est de plus bas étage, et ne fait que du mal. On supposait que les sorciers avaient fait un pacte avec le diable, pour opérer, par son secours, des prodiges et des maléfices.

Au Moyen-Age et longtemps après, ils étaient brûlés vifs. Parmi les victimes les plus déplorables de cette superstition, on peut citer Jeanne d'Arc, U. Grandier, et la maréchale d'Ancre.

Les accusations de sorcellerie cessèrent d'être admises par les tribunaux, en France, en 1672 ; mais la croyance aux sorciers et aux sortilèges existe encore dans quelques campagnes.

— Les sorcières, vieilles femmes hideuses, représentaient les Érinnyes de l'ancienne Grèce (?).

Sornette, du vieux verbe *sorner*. Quelques-uns le font venir de *serotina (fabula)*, conte du soir, conte de la veillée.

De là : conte à dormir debout.

> Dites, je vous pry, sans sorner.
> (Patelin.)

Sort, du latin *sors, sortem*.

— Le sort en est jeté : *Alea jacta est*, c'est-à-dire le *dé*. Mot que prononça César quand il eut pris le parti de franchir le Rubicon (voy.), pour marcher sur Rome.

De là est venu *aléatoire*.

— Synonyme : risquer le paquet (trivial).

— Faire un sort à quelqu'un : le mettre dans une situation aisée, fortunée.

Sors avait la même origine que *fortuna*.

...Delille fait un sort à chacun de ses vers, et néglige la fortune du poème. (Rivarol.)

> *De sorte nunc venio in dubium.*
> (Térence.)

(Je commence à craindre pour mon argent.)

> *Periit sors et usura.*
> (Plaute.)

(J'ai perdu capital et intérêts.)

Le sort, l'usure et les intérêts, je pardonne ; je me contente des dépens. (Rabelais, III, 15.)

Ne réduysant rien du sort principal. (*Id.* III, 5.)

L'abbé de Marsy, commentateur de Rabelais, n'a pas vu la signification de *sort*, et l'a traduit par *fond*, disant que *sort* n'avait aucun sens. Johanneau dit, au contraire, que *sort* est le mot propre pour les bénéfices du clergé, puisque les mots *clerc, clergé*, viennent du grec *kléros*, sort, héritage.

Sortir, du latin *sortiri*, tomber en partage.

On disait autrefois *issir*, dont il n'est resté que *issu, issue*.

— Sortons ! se dit en plaisantant, pour simuler une provocation.

Le comte de Charolais ayant surpris M. de Brissac chez sa maîtresse, lui dit : « Sortez, monsieur ! — Monseigneur, répondit le duc, vos ancêtres auraient dit : Sortons ! »

Sot, transposition des premières lettres de *stolidus*; ou bien plutôt du bas-latin *sottus*, du syriaque *schoteh*. Anciennement *soties*, a désigné certaines pièces bouffonnes.

— Synonymes : sot en trois lettres, sot cramoisi, sot comme un panier.

Molière, dans les *Femmes savantes*, a créé le mot *Trissotin*, qui signifie triple sot. Rabelais (I, 15) avait fait le mot *Rassoti*, double sot.

— Sot-l'y-laisse ; morceau très délicat que le fin gourmet ne dédaigne pas, le croupion d'une volaille.

— A sot auteur, sot admirateur.

> ...Ainsi qu'en sots auteurs,
> Notre siècle est fécond en sots admirateurs.
> (Boileau.)

> Un sot trouve toujours un plus sot qui l'admire.
> (Boileau, *Art poétique*, 1.)

Nullus est tam imperitus scriptor, qui lectorem non inveniat similem sui. (Saint Jérôme.)

— C'est un sot en trois lettres : un sot fieffé. Plaute se servant du même jeu de mots, dit d'un voleur (*fur*) : *Homo trium litterarum*.

> ...Vous êtes un sot en trois lettres, mon fils ;
> C'est moi qui vous le dis, qui suis votre grand'mère.
> (Molière, *Tartuffe*, 1, 1.)

— Théodulfe, évêque d'Orléans, au IXe siècle, disait de Jean Scot que, dans son nom, la lettre *c* était une faute d'orthographe, qu'il fallait la retrancher.

> Un sot savant est sot plus qu'un sot ignorant.
> (Molière, *Femmes savantes*.)

La nature fait les bêtes, la société fait les sots.

— On n'est pas nécessairement un sot pour avoir dit ou fait une sottise ; mais on l'est deux fois quand on cherche à la justifier.

La Rochefoucauld a dit qu'on était quelquefois sot avec de l'esprit, mais jamais avec du jugement.

Il n'y a point de sots si incommodes que ceux qui ont de l'esprit. (La Rochefoucauld.)

— Le prince des sots était le chef de la compagnie des *Sots* qui jouaient des pièces appelées *soties*.

Il est possible que *sot* ait été dit par corruption pour *saut*, parce que les danses et les sauts étaient leurs principaux exercices (?).

Sou, anciennement *sol*, qui se dit en provençal; du latin *solidus*, qui signifiait, à Rome, toute monnaie considérée comme matière, et non divisée en fraction. Le *solidus* était l'unité monétaire, et la vingtième partie de la livre de compte.

De là aussi : solder, soldat, soulte, soudoyer, et le roman *soudadeira*, prostituée.

— L'usage du mot *sou*, comme monnaie de compte, s'est maintenu dans les petits nombres. On dit même encore : cent sous, pour cinq francs.

— N'avoir ni sou ni maille. (Voy.)

— Perdre jusqu'à son dernier sou.

Ad assem omnia perdere.
(Horace.)

Soubrette, origine inconnue, traduction de l'italien *ruffianella*. (Odin, *Dictionnaire*.)

En espagnol, *sobretarde*, sur le tard, à la *brune*.

C'était autrefois la servante entremetteuse qui, vers le soir, allait porter les billets doux.

Souci : 1° de *solsequium*, vieux français *soulcie*. On l'appelle aussi *calendula* et *météorine*, parce que ses fleurs s'épanouissent aux rayons du soleil, et se ferment quand l'astre disparaît.

Souci est formé comme *tournesol* (en roman *giraflor*) et *héliotrope*.

— Cette plante est l'emblème des chagrins, par suite de la ressemblance de son nom avec

Souci : 2° verbal de *soucier*, latin *sollicitare*, causer de l'inquiétude.

— Avoir du souci : avoir martel en tête.

Sans-souci : bon vivant, Roger-Bontemps.

Soucieux, mélancolique, encoliflucheté (Rabelais).

— On dit d'une petite contrariété : C'est le cadet de mes soucis. Il serait burlesque de retourner l'expression, et de dire : ...l'aîné de mes soucis, pour un grand chagrin.

Il y a une foule de petits Soucis voltigeants, qui viennent chaque matin à votre réveil, et qui ne vous quittent plus que le soir. (Fénelon.)

Souffler, du latin *sufflare*, de *sub* et *flare*.

— Souffler le chaud et le froid : dire du bien et du mal d'une même chose.

> Arrière ceux dont la bouche
> Souffle le chaud et le froid.
> (La Fontaine.)

C'est l'*homo bilinguis* de l'Écriture.

> Je suis oiseau, voyez mes ailes.
> Je suis souris, vivent les rats !
> (La Fontaine.)

Soufflet. Coup appliqué sur la joue avec la main.

Synonymes : gifle, giroflée à cinq feuilles, mornifle, revers de main.

— Si quelqu'un vous donne un soufflet, présentez l'autre joue. (Mathieu, V, 39 ; Luc, VI, 29.)

— Un démenti vaut un soufflet ; un soufflet vaut un coup d'épée.

Le soufflet est regardé chez nous comme une injure grave, sanglante, parce qu'il n'y avait autrefois que les vilains qui combattissent la face découverte et pussent être frappés au visage. Souffleter un gentilhomme, c'était donc le traiter en vilain.

— Dans l'antiquité, quand on achetait un esclave, on en prenait possession en lui donnant un soufflet.

> Ce n'est que dans le sang qu'on lave un tel outrage.
> (Corneille.)

— Donner un soufflet à Ronsard, c'est parler mal le français, parce que Ronsard a été une autorité.

— Aulu-Gelle parle d'un certain Lucius Véranius, Romain très riche, qui se faisait suivre d'un esclave porteur d'une bourse pleine d'argent. Lorsqu'il rencontrait quelqu'un qui lui déplaisait, il lui donnait un soufflet, puis lui remettait vingt-cinq sous, prix fixé par la loi des Douze tables pour la réparation de cet affront.

— Soufflet à feu : la petite maison d'Éole. (*Dictionnaire des Précieuses.*)

Souffre-plaisir devrait s'employer, aussi bien que *souffre-douleur*, pour désigner certains états, qui obligent ceux qui les exercent à se rompre le cou ou à se briser le cœur.

Tels sont l'acrobate, qui risque tous les jours sa vie pour amuser la foule ; et l'écrivain, qui torture son esprit pour la faire rire.

Le gladiateur combattait aussi pour le plaisir du peuple ; il s'efforçait de tomber avec grâce, et, après sa mort, tout était dit. Aujourd'hui, on ne meurt plus sur la scène : le supplice dure toute la vie.

Souffrir, du latin *sufferre,* supporter.
Synonymes : aller au paradis par la voie étroite ; souffrir comme un martyr, le martyre.

Quod est ferendum, feras.
(Térence, *Phormion, II, 3.*)

(Souffre ce que tu ne peux éviter.)

Feras, non culpes, quod vitare non potes.
(P. Syrus.)

Le mieux est de souffrir ce qu'on ne peut empêcher : *Optimum pati quod emendare non possis.* (Sénèque, *Épître* 107.)

— Veux-tu des œufs ? Souffre le caquetage des poules. (Proverbe allemand.)

D'une bonne vache à lait on peut bien souffrir quelques coups de pied. (Proverbe indien.)

Souhait, de *sous* et du verbe français *haitier.*
— A vos souhaits ! (Voy. *bénisse.*) En latin *ave.*
Oncques souhait n'emplit le sac.
Les souhaits ne sont que des placets que la folie de l'homme présente au Destin, et auxquels il fait si peu d'attention, qu'il ne se donne pas la peine de les lire. (Fénelon.)

Desine fata deum flecti sperare precando.
(Virgile, *Énéide* IV, 376.)

(N'essaie plus de fléchir par tes prières les divines destinées.)

Si tous nos souhaits étaient exaucés, il n'y aurait plus d'espérance. (M. de la Palisse.)

Si les chats avaient des ailes, il n'y aurait plus d'oiseaux dans les airs ; si chacun avait ce qu'il souhaite, qui aurait encore quelque chose ? (Herder.)

Si j'avais un souhait à faire, ce serait de n'avoir rien à souhaiter.

Souhaiter, dérivé du précédent : rendre joyeux.
Dans l'Ille-et-Vilaine, on dit encore *haiter,* pour plaire.
Je bois à votre hait : à votre santé.
— Je ne le souhaiterais pas à mon plus mortel ennemi !

Lire Barème, entendre une tragédie, mal dîner, voilà ce que je ne souhaite pas à mes ennemis. (Rivarol.)

— Je vous en souhaite ! Phrase ironique, adressée à ceux qui cherchent l'impossible.

Vous voudriez bien un logement de 500 francs sur les boulevards ? Je vous en souhaite !

Souillard, vieux mot, terme de mépris, dérive de *souiller,* peut-être de *souille, sucula,* dérivé de *sus.*

Bourbier où se vautre le porc : *suile,* étable à porcs.

De là est venu *souillon,* servante malpropre.

Gens dignes d'être souillards de cuisine. (Saint François de Sales.)

Soûl, anciennement *saoul,* du latin *satullus,* diminutif de *satur,* rassasié ; provençal *sadol* ; de là : se soûler (s'enivrer).

Des lares paternels un jour se trouva soûl.
(La Fontaine.)

Soulier, du latin *solarius,* dérivé de *solea.*

— Au classique cothurne des Grecs, succédèrent chez les Romains, le *calceus,* qui ressemblait beaucoup à notre soulier ; et la sandale, *solea,* qui garnissait seulement la plante des pieds, où elle était fixée par des courroies ou lanières de cuir. La chaussure militaire était la *caliga,* botte ou guêtre, garnie de clous.

Au Moyen-Age, les souliers dits à la *poulaine,* terminés en pointe, furent en grande faveur. Sous Philippe-Auguste, une ordonnance de 1367 interdit en France cette chaussure.

En Russie, le peuple se sert de chaussures d'écorce.

— Il sait où le soulier le blesse.

Paul-Émile, patricien romain, avait pour femme Papiria, belle, jeune, riche et honnête. Il la répudia cependant. Comme ses amis s'en étonnaient, il leur répondit en avançant le pied : « Regardez mon soulier ; il est bien fait et très élégant, mais il n'y a que moi qui sache où il me blesse. » (Plutarque, *Vie de Paul-Émile,* ch. VIII.)

— On dit aussi : trouver chaussure à son pied, et : être dans ses petits souliers.

Cicéron dit : *calceos mutare,* pour : changer d'état.

— Synonymes de souliers larges : bateaux, boîtes à violon.

Souliers trop étroits : souliers seize (13 et 3).

Vieux souliers : gâteaux feuilletés, pompe aspirante, reniflants.

On les appelle aussi, en argot, *philosophes.* « Serait-ce, dit Francisque Michel, parce qu'au métier de philosophe il n'y a que de l'eau à boire? Je crois que c'est plutôt à cause de l'analogie phonique de *savate* et de *savant*, qui, chez le peuple, est synonyme de philosophe. »

On appelle encore souliers dix-huit, des souliers raccommodés. Ils sont deux fois neufs.

Le fabricant de dix-huit s'appelle *riboni*.

— C'est un faiseur de vieux souliers : un fainéant.

— Rabelais (I, 16) joue sur le mot *soulier*.

Il ne faut pas compter sur les souliers d'un mort. (Voy. *mort*.)

Soulte, du latin *soltus*, pour *solutus*, payé.

Paiement que fait une personne pour compléter la valeur d'un objet échangé contre une autre valeur supérieure.

Soupçon, du latin *suspicio, suspicionem*.

> Quiconque est soupçonneux, invite à le trahir.
> (VOLTAIRE, *Zaïre*.)

Soupe, du germanique *saup*, allemand *suppe*.

— L'Académie confond à tort dans une même acception *soupe* et *potage*; *potage* (de *potare*?) est un terme générique, de tout aliment liquide, spécialement confectionné avec des légumes; tandis que *soupe* ne se dit que d'un potage au pain.

Sopa, en espagnol, est une mince tranche de pain.

Au XV° siècle, *soupe* n'avait pas chez nous un autre sens.

Le trouvère Cuvelier dit que Duguesclin ne prenait habituellement dans ses repas qu'une tranche de pain (soupe) trempée dans du vin.

> Ne a table sist por son repastement,
> Fors une soupe en vin prendre hastement.

— L'étiquette voulait autrefois qu'on présentât au nouveau roi d'Espagne trois soupes dans un gobelet.

Tallemant des Réaux (tome V des *Historiettes*) parle d'un potage où il n'y avait que deux pauvres soupes qui couraient l'une après l'autre.

...Tripet... tumbant rendit plus de quatre potées de souppes, et l'anme meslée parmy ces souppes. (Rabelais, I, 35.)

— Plus ivre qu'une soupe ou une éponge. (Proverbe espagnol, XVI° siècle.)

— L'Académie cite les locutions : ivre, mouillé, trempé comme une soupe, qui peuvent bien s'appliquer à du pain trempé dans un liquide ; mais comment expliquer : ivre comme un potage ?

Les expressions: tailler, tremper une soupe, sont aussi des

prouvent que le mot *soupe* ne s'applique qu'à un mélange de pain avec un liquide ; que, par conséquent, il n'est pas logique de dire : soupe de légumes, de vermicelle.

— Soupes de prime (Rabelais, V, 7) : soupes mangées à l'heure de prime, qui est la plus matinale. Rabelais les vante et les appelle « grasses », parce qu'elles sont trempées avec le premier bouillon. Les autres, qu'il appelle « soupes de lévrier », sont ainsi comparées à la pâtée des chiens, à cause de l'eau qu'on a dû ajouter au pot-au-feu.

Souper, dérivé du précédent, bien plutôt que de *sapire*, endormir.

Repas du soir, qui doit être très léger, surtout pour les vieillards.

Comme l'indique son nom, il ne devrait consister qu'en une soupe.

— Qui veut vivre sain, dîne peu et soupe moins. Ce proverbe hygiénique est un de ceux que, dans la pratique, il ne faut jamais oublier.

Un célèbre médecin disait : « On n'est jamais venu m'appeler la nuit pour un homme qui n'avait pas soupé. »

Les Espagnols disent que celui qui vole le souper d'un vieillard, lui rend un véritable service.

Ex magna cœna stomacho fit maxima pœna :
Ut sis nocte levis, sit tibi cœna brevis.
(École de Salerne.)

Dînons peu et ne soupons guères,
Et nous vivrons plus que nos pères.

— Le souper était autrefois le principal repas ; l'heure a varié de 5 heures à minuit.

Au XVIIIe siècle, les soupers eurent beaucoup de vogue ; ils avaient lieu de nuit, et s'appelaient « petits soupers ».

Soupir, du latin *suspirium*.
Les enfants de l'air. (*Dictionnaire des Précieuses.*)
— Pousser un soupir à renverser les meubles. (Comte de Forbin.)
Soupirer comme un soufflet de forge.
Cette grosse femme poussa un soupir à fendre du bois.
Cette aimable dame poussa un long soupir, comme si elle venait de s'éveiller. (Boccace, *Décaméron.*)

— Cœur content, soupire souvent. Cœur qui soupire, n'a pas ce qu'il désire. Proverbes contradictoires.

Souple, du latin *supplex*; ancien français *suploier*, être souple.

Souple comme un gant, ...comme l'osier, ...comme une couleuvre.

Colubrino ingenio (Plaute) : d'esprit souple.

Auricula infima mollior (Cicéron) : plus souple que le bas de l'oreille.

Souquet, du latin *super qua* (?).

La bonne mesure ; la réjouissance que le boucher ajoute pour faire trébucher la balance.

Source, de l'ancien participe de *sourdre (sursum)*, doublet de *surgir*, latin *surgere*, provençal *sorger*.

Sourd, du latin *surdus*, de *sordes*, ordure : comme si l'on avait les oreilles bouchées par des ordures.

— Les sourds de naissance sont en même temps muets, non par suite de l'imperfection de l'organe de la parole, mais parce qu'ils n'ont jamais entendu parler.

— Sourd comme le destin, ...comme un pot.

— On appelle, par extension, bruit sourd, un bruit voilé : *Cæcum murmur.* (Virgile.)

— Jouer en sourdine : avoir un caractère sournois.

On dit aussi : une douleur sourde.

Souricière, de *souris*, latin *sorex*, *soricem*.

Au figuré, piège tendu par la police ; lieu surveillé par des agents ; tapis franc, fréquenté par les voleurs et les repris de justice.

On appelle aussi *souricière* le dépôt des prévenus, à la préfecture de police.

Souris. (Voy. le précédent.)

— Souris qui n'a qu'un trou est bientôt prise.

> Moult a souris povre recours
> Et en grand péril la drugé (fuite).
> Qui n'a qu'un pertuis à refuge.
> (*Roman de la Rose.*)

> *Quasi sorex hodie perii !*
> (Térence, *Eunuque*, V, 7.)

(Je suis pris comme une souris.)

> La montagne en travail enfante une souris.
> (La Fontaine.)

> *Parturient montes, nascetur ridiculus mus.*
> (Horace.)

Souvenir, du latin *subvenire*.

— Il m'en souvient aussi peu que de ma première chemise.

> Ma foi, s'il m'en souvient, il ne m'en souvient guère.
> (Th. Corneille.)

Souvent, du latin *subinde*, successivement ; provençal, *soven*.

Spadassin, de l'italien *spadaccino*, bretteur ; de *spada*, épée.
Synonymes : bretteur, duelliste, gâte-chair.
Spadassin à gages : assassin, bravo, chevalier du poignard.

Spécifique, du latin *species*.
Se dit des médicaments qui ont une action spéciale sur un organe, qui guérissent une maladie particulière, comme le quinquina qui est un spécifique contre les fièvres intermittentes.

Spectacle, du latin *spectaculum*, de *spectare*, regarder.
Au même radical se rapportent : spectre, spéculation, suspect, sceptique.
A Rome, on appelait les gradins du théâtre *spectacula*.
— Du pain et des spectacles ! *Panem et circenses*.
Cette maxime politique était souvent citée par Aurélien, qui croyait les deux choses nécessaires pour maintenir le peuple dans la soumission. Il disait aussi qu' « il n'y avait rien de plus aimable que le peuple romain quand il était bien nourri ».

Spectateur solitaire. Amateur de spectacles, qui, pour payer moins cher sa place, entre au théâtre dans les rangs de la claque, sans être obligé de claquer. (L. Larchey.)

Spectres, figures fantastiques, fantômes qui, dit-on, rappellent les morts tels qu'on les a connus pendant la vie.
Cette croyance superstitieuse remonte au paganisme.

Sphinx, du grec *sphiggo*, serrer, étrangler.
Animal fabuleux que Junon créa pour se venger des Thébains. Il proposait aux passants des énigmes, et les dévorait aussitôt, s'ils n'en donnaient pas l'explication.
Il proposa l'énigme suivante à Œdipe, qui la devina : « Quel est l'animal qui, le matin, a quatre pieds, deux à midi et trois le soir ? — C'est l'homme. »
— Le sphinx d'Égypte, au buste de vierge perdu dans les reins puissants du lion, était le symbole de la religion, à cause de l'obscurité de ses mystères. Par l'assemblage de la tête humaine avec le

corps du lion, il signifiait la force morale unie à la force physique, et exprimait ainsi l'idée de maitre et seigneur.

Spiritisme, du latin *spiritus*, esprit.

Croyance à l'intervention surnaturelle des esprits, qui pourraient être évoqués par certains individus appelés *médiums*, et répondre à toutes les questions qu'on leur adresse.

Spleen, mot anglais venu du grec *splén*, rate.

Sorte d'hypocondrie profonde, qui consiste en un état de consomption engendré par la mélancolie, et caractérisé par la tristesse, le dégoût de la vie et de toute chose.

Son nom vient de ce qu'on a placé longtemps dans la rate, la bile noire, qui, disait-on, en réagissant sur le cerveau, déterminait les accidents de tristesse.

Cette théorie, que Cl. Bernard a expliquée, sinon réhabilitée, était vraie en principe, dans ce sens que le plaisir causé par des émotions douces et agréables, est le remède souverain du spleen, et s'exprime encore par l'expression familière : se faire du bon sang.

> Passant, ci-gît Rosbif, écuyer,
> Lequel mourut pour se désennuyer.
>
> (Epitaphe d'un Anglais.)

Stabat, mot latin.

Prose célèbre qui commence par ces mots : *Stabat mater dolorosa*. Elle se chante le dimanche de la Passion, au salut, et rappelle, dans un style plein de mélancolie, les souffrances de la Sainte-Vierge pendant le crucifiement de son fils.

Le *Stabat* est attribué au pape Innocent III, et, avec plus de probabilité, au frère Jacopone Todi, moine franciscain, au XIV° siècle.

Le *Stabat* a été mis en musique par les plus grands maitres, tels que Pergolèse, Hœndel, Rossini.

Statistique, du grec *statizein*, constater ; plutôt que du latin *status*.

Moreau la définit : « La science des faits sociaux exprimés par des chiffres ; science dans laquelle on étudie un pays sous le rapport de l'étendue, de la population, de l'industrie, etc. »

Ce mot est récent, et date de 1768, quoique la chose fût pratiquée déjà avant cette époque.

— Un décret du 1er janvier 1852 a créé dans chaque chef-lieu de canton, une statistique, dont les travaux sont centralisés au Ministère de l'Intérieur.

Statue, du latin *statua*, de *statuo*, élever.

— C'est une belle statue : une belle personne, sans esprit.

> Belle tête, ...mais de cervelle point.
> (La Fontaine.)

Immobile comme une statue, ...comme un terme.

> *Lapis quid stas?*
> (Térence).

Muet comme une statue. (Voy. *colosse*.)

— La cathédrale de Milan contient 6.700 statues en marbre. (Th. Gautier.)

Statu quo, mots latins, employés pour signifier qu'une chose reste dans le même état qu'auparavant : *in eodem statu, quo ante*.

Steeple-chase, mot anglais, de *steeple*, clocher, et *chase*, chasse.

Course à cheval, qui se fait en allant à travers champs, vers le but indiqué, en franchissant toute espèce d'obstacles : haies, buissons, fossés, cours d'eau.

Stellionat, du latin *stellionatus*, fourbe ; de *stellio*, lézard tacheté, qui se dissimule ou change aisément de peau...

Fraude qui consiste à vendre la même chose à deux personnes ; à faire un paiement avec des deniers qui ne vous appartiennent pas ; à substituer une marchandise à une autre ; à vendre ou à hypothéquer une chose dont on n'est pas propriétaire.

Stentor, origine littéraire.

Un des guerriers qui allèrent au siège de Troie. Sa voix, plus éclatante que l'airain, faisait plus de bruit, à elle seule, que cinquante hommes criant ensemble. Elle servait de trompette à l'armée des Grecs. (*Iliade*, V, 785.)

> *Stentore clamosior.*
> (Juvénal, *Satire*, XIII.)

Stentor n'eust oncque telle voix à la bataille de Troye. (Rabelais, I, 23.)

Stercoraire, du latin *stercus, stercoris*, excrément.

...Les populations stercoraires de toutes les grandes villes d'Italie et du Levant... Certaines villes du Midi de la France sont aussi peuplées de stercoraires humains.

L'homme, animal stercoraire, qui dépose ses ordures dans tous les coins des rues et des maisons.

Stérile, du latin *sterilis*.

Stipuler, du latin *stipula*, paille, de *stipo*, fouler, emballer ; matière d'emballage, d'où *stupa*, étoupe, *stiptique*, qui constipe.

— *Stipuler*, c'était spécialement lier deux personnes dans les conclusions d'un marché, en brisant une paille dont chaque intéressé gardait un morceau.

Pecunia stipulata (Cicéron) : somme convenue.

Font mercat al nostre senhor, et feront la palmada per ferma stipulatio de vot. (*Vices et Vertus.*) Font marché avec notre seigneur, et frappent la paumée pour ferme stipulation de promesse.

Stock, mot anglais, *to stock*, emmagasiner.

Quantité de marchandises qui reste en entrepôt, dans un dock ou dans des magasins généraux.

Stoïque, étymologie historique, du grec *stoa*, portique, galerie couverte, parce que Zénon, chef de cette secte, enseignait sous un portique.

Stoïcien, celui qui professe le stoïcisme, doctrine dont la base est une morale très sévère.

— Courage stoïque. La devise des stoïques ou stoïciens était : *Sustine et abstine* : souffrir et s'abstenir.

Zénon se coupa la langue avec ses dents, et la cracha au visage du tyran Néarque, contre lequel il avait conspiré, et qui voulait le forcer, par la torture, à dénoncer ses complices.

— Plutarque compare les stoïciens, à cause de leurs vertus outrées, à des enfants qui tâchent de sauter au-delà de leur ombre.

Les stoïciens sont des fanfarons de morale.

Stratégie, du grec *stratégos*, général d'armée.
L'art de diriger les armées.
De là viennent aussi : route stratégique, stratagème.

Stupeur, de *stupor*, de *stupeo*, être engourdi.

Stupide a la même origine : interdit, immobile de frayeur.

Je demeure stupide... (CORNEILLE.)

A pris le sens de *sot*.

Style, du grec *stulos*, par le latin *stylus*, poinçon aplati à une extrémité. La pointe servait à tracer les caractères sur des tablettes de cire; l'extrémité aplatie, à les effacer. De là l'expression *stylum vertere*, retourner le style, effacer.

> *Sæpe stylum vertas ..*
> (Horace, *Satires* I, X, 72.)

— Le style est le vêtement de l'idée.
Le style, c'est l'homme même. (Buffon.)

— 1° Synonymes.
Style affecté, emphatique, boursouflé, ampoulé; Phœbus.
Grands mots; phraséologie pompeuse.
Un air de flageolet joué sur l'ophicléide.

Exemples. — Il existe un poème intitulé: *la Magdeleine au désert de la Sainte-Baume, en Provence*, poème spirituel en douze chants (Lyon, 1694, in-12), par Barthélemy, carme, sous le pseudonyme de Pierre de Saint-Louis. L'auteur y appelle les rossignols, des luths animés, des orgues vivantes, des sirènes volantes. Il apostrophe les dames sur leur tenue à l'église:

> Vous faites à l'église avecque votre teste
> Ce que sur le clocher faisait la girouette.

Puis, après leur avoir reproché leur amour des cartes, il dit que la Magdeleine

> Pour le grand roi des cœurs couchait sur le carreau.

Ses yeux sont

> ...les bénitiers d'où coule l'eau bénite
> Qui chasse le démon jusqu'au fond de son gîte.

Voici comment Magdeleine parle de son sein:

> Sein, dont mon œil enflé fit un vallon de larmes,
> Quand ses monts désenflés perdirent tous leurs charmes.

— Les chevaliers combattaient pour l'amour de l'honneur, et en l'honneur de l'amour. (Félicien Salva.)

La marquise de Boufflers était la reine de la main gauche de ce roi sans royaume, Stanislas, qui avait donné sa fille à un royaume sans roi. (A. Houssaye, *le Roi Voltaire*.)

> Le voilà, ce poignard qui du sang de son maître
> S'est souillé lâchement! Il en rougit, le traître!
> (Théophile de Viau, *Pyrame et Thisbé*.)

L'Arétin écrit à sa maîtresse, la Franceschina, que sa beauté est la dorure qui enveloppe un excellent gâteau de frangipane; mais la beauté trompeuse des autres femmes n'est que la feuille d'argent qui recouvre des pilules empoisonnées.

Je me débats dans le détroit de la difficulté, et je vois sans cesse le nuage de l'abandon jeter sur mon étoile son ombre sinistre. (J. Janin.)

Voiture écrivait à Mme Paulet qu'il s'était embarqué sur un vaisseau chargé de sucre. Il sera confit à son arrivée, et s'il fait naufrage, il aura du moins la consolation de mourir en eau douce.

La lime de la conversation aiguise la finesse de l'esprit. (L'Arétin.)

L'alme, inclite et célèbre université que l'on vocite Lutèce. (Rabelais, II, 6.)

2° Style brillant.

Cérutti fait des phrases luisantes. C'est le limaçon de la littérature : il laisse une trace argentée; mais ce n'est que de l'écume. (Rivarol.)

3° Style burlesque. (Voy.)

4° Style de charlatan.

Avec trois gouttes de mon élixir, j'ai eu l'honneur de guérir Sa Hautesse le dey d'Alger d'une indigestion de blé de Turquie.

5° Style ennuyeux.

Rivarol a dit : « Condorcet écrit avec de l'opium sur des feuilles de plomb. »

Tous les genres sont bons, hors le genre ennuyeux.

6° Style épistolaire.

Si j'en crois l'almanach, il n'y a que deux jours que je suis séparé de vous ; si j'en crois mon cœur, il y a deux siècles.

7° Style fleuri.

L'abbé Bernis, à cause de son style fleuri, avait été surnommé « Babet la Bouquetière ».

8° Style à la Janot.

On a beaucoup parlé du singe de l'impératrice : c'est une guenon. (*Gazette*, 3 mars 1870.)

9° Style de journaux (style créé par Joseph Prudhomme).

Par suite de la tâche que j'assume, je ne me dissimule pas la responsabilité qui m'incombe.

Cet accident a produit une douloureuse sensation.

Un débutant affrontant pour la première fois le feu de la rampe.

La justice poursuit le cours de ses investigations.

Les voyageurs sont tenus d'obtempérer aux injonctions de l'autorité.

L'hydre de la révolution ; la soldatesque effrénée ; le verdict de la postérité ; le vaisseau de l'État.

10° Style laconique. (Voy.)

11° Style macaronique. (Voy.)

12° Style mythologique.

La lyre d'Amphion ; la lanterne de Diogène ; le caducée de Mercure ; la trompette de la Renommée ; les ciseaux des Parques ; le lit de Procuste.

13° Style obcur. (Voy. *galimatias*.)

14° Style ordurier (dit des naturalistes).

Style où le mot propre est toujours malpropre. (Voy. *Cambronne*.)

15° Style à la La Palisse.

Avant que la foule fût arrivée, on circulait librement dans les salons des Tuileries. (*Gazette de France*, février 1870.)

16° Style en proverbes.

Je voudrais une femme qui eût le cœur sur la main ; qui sût quelquefois mettre sa langue dans sa poche ; qui eût le bras long, un peu de plomb dans la tête, et celle-ci pas trop près du bonnet. Je crois qu'alors notre ménage serait sur un bon pied.

17° Style réaliste.

Le *Petit Marseillais* du 19 avril 1877 raconte que M. Thiers, qui vient d'entrer dans sa 81me année, se rase lui-même, qu'il passe avec dextérité le rasoir sur le cuir, et qu'il le promène sans hésitation sur toute sa figure, car on sait qu'il ne porte ni favoris ni moustaches ; et cela, sans se faire la plus légère entaille. Il lui arrive même, pendant l'opération, de continuer une conversation avec un visiteur ; cela ne le dérange ni ne le distrait. Il parle, il sourit, il s'anime, et on le voit quelquefois quitter la croisée et la glace devant laquelle il se rase, pour s'avancer, le rasoir à la main, et la figure barbouillée de savon, vers son interlocuteur, pour discuter de plus près et triompher de ses objections.

18° Style sentimental. (Voy. *pathos*.)

19° Style sublime.

Le sublime touche au ridicule ; le pathos est la parodie du pathétique, et, même après les larmes d'attendrissement, on finit toujours par... se moucher.

Styx, du grec *stux*, horreur.

Fleuve d'Arcadie, regardé comme fleuve des enfers.

— Jurer par le Styx. Ce fleuve, qui faisait neuf fois le tour des enfers, était redouté des dieux eux-mêmes ; ils ne violaient jamais le serment qu'ils avaient fait par le Styx.

Suaire, du latin *suo*, coudre ; ou bien plutôt de *sudarium*.

Mouchoir pour s'essuyer le visage, et qui plus tard servit à envelopper la tête du mort, avant de l'ensevelir. Dans la suite, le suaire s'élargit pour envelopper tout le corps.

Sub, préposition latine qui marque l'infériorité.

A formé un préfixe, qui modifie sa consonne finale, par assimilation, dans des mots comme : succomber, suggérer, supporter.

Devenu *sous* en français : sous-entendu, soutenir, souffrir.

Subreptice, du latin *sub* et *rapere*, prendre en dessous.
Terme de jurisprudence.
Se dit des faveurs obtenues sur un faux exposé.
Subrepticement : furtivement, illicitement.

Substantif, *substantivum* (*nomen*).
Mot variable qui sert à désigner l'être, par opposition au *nomen adjectivum*, qui désigne la manière d'être.

Subtil, du latin *subtilis*, qui passe dessous, se dérobe.
Synonymes : délié, fin, rusé.

Sucre, de l'arabe *sokkar*, qui a donné le latin *saccharum*.

— La canne à sucre est originaire de l'Inde. Le mot grec *sakkaron* et le latin *saccharum* dérivent peut-être du sanscrit *sarkaria*, gravier, débris, c'est-à-dire sucre solide, de même que le sanscrit *kandah* signifiait sirop séché, ou candi.

— Arrien nomme le sucre, miel de roseau. Dioscorides l'appelle le miel solide. Tzelzis, au XIIe siècle, nomme la canne à sucre *glycycalamos*, équivalent de *mellina canna* ou *canna mellis*, noms donnés à la canne dans la basse latinité.

— Théophraste parle de roseaux qui font du miel sans abeilles.

Quique bibunt tenera... arundine succos.
(Lucain, *Pharsale.*)

(Ceux qui boivent la douce liqueur des tendres roseaux.)

— Pline (*Histoire naturelle*) parle le premier du sucre comme médicament : « L'Arabie produit le saccharum ; mais il est meilleur dans l'Inde : on ne l'emploie qu'en médecine. »

— La cristallisation du sucre paraît due aux Arabes, qui, vers 1150, transportèrent en Sicile la culture de la canne et les procédés de la fabrication du sucre.

— En France, les premières raffineries furent établies à Nantes, en 1770, et plus tard à Orléans et à Paris.

En 1778, les frères Boucherie, de Bordeaux, perfectionnèrent le raffinage et obtinrent 90 0/0 du sucre brut, dont on n'obtenait jusqu'alors que 67.

Vers 1810, le Blocus continental donna naissance au sucre indigène de betterave, dont la production était devenue si considérable, en 1843, que le gouvernement en proposa la suppression par voie d'indemnité.

— Le sucre ne fait de mal qu'à la bourse. Ce proverbe, très accrédité dans le peuple, est démenti par la science, qui affirme et démontre que le sucre est échauffant.

— C'est un apothicaire sans sucre : il manque des choses les plus indispensables à sa profession.

— Le sucre a été employé dans les pharmacies bien avant d'être d'un usage aussi universel qu'aujourd'hui.

Ce n'est pas une substance nutritive, mais respiratoire. Il fournit dans l'acte de la digestion, les éléments combustibles qui entretiennent la source de la chaleur et la production de l'acide carbonique.

— Le mot sucre, dans la langue populaire, remplace quelquefois un mot ordurier.

> Et l'on vous l'enverra
> Faire du sucre et cœtera.
>
> (COLLÉ, *Chansons*.)

Au temps du Blocus continental, une caricature représenta le roi d'Angleterre jetant de l'autre côté du détroit une betterave, et s'écriant : « Va te faire... sucre ! »

— Morceau de sucre trempé dans l'eau-de-vie : canard.

— Pain de sucre : enfant de chœur (Vidocq). Allusion à sa petite taille et à sa robe blanche.

Sucrée. Faire la sucrée : la prude, la bégueule.
Ne fais point tant la sucrée. (Molière, *George Dandin*.)

Suer, du latin *sudare*, provençal *sudar*.
Synonymes : suer sang et eau ; suer d'ahan ; être tout en nage. (Voy. *eau*.)

Suffisance. (Voy. *outrecuidance*.)
La suffisance est l'amour-propre des autres (?).
Les gens suffisants sont toujours insuffisants.

Suffixe, du latin *sub* et *fixus*, ajouté à la suite.
Syllabe ou lettres qu'on ajoute à la suite d'un radical, pour en

modifier la signification. S'oppose à *préfixe*. (L'un et l'autre sont des *affixes*.)

Suicide, formé des éléments latins *sui*, de soi, et *cædere*, idée de mettre en pièces, tuer, qui se retrouve dans *homicide*.

— C'est l'abbé Desfontaines qui créa ce mot, en 1738, à l'imitation de *homicide*. Les anciens employaient des périphrases pour exprimer l'idée de suicide : se faire mourir, se tuer, se donner la mort. *Suicide*, mot très intelligible, est plus rapide dans le langage, et exprime parfaitement la pensée. Mais le verbe *se suicider* constitue un pléonasme ; je me suiciderai (je me tuerai soi-même), est absurde.

— L'homme est le seul animal qui se donne la mort.

— Platon (*Phédon*) condamne le suicide, comme l'acte d'un lâche qui déserte son poste.

Sénèque et les stoïciens l'exaltent comme un acte héroïque.

La religion catholique le condamne, comme un acte de rébellion contre la volonté divine, et refuse au suicidé la sépulture en terre sainte.

— Il faut être brave pour commettre la lâcheté du suicide.

— Le suicide peut être attribué à des causes très diverses et apprécié différemment selon ses causes.

Il peut être, chez Judas, la peine que le criminel s'inflige à lui-même. Chez Caton et Brutus, c'est l'effet du désespoir d'une grande âme ; chez les veuves du Malabar, un acte de dévoûment, ou le résultat d'un préjugé barbare ; ou enfin chez un Chatterton ou un Werther, le fruit du dérèglement de l'imagination. Le plus souvent il faut l'attribuer à la folie.

Suisse, colonie grecque de Marseille, s'appelait *Helvetia* au temps des Romains, et a pris le nom de *Suisse* de celui du canton de Schwitz, où se donna le premier combat qui assura la liberté du pays.

— Nom donné aux portiers.

Depuis Louis XI les Suisses ont servi la France, et, sous Louis XIV, on a appelé *suisses* les portiers des grandes maisons, parce qu'ils étaient très recherchés pour ces fonctions. Une dépêche du 18 juin 1722 prescrit aux intendants des arsenaux de remplacer les gardiens des portes par des Suisses de nation.

<blockquote>
Ce large Suisse à cheveux blancs
Qui ment sans cesse à votre porte.
(Voltaire.)
</blockquote>

— Mercier (*Tableau de Paris*, ch. 370) dit : « Portier et Suisse sont devenus synonymes en France... Ces Suisses conservent leurs mœurs étrangères au milieu de Paris. Leurs manières sont toujours un peu brutales ; mais le Suisse le plus grossier devient poli vers le temps des étrennes.

« Aux portes des jardins royaux, les Suisses ne laissent passer ni domestique, ni servante, ni soldat, ni ouvrier, et les livrées de l'indigence sont repoussées avec dédain. Les filles de joie, qui, à l'entrée de la nuit, se glissent dans les jardins, sont renvoyées par les Suisses ou même arrêtées, quand il y a scandale ; mais plusieurs obtiennent grâce et vaguent librement, quand elles ont su partager avec le portier leur bénéfice nocturne. »

Point d'argent, point de Suisse.
(Racine, *Plaideurs*.)

(On n'a rien pour rien.)

Les Suisses qui servaient autrefois en France, tenaient beaucoup à être exactement payés, et leurs réclamations, en cas de retard, étaient exprimées par ces mots : « Argent ou congé. »

Crillon, dont Henri IV faisait grand cas, mais qu'il ne pouvait payer, lui dit un jour : « Sire, trois mots : argent ou congé. » Le roi lui répondit : « Crillon, quatre mots : ni l'un ni l'autre. »

— Sous la Restauration (1815), un officier français dit à un officier suisse : « Je ne voudrais pas servir, comme vous, pour de l'argent ; nous autres, Français, nous servons pour l'honneur. » Le Suisse lui répondit : « Nous servons tous deux pour ce qui nous manque. »

— La devise des cantons suisses est : « Un pour tous, tous pour un. »

Suivre, vieux français *seure*, du latin barbare *sequere*.

Au même radical se rattachent : obséquieux et séquelle, qui se prennent en mauvaise part ; conséquence, persécuter, obsèques, etc.

— Il y a deux choses qui nous suivent malgré nous : notre ombre et nos chagrins.

— Qui m'aime me suive ! c'est-à-dire imite mes actions, me seconde.

Sequi amicum (Cicéron) : rester fidèle à son ami.

Philippe VI, de Valois, décida du sort d'une bataille contre les Flamands, malgré l'avis du Conseil, en criant : « Qui m'aime me suive ! »

François Ier, en 1515, à l'âge de vingt ans, imita cet exemple à la bataille de Marignan.

Le duc de Brissac, prêt à charger avec sa cavalerie un corps ennemi considérable, se retourna vers sa troupe et cria : « En avant ! et Jean f... qui ne me suit pas ! »

Henri de la Rochejaquelein harangua ainsi ses soldats au moment de la bataille : « Si j'avance, suivez-moi ; si je recule, tuez-moi ; si je meurs, vengez-moi ! »

— Synonymes : filer, espionner, surveiller quelqu'un en le suivant partout.

Sujet, du latin *subjectum*, placé sous, inférieur.

— Mauvais sujet. Cette locution semble en contradiction avec le sens du mot *sujet*, qui exprime l'idée de soumission et d'obéissance. Mais, ici, il est pris pour homme en général. L'homme est, en effet, soumis, assujetti pendant toute sa vie aux influences extérieures ; il est l'esclave de ce qui l'environne, et, par conséquent, un sujet, dans la force du mot.

Dans le langage familier, l'expression injurieuse « mauvais sujet » se prend souvent en bonne part, et quelquefois c'est plus qu'une louange, c'est une caresse.

— Dans une discussion que le Dauphin, fils de Louis XV, eut avec M. de Choiseul, premier ministre, le prince se mit à dire que, s'il régnait un jour, il saurait bien réprimer l'orgueil de ce sujet. « Il est vrai, Monseigneur, dit le ministre, que je pourrai devenir votre sujet ; mais je ne serai jamais votre serviteur. »

— Après la mort de Louis XVIII, le docteur Breschet dit à ses aides, au moment de faire l'autopsie : « Approchez le sujet. » C'est le nom qu'on donne aux cadavres dans les amphithéâtres. — M. de Duras en fut blessé et dit : « Je vous ferai remarquer, Monsieur, qu'il n'y a de sujets ici que ces Messieurs, vous et moi ; ces dépouilles sont celles du feu roi. »

Superflu, du latin *super* et *fluere*, déborder.

> Le superflu, chose si nécessaire.
> (VOLTAIRE.)

Supérieur, du latin *superior*, qui est au-dessus.

— C'est supérieur à tout : il faut tirer l'échelle.

Superstition, du latin *superstitio*, *super* et *stare* ; ce qui dépasse les limites de la croyance (?).

Sentiment de vénération religieuse, fondé sur la crainte ou l'ignorance.

— La superstition, ou croyance à une puissance imaginaire, a exercé de tout temps une grande influence sur les coutumes des nations.

Telles sont les croyances aux fées ; aux korriganes, en Bretagne ; au drac, en Languedoc. Tels sont le follet, le gobelin, de Normandie ; les sorciers ; le loup-garou ; le meneur de loups, du Berry.

Ajoutons-y les sortilèges, la magie, la divination, les prophéties de Martin et de Nostradamus ; la terreur causée par les comètes ; la cartomancie, l'envoûtement, etc. (Voy. *treize, vendredi*.)

— Pour régir les foules, il n'y a rien de plus efficace que la superstition.

Nulla res multitudinem efficacius regit quam superstitio.
(Quinte-Curce, liv. IV, ch. 10.)

Supplice, du latin *supplicium*, supplication.
Prière qui précédait l'exécution d'un condamné, à Rome.
— Un dictionnaire des différents supplices pratiqués chez tous les peuples, ferait frémir la nature, et montrerait l'étendue de la barbarie et de la cruauté du cœur humain. (Voy. *knout*.)

Sur, sus, préposition et adverbe, de *super* et *sursum*.
Sus s'est conservé dans la locution *en sus*, et dans l'interjection *or sus !* synonyme de debout ! alerte !
On dit encore : courir sus à quelqu'un.
Sus, joint à *de*, a donné *dessus*.
— *Sûr*, adjectif (certain), ancien *seür*, du latin *securum*.
Pour sûr, il arrivera demain.
— *Sur*, adjectif (acide), de l'allemand *sauer*; d'où suret. (Il serait risqué de le faire venir de *Suresnes*.)

L'apprendre est sur ;
Mais le fruit est douceur.

Suresnes (vin de) : mauvais vin (vin sur, aigre).
— Pour boire un verre de vin de Suresnes, il faut être trois : celui qui le boit, et deux acolytes pour le soutenir, si le cœur lui manque.
— Il y a aux environs de Vendôme, dans l'ancien patrimoine de Henri IV, une sorte de raisin qu'on appelle *suren*. Il produit un vin blanc très agréable, qui se bonifie en vieillissant. Henri IV l'aimait beaucoup, et il y a encore dans ce pays un champ de

vignes qui s'appelle le clos d'Henri IV. Plus tard, on a cru que c'était le village de Suresnes, près Paris, qui avait produit le vin favori du Béarnais : c'est la ressemblance des noms qui a causé cette erreur.

— Pierre d'Andelys, dans son poème de la *Bataille des vins*, nomme Denil, Montmorency, Marly, Argenteuil, mais ne dit rien de Suresnes, qui est aussi dans le voisinage de Paris ; ce qui prouve qu'au XIIIᵉ siècle, ce vin n'avait pas plus de mérite qu'à présent.

Surfaire, de *sur* et *faire*.

— Le P. Bourdaloue surfait dans la chaire ; mais, dans le confessionnal, il donne à bon marché.

Surnom viendrait, selon Ducange, de ce qu'autrefois, dans les actes, on l'écrivait au-dessus du nom.

Suzanne (la chaste), origine biblique.

Suzanne, femme de Joachim, très belle et très vertueuse, fut surprise par deux vieillards pendant qu'elle était au bain. Ils la menacèrent de la faire condamner pour adultère, si elle refusait de les écouter. Suzanne jeta un cri ; les deux suborneurs l'imitèrent et affirmèrent qu'ils venaient de la voir avec un jeune homme, qui s'était enfui aussitôt. On la jugea et on allait la condamner à mort ; mais les deux accusateurs furent confondus par Daniel, et ils subirent le supplice qu'ils avaient injustement réclamé contre Suzanne.

Sybarite, origine géographique ; de *Sybaris*, ville de l'Italie méridionale, dont les habitants étaient si voluptueux que leur mollesse était passée en proverbe. Cette ville tirait son nom de la rivière de Sybaris, à l'embouchure de laquelle elle était bâtie ; ou du grec *sybaris*, luxe (?).

Sybaris fut détruite, 548 avant Jésus-Christ, par les Crotoniates.

Les médailles de Sybaris prouvent que les arts y étaient portés au plus haut degré de perfection.

— Les Sybarites n'étaient occupés que de festins, de jeux, de spectacles. Ils récompensaient magnifiquement les cuisiniers qui réussissaient le mieux à faire des découvertes dans l'art de flatter leur palais et de satisfaire leur gourmandise. Ils bannirent de leur ville les coqs, pour ne pas être réveillés par leur chant matinal, et les artisans qui faisaient du bruit en travaillant. Un Sybarite se plaignit d'avoir passé une mauvaise nuit, parce que, parmi les feuilles de roses dont était semé son lit, il y en avait une qui s'était pliée en deux.

— On appelle aujourd'hui *sybarite* un homme qui mène une vie extrêmement molle et voluptueuse.

— Il y avait chez les anciens les proverbes : *Sybaritica mensa*, table de Sybaris ; *Sybariticus sus*, pourceau de Sybaris.

Sycophante, du grec *sycophantés*, de *suké*, figue, et *phainô*, montrer.

— Les Athéniens ayant défendu par une loi, d'exporter les figues de l'Attique, et une forte récompense étant accordée à ceux qui révèleraient la fraude, des hommes pervers abusèrent souvent de ce prétexte pour accuser des innocents ; de sorte que le mot *sycophante* devint synonyme de délateur et de calomniateur.

Syl, sym, syn, préfixe grec, correspondant à *cum* du latin ; *n* du grec s'assimile parfois, ou se supprime : symétrie, syllepse, symbole, synthèse.

Syllogisme, du grec *sun*, avec, et *logizomai*, je raisonne.

— Les stoïciens avaient imaginé ce syllogisme captieux : Une mère supplie un crocodile de lui rendre son enfant, qu'il est prêt à dévorer. « — Je te le rendrai, dit le crocodile, si tu réponds juste à cette question : Ai-je envie de te le rendre ? — Non. — Tu as deviné, dit le monstre ; mais, si je te le rendais, tu n'aurais pas deviné. »

— Épiménide a dit que tous les Crétois sont menteurs. Or, il est Crétois lui-même ; donc il a menti ; donc les Crétois ne sont pas tous menteurs ; donc Épiménide n'a pas menti ; donc les Crétois sont menteurs (?).

Sylphe, sylphide, se rattache sans doute au grec *sylphé*, insecte qui ne vieillit pas.

Génies élémentaires, qui, dans la mythologie poétique du Moyen-Age, habitent les airs dont ils ont l'empire, et se mettent en rapport avec les hommes.

Syncope, mot grec, de *sun*, et *koptô*, retrancher.

En grammaire, raccourcissement d'un mot par le retranchement d'une syllabe.

Désigne aussi la perte subite et momentanée du sentiment, du mouvement, avec arrêt de la respiration.

Synonyme, du grec *sun*, ensemble, *onoma*, nom.

— C'est dans les salons du milieu du xviie siècle, qu'on trouve l'origine de la science des synonymes. Mme de Sévigné, Bussy, et Mme de Coligny, sa fille, s'étaient déjà livrés à ce piquant jeu de l'esprit, qui fixe avec précision la valeur de chaque mot, et marque au coin de la bonne société la monnaie du beau langage.

Exemples : bon sens, jugement, génie, talent.

Le bon sens s'applique aux pensées et aux expressions ; le jugement, à la conduite.

Génie est général ; talent est particulier.

— La naïveté est une qualité ; l'ingénuité est un défaut.

Synonymie. Figure de rhétorique, qui consiste à répéter la même idée, en termes différents : *Abiit, evasit, erepsit, effugit*.

Elle a pour but de frapper plus fortement l'esprit des auditeurs.

Synthèse, du grec *synthesis*, composition.

Méthode d'investigation qui procède du simple au composé, des éléments au tout, de la cause aux effets.

C'est le contraire de l'*analyse*, qui part du connu pour arriver à l'inconnu.

Système, du grec *syn*, avec, *istémi*, se tenir.

Assemblage de principes, vrais ou faux, réunis en un corps de doctrine.

— On distingue, en philosophie, les systèmes de Platon, d'Aristote, de Descartes. En astronomie, il y a le système de Copernic, celui de Newton, etc.

T

Tabac, de *tabaco*, nom que donnaient les habitants de San-Salvador à la pincée d'herbe allumée dont ils aspiraient la fumée. Ils appelaient l'herbe elle-même *cahiba*.

Le nom de *tabaco* a prévalu.

— Ou de *Tabago*, une des petites Antilles, d'où le tabac fut importé en Espagne pour la première fois.

— Ou encore de *Tabasco*, pays du Mexique.

J.-J. Ampère dit que *tabasco* était le nom du roseau percé avec lequel les Indiens d'Haïti aspiraient la fumée. Ils appelaient le tabac cahua. C'est par confusion, ou par métonymie, que le nom du tuyau de pipe aurait été transporté à la plante.

— La plante du tabac a été introduite en France par Jean Nicot, de Nîmes, médecin et ambassadeur de France en Portugal.

On lui donna le nom de *nicotine*, réservé maintenant aux qualités toxiques du tabac. On l'appela aussi « herbe à la reine », parce qu'elle fut présentée à la reine Catherine de Médicis.

— Amurat IV prohiba l'usage du tabac, sous peine d'avoir le nez coupé.

— En 1642, Urbain VIII publia une bulle, qui défendait de prendre du tabac dans les églises.

Pasquier lui reproche cette sévérité, en citant le passage suivant de Job : *Contra folium quod vento rapitur ostendis potentiam tuam, et stipulam siccam persequeris.* Vous faites éclater votre puissance contre une feuille sèche, et vous persécutez une feuille desséchée.

On rapporte la même anecdote à propos d'un impôt mis par Innocent XI sur le tabac et le papier timbré.

— Le tabac est un poison, ...une Brinvilliers, qui, pour opérer plus librement, partage ses profits avec l'État.

— Synonyme : encens de caporal. Le tabac à fumer, dit *caporal*, est plus fin et plus aromatique que celui de *cantine*, qui se vend aux militaires à prix réduit.

— Le grand nombre de pipes à figures symboliques trouvées parmi les antiquités américaines, prouve que l'usage de fumer remonte, comme les monuments, au moins à l'an 800.

Cet usage était, chez certaines nations de l'Amérique, une cérémonie religieuse ; aujourd'hui encore, c'est, chez plusieurs d'entre elles, la formule la plus essentielle du cérémonial dans les assemblées et pour la ratification des traités.

Quelques tribus disent avoir reçu le tabac, comme le maïs, d'un messager du Grand-Esprit, auquel elles offrent la fumée de leurs pipes, dans toutes les solennités religieuses.

Ainsi, quelque bizarre que la chose paraisse, le tabac était bien un encens, que l'on brûlait pour rendre hommage à la divinité. (Voy. J.-J. Ampère, *Voyage en Amérique*.)

> Quoi qu'en dise Aristote et sa docte cabale,
> Le tabac est divin ; il n'est rien qui l'égale.
> (Corneille, *Festin de Pierre*.

— Quoi qu'en dise Aristote et toute la philosophie, il n'est rien d'égal au tabac : c'est la passion des honnêtes gens, et qui vit sans tabac, n'est pas digne de vivre. (Molière, *Festin*.)

A cette époque (1665), le tabac, cultivé depuis peu en France, était devenu l'objet de discussions très vives, relativement aux qualités qu'on lui attribuait, et ces disputes mêmes contribuèrent à le mettre à la mode.

J'ai du bon tabac dans ma tabatière.

(Voy. *ratisser*.)

Tabellion, du latin *tabella*, planchette, tablette de bois ou d'ivoire enduite de cire, pour prendre des notes.

— Officier qui rédigeait les actes publics, mais n'en avait pas le dépôt comme les notaires. (Vieilli.)

Tablature, dérivé de *tabula*, table.

— Donner de la tablature à quelqu'un : lui causer de l'embarras.

Le mot *tablature* désignait la table où étaient tracés les signes qui servaient à écrire la musique avant l'invention des *notes*. Cette méthode offrait de grandes difficultés.

— En 1025, Gui d'Arezzo (en Toscane), moine bénédictin, inventa les lignes ou portées, les clefs, et substitua aux six lettres de l'alphabet romain de l'ancienne gamme, les six fameuses syllabes : *ut, ré, mi, fa, sol, la,* qu'il trouva dans l'hymne de saint Jean, composée par Paul Diacre, en 774 :

UT queant laxis REsonare fibris
MIra gestorum FAmuli tuorum
SOLve polluti LAbii reatum,
Sancte Joannes!

Vers 1600, un Français, nommé Lemaitre, ajouta la septième note, *si*. (Voy. *gamme*.)

Table, du latin *tabula*, planche ; provençal *taula*.

— A table jusqu'au menton. (Balzac.)

S'il se tenait aussi bien à cheval qu'à table, il serait le premier écuyer de France. *(Moyen de parvenir.)*

De missa ad mensam. De la messe à la table. (Proverbe monacal.)

— Chevaliers de la Table ronde. « Après le pas d'armes, dit un auteur, les combattants soupaient à la même table ; et on avait soin qu'elle fût ronde, afin d'éviter toute dispute de préséance. »

On sait que ce fut le fameux Artus, roi de la Grande-Bretagne, qui, vers 520, établit l'ordre des Chevaliers de la Table ronde, si vantés dans nos vieux romans. Il voulut, en les appelant ainsi, qu'on jugeât qu'ils étaient tous égaux, sinon en naissance, du moins en courage et en vertu.

> A table ronde n'y a débat
> Pour être assis au premier plat.
> (Proverbe espagnol du xvi° siècle)

> Ronde table oste le desbat,
> Chascun estant auprès du plat.
> (Rabelaisiana.)

Tablier, se rapporte au précédent.

— Le coup du tablier. Louis Veuillot emploie cette expression au sujet des offres de démission de M. Thiers, en 1872. C'est une allusion aux cuisinières, qui abandonnent le tablier en quittant leur place.

Tache, en provençal *taca*, souillure, dans le sens de *macula*.

> Joachim pres un agnel
> Sens taca, que a blanc le pel.
> (Evangile apocryphe.)

Tâche, de l'allemand *tasche*, poche, mesure. On le dérive aussi du latin *taxare*, fréquentatif de *tangere* (?).

Tact, du latin *tactus*, participe de *tangere*, toucher, qui a donné aussi : tangente, contact, contagion, intact.

Taille, de *talea*, bouture, branche coupée.

De là viennent aussi : tailleur, taillis.

— En vieux français, *taille* signifiait flèche. Comme la flèche avait une coche, à l'opposé de la pointe, le mot *taille*, et *entaille*, est devenu synonyme de coche.

— *Tailler*, dans le sens de couper, est resté dans : tailleur (de pierres ou d'habits), taillandier, taillable et corvéable.

On dit aussi : la *taille* d'une personne, pour sa façon d'être, ses proportions.

> La cot que non tailh, e fa'l fer talhar.
> (B. Martin.)

(La pierre à aiguiser qui ne coupe pas et fait couper le fer.)

— Faire une cote mal taillée : un compromis. Arrêter un compte en rabattant quelque chose de part et d'autre, sans examen trop rigoureux.

— Gens taillables et corvéables à merci. Ceux dont on peut exiger tout ce qu'on veut.

On appelait ainsi, au temps de la Féodalité, les serfs sur lesquels le seigneur pouvait à volonté mettre un impôt (taille), et auxquels il pouvait à son gré imposer des corvées.

L'impôt de la taille, qui n'était levé que sur les roturiers, était à la fois mobilier et foncier. Ce qui rendait les tailles odieuses, c'était surtout l'inégalité des charges. Les exceptions ne se bornaient pas au clergé et à la noblesse; elles furent étendues aux officiers royaux et aux cours souveraines.

Cet impôt portait sur divers objets de consommation, comme les contributions indirectes de nos jours; il était le même que l'*accise* (de *accidere*, couper), qui est encore en vigueur en Angleterre, sous le nom d'*excise*.

— L'expression de *taille*, qui s'est conservée jusqu'à la Révolution, est une preuve parlante de l'ignorance des populations au siècle dernier. Ces termes de taille, de cote mal taillée, viennent de l'ancien usage qui existe encore dans le commerce de détail de la boulangerie, de *marquer* sur un morceau de bois fendu en deux, dont chacun des deux intéressés garde la moitié, et sur lesquels on fait, en les réunissant, une entaille à chaque livraison de pain. C'est ainsi que se percevaient les impôts à l'origine. Lorsque les tailles faites sur chacun des morceaux de bois ne se rapportent pas, on dit que c'est une cote mal taillée.

De là est venue aussi l'expression : détailler, vendre au détail.

Telas per vendre a talh. (*Cartulaire de Montpellier*, f° 39.) Toiles pour vendre en détail.

— En provençal on appelle *tailloun*, un petit morceau.

Mangez ce taillon de massepain. (Rabelais, III, 30.)

> *E levaran novelamen*
> *Talhas, e quistas, e uzatges,*
> *E gabelas, e pesatges.*
> (*Brev. d'amor*, f° 22.)

(Et lèveront nouvellement tailles, et quêtes, et impôts, et gabelles, et pesages.)

Tailleur, dérivé de *tailler*.

— Synonymes : artiste aux jambes croisées, pique-prunes, pique à l'azor.

Mangeur de prunes. « Un croque-prunes, autrement compagnon tailleur » (*Le facétieux réveil-matin des esprits mélancholiques*.)

Le surnom de « pique-prunes », donné aux tailleurs, est populaire, mais son origine est inconnue. Rabelais (IV, 52) y fait allusion, quand il dit qu'un tailleur ayant taillé ses patrons dans des décrétales du pape, devint tout affolé, et que « au lieu d'ung sayon, il tailloyt ung chapeau à prunes sucrées ».

— L'ouvrier tailleur s'appelle *bœuf* ; s'il est Allemand, il prend le nom d'*hirondelle*.

L'ouvrier qui fait des retouches, s'appelle *pompier*.

Le *raboniseur* est celui qui remet à neuf les vieux habits.

L'apprenti tailleur est un *tartare*.

— Tailleur, voleur. On dit que saint Pierre n'a jamais voulu ouvrir les portes du paradis aux tailleurs ni aux meuniers. (Voy.)

Mets un tailleur, un tisserand, un meunier dans un sac, et secoue bien : le premier qui en sortira sera un voleur. (Proverbe anglais.)

Taire, du latin *tacere*.

— Vous venez de dire une sottise : vous avez manqué là une belle occasion de vous taire.

— Synonymes de taisez-vous : allez vous asseoir. C'est ce que le président dit au témoin après sa déposition, quand il n'a plus qu'à se taire.

Assez causé. Bouche close (Rabelais).

As-tu fini ? Tu ne sais pas ce que tu dis, tais-toi.

Fichez-nous la paix ! Taisez-vous ; vous nous ennuyez.

Talent, du grec *talanton*, par le latin *talentum*.

C'était, chez les Grecs, un poids, une monnaie de convention. Le talent attique d'argent valait 60 mines, ou 6.000 drachmes (5.560 francs) ; le talent d'or valait dix fois plus.

— *Talent* a passé au sens de désir et de volonté.

Les Sarrazins répondirent que nous n'avions nul talent d'être délivrés. (Joinville.)

Au XVIIe siècle, il a pris celui de don naturel, aptitude.

En cette acception, il se rapproche de génie, avec cette nuance que le génie découvre et que le talent ne fait que manifester.

> Soyez plutôt maçon, si c'est votre talent,
> Qu'écrivain du commun et poète vulgaire.
> (BOILEAU, *Art poétique*, IV, 26.)

Talion, du latin *talio*, de *talis*, la pareille.

— *Sine talione* (Martial) : impunément.

— La loi du talion inflige une peine égale au crime commis.

Moïse l'avait inscrite au code des Hébreux, mais les Romains l'abolirent en Judée.

...Celui qui aura blessé quelqu'un, sera traité comme il a traité l'autre : il recevra fracture pour fracture, et perdra œil pour œil, dent pour dent. (*Lévitique*, XXIV, 19.)

Celui qui frappe par l'épée, périra par l'épée. (Mathieu, XXVI, 52.)

— Les Américains pratiquent le talion sous le nom de *lynch*.

— *Vim vi repellere licet in continenti, non ex intervallo.* (Barthole.)

Le talion est la justice des injustes. (Saint Augustin.)

Par pari refertur : on rend la pareille.

Tel pour moi, tel pour toi.

> Comme à aultruy faict tu auras,
> D'aultruy aussi tu recepvras.

Ibi debet quis puniri, ubi deliquit. (Barthole.)

Queussi queumi. (Molière, *Bourgeois gentilhomme*, III, 19.) C'est une locution berrichonne, qui signifie : Comme tu m'as fait, je te fais ; je te rends la pareille. *Queu* est l'ancienne forme de *lequel*.

Morgué ! queu mal te fais-je ? (Molière, *Festin*.)

— La devise de la ville de Morlaix : « S'ils te mordent, mords-les. »

Talmouse, de *telemelier*, qui signifiait boulanger ; de *taler*, battre, et *mêler*.

Ce mot a un double sens et rappelle *croquignolle*, qui signifie à la fois petite pâtisserie, et coup donné sur la figure, casse-museau. *Tale mouse* représente alors *taler* et *museau*. C'est un soufflet qui tombe principalement sur la bouche et sur le nez.

— Ce nom s'est appliqué aussi à un petit gâteau, qui se fait à Saint-Denis et se compose de crème, de farine, d'œufs, de beurre et de sucre. Il est très tendre, et Rabelais l'appelle « casse-museau » par antiphrase.

Taloche, dérivé de *taler*, coup de main sur la tête.

Talons-rouges : petits-maitres. (Voy.)

...Je vis M. le premier président, Mme de Soubise, et une foule d'honnêtes gens, des moines, des prêtres, des militaires, des magistrats, des femmes pieuses, des femmes du monde, et parmi tout cela, cette sorte d'étourdis que vous appelez des talons-rouges, et que j'eus bientôt congédiés. (Diderot, *la Religieuse*.)

Tampon, de l'ancien mot *tapon*, bouchon ; suédois, *tapp*.

En provençal, on appelle un bouchon *tap* ; et *tapar*, c'est boucher un vase, ou se couvrir contre le froid.

Tandis, du latin *tamdiu*, plutôt que de *tant* et *dies*, jour.

Ce mot, qui s'employait autrefois seul, comme adverbe, se joint actuellement avec *que*.

Tant, du latin *tantum*, adverbe de quantité.

Il a fait : *partant*, qui signifie par conséquent.

<blockquote>Plus d'amour, partant plus de joie.
(LA FONTAINE, <i>les Animaux</i>.)</blockquote>

Pourtant : il est riche, et pourtant, il fait peu de dépenses.
Autant, tantinet, tantôt.

Tantale (Le supplice de).

Tantale, roi de Lydie, entre autres forfaits, avait servi aux dieux, dans un repas, les membres de son fils Pélops. Il fut condamné à souffrir perpétuellement une soif brûlante, au milieu d'un lac, dont l'eau échappait sans cesse à ses lèvres desséchées; et à être dévoré par la faim, sous des arbres dont le vent élevait les fruits hors de sa portée, toutes les fois que ses mains essayaient de les cueillir.

Horace (*Satire* I, 1, 68) trouve le portrait de l'avare dans le supplice de Tantale. (Voy. Bouillet, *Dictionnaire*.)

Tante, jadis *ante*, du latin *amita*, et non de *antiqua*.

<blockquote>Qui fut frère de sa belle ante.
(<i>Patelin</i>.)</blockquote>

Tape, taper, de l'allemand *tappen*, frapper du pied.

Tapir (se), se cacher, agir en tapinois. Étymologie douteuse.
Du Cange le tire de *talpa*, taupe (?).

— Taupetières (Rabelais), couvent de moines, et l'île de Tapinois (liv. IV, 20), du grec *tapeinôsis*, humilité, abaissement ; « comme en tapinois » signifie secrètement, en rampant.

— Le nom provençal du *câprier*, plante rampante, est *tapenier*.

Tarabuster, probablement forme extensive de l'ancien verbe *tabuster*, faire du tapage; plutôt que du grec *thorubéô*.

Tarasque. Chaque race a sa tarasque.

Au Moyen-Age (?), un serpent monstrueux ravageait la ville de Tarascon. Sainte Marthe, patronne de cette ville, s'en empara, en le liant avec sa jarretière (?). Cet animal fabuleux, représenté en madriers et en charpentes, sous la forme d'un énorme lézard, est promené solennellement à Tarascon, à certains jours de l'année.

Le monstre a pris son nom de la ville de Tarascon, au lieu de lui avoir donné le sien, comme on l'a cru; car Strabon et Ptolémée nomment déjà Tarascon.

Cette ville, située sur le Rhône, porte de gueules à un château donjonné d'argent, soutenu d'un dragon monstrueux de sinople, dévorant un homme. Ces armes rappellent le beau château construit au XIV⁰ siècle par les comtes de Provence, ensuite la légende de la Tarasque. On ne voit plus aujourd'hui, dans cette vieille croyance populaire, qu'une allusion à la destruction du paganisme par le christianisme.

— D'autres localités ont des légendes analogues à celle de la Tarasque, avec quelques modifications. Citons la Gargouille de Rouen, vaincue par saint Roman; la Graouilly, à Metz; la Lézarde, à Provins. Draguignan, porte de gueules à un dragon d'argent; ce sont des armes parlantes, rappelant le dragon (*Dracœna*) qui ravageait son territoire, et qui périt sous la main de saint Hermentaire, premier évêque d'Antibes.

Tard, adverbe, du latin *tarde*.

— Bien tard venu, pour néant venu; proverbe en contradiction avec : Mieux vaut tard que jamais.

— Il est un peu tard. — Qu'appelez-vous tard? Midi, est-ce tard? Minuit, est-ce de bonne heure? Où prenez-vous la journée? (A. de Musset.)

Tare, taré, de l'arabe *tarah*, laissé en arrière, rebut.

Déduction du poids de l'enveloppe d'un colis, afin de faire ressortir le poids net de la marchandise.

A donné *tarel*, ver rongeur, qui taraude; *tarière*, vrille qui perce; et homme *taré*, dont la réputation est entamée.

Tarentule, de *Tarente*.

— Être piqué de la tarentule : être fou.

— La tarentule est une grosse araignée qui, dit-on, se trouve très communément dans les environs de Tarente, ville de la Pouille. Sa morsure est venimeuse et détermine une maladie qui se traduit en des danses frénétiques.

Targe, origine germanique, de *targa*, bouclier. En provençal *tarja, targua*.

Sorte de bouclier dont on se sert pour jouter sur l'eau; puis le jeu lui-même.

De là : se *targuer* d'une chose, s'en prévaloir, s'en couvrir comme d'un bouclier; *targette*, petit verrou monté sur une platine pour fermer une porte.

— Le jeu de la *targue*, en Provence, est accompagné d'une chanson ainsi conçue :

> Qu'a gagna la targa ?
> N'es patroun Cayoun :
> De riu de La Marga
> Bugueu tous sa coou,
> A n'aqueou targaire
> Dur coumo un peirar
> Qu'a manda leis fraire
> Bueoure dins la mar.

Tarif, mot arabe. Espagnol *tarifa*.

A Tarifa, ville située à l'entrée du détroit de Gibraltar, les Maures exigeaient le droit de passage de tous les navires qui pénétraient dans la Méditerranée.

Tartufe ou *Tartuffe*, origine littéraire.

Hypocrite, faux bonhomme; signifie en allemand le diable.

En italien et en vieux français, *tartuffe* signifie truffe.

— Molière a emprunté ce nom à l'italien. Tartufe se trouve dans le *Malmantile* de Lippi, avec le sens d'homme à esprit méchant. (Littré.)

On conte que Molière créa ce mot en voyant un béat s'extasier devant de belles truffes.

Selon Génin, Molière n'a pas inventé le mot *Tartuffe* : il l'a pris tout fait dans la langue italienne vulgaire, où il s'employait déjà comme épithète, non pas tout à fait avec le sens d'hypocrite, que le chef-d'œuvre de Molière lui a imprimé, mais avec un sens voisin.

— En provençal, on appelle les topinambours des *tartiffles*.

— En vieux français, et en provençal, *truffer* signifie se moquer; d'où *trufaldin*, imbécile.

> Après, à vous, mon conseiller,
> Messer Jean, sans truffe et sornette,
> Je laisse, pour faire oreiller
> Les deux fesses de Guillemette
> Ma femme : cela est honneste.
> (*Testament de Patelin*.)

« Comme vous savez bien truffer les bonnes gens ! » dit Panurge à Dindenant. (Rabelais, IV, 6.)

— *Tartuffe* vient de *tartufolo*, une truffe, que l'on considérait comme une pourriture, un excrément de la terre. C'est un souvenir des Romains, qui se servaient du champignon pour la même métaphore méprisante.

Tanti est quanti fungus putidus.
(Plaute, Bacchides, IV, 7.)

(J'en fais autant de cas que d'un champignon pourri.)
Dans la même pièce de Plaute, un homme trompé s'écrie :

Adeon me fuisse fungum, ut qui illi crederem ?

Ce qu'on peut traduire librement : « Faut-il que j'aie été assez cornichon pour le croire ? »

— Ce mot *Tartuffe*, qui manquait à la langue, a pris sous la plume de Molière une valeur spéciale, pour exprimer un imposteur.

Il en a fait aussi le verbe *tartuffier*.

Et vous serez, ma foi, tartuffiée.
(Act. II, sc. 3.)

Vous épouserez M. Tartuffe.

Tattersall était un groom du duc de Kingston, qui, après s'être enrichi, fonda à Londres un marché aux chevaux qui porta son nom. (Cf. Littré.)

Taupe, du latin *talpa*.

— Aveugle comme une taupe. Ce qui a fait croire que la taupe était aveugle, c'est qu'elle a les yeux très petits et recouverts de poils.

Taverne, du latin *taberna*, maison de planches.

Se disait non seulement des boutiques de marchands de vins, mais des autres mauvais lieux.

On se demande pourquoi les chrétiens en ont fait *tabernacle*.

Teint, participe du verbe *teindre*; latin *tingere*.

— Teint de lis et de roses : c'était celui de la Cynthie de Properce.

— Le chevalier de Grammont comparait le teint des Anglaises à une jatte de lait, dans laquelle on aurait effeuillé des roses.

— Son teint se compose du blanc de l'innocence et du rouge de la pudeur. (Le P. Lemoyne.)

Tel, du latin *talis*, corrélatif de *quel*; qui a la même qualité : tel quel, tellement quellement.

— Tel pot, tel couvercle : *Dignus patella operculum* (proverbe latin).

Les Provençaux disent : *Chaqué toupin a sa cabucélo.*

Tel va chercher de la laine, qui s'en retourne tondu.

> Tel porte le bâton,
> Dont souvent le bat-on.

Télamons, du grec *thaô*, supporter.

Figures humaines servant, comme les caryatides, à supporter des corniches et des entablements. (Voy. *caryatides*.)

Télégraphe, du grec *télé*, au loin, *graphô*, j'écris.

Invention renouvelée, en 1793, par les frères Chappe.

— Dépêche télégraphique : télégramme, néologisme créé en 1857.

— Le fil parlant, qui n'était qu'une métaphore, est devenu une réalité, depuis l'invention du téléphone, par l'Américain Bell, en 1877.

— La poste aux pigeons était connue des anciens. (Voy. Pline, liv. X, ch. 22, et Rabelais, IV, 3.)

Témoin, anciennement *tesmoing*, du latin *testimonium*, témoignage.

Au même radical se rattachent : tester, testament, attestation.

— *Nemo testis in re sua intelligitur.*

Testis unus, testis nullus. (Axiomes de droit.)

Tempérament, du latin *temperamentum*, *modération* ; de *temperare*, faire un mélange dans de justes proportions.

Cicéron emploie *temperamentum* dans ce sens ; Martial l'emploie dans le sens d'expédient.

— On s'est servi improprement de ce mot pour désigner le mélange des humeurs qui constituent l'organisation d'un individu. Il y a des tempéraments sanguins, nerveux, bilieux, lymphatiques ; mais l'acception moderne de ce mot, pour signifier la constitution, la complexion physique du corps, est un sens figuré que l'Académie dit, à tort, être le sens propre.

C'est plutôt l'usage qui a établi une pareille inversion, car l'étymologie est *temperare*, faire une chose à temps et avec modération ; tandis qu'on dit d'un homme livré aux excès physiques qu'il a du tempérament, il faudrait dire, au contraire, qu'il n'use point de tempérament, qu'il est intempérant.

Tempérance, du latin *temperans*, de *temperare*.

— La tempérance enseigne à jouir des plaisirs avec mesure.

Elle tient le milieu entre la sévérité des stoïques, qui rejette toutes les voluptés, et la mollesse des épicuriens, qui s'y abandonne. (Aristote.)

— *Tempero* est pour *temperó*; à temps, tempestif.

— D'où : *tempérer*, et, par métathèse, *tremper* : tremper son vin.

Attremper, chez Marot, signifie modérer. Le roman avait aussi *attrempance*, pour désigner cette douceur acquise, qui rend l'âme maîtresse d'elle-même.

> En atrempa vers lui son ire.
> (*Roman de la Rose*, 15.779.)

Température, constitution de l'atmosphère.

Obtempérer.

— La tempérance est une question de tempérament et surtout de température. Les pays chauds qui produisent le plus de liqueurs alcooliques, sont ceux qui en consomment le moins; et au Groënland, où le froid est excessif, l'alcool est insuffisant pour entretenir la chaleur animale, et les habitants boivent de l'huile de poisson.

Tempête, du latin *tempestas*, provençal *tempesta*.

Violente agitation de l'air, souvent accompagnée de pluie et de tonnerre. A signifié d'abord état de l'atmosphère, puis spécialement mauvais temps.

— Les mugissements de la tempête.

> Garganum mugire putes nemus, aut mare Tuscum.
> (Horace, *Épîtres*, liv. II, 1, 202.)

— Une tempête dans un verre d'eau. Montesquieu (*Esprit des Lois*) se sert de cette locution pour exprimer une émeute populaire dans la petite république de Saint-Marin.

Les Romains disaient dans le même sens : *Agitare fluctum in simpula*. Soulever une tempête dans un vase à boire.

Templier, dérivé de *templum*, temple.

— Boire comme un templier. (Rabelais, I, 5.)

— Vers 1118, neuf chevaliers fondèrent l'ordre des Templiers, et bâtirent leur maison hospitalière dans l'enclos du Temple de Salomon, à Jérusalem, pour y recevoir les pèlerins de Terre-Sainte. L'ordre fut confirmé par le concile de Troyes, en 1127. La règle en fut composée par saint Bernard.

L'habit des templiers était blanc, avec une croix rouge.

Ils se répandirent bientôt par toute l'Europe, et le nombre de leurs maisons s'éleva à plus de neuf mille.

A la fin du XIIIe siècle, cet ordre était devenu dangereux par ses richesses, son ambition et ses vices, et, le 13 octobre 1307, les templiers furent tous arrêtés, en France, sous Philippe le Bel. Le pape siégeait à Avignon depuis l'année précédente. Dans le procès qu'on leur fit, on leur reprocha d'exiger du récipiendaire qu'il reniât Jésus-Christ, qu'il crachât trois fois sur le crucifix, qu'il baisât le supérieur sur la bouche, au nombril et à la partie du corps destinée au soulagement des besoins les plus abjects.

On prétendait que, dans leurs assemblées nocturnes, les chevaliers adoraient une idole; qu'ils s'interdisaient tout commerce avec les femmes et se livraient à la sodomie.

L'ordre fut aboli, ses biens confisqués, et les templiers dispersés portèrent dans le monde le spectacle de leurs vices et de leurs excès. (Extrait de Papon.)

Temps, du latin *tempus;* d'où temporel, temporaire, temporiser.

La durée des choses, en tant qu'elle est mesurée ou mesurable.

Ce mot s'écrit avec *ps*, et non avec *s* seulement, à cause de l'étymologie et des dérivés. De même, *enfant, prudent*, et autres mots terminés en *nt*, doivent garder le *t* devant *s* au pluriel, à cause de l'étymologie latine.

— Les noms donnés aux principales divisions du temps sont : le jour, le mois, l'année, le siècle.

— Le temps est personnifié sous les traits d'un vieillard boiteux avec une faux et des ailes.

On dit : « Il faut attendre le boiteux », c'est-à-dire attendre des nouvelles.

L'un des plus anciens almanachs s'appelle : *le Messager boiteux.*

Pythagore appelle le temps « l'âme de l'univers ».

— Avec le temps, on vient à bout de tout.

Avec le temps, les petits deviennent grands.

Avec le temps et la patience, la feuille du mûrier devient satin. (Proverbe arabe.)

Avec du temps et de la paille, les nèfles mûrissent.

> La grande boîte à guérison
> Est dans le temps et la raison.
>
> Le temps est un grand maître.
> (Corneille, *Sertorius.*)

Le temps est un vieux juge, qui appelle à son tribunal tous les coupables. (Shakespeare.)

— Chaque vague de la mer, chaque flot, chaque flocon d'écume travaillent à rendre une perle plus parfaite, et ajoutent une teinte mystérieuse à sa beauté. (A. de Vigny.)

— Il y avait autrefois un grain de sable qui se lamentait d'être un atome dans les déserts. Au bout de quelque temps, il devint diamant, et aujourd'hui il est le plus bel ornement de la couronne du roi des Indes. (Voltaire, *Zadig*.)

— Changement de temps, entretien des sots. (Proverbe espagnol.)

    Le temps bon, beau ou fâcheux,
    Est l'entretien de qui n'a mieux.

— *Malfilard* : Votre très humble serviteur, monsieur et mademoiselle ;... enchanté de ce que... Il fait bien chaud aujourd'hui. — *Gaulard* : Mais oui. — *Malfilard* : Nous ne tarderons pas à avoir de l'eau ; je le sens à mon rhumatisme. Je porte un baromètre avec moi. — *Georges* : Cela ne laisse pas que d'avoir son agrément. — *Malfilard* : Cela sera-t-il bon pour les biens de la terre? Vous devez savoir cela, vous autres, messieurs. — *Gaulard* : Ah ! dame, les foins sont faits et rentrés, et une goutte d'eau ne nuirait pas aux grains, etc. (Picard, *les Provinciaux à Paris*, III, 8.)

    Il faisait ce matin le plus beau temps du monde,
    Pour aller à cheval sur la terre et sur l'onde.
                    (Malherbe.)

    Rouge le soir, blanc au matin,
    C'est le vrai lot du pèlerin.

C'est un proverbe satirique, auquel pensait Rabelais, en écrivant, au prologue du Quart livre : « Doncque vous voulez que à prime je boyve vin blanc ; à tierce, sexte et none pareillement ; à complies vin clairet. »

— Du temps que Berthe filait. (Voy.) Se dit par regret du passé.
On dit aussi : Du temps que les bêtes parlaient... C'était le bon temps.

— De mon temps : c'est-à-dire au temps de ma jeunesse ; ce que Cicéron appelle *bona ætas*.

— Le temps présent, pour un vieillard, est celui des illusions perdues, le temps où l'on a depuis de longues années enfermé, dans le tiroir de l'oubli, les vieilles lettres d'amour et les mèches de cheveux.

— Un vieillard qui regrette le bon vieux temps, regrette seulement le temps où il n'était pas vieux ; le souvenir plein de charmes de sa jeunesse passée lui fait exagérer l'éloge du bien qu'il trouvait alors. C'est le...

    ...*Laudator temporis acti*
    Se puero...
                    (Horace, *Art poétique*, 173.)

— Le vieux roi Stanislas prétendait que les rossignols de la Pologne, où il avait passé sa jeunesse, avaient la voix plus mélodieuse que ceux de France.

— On passe sa vie à regretter le passé, à se plaindre du présent, à craindre pour l'avenir.

— Ne prétendons pas arrêter le monde aux jours où nous nous sommes arrêtés nous-mêmes; si doux que soient nos souvenirs, ne disons jamais d'aucune époque : « C'était le bon temps ! »

C'est toujours le bon temps ! S'il y a toujours des vieillards qui finissent et qui regrettent, il y a toujours des jeunes gens qui commencent et qui espèrent. (Maréchal Vaillant, 1863.)

— Ce qu'on regrette, ce qu'on voit à travers un prisme trompeur dans le temps passé, c'est un mérite imaginaire, qui n'est autre que celui de notre première maîtresse, de notre amour pour notre propre jeunesse.

La Providence se montre généreuse : elle nous détache doucement de la vie, racine par racine. Nous commençons ainsi à ne plus aimer ce qu'il faudra bientôt quitter; nous sommes étrangers et presque absents déjà, avant l'exil, avant le départ.

> C'est du vilain présent qu'est fait le beau passé,
> Mais être, je le crois, vaut mieux qu'avoir été.
> (E. Pailleron.)

— Le temps qu'on doit regretter le plus, c'est celui qui a été dépensé sans profit pour le corps, pour l'esprit et pour le cœur. (Dubief, directeur de Sainte-Barbe-des-Champs.)

Le temps ne respecte pas ce qu'on a fait sans lui. (Eschyle.)

Les œuvres sont comme les figues ; plus elles sont mûres, meilleures elles sont. (Pascal.)

Ce qui croît soudain, périt le lendemain.

Quand on ne s'en rapporte pas au temps, pour ce qu'il doit faire tout seul, on ne peut que l'entraver dans sa marche réparatrice. (Talleyrand.)

— Agatharque, peintre de Samos, se vantait devant Apelles de peindre vite : « On s'en aperçoit », lui dit Apelles.

Voltaire, âgé de 69 ans, composa *Olympie* en six jours. Il écrivit à d'Alembert, en lui envoyant son œuvre : « C'est l'ouvrage de six jours. » D'Alembert répondit : « L'auteur n'aurait pas dû se reposer le septième. »

— Archidamus disait des trois points du temps, que « le passé n'existait plus, que le futur n'existait pas encore, et que le présent, point insaisissable entre le passé et le futur, n'existait pas davantage ».

— Les ailes du temps.

> Sur les ailes du Temps la tristesse s'envole,
> On fait beaucoup de bruit, et puis on se console.
> (La Fontaine, *la Veuve*.)

> Hâtons-nous, le temps fuit et nous traîne après soi :
> Le moment où je parle est déjà loin de moi.
> (Boileau, *Epître* III.)

> ...Dum loquimur, fugit invida
> Ætas ; carpe diem, quam minimum credula postero.
> (Horace, *Odes*, I, 11.)

> L'instant où nous vivons est un pas vers la mort.
> (Voltaire.)

Le temps, comme les Parthes, triomphe de tout en s'enfuyant.

Le temps est un charlatan, qui escamote le présent en faisant briller l'avenir. (Fontenelle.)

— Les temps sont durs : *Duris temporibus*. (Cicéron.)

Durissima reipublicæ tempora. (Cicéron.)

O tempora ! o mores ! s'écrie Cicéron, se plaignant de la corruption des hommes de son temps.

Dans quel temps vivons-nous ! ô temps ! ô mœurs !

— Perdre son temps : jeter le temps par les fenêtres. (A. de Musset.)

— Un Yankee, pour utiliser sa promenade, adapte un moulin à café à l'avant de son vélocipède, et une baratte à l'arrière. A son retour, il trouve son café moulu et son beurre fait.

— Le temps, c'est de l'argent : *Times is money*. (Maxime américaine.)

De tous les biens que nous possédons, le temps est le seul dont nous devions être avares.

Dissiper le temps, c'est user l'étoffe dont la vie est faite. (Franklin.)

De toutes les prodigalités, la plus grande est l'oisiveté. (Franklin.)

Qui perd son temps trouve la misère.

On n'est pas né pour la gloire, lorsqu'on ne connaît pas le prix du temps. (Vauvenargues.)

Les amis sont des voleurs de temps.

Philippe de Champagne ne perdait pas un moment de la journée, qu'il consacrait tout entière à l'art. Il disait à ses élèves : « Vous devez déjeuner sans quitter l'ouvrage, et la récréation qu'il faut prendre après dîner, c'est de descendre l'escalier pour aller à l'atelier. »

L'homme oisif tue le temps : le temps tue l'homme oisif.

La vie est courte, et les journées sont longues.

Comme elle rampe lentement, cette limace horrible appelée le temps ! (H. Heine.)

Tendre, verbe, du latin *tendere*: d'où étendre, tente, tenture, attendre, entendre, prétendre, etc., intensité, extension, etc.

— Tendre un arc, autrefois *tésir*, provençal *tésar*; d'où tèse, allée d'arbustes touffus, où l'on tend des pièges, des filets.

> Il a tantost pris une flèche
> En la corde la mist en croèche (croix),
> Si la tésa jusqu'à l'oreille
> L'arc qui était fort à merveille.
> (*Roman de la Rose*.)

Tendre, adjectif, du latin *tener, tenerum*.

— La carte de Tendre. C'est une fiction allégorique de *la Clélie*, roman de Mlle de Scudéry. On y voit le fleuve d'Inclination, le lac d'Indifférence, la mer Dangereuse, etc. Pour parvenir à la ville de Tendre, il faut passer par les villages de Billets-Doux, de Petits-Soins, etc.

Cette carte a été gravée dans le *Magasin pittoresque* (1845).

La carte de Tendre, de Mlle de Scudéry, et celle du royaume de Coquetterie, de l'abbé d'Aubignac, sont probablement des imitations d'une carte ancienne gravée en Italie, où l'on voit des prisons pour ceux qui travaillent. Elle est accompagnée d'un sonnet, où on lit : « Ici, plus on travaille, moins on gagne, et qui n'est pas fainéant est chassé avec ignominie... Ici, les fours produisent naturellement du pain », etc.

Cette carte doit avoir été faite à Naples. (Voy. *cocagne*.)

Tenir, du latin *tenere*.

Avoir à la main, ou entre les mains.

— Il vaut mieux tenir qu'attendre, ...ou que courir. Ici, *courir* est pour *quérir*, c'est-à-dire demander (?).

> ...Un tiens vaut mieux que deux tu l'auras :
> L'un est sûr, l'autre ne l'est pas.
> (La Fontaine, V, 3.)

Les anciens disaient : « Mieux vaut aujourd'hui l'œuf, que demain la poule. »

Mieux vaut avoir qu'espoir.

Mieux vaut un présent que deux futurs.

Mieux vaut la saucisse de la réalité que l'ortolan de l'avenir (burlesque).

Ténor, de l'italien *tenore*, celui qui donne le ton, qui soutient le chant ; parce que, dans les motets à plusieurs parties, pendant que les voix secondaires exécutaient des variations d'accompagnement, le ténor disait le plain-chant, en maintenant toujours le thème de la composition musicale.

— La voix de ténor, voix d'homme entre la basse-taille et la haute-contre, est la voix d'homme la plus aiguë que l'on puisse obtenir sans contrarier la nature. Le ténor a la même étendue que le soprano, voix ordinaire des femmes et des enfants, mais il est à une octave plus bas. La basse-taille est un ténor grave.

Le ténor est la voix la plus brillante de nos opéras. Nourry et Duprez y ont surtout excellé.

Tentation, du latin *tentatio*.

— La tentation, à sa naissance, n'est qu'une fourmi qui chatouille ; à la fin, c'est un lion qui dévore. (Camus, évêque de Belley.)

Ne nos inducas in tentationem. (Mathieu, VI, 13.)

Tente, du latin *tentum*, de *tendere*.

— La tente d'Achille. Lorsque Achille eut appelé Agamemnon « chien d'ivrogne », il rentra dans sa tente avec son ami Patrocle, et y resta oisif pendant que les Grecs se battaient.

On dit encore aujourd'hui, d'un homme en place, qui, par dépit, s'éloigne volontairement des affaires, qu'il s'est retiré sous sa tente. S'il va à la campagne, ses amis disent qu'il retourne à sa charrue, comme Cincinnatus ; ses détracteurs, qu'il va planter ses choux.

Terme, du latin *terminus*, borne.

Statue sans pieds ; borne qui indique une limite.

— Les *hermès* ou *termes*, sont des bornes de forme cubique, finissant en gaine par le bas, surmontées, à l'origine, d'une tête de Mercure ou Hermès, et, par la suite, d'autres dieux.

Les anciens personnifiaient le repos, la station, l'immobilité, par le dieu Terme, auquel ils donnaient une tête humaine et un torse sans jambes : être vivant par le haut, rocher par le bas.

— *Terme* se dit aussi pour limite, délai accordé pour payer une somme. D'où : atermoiement, délai accordé à un débiteur.

Qui a terme, ne doit rien : avec le temps on s'acquitte.

— *Terme*, mot, expression, est dit aussi pour limite, borne; c'est la localisation de l'idée.

Mesurer ses termes : se servir de mots qui ne passent pas les limites de l'honnêteté et des convenances.

Terme propre, impropre, technique.

Terne, du latin *terni*, trois à la fois.

A la loterie, ce sont trois nombres pris ensemble et qui sortent en même temps. Le terne gagnait 5.500 fois la mise.

Terre, du latin *terra*, qui est aussi provençal. De *torrere*, brûler (la chose sèche).

Le plancher des vaches. Joseph Autran (*Poèmes de la mer*) a dit d'une vache à bord :

> Morne, elle regrettait sur le plancher mouvant
> La plaine, qui jamais n'ondule sous le vent.

— La terre *ferme* est, en réalité, bien peu digne de ce nom ; car, indépendamment du mouvement rotatoire dont elle est animée, les tremblements de terre la font onduler comme une mer agitée, et nous démontrent combien est mince et fragile cette pellicule qui enveloppe la partie fluide du globe et combien elle serait promptement détruite, si 559 volcans distribués à la surface, comme autant de soupapes de sûreté, ne présentaient une libre issue à l'action des feux souterrains. (De Quatrefages.)

— La surface totale du globe est de 50.940.100 hectares. La terre sèche occupe seulement le quart de cette surface. (Babinet.)

— La terre est un soleil enkysté. Son diamètre est d'environ 12.000 kilomètres, et la croûte solide qui s'est formée à sa surface, par le refroidissement, n'a que 20 à 40 kilomètres d'épaisseur, suivant la fusibilité des matières qui la composent ; toute la masse intérieure est à l'état de fluide incandescent. Cette épaisseur serait de 3 à 6 millimètres sur un globe d'un mètre de rayon. La température de la terre augmentant, à mesure que l'on descend, de 1 degré centigrade par 33 mètres, on doit trouver 100 degrés à 3 kilomètres, 666 degrés à 20 kilomètres, et au centre 200.000 degrés.

— La terre a été appelée la « machine ronde ». (La Fontaine.)

— En 1736, Maupertuis fut envoyé en Laponie pour vérifier une des conjectures les plus hardies de Newton, sa théorie de l'aplatissement aux pôles. M. de la Condamine fut chargé d'une mission semblable dans l'Amérique du Sud.

Voltaire célébra dans ses vers le résultat acquis par la science, que le globe est plat aux deux extrémités de son axe; ce qui anéantit le vieux préjugé et le nom de « machine ronde »

> Que nos flasques auteurs, en chevillant leurs vers,
> Donnaient, à l'aventure, à ce plat univers.

— Le mouvement de la terre. — Galilée fut persécuté par l'Inquisition de Rome, sous Urbain VIII, pour avoir propagé la découverte du mouvement de la terre.

Les passages de l'Écriture : *Terra in œternum stat*, et *Deus fundavit terram super stabilitatem suam* (*Psaume CIII*), et celui où Josué commande au soleil de s'arrêter, ne pouvaient s'accorder avec la vérité proclamée par le Florentin.

Le P. Caccini, dans un sermon contre Galilée, lui appliqua ces paroles de saint Luc : *Viri Galilæi, quid statis adspicientes in cœlum?* Cette citation peut donner une idée de l'ignorance des persécuteurs.

La devise de l'Église est : *In dubiis libertas* : ce qu'il faut entendre par : la Foi et la Raison sont deux puissances distinctes, et là où la Foi ne prononce pas, la Raison est libre. Or, à cette époque, les sciences physiques avaient abandonné les vieilles théories de l'antiquité, tandis que l'Église en est toujours restée aux doctrines d'Aristote, ne pouvant les abandonner sans changer le dogme et la base fondamentale de son autorité.

« La Bible, dit J.-J. Ampère, est un livre de religion et de poésie, et non de science. L'Église doit rester étrangère aux doctrines scientifiques, qui ne sont souvent que des hypothèses, et peuvent être reconnues fausses ; et la science n'a point à chercher d'appui hors d'elle-même, fût-ce dans la Bible. Si Galilée eut un tort, ce fut celui-là. »

Les expressions : le lever, le coucher du soleil, sont aussi des hérésies scientifiques.

La fameuse étoile des trois rois Mages aurait fort embarrassé un Lalande, un Cassini, un Newton, s'ils avaient vécu alors.

— Il voudrait être à cent pieds sous terre. Se dit de celui qui voudrait se soustraire à la honte de quelque mauvaise action.

...Ah ! dure terre ! pourquoi ne t'es-tu pas entr'ouverte ? (Dante.)

Auriou vougut estre un agland, et qu'un porc m'aguesse mangeat. (Proverbe provençal.)

Testament, du latin *testamentum*, de *testare*, attester.

— Dans l'ancienne coutume romaine, le testament ne s'écrivait pas, mais le testateur énonçait sa volonté devant témoins (*testis*).

— Justinien dérive *testamentum* de *testatio mentis* ; mais Vinnius se moque de cette étymologie en disant que, par la même raison, *excrementum* viendrait de *excretio mentis*.

La terminaison *ment*, dans certains mots, vient cependant de *mens*, esprit. Tels sont les adverbes : bonnement, justement, comment.

— Bonne marmite, mauvais testament : les dents sont plus proches que les parents.

Tête, du latin *testa*, proprement tesson de pot. Le haut du crâne ressemble à un tesson.

Testa signifie, en espagnol et en portugais, le sommet de la tête.

— Synonymes : on employait autrefois *chef*, qui traduit *caput*. Rabelais (I, 59) appelle la tête le *moule du bonnet* : « C'est le pot au vin, parce que le vin monte à la teste, et que *teste* vient de *testa*, qui signifie cruche. »

Cap, est la forme méridionale de *caput*.

On dit aussi : binette, caboche, boule. (Voy. ces mots.)

— *Tête* se dit pour homme : payer tant par tête.

Oh ! la drôle de tête ! le plaisant personnage !

O lepidum caput ! (Térence.)

— Tête de linotte : légère, sans cervelle, étourdi.

— Avoir la tête chaude : être irascible, s'emporter facilement.

> Ma femme, bien souvent, a la tête un peu chaude.
> (Molière, *Femmes savantes*.)

On dit aussi dans le même sens : avoir la tête près du bonnet.

— Le héros de l'*Iliade* justifie bien l'épithète de « bouillant Achille » quand il appelle Agamemnon « chien d'ivrogne », et tue Thersite d'un coup de poing.

> Et de plus que Junon la folle,
> Dont la tête est près du bonnet.
> (Scarron, *Virgile trav.*)

— Tête-bêche. (Voy. *chevet*.)

— Grosse tête, peu de sens. Une grosse tête annonce de la pesanteur par habitude, de l'enthousiasme par éclair, beaucoup de volonté et souvent du génie.

J'ai la tête plus grosse que le poing, et si (cependant) elle n'est enflée. (Molière, *Bourgeois*.)

— Faire sa tête : être prétentieux.

> Méchant poète et fat, Catulle a deux travers :
> Hélas ! il fait sa tête et ne fait pas ses vers.

— N'avoir pas de tête : avoir une tête sans cervelle. Un crime commis par un idiot n'est pas punissable : on ne saurait couper la tête à qui n'en a pas.

— N'en faire qu'à sa tête. Il est comme le bonnetier, il n'en fait qu'à sa tête.

Têtu, dérivé de *tête.*

— Têtu comme un mulet, comme une mule.

On disait autrefois : quinteux comme la mule du pape.

— L'entêtement naît de la stérilité de l'esprit : quand on n'a qu'une idée, on y tient.

« Tuez-moi sur place, coupez-moi par morceaux, la tête sur le billot, je n'avouerai pas que... »

Texte, du latin *textus,* tissu, de *texere* ; anciennement *tistre.*

Le texte d'un livre est l'écriture contenue dans le corps de l'ouvrage, par opposition aux notes et commentaires.

Théâtre, du grec *théatron,* par le latin *theatrum.*

— Le théâtre corrige les mœurs par le rire.

> *Castigat ridendo mores.*
> (Santeul.)

Le théâtre est un miroir où chaque époque vient montrer ses défauts, ses qualités, ses ridicules.

La mission du comique est de nous faire éviter les écarts par la crainte du ridicule.

Le théâtre, avec toutes ses imperfections et toutes ses lacunes, n'en est pas moins un des produits les plus délicats de la vie civilisée, un des efforts les plus heureux de l'homme vivant en société, pour alléger ses ennuis et augmenter ses plaisirs.

— Poulailler, paradis. Le dernier étage des galeries d'un théâtre est appelé ironiquement *poulailler,* parce que les spectateurs y sont juchés comme sur un perchoir (L. Larchey). On le nomme aussi *paradis.*

— Les pièces de théâtre portent différents noms :

Pièces à femmes, destinées à exhiber de jolies femmes.

Pièces à poudre, dont l'action se passe sous Louis XV ou Louis XVI, et dont les acteurs portent perruque et poudre.

Pièces à tiroirs, où le même acteur joue plusieurs rôles différents, en changeant de costume.

Pièces à trucs, où les changements à vue sont nombreux, telles que sont les féeries.

— Les théâtres romains étaient consacrés à Vénus, à cause du jeu immoral et de l'impudicité des acteurs.

Thébaïde.
C'est une thébaïde ; un lieu désert.

La Thébaïde, partie méridionale de l'Égypte, dans laquelle se trouvait Thèbes à cent portes, qui lui avait donné son nom, est devenue célèbre dans l'histoire ecclésiastique, par le grand nombre de saints solitaires qui s'y retirèrent dans les premiers siècles du christianisme, et y vécurent dans les rigueurs de la pénitence.

Thémis, fille du Ciel et de la Terre, régnait en Thessalie avec tant de sagesse, qu'elle fut honorée depuis comme déesse de la justice.

Selon la Fable, Jupiter eut d'elle trois filles : l'Équité, la Foi et la Paix.

On la représente tenant une épée d'une main et des balances de l'autre.

Théorie, du grec *théôria*, contemplation.

Tantôt signifie une connaissance qui s'arrête à la simple spéculation, sans passer à l'action ; alors on oppose la théorie à la pratique ; elles sont dans le même rapport que la science et le métier. Tantôt ce mot indique un ensemble de connaissances enchaînées.

— Les Grecs appelaient *théorie* une députation solennelle, qu'ils envoyaient tous les ans à Délos. Les membres de cette députation s'appelaient *théores*.

Thersite, du grec *thersos*, audace, insolence.

Le plus difforme, comme le plus lâche, de tous les Grecs qui allèrent au siège de Troie. Railleur, insubordonné, il insultait les chefs. Un jour qu'il s'était moqué de la douleur que témoignait Achille pour la mort de l'amazone Penthésilée, le héros le tua d'un coup de poing. (*Iliade*, II, 212.)

Tiers, du latin *tertius*, provençal *ters*.
La troisième partie d'une chose ; trois est le tiers de neuf.

Il a conservé le sens de troisième, dans : tiers état, tiers ordre, être en tiers, la fièvre tierce.

Le tiers état est le nom donné autrefois, en France, à la classe bourgeoise, qui venait au troisième rang, après la noblesse et le clergé.

On appelle tiers ordre, des personnes du siècle, qui s'attachent à un ordre religieux, sans renoncer à la vie civile, et qui suivent une règle à part, appelée la *tierce* (ou troisième règle).

Tinette, récipient pour les déjections ménagères; diminutif du latin *tina*, vase à mesurer le vin.

En provençal *tina*, cuve où l'on fait fermenter le vin. Cuvier pour la lessive.

Tintamarre. Ce mot vient, d'après Pasquier, de *tinte ta marre*, latin *marra*, hoyau.

Les cultivateurs, dans le Berry, ont l'habitude de s'avertir qu'il est temps de cesser la besogne, en frappant sur le fer de leurs marres, et usant ainsi d'une sorte de télégraphie acoustique.

...Duquel faisant les fossés, touchèrent les piocheurs de leurs marres ung grand tombeau de bronze. (Rabelais, I, 1.)

Tinter, du latin *tinnitare*, fréq. de *tinnire*.

— Les oreilles ont dû lui tinter : on a beaucoup parlé de lui.

Absentes tinnitu aurium præsentire sermones (Pline). Ces discours étaient supposés favorables, si c'était l'oreille droite qui tintait; défavorables, si c'était l'oreille gauche. Les Romains avaient reçu cette superstition des Grecs, et on lit dans une lettre d'amour d'Antisthène : « Ton oreille ne résonnait-elle pas, quand je parlais de toi en pleurant ? »

Tintoin, se rattache au précédent.

Perversion de l'ouïe, dans laquelle on croit entendre des sons, qui n'ont rien de réel.

Ce mot se prend souvent au figuré, dans le sens d'embarras : donner du tintoin.

Tirelire, de l'italien *tira-lira*, tire-franc.

— Lorsque Lamartine, après 1848, ouvrit une souscription populaire en sa faveur, on dit qu'il avait changé sa *lyre* en *tirelire*.

Ce mot *lyre*, qui prête à l'équivoque, a fait dire à Hennequin, expliquant un passage du *Deutéronome*, que de Lyra, Lambin et Juste-Lipse, s'y étaient trompés tous les trois : « Hic de Lyra

dolirut; Lambinus lambinat; Justus Lipsius juste lapsus est. »
(Voy. Rabelais, liv. III, ch. I. Édition Johanneau.)

Tisane, du latin *ptisana*, provençal *tipsana*.
Décoction d'orge, qui était la tisane ordinaire chez les anciens.
— Tisane vient quelquefois de courtisane. (Calembour.)

Titre, du latin *titulus*.
Se dit de toute qualification honorable, des noms qui marquent dignité, distinction, prééminence.
— Les titres nobiliaires sont ceux de : prince, duc, marquis, comte, vicomte, baron, chevalier.

TITRES HONORIFIQUES ATTACHÉS A CERTAINS ÉTATS :

Abbé, supérieur d'une communauté religieuse. Féminin abbesse (*abbas, abbatissa*).

Alcade, arabe *al, cadi*, le juge.

Altesse royale, prince d'une maison souveraine.

Archiduc ou archiduchesse, prince ou princesse royale d'Autriche.

Bailli, officier civil qui rendait la justice dans un certain rayon.

Barigel, officier chargé, à Rome, de veiller à la sécurité publique.

Bey, gouverneur de province turc. S'ajoute au nom des hauts fonctionnaires turcs ou égyptiens.

Burgrave, seigneur d'un château-fort, en Allemagne.

Cadi, juge, chez les Turcs ou les Arabes.

Caïd, magistrat chargé de la justice et de la police, dans l'Afrique du Nord.

Calife, vicaire de Mahomet ; nom qu'a porté longtemps le chef politique de l'islamisme.

Caporal, autrefois *corporal*.

Cardinal, Son Eminence.

Cheik, chef de tribu arabe, seigneur, vieillard.

Chevalier de Malte, au-dessus du commandeur.

Colonel, jadis *coronel*.

Consul, de *consulere*, veiller sur.

Corrégidor, premier officier de justice dans une ville d'Espagne.

Czar, ou Tsar, empereur de Russie.

Dauphin, prince héritier de la couronne de France.

Dey, titre que portait le chef de l'Etat à Alger. Signifie oncle maternel. Les Musulmans regardaient le sultan comme leur père ; leur république, comme leur mère ; le dey, comme le frère de leur république.

Dictateur. (Voy.)
Doge. (Voy.)
Dom, abréviation de *Dominus*. (Voy. *abbé*.)
Éminence, titre donné aux cardinaux.
Émir, de l'arabe *amara*, commander; titre arabe qui correspond à celui de prince.
Évêque, Sa Grandeur.
Excellence, titre donné aux ministres, ambassadeurs.
Feld-maréchal, titre de commandement militaire en Allemagne; correspond à celui de général de division.
Frère, nom que se donnent les membres des confréries religieuses.
Général (sous-entendu officier), qui commande en chef.
Gentleman, gentilhomme anglais : Son Honneur.
Gonfalonnier, titre du chef de quelques-unes des républiques italiennes au Moyen-Age.
Hautesse (Sa), titre donné au sultan.
Hidalgo, titre des nobles espagnols, descendus d'anciennes races chrétiennes, sans mélange de sang juif ou maure.
Honneur (Son), s'applique aux lords anglais.
Honorable, épithète des députés, représentants du peuple.
Hospodar, titre de certains princes vassaux de la Turquie, particulièrement des princes valaques et moldaves.
Landgrave, titre de quelques princes allemands.
Légat, ambassadeur du pape.
Maître, officier ministériel.
Majesté (Sa) Catholique, le roi d'Espagne.
Majesté (Sa) Très Chrétienne, le roi de France.
Mirza, seigneur de l'Inde et du Thibet.
Nabab, gouverneur commandant dans l'Inde.
Nonce, ambassadeur du pape.
Pacha, titre donné en Turquie aux chefs des armées, aux gouverneurs de provinces.
Pape, Sa Sainteté, le Saint-Père, le Souverain Pontife.
Prélats, Révérends Pères.
Primat, dignité ecclésiastique au-dessus de l'archevêque. Synonyme, en Occident, de patriarchat en Orient.
Rabbin, dans le sens de docteur, chez les Juifs.
Satrape, gouverneur de province chez les anciens Perses.
Schah ou Sophi, le roi de Perse.
Seigneurie (Sa), titre donné aux lords anglais.

Sénéchal, surintendant de la maison du roi.

Sérénissime (Altesse), titre des princes. S'appliquait aussi à la République de Venise.

Sire, titre des rois et souverains.

Sultan, souverain des Turcs.

Taïcoun, empereur du Japon.

Uléma, docteur de la Loi, chez les Turcs.

Vénérable, président d'une loge de francs-maçons.

Vicaire. (Voy.)

Vizir, ministre du sultan.

Titus (coiffure à la).

Le buste de l'empereur Titus, qui est au premier étage du Louvre, représente ce prince avec les cheveux courts, dont les petites mèches aplaties s'appliquent sur la tête. Le nom de Titus est resté attaché à ce genre de coiffure.

Toast, mot anglais, signifiant rôtie; s'écrit aussi *tost*.

Proposition de boire à la santé de quelqu'un, à l'accomplissement d'un souhait.

— Le mot anglais signifie *rôtie*. Autrefois, en buvant à la santé de quelqu'un, on mettait dans le verre une croûte de pain rôtie que mangeait le dernier convive, qui recevait la coupe, passée de main en main.

Tocsin, pour *toque-sin*; du vieux français *toquer*, heurter, et *sing*, cloche.

Cloche qui sert à donner l'alarme dans les incendies et autres dangers.

Tohu-Bohu, expression biblique: *tohou va bohou*.

État du monde avant la création, le chaos. Ces mots hébreux signifient vide et sans forme. *Tohou*, confus, *va*, conjonction copulative, *tohou*, vide.

Les deux adjectifs hébreux sont toujours joints ensemble pour former une sorte de composé invariable, exprimant l'idée de chaos, de mélange confus.

Le chapitre XVII du livre IV de Rabelais est intitulé: « Comment Pantagruel passa les isles de Tohu et Bohu. »

Toile, du latin *tela*. (Voy. toile de *Pénélope*.)

Toilette, diminutif du précédent.

Petite toile blanche, ornée de dentelles, que l'on étend sur une table où l'on met ce qui sert à l'ajustement des femmes.

Par suite : costume.

— Toilette extravagante, tapageuse : qui dénote une absence complète de bégueulerie.

Faire toilette : se requinquer; se mettre sous les armes. (*Dict. des Précieuses.*)

Avoir une toilette très soignée : être tiré à quatre épingles.

— Marchande à la toilette : ogresse, madame la Ressource, celle qui loue des nippes aux filles galantes et leur dévore tout ce qu'elles gagnent.

Toise, du latin *tensa*, anciennement *teise*, corde tendue.
Mesure de longueur valant six pieds.

Toison, représente le latin *tonsio, tonsionem*, comme *maison* représente *mansio*.

Tolérer, du latin *tolerare*, de *tollere*.
Au propre, c'était, d'après la loi romaine, relever de terre l'enfant qui venait de naître, et lui accorder le droit de vivre.

Tolet, du danois *tolle*, cheville.
Cheville fixée au bateau pour faire mouvoir l'aviron.

Tombeau, dérivé de *tombe*, latin *tumba*.

— On appelle, au propre, *tombe* une table de pierre, une dalle de marbre dont on couvre une fosse; et *tombeau*, tout monument élevé sur les restes d'un mort.

Chez les païens, un écusson était placé sur une des faces du tombeau, pour recevoir l'épitaphe ou inscription, commençant, pour les Romains, par les lettres D. M. (*Diis Manibus*) : aux Dieux Mânes.

— Nombreux sont les mots qui servent à désigner les sépultures :
Bière, bûcher, catafalque, cercueil, s'y rattachent moins directement.

Catacombes, mot d'origine grecque, *kata* et *kumbos*, creux; tombes souterraines (des premiers chrétiens).

Cénotaphe, du grec *kénos*, vide, *taphos*, tombeau, désigne un monument qui ne contient pas les restes de celui dont il rappelle la mémoire.

Cimetière, du grec *koimétérion*, dortoir; terme surtout chrétien. On a dit aussi *charnier*.

Cippe (voy.), du latin *cippus*. On appelait ainsi des tombeaux plus ou moins ornés, dont les Romains décoraient le bord de leurs grandes voies. Ils avaient la forme d'un autel, quelquefois celle d'une tour à plusieurs étages.

Columbarium : salle mortuaire, où, comme dans un colombier, il y avait de nombreuses niches contenant des urnes cinéraires.

Hypogée, du grec *hypo*, sous, *gaia*, terre.

Latomie, du grec *latoméô*, tailler la pierre.

Mausolée. Les tombeaux les plus magnifiques portent ce nom, à l'imitation de celui que la reine de Carie, Artémise, avait élevé à la mémoire de son époux, Mausole, et dont on a retrouvé les ruines, en 1857, à Boudroum, l'ancienne Halicarnasse. Les Romains en avaient construit de gigantesques. Aujourd'hui, celui d'Auguste sert de théâtre ; celui d'Hadrien est une forteresse et une prison d'État.

Nécropole, du grec *nécros*, mort, *polis* : la cité des morts.

Ossuaire, du latin *ossuarium* ; lieu où l'on entasse des ossements.

Pyramide. (Voy.) Les pyramides d'Égypte étaient d'immenses tombeaux. (J.-J. Ampère.)

Sarcophage, du grec *sarx*, *phagô*. (Voy. *cercueil*.)

Sépulcre, du verbe *sepelire*, ensevelir.

Tumulus, mot latin signifiant tertre, monticule, renflement de terre (*tumeo*). De là est venu *tumulaire*, qui s'applique à tout ce qui a rapport aux tombeaux : pierre, inscription tumulaire.

Tomber, étymologie douteuse.

D'où *tombereau*, voiture qui se décharge en culbutant.

— *Tomber* a le sens absolu de chute, perte, ruine. Il est tombé bien bas. Ce projet est tombé à l'eau.

— Synonymes : prendre un billet de parterre (jeu de mots familier) ; tomber de Charybde en Scylla. (Voy.)

> Je tombe, par malheur, de la poêle en la braise.
> (Régnier, *Satire X*.)

Il tomberait sur le dos, qu'il se casserait le nez. (Napoléon.)

— Au figuré : faire une chute, commettre une faute.

— En italien *cascata*, chute, cascade ; d'où le mot du slang parisien *cascader*, faire des cascades.

> Dis-moi, Vénus, pourquoi t'obstines-tu
> A faire ainsi cascader ma vertu ?
> (*La Belle Hélène*, 1865.)

— En provençal, on appelle *cascarelette* une jeune fille légère, qui se plaît à rire et à folâtrer.

Tombola, mot italien, du verbe *tumbolar*, culbuter.
Sorte de jeu de loto, loterie de société dont les lots consistent, les uns en objets de valeur, les autres en objets ridicules ou plaisants.

Tondre, du latin *tondere*.
— Je veux être tondu, si...! Anciennement, on coupait les cheveux aux criminels, comme marque de leur dégradation.
Les serfs, chez les Gaulois, avaient la tête rasée. Les moines, pour marquer leur servitude spirituelle, se rasaient la tête, et ne conservaient qu'un cercle de cheveux. C'est par suite de cet usage que les prêtres catholiques conservent encore la tonsure, comme serfs de Dieu (?).
— Il n'y avait que trois pelés et un tondu. Se dit d'une réunion peu nombreuse et peu distinguée.
...Pourtant vouloyt estudier en loix, mais voyant que là n'estoyent que trois tigneux et ung pelé de légistes, se partit du dict lieu. (Rabelais, II, 5.)
Dans une réunion, il ne faut jamais être moins que les Grâces, ni plus que les Muses. (Plutarque.)

Tonne, tonneau, du vieil allemand *tunna*.
— Le tonneau des Danaïdes. (Voy.)
— Le tonnage d'un navire est le volume de son contenu.

Toper, allemand *toppen*.
Consentir à une offre, conclure un marché.
— Topez là, dit-on, en se touchant la main.
Cette locution a quelque analogie avec le mot *ratifier* (?).
— Dans le centre de la France, on appelle *topette* une mesure pour les liquides, de la contenance de vingt-cinq centilitres environ.

Torcher, du bas-latin *torcare*, dérivé de *torquere*.
Frotter pour essuyer.
Un ouvrage bien torché : proprement fait.

Torchis, mélange de terre glaise et de paille coupée, qu'on emploie pour remplir les vides des pans de bois, dans certaines constructions rurales. (Voy. *pisé*.)

Tordre, du latin *torquere*, provençal *torser*.
D'où : torsade, torse, tort, tortu, tortiller, tortueux, entorse, rétorquer, contorsion, etc.

Tort, dérivé du précédent ; opposé à *droit*.
— Les absents ont tort. (Voy. *absent*.)

Qui se fâche a tort. (Voy. *fâcher.*)

Quand tout le monde a tort, tout le monde a raison.
(La Chaussée, le Gouvernante, 1, 3.)

Torticollis, formé de *tortum collum,* cou tordu.

— Rabelais appelle *tord-cou* les cafards et hypocrites qui tordent leur cou en public, pour paraître en extase séraphique. Il dit (liv. IV, chap. 34) que Carême-prenant a la tête contournée en alambic.

Torture, latin *tortura,* action de tordre.

Par une sorte d'euphémisme, qui révèle le but qu'on se proposait, on appelait *question* l'appareil effroyable des tortures appliquées aux accusés pour leur faire avouer des crimes réels ou supposés.

La Torture interroge, et la Douleur répond.

Tory, mot anglais, du celtique signifiant sauvage.

Partisan de Charles II, en Angleterre; est resté pour signifier: attaché au parti conservateur.

S'oppose à *whig.*

Tôt, adverbe, du latin *tot cito,* comme nous disons tout aussitôt. Dérivés: aussitôt, tantôt, bientôt, plutôt.

Toton, *totum,* prononcé à la manière ancienne.

Dé percé d'une cheville sur laquelle on le fait tourner.

Les quatre faces sont marquées des lettres A. D. R. T.

A, initiale du mot latin *accipe,* prends, fait gagner; D, initiale de *da,* fait mettre un jeton; R indique qu'il n'y a rien à prendre ni à mettre; T, initiale de *totum,* indique que le joueur prend tous les enjeux.

Toujours, est pour *tous jours,* son ancienne orthographe.

— Ni jamais, ni toujours; c'est la devise des amours.

Toujours est la devise des amours, comme *jamais* est celle des ivrognes. (Mürger.)

Toujours! c'est un billet signé par l'enthousiasme, et protesté tôt ou tard par l'oubli. (Mürger.)

Toupet, petite touffe de cheveux. Origine germanique.

— Avoir du toupet, se dit dans le même sens que: avoir du front, le front de...

Avoir du toupet, c'est avoir de l'audace, de l'aplomb.

Toupin, *tupin* dans Rabelais.

Pot de terre servant anciennement de mesure.

En Provence, on appelle *toupin* un petit pot de terre qui va au feu.

Le féminin *toupine*, désigne une petite jarre ou amphore, qui reçoit les eaux ménagères destinées au ruisseau.

> De bonne vie bonne fin,
> De bonne terre bon toupin.
> (Vieux proverbe.)

— Chaque toupin trouve sa cabucelle. (Proverbe provençal.)

Tour, est le substantif verbal de *tourner*; latin *tornare*.

De là : détourner, détour, détournement ; contour, atours, pourtour, retourner.

Détournement de fonds publics : malversation.

— Jouer un mauvais tour, ...un tour de Basque.

— Jambe faite au tour, au propre, serait une jambe de bois. (Voy. fait au *moule*); mais on entend par là une jambe bien faite, qui a bonne *tournure*.

Bien tourné est l'opposé de *malitorne* (voy.), homme ou femme difforme.

— Le mot *atours*, ornements, ne vient pas du grec *tornéô*, embellir ; il correspond au roman *adorn*.

— *Teres brachiolum* (Catulle) : un petit bras rondelet.

— Les Latins disaient d'un homme bien fait : *homo factus ad unguem*, parce que les sculpteurs se servent de l'ongle comme d'un ébauchoir naturel, pour polir et perfectionner le modelé de leurs statues.

— Faire un tour (de promenade).

Faire son tour de France, ...le tour du monde.

Bene ambula et redambula (Plaute) : bon voyage et bon retour.

Tourlourou, jeune soldat d'infanterie.

Turelureau, soldat de garnison. (Ducange.)

Au XIVe siècle, on appelait *ture lure* (*toureloure*) un château à tourelles, et, au XVIIe siècle, on trouve dans Cotgrave, *turelureau*, garçon jovial (cf. *godelureau*); d'où les mots *toure-loure*, *turlurette*, *turlututu*, si fréquents dans les refrains populaires, et qui ont fait donner le nom de *loure* à la cornemuse. (Voy. Fr. Michel, *Études de philologie sur l'argot*.)

Tournoi, ainsi appelé de ce que, dans ces exercices militaires de l'ancienne chevalerie, les combattants ou bâtonniers, faisaient tourner rapidement leur bâton, épée ou lance, et qu'ils se retournaient eux-mêmes avec la plus grande vivacité.

Tournure, dérivé de *tourner*.
Synonymes : crinoline, paniers, polisson, vertugadin.
Derrière postiche que portent les femmes. Espèce de supplément à l'embonpoint de plus en plus usité dans la toilette des femmes, et qui a pris, avec la mode des crinolines, une exagération presque aussi grande qu'autrefois celle des paniers.

...De quoi elles n'ont plus honte que les femmes de bien qui montrent l'apanage de leur fessier aux eaux de Pougues. (*Moyen de parvenir.*)

Henri Estienne dit que, vers 1580, cette mode existait, et que lorsqu'une dame demandait son bonnet pour sortir, elle disait : « Apportez-moi mon cul » ; et quelquefois on répondait : « On ne trouve pas le cul de madame. »

— Boursault, dans les *Mots à la mode* (1694), donne les noms de quelques ajustements des femmes de cette époque : le chou, la gourgandine, la culbute, le tâtez-y, le papillon, etc.

— En 1828, on adopta un bourrelet de crin attaché au-dessous des hanches, pour les faire paraître plus saillantes, et qui fut appelé « polisson ».

En 1868, on porte derrière la taille de longs rubans flottants, qui s'appellent des « suivez-moi, jeune homme », et des nœuds énormes appelés « protégez-moi, mon père ! » et « tapez-moi là-dessus ».

En 1870, le « pincez-moi ça » était un large ruban formant un grand nœud derrière la taille.

Tourterelle, du latin *turtur*, par le diminutif *turturella*.
Columbæ Veneri dictæ, tanquam in amore præmollissimæ.
Les anciens en faisaient le symbole de la foi conjugale.
Conjugii fidem non violant columbæ. (Pline, X, 34.)

Tousser, jadis *tussir*, provençal *tussiar*, du latin *tussire*.
...Ils demourarent tous estonnez comme canes, et ne osoyent seulement toussir. (Rabelais.)
...Puis s'estant rassis et toussy trois bonnes fois, non sans excrétion phlegmatique... (*Satire Ménippée*, harangue de M. le Légat.)

Tout, du latin *totum*, provençal *tot*.
— Le grand tout. L'univers a été personnifié dans le dieu Pan, dont le nom, en grec, signifie *tout*.

Chez Rabelais (V, 28), le pilote Thamous entendit une grande voix qui criait : « Le grand Pan est mort ! » Rabelais ajoute, faisant allusion à la mort de Jésus-Christ : « Car cestuy très bon, très grand Pan, nostre unicque servateur, mourut lez Hiérusalem, régnant à Rome Tibère César. »

Rabelais n'est pas le premier qui ait eu l'idée d'appliquer le récit fabuleux de Plutarque à un personnage allégorique sur lequel tous les historiens de l'antiquité ont gardé le silence le plus absolu.

— Tout à tous.

> Nous sommes faicts, beaux fils, sans doubtes,
> Toutes pour tous, et tous pour toutes.
> (*Roman de la Rose.*)

Tout est dans tout. (Formule de la méthode Jacotot.)

Tout ou rien : *Aut Cæsar, aut nihil.* (Devise de César Borgia.)

— *Tout* se prend adverbialement dans une foule de locutions.

Tout à l'heure : à l'instant.

Tout comme : la même chose.

— *Tout partout* ne s'emploie plus que dans le langage populaire.

> Tout partout pères on les nomme,
> Et, de fait, plusieurs fois advient
> Que ce nom très bien leur convient.
> (Marot, *2e colloque d'Erasme.*)

— *Tout de même* s'emploie pour : en vérité, néanmoins, malgré tout : « On me l'a défendu, mais je le fais tout de même. »

— A tout le moins : au moins.

> Tous tes péchés confesseras
> A tout le moins une fois l'an.
> (Commandements de l'Église.)

Touzelle (Rabelais, IV, 4), vient de *tonsella*, diminutif de *tonsa* (*spica*), parce que les épis de ce blé, qui est comme la femelle du froment, n'ont pas de barbe, et semblent être *tousés*, mot qui autrefois se disait pour *tondus*.

> Aussi touzés que moine ou capelan.
> (Marot, *Rondeaux.*)

— Ce blé très estimé, mûrit plus tôt que le froment, et le pain qu'on en fait est plus blanc et plus savoureux.

— S'écrit aujourd'hui *touselle*.

Traducteur, traduire, du latin *traducere*, faire passer.

Faire passer un texte d'une langue dans une autre.

— Traducteur, traître : *traduttore, traditore.*

Les sots traducteurs ressemblent à des valets imbéciles, qui changent en sottises les compliments dont on les charge. (Mme de Lafayette.)

Tragédie, du grec *tragôdia*, par le latin *tragœdia*.

— Le prix de la tragédie, à Athènes, était un bouc (*tragos*), qu'on offrait en sacrifice à Bacchus, dans les fêtes duquel la tragédie avait pris naissance.

> Du plus habile chantre un bouc était le prix.
> (Boileau, *Art poétique*.)

— Jouer la tragédie : chausser le cothurne.
— La tragi-comédie est un mélange de tragique et de comique.

Trahir, du latin *tradire*, pour *tradere*, anciennement *traïr*.

— On n'est jamais trahi que par les siens. C'est parce qu'on ne saurait prendre les étrangers pour confidents.

On reprochait à Malherbe d'être toujours en procès avec ses parents : « Voulez-vous donc, dit-il, que je plaide avec les Turcs et les Moscovites qui ne me disputent rien ?... »

Le moine Luther, le curé Rabelais, ont été les plus grands ennemis de l'Église : on n'est jamais trahi que par les siens.

— Haine de frères, haine de diables.

Les hommes seront trahis par leurs pères, les frères par leurs parents et leurs amis. (*Évangile*, saint Luc.)

Train, anciennement *traïn*, suppose *trahimen*.
Train de bateaux, de wagons.
— Aller grand train, son petit train, son train-train.
Se mettre en train.
Avoir un grand train de maison (attirail).
— *Train* se dit aussi pour bruit ; ce qui traîne fait du bruit.
— De là vient *traille*, corde tendue d'une rive à l'autre d'un cours d'eau, pour haler les bateaux.

Traiter, du latin *tractare*.
Traiter quelqu'un sans façon, du haut en bas, comme un nègre, de Turc à More.

Trame, du latin *trama*, de *trameare*, passer au-delà.
Fil que le tisserand fait passer transversalement, au moyen de la navette, entre les fils de la chaîne, pour former les tissus.

Dans les étoffes de fantaisie, la chaîne est ordinairement en fil d'une matière moins précieuse que la trame.

Tramontane, de l'italien *tramontana*, *trans montes*.

Nom qu'on donne dans la Méditerranée au vent du Nord, ou bise.

Les Italiens donnaient aussi ce nom à l'étoile polaire, parce qu'elle indique le Nord.

— L'expression : perdre la tramontane, pour : perdre la tête, vient de ce qu'avant la découverte de la boussole, les marins de la Méditerranée s'orientaient au moyen de la tramontane ; dès qu'ils la perdaient de vue, ils s'égaraient.

Trancher, peut-être de *truncare* (?).

— Trancher le pain, trancher la tête.

Trancher une difficulté : *décider* une question, faire comme Alexandre à l'égard du nœud gordien. (Voy.)

De là *tranchées*, coliques.

— Autrefois, ce verbe, comme beaucoup d'autres de la première conjugaison, faisait son parfait défini en *is* :

> Mais je lui tranchis une jambe
> D'ung revers jusques à la hanche.
> (Villon, *Monologue du Franc Archer.*)

Lors d'ung coup lui tranchis la teste. (Rabelais.)

Tranquille, du latin *tranquillus*.

Tranquille comme Baptiste. Ce Baptiste est inconnu.

Trans, préfixe latin, qui ajoute l'idée de au-delà aux mots devant lesquels il se place.

Devient aussi *tra*, *tré* : transporter, traduire, trépasser.

A donné aussi l'adverbe *très*.

— Le verbe *transir*, qui a signifié mourir, vient du latin *transire* (et non de *stingere*, d'où *étreindre*).

Trappe, ancien allemand *trapo*, piège.

Porte posée horizontalement sur une ouverture, au niveau du plancher.

— La Trappe, ordre religieux, dont la maison-mère est à la Trappe, près Mortagne. *Trappan*, dans le patois de Mortagne, signifie tertre, monticule ; le couvent est sur une éminence.

Traquenard, contraction de *traque-renard* (?).

Piège en forme de trébuchet pour prendre les renards et autres animaux nuisibles.

S'emploie, au figuré, dans le sens de piège.

Travail, du latin *trans*, *vigilia*, à travers les veilles (?). Provençal *trabalh*, fatigue. Quelques-uns le rapprochent de *entraver*, et le tirent de *trabs*, poutre. Étymologie très incertaine.

— Travailler, se donner de la peine, sont synonymes. La prétention de Ch. Fourier, de rendre le travail attrayant, est donc paradoxale.

Dieu a voulu que le travail fût une peine ; ne cherchons pas à le rendre attrayant ; c'est le plaisir qu'il faut rendre instructif. (H. Rigaud.)

Le travail est à la société ce que le mouvement est à l'univers.

Le travail est l'application des facultés de l'homme à la production.

— L'organisation du travail industriel est un des grands problèmes de l'économie sociale. Longtemps le travail fut entravé par les privilèges connus sous le nom de *maîtrises*, *jurandes*, etc.

La liberté du travail a été proclamée en France, en 1789.

Un édit de Turgot, de février 1776, avait déjà supprimé les jurandes, maîtrises et corporations. (Voy. *Revue des Deux-Mondes*, 1860.)

— Le droit au travail demandé, après la Révolution de 1848, par le parti socialiste, et appliqué aux ateliers nationaux, n'est réclamé que par ceux qui ne veulent rien faire, ou ne sont bons à rien ; par ceux qui, comme on dit, cherchent de l'ouvrage et prient Dieu de n'en pas trouver.

— Le droit au repos, ou du *minimum*, de Fourier, sera sans doute l'objet d'une nouvelle révolution de l'avenir. Ce serait le droit des pauvres étendu aux masses et remplaçant l'exception par la règle.

— Le droit aux travailleurs, c'est-à-dire l'anéantissement du capitaliste par le travailleur, a été réclamé par Splingard, au Congrès des étudiants, à Liège (novembre 1865).

Deus nobis hæc otia fecit.
(Virgile.)

(Le travail est le dieu qui donne le repos.)
Après besogner, repos et denier.
Le travail, c'est la liberté.
Qui aime labeur, parvient à honneur.

Absque labore gravi non venit ulla seges.
(Horace.)

C'est-à-dire, sans un travail pénible, aucune moisson.

Celui qui ne veut pas travailler, ne mangera pas. (Saint Paul.)

Grand travail, grand plaisir : mains ouvreuses sont heureuses.

Le fruit du travail est le plus doux de tous les plaisirs. (Vauvenargues.)

La nature nous impose le travail comme un besoin, la société nous en fait un devoir, l'habitude nous en fait un plaisir.

*Labor omnia vincit
Improbus, et duris urgens in rebus egestas.*
(Virgile, *Géorgiques*, I, 145.)

Travailler, même origine que le précédent.

Synonymes : bûcher, travailler beaucoup, comme le bûcheron ; piocher, travailler comme l'agriculteur.

Travailler à la journée : à la conscience.

Travailler pour les autres : être le bœuf.

Travailler pour le roi de Prusse (voy.) : *gratis pro Deo*, inutilement.

Exemple de travail pour le roi de Prusse : porter de l'eau à la rivière, du bois à la forêt.

Envoyer des chouettes à Athènes : *Noctuas Athenas mittere.* (Cicéron.)

Demander de la pitié à sa belle-mère : *Apud novercam queri.* (Plaute.)

Travailler mal : bousiller.

Travailler à des niaiseries : en cogne-fétu.

Cesser de travailler, se mettre en grève. (Voy.)

Tréfonds, contraction de *terræ fundus.*

Le fond qui est sous le sol, qu'on possède comme le sol même.

Treize, du latin *tredecim.*

— L'idée superstitieuse attachée au nombre *treize* vient sans doute de ce que les apôtres étaient treize à table lorsque Jésus-Christ célébra la Cène avec eux, et que l'un d'eux le trahit. Aussi appelle-t-on le nombre *treize* « le point de Judas » et « la douzaine du diable ».

Cette superstition a donné naissance à la profession fantaisiste de *quatorzième*, ou de convive toujours disponible pour rompre le charme quand on ne serait que treize à table.

Les hommes les plus intelligents sont quelquefois frappés d'une terreur inexplicable par ce chiffre funeste. (Voy. *néfaste, vendredi.*)

— Être treize à table est chose très malheureuse, surtout quand il n'y a à manger que pour douze.

— Alphonse de Rothschild fait changer en 12 *bis* le numéro 13 de son hôtel (1868).

— Il n'y a que la treizième pomme à la douzaine, qui soit bien accueillie dans le monde superstitieux.

— La boutique à treize a aussi un grand succès dans le public, et a enrichi plus d'un modeste spéculateur.

— La Société des Treize, à Bordeaux, se propose de détruire par l'exemple cet absurde préjugé du nombre *treize*. Les séances de cette société sont des banquets, où treize convives vont s'asseoir le vendredi de chaque semaine. La fête de l'association se célèbre le treizième vendredi de l'année. On prend l'engagement de commencer un vendredi toutes ses entreprises, et de se mettre en voyage ce jour-là, de préférence à tout autre. A table, on renverse le sel, et on allume trois flambeaux ; on retourne le pain, et on met les couverts en croix. Les personnes réputées pour avoir le mauvais œil sont admises de plein droit.

— Les gens superstitieux se servent aussi d'une foule de momeries, pour conjurer des maléfices imaginaires. Ils font une croix sur le pain avant de l'entamer ; un sou troué doit leur porter bonheur, comme la corde de pendu. (Voy.)

> Le vin répandu est bon signe,
> Sel renversé, mauvais omine.
>
> (XVIe siècle.)

— Araignée du matin, chagrin ; du soir, espoir.

Tréma, du grec *tréma*, trou (dans les dés à jouer).

Deux points mis sur une voyelle, pour indiquer qu'elle se détache de celle qui précède : aïeul, ciguë.

Tremper, du latin *temperare*, par métathèse.

Tremper du pain dans son vin : boire par procuration. (Rabelais.)

Manger la soupe du perroquet.

Tremplin, du vieux verbe *tréper*, *triper* ; d'où *trépigner*.

Planche inclinée, élastique, qui sert à prendre son élan pour faire le saut périlleux.

Trente et quarante.

Jeu de hasard, qui se joue avec six jeux de cartes mêlés, tenus par un banquier qui dépose successivement sur la rouge et sur la noire, des cartes, jusqu'à une valeur moindre de quarante et supérieure à trente. Celle des deux couleurs qui approche le plus de trente et un a gagné.

Trépied, du latin *tripes, tripedis*.

— Le trépied d'Apollon était un vase à trois pieds, qui jouait un rôle important dans le mobilier de la diseuse de bonne aventure appelée chez les anciens Pythie.

— Aujourd'hui, être sur le trépied, c'est être inspiré, transporté de la fureur poétique ou prophétique.

Très, du latin *trans*.

Adverbe ampliatif : qui passe les limites, va jusqu'au-delà.

On disait jadis *tréstous* ; ce vieux mot exprimait le superlatif de *tous*.

— *Trans* se trouve dans *tressuer*, suer abondamment (en provençal *tressusar*) ; *tressaillir*.

— Dans certaines provinces, *tres* devient *ter*, par métathèse : tersauter, pour tressauter ; tertous.

— *Très* s'emploie devant les adjectifs et les adverbes, pour leur donner la valeur d'un superlatif absolu. (Voy. *trans*.)

Trêve, vieux français *trive*, du bas-latin *trenga*.

Cessation temporaire des hostilités.

— La trêve de Dieu : convention entre les seigneurs, au XI° siècle, de cesser toute hostilité, du mercredi soir au lundi matin.

Tricher, du latin *tricare*, chercher des détours.

Ou de *trucher* (?) qui, en argot, signifie gueuser.

De là, *tricherie*.

<blockquote>
La tricherie, enfin, va toujours à son maître.
(Hauteroche, le Souper mal apprêté.)
</blockquote>

Tricot, tricoter, tricoteuse ; d'un bourg du département de l'Oise où l'on a inventé le tricot au métier. Ou de l'allemand *strick*, lacet.

— On a appelé, en 1793, certaines femmes, *tricoteuses*.

Le 6 nivôse, an II, la commune de Paris décrète : « Les femmes assisteront aux fêtes nationales avec leurs époux et leurs enfants ; et elles tricoteront. »

Trinité, du latin *trinitas*.

Ut unitas, trinitas. (Inscription sur l'église de la Trinité, 1867.)

<blockquote>
Nix, glacies, aqua, sunt tria nomina, res tamen una :
Sic in personis trinus Deus est tamen unus (1573).
</blockquote>

Trinqueballer (Rabelais) et *trimbaler*, terme populaire.
Synonymes : remuer, brandouiller (?).
A force de trinqueballer les cloches (Rabelais, liv. I).

Trinquer, de l'allemand *trinken*, boire.
Boire en choquant les verres.

Triomphe, du latin *triumphus*. Du vieux latin *triones*, attelage de bœufs (?).
Le triomphateur, arrivé au Capitole, immolait deux bœufs, de même que, dans l'ovation, ou petit triomphe, il immolait des béliers.

Tripot, du latin *tripodium*, sorte de danse des anciens, qui s'exécutait dans les mauvais lieux.
Ou du vieux français *triper*, marcher, gambader.
On a aussi donné ce nom au jeu de paume.

Trique, anciennement *estrique*; du néerlandais *strijken*, frapper.
On appelle aussi, par antiphrase, *triques*, les petites aiguilles qui servent à *tricoter*, à démêler le fil et la laine.

Triste, du latin *tristis*, de *tero*, *trivi* (?).
— Triste comme un bonnet de nuit.
Il me parut d'une tristesse comme lorsqu'on a fait un pacte avec le diable, et que le jour de se livrer approche. (Sévigné).
Jérémie aurait été un bouffon auprès de lui, disait Rivarol, en parlant de son frère.
— Synonymes : broyer du noir ; en voir de grises ; être insupportable à soi-même ; n'avoir pas le cœur à la danse ; avoir des soucis.

Triton, origine grecque et mythologique.
Divinité marine qui semble être le symbole du mugissement de la mer. C'est au son de sa conque que Neptune soulève les flots, ou les apaise après la tempête. Les tritons, monstres moitié hommes et moitié poissons, accompagnent le char de Neptune et sont ses hérauts.

Troglodytes, du grec *troglé*, caverne, *duein*, entrer.
Peuples fabuleux de l'Afrique orientale, qui, selon Pline, habitaient, le long du golfe Arabique, dans des souterrains, sans doute pour échapper aux ardeurs du climat.

Trognon, pour *tronçon* (?).
Trognon de chou, de pomme.

On disait autrefois *tros* de chou, de lance. Ce mot ne sert plus, et l'Académie l'a supprimé dans l'édition de 1835.

Trois, du latin *tres*, qui est provençal.
— Les Romains appelaient la règle de trois, *aurea regula*.
— En trinité gît perfection. (Bovilly.)
— Les anciens buvaient trois fois, en l'honneur des trois Grâces.
Il y a trois vertus théologales.
Il y avait dans la mythologie trois grands dieux : Jupiter, Neptune et Pluton ; trois Parques, trois Furies, trois Gorgones, trois Grâces, trois Sibylles.
Cerbère avait trois têtes ; Géryon, trois corps.
On comptait trois âges.
Il y a trois couleurs primitives : bleu, jaune, rouge.
— M. de Bonald a appliqué le principe triple de cause, moyen et effet :
A la Trinité : le Père, le Fils et le Saint-Esprit.
Aux mystères de la foi catholique : la Trinité, l'Incarnation, la Rédemption.
A la société politique : le pouvoir, le ministre, le sujet.
A la société domestique : le père, la mère, l'enfant.
A la vie de l'homme : la volonté, le mouvement, l'action.
Aux pronoms personnels : je, tu, il.

Trombe, du latin *turba* (?) ; italien et espagnol *tromba*.
Colonne d'eau enlevée par le vent, et tournant sur elle-même avec une très grande vitesse.
Peut-être vient-il de l'italien *tromba*, à cause de sa forme arrondie comme celle d'une trompette.

Tromper, étymologie inconnue.
Au propre, sonner de la trompe ; a passé au sens de se jouer de quelqu'un.
— Il y a plus de trompés que de trompettes : la honte d'avoir été pris pour dupe empêche de publier sa mésaventure.
Il fait bon battre un glorieux, il ne s'en vante pas.
Qui diable est-ce donc qu'on trompe ici ?... (Beaumarchais, *Barbier*, III, 1.)
— On n'est jamais trompé : on se trompe soi-même.
— Synonymes : attraper, carotter, confondre, leurrer, mystifier, piper, tricher.
Se tromper : faire une bévue ; avoir la berlue ; se blouser, couper

dans le pont ; se fourvoyer ; tomber dans le panneau, ...dans le piège.

S'encougourder, en provençal : se mal marier, faire un marché de dupe, acheter une courge pour un melon.

Prendre son cul pour ses chausses ; prendre Gauthier pour Garguille ; prendre martre pour renard ; prendre le Pirée pour un homme ; prendre des vessies pour des lanternes.

— Trompe-l'œil : sorte de tableau où les objets de nature morte sont représentés avec une vérité qui fait illusion.

Trop, du bas latin *troppus*, grande quantité.

Dans la basse latinité, *troppus* a signifié troupeau.

Si enim in troppo de jumentis. (Loi des Allemands, de 630.)

— Adverbe de quantité ; plus qu'il ne faut, avec excès.

— En provençal, *trop* signifie excès et troupe.

En roman, *trop* équivaut à *beaucoup*.

> Trop vos am mais qu'on ne sai dir.
> (Elias de Barjols.)

(Je vous aime beaucoup plus que je ne saurais dire.)

— *Trop* se disait aussi en vieux français dans le sens de beaucoup et se rapportait à ce qui peut se compter. On disait : trop de gens (troupe de gens), pour : beaucoup de gens ; comme nous disons : une foule de gens.

> Et ce a-t-il fait a trop de gent,
> Sans prendre salaire ne argent.
> (*Miracle de saint Valentin.*)

— *Trop* garde encore la valeur de bien, parfaitement, dans : Je ne sais pas trop si... On ne peut trop dire si...

— Qui trop embrasse, mal estreind. (xvi⁰ siècle.)

> Fais quatre choses à la fois,
> Tu dois en manquer près de trois.
>
> Cil qui trop convoite, tout perd.

(Voy. *lièvre*).

— Rien de trop : *Ne quid nimis* (Phèdre et Chilon).

Maxime que les Grecs avaient écrite dans le temple d'Apollon, auquel ils l'attribuaient. (*Méden agan.*)

Le sens était : L'excès en tout est un défaut.

Rien de trop est, à mon sens, la maxime la plus utile de la vie.

Dans le *Paradis perdu*, de Milton, Adam demande à l'ange Gabriel s'il vivra longtemps : « Oui, dit l'ange, si tu observes la grande règle : *Rien de trop.* »

— Trop, c'est trop. (Rivarol.)

Talleyrand disait à ses agents diplomatiques : « Surtout, Messieurs, pas de zèle ! »

Il faut être sage même avec modération.

> ...Nam id arbitror
> Apprime in vita esse utile, ut ne quid nimis.
> (Térence, Andrienne, I, 1.)

— Beaumarchais (*Mariage de Figaro*, IV, 1) dit : « En fait d'amour, vois-tu, trop n'est pas assez. »

Pour être assez bon, il faut l'être trop.

...Il s'y était amusé fougueusement d'abord, plus qu'assez et même plus que trop, presque jusqu'à se détruire.

— Panard a fait sur *Rien de trop*, une pièce dont voici un fragment :

> Trop de repos nous engourdit,
> Trop de tracas nous étourdit ;
> Trop de froideur est indolence,
> Trop d'activité, turbulence ;
> Trop d'amour trouble la raison,
> Trop de remède est un poison ;
> Trop de finesse est artifice,
> Trop de rigueur est cruauté,
> Trop d'audace, témérité,
> Trop d'économie, avarice ;
> Trop de bien devient un fardeau,
> Trop d'honneur est un esclavage ;
> Trop de plaisir mène au tombeau,
> Trop d'esprit nous porte dommage ;
> Trop de confiance nous perd,
> Trop de franchise nous dessert ;
> Trop de bonté devient faiblesse,
> Trop de fierté devient hauteur,
> Trop de complaisance, bassesse,
> Trop de politesse, fadeur.

— Monsieur de Trop..., qu'on chasse de partout.

Tropes, du grec *tropos*, de *trepô*, tourner.

— Les *tropes* tournent au sens figuré le sens naturel des mots. Ce sont des termes d'école à la physionomie un peu pédante, mais qui ont l'avantage, une fois expliqués, d'épargner de grandes circonlocutions. Le *trope* est donc l'emploi d'une expression dans un sens figuré. Exemple : La lumière du soleil éclaire le monde.

Cet écrivain fut une des lumières de son siècle.

— On peut réduire les tropes à quatre principaux : la *synecdoque*, la *métaphore*, la *métonymie*, la *métalepse*.

1° La synecdoque est un trope par lequel un mot, au lieu de

l'objet qu'il désignait primitivement, en désigne un autre, en vertu de leur coexistence. Ainsi : les *mortels*, pour les *hommes* ; une *voile*, pour un *navire*.

2° La métaphore est un trope par lequel un mot, au lieu de l'objet qu'il désigne au propre, arrive à en désigner un autre, en vertu de la ressemblance que l'esprit aperçoit entre eux.

Toute métaphore est une comparaison. Le désespoir peut faire un tigre d'un agneau ; *tigre* et *agneau* sont pris pour *homme doux* et *homme cruel*. *Dur*, pour *impitoyable* ; *penser*, pour *peser*, sont des métaphores.

3° La métonymie est un trope par lequel un mot fait pour représenter une idée, est employé pour un autre mot exprimant une idée voisine de la première, en vertu d'un rapport commun.

Ainsi, le mot *travail* se prend pour la subsistance qu'il procure, et l'on dit : vivre de son travail ; son travail nourrit toute sa famille. C'est prendre la cause pour l'effet. Il gagne sa vie avec peine ; ici *vie* est mis pour *subsistance*, et l'effet est pris pour la cause. On dit *pastel*, pour *peinture* au pastel.

La métonymie emploie aussi le contenant pour le contenu, et réciproquement : le *palais*, pour les *juges* ; la *maison*, pour les *habitants*.

...Pour punir les crimes de la terre.

(LA FONTAINE.)

Enfin ce trope se sert du nom d'origine pour désigner la chose qui en provient. C'est ainsi que sont formés les mots *cachemire*, *madapolam*, *madras*, *tulle*.

On a nommé de l'Inde les produits que ce pays nous envoie : indienne, indigo, dinde.

4° La métalepse est un trope par lequel un mot, au lieu de l'idée qu'il exprimait primitivement, rend une autre idée, en vertu de la relation d'ordre qui existe entre elles. Cette figure prend l'antécédent pour le conséquent, ou le conséquent pour l'antécédent.

Ainsi, on emploie *entendre* pour *comprendre* : J'entends bien votre affaire. *Il a vécu*, pour *il est mort*. (Voy. antonomase, amphibologie.)

Trou, origine fort incertaine.

— Il n'a vu le soleil que par un trou : c'est un ignorant, qui n'est jamais sorti de son village.

— Rabelais (II, 34) dit qu'il faut se défier des gens qui regardent par un pertuis, ou, comme on dit, par une fenêtre de drap. Il veut parler des moines, qui voient par l'ouverture de leur cagoule.

Troubadour.

Les poëtes de l'ancienne France étaient les *troubadours* pour la langue d'oc, et les *trouvères* pour la langue d'oïl.

Ces deux termes signifient également trouveur, créateur, inventeur ; dans *troubadour*, le *b* gascon a remplacé le *v*, et le *d* représente le *t*.

Le mot *barde* signifiait aussi chanteur ; comme le grec *poiétès*, d'où poëte, créateur.

— Le plus ancien troubadour connu est Guillaume IX, comte de Poitiers et duc de Guienne, né le 20 octobre 1071, mort le 10 février 1127. Le second poëte, par ordre de date, est le trouvère Wace, qui publia le *Roman de Brut* et le *Roman de Rou*, en dialecte normand (1155).

Trouble. (Voir le suivant.)

— Pêcher en eau trouble : faire des profits illicites.

Il n'est que pêcher en eau trouble.

Il n'y a jamais eu de troubles dans l'État, sans profit pour les vauriens : quand l'eau bout, l'écume surnage.

Troubler, vieux français *torbler*, du latin *turbulare*.

De *turbulare* viennent : turbulent, perturbation, imperturbable.

Quelques-uns le font venir de *tribulare*, qui a laissé *tribulation*, et qui se rapproche de *tribulus*, chardon à trois pointes.

Trop sommes aveugles quand si le triboulons.
(J. DE MEUNG.)

...Sont foulez
Et par fortune triboulez.
(AL. CHARTIER.)

Génin condamne à regret cette étymologie ingénieuse, et rapporte *troubler* à *turbare*. L'*r* a été transposé comme dans beaucoup d'autres mots, par exemple dans *fromage*, *brebis*.

— Synonymes de se troubler : perdre la boule, la boussole, la carte, la tramontane. (Voy. *désorienter*.)

Troupe, du bas-latin *troppus*, d'un type *trupa* pour *turba*.

De là : troupeau, attroupement.

— Troupe de comédiens. A Rome, une compagnie de comédiens s'appelait aussi *grex*.

Trousser, ancien français *torser*; du latin *tortiare*, dérivé de *tortus*, et de *torquere*, attacher solidement.

D'où : trousse, bagages, réunion d'objets liés ensemble ; retrousser, mettre plus haut.

On appelle aussi *trousse* ce qui enveloppe un objet porté ; c'est l'étui du carquois de Cupidon, aussi bien que celui du barbier ou du chirurgien.

Le trousseau de la mariée, c'est le paquet de ses hardes.

Un trousseau de clefs, c'est proprement un paquet de clefs.

Trousser bagage, c'est plier bagages, partir.

Les trousses sont le vêtement qu'on porte, et se retrousser c'est relever le bas de ce vêtement.

Se mettre aux trousses de quelqu'un, c'est s'attacher à ses vêtements, chercher à le saisir par là.

Comme Molière a dit : tenir au cul et aux chausses.

Trouver, peut se rattacher au latin *turbare*, remuer, fouiller. Provençal *trobar*.

Rencontrer, par hasard ou en cherchant.

— Trouver la pie au nid. (Voy. *pie*.)

Auri venas invenire (Cicéron) : trouver une mine d'or.

Il ne trouverait pas de l'eau à la mer.

J'ai trouvé ! *Eurêka !*

Je puis m'écrier, comme Archimède : *Eurêka !*

Truand, origine très douteuse.

Signifie, dans l'usage, un coquin, un mendiant ; mais il vient de *tributum*, *tru*, pour *tribut*, et a le sens de *vilain*, qui paie taille et tribut. Serait ainsi l'opposé de *gentil*, noble, qui se trouve dans *gentilhomme* (?).

Rabelais dit (liv. III) : « Toute cette truandaille de monde qui ne preste rien... et qu'il faut nourrir. » Il entend par là : Tout ce monde parasite et inutile de bélîtres, ou moines mendiants, appelés autrefois *truands*, à cause que leur paresse et leur gueuserie leur constitue une sorte de tribut sur le reste de la société, qui travaille.

— Les rues de la Grande et de la Petite-Truanderie, à Paris, étaient habitées par les truands ; le repaire principal où ils se réunissaient, était la Cour des Miracles. (Voy.)

> Quand je vois tous nuds ces truands,
> Trembler sur ces fumiers puants,
> De froid, de faim, crier et braire,
> Conte ne fais de leur affaire.
>
> (MAROT.)

— De *truand* vient l'argot *trucher*, mendier, voler.

On a dit aussi que *truand* vient de ce qu'autrefois, en Bourgogne, on avait donné le nom de *tru*, à un impôt onéreux, qui réduisait les contribuables à la mendicité.

Truc, dans l'argot fourbesque, est une manière de voler. De *trucco*, bâton, moyen d'introduction pour extorquer de l'argent.

— *Truc*, dans le sens de rouerie, malice, était déjà usité au XIV° siècle.

— En langage des coulisses, *truc* sert à désigner un des chefs-d'œuvre du machiniste, un coup de théâtre bien réussi et ne montrant pas la ficelle.

Les féeries sont des pièces à truc.

— La vertu simulée qui cache un vice, est un truc ; bref, un truc est un procédé ingénieux, un moyen peu connu pour arriver à un but.

— *Lou Truq* (d'Aubigné, *Aventures du baron de Fœneste*, liv. IV, ch. 14), jeu de cartes à deux personnes, où les meilleures cartes sont le sept, le six et l'as.

Truqueur, vient du saxon *to truc*, commercer par échange.

Brocanteur, artiste qui fait et qui vend de fausses antiquités et autres objets de curiosité.

Tu autem, mots latins.

— Savoir le *tu autem*… En sçaurez le *tu autem* (Rabelais, liv. I, ch. 12).

C'est une façon de parler ancienne, prise des leçons du bréviaire, qui finissent par cette formule : *Tu autem, Domine, miserere nobis*.

Savoir la fin d'une chose, par suite la connaître à fond.

Tuer, étymologie incertaine ; du latin *tuditare*, fréquentatif de *tudare* (?), bien plutôt que du grec *thuein*, immoler.

Avant de prendre la signification de « faire périr », a eu celle de frapper, éteindre, étouffer.

On a dit : tuer le feu, la chandelle, et : ma chandelle est morte.

Tant tués que blessés, il n'y a personne de mort.

> Les gens que vous tuez se portent assez bien.
> (CORNEILLE, *le Menteur*.)

> Vous tuez donc des gens qui se portent fort bien.
> (MOLIÈRE, *Étourdi*, II, 7.)

— Tuer le temps. (Voy.)

— On dit, dans le Berry, d'un vaurien qui, pour le plus mince profit, ne recule devant aucune mauvaise action : « Il tuerait bien un mercier (colporteur ambulant) pour un peigne. »

Rabelais intervertit plaisamment les termes de ce dicton : « Oh ! si vous moy faictes vostre lieutenant, dit Merdaille, je tueroye ung pigne pour un marcier. »

— Tuer la poule aux œufs d'or. Allusion à un ancien apologue attribué à Ésope. Un homme possédait une poule qui pondait chaque jour un œuf d'or. Il la tua pour devenir riche tout d'un coup, et ne trouva rien.

Il y a aussi des fous de cette espèce, qui jouent une fortune médiocre mais assurée, dans l'espoir d'une grande fortune qui n'arrive jamais.

Tuffière, du grec *tuphos*, orgueil.
— Destouches a appelé « marquis de Tuffière » le héros du *Glorieux*, comédie jouée le 18 janvier 1732.

Tuile, vieux français *teule*, du latin *tegula*, ce qui sert à couvrir.

— Il lui est tombé une tuile sur la tête : un accident, un malheur imprévu lui est arrivé.

Quelle tuile ! — Pyrrhus, roi d'Épire, fut tué, au siège d'Argos, par une vieille femme qui lui envoya une tuile du haut d'une maison (272 avant Jésus-Christ).

Patatras ! voilà la tuile ; voilà le seau de glace que je redoutais.

Tu quoque! phrase latine elliptique : Toi aussi !
Ce sont les paroles de César, lorsqu'il aperçut au nombre de ses assassins Brutus, qui passait pour être son fils.

Turc.
Les Turcs font remonter leur origine à Turc, fils aîné de Japhet.
Synonyme : mamamouchi.

— Le Grand Turc. Au XVIe siècle, Mahomet II, empereur des Turcs, fut appelé par les chrétiens « le Grand Turc », à cause de l'étendue de son empire ; par opposition au sultan de Cappadoce, qu'on appelait « le Petit Turc ».

— Fort comme un Turc. C'est sans doute un Turc qui a donné cours à ce proverbe, comme l'homme s'est intitulé « roi de la création ».

On peut supposer que c'est pour combattre cette prétention qu'a été inventée la « tête de Turc », surmontée d'un turban, sur laquelle on frappe des coups si terribles pour donner la preuve de la vigueur de son bras.

— Traiter de Turc à More (Molière, *Précieuses*, sc. X). Traiter quelqu'un avec la dernière rigueur ; sans doute parce que les Turcs et les Mores, dans leurs anciennes guerres, ne se faisaient aucun quartier.

— Les Turcs nous appellent « chiens de chrétiens ». A notre tour, nous donnons souvent à des chiens les noms de Turc et même de Sultan.

Turcaret, riche financier, sot parvenu.

C'est le héros de la comédie de Lesage qui porte ce nom, jouée en 1709.

Turlupin.

Molière appelle *turlupins* les faiseurs de jeux de mots et de calembours, qui étaient très nombreux de son temps. (Voy. *Critique de l'Ecole des femmes*, sc. I.)

La Bruyère se plaignait encore de leur langage extravagant et de leurs gestes affectés.

Boileau, dix ans après Molière, avait dit, dans l'*Art poétique* :

> Toutefois à la cour les turlupins restèrent,
> Insipides plaisants, bouffons infortunés,
> D'un jeu de mots grossier partisans surannés.

— *Turlupin* fut le nom de guerre d'un comédien, dont le vrai nom était Henri Legrand, garçon boulanger qui se fit acteur en 1583 et joua la comédie pendant plus de cinquante ans. Il était associé avec Gautier Garguille et Gros-Guillaume. Le caractère des rôles de Turlupin était la raillerie et le ridicule. Gautier faisait le maître d'école, et Guillaume l'homme sentencieux.

Turlututu, imitation du son de la flûte.

Refrain de vieilles chansons.

— En 1820, on appelait au Conservatoire de Paris les opéras de Rossini, des *turlututu*. (A. Adam.)

Tutoyer, formé de *tu* et de *toi*.

— Dire *tu* à quelqu'un ; être à *tu* et à *toi* ; traiter familièrement. Ne tutoyez pas mes affaires, n'y touchez qu'avec précaution.
On rit avec vous, et tu te fâches ! (Burlesque.)

— Les Provençaux ont l'habitude de se tutoyer eux-mêmes dans certains monologues intimes : « Je me suis dit : Va à la campagne ; on ne t'attend pas, tu surprendras ton monde. »

On trouve dans le roman égyptien de *Séta*, traduit par M. Chabas, sur les papyrus trouvés dans les hypogées de la Haute-Égypte, Séta se parlant à lui-même en ces termes : « Dois-tu aller à Coptos pour t'unir avec eux ? »

Tympanite, du grec *tympanon*, par le latin *tympanum*, tambour.

Ballonnement du ventre. Chez les bêtes à laine, on lui donne le nom de *météorisation*. (Voy. *pet*.)

U

U. La lettre *u* est le *v* arrondi. Elle n'a été introduite dans la typographie qu'en 1629, par Zeitner, imprimeur à Strasbourg.

Le *v* et le *j* ont été créés au XVIe siècle comme consonnes pour doubler l'*i* et l'*u*. On les appelle des semi-voyelles.

Ultramontain, du latin *ultra, montes*.

Nom donné aux partisans du pouvoir spirituel et temporel du pape, parce que Rome, où siège le pape, est située, par rapport à nous, au-delà des monts.

— S'oppose à *gallican*.

Un, du latin *unus*.

Qui est seul.

De là : aucun, chacun, quelqu'un.

— Autrefois on écrivait souvent *ung*, et au pluriel *uns*.

Rabelais (liv. IV, 52) dit : Unes vieilles Clémentines.

En provençal, on dit aussi *uneis* au pluriel, se rapportant à des noms pluriels : *uneis ciseoux, uneis bas*.

...Délectation nous combat, luxure nous abat, ambition nous guerroye, avarice nous tourmente, envie nous insidie, et ire nous surprend. Si l'ung de ces vices est vaincu, l'aultre recommence la bataille. (*Le Triomphe de la noble et amoureuse dame.*)

Uni, datif de *unus*. Ou plutôt participe de *unir*, du latin *unire* ; sauf en composition, où il est le radical latin : uniforme, unanime, quand il a le sens d'unique.

— Unis comme la chair et l'ongle, comme les doigts de la main, comme le lierre à l'ormeau.

Union, du latin *unio*.

— L'union fait la force. On connaît la fable des baguettes qu'on brise isolément, et qu'il est impossible de rompre quand elles sont unies en faisceau.

L'homme n'est fort que par l'union. (Mirabeau.)

— Trait d'union. L'enfant est le trait d'union entre l'homme et la femme. L'intérêt est le trait d'union des familles (?).

Univers, du latin *universus*; d'où *universel*, qui s'étend à tout. *Général*, commun à un très grand nombre, souffre des exceptions; *universel*, les exclut.

— L'auteur de la préface du *Dictionnaire de l'Académie* (1835), dit que « notre langue a pris en Europe un empire presque universel ». Il y a deux fautes dans cette phrase : ce qui est presque, n'est pas tout à fait ; et ce qui se fait en Europe, n'est pas plus universel que l'Europe n'est l'univers.

Université. Corps établi pour enseigner l'universalité des connaissances humaines : langues, belles-lettres, sciences, etc.

Urbanité, du latin *urbanitas*, dérivé de *urbs* (*urbare*, tracer le sillon).

L'usage chez les anciens était de tracer un sillon pour circonscrire l'espace où l'on voulait construire une ville.

Urbs ex conjunctis domiciliis constat ; civitas ex conventiculis hominum. (Cicéron.)

Uriner, du latin *urina*, de *urne*, vase de nuit (?).

Synonymes : pisser, lâcher l'écluse ; faire le petit, faire pipi.

Expulser le superflu de la boisson. (Molière, *Médecin malgré lui.*)

— Uriner contre un mur : lire les affiches. (Voy. *jocrisse.*)

Urinoir.

Synonymes : vespasienne; porcelaine d'appartement; Bourdaloue.

Rambuteau. Guérite-urinoir en forme de colonne, servant à l'affichage, autorisée sur la voie publique sous Louis-Philippe, par M. de Rambuteau, préfet de police.

Usage; anciennement *us*, de *usus*, avec le suffixe *age*.

— On use d'une chose *commune* (accoutumée), *usitée* (qui sert souvent), *inusitée* (tombée en désuétude).

— On emploie encore l'expression : les us et. coutumes, pour signifier les anciens usages, la pratique suivie dans un pays.

— L'usage fait la loi. *Morem facit usus.* (Ovide.)

Usus, efficacissimus rerum omnium magister. (Pline, *Histoire naturelle*, XXVI, 2.) En toute chose, l'usage est le meilleur maître.

— Il n'y a ni bien ni mal, ni vice ni vertu, ni beauté ni laideur : il y a des traditions reçues, des usages admis, et des appréciations relatives au temps et à la société où l'on vit.

— Bossuet appelait l'usage « le père des langues ».

— L'usage est un quarante et unième académicien, qui fait la loi aux quarante autres.

— Synonymes : enseigner les usages du monde : décrasser; employer la savonnette à vilain.

User, de *usare*, dérivé fréquentatif de *uti*.

De là : utile et outil, abus, usure, usurpé, usité.

— Usé jusqu'à la corde, ...comme une vieille ficelle.

Usé, flétri par l'usage ; frais comme les épinards bouillis.

— La goutte d'eau use la pierre. (Voy. *goutte*.)

...Il y a (dans les églises d'Italie) de ces images des marbres les plus durs, de ceux qui font rebrousser le ciseau du sculpteur, usées et fondues comme la cire, sous l'ardeur et la persévérance des baisers des fidèles...

Les socles des deux colonnes de la Piazzetta (à Venise), ornées primitivement de sculptures, sont entièrement usées par le frottement. Combien il a fallu de fonds de culottes pour user ce granit, est un problème que nous laissons à résoudre aux mathématiciens sans ouvrage. (Th. Gautier.)

— L'esprit use le corps. (Voy. *esprit*.)

Usure, du latin *usura*.

— Faire l'usure, c'est agir dans un temps très court comme le temps fait à la longue en usant (rendant frustes) les monnaies.

Les usuriers soutiennent les fils de famille, comme la corde soutient les pendus.

Les usuriers ne nous prêtent cinq francs, qu'à la condition qu'on ajoutera des zéros à la reconnaissance.

— Synonymes d'usurier : Gobseck, mot créé par Balzac.

Ogre : il finit toujours par dévorer ses clients.

Oncle, comme « ma tante » désigne le mont-de-piété. S'applique surtout aux prêteurs sur gages.

Shilock, vampire.

Usufruit, du latin *usus fructus*.

Jouissance des revenus, des *fruits* d'un héritage, des intérêts d'un capital dont un autre est propriétaire.

Utile, du latin *utilis*, ce qui est bon pour l'usage.

D'où futile (*fuit utilis*), c'est-à-dire inutile.

— D'*utile* on a fait, au commencement du XIXᵉ siècle, le mot *utiliser* et même *utilitaire*, pour désigner l'école fondée vers 1800, par Bentham, et qui ne reconnaît pour principe du bien, que l'utile ou l'utilité générale.

Les sectateurs de Bentham ont eu leurs fanatiques, qui auraient voulu semer du chanvre sur le boulevard des Capucines.

Heureux qui sait mêler l'utile à l'agréable.

Omne tulit punctum qui miscuit utile dulci.
(Horace, *Art poétique*.)

Utopie, du grec *ou*, négation, *topos*, lieu.

Nom donné à une île imaginaire, ainsi appelée d'*Utope* (personnage créé par Thomas Morus), qui conquit cette île et y établit un gouvernement idéal.

Le plan de ce gouvernement, exposé par Thomas Morus au IIᵉ livre de l'ouvrage intitulé *Utopia* (1516), renferme des idées excellentes, mais peu pratiques. On a donné depuis ce nom d'*utopie* à l'idéal du gouvernement.

— On peut citer parmi les écrivains de ce genre (*utopistes*) :

Babeuf, qui, à la fin du XVIIIᵉ siècle, inventa le *babouvisme*, système qui prétendait établir l'égalité absolue des fortunes.

Campanella, auteur de *la Cité du Soleil* (1620).

Cabet, *Icarie* (1808).

Comte (Auguste), dont la formule est : L'amour pour principe, le progrès pour but, l'ordre pour base.

Fénelon, dans sa description de Salente (*Télémaque*).

Fontenelle, *République des Philosophes*.

Fourier et le fouriérisme, dont la formule est : Répartition proportionnelle du capital au travail et au talent.

Owen (Robert), né en 1774, est l'auteur d'un système socialiste établi sur la communauté et l'irresponsabilité humaine. Son expérience de New-Lanark, en Écosse, vers 1806, eut un plein succès, dû moins à la bonté de la théorie qu'au caractère de l'auteur. Des essais à New-Harmony (Amérique) en 1824, et à Orbiston, réussirent moins bien. (Voy. *Revue des Deux-Mondes*, 1838.)

Platon, *la République*.

Rabelais, *l'Abbaye de Thélème*, où l'on suit la maxime : « Fais ce que voudras », et où l'idéal de la vie forme le contre-pied absolu de tout ce que les couvents ont imaginé pour réduire la vie humaine à son minimum d'activité, d'intelligence et de plaisir.

Saint-Simon et le saint-simonisme, dont la formule est : L'œuvre selon la capacité ; le crédit selon la solvabilité ; le salaire selon le travail ; la rente selon le capital. *(Olinde Rodrigue.)*

— La quadrature du cercle est une utopie mathématique.

— L'utopie est le pathos de l'idéal, et le génie de ceux qui manquent de bon sens.

V

Vacance, dérivé du latin *vacare*, être libre, vide.
État de loisir. Répond au grec *scholé*, loisir.

Vacation, même origine que le précédent.
Cessation des séances des tribunaux.
Au même radical remontent les mots : vaquer, évacuer.
Par un singulier abus, *vaquer* s'emploie dans le sens de s'occuper : vaquer à ses affaires. Cela signifie simplement qu'on est libre pour s'occuper de ses affaires, que rien n'en détourne.

Vache, du latin *vacca*, pour *boacca*, de *bos*, femelle du bœuf.

— Chacun son métier, et les vaches seront bien gardées. (Voy. *métier*.)

Qui se mêle d'autrui mestier,
Trait sa vache dans un panier.

Si chacun se renfermait dans ce qui convient à sa vocation, il y aurait peut-être plus de vaches que de vachers (?).

— Parler français comme une vache espagnole. *Vache* est ici pour *vace* ou *basque*, nom donné aux habitants de la Biscaye ; d'autant mieux que jadis *vache* se disait *vacce* (?) et que les Gascons ont apporté d'Espagne l'habitude de changer le *b* en *v* ; ce qui a fait dire à Scaliger : *Felices populi, quibus bibere est vivere!*

(Peut-être pourrait-on expliquer : comme une vache, ou un Basque, parle espagnol ?)

La langue des Basques est si étrange, que Scaliger disait d'eux : « On prétend qu'ils comprennent leur langue, mais je n'en crois rien. »

— *Bovi citellas imponere* (Cicéron) : bâter un bœuf.
— Le plancher des vaches. (Voy. *terre*.)

Vade-mecum, expression latine : va avec moi.

Nom donné à certains livres portatifs (appelés aussi *manuels*), qui peuvent être consultés commodément.

Vagabond, du latin *vagabundus*, errant.

Au même radical se rattachent : vague, extravaguer, divaguer.

— Synonymes : bohémien (voy.), goueppeur ou gouapeur, de *guêpe*, qu'on prononce *gouape*, en Normandie. La guêpe butine çà et là pour vivre.

Vain, du latin *vanus*, léger, vide. Rattachez-y : vanité, vanter, vantard, s'évanouir.

— Il y a des gens que l'on croit profonds, qui ne sont que creux.
— La vanité se nourrit de flatterie ; quand on est *enflé*, la vanité est satisfaite.
— Rabelais (*Testament de Patelin*) se sert du mot *vain* dans le sens de défaillant : « Ha ! tant je suis vain. »

Vaincre, du latin *vincere*.

— Vaincre ou mourir. Les amis de Pompée lui reprochaient de trop s'exposer dans les combats : « Il est nécessaire de mourir, et non de vaincre », répondit-il.

— On lit cette inscription sur la lame d'une épée trouvée à Herculanum ; *Senatus consulto, Roma vincit*. Rome doit vaincre, par ordre du Sénat. Quelle confiance dans la discipline, le courage et le patriotisme des soldats !

— Malheur aux vaincus ! *Væ victis !* Mot qui résume la loi injuste du plus fort.

Le 20 juillet de l'an 392 avant Jésus-Christ, les Gaulois Sénons, venus du fond de l'Abruzze, où ils étaient établis depuis plus de deux cents ans, prirent Rome, la brûlèrent, et tuèrent les sénateurs, qui les attendaient à l'entrée de leurs maisons, en habits d'apparat, assis sur leurs chaises curules.

Ils campèrent sept mois sur les ruines de Rome, et se retirèrent sans être inquiétés, quoique Tite-Live prétende que Camille les aurait tous massacrés.

L'or de la rançon payée aux Gaulois fut de deux mille livres, pris parmi les ornements des temples et les bijoux des matrones. L'or fut apporté au camp gaulois, et, au moment où on le pesait, le Brenn détacha son baudrier et le jeta avec son sabre dans le plateau de la balance. Les Romains ayant réclamé, il cria : « Malheur aux vaincus! » Parole alors nouvelle, mais qui, dit Plutarque, passa depuis en proverbe. (Plutarque, *Vie de Camille*, XXXVI.)

(Notons que *Brennus* n'est pas un nom propre, mais un qualificatif, un titre; il signifie, en bas-breton, *roi*, *chef*.)

— Sauve qui peut ! Malheur à qui est pris.

> Qu'importe qu'on triomphe ou par force ou par ruse ?
> (DELILLE.)

> ...Dolus an virtus, quis in hoste requirat ?
> (VIRGILE.)

> A vaincre sans péril, on triomphe sans gloire.
> (CORNEILLE, le Cid.)

— *Veni, vidi, vici* : je suis venu, j'ai vu, j'ai vaincu.

Jules César écrivit ces trois mots à ses amis, pour leur annoncer la rapidité de la victoire qu'il venait de remporter, dans le Pont, contre Pharnace, fils de Mithridate.

— Le cardinal de Richelieu écrivait au bas des projets qui lui étaient soumis : *Vidi, legi, probavi* : vu, lu, approuvé.

Vair, vairon, du latin *varius*.

Vair signifie de diverses couleurs; d'où yeux *vairons*, d'un bleu mêlé de gris.

— *Menu-vair*, ou *petit-gris*, désignait une pelleterie gris-blanc, fourrure très estimée au Moyen-Age. Son nom de *menu-vair* lui venait de ce que cette peau d'une sorte d'écureuil, est grise sur le dos, blanche sous le ventre.

Vaisseau, anciennement *vasciel*, du latin *vascellus*, diminutif de *vas*.

— Brûler ses vaisseaux : s'ôter les moyens de battre en retraite. (Voy. *Rubicon*.)

Allusion à la conduite de quelques hardis capitaines qui brûlèrent les vaisseaux qui les avaient portés sur des rivages étrangers ou ennemis, afin que leurs soldats fussent par la nécessité déterminés à vaincre ou à mourir. Agathocle, tyran de Syracuse, fut le premier qui donna, sur les côtes d'Afrique, l'exemple de cette heureuse audace. Il fut imité par Asclépiade, lieutenant de Dioclétien. L'empereur Julien, Guillaume le Conquérant, Robert Guiscard et Fernand Cortez firent de même.

Valet, anciennement *varlet*, et d'abord *vaslet*; de *vassaletus*, diminutif de *vassal*. (Voy.)

Le sens primitif de *vassal*, jusqu'au XIII° siècle, est *brave, vaillant*. Dans la *Chanson de Roland* (st. 286), cette épithète est appliquée à Charlemagne lui-même :

<small>Mult est vassals Karles de France dulce.</small>

Le *valet* ou *vaslet* est un jeune brave, souvent un fils de roi ou d'empereur. Dans un fabliau, le fils du comte de Beauvais est appelé « gentil valet »; et dans les comptes de la maison de Philippe le Bel, les fils du roi se nomment « valets ».

— Tel maître, tel valet : *Dignus domino servus*. (Plaute.)

<small>Par les airs du valet, on peut juger le maître.
(Destouches, *le Glorieux*.)</small>

— Dans les jeux de cartes qui datent d'une époque très ancienne, on retrouve encore les figures où le *roi*, la *dame* et le *valet* représentent le père, la mère et le fils. Ce n'est pas à des laquais qu'on eût donné les noms des chevaliers les plus illustres : Hector, Ogier, Lahire, Lancelot. Ici, les quatre valets sont quatre princes héritiers de quatre rois.

Ainsi voilà des noms qui, après avoir honoré longtemps la plus haute noblesse, ont été rabaissés à désigner l'homme dans sa plus basse condition, et à devenir, de nos jours, des termes humiliants et injurieux, bannis en quelque sorte d'une langue où ils avaient brillé si longtemps comme des titres d'honneur et de vaillance.

Les noms, comme les hommes, sont exposés à dégénérer et à descendre de significations élevées à des significations basses. *Donzelle* signifiait autrefois *demoiselle*, la petite dame, la jeune maîtresse, la fille de la maison.

Au Moyen-Age, le mot qui avait le sens actuel de *valet*, est *garçon*. Il a gardé cette ancienne acception.

Aujourd'hui, *valet* ne se dit plus que d'un homme gagé pour faire le service domestique. On distingue les valets de chambre, les valets de pied; en vénerie, les valets de chiens; dans les fermes, les valets de charrue ou d'écurie.

Au théâtre, les valets ont de l'esprit et de la ruse, et sont propres à toutes sortes d'intrigues. Tels sont les Scapin, les Crispin, les Frontin.

Valeur, du latin *valere*, être fort, bien portant.

De là : valide, vaillant, valétudinaire.

— Valeurs : argent monnayé, ou titres de rentes.

Mauvaises valeurs : valeurs de la rue Quincampoix.

Torche c... — Si, au dire de Rabelais (I, 13), le papier n'est pas le meilleur des *aniterges*, celui des assignats, de la banque de Law, et de certaines entreprises industrielles, modernes, est à coup sûr le plus cher. L'expérience ruineuse de Law inspira à la mère du Régent cette boutade qu'on trouve dans une lettre du 1er juin 1720 : « Personne en France n'a plus le sou maintenant ; mais je dirai, sauf respect, en bon allemand palatin, qu'ils ont tous des torche-culs de papier. »

Vallon, dérivé de *val*, du latin *vallis*.

D'où : vallée, aval, dévaler, vau (dans *à vau-l'eau*, voy.)

Vampire, origine incertaine.

Mort que l'opinion populaire fait sortir des tombeaux pour sucer le sang des vivants.

Au figuré : un usurier ; celui qui pressure les malheureux.

Vandales. Peuple barbare de la Germanie ; du gothique *vandalen*, errer, parce qu'ils changèrent souvent de séjour. Ils habitaient, à l'origine, le long de la Baltique, entre l'Elbe et la Vistule. Sous Auguste, une partie alla s'établir sur les bords du Rhin, et plus tard, sur les rives du Danube. Au ve siècle, ils ravagèrent la Gaule pendant deux ans (406-408), puis allèrent piller l'Espagne et l'Afrique, jusqu'au moment où Justinien envoya Bélisaire, qui en délivra l'empire (534).

— *Vandale* et *vandalisme* s'emploient pour désigner et flétrir l'ignorance stupide de ceux qui dégradent les monuments des arts.

Vanité, du latin *vanitas*, de *vanus*, vide.

— Une once de vanité gâte un quintal de mérite.

Les Anglais disent : « Il n'y a pas de gens plus vides que ceux qui sont pleins d'eux-mêmes. »

La vanité n'est que l'affectation de quelque qualité qu'on n'a pas : qui dit vain, dit vide.

...Il prétendait en être l'auteur : c'était un mensonge greffé sur une vanité. (H. Murger.)

La vanité au dehors est la marque de la pauvreté au dedans. (Saint Chrysostome.)

La vanité est l'amour-propre qui se montre ; la modestie est l'amour-propre qui se cache. (Fontenelle.)

La vanité et l'orgueil coûtent plus que la faim et la soif. (Jefferson.)

Tout n'est que vanité. (Salomon.)

Tout homme vivant n'est que vanité. (Saint Paul, *Romains* VIII, 20.)

L'homme est le rêve d'une ombre (Pindare). Ce qui signifie que l'homme, par sa vanité, est comparable aux deux choses les plus vaines qui soient au monde.

La vertu n'irait pas loin, si la vanité ne lui tenait compagnie. (La Rochefoucauld.)

— Quelqu'un plaignit un jour Diogène de le voir exposé à une pluie froide et abondante. « Si vous le plaignez, dit Platon, ne le regardez pas : il se mettra bientôt à l'abri. »

— Epaminondas disait, après la bataille de Leuctres : « Ce qui flatte le plus mon cœur dans cette victoire, c'est de l'avoir remportée du vivant de mon père et de ma mère. »

Vanner, du latin *vannus*, van.

Nettoyer le grain au moyen d'un van.

De là : vannier, vanneur, vanne.

Vantard, de *vanter*, avec le suffixe péjoratif *ard*. Fanfaron.

— Tout homme manque surtout de la qualité dont il se vante le plus.

— S'il se vante, je l'abaisse ; s'il s'abaisse, je le vante. (Pascal.)

— De grands vanteurs, petits faiseurs.

Vanter, du latin *vanitare*, qui se trouve dans saint Augustin.

Quelques-uns ont proposé *venditare*, faire l'article, chercher à placer sa marchandise ; faire valoir une personne, une chose, comme un article de commerce (?).

Varech, de l'anglo-saxon *vrác*, rejeté ; anglais *wrech*, débris de navire.

Plante marine que le flot rejette sur le rivage.

Varié, du latin *varius*, comme *vair*. (Voy.)

Varus, rends-moi mes légions !

Varus, général romain des troupes de Germanie, se laissa attirer par Arminius dans un défilé où son armée fut anéantie. Ce désastre causa à Auguste une douleur si vive, que, pendant longtemps, il s'écriait sans cesse : « Varus, rends-moi mes légions ! »

Six ans après, Germanicus donna la sépulture aux soldats de Varus, dont les ossements jonchaient le champ de bataille. (Voy. *Tacite*.)

Vassal, du celtique *gwas*, jeune garçon, par le bas-latin *vassalus*. Plutôt que du latin *vas*, caution. (Voy. *valet*.)

Vassal a signifié brave, vaillant, jusqu'au XIIIe siècle.

Les vavasseurs étaient les feudataires des vassaux du souverain. (Syncope de *vassus vassorum*.)

Vau, forme vocalisée de *val*, latin *vallis*.

A vau-l'eau : au courant de l'eau, à l'aventure, sans qu'on ait rien dirigé.

Vaudeville, ou *vau de vire*; de *vau* et *vire*.

Mot créé par Olivier Basselin pour les pièces de vers qu'il composait dans le val de Vire ; le mot s'est modifié en *vaudeville*.

> D'un trait de la satire en bons mots si fertile,
> Le Français, né malin, créa le Vaudeville.
> (Boileau, *Art poétique*.)

— Le vaudeville a changé de caractère. Le premier théâtre où fut joué à Paris le vaudeville, s'ouvrit rue de Chartres, le 12 janvier 1792. Barré, qui en fut le directeur, prit pour épigraphe de son affiche, le vers de Boileau.

Vaugirard.

C'est le greffier de Vaugirard, qui ne peut écrire si on le regarde : le moindre obstacle arrête les gens peu habiles.

Ce greffier tenait son bureau d'écritures dans une chambre qui n'était éclairée que par une étroite lucarne. Regarder par cette ouverture, c'était l'empêcher de voir.

— Prendre Vaugirard pour Rome : se tromper grossièrement.

— La burette du curé de Vaugirard : une grande bouteille.

Vautrer (se), autrefois *voltrer*, *voutrer*. Ménage le dérive de *volutare* (?).

— On appelle *vautre* un chien dressé à la chasse du sanglier et de l'ours, et qui se roule comme eux dans la boue.

— Au figuré : se vautrer dans la débauche, dans le vice.

Veau, anciennement *véel*, de *vitellus*, pour *vitulus*, dont on a rapproché *Italie*, qui semble avoir pris son nom de ce qu'elle nourrit de nombreuses bêtes à cornes.

— Dans le Berry, on emploie le féminin *vèle*, pour la génisse du premier âge. Ce féminin manque au français, où il y a cependant le verbe *véler*.

— Pleurer, beugler, s'étendre comme un veau.

Le cuir ne sera pas cher, les veaux s'étendent.

> Il eût de marisson (chagrin) pleuré comme une vache.
> (Régnier, *Satire III*.)

— Veau d'or. Idole que les Israélites érigèrent aux faux dieux, pendant une absence de quatre-vingts jours que fit Moïse sur le mont Sinaï. (*Exode* XXXII.)

Adorer le veau d'or.

— Tuer le veau gras : faire à quelqu'un grand accueil.

Cette locution est empruntée à la parabole de l'Enfant prodigue. C'est juste le contraire de « manger de la vache enragée ».

Veiller, provençal *velhar*, du latin *vigilare*.

La veille est la privation de sommeil pendant la nuit.

— Le mot *veille*, dans le sens de jour précédent, s'est appliqué d'abord au jour qui précède les grandes fêtes religieuses, parce que les premiers chrétiens passaient en prières la nuit intermédiaire (*vigilia*). Aujourd'hui encore, l'Église prescrit le jeûne, la veille ou *vigile* des grandes solennités.

— On appelle *veilleuse* une petite lampe qu'on laisse allumée toute la nuit.

— En provençal on appelle *villore*, le veilleur de nuit (qui veille au repos des habitants).

— L'homme vigilant est celui dont l'intelligence ne reste pas endormie.

Veine, du latin *vena*, du verbe *venire* : c'est par là que le sang vient au cœur.

— N'avoir pas de sang dans les veines : manquer d'énergie.

— Qui voit ses veines voit ses peines. Il serait plus exact de remplacer *veine* par *déveine* (manque de chance au jeu).

Vélin, peau de veau ; fait comme *véler*.

Velléité, terme de philosophie, calqué sur *velle*, vouloir.

Volonté faible. On peut s'agiter sans agir, piétiner sans avancer ; velléité n'est pas volonté.

Il y a, entre la velléité et la volonté, la même différence qu'entre la paresse et le travail.

Les paresseux ont toujours *envie* de faire quelque chose. (Vauvenargues.)

Velours, anciennement *velous*, du latin *villosus*, couvert de poils.

— Faire patte de velours : cacher sous des dehors caressants le dessein de nuire.

Le chat ne nous caresse pas : il se caresse à nous. (Rivarol.)

— Moncrif composa une histoire des chats, qui le fit surnommer « historiographe ». Le poëte Roy, très satirique et très mordant, poursuivit de ses sarcasmes l'historien des chats. Moncrif s'en vengea en lui donnant une volée de coups de canne. Mais, sous le bâton même, Roy se mit à crier : « Patte de velours, Minon, patte de velours ! »

Vendange, du latin *vindemia* (*demere vinum?*).

De là : vendémiaire, dans le calendrier républicain.

Setembre..., el qual so vendemias, perque en semblensa de vendemiator lo dipinho. Septembre..., auquel sont vendanges, c'est pourquoi on le représente en ressemblance de vendangeur.

Vendre, du latin *vendere*.

— Il y a autant d'exagération dans le dénigrement de ce qu'on marchande, que dans l'éloge de ce qu'on vend. (Petit-Senn.)

— Il ne faut pas vendre la peau de l'ours avant de l'avoir tué.

> Deux compagnons pressés d'argent
> A leur voisin fourreur vendirent
> La peau d'un ours encor vivant,
> Mais qu'ils tueraient bientôt, du moins à ce qu'ils dirent.
> (La Fontaine, *Fables* V, 20.)

On dit de même : Il ne faut pas chanter *Magnificat* à Matines.

— Vous ai-je vendu des pois qui ne voulaient pas cuire ? Vous ai-je trompé ?

Vendredi, du latin *Veneris dies*.

Jour que la superstition regarde comme funeste.

Dans l'antiquité, c'était le jour heureux par excellence, le jour fécond de la joie et du bonheur, consacré à Vénus.

Il a été maudit par le christianisme, ou peu s'en faut, parce que c'est lui qui a vu le supplice du Golgotha.

— La superstition du vendredi est une des plus fortement enracinées. La statistique des chemins de fer, établie par le chiffre des recettes, constate que le nombre des voyageurs subit une baisse sensible et régulière, ce jour-là, sur les grandes lignes. (Voy. *treize*.)

— On trouve beaucoup de gens qui, de crainte de malheur, n'entreprennent rien ce jour-là. Il faut en rire.

> Tel qui rit vendredi, dimanche pleurera.
> (Racine, *Plaideurs*.)

Venelle, pour *veinelle*, dérivé de *veine*.

S'est dit pour *ruelle*. Ne s'emploie plus guère que dans la locution : enfiler la venelle.

> Fut sur le point d'enfiler la venelle.
> (La Fontaine, V, 8.)

Il y a, dans cet emploi de *venelle*, la même métaphore qu'on trouve dans l'expression actuelle *artère* : « Les boulevards sont les grandes artères de Paris. »

— Je pensoye qu'en la venelle du lict feust vostre selle persée. (Rabelais, IV, 67.)

Vénerie, dérivé de *veneur*, du latin *venatorem*.

L'art du veneur, de la chasse.

De là aussi : venaison.

Vengeance, substantif, dérivé de *venger*, latin *vindicare*.

A donné aussi les mots savants : revendiquer, revendication.

— La vengeance est une sorte de justice sauvage et barbare. Elle semble destituer la loi, et se mettre à sa place. (Bacon).

Quand on se venge, on est juge de sa propre cause ; il est bien difficile de ne pas demander plus qu'il n'est dû. (Mme de Puisieux.)

La vengeance est une arme à deux tranchants, qui peut blesser à la fois celui qui frappe et celui qui est frappé.

Venin, de *venenum*, de *vena*, parce que le poison circule dans le sang veineux.

— *Venimeux*, se dit des animaux ; *vénéneux*, des autres êtres.

— Morte la bête, mort le venin : on n'a rien à craindre d'un ennemi mort.

Le comte de Vogé fut exilé pour avoir dit que le Régent pouvait faire de Dubois un ministre, mais qu'il n'en ferait jamais un honnête homme. A la mort de Dubois, le Régent écrivit à Vogé, pour le rappeler de l'exil, ce singulier billet : « Morte la bête, mort le venin : je t'attends ce soir à souper au Palais-Royal. »

— *In cauda venenum* : C'est dans la queue qu'est le venin.

Ce proverbe latin fait allusion au scorpion, dont le poison est caché dans la queue.

— La malignité d'une lettre est souvent dans le post-scriptum, et l'on dit : *In cauda venenum*. (Voy. *queue*.)

Venir, du latin *venire*.

Souche d'un grand nombre de mots : Avenant, aventure, avenir, avent, couvent, convention, contravention, événement, inconvénient, inventeur, inventaire, parvenu, prévention, revenant, souvenir, subvention, etc.

Vent, du latin *ventus*.

Les vents sont les mouvements de l'atmosphère.

— Enfants du ciel et de la terre, les Vents étaient placés par les anciens dans les îles Éoliennes *(Lipari)*; ils avaient pour roi Éole, qui les tenait enchaînés dans une caverne.

Les quatre vents principaux chez les anciens étaient : Borée (nord), Eurus (est), Auster (midi), Zéphyr (ouest).

— La *rose des vents* est une étoile à 32 pointes, pour représenter les 32 aires ou rhombes des vents, et dont la circonférence est divisée en 360 degrés.

— Un vent fort parcourt de 30 à 70 kilomètres à l'heure ; un vent de tempête, 100 kilomètres ; un ouragan, 130 kilomètres.

— Noms des vents :

Alisés, du latin *aliseus*, qui soufflent d'Orient en Occident; Africus, chez les Latins, nord-est ; Aquilon, nord ; Argestus, latin, nord-ouest ; Auster, latin, nom poétique du vent du midi ; Autan, vent du sud-est qui souffle sur les côtes de la Méditerranée. (On n'emploie guère ce mot qu'en poésie, comme synonyme de grand vent.) Bise, de l'allemand *biso*, tourbillon (?), nord; Brise ou Zéphyre, ouest ; Cœcias, latin, nord-est ; Caurus, latin, nord-ouest ; Etésius, latin, nord-est ; Euronotus, latin, sud-est ; Eurus, latin, est ; Favonius, latin, ouest ; Lebecchio, sud ; Maëstro, nord-est ; Mistral, nord-ouest; Moussons (Voy.) ; Notus, sud ; Simoun, vent d'Afrique.

(Voy. *Sirocco, Tramontane, Typhon*.)

— En provençal, les vents se nomment :

Tramontana, nord ; Miejournari, sud ; Levant, est ; Larg ou Ponent, ouest ; l'Eisseroc, sud-est ; l'Abech, sud-ouest ; Mistrau, nord-ouest ; Gregali, nord-est.

— L'alternance régulière de la brise de mer pendant le jour et de la brise de terre pendant la nuit ; ainsi que, dans les pays accidentés, le mouvement alternatif d'ascension et de descente de l'air sur la pente des montagnes, est due à la même cause que le régime des vents alisés et des moussons, qui règnent pendant six mois dans l'océan Indien. Les moussons soufflent à peu près du sud au nord, d'avril à octobre, quand le soleil est au nord de la *ligne*, et dans la direction opposée, de novembre à mars, lorsqu'il est dans l'hémisphère austral. Les relations maritimes se règlent sur la périodicité de ces deux courants.

Dans la zone tempérée, la direction des vents opposés soufflant de tous les points de l'horizon, donne naissance aux terribles météores qui, sous le nom de *tornados*, *cyclones*, dans l'océan Indien, de *typhons*, dans les mers de Chine, sont un sujet d'épouvante pour les marins. La vitesse circulaire du vent atteint jusqu'à quarante lieues à l'heure.

Nos tempêtes d'Europe ne sont autre chose que des cyclones d'un rayon plus étendu, et dont l'intensité diminue avec l'étendue des surfaces; leur maximum de vitesse est de dix lieues à l'heure.

— Cyclone, tourbillon de vent qui prend naissance et se propage en pleine mer, et forme une trombe spiroïdale, dont le diamètre est souvent très grand, qui tourne sur lui-même avec une vitesse considérable.

— On nomme *rafale* une augmentation de vent soudaine et très forte, mais qui dure peu. Les rafales se produisent pendant les tempêtes et causent de grands ravages.

...Des personnes ont été blessées pendant cette rafale, par la chute des tuiles, qui voltigeaient dans les airs comme des feuilles mortes. (Jolie hyperbole du *Toulonnais*, 1868.)

— Vents intestinaux. Synonymes: flatuosités, pneumatose, pet, vent de la chemise (Rabelais).

— Autant en emporte le vent. Se dit d'une chose sans importance qu'on oublie aussitôt.

Rabelais (IV, 12), parlant d'un *chicanous* (huissier) mort sous le bâton du Seigneur de Basché, ajoute : « Depuis, n'en feust parlé. La mémoire en expira avec le son des cloches, lesquelles quarillonnèrent à son enterrement. »

Grégoire de Tours dit de même d'un hérétique mort subitement : *Periit hujus memoria cum sonitu, et Dominus in œternum permanet.*

> Il dit, il vole, et le vent emportait
> Lui, son cheval et tout ce qu'il disait.
> (Voltaire, *Pucelle*, 6.)

Ramer il faut, s'il ne vente.

Aller contre vent et marée. *Remis velisque.* (Cicéron.)

— Le vent est une force irrésistible et presque mystérieuse ; il vient d'en haut. Quand il est favorable, il semble un souffle des bons génies. La rame est un instrument matériel et baigné de la sueur humaine ; le rameur fait toujours un peu penser au galérien. (J.-J. Ampère.)

Ventre, du latin *venter*, en grec *entéron*, les intestins.
Cavité du corps qui contient l'estomac et les entrailles.
— Synonyme : bedon, bedaine (boulet de pierre lancé par la catapulte nommée *bedondaine*) ; panse ; le cimetière des poulardes.

Ventre affamé n'a point d'oreilles.
(La Fontaine, *Fables*, IX, 8.)

Jejunus venter non audit verba libenter.

Ce proverbe, né chez les Grecs, a passé dans toutes les langues.
Caton commence ainsi un discours au peuple romain sur la loi agraire : *Arduum est, Quirites, ad ventrem auribus carentem verba facere.* Il est difficile, citoyens, de se faire entendre d'un ventre qui n'a pas d'oreilles.
Orphée n'avait pas oublié ce dicton, déjà répandu de son temps, puisque, pour descendre aux enfers, il avait pris, avec sa lyre, une provision de gâteaux au miel. Ce n'est qu'après en avoir donné à Cerbère, qu'il lui fit un peu de musique.
— La faim est une mauvaise conseillère, qui a suscité bien des révolutions.
Quand il n'y a pas de foin au râtelier, les ânes se battent.
Le peuple est un souverain qui ne demande qu'à manger : Sa Majesté est tranquille quand elle digère. (Rivarol.)
Le véritable acteur de la Révolution française, ce n'est ni Mirabeau, ni Danton, ni Robespierre ; mais le peuple.
La révolution n'est ni dans les fautes de la royauté, ni dans celles des assemblées, mais dans les souffrances de vingt-cinq millions d'affamés.
Il fallait au peuple romain du pain et des spectacles pour qu'il se tînt tranquille ; ce qui fit dire à Aurélien : « Le peuple romain est charmant quand il a bien dîné. »
Le vulgaire ne s'occupe, en politique, que des subsistances.
Vulgo una ex republica annonæ cura. (Tacite, *Histor.*, IV, 38.)
Une armée à jeun n'observe pas la discipline.
Disciplinam jejunus non servat exercitus.
Sixte-Quint disait que deux choses étaient nécessaires pour maintenir le peuple dans l'obéissance : le pain et le fer.

La vie est attelée à deux mauvais chevaux : le boire et le manger. (Ronsard.)

Napoléon disait : « C'est le ventre qui fait mouvoir le monde. »

Magister artis, ingeniique largitor
Venter.
(Perse, *Satires*, Prologue, II.)

L'antagonisme de tous les partis politiques peut se résumer en deux catégories : les maigres et les gras.

— Faire un dieu de son ventre. Les anciens avaient divinisé le ventre dans *Comus*, comme étant le premier moteur de l'activité humaine, le principe de l'ordre et le régulateur de l'univers ; car la faim pousse au travail, le travail crée l'abondance, et de l'abondance naît l'amour, le grand mobile de l'attraction et de l'harmonie sociale.

Comus, dépouillé par les modernes de ses attributions primitives, est devenu le dieu de la bonne chère et des appétits sensuels ; faire un dieu de son ventre, se prend aujourd'hui en mauvaise part, pour signifier une extrême gourmandise.

Ventri servire.
(Térence.)

Ventre affamé prend tout à gré : au ventre, tout y entre.

Jejunus raro stomachus vulgaria temnit.
(Horace, *Satire*, II, 2.)

(Un estomac vide ne dédaigne pas les aliments communs.)

— Louer son ventre : s'engager à dîner en ville.

— Synonyme de prendre du ventre : bâtir sur le devant, grossir, ventru, ventripotent.

— Le ventre anoblit. D'après une ancienne coutume de Champagne, une dame noble anoblissait ses enfants.

De là est venue la locution ci-dessus.

On attribue cette coutume au massacre d'un grand nombre de guerriers champenois, à la bataille de Fontanet, en 841, qui obligea à admettre le principe que la mère transmettait la noblesse.

Vénus, latin *Venus, Veneris*, mère de l'amour et déesse de la beauté.

— Les Latins adoraient *Venus plebeia, Venus furtiva, Venus vulgaris*, etc.

— Vénus Aphrodite, chez les Grecs, signifie née de l'écume.

Déesse de la beauté, elle naquit de l'écume de la mer, près de l'île de Cythère. Son culte, appelé *veneratio*, a donné *vénérer*.

L'idée de beauté humaine était exprimée en latin par *venustas*, qui n'a pas d'équivalent en français.

<blockquote>Sans Cérès et Bacchus, Vénus est languissante.</blockquote>

(Voy. *platonique*.)

<blockquote>Sine Cerere et Libero, friget Venus.
(Térence, Eunuque, IV, 6.)</blockquote>

Vénus se morfond sans la compaignie de Cérès et de Bacchus, et estoyt l'opinion des anciens que messer Priapus feut fils de Bacchus et Vénus. (Rabelais, III, 31.)

Saint Paul, en vertu de cet aphorisme, et par mesure d'hygiène, dispensait les époux du devoir conjugal lorsqu'ils jeûnaient.

<blockquote>Luxure est un péché que gloutonie alluche,
Et si le fait flamber plus sec que sèche bûche.</blockquote>

<blockquote>L'amour, ce dieu si triomphant,
Mange et boit comme un autre enfant,
Et n'a peur que de la famine ;
Aussi n'est-il jamais plus galant et plus feu
Que quand au feu de la cuisine
Il peut allumer son flambeau.</blockquote>

Vêpres, provençal *vespres*, du latin *vesperas* (du soir).

L'une des grandes heures faisant partie de l'office divin. Elles se disaient autrefois le soir, vers le coucher du soleil. Aujourd'hui, on les dit vers 3 heures de l'après-midi. (Voy. *heures*.)

Ver, du latin *vermis*; d'où : vermine, vermicelle, vermisseau.

— Tirer les vers du nez à quelqu'un (Rabelais) : lui arracher la vérité, sans qu'il s'en aperçoive.

En langue romane, *ver* signifie *vrai*, vérité.

<blockquote>Mez vor est ke li vilains dit.
(Robert Wace.)</blockquote>

(Mais ce que dit le vilain est vrai.)

Vous avez envie de me tirer les vers du nez. (Molière, *G. Dandin*.)

— Tuer le ver. Cette expression remonte au temps de François Ier. Au mois de juillet 1519, la femme du sieur de la Vernade, maître des requêtes, mourut de mort subite. On fit l'autopsie, et les chroniqueurs naïfs du temps assurent que la mort avait été causée par un ver, qui lui avait percé le cœur. On appliqua sur ce ver un morceau de pain trempé dans du vin, et immédiatement il mourut.

C'est depuis lors, dit-on, que l'ouvrier, avant d'aller au travail, le matin, boit une chopine de vin blanc.

Vergogne, du latin *verecundia*, pudeur ; provençal *vergonia*.

Ce terme, autrefois courant et très noble, est devenu familier et d'un emploi plus rare. Il avait plus de force que *honte*.

Il est resté son dérivé *dévergondé*.

Vérité, du latin *veritas*.

Qualité qui fait paraitre les choses telles qu'elles sont.

Divinité allégorique, fille de Saturne et mère de Vesta.

Démocrite disait qu'elle se tenait au fond d'un puits, pour exprimer qu'il était difficile de la découvrir.

— La vérité est le nom que chacun donne à son opinion.

L'or et la vérité sont les deux choses les plus précieuses.

> La morale a besoin, pour être bien reçue,
> Du masque de la fable et du charme du vers :
> La vérité plait moins quand elle est toute nue,
> Et c'est la seule vierge, en ce vaste univers,
>   Qu'on aime à voir un peu vêtue.
>   (BOUFFLERS.)

Amicus Plato, sed magis amica veritas (Aristote et Cicéron) : J'aime Platon, mais plus encore la vérité.

> *Vitam impendere vero.*
>   (JUVÉNAL.)

Consacrer sa vie à la vérité. (Devise de J.-J. Rousseau.)

La vérité ne fait pas autant de bien que ses apparences font de mal. (La Rochefoucauld.)

Il n'y a que la vérité qui offense : toutes les vérités ne sont pas bonnes à dire.

Il y a des vérités qu'il faut laisser au fond de leur puits.

Les injures sont souvent des vérités sans voiles.

Les vérités qu'on aime le moins à entendre, sont souvent celles qu'il importe le plus de savoir. (Boiste.)

La vérité est utile à qui l'entend, et nuisible à qui la dit.

> *Obsequium amicos, veritas odium parit.*
>   (TÉRENCE, *Andrienne*, I, 1 ; CICÉRON, *Pro Caelio*.)

(La complaisance nous fait des amis ; la franchise, des ennemis.)

Ce vers de Térence était la devise de l'Arétin.

— Fontenelle disait que s'il tenait toutes les vérités dans sa main, il se garderait bien de l'ouvrir.

> Que de gens sont damnés pour avoir eu raison !
>   (CHÉNIER, *Nathan*, IV, 4.)

— Dire la vérité en riant.

...Ridendo dicere verum
Quid vetat ?
(Horace, Satires I, I, 24.)

C'est, en effet, la manière la plus adroite de la dire ; c'est, en quelque sorte, dorer la pilule, amère et difficile à avaler, car un autre proverbe dit que « toute vérité n'est pas bonne à dire ». Un homme prudent ne dit jamais la vérité qu'en l'entourant des formules les plus polies et les moins désobligeantes, tandis qu'un homme mal élevé se croit franc en la disant brutalement à ses amis, qui s'en trouvent toujours blessés. (Voy. *périphrase*.)

— Le temps découvre la vérité.

Attendre est toujours la vengeance de la vérité. (Lamartine.)

— Huile et vérité montent en sommité.

La vérité est comme le liège, qui surnage toujours, quelque effort qu'on fasse pour l'immerger. (William Temple.)

La Vérité est fille du Temps : à la longue, elle obtient tout de son père. (M. de Feydet, Cour d'assises d'Albi, 1822.)

— *In vino veritas* (Salomon) : la vérité est dans le vin.

On est expansif dans l'ivresse.

Vin et confession découvrent tout. Le vin et les enfants disent la vérité.

Nullum secretum est ubi regnat ebrietas (Salomon, *Proverbes*, ch. XXXII, V, 4). Pas de secret où règne l'ivresse.

— *Primo*, au vin la vérité, comme nous disons, nous autres Latins ; *secundo*, il est de serment ; *tertio*, on lève la main en le prenant ; *quarto*, et pour le mieux, on le prend et on le met sur la conscience. *(Moyen de parvenir*, ch. 100.)

— La vérité est au fond d'un puits (Démocrite). Et l'on dit d'une vérité évidente : C'est clair, c'est une profonde vérité.

Si Démocrite place la vérité dans un puits, Salomon la met dans une cave. N'est-ce pas avouer, qu'en somme, on ne sait où elle est ?

— Le P. Loriquet est un puits de vérité, en comparaison de cet historien !...

Vermeil, du latin *vermiculus* ; d'où *vermillon*.

• Argenterie dorée au mercure.

Vernis composé de gomme et de cinabre, broyés avec de l'essence de térébenthine, dont on se sert pour donner de l'éclat aux dorures.

Vérole, pour *vairole*, dérivé de *vair* (voy.); rapprochez de *variole*, du latin *variolus*, et de *barioler*.

— Rabelais (liv. IV, ch. 52) appelle la petite vérole la *picote*, de *piquer*, parce que le visage est souvent piqué, marqué, par cette maladie.

On dit encore: picoté de la petite vérole. (Voy. *grêlé*.)

— Synonymes de marqué de la petite vérole: grêlé, écumoire, M. des Grêlons, râpe à sucre, vacciné à coups de pioche.

Verre, du latin *vitrum*, provençal *veire*, qui signifie en même temps *voir*: le verre est transparent.

— Corps solide, dur, fragile et transparent, qu'on obtient en fondant du sable siliceux avec de la potasse ou de la soude.

— La pantoufle de verre de Cendrillon, dans le conte de Perrault, est une pantoufle de *vair* (voy.), nom sous lequel on désignait autrefois la fourrure appelée aujourd'hui *petit-gris*.

C'est ainsi que le mot est écrit dans les vieux recueils de contes populaires. Les bonnes éditions modernes, notamment celle de Hachette, illustrée par G. Doré, ont restitué l'ancienne orthographe.

Verrier, dérivé de *verre*.

— Gentilhomme verrier, gentilhomme souffleur.

Au retour des Croisades, saint Louis anoblit tous ceux qui rapportèrent en France l'art de la verrerie, et avec eux, leurs descendants. Ils reçurent le titre de « gentilshommes verriers », et le conservèrent jusqu'à la Révolution, qui put appliquer à leur noblesse, cette chute si connue d'une stance de Polyeucte:

> Et, comme elle a l'éclat du verre,
> Elle en a la fragilité.

Le poète Saint-Amand était de cette noblesse; et son confrère Maynard lui lança cette épigramme:

> Votre noblesse est mince,
> Car ce n'est pas d'un prince,
> Daphnis, que vous sortez;
> Gentilhomme de verre,
> Si vous tombez à terre,
> Adieu vos qualités!
>
> Filles de verrier
> Sont toujours en danger.
>
> (Vieux proverbe.)

Vers, du latin *versus*; de *vertere*, tourner, parce qu'aussitôt après avoir lu une ligne, on retourne à une autre ligne (?).

D'où *verset*.

> Et moi, je vous soutiens que mes vers sont fort bons.
>
> (Molière, *Misanthrope*, I, 2.)

Verser, du latin *versare*, fréq. de *vertere*, tourner ; on tourne un vase pour vider ce qu'il contient.

De là : versement (d'argent), malversation (détournement d'argent).

— Comparez : convertir des rentes, virement de fonds ; ce sont des latinismes.

Facere versuram (Cicéron) : faire un emprunt pour payer une créance.

Faire un trou pour en boucher un autre, dit Térence.

Faire versure, et de la terre d'aultruy remplir le fossé. (Rabelais, III, 3.)

Vert, du latin *viridis* ; d'où : verdir, verdure, verger.

— Vert comme pré.

— Au figuré : vert galant, verte vieillesse, verte réprimande. On dit d'un vieillard qu'il est encore vert.

> ...*viridisque senectus.*
>
> (Virgile, *Énéide*, VI.)

On peut rapprocher de « verte réprimande » l'expression « donner une volée de bois *vert* ».

— On a écrit autrefois *verd*, plus rapproché du latin *viridis*.

Pour être conséquent, on devrait changer aussi *verdure* en *verture*, et *verdir* en *vertir*.

> Ils sont trop verts.
>
> (La Fontaine, *Fables*, III, 11.)

Se dit à propos de celui qui méprise une chose qu'il ne peut obtenir.

La Fontaine a pris cette fable du vieux proverbe : « Autant en dit le renard des mûres. »

— Prendre quelqu'un sans vert : le prendre au dépourvu.

Cette locution est due à un jeu très ancien, qui consistait, pendant le carême, à porter sur soi un brin de feuillage vert.

Après que l'*Angelus* était sonné, celui des joueurs qui était accosté par l'autre devait montrer sa feuille verte, et, s'il en était dépourvu, ou si son vert était moins foncé que celui de son adversaire, il perdait la partie.

Il est probable que le jeu du vert tire son origine de l'obligation imposée aux fidèles de porter des branches de verdure à la procession du dimanche des Rameaux ; on le commençait dès le premier jour de carême.

Je vous prends sans verd est un des jeux de Gargantua. (Rabelais, liv. I, 22.)

C'est ce qui fait toujours que je suis pris sans-vert.
(Molière, Étourdi.)

— Ce may nous avertit qu'il faut songer au verd.
— Vous y jouez donc ? — Oui. — Gardez d'être attrapée !

Ces deux vers sont tirés de la scène VIII d'une comédie de La Fontaine, intitulée : *Je vous prends sans verd*.

Vertige, du latin *vertigo*, qui s'emploie aussi en français (tournoiement).

De là : vertigineux.

— Le *vertigo* est, au propre, une maladie du cheval, qui le fait chanceler et donner de la tête contre les murs.

Au figuré : transport de folie.

Voyez un peu quel vertigo le prend.
(Molière, Pourceaugnac.)

Vertu, du latin *virtus*, force, vaillance ; de *vir*, homme.
Divinité allégorique, fille de la Vérité.

— Marcellus éleva un temple à la Vertu, et un autre à l'Honneur. Il fallait passer par le premier pour arriver au second. Idée ingénieuse, pour faire entendre que la vertu est le principe même de l'honneur.

— La vertu, but de toute morale, est la disposition ferme de l'âme, qui nous porte à faire le bien et à fuir le mal.

La vertu est une continuité de sentiments généreux. (Mme de Staël.)

— Les théologiens distinguent trois sortes de vertus :

1º Les vertus intellectuelles, qui perfectionnent le jugement. Il y en a cinq : l'intelligence, la science, la sagesse, la prudence et l'art.

2º Les vertus morales, ou cardinales, qui perfectionnent la volonté : la prudence, la force, la tempérance, la justice.

3º Les vertus théologales, qui ont Dieu pour objet immédiat : la foi, l'espérance et la charité.

— On a appelé la vertu : l'amour de l'ordre, la musique, la politesse et la beauté de l'âme ; le devoir.

Platon la nomme une chose divine ; c'est pour cela, sans doute, que les hommes la pratiquent si peu.

— Chez les anciens, *virtus* signifiait force, énergie, courage.

La langue provençale, héritière directe du latin, appelle *brave* un homme vertueux.

Les mots *vis* et *virtus* étaient presque synonymes.

On dit encore d'un homme faible, qu'il n'a ni force ni vertu.

— La vertu des plantes, des simples. En vertu de ce principe.

C'est dans ce sens qu'il faut entendre le mot de Brutus : « La vertu n'est qu'un nom ! » car une vertu pareille est bien voisine du crime, et, en face du cadavre de ses enfants, la conscience de ce farouche républicain dut se révolter, et renier une vertu dont il subissait les funestes conséquences.

Brutus, le meurtrier de César, tantôt maudit, tantôt divinisé, est plongé par Dante à mi-corps dans la gueule de Satan, qui le dévore éternellement, tandis que Alfieri le glorifie comme le héros de Rome et le sauveur de la liberté expirante.

Les vertus comme celle de Brutus sont si voisines du crime, que la conscience des républicains eux-mêmes se troubla en face du vote du duc d'Orléans qui prononça la mort de Louis XVI. (Lamartine, *les Girondins*.)

Balzac a dit : La vertu, c'est Achille sans talon. (*La Peau de chagrin*.)

— Dans la morale éclairée des temps modernes, le mot *vertu* exprime absolument l'idée d'honnêteté, l'accomplissement du devoir dicté par la raison.

...Homme d'austère vertu et d'une grande prévoyance, il joignait la finesse athénienne à l'inflexibilité spartiate.

— La vertu rapporte plus que le vice : d'ailleurs il y a moins de concurrence. (Voy. *vice*.)

Pour parvenir au bonheur, la vertu est la voie la plus courte et la moins fréquentée.

La vertu est le plus grand de tous les plaisirs. (Épicure.)

— Où la vertu va-t-elle se nicher ? — Un pauvre, à qui Molière avait donné une pièce d'or, courut après lui pour l'avertir de son erreur. « Où diable la vertu va-t-elle se nicher ? s'écria Molière. Tiens, mon ami, en voilà une autre. »

— On vantait devant Agésilas, roi de Sparte, un scélérat qui avait supporté la torture avec courage. « Que de vertu perdue ! » dit-il.

— Faut de la vertu, pas trop n'en faut. *In medio virtus* : la vertu est dans la modération.

— Nos plus grands ennemis dans le monde, sont nos vertus.

Nos vertus ne sont souvent que des vices déguisés. (La Rochefoucauld.)

Les vices entrent dans la composition des vertus, comme les poisons entrent dans la composition des remèdes. La prudence les assemble et les tempère, et elle s'en sert utilement contre les maux de la vie. (La Rochefoucauld.)

Vertugadin, de l'espagnol *vertugado*, gardien de vertu; ou diminutif du vieux mot *vertugade*, que l'on explique par *vertu-en-garde*.

Gros bourrelet que les femmes portaient au-dessous de leur corps de robe; ce qu'on a appelé plus tard *paniers*.

En Espagne, sous Philippe IV, on appelait *guarda-infantes*, cache-grossesse, ces sortes de faux.

Rabelais (I, 55) emploie *vertugate* dans le sens de jupon. (Voy. *panier, tournure*.)

Verveine, du latin *verbena*; *veneris vena*, parce que les magiciens l'employaient pour rallumer les feux de l'amour.

Ou de *verro*, balayer, parce qu'on se servait des tiges de cet arbrisseau odorant pour balayer les autels de Jupiter.

Les païens appelaient la verveine *herba sacra* pour ce motif.

— Appliquée sur la peau après avoir été écrasée, la verveine la teint en rouge pourpre; ce qui a fait croire qu'elle attirait le sang.

Vesce cultivée, du latin *vicia*.

Ce légume, dans certaines parties de la France, s'appelle *rosce*, sans doute pour éviter une équivoque déplaisante.

Vespasienne, origine historique.

Urinoir nommé ainsi de Vespasien, successeur de Vitellius, qui établit sur ces vases un impôt qui lui a assuré l'immortalité du ridicule. C'est pour augmenter les revenus du Trésor, fort endetté par ses prédécesseurs, qu'il avait imaginé ce nouvel impôt.

Comme son fils Titus le raillait à ce sujet, il lui dit, en lui présentant les premières sommes produites par cette singulière taxe: « Cela sent-il mauvais? »

Vesse, vient de *vézer*, du latin *visire*.

Quelques-uns le font venir de *vesica*, vessie, qu'on retrouve dans *billevesée* et dans *vèze*, qui signifie musette.

> Marchand qui ne tient sa promesse,
> Juge qui vérité délaisse,
> Avocat vide de sagesse
> Ne valent pas une vesse.

— Avoir la vesse : vesser de peur.

« Il est certain, dit Montaigne, que la peur extrême et l'extrême ardeur du courage, troublent également le ventre et le laschent. »

— Dans *Arlequin-Jason* du théâtre italien (tome I, page 169), Jason dit à Médée que les soupirs dont elle se plaint sont un effet d'amour et de peur. Et il ajoute :

> Tous deux les font sortir par un chemin contraire,
> Mon amour par devant, et ma peur par derrière.

— Au XVIe siècle, on disait *vézie* pour *peur*; et plus tard on employa *vésarde*.

— Oudin, dans les *Recherches françaises*, note l'expression *vezou* : le derrière.

Vessie, vesse, a aussi désigné les femmes de mauvaise vie.

Brantôme (*Dames galantes*) se sert du terme injurieux de *vesses* pour désigner les dames débauchées.

Et Rabelais (liv. III, ch. 12) dit qu'il fut décrété qu'on chasserait des cieux « toute cette vessaille de déesses ». Cette expression est mise ici pour les dames de la cour, qui suivaient François Ier à l'armée, et qui amollissaient ainsi le courage des combattants.

Vessie, du latin *vesica*, mot fait comme *billevezée*.
Balle pleine de vent.

— En provençal, on appelle une vessie *bouffigue*, et *boudenfle*, pour *boute enfle* (boute souffle), mot fait comme *boute-feu*. En effet, lorsque les enfants veulent enfler une vessie, ils y boutent leur souffle au moyen d'un tuyau. (Voy. *lanterne*.)

Vesta, nom latin ; correspond au grec *hestia*, foyer, qui répond lui-même à *œstus*, chaleur.

Vestales, du latin *vestalis*.
Jeunes vierges romaines qui entretenaient perpétuellement le feu sacré sur l'autel de Vesta ; dans le temple où, sous ce nom, on adorait réellement le feu, le foyer.

Numa avait créé ce culte, et lui avait consacré un temple de forme ronde où étaient conservés le feu sacré et le *palladium* de Troie.

On entretenait aussi le feu sacré à l'entrée des maisons particulières, d'où venait le nom d'*atrium* donné à cette partie de la maison ; et aussi le nom de *vestibulum* : *Vestæ stabulum*.

Vétille, origine peu connue ; peut-être de *vitta*, bandelette (?). Provençal *veta*. Ou de *vitilitigare*, chicaner sur des riens, s'attacher à des riens.

— Paubre lairon pent hom per una veta. (P. Cardinal.) Pauvre larron est pendu pour une vétille.

Vêtement, du latin *vestimentum,* provençal *vestiment.*
Ce qui sert à couvrir le corps.
Même radical *veste :* habit sans basque qu'a remplacé le gilet.

Vêtir, du latin *vestire.*
De là viennent aussi : investir, vestiaire, revêtir, etc.
— Vêtu comme un oignon : qui a plusieurs vêtements. Se dit dans le sens de *cossu.*
Silicatus homo (Pline) : qui est bien mis, n'a pas froid, recouvert comme l'oignon, de plusieurs pelures.
Ce dicton hygiénique conseille des vêtements superposés, sans doute comme préservatif du froid.
On pourrait aussi conseiller le choix de la couleur blanche, car les vêtements noirs laissent pénétrer la chaleur du soleil et sortir celle du corps ; ils habillent peu : ils sont froids à l'ombre et chauds au soleil, double désavantage. Les vêtements blancs, au contraire, conservent la chaleur du corps, et ne se laissent pas pénétrer par les rayons du soleil.
— Les anciens avaient des vêtements si légers, que Pétrone les appelle du « vent tissé ». (Voy. *gaze.*)
Dans le roman égyptien de *Setua,* traduit par M. Chabas, on lit : « Tabaha se leva : elle s'habilla d'un habit de lin ; Setua voit tous ses membres à travers l'étoffe, et son amour grandit encore. »
— Les « Merveilleuses », lorsqu'elles allaient danser dans les bals à la sauvage, se montraient en maillot collant couleur chair, recouvert d'une simple tunique de batiste très claire.
Mme Tallien allait dans les salons avec une tunique tellement transparente, que ce vêtement pouvait passer pour une indiscrète superfluité.

Vétiver, plante graminée de l'Inde, voisine du chiendent, dont les racines, très odorantes, servent à préserver les vêtements des insectes nuisibles.

Veto, mot latin : empêcher.
C'était, à Rome, la formule employée par les tribuns du peuple pour s'opposer à un décret du Sénat.
En France, la Constitution de 1791 accordait au roi le *veto* suspensif. Louis XVI l'ayant opposé aux décrets des 17 et 29 novembre contre les prêtres et les émigrés, le peuple lui donna,

ainsi qu'à la reine, les noms injurieux de « Monsieur et Madame Veto ».

Veuve, du latin *vidua*; ancien français *vedue, vedve*; italien *vedova*; sanscrit *vidhava*, de *vi*, sans, *dhava*, époux.

L'étymologie *vidua*, vide (?), est adoptée bien souvent.

Synonyme : une fiancée d'occasion.

— Le denier de la veuve.

— *Veuve* s'ajoute seulement au nom des femmes. On dit : « Mme veuve X... »; mais on ne dit pas : « M. veuf X... »

— Secourir la veuve et l'orphelin. La pièce intitulée *la Veuve du Malabar* était à l'étude depuis longtemps, au Théâtre-Français, lorsqu'on fit jouer *l'Orphelin de la Chine,* de Voltaire, qui venait d'être reçu depuis peu.

Lemierre adressa alors ce quatrain au comité :

> Par vos délais longs et sans fin
> C'est assez me mettre à l'épreuve.
> Vous qui protégez *l'Orphelin*,
> Ne ferez-vous rien pour la *Veuve ?*

Vexer, du latin *vexare*, tourmenter, fréquentatif de *vehere, vectum*, porter.

— Synonymes : tourmenter; en faire voir de grises; empêcher de voir la vie en rose; faire passer les mers rouges (locution provençale); bassiner.

Être vexé : maugréer, pester; jurer entre cuir et chair *(Précieuses)*; ronger son frein en silence; fumer sans tabac et sans pipe; mousser.

Via, mot latin, signifiant *chemin*.

S'emploie quelquefois dans une adresse : *via* Suez, faire passer par Suez.

Se trouve dans le mot savant : viatique.

A aussi formé les mots : voyage, provençal *viagi*; convoi, dévier, obvier, fourvoyer.

Viager, qui est à vie, pour la vie durant. Ancien français *viage*, cours de la vie.

— Revenu viager.

La rente viagère ne peut pas même assurer à la vieillesse, par l'appât d'un héritage, le mensonge d'un peu de dévoûment. (Octave Feuillet, *le Village.*)

Viande, du bas-latin *vivenda*, vivres, nourriture.

A désigné d'abord tout ce qui est propre à soutenir la vie.

Aujourd'hui, il ne se dit plus que de la chair des animaux de boucherie.

— En roman, il se disait *carnal* (carnem, chair). Ce radical se retrouve dans un grand nombre de dérivés du mot *chair* : carnage, carnaval, carnation, carnivore ; charnier.

> *Pus glotz etz de pelha*
> *Non es lop d'ovelha*
> *Ni d'autre carnal.*
> (B. de Rovenac.)

(Vous êtes plus avide de vêtement, que le loup n'est d'ouailles ni d'autres viandes.)

Ainsi le mot *viande* est parvenu à se substituer à *chair*.

— Le provençal a la forme *vioure*, qui correspond au terme général du français *vivres*.

Par un phénomène analogue, *boucher* et *boucherie* ont désigné d'abord le métier de la bouche *(bucca)*.

Bochier s'appliquait aux corps d'état qui vendaient des chairs d'animaux comestibles. Celui qui vendait spécialement de la chair de bœuf, s'appelait *boacier*.

On lit dans les *Cartulaires de Montpellier* (f° 45) : « Mazeliers aion V tutlos, ço es assaber : 1 boacier, dos motoniers, 1 porcier et 1 peychonier. » Que les bouchers aient cinq votes, à savoir : un vendeur de chair de bœuf, deux vendeurs de chair de mouton, un vendeur de porc, et un poissonnier.

> *La sienna vianda era*
> *Pans et aygua tot dia.*
> (Vie de saint Honorat.)

(Sa nourriture était du pain et de l'eau toujours.)

Com so viandas faytas de froment cueyt am aigua e ris. (Traduction d'Albucasis, f° 57.) Comme sont aliments faits de froment cuit avec eau et riz.

En ceste isle seule naissent ces belles poires... Si on les cuisoit en casserons par quartiers avecques ung peu de vin et de sucre, je pense que ce seroit *viande* très salubre, tant ès malades comme ès sains. (Rabelais, liv. IV, ch. 54.)

Notez que c'est *viande* céleste, manger à desjeuner raisins avecques fouaces fraisches. (Rabelais, I, 30.)

— Débris de viandes : arlequins, rogatons. (Voy.)

Vice, du latin *vitium*, de *vitare*, éviter (?).

— Tout vice est issu d'ânerie. (Voy. *ignorance*.)

Le vice est une imperfection morale grave; le défaut une imperfection légère, soit morale, soit intellectuelle.

On a dit de César qu'il avait tous les vices, et pas un seul défaut.

Certains vices n'existeraient pas, sans les vertus qui leur sont opposées. Ainsi, l'avarice s'appuie sur la générosité; l'astuce, sur la bonne foi; l'exigence, sur la bonté; l'hypocrisie, sur la religion; le crime, sur la clémence ou le pardon.

Souvent la peur d'un mal fait tomber dans un pire. Nos vices, à leur tour, peuvent faire naître des qualités. L'avarice produit la sobriété; la peur, la prudence; la défiance, l'ordre; l'orgueil, la charité.

— Vice rédhibitoire. Défaut qui oblige le marchand à reprendre, avant neuf jours révolus, le cheval qu'il a vendu.

— Fanfaron de vice.

Il y a deux sortes de corruption morale : celle qui se cache, et que l'on compare à l'eau qui dort; la corruption effrontée, qui étale sa turpitude, et que l'on appelle la fanfaronnade du vice. Dans l'intérêt de la société, l'hypocrisie, suivant certains moralistes, est préférable au scandale.

O superbiam inauditam, facinora gloriari ! (Cicéron à Brutus.)

— Il vaut mieux rendre un vice aimable, que de dégrader la vertu.

> J'aime mieux un vice commode
> Qu'une fatigante vertu.
>
> (Molière, *Amphitryon*.)

Le vice rapporte plus que la vertu. (Plus de plaisir, mais moins de bonheur.)

L'innocence est un capital qui ne rapporte que quand on le perd. (Grévin, *la Vie parisienne*.)

> *Tanto magis expedit inguina quam ingenia fricare !*

s'écria Eumolpe, le poète, en faisant un calembour, dans son dépit de se voir dédaigné pour Asclyte, qui a de plus grands avantages corporels. (Pétrone, *Satyricon*.)

> *Probitas laudatur et alget.*
>
> (Juvénal, *Satire* I.)

Le pire de tous les vices est de n'en avoir aucun.

Il y a des esprits si stériles qu'il n'y pousse rien, pas même des bêtises. (Lamennais.)

On ne méprise pas tous ceux qui ont des vices, mais tous ceux qui n'ont aucune vertu. (La Rochefoucauld.)

Son vice le plus grand est d'être sans vertu. (Bignon.)

C'est un simple mangeur d'argent, oisif, ennuyé et ennuyant les autres. Si le ciel lui avait accordé une vraie passion pour quoi que ce soit, fût-ce pour la pêche à la ligne, je le respecterais ; mais... (H. Beyle, *la Chartreuse de Parme.*)

Vice, du latin *vicem, vice,* rôle. Particule qui entre dans la composition d'un grand nombre de mots.

Indique fonction en sous-ordre : vice-amiral, vicomte, vidame, vice-roi.

Se retrouve dans : vicaire.

On désignait sous le nom de *viguiers* (vicaires) les juges dans le midi de la France.

Vimaire ou vice-maire équivalait à adjoint.

— *Vice-versa* : réciproquement.

Ne trouver personne, quand on fait des visites de cérémonie et *vice-versa*, est un des petits bonheurs de la vie sociale.

Tromper sa femme et *vice-versa* ne donnent pas la même satisfaction.

Vicieux, dérivé de *viciosus* : adonné au vice.

...Il regrette le vin bleu et le ragoût du cabaret ; il a la nostalgie de la boue, l'appétit dépravé de la mauvaise compagnie, la tache originelle de Paris !

La mer y passerait sans laver la souillure !

Victime, du latin *victima,* que les étymologistes rapportent les uns à *vincire,* enchaîner, les autres à *vincere,* vaincre.

Ils l'opposent à *hostia,* sans être bien d'accord. (Cf. Littré.)

Voici le sentiment d'Ovide :

Victima, quæ dextra cecidit victrice, vocatur :
Hostibus a domitis hostia nomen habet.
(Fastes, I, 335.)

Victoire, du latin *victoria.*

— Victoire à la Pyrrhus. Pyrrhus, roi d'Épire, ayant gagné contre les Romains la grande bataille d'Asculum, où il perdit un grand nombre de soldats et ses meilleurs officiers, dit à ses amis : « Encore une victoire, et je suis perdu ! »

— La victoire est une joie publique, faite de douleurs privées... et d'une douleur publique.

Victuaille, familier et suranné, du latin *victus*, vivre, et du suffixe péjoratif.

> Qu'aperçois-je ? dit-il ; c'est quelque victuaille !
> (La Fontaine.)

Vidangeur, dérivé de *vidange*, action de vider.

Synonymes : Gadouard, ouvrier nocturne, dont le nom seul réclame toutes les délicatesses de la plume.

— Une ordonnance de Henri IV, appelle les vidangeurs « maistres Fifi ». (Pasquier, *Recherches*.)

Rabelais, avant cette époque, avait déjà employé ce mot : « Bon vespre, mestre Fifi, curaire de latrines. »

J'eus ung aultre procez bien ord et bien sale, contre mestre Fifi et ses suppotz. (Rabelais, II, 17.)

Fifi est la réduplication de l'interjection de dégoût *fi !* à cause de la mauvaise odeur qu'exhalent ceux qu'on a appelés aussi : maitres des basses-œuvres.

— Les vidangeurs appellent *ouvrage* la matière même sur laquelle s'exerce leur industrie. Ils disent : tomber dans l'ouvrage. Travailler proprement, c'est connaitre son métier.

Vide, du latin *viduus*, anciennement *vuide*.
Correspond à *veuf, viduité*.

Vie, du latin *vita*, provençal *vida*.
— La vie est l'ensemble des fonctions qui résistent à la mort.
La respiration et la nutrition sont les deux fonctions indispensables à la vie animale.

— Les deux organes essentiels de la vie sont ceux de la digestion et de la génération : l'un assure la vie individuelle ; l'autre, la conservation de l'espèce. (Rivarol.)

— Avoir la vie dure : vivre très vieux.
— Mener la vie à grandes guides : grand train.
— Vie de cochon : courte et bonne.

Les Épicuriens de Rome avaient pris pour devise un vers de Ménandre traduit ainsi par Cécilius : *Mihi sex menses satis sunt vitæ; septimum Orco spondeo*.

Regnier-Desmarais l'a imité dans les vers suivants :

> Donnez-moi six mois de plaisir,
> Je donne à Pluton le septième;

La duchesse de Berry, fille du Régent, mourut à 24 ans. Quand on lui disait que les excès abrégeraient ses jours, elle répondait : « Courte et bonne ! »

C'est la devise des libertins, qui sacrifient leur santé et leur fortune à quelques jouissances matérielles, et qui escomptent ainsi, dans une jeunesse débauchée, la vigueur et le bien-être de leur âge mûr.

Ce proverbe n'est vrai qu'à moitié ; car, si l'abus des plaisirs tarit les sources de la vie et la rend courte, on ne saurait soutenir qu'il la rend bonne, parce que, au lieu d'élever l'homme, il l'abaisse au niveau de la brute, en affaiblissant son intelligence.

Sponte sua sibi quisque valere et vivere doctus.
(Lucrèce, *de Natura*, V, 958.)

(Chacun, par instinct, usait de ses forces et ne vivait que pour soi.)

— Vie de Sardanapale. (Voy.)

Vie de Polichinelle, qui consiste à se donner des bosses... au ventre...

Grande vie, existence panachée, accidentée.

— Beaumarchais fait dire à Figaro : « Vive la joie ! Qui sait si le monde durera encore trois semaines ? »

Il a imité Rabelais (liv. III, ch. 2) : « Qui sçait si le monde durera encore trois ans ? »

Cette pensée est déjà dans Sénèque (*Thyeste*) :

Nemo tam diros habuit farentes
Crastinum ut posset sibi polliceri.

(Aucun n'est assez sûr de la faveur divine, pour s'assurer seulement du lendemain.)

— Un homme très malade des suites d'une vie déréglée, disait au médecin qui cherchait à le rassurer : « Ne comptez pas sur mes quarante-six ans ; il faut les doubler, car j'ai vécu jour et nuit. »

— On dit aussi : faire la vie, c'est-à-dire faire la débauche.

Rabelais se sert du mot *vivable*, adjectif énergique qui n'est plus d'usage, qui équivaut au *vivere vitam* des Latins (et surtout au *vita vitalis* de Cicéron), opposé à *ferre vitam* ; porter le fardeau de la vie.

— Les Provençaux disent d'un gros mangeur, qu'il est d'une « grosse vie ».

— Faire vie qui dure, ou feu qui dure, est le proverbe opposé à celui des débauchés ; et il est préférable à tous les points de vue. C'est ménager sa santé, ses plaisirs et sa fortune, en en usant modérément, pour en prolonger la jouissance.

Cicéron, dans le traité de *Senectute*, dit : « Soyez vieux de bonne heure, si vous voulez l'être longtemps. »

Au banquet de la vie infortuné convive...

Ce vers de Gilbert est imité de Lucrèce (III, 926) :

Cur non ut vitæ plenus conviva recedis ?

(Que ne sors-tu de la vie comme un convive rassasié ?)

— Je donnerais dix ans de ma vie pour...

La première moitié de la vie se passe à désirer la seconde ; la seconde, à regretter la première. (A. Karr.)

...C'est une mauvaise action. Je ne voudrais pas l'avoir faite, pour tous les jours qui restent au fond de mon sablier. (A. de Vigny.)

— Le cours de la vie.

Effluit ætas (Cicéron) : La vie s'écoule.

Descendre le fleuve de la vie.

...Sa vie ressemble à un limpide ruisseau, qui coule entre deux rives fleuries.

Platon (*Banquet*), et après lui M. Flourens, ont défini la vie « un mouvement ».

Leibnitz dit : « Notre corps est dans un flux perpétuel, comme une rivière, et des parties y entrent et en sortent continuellement. »

Avant Leibnitz, les physiologistes avaient comparé le corps humain au vaisseau de Thésée qui, à force de réparations, n'avait plus aucune des pièces qui le composaient à l'origine.

Les moralistes ont, comme les physiologistes, assimilé la vie à un mouvement, en la comparant à un voyage, à un fleuve, à un torrent.

On dit : marcher droit, charrier droit, faire son chemin ; parcourir une carrière (en provençal *rue*); cet homme ira loin ; il arrivera malgré ses concurrents ; et enfin : il est arrivé, qui est le grand mot, le but de tous les efforts, le terme du voyage (lorsqu'on a acquis une fortune assurée).

Dans l'expression « le cours de la vie », *cours* (*cursus*) indique un mouvement précipité, un espace parcouru rapidement. Nous ne vivons plus cent vingt ans, comme avant le déluge, et cette comparaison poétique avec une eau fugitive et rapide, fait allusion à la brièveté de la vie, qui est une véritable course, sans arrêt ni retour en arrière.

La fréquente comparaison de la vie à un fleuve tient à ce que les années se suivent et s'écoulent comme des ondes ; un flux sans reflux nous emporte, et c'est pour cela que Bernardin de Saint-Pierre a pu dire : « On ne jette pas l'ancre dans le fleuve de la vie. »

De là les locutions métaphoriques : vogue la galère ! être en vogue ; conduire bien sa barque ; arriver au port.

Ayez le vent en poupe, et vous trouverez des gens qui rempliront votre barque.

Les Grecs disaient d'un homme heureux : « Il pourrait naviguer sur une claie. »

Saint-Évremond souhaite d'un homme précieux au monde, que le cours de ses ans dure autant que le cours de la Seine et de la Loire.

…Dans le cours de la vie, la folie est au gouvernail, l'amour à la boussole ; les passions enflent les voiles, la raison seule veille au grain. (De Clinchamp.)

Viédaze. Les Italiens disent *viso di cazzo* : imbécile.

> Je puis dire sans périphrase
> Que vous êtes un franc viédaze.
>
> *(Enfer burlesque.)*

Vieillard, dérivé de *vieil*, ancienne forme de *vieux*, latin *vetulus*.

N'a pas de féminin. La langue française a supprimé *vieillarde* du dictionnaire par un sentiment de délicatesse et de galanterie.

> *Es pus viliards non es sers.*
>
> (A. Daniel.)

(Il est plus vieux qu'un serpent.)

> *Al cap ses una vielarda.*
>
> *(Roman de Jauffre.)*

(Au chevet sied une vieillarde.)

Vierge, vieux français *virge*, du latin *virgo*.

— *Virgo*, chez les Romains, signifiait fille nubile : *fœmina viripotens*. Avant l'âge nubile, c'était *puella* (?).

Cependant on appelait aussi *virgo*, *a viridiore œtate*, une jeune femme. C'est ainsi que Virgile dit, en parlant de Pasiphaé, qui avait eu déjà trois enfants :

Ah ! virgo infelix, quæ te dementia cepit ?
(*Eglogue*, VI, 47.)

— Amoureux des onze mille vierges : de toutes les femmes.

Cette locution rappelle la légende apocryphe des onze mille vierges, suivant laquelle sainte Ursule partit de Londres pour la Basse-Bretagne, avec onze mille vierges, qui devaient épouser les onze mille soldats de Conan, son fiancé. Une tempête les ayant poussées dans le Rhin, jusqu'à Cologne, elles furent mises à mort par les Huns, auxquels elles refusaient de s'unir.

Les anciens martyrologes portent *S. S. Ursula et Undecimille Virg. Mart.* Les copistes ont pris un nom de femme pour un nom de nombre, et ont cru que *Undecimille* était pour *undecim millia*.

— La fête des onze mille vierges se célébrait autrefois le 22 octobre.

On lit dans le *Journal d'un bourgeois de Paris* : « Le vingt-unième jour du moys d'octobre, vigile des onze mille vierges, trépassa de ce siècle le bon roy Charles VI. »

Cette légende a été prise, en mauvaise interprétation, dans un sens érotique.

On m'appelait l'amant des onze mille,
Qui tous les jours en aymoit deux ou trois.
(*Les Bigarrures du sieur des Accords*, 1608.)

Vieux, jadis *vieil*, qui s'emploie encore dans certains cas. Du latin *vetulus* ; d'où vieillir, vieillesse, vieillard.

— En conseil oi le vieil.

L'expérience de la vieillesse l'appelle aux conseils du gouvernement, et un grand nombre de mots l'indiquent : *gérousia*, chez les Grecs, et *senatus* chez les Latins : Conseil des Anciens. Le mot *seigneur*, en français, *scheik*, en arabe, signifient *vieillard*.

— Une chose est vieille, lorsqu'elle a cessé d'être en usage ; elle est ancienne, lorsque l'usage en est entièrement passé ; elle est antique, lorsqu'il y a déjà longtemps qu'elle est ancienne.

— Vieux comme les chemins, …comme Hérode, …comme Mathusalem, …comme le temps.

— On dit d'un homme très âgé : Il a plus de jours que de cheveux ; il faudra l'assommer pour qu'il meure ; il fera l'épitaphe du genre humain ; la mort ne veut pas de lui.

D'un vieillard qui fait le jeune : Un vieux portrait dans un cadre neuf ; tous les miroirs chantent en chœur sur sa jeunesse morte un irrévocable *De profundis*.

D'une femme de cinquante ans : Son dixième lustre brûle.

Aristophane appelle une vieille mendiante « des haillons ambulants ».

— Sur un livre imprimé à Paris, en 1507, chez André Bocard, on trouve ce vœu pour la durée de l'exemplaire :

...Stet dum fluctus formica marinos
Ebibat, et totum testudo perambulet orbem.

— Le vieil homme. *Expurgate vetus fermentum, exuite veterem hominem.* (Saint Paul, Ire aux Corinth., ch. 5.) Purifiez-vous du vieux levain, dépouillez le vieil homme.

Vigile-jeûne, du latin *vigilia*.

Vigile est la forme savante de *veille*. Il s'emploie, dans la langue de l'Église, pour désigner la veille d'une fête solennelle que l'on sanctifie par l'abstinence et le jeûne.

Les premiers chrétiens s'assemblaient d'abord la veille de Pâques, pour veiller et prier en attendant l'office du matin, célébré en mémoire de la résurrection. Cet usage s'étendit aux autres fêtes ; mais, à cause des inconvénients qu'avaient ces assemblées nocturnes, les veilles furent défendues par un concile, en 1322, et remplacées par des jeûnes, qui ont pris le nom de *vigiles-jeûnes*. C'est de cette coutume qu'est venu au mot *veille* le sens de « jour précédent ».

— Autrefois, on disait aussi *vaille*. On lit dans les *Sermons* de saint Bernard : « Li première vaille est li droiture de loyvre. » *Prima vigilia est rectitudo operis.*

Vigne, provençal *vinha*, du latin *vinea*, de *vinum*.

Le bois tortu. (Rabelais.)

Aubre tonart. (Brueys.)

— Être dans les vignes du Seigneur : être ivre.

— Unis comme la vigne et l'ormeau. (Voy. *lierre*.)

Dans l'antiquité, l'usage était déjà, en Italie, de faire grimper la vigne, et c'était l'ormeau qui lui servait de tuteur.

Ulmisque adjungere vites.
(Virgile, *Géorgiques*, I.)

Illa tibi lætis intexet vitibus ulmos.
(Virgile, *Géorgiques*, II, 221.)

Nubent populis vites (Pline) : on marie les vignes aux peupliers.

> ...*Adulla vitium propagine*
> *Altas maritat populos.*
> (HORACE, *Epodes* I.)

— La vigne, symbole de l'intempérance, laisse ramper ses rameaux, à moins qu'elle ne rencontre l'ormeau pour la soutenir, ou l'espalier qui lui prête son épaule.

— En Italie, on fait monter et grimper la vigne en treilles, en guirlandes, après des baliveaux écimés, qu'elle festonne de son feuillage. Rien n'est plus gracieux que ces longues rangées d'arbres qui, reliées par leurs bras de pampres, ont l'air de se donner la main et de danser autour des champs une farandole immense. Ces vignes folles, en courant de branches en branches, semblent célébrer l'antique fête de Bacchus. (Th. Gautier, *Italia*.)

— Pleurer comme une vigne. (O. Feuillet.)

— Fontanes, dans sa *Maison rustique*, fait rire la vigne :

> L'enclos, où la serpette arrondit le pommier,
> Où la treille en grimpant rit aux yeux du fermier.

Vignette, diminutif de *vigne*.

Jadis on mettait au commencement des chapitres d'un livre, ou à la fin des pages, de petites gravures qui représentaient des ceps de vigne.

Vilain, du latin *villanus*, dérivé de *villa*, maison des champs ; comme *rusticus*, rustique, de *rus* ; paysan, de *pagensis*.

Au Moyen-Age, gens de la campagne, de roture, classe asservie et méprisée. De là le sens péjoratif que le mot a pris dans la langue, pour en venir à signifier : laid, avare, méchant, dangereux, déshonnête, incommode, comme s'il venait de *vil*.

Dès le XVIe siècle, il avait déjà le sens d'avare, ladre.

En effet, Rabelais (liv. I, ch. 33) fait appeler par Pichrochole Grandgousier (Louis XII ?) du nom de *vilain*. « Villain, disons-nous, parce que ung noble prince n'ha jamais ung sou. Thésaurizer est faict de villenie. »

Louis XII passait, il est vrai, pour avare ; mais il répondait à cela qu'il aimait mieux faire rire ses courtisans de son avarice, que faire pleurer le peuple de ses profusions.

Un proverbe de l'époque dit :

> Un noble prince, un gentil roy
> N'a jamais ni pile ni croix.

— Tous les anciens proverbes montrent bien le mépris dans lequel on tenait les vilains :

Lorrains, vilains. (Rabelais.)

> Oignez vilain, il vous poindra ;
> Poignez vilain, il vous oindra.
>
> (Rabelais, I, 33.)

Les termes dans lesquels est exprimé ce proverbe, en montrent l'ancienneté. Aujourd'hui, les vilains proprement dits, les serfs attachés à la glèbe, ont disparu avec la Féodalité; mais il existe toujours de vilaines gens, qui prennent la bonté qu'on leur témoigne pour de la faiblesse, et qui sont toujours tentées d'en abuser.

Vilain affamé, demi-enragé.

Qui prie le vilain, se fatigue en vain.

Graissez les bottes d'un vilain, il dira qu'on les lui brûle. C'est-à-dire : quand on oblige un malhonnête homme, on n'en reçoit qu'ingratitude.

Il n'est chère que de vilain. C'est-à-dire : quand un avare se décide à donner à dîner, il se livre à des prodigalités insensées, et sa table ferait reculer d'épouvante un Gargantua. On dirait qu'il veut bourrer ses convives et les faire crever, afin qu'ils n'y reviennent plus.

Jeux de mains, jeux de vilains. (Voy. *main*.)

> Et dirent là une grand letanie
> De plaisants mots et jeux sans villanie.
>
> (Marot.)

Villa, mot latin, maison des champs.

Jadis, maison de plaisance à la campagne se disait *plessis* (Plessis-lez-Tours).

— Pline le Jeune, qui était de Côme, avait deux villas près du lac; l'une s'appelait *Comédie*, et l'autre *Tragédie*. (Pline, *Lettres* I, 9.)

— La campagne favorite de Cicéron était à Tusculum. C'est là qu'il écrivit ses *Tusculanes*, dialogues philosophiques. (Aujourd'hui Frascati.)

— Le général Bertrand possède, à Saint-Valentin (Indre), deux propriétés qu'il a baptisées *les Pyramides d'Égypte*, et *le Grand Caire*, en souvenir de l'expédition d'Égypte.

— La villa de Quintus, frère de Cicéron, s'appelait *Arcanum*.

Celle de M. de Choiseul s'appelait *Chanteloup*; celle de Mme Dubarry, *Luciennes*; celle de Lamartine, *Milly*; celle de Marie-Antoinette, *Trianon*.

Celle de M™° de Maintenon se nommait *le Retrait*, et était à
la chaussée de Ménilmontant. Les époux Favart l'ont occupée plus
tard. Ce nom, devenu *Ratrait*, dans le langage des faubourgs, a
servi de prétexte à diverses enseignes de cabaret, telles que :
Au Rat très malheureux ; Au Rat très distingué.

La villa (?) de Rabelais était *la Devinière*, à Seuilli, près de Chinon.

La Muette, ancien rendez-vous de chasse, est une corruption de
la meute.

Village, du bas-latin *villaticum*.

A gens de village, trompette de bois.

Il faut du gros sel pour saler les grosses bêtes. (Voy. *sel*.)

Ville, forme française du mot *villa*.

Ce que nous nommons *ville*, s'appelait en latin *urbs*.

— *Ville* est un exemple du passage d'un mot de son premier
sens à un sens très différent. Il n'est pas rare de voir dans les
langues des faits analogues, produits par la tendance à faire passer
les mots d'acception en acception, au point de les conduire, par
une suite d'évolutions, à représenter une idée très éloignée de celle
qu'ils avaient primitivement.

— Assemblage d'un grand nombre de maisons.

Ce sont les villas et les villages qui ont servi, en quelque sorte,
de noyaux autour desquels se sont formées des agglomérations.

— Il y a des villes qui sont devenues célèbres parce qu'elles ont
donné le jour à des grands hommes. Sept villes se sont disputé
l'honneur d'avoir produit Homère.

D'autres doivent leur célébrité à des faits mémorables qui s'y
sont passés.

Quelques-unes enfin ont vu leur nom devenir appellatif pour
désigner les objets usuels qui y ont été inventés, ou qui s'y
fabriquent. (Voy. *immortalité*.)

— Certains noms de villes ont été pris dans une acception comique
ou ridicule. Nos ancêtres affectionnaient, dans le langage familier,
les jeux de mots sur les noms de localités, comme ils en faisaient
sur les noms de saints. (Voy.)

On lit dans les *Dicts de l'Apostoille* : « Les plus serfs sont en
Esclavonie. »

Aller en Bavière, c'est baver ; il se disait de la salivation mercurielle.

La vallée d'Angoulême, c'est le gosier. Jeu de mots sur *avaler*
et *engouler*.

VII.

Un gourmand envoie tout à Angoulême.
Rabelais dit : Grandgousier d'Avalon.
Un ignorant sortait de l'université d'Asnières.
Il est de Lunel, se disait d'un lunatique.
Aller à Versailles, c'était être renversé.
Aller à Patras, ou *ad patres*, c'était mourir.
Les Manceaux étaient menteurs, comme ceux de Cracovie.
Un homme trompé par sa femme, voyageait en Cornouailles ou à Corneto.
Aller à Argentan, c'est aller chercher de l'argent.
Aller à Crevant (petit bourg près de La Châtre), c'était mourir.
Pour congédier quelqu'un, on l'envoyait à l'abbaye de Vatan (Indre).
Loiseau, dans son *Traité des Offices* (liv. V, ch. 4) dit, au sujet des injustices que commettaient les juges : « Et tout cela vient de ce que le juge n'ose contredire la volonté de Monsieur, de peur qu'il ne change son office en une prébende de Vatan. »

— Certains noms de villes, lorsqu'on les prononce, excitent un sourire ironique, sans qu'on l'explique bien. Tels sont ceux de Brive-la-Gaillarde, Carpentras, Landerneau, Pézenas, Quimper-Corentin, Saint-Jean-Pied-de-Port, Vaugirard.

De même certains peuples, certaines provinces sont, on ne sait pourquoi, ridicules : les Béotiens, les Chinois, les Iroquois.

— 1° Villes tirant leurs noms d'une qualité :
Agde, anciennement *agathé tyché* : bonne fortune.
Apt, de *aptus*, propre à.
Bayonne, du basque *baïa, ona*, bonne ville.
Belle-Isle, Beaucaire.
Béziers. Si Dieu venait habiter la terre, il choisirait Béziers.
Brignolles, pays des bonnes prunes.
Buenos-Ayres : bon air.
Capoue, champ fertile.
Clairvaux : *clara vallis*, belle vallée.
Dôle, bâtie sur le Doubs, dans un lieu appelé Val d'Amour.
Embrun, montagne fertile.
Eu, signifie prairie.
Florence, la belle, le pays des fleurs.
Gallipoli, la jolie ville.
Montmirail : *mons mirabilis*.
Ninive, signifie belle.

Ollioules, de *olea*, à cause de ses oliviers.

Venise : *Venetia*, pour *veni etiam*, viens encore (?).

2° De leurs défauts :

Toutifaut, localité près de Châteauroux.

Montifaut, près Bourges : il y faut monter.

Travaille-Chien, Travaille-Coquin, localité de l'Indre.

3° De la chaleur :

Asti, nom ancien d'Icija, ville entre Séville et Cordoue, surnommée *la Sertanilla* (poêle à frire). Elle a pour blason un tournesol avec ces mots : « Une seule sera nommée la ville du soleil. »

Balbech signifie : la ville du soleil.

Pékin, résidence d'été.

Pondichéry, bain chaud.

4° Des eaux :

Les agglomérations humaines se forment toujours auprès d'un cours d'eau ou d'une source, qui est la première cause de leur séjour et devient comme un patrimoine que se transmettent les races et les générations successives. Comme les sources ne changent pas de place (?), lorsque la population a disparu ou s'est éteinte, elles peuvent servir aux archéologues à retrouver l'emplacement d'un lieu historique, d'une ville, ou d'un village disparu depuis longtemps. (Voy. *pays*.)

Les pays les plus arrosés sont les plus habités. Aussi un grand nombre de villes tirent leur nom des eaux qui les alimentent.

Tels sont : Aiguebelle, Eaux-Bonnes, Chaudes-Aigues, Lafont (Cher), Clairfont (Indre), Font-Jouan (Cher), Frédefont (Indre) ; Segoules, village de la Nièvre, ainsi nommé de ses sept fontaines ; Les Palaz, près de Bourges, lieux marécageux ; Tremblevif, commune de la Sologne, marécageux et fiévreux.

« Les villes d'eaux et de plaisir, telles que Nice et Monaco, sont des pays délicieux, des tableaux splendides de la nature, dit George Sand ; mais on y rencontre trop de Parisiens, trop d'Anglais, trop de villas prétentieusement bêtes. Un pays sublime, un ciel divin, empestés de civilisation idiote. »

Les villes d'Europe qui possèdent la plus grande quantité d'eau par jour et par habitant, sont, en 1860 : Rome, 900 litres ; Carcassonne, 400 ; Paris n'en a que 267 ; Londres, 104.

Aigues-Mortes : eaux stagnantes.

Aix, Ax, du latin *aquas*.

Amboise : *ambeuntibus aquis* (?).

Amsterdam, de la rivière d'Amstel.

Annecy : *annexum aquis*, ville entourée d'eaux.

Aqua-Pendente, en latin *aquæ tarinæ*.

Arcueil : *arcus Juliani*, les arcades de l'aqueduc des thermes de Julien.

Arles, en celtique lieu marécageux.

Bade, de l'allemand *bad*, bain ; comme Bagnères, Bagnols.

Barfleur, barre du flot ; comme Harfleur, Honfleur.

Bilbao, corruption de *belvao*, beau gué.

Bordeaux, qui est sur le bord de l'eau (?).

Bourbon-L'Archambaud : eaux bourbeuses.

Bruxelles, de *bruch*, marais.

Calais, du celtique *cal*, port.

Cauterets, anciennement *caulderès* ; eaux chaudes ou thermales. Elles étaient déjà célèbres au temps des Romains.

Coblentz, en latin *confluentes*, situé sur deux rivières (à la jonction du Rhin et de la Moselle).

Condillac : *conditæ aquæ*, eaux savoureuses.

Conflans, au confluent de la Seine et de la Marne.

Divone, signifie fontaine des dieux (Ausone).

Dusseldorf, entouré de la rivière Dussel.

Fontainebleau, pour fontaine belle eau.

Martigues, anciennement *maritima*.

Montrieux (Chartreuse de) : montagne des ruisseaux.

Subiaco, anciennement *sublaqueum*, à cause des lacs voisins.

Utrecht, latin *trajectus*, parce qu'on y traversait le Rhin.

Verdun, signifie ville du gué.

5° De l'altitude, de la position :

Ancône, coude.

Courbevoie, près Paris ; ce nom est fait comme Tortes-Voies, près Valençay (Indre).

Dieppe, mouillage profond.

Montargis : hauteur d'où l'on voit au loin.

Épinal, de *spina* : crête de montagne.

Embrun : *Ebrodunum*, montagne fertile.

Falaise, des falaises voisines.

Heidelberg, ville entourée de montagnes.

6° De la religion :

Abbeville, ville de l'Abbé.

Alger, ville qui combat pour la foi.

Angely (Saint-Jean-d'), d'une tête de saint Jean-Baptiste qu'on y a trouvée.

Appenzel : cellier de l'abbé.

Hambourg : ville de Dieu.

Hyères, de *Hiéros*, saint (?).

Issy, de la déesse Isis (?).

Jouarre, de *Jovis ara*.

Monaco, d'Hercule Monœcus, qui y avait un temple.

Moutier, Munich, Munster, de *monasterium*.

Port-Vendres : *portus Veneris*.

Saint-Tropez, nom de saint.

7° De la nouveauté ou de l'ancienneté :

Châteauneuf, Villeneuve.

Naples : *Neapolis*, ville neuve, en grec.

Civita-Vecchia.

New-Yorck.

Vin, du latin *vinum*, grec *oinos*, hébreu *iin*, de *ioun*, faire effervescence.

Liqueur alcoolique résultant de la fermentation du raisin.

— C'est à tort qu'on le prononce *vain*. On devrait prononcer *vine* (?), comme on le prononce en provençal et dans les composés : vinaigre, vineux, vinicole.

— Synonymes : eau bénite de cave (Rabelais I, 18) ; le piot ; la purée septembrale (Rabelais) ; le lait des vieillards ; la liqueur de Bacchus ; huile de sarments.

— Vin d'Espagne : soleil en bouteille.

— Vin frelaté, vin baptisé. On appelle, à Paris, un marchand de vins « Monsieur Mélange ».

Pétrone place les cabaretiers de Rome dans le signe du Verseau.

— Mauvais vin : guinguet, ripopée, vin de Suresne.

— Les principaux vins, chez les anciens, étaient :

En Italie : le Cécube, vin favori d'Horace ; le Calène, de *Calenum*, en Campanie que le même poète égale au Cécube (*Odes* I, 20) ; le Falerne, qui n'avait acquis toutes ses qualités qu'au bout de dix ans ; le Massique, produit de la Campanie, comme le Falerne ; le Sétine, très estimé d'Auguste Il y avait encore le Sabin, le Nomentin, le Spoletum.

En Sicile, près de Messine, se récoltait le Mamertin.

En Grèce, on vantait le Chio, le Lesbos, le Thasos, le vin de Crète, doux et de couleur d'ambre.

La Gaule fournissait les vins de Marseille et de Narbonne, qui, selon Martial, sentaient trop la fumée, parce qu'on les soumettait au *fumarium*, afin de les vieillir, sans prendre soin de les boucher.

— Parmi les vins modernes, ceux de France sont les premiers, et, en quelque sorte, les seuls.

La trinité vinicole : Champagne, Bourgogne et Bordeaux, correspond aux trois âmes dont parle Platon. Il y a le vin du cerveau, le vin du cœur et le vin de l'estomac.

Les meilleurs vins de Bourgogne (Côte-d'Or) sont : le Romanée, le Clos-Vougeot, le Chambertin, le Clos-de-Bèze (à Gevrey).

Viennent ensuite : le Musigny, le Richebourg, le Saint-Georges.

Les trois grands vins de Bordeaux sont : Château-Margaux, Château-Laffitte, Château-Latour. Ensuite : le Château-Larose, le Saint-Émilion.

Les vins blancs : Château-Yquem, Sauterne, Graves.

Les vins de Champagne : Ay, Bouzy, Épernay.

Dans les Basses-Pyrénées : les vins de Jurançon.

Drôme, Ardèche : Ermitage, Saint-Péray.

Gard : Tavel, Saint-Gilles.

Dordogne : Bergerac.

Jura : Arbois.

Hérault : Frontignan, Lunel.

Pyrénées-Orientales : Grenache, Malvoisie.

Bouches-du-Rhône : Cassis.

— Béranger, qui était très sobre, et qui ne se connaissait guère en vins, préférait cependant le Bourgogne au Bordeaux, parce que, disait-il, lorsqu'on a bu une bouteille de Bordeaux, on est aussi bête qu'auparavant.

— Vin sur lait, c'est santé ; lait sur vin, c'est venin.

Cela signifie qu'au sortir de l'enfance, où l'on a été nourri de lait, on arrive à l'âge où l'on boit du vin ; et qu'il ne faut pas revenir au régime du lait après cette époque, parce que c'est signe qu'on est malade. C'est pour cela qu'on appelle le vin « lait des vieillards ».

— On dit qu'un verre de vin donne de la force ; en voilà plus de quarante que je bois, et je ne puis me tenir sur mes jambes, disait Arlequin.

— Vin versé n'est pas avalé. (Voy. l'homme *propose*.)

Ancée, le plus ancien souverain de Samos, de retour de l'expédition des Argonautes, s'appliqua à la culture de la vigne. Un des ouvriers qu'il employait, nommé Thétès, lui prédit qu'il ne boirait pas de ce vin, pour lequel il les accablait de tant de travaux. Aussitôt, Ancée ordonne qu'on mette sous le pressoir les grappes vermeilles, et, recueillant le jus du raisin à mesure qu'il s'écoule, il porte déjà la coupe à ses lèvres, quand tout à coup on lui annonce qu'un sanglier ravage ses terres. Il y court, un coup de boutoir le tue. C'est l'origine du proverbe grec qu'Horace a traduit :

Multa cadunt inter calices supremaque labra.

Du bord du verre au bord des lèvres
La route est longue, on peut verser.

Dans l'*Odyssée*, Antinoüs, un des poursuivants de Pénélope, a la gorge percée par une flèche d'Ulysse, au moment où il portait la coupe à ses lèvres.

Entre la coupe et les lèvres, il y a place pour le malheur.

Entre la bouche et la cuiller,
Maint encombrier.

On n'exécute pas tout ce qu'on se propose,
Et le chemin est long du projet à la chose.
(Molière, *Tartuffe*, III, 4.)

A la Saint-Martin
Boit-on le bon vin.
(XVe siècle.)

— En Provence, les tonneaux se bouchent ordinairement vers la mi-novembre.

D'où le proverbe : *A la San-Martin, tasto toun vin et tapo ta bouto.* (A la Saint-Martin, goûte ton vin et bouche ton tonneau.)

Saint Antoine sec et beau
Remplit la cave et le tonneau.

— Avoir le vin gai.

...Dissipat Œvius.
Curas edaces...
(Horace, *Odes*, III, 2.)

Bacchus dissipe les soucis rongeurs.

Multoque hilarans convivia Baccho.
(Virgile.)

Le vin réjouit le cœur de l'homme : *Vinum lætificat cor hominis.* (Écriture.)

— Le Coran interdit le vin.
— Cuver son vin : s'endormir dans l'ivresse.
Se dégriser en dormant.

Efflare vinum somno.
(Scala.)

— Quand le vin est tiré, il faut le boire..., à moins qu'il ne soit mauvais.

(Voy. les locutions : esprit-de-vin, vérité dans le vin, mettre de l'eau dans son vin, pot-de-vin, sac-à-vin.)

Vinaigre, mot composé des éléments *vin* et *aigre*.

— Vinaigre des quatre voleurs. On raconte que quatre voleurs, pendant la peste de Marseille, avaient composé ce vinaigre antipestilentiel, au moyen duquel ils parcouraient impunément les maisons, s'emparant de tout ce qu'ils y trouvaient de précieux.

Violent, du latin *violentus*, de *vis*.

— Violent comme le mistral (voy.); des odeurs violentes; des mains violentes (Méry); lord Elgin, célèbre par la violence de son admiration...

— De là aussi : violer, viol, violation, inviolable.

Violette, dérivé diminutif du latin *viola*, *violier*.

— L'humble violette. La violette, symbole de la modestie, se cache, comme pour se dérober à tous les yeux.

Violon, de l'italien *violone*; provençal *viola*; bas-latin *vitula*, que Diez rattache au latin *vitulare*, se réjouir, de *vitulus*, veau ; gambader comme un veau.

— Synonyme : crin-crin.

— Payer les violons : payer les frais.

On dit aussi : jouer de la poche (voy. *payer*), par allusion au petit violon appelé *pochette*, dont se servent les maîtres de danse.

> Nous verrons s'il me faut avec ces scélérats
> Payer les violons, quand je ne danse pas.
> (Poisson, *les Fous divertissants*.)

— Prison annexe au corps-de-garde.

Ce nom remonte à une coutume monacale. Quand un moine avait commis une faute légère, il était enfermé dans un petit cachot nommé *psaltérion*, non à cause de l'instrument de musique de ce nom, mais parce que le prisonnier y restait le temps de réciter les sept psaumes de la pénitence.

Par suite de cette équivoque, quand le violon remplaça le psaltérion, comme instrument de musique, on appliqua aussi son nom à la prison.

Vipère, du latin *vipera*, pour *vivipara* (?).

En terme de blason : guivre.

On croyait autrefois que la vipère était vivipare. De là son nom. On a reconnu qu'elle est ovipare.

Race de vipères. (Saint Mathieu, XII, 24, XXIII, 33.)

Virago, pour *virum ago* ; d'où probablement *virgo*.
Femme d'un courage viril.
Surnom donné à Minerve et à Diane.

— Didon, reine de Carthage, s'appelait Elissa. Elle fut surnommée Dido (en langue punique *virago*), à cause de sa mort héroïque.

— Synonyme : amazone.

— Se prend toujours en mauvaise part. (Voy. femme *volontaire*.)

Virgule, du latin *virgula*, diminutif de *virga*, baguette.
Signe de ponctuation qui sert à séparer les divers membres d'une même phrase. C'est le plus petit repos.

Virtuel, dérivé de *virtus*.
S'oppose à *formel*. Intention virtuelle et non actuelle.
Le chêne est virtuellement renfermé dans le gland.

Virtuose, mot italien, *virtuoso*, habile en musique.
Les chanteurs en réputation se glorifient du titre qu'on leur donne, sans se douter de sa signification équivoque.
Comme un grand nombre de mots du vocabulaire musical, il est emprunté à l'italien, et veut dire *vertueux*. Il a été donné ironiquement aux castrats. Beaucoup d'artistes de nos jours ne sont pas aussi vertueux, et pour cause.

Vis-à-vis, de l'ancien français *vis* ; d'où visage.
Proprement : visage à visage, face à face, nez à nez.

— *Vis* est dérivé du latin *visus* ; il a signifié aussi vif, *vivus*.

>De la poudre il jète au vis.
>(*Roman de Renart.*)

>Telle fois tu seras advis
>Que tu tiendras celle au cler vis.
>(*Roman de la Rose.*)

Li vis a pou d'amis, li mors n'en a nus. (Vieux proverbe.)

Visite, substantif verbal de *visiter*, du latin *visitare*.

— Les visites font toujours plaisir ; si ce n'est en arrivant, c'est en partant.

Il n'est pas de piéton qui, trottant sous la pluie,
Ne s'acquitte en jurant d'un devoir qui l'ennuie ;
Et tous ces visiteurs seraient au désespoir
De rencontrer chez eux les amis qu'ils vont voir.

(Viennet, *les Visites du jour de l'an*.)

— Il ne faut pas se voir souvent, si l'on veut se voir longtemps.

Vite, provençal *vista*, vue.

Signifierait : en un clin d'œil, et viendrait de *viste*, comme *tôt* de *tost*.

D'autres le rapportent à *vegetus* (?).

— A été adjectif.

Tu te vantais d'être si vite.

(La Fontaine.)

— *Velis remisque* (Cicéron) : avec toute la vitesse possible.

— En moins de temps qu'il n'en faut pour faire cuire des asperges. (Voy. Rabelais, V, 7.) C'est la traduction du proverbe familier à Auguste : *Citius quam asparagi coquuntur*.

Vitesse, dérivé de *vite*.

— Vitesse que la foudre ne désavouerait pas.

— Quand on dit : rapide comme la pensée, on s'imagine volontiers qu'on vient d'exprimer le *nec plus ultra* de la vitesse hyperbolique, en quelque sorte immatérielle et instantanée. C'est une erreur, à laquelle la science donne le plus complet démenti.

M. Homholtz, à l'aide d'expériences très délicates, a démontré, en 1850, que la vitesse de transmission de la volonté par le courant nerveux qui communique la sensation des organes au cerveau, et les ordres de la volonté aux organes, n'est que de vingt-six mètres par seconde, vitesse du pigeon voyageur. Ainsi, par exemple, ce n'est qu'au bout d'un vingtième de seconde que nous pouvons avoir conscience d'une blessure faite à l'un de nos pieds. La même lenteur se retrouve, s'il s'agit d'un ordre que le cerveau donne aux pieds de se mouvoir. Il résulte de là que l'agent nerveux est vingt millions de fois moins rapide que le fluide électrique.

Pendant la durée d'une seule pulsation de l'artère, l'électricité ferait sept fois le tour de la terre. (Leverrier.)

— La pensée est encore plus rapide que l'électricité, puisqu'elle se plonge parfois dans les abstractions de l'infini.

Vitrix (Vénus) : Vénus qui attache, de *vincire*, lier, selon Varron ; d'où *vincula*, chaînes pour les vaincus, *victima*, victime sacrifiée par le vainqueur.

De là aussi *vitta*, les bandelettes qui avaient le double emploi d'attacher et d'orner la chevelure. Les femmes honnêtes avaient seules le droit de s'en servir.

> *Este procul, vittæ tenues, insigne pudoris,*
> *Quæque tegis medios, instita longa, pedes.*
>
> (Ovide, *Ars amatoria*, I, 31.)

Vivace, du latin *vivax*, qui vit longtemps.

— Plante vivace : qui vit plus de trois ans. S'oppose aux plantes annuelles et bisannuelles.

Vivre, du latin *vivere*.

Se dit absolument, comme autrefois à Rome, pour : user de tous les plaisirs de la vie. (Voy. *vie* de cochon.)

— On a trouvé à Narbonne, sur une pierre antique, une inscription terminée par ces mots : *Dum vivimus, vivamus.*

— Vivre à pot et à rôt avec quelqu'un : familièrement.

Vivre au jour le jour : sans prévoyance.

Vivre comme un bohémien ; comme un chien, un ermite, un chanoine, un loup, un hibou, un ours.

Vivre de racines : sobrement.

> Lever à six, dîner à dix,
> Souper à six, coucher à dix,
> Font vivre l'homme dix fois dix.

Qui vit de peu, connaît l'indépendance.

Rien n'est plus délicieux dans la vie que le coin du feu, une salade de homard, du champagne et de la causette. (Lord Byron, *Don Juan*.)

N'avoir pas de quoi vivre : vivre de privations.

Avoir juste de quoi vivre : de quoi joindre les deux bouts, de quoi ne pas mourir de faim.

— Qui vivra verra.

> Oncq homme n'eut les dieux tant bien en main,
> Qu'asseuré fust de vivre au lendemain.
>
> (Rabelais.)

C'est la traduction exacte de ces vers du *Thyeste* de Sénèque :

> *Nemo tam divos habuit faventes,*
> *Crastinum ut posset sibi polliceri.*

— Il faut que tout le monde vive.

> *Primo vivere, deinde philosophari.*

Tertullien (*Traité de l'Idolâtrie*, ch. 14) dit qu'il n'est pas permis de faire des idoles, et que, si un statuaire lui disait qu'il n'a pas d'autre moyen de vivre, il lui répondrait : « Eh quoi ! mon ami, est-il nécessaire que tu vives ? »

L'abbé Desfontaines répondit à M. d'Argenson, lieutenant-général de police, qui lui reprochait ses écrits scandaleux : « — Il faut que tout le monde vive. — Je n'en vois pas la nécessité », lui répliqua d'Argenson.

Henri IV arriva un jour chez Gabrielle, sans être attendu, et vit le duc de Bellegarde, son rival, se glisser furtivement sous la table, où le dîner était servi. Le roi lui passa une boîte de confitures, en disant : « Il faut que tout le monde vive. »

— Petit bonhomme vit encore !

Jeu renouvelé des Grecs, qui consiste à se passer de main en main une allumette enflammée, en disant : « Petit bonhomme vit encore », jusqu'à ce qu'elle s'éteigne entre les mains d'un joueur, qui est le perdant.

— Je dois une belle chandelle à mon médecin : la *Camarde* n'a pas jugé à propos de poser son éteignoir sur le lumignon de mon existence. (Burlesque.)

Vœu, du latin *votum*, roman *vot*.

De là viennent aussi : vouer et voter, *ex-voto*, votif, aveu, dévot.

Voici, voilà (préposition), pour *vois-ci, vois-là*, c'est-à-dire vois ici... Se sont écrits en deux mots.

— On disait autrefois : vois-me-ci, vois-me-là.

Voy-me-là prest à boyre. (Rabelais, *Gargantua*, 41.)

Gare ! voy-le-cy. (Rabelais, *Pantagruel*, IV, 26.)

Triboulet fut envoyé devant pour dire : vois-les-cy venir. (Bon. Despériers, *Contes*.)

Voy-vous-là composeur de pets. (Rabelais, I, 40.)

— Le verbe s'employait aussi au pluriel :

Mais voyez-ci ce qu'il advint. (*Quinze joies du mariage.*)

— Au XVIIe siècle, on donnait encore à *voici* et *voilà* un infinitif pour complément.

Corneille a dit :

Voici venir ma sœur pour se plaindre avec vous.
(*Horace*, 530.)

Voie, du latin *via*, qui est aussi provençal.

D'où : voyage, envoyer, dévoyé, dévoiement.

— Voie de bois, d'eau, se dit pour : ce qu'on peut apporter d'eau ou de bois en un voyage.

— Voies de fait, moyens violents.

Voir, anciennement *veoir*, du latin *videre*, provençal *veire*.

— Le futur a été aussi *je voirai* ou *voirrai*. (Différence de prononciation.)

> Que voirrez-vous là-haut, que ronces et orties ?
> Ici, vous ne voirrez que fleurettes sorties
> Du sein du renouveau.
> (Ronsard.)

Attendez ung peu, et voirrons la vérité du tout. (Rabelais.)
— Voir, c'est savoir.

> Quiconque a beaucoup vu
> Peut avoir beaucoup retenu.
> (La Fontaine.)

— Voir une paille dans l'œil de son voisin, et ne pas voir une poutre dans le sien. (*Évangile*, saint Mathieu, VII, 3.)

> Quand d'aultruy parler vouldras,
> Regarde-toy, et te tairas.

Ce conseil de nos anciens est d'autant meilleur à rappeler qu'il est moins pratique.

Les Espagnols disent : « Quand on a une maison de verre, il ne faut pas jeter des pierres dans le jardin du voisin. »

> Je l'ai vu, dis-je, vu, de mes propres yeux vu,
> Ce qui s'appelle vu.
> (Molière, *Tartuffe*, V, 3.)

« — Je vous ai vu quelque part. — En effet, j'y vais quelquefois. »
— Voir trente-six chandelles. (Voy.)
— Voir tout en noir : être pessimiste.

Il n'y a rien de plus facile que de voir tout en noir : il n'y a qu'à fermer les yeux (?).

— On voit les objets qui frappent la vue ; on regarde ceux qui excitent la curiosité.

L'artiste regarde les beautés d'un tableau qu'il voit ; l'ignorant regarde le tableau, mais n'en voit pas les beautés.

— N'y voir goutte : ne rien comprendre à une chose.

> Tel a des yeux, qui n'y voit goutte.

— Il ne voit pas plus loin que son nez : il est peu clairvoyant.
Qui de loin voit, de près se réjouit.
Ils ont des yeux, et ne verront pas ; ils ont des oreilles, et n'entendront pas. (*Psaumes.*)

— Il est une beauté facile à méconnaître, que l'artiste saisit.
L'admiration que font éprouver à l'artiste une foule de sensations

naturelles, est due à une éducation spéciale, qui lui permet de distinguer et d'extraire, en quelque sorte, des choses les plus ordinaires, des beautés que le vulgaire n'aperçoit pas.

Dans le beau, il n'y a de variété que pour les observateurs ; les sots ne sont frappés de rien.

— Sous Louis XIV, on vit à Paris des Iroquois, qui ne furent émerveillés que des boutiques de rôtisseurs.

Voisin, du latin *vicinus* ; provençal *vesin*.
Il a signifié habitant d'un même lieu *(vicus)*.
— On le fait aussi venir de *voix* ; d'où, anciennement, *voisier* (?).

Li fame voisie la nocte et li jor.

— Qui a bon voisin, a bon matin.
Qui ha bon voisin, ha bon matin (Rabelais). *Matin* est mis pour *journée*.

On dit aussi, par homonymie : « Qui a bon voisin, a bon mâtin » ; parce qu'un bon voisin est comme un chien de garde.

Rabelais donne encore le proverbe : « Bon avocat, mauvais voisin. »

Puissant seigneur, grand fleuve, grands chemins,
En tout temps sont mauvais voisins.

N'achète pas la maison, mais achète le voisin. (Proverbe russe.)
Bonus esto vicinus (Caton) : Sois bon voisin.
Si vous voulez vivre en paix avec vos voisins, n'en ayez pas. (A. Karr.)

Voiture, du latin *vectura*, transport.
— On disait autrefois « carrosse de voiture ».
...Ils ont été assassinés par des voleurs qui arrêtèrent le carrosse de voiture où ils étaient avec moi. (Marivaux, *Vie de Marianne*.)
...Il était parti pour Bordeaux dans le carrosse de voiture. (Mme Riccoboni.)
— Synonymes : cab (anglicisme), cabriolet où le conducteur est placé derrière ; dog-cart (anglic), voiture de chasse ; guimbarde, vieille voiture démodée.

Panier à salade : voiture pour le transport des provisions ; était autrefois à claire-voie.

Voix, du latin *vox* ; d'où aussi vocal, voyelle, avocat, équivoque.
— Voix de stentor (voy.)
Voix de tonnerre : très forte.

Il n'y a qu'une voix pour le blâmer.
La voix du peuple est la voix de Dieu. *Vox populi, vox Dei.*

Vole (faire la), se dit, à quelques jeux de cartes, quand un des joueurs fait toutes les levées.

C'est une corruption du mot *volte*, qui se disait au temps d'Henri Estienne, et qui vient de l'italien *volta*, tour, coup de dés. *Far la volta* : faire le coup, gagner la partie.

Volée (de coups).

On appelait jadis *volant* un gros bâton court pour se battre.

Rabelais (IV, 16) dit : « Si en tout le territoire n'estoyent que trente coups de baston à gaigner, il en emboursoyt toujours vingt-huict et demy. »

Racine a mis en vers cette phrase. Il fait dire à l'Intimé :

> Et si dans la province
> Il se donnait en tout vingt coups de nerf de bœuf,
> Mon père, pour sa part, en emboursait dix-neuf.
> (*Plaideurs*, I, 5.)

...Basile, ô mon mignon ! si jamais volée de bois vert, appliquée sur une échine... (Beaumarchais, *Mariage*.)

— Synonymes : tripotée, râclée.

Voler, mot récent, dans le sens de prendre, dérober. Il ne date que de la fin du XVI° siècle. On disait autrefois : rober, larronner, embler. Diez le tire de la racine *vola*, paume de la main : empoigner. Peut-être est-il pour : soustraire, détourner les oiseaux dressés pour la chasse.

— Synonymes : dépouiller, déprédations, dévaliser, dérober, détrousser, dilapider, escroquer, extorquer, gruger, marauder, piller ; piraterie, rapine.

Voler l'État : baraterie, concussion, exaction, dilapidation, détournement, malversation, péculat, prévarication, stellionat.

— Bien volé ne profite jamais.
Le bien d'autrui jamais ne produit.
Les gains illicites sont les arrhes du malheur. (Saint Grégoire de Nazianze.)

> *Male parta, male dilabuntur.*
> (Nævius.)

> *Non haec sine eventus sordida causa bonos.*
> (Ovide.)

— Il ne l'a pas volé !

Quand je dis brigand, je l'appelle par son nom : c'est la seule chose qu'il n'ait pas volée. (A. Dumas.)

— Il n'est pas défendu de voler : il est défendu de se laisser prendre.

Voleur, dérivé de *voler*.

C'est le qualificatif commun à tous ceux qui prennent le bien d'autrui.

Le *filou* (voy.), voleur à la tire, vole subtilement, escamote.

Le *fourbe* prend furtivement.

Le *fripon* (voy.) prend avec finesse, il vole les hardes, dérobe. Ce mot est de la même origine que *fripier*, celui qui vend de vieux effets d'habillement.

Le *larron* vole en cachette.

— Les noms de Cartouche, de Mandrin, de Gaspard de Besse, voleurs fameux du siècle dernier, sont devenus appellatifs.

— Voleur comme une pie. (Voy. *pie*.)

— Être mis comme un voleur : être mal vêtu.

On dit aussi : Cet habit fait peur aux voleurs, il montre la corde.

Un jour, M. Parceval-Grandmaison, membre de l'Académie, dont la tenue était négligée, s'étant présenté pour entrer aux Tuileries, un officier doré sur toutes les coutures, lui dit : « Vous n'entrerez pas, vous êtes mis comme un voleur. » L'académicien l'examina de la tête aux pieds et lui répliqua : « C'est vous, qui êtes mis comme un voleur, et moi comme un volé. »

— C'est un pays d'honnêtes gens : quand on crie au voleur ! tout le monde se sauve.

— Au livre IV, ch. 16, de Rabelais, on vient annoncer à Gymnaste que les deux plus honnêtes hommes du pays (des Chicanous) viennent d'être pendus. On peut juger par là du reste des habitants.

— Le méchant fuit sans être poursuivi ; mais le juste est hardi comme un lion, et ne craint rien. (Salomon.)

— Quand tout le monde est voleur, le meilleur est celui qui ne tue pas.

Beneficium latronis non occidere. (Cicéron.)

Volume, du latin *volumen*, de *volvo*, rouler.

De là aussi : volute, volubilité, qui signifie proprement promptitude à tourner.

Rabelais emploie l'adjectif *voluble*, qui ne s'est pas conservé, et dont les Anglais se sont emparés.

Volupté, du latin *voluptas, voluptatem*, de *volo*, je veux (1).
— La volupté est mère de la douleur. (Voy. *jeunesse*.)
La volupté alimente les maux.

Malorum esca voluptas.   (Plaute, *Mercator*, V, 2.)

Les voluptés, en trop complaisantes maîtresses, nous font tomber dans un honteux affaiblissement.

Debilitatem induxere deliciæ, blandissimæ dominæ (Sénèque, *Ep. à Lucilius*, LV.)

La plus grande ennemie de la volupté, c'est l'indécence.

Voluptuaire, se dit des dépenses de luxe, de fantaisie, faites uniquement en vue de l'agrément. (Voy. *somptueux*.)
— On a appelé *voluptuaires* les travaux publics d'art, tels que les théâtres, promenades, décorations luxueuses.

Vomir, du latin *vomere*.
— Synonymes nombreux :
Appeler Huet ; *Huet* est l'imitation du bruit des hoquets qui précèdent le vomissement.
Revoir la carte : la liste des mets du dernier repas.
Dégobiller, le contraire de *gober*, — moins ignoble que *dégueuler*, dérivé de *gueule*.
Compter ses chemises ; jeter du cœur sur le carreau.
Renarder, écorcher le renard. (Rabelais IV, 14.)
Rendre la monnaie de la pièce ; rendre tripes et boyaux.
— Au même radical se rattache *vomitif*.
A la fin de la république romaine, la gourmandise était telle, que les Romains se faisaient vomir pour recommencer de manger.
Sénèque dit : *Vomunt ut edant, et edunt ut vomant.*
César, au dire de Cicéron, fut souvent dans ce cas.
— Vomir des injures est une expression qui déplut à l'origine, dit Vaugelas, à cause de l'image qu'elle éveille ; mais Condillac est d'avis de la conserver, parce qu'elle est juste et peint fidèlement la pensée.

Vomissement, dérivé de *vomir*.
— Retourner à son vomissement : retomber dans ses erreurs, dans ses fautes. (Salomon, *Proverbes* XXVI, 11.)
Le chien rehume ce qu'il a vomi. (Proverbe espagnol, XVIe siècle.)

Voter, du latin *votare*.
— Voter contre : blackbouler ; de l'anglais *black*, noir ; la boule noire exprimant un vote négatif.

Voto (ex-), mots latins. Sous-entendu *oblatum*. Offert pour l'accomplissement d'un vœu. Mot formé comme le latin *expio*, par un sacrifice.

Tabula votiva. (Horace, *Odes.*)

Les anciens ornaient leurs temples de ces sortes de tableaux, qu'ils appelaient *tabulæ votivæ*. La plupart étaient accompagnés d'une inscription qui finissait par les mots *ex voto*, pour marquer que l'auteur s'acquittait d'un vœu fait à quelque divinité, dont il avait invoqué l'assistance dans un extrême danger.

Cet usage nous a été transmis par le paganisme, et l'on suspend souvent dans les églises des tableaux qui représentent la scène du danger auquel a échappé celui qui les a offerts par suite d'un vœu, *ex voto*.

— Jacques Thomassin a fait un traité de *tabulis votivis*.

Vouloir, provençal *voler*, du latin *volere*, pour *velle*.

Les Latins disaient *nolo* : je ne veux pas.

— *Velint, nolint* : qu'ils le veuillent ou non ; bon gré, mal gré. (Cicéron.)

— Vouloir, c'est pouvoir. (Saint Paul.)

Mais vouloir est plus beau que pouvoir.

— *Vouloir* se dit dans le sens de *pouvoir*, en parlant de choses inanimées.

Le temps ne veut pas changer ; ce bois ne veut pas brûler.

C'est une fanfaronnade de dire qu'on peut tout ce qu'on veut ; mais, assurément, on peut beaucoup quand on sait vouloir. (Saint-Simon.)

— Voir, c'est savoir, vouloir, c'est pouvoir ; oser, c'est avoir.

Sic volo, sic jubeo, sit pro ratione voluntas.
(Juvénal, VI, 223.)

(Je le veux, je l'ordonne ; ma volonté, voilà la raison.)

— Plus fait celui qui veut que celui qui peut.

Possunt, quia posse videntur.
(Virgile, *Énéide*, VI, 231.)

Les grandes âmes ont des vouloirs ; les autres n'ont que des velléités. (Proverbe chinois.)

Ce que femme veut, Dieu le veut.

— En vouloir à quelqu'un, c'est lui vouloir du mal.

Pourquoi pas du bien ? Est-ce que le principal versant de notre volonté serait du côté du mal ? Un des plus rudes labeurs du juste, c'est de s'extraire continuellement de l'âme la malveillance difficilement épuisable. (Victor Hugo, l'Homme qui rit.)

Vous, du latin *vos*.

Pronom qui est le pluriel de *tu*. S'est employé dans les temps de civilisation moderne en parlant à des personnes que l'on veut respecter. C'est une sorte de flatterie dont on se sert, comme pour dire qu'une personne, mise dans la balance de l'opinion, mérite les honneurs de plusieurs.

De même les souverains s'arrogent le droit de parler d'eux au pluriel, en disant « Nous ordonnons », au lieu de « J'ordonne ».

Dans les républiques démocratiques et égalitaires, on supprime ces locutions puériles et blessantes autant que contraires aux lois grammaticales (?).

Voyage, voyager, du latin *viaticum*, provision de route. Aujourd'hui, *viatique* a ce sens. (Ne saurait venir de *viam agere*.)

Provençal *viatge*, italien *viaggio*, bourguignon *viaige*.

Chemin que l'on fait pour aller d'un lieu à un autre lieu éloigné.

— Synonyme : pérégrination.

— Voyager : passer sa vie à passer son chemin.

— Avant de voyager pour s'instruire, il convient de s'instruire pour voyager.

— Passer six mois de l'année à la campagne, quatre mois à Paris et deux mois en voyage, voilà le souhait d'une vie heureuse. (Babinet.)

...Si j'étais riche..., je jouerais cinq mois à Monaco, de décembre à avril, coupés d'excursions en Italie ; pendant les mois de mai, juin, juillet, août, je ne quitterais guère la campagne ; en septembre, je ferais un petit voyage maritime. Je donnerais à la vie de Paris octobre et novembre, et je trouve que ce serait bien assez... (Villemessant, 1865.)

Ce qui guérit le plus de la tristesse, c'est le mouvement d'une queue poudrée de postillon, sur le collet d'une veste d'uniforme. (Rossini.)

— Le voyage en seize heures de Paris à Marseille, pendant la saison froide, n'est qu'une enjambée de l'hiver à l'été.

— Un voyage en commun est comme un mariage ; on se voit jour et nuit, on se pratique, on se contraint si peu, qu'il en résulte souvent du malaise et souvent de l'humeur. (Le président de Brosses.)

Dans les voyages en commun, il y a toujours un des voyageurs qui est le plastron et l'objet des sarcasmes de son compagnon. De Brosses se moque de La Monnoye ; Delessert, de Loysel ; Dumas, de Jadin, etc.

— Il ne faut pas trop remuer ses os, surtout les femmes, à moins d'être ambassadrice. (Mme de Sévigné.)

— Dans tout voyage, il y a quelque chose de plus agréable que le départ, c'est le retour. (P. Véron.)

— Longs voyages, longs mensonges. (Voy. *mentir*.)

— Qui voyage prie ; la terre, comme le ciel, raconte la gloire de Dieu.

— Commis-voyageur : chevalier errant de l'industrie.

— Voyageur infatigable : Juif errant.

Voyou, blousier, vagabond des rues de Paris.

Le mot a été inventé par Gavarni, le dessinateur ; il est tiré de *voie* (publique).

Homme qui a tous les vices du peuple, sans en avoir les qualités ; crapuleux dans sa conduite et dans ses expressions, canaille abjecte, en dehors du vrai peuple.

— De ce mot on a formé *voyoucratie*, le despotisme de la canaille, l'aristocratie à rebours.

— *Voyoute*, la femelle du voyou, comme la peste est la femelle du choléra.

Des voyous de quatorze ans avec des voyoutes de douze ; des enfants qui n'ont jamais eu d'enfance, des filles qui n'ont jamais eu d'innocence. (A. Delvau.)

Vrai, anciennement *verai*, suppose *veracus*, du latin *verus*.

Il y a aussi dans l'ancien français *voir*, voire même.

— Le beau est la splendeur du vrai. (Platon.)

Rien n'est beau que le vrai, le vrai seul est aimable.
(Boileau, *Épître* IX, 43.)

— Plaider le faux pour savoir le vrai.

La ruse se sert du mensonge pour connaître la vérité.

— *De vrai*, se dit pour vraiment, véritablement.

Hélas ! si ma femme perdoye,
Je sai de vray que je mourroye
Après elle...
(*Ancien Théâtre français*, t. 1, p. 226.)

Le ciel défend, de vrai, certains contentements,
Mais il est avec lui des accommodements.
(*Tartuffe*, IV, 5.)

Vrille, est pour *vérille*, du latin *veru*.

Avant-trou, dans le Berry. Expression composée comme *chausse-pied*, pour corne.

Vulgaire, du latin *vulgus*, la foule, de *volvo* (?).

La foule qui roule dans les rues.

— Le vulgaire : les autres.

Les Anglais appellent la populace *mob*, abréviation (?) de *mobile vulgus*.

Loin de moi le profane vulgaire !

Odi profanum vulgus et arceo.
(Horace, *Odes* III, 1.)

Willis. Jeunes filles, qui, selon les légendes allemandes, sortent chaque nuit de leur tombe et dansent jusqu'au jour.

Wrec, de l'anglais *wreck*, naufrage, désordre, pêle-mêle.

Se dit de marchandises jetées pêle-mêle au fond de la cale d'un navire, et qui sont expédiées sans aucun emballage.

Y

Y (I grec). C'est la réunion de deux *i*, dont le second aurait été allongé, surtout à la fin des mots, par les copistes calligraphes.

C'est l'*u* (upsilon grec) auquel on a ajouté une queue.

Entre deux consonnes, il a le son simple de *i*; entre deux voyelles, il a la valeur de deux *i*. Seul, il équivaut à *i*.

— Quel chemin faut-il prendre ? Car quelquefois il s'en trouve de faicts comme un *y*. (*Histoire macaronique*.)

Yankee, est le mot *english* (anglais), défiguré par la prononciation des Peaux-Rouges.

Sobriquet donné aux Américains du Nord, surtout à ceux qui sont enthousiastes des institutions de leur pays, et méprisent celles des autres.

Yeux : les miroirs de l'âme. (*Dictionnaire des Précieuses*.)

— On emploie *yeu* au singulier dans le Berry. (Voy. *œil*.)

— Comme les yeux sont les miroirs de l'âme, il faut se défier de ceux qui ne regardent jamais en face; c'est qu'ils craignent que leurs yeux ne trahissent leurs mauvais sentiments.

— On dit : aimer quelqu'un comme la prunelle de ses yeux ; c'est-à-dire y tenir beaucoup.

— D'un objet qui coûte cher, on dit qu'il coûte les yeux de la tête.

— Loin des yeux, loin du cœur. C'est une variante de cet autre proverbe : Les absents ont tort. (Voy. *cœur*.)

— Synonymes de yeux gros et saillants : boules de loto, lanternes de cabriolet.

Yeux grands : salières.

— Avoir les yeux chassieux : faire de la cire pour Notre-Dame.

— Il a les yeux d'un poisson mort : très ternes.

Z

Zéphire ou *zéphir*, du grec *zephuros*, par l'intermédiaire du latin *zephyrus*.

Vent d'ouest chez les anciens ; de *zoé*, vie, et *phérô*, porter, qui porte la vie, qui anime. C'était le même que le *Favonius* des Latins.

— L'Académie écrit *zéphire*, vent d'occident, et *zéphyr*, par un *y*, pour signifier un vent doux et agréable.

— Les amours de Flore et de Zéphire.

— Les Précieuses ont appelé *Zéphire* l'amant des fleurs, parce qu'il les caresse et les fait épanouir.

Zéro, altération de *zéfiro* (?) venant lui-même de l'arabe *cifron*, qui signifie vide.

Cifron a donné les deux mots *zéro* et *chiffre*.

— C'est un zéro : un homme nul.

Homo nullius numeri. (Cicéron.)

C'est un zéro en chiffre : un homme sans valeur, sans caractère, sans talent.

On disait autrefois : un *o* en chiffre (la lettre *o*, qui sert à figurer le zéro). En 1491, Philippe Calender introduisit le mot *zéro* pour désigner le chiffre. On changea dès lors *o en chiffre* en *zéro en chiffre*, qui est un pléonasme.

— Il regardait un homme comme une unité, et une femme comme un zéro. (Alex. Dumas.)

Sachant que le zéro n'a aucune valeur par lui-même, il s'était mis à la suite d'un chiffre. (Balzac.)

> Tel brille au second rang, qui s'éclipse au premier.
> (Zéro, énigme.)

> Quatre membres font tout mon bien :
> Mon dernier vaut mon tout, et mon tout ne vaut rien.
> (Zéro, charade.)

Zeste, du latin *schistus*, du grec *schizo*, diviser.

— Le zeste est la pellicule jaune extérieure des aurentiacées, qui contient une huile essentielle aromatique, volatile et inflammable.

L'enveloppe blanche, charnue, qui est sous le zeste, s'appelle *ziste*, et contient un principe amer.

D'où : entre le ziste et le zeste, c'est-à-dire dans l'incertitude.

— On a dit *zèke* (zeste) pour rien. Cela ne vaut pas un *zèke*. D'où l'argot *zut* (?).

Zigzag. Suite de lignes formant des angles rentrants ou sortants. De l'allemand *sacke*, chose pointue ; ou de l'arabe *zig*, table astronomique, où les figures forment de vrais zigzags.

Zoïle, nom d'homme, origine littéraire.

Zoïle naquit à Amphipolis, vers 200 avant Jésus-Christ.

L'indignation qu'excitèrent ses commentaires injustes des poèmes homériques, a fait de son nom le synonyme de critique méchant, envieux.

On l'oppose à Aristarque.

FIN DU TOME SECOND

www.ingramcontent.com/pod-product-compliance
Lightning Source LLC
Chambersburg PA
CBHW070329240426
43665CB00045B/1250